LÉNINE

DU MÊME AUTEUR

Réforme et Révolution chez les musulmans de l'Empire russe, Paris, Presses FNSP, 1966.
Le Marxisme et l'Asie (en coll. avec Stuart Schram), Paris, A. Colin, 1966.
La Politique soviétique au Moyen-Orient, Paris, Presses FNSP, 1976.
L'Empire éclaté, Paris, Flammarion, 1978 (prix Aujourd'hui).
Lénine, la révolution et le pouvoir, Paris, Flammarion, 1979.
Staline, l'ordre par la terreur, Paris, Flammarion, 1979.
Le Pouvoir confisqué, Paris, Flammarion, 1980.
Le Grand Frère, Paris, Flammarion, 1983.
La Déstalinisation commence, Paris, Bruxelles, Complexe, 1986.
Ni paix ni guerre, Paris, Flammarion, 1986.
Le Grand Défi, Paris, Flammarion, 1987.
Le Malheur russe. Essai sur le meurtre politique, Fayard, 1988.
La Gloire des nations, Fayard, 1990.
Victorieuse Russie, Fayard, 1992.
L'URSS, de la Révolution à la mort de Staline (1917-1953), Le Seuil, Points-Histoire, 1993.
The nationality question in the Soviet Union and Russia, Oslo, 1995.
Nicolas II, Fayard, 1996 (prix des Ambassadeurs).

Hélène Carrère d'Encausse
de l'Académie française

Lénine

LE GRAND LIVRE DU MOIS

« En Lénine, nous avons la personne qui a été créée pour cette époque de sang et de fer. »

Trotski, O *Lenine*, Moscou, 1924.

SOMMAIRE

AVANT-PROPOS

« Le tombeau de Lénine est le berceau de la Révolution », proclamaient fièrement les milliers de banderoles flottant sur une foule innombrable, le jour où l'on enterrait le fondateur de l'URSS. C'était en janvier 1924. Soixante-huit ans plus tard, en janvier 1992, l'URSS avait cessé d'exister, le communisme et la révolution étaient discrédités, et les statues des chefs communistes, déboulonnées, gisaient dans des parcs, témoignages dérisoires d'une gloire évanouie. Mais, sur la place Rouge, devant le Kremlin, le mausolée, « berceau de la Révolution », abritait toujours le corps embaumé de Lénine, offert pendant trois quarts de siècle à la dévotion des foules – « relique révolutionnaire », disait Staline. Les foules ne se pressent certes plus aujourd'hui pour contempler le « chef bien-aimé » *(Vojd')*, mais le souvenir de Lénine n'a pas totalement déserté les consciences.

Quel étrange destin que celui de Lénine après sa mort ! Il n'exerça le pouvoir qu'un temps très bref – de la fin de l'année 1917 aux premiers jours de 1923 –, en fut ensuite écarté par la maladie et disparut un an plus tard. Mais, à sa mort, les bolcheviks, affolés du vide ainsi créé, décidèrent, contre les traditions de la Russie, contre la volonté exprimée par sa veuve et probablement contre celle qu'eût exprimée, s'il l'avait pu, Lénine lui-même, de conserver au mort les apparences de la vie, de le garder ainsi parmi eux. Embaumé, exposé à la vue des pèlerins dans son cercueil de verre, Lénine devint l'objet d'une vénération quasi religieuse. Par là, le Parti bolchevique dit faire écho aux demandes de la classe ouvrière : « Lorsque nous douterons de la Révolution ou serons sur le point de nous tromper, il nous suffira d'aller contempler Lénine, et il nous remettra dans le droit chemin[1*]. » L'objectif était simple : pour sauver l'héritage de Lénine – et le léninisme[2] que Staline inventa, sitôt le *guide* disparu – il fallait que celui-ci échappât au destin normal des hommes, que sa mort ne fût donc qu'apparence. « Lénine est vivant » : tel fut le slogan des années postléninistes, dont le mausolée confirmait l'authenticité.

Mais, avec les années, les décennies, le destin de Lénine se révéla plus étonnant encore. Le XXe siècle a été riche en grands chefs d'État charismatiques qui se campèrent en sauveurs de leurs peuples au nom du communisme (Staline, Mao, Hô Chi Minh...) ou contre lui (Hitler, Franco, Salazar...). Tous tombèrent de leur piédestal dès lors que la mort les réduisit au silence. Même ceux qu'un mausolée protège encore de l'« enfer » des hommes politiques – cas de Mao – n'échappent pas à une implacable remise en cause de leurs mérites et de leur œuvre. Staline, qui partagea quelques années – 1953-1961 – le mausolée de Lénine, en fut brutalement arraché lorsque, du statut de « plus grand homme de tous les temps », il glissa à celui de « criminel ». À Lénine seul fut épargné ce naufrage des grands hommes que la mort et le temps favorisent. Il l'évita lorsque, à partir de 1956, Staline fut mis en procès ; mais aussi lorsque, au début des années

* Les notes classées par chapitre figurent en pages 627-645.

1970, la publication de *L'Archipel du Goulag* donna à l'URSS son vrai visage, celui du totalitarisme, et ouvrit les vannes aux accusations portées contre elle. Et même après 1985, lorsque chemine en URSS et dans l'ensemble du monde communiste l'idée de clore le temps des révolutions et des systèmes politiques qu'elles ont instaurés. Seul Lénine, dans son mausolée, est préservé de cette révision, jusqu'en 1992. Aujourd'hui encore, la fascination qu'il exerce sur certains de ses compatriotes s'exprime tantôt par une fidélité persistante au Parti qu'il fonda, tantôt par d'étranges manifestations de foi. C'est ainsi qu'a été créé en 1992 un Parti chrétien-léniniste[3] qui appelle les Russes à se rassembler autour de Lénine pour entendre la parole du Christ ! Son slogan : « Nous sommes des léninistes, nous portons les idées du Christ », traduit un curieux syncrétisme qui témoigne de la confusion des esprits après l'agonie du communisme, mais aussi d'une survie certaine du mythe de Lénine.

Ce destin posthume, si particulier à Lénine, s'explique de diverses façons. Tout d'abord, contrairement à d'autres dictateurs, il ne fut pas un homme isolé dont la gloire reposa sur son charisme et sa puissance d'un moment. Lénine s'inscrit dans un courant durable, celui des utopies, et dans une trinité mythique, celle de Marx-Engels-Lénine (à laquelle Staline vint un temps ajouter un quatrième membre, dénoncé ensuite comme un imposteur). Les pères fondateurs du marxisme, qui n'ont pas vécu assez longtemps pour voir comment ceux qui se réclamaient d'eux mettaient en œuvre leurs idées, ont échappé au procès fait aux communistes. Et Lénine a durablement bénéficié de leur protection. Mais aussi, durant trois quarts de siècle, le poids terrestre du communisme a protégé celui qui, le premier, avait transformé l'utopie en système de pouvoir. Contester Lénine eût impliqué que les États communistes se privent de la *légitimité* que leur conféraient l'homme idéalisé par ses successeurs et le *léninisme* dans lequel ils s'étaient drapés, référence suprême et vérité immanente. La survie des systèmes communistes requérait un tel mode de légitimation. À partir de là, il fut loisible de critiquer Staline et de rejeter des pans entiers de son action au nom du « retour à Lénine ».

Mais le communisme rejeté, la lutte abandonnée, l'idole n'a plus de raisons d'être. L'URSS est entrée dans l'Histoire ; Lénine appartient désormais à ceux qui réfléchissent en pesant les mérites des hommes et les événements sans se soucier des exigences ou impératifs politiques. Il est aujourd'hui possible de poser et de se poser au sujet de Lénine les questions qui s'imposent : Qui fut-il : un criminel responsable de l'une des plus terribles tragédies de ce siècle ? ou bien une victime des retournements subits de l'Histoire, à laquelle un nouvel et peut-être ultime retournement rendra un jour justice ? Quelle part attribuer à sa personnalité dans les actes et le devenir politiques où l'on peine à dissocier l'homme de son pays ? Quelle fut la part de l'environnement politique dans ses choix et dans leurs conséquences – retard de la Russie, retard de la révolution hors de Russie ? Lénine fut-il l'incarnation d'un siècle terrible où le mépris des hommes fut constant ? ou un visionnaire qui traça – trop tôt, peut-être – les voies d'un avenir apaisé, clément aux hommes ?

L'ambition de ce livre est de contribuer à arracher Lénine aux passions idéologiques pour l'inscrire dans l'histoire du siècle en train de s'achever et qui, qu'on le veuille ou non, aura été dominé avant tout par ses idées et sa volonté.

PREMIÈRE PARTIE

D'OULIANOV À LÉNINE
(1870 - 1900)

CHAPITRE PREMIER

L'apprentissage de la vie

Comment devient-on le « héros de la Révolution » ? Et surtout de la « révolution prolétarienne » ? de la « révolte des gueux » ? Faut-il pour cela avoir été l'un d'eux ? avoir fait personnellement l'expérience du malheur, de la misère ? C'est ainsi, une fois le pouvoir conquis et conservé, que la statue du héros de la Révolution commença d'être édifiée. Les années de formation furent décrites avec un luxe de détails qui, tous, suggéraient qu'elles ne pouvaient avoir eu d'autre fin que de forger ce héros. Le destin de Vladimir Oulianov, telle est sa légende, était d'être Lénine et de fonder un monde nouveau.

« Vladimir Ilitch Lénine (Oulianov) est né à Simbirsk le 10 avril 1870. Il grandit dans une famille unie où l'on aimait les idées et le travail. En plus des influences de son père et de sa mère, celle de son frère, Alexandre Ilitch, lui fut très bénéfique. Ce frère très aimé lui servit de modèle. Son grand idéalisme, sa volonté, sa maîtrise de soi, son sens de la justice et, d'une manière générale, la hauteur de ses qualités morales caractérisèrent Alexandre Ilitch dès son enfance, ainsi qu'une grande aptitude au travail, exemple fort utile pour Vladimir Ilitch. Vivant ensemble, dans des chambres contiguës jusqu'au départ d'Alexandre pour Pétersbourg, et ensuite lors des vacances d'été, Vladimir Ilitch pouvait voir ce qui intéressait son frère, ce qu'il lisait. Les deux dernières années, Alexandre Ilitch rapporta avec lui pour l'été des livres d'économie, d'histoire, de sociologie, et en plus *Le Capital* de Karl Marx. L'exécution de ce frère bien-aimé impressionna très fortement Vladimir Ilitch et, par elle-même, le poussa sur la voie de la révolution. »

Ainsi commence la biographie de Lénine rédigée après sa mort par sa sœur et proche collaboratrice, Anna Oulianova-Elizarova, pour la célèbre encyclopédie *Granat*, préparée pour le dixième anniversaire de la révolution d'Octobre et qui contenait les vies de près de deux cents de ses dirigeants[1]. Cette biographie a nourri la légende de Lénine telle qu'elle fut enseignée à tous les enfants soviétiques pendant trois quarts de siècle. Dans sa version la plus populaire, elle insiste sur la modestie des origines et des conditions de vie : Lénine est né, dit cette légende, dans un Empire tragique où un peuple privé de droits était livré à l'arbitraire de tyrans. Le futur Lénine aurait été, comme tant de ses compatriotes, d'origine très humble – serve, même –, vivant dans une famille chaleureuse, certes, mais dont les difficultés auraient poussé d'emblée les enfants à comprendre le monde où ils évoluaient et à le refuser.

Une enfance privilégiée

Légende et réalité ne vont pas de pair. Lénine est né à Simbirsk en avril 1870, troisième enfant d'une famille qui en comptera huit, dont deux mourront en bas âge. Le temps où Vladimir Oulianov vient au monde est, pour la Russie, une époque relativement heureuse. Le tsar-libérateur, Alexandre II, a aboli le servage en 1861. D'importantes réformes se succèdent ; l'espoir d'une modernisation politique hante les esprits. Les mouvements extrémistes ne l'entendent pas ainsi pourtant, et aux réformes ils préfèrent une rupture radicale. Les terroristes traquent le tsar-libérateur et, au terme d'une longue série d'attentats manqués, ils réussiront enfin à le tuer en 1881.

Mais le terrorisme est étranger à l'enfance de Vladimir Oulianov. Sa ville natale, celle de sa scolarité, de son adolescence, est propice à la vie de famille et à l'éducation des enfants. C'est alors une ville provinciale russe typique. Certes, comme les autres localités, elle n'a cessé de grandir, passant de dix mille habitants en 1800 à quarante-trois mille en 1870. C'est le temps de l'urbanisation rapide de la Russie. Au tournant du siècle, ses dix-neuf plus grandes agglomérations dépasseront cent mille habitants. Simbirsk, qui longe les bords de la Volga, est une ville calme où les nombreuses églises et les non moins nombreux monastères se perdent dans de superbes parcs. Une ville où se côtoient les Russes, les Tatars qui, tout au long du fleuve, se sentent encore chez eux, et les Tchouvaches. Sans doute, après la chute du khanat de Kazan en 1552, les missionnaires orthodoxes ont-ils porté le christianisme en territoire conquis, mais les Tatars restent farouchement attachés à l'islam. Et les écoles destinées à ces *allogènes* témoignent de la volonté du gouvernement russe de préserver la paix entre les diverses communautés d'un empire hétérogène dont Simbirsk est bien représentatif. Mais aussi les établissements d'enseignement proprement russes n'y manquent pas : deux lycées, dont un accueillant les jeunes filles, des écoles religieuses ; un séminaire orthodoxe, un institut d'études commerciales et un institut de formation des sages-femmes. Enfin, deux grandes bibliothèques sont accessibles à tous, Russes et allogènes, et ajoutent à l'atmosphère studieuse de la ville.

Contrairement à ce qu'en dit la légende, la famille du jeune Oulianov n'est ni pauvre ni prolétaire. La maison où il grandira est belle, spacieuse, à étage, signe de relative prospérité ; plusieurs serviteurs s'y activent. C'est bien le train de vie normal du chef de famille qui, après avoir été professeur de mathématiques, a été nommé au poste envié d'inspecteur des établissements d'enseignement public de la province de Simbirsk. Le père du futur Lénine, Ilia Nikolaïevitch Oulianov, est celui auquel on s'est longtemps référé pour attribuer au héros de la révolution d'Octobre des origines serves. Il y a eu certes un arrière-grand-père serf, Vassili Oulianov, mais qui fut tôt affranchi, bien avant les réformes de 1861. Hantés par la volonté de donner à la Russie les allures d'un pays civilisé, Alexandre Ier (1801-1825) et Nicolas Ier (1825-1855), étaient en effet conscients de la difficulté de concilier cette ambition avec un servage persistant. Même s'ils n'osèrent abolir le servage, ils encourageaient l'émancipation individuelle des serfs. Cela explique que la part de ceux-ci dans la population de l'Empire, qui, à la fin du XVIIIe siècle, tournait aux environs de 50 %, était tombée à 37 % en 1858. Cette chute montrait que le servage était déjà condamné dans les esprits avant de l'être par la loi. Le serf Vassili Oulianov avait été l'un des bénéficiaires de ce discrédit. Il s'était installé en ville où ses descendants avaient poursuivi l'ascension sociale ainsi amorcée. Son fils Nicolaï Vassilievitch fut tailleur à Astrakhan. Son petit-fils, Ilia

Nikolaïevitch, le père de Lénine, étudia les mathématiques à l'université de Kazan, puis fut, on l'a vu, professeur, inspecteur général de l'enseignement et promu enfin au rang de conseiller d'État, ce qui lui valut d'accéder au statut de noble héréditaire. Du serf au noble couvert de décorations, le chemin parcouru en l'espace de trois générations avait été rapide.

Cet Ilia Nikolaïevitch, comme il est représentatif de l'Empire russe dans ce qu'il avait de plus remarquable : sa capacité d'être le creuset de civilisations et de peuples on ne peut plus différents ! Ilia Oulianov était certes russe, mais de mère kalmouke. C'est à cette grand-mère d'origine mongole, épousée à Astrakhan où vivait la majeure partie des Kalmouks restés en Russie après que Catherine II eut réduit leur autonomie, et qui avait renoncé au bouddhisme, que Lénine, comme son père avant lui, devait un physique asiatique assez accentué, ses yeux bridés notamment. Cette hérédité kalmouke n'empêcha nullement l'anoblissement du père.

Le même Ilia va encore compliquer la généalogie familiale par son mariage avec Maria Alexandrovna Blank. Le grand-père maternel de celui qui deviendra Lénine, Alexandre Dimitrievitch Blank, était un Juif de Jitomir, fils d'un marchand juif et d'une Suédoise, devenu orthodoxe et à qui la conversion ouvrit toutes les portes : celles de la faculté de médecine, de la haute administration, car il fut nommé médecin de la police, puis médecin des hôpitaux, et surtout de la noblesse héréditaire à laquelle il accéda en 1847. Il acheta aussi un domaine, Kokouchkino, qui, aux heures difficiles, sera pour la mère de Lénine et ses enfants une source de revenus et un refuge. Si l'on songe que les Juifs, dans l'Empire russe, étaient en principe écartés des fonctions officielles et ne pouvaient posséder de terres, cette remarquable ascension confirme ce que le grand historien de la Russie, Leonard Schapiro, affirmait avec force, à savoir que le pouvoir russe était hostile aux Juifs dès lors qu'ils se définissaient comme tels, mais que la conversion levait tous les interdits dont ils étaient victimes.

Au sang suédois de la mère d'Alexandre Blank va s'ajouter, lorsque celui-ci prend femme, le sang allemand d'Ana Groschoft, fille de riches propriétaires terriens et luthérienne convaincue. C'est leur fille qu'Ilia Oulianov épouse, et qui sera la mère de Lénine.

De cette généalogie en apparence compliquée, certains traits se dégagent : tout d'abord, la diversité nationale et religieuse, si semblable à celle de l'Empire. En Lénine se mélangent les sangs russe, kalmouk, allemand, suédois. Il hérite de traditions religieuses et culturelles variées : l'orthodoxie, le judaïsme, le protestantisme et, à l'arrière-plan, le bouddhisme de ses ancêtres kalmouks. Ce patrimoine, riche et contrasté, est soutenu par l'héritage culturel d'une famille remarquable. Sa mère parle trois langues, le russe, le français et l'allemand, et est bonne pianiste. Son père est très cultivé. Ce père aussi bien que les grands-parents ont tous fait des études supérieures, de médecine ou de mathématiques. L'aisance matérielle vient des deux branches, où l'on dispose de situations importantes. Les Blank possèdent de surcroît un domaine sur lequel travaillent des paysans (serfs jusqu'en 1861) et d'où ils tirent donc des revenus. Enfin, les deux branches de la famille ont accédé à la noblesse héréditaire, et Vladimir Oulianov lui-même ne manquera pas de s'en réclamer. En avril 1891, c'est lui qui veillera à ce que sa mère soit inscrite sur le registre de la noblesse de Simbirsk ; et, par la suite, il signera parfois : « Vladimir Oulianov, noble héréditaire ».

Ainsi installés dans un monde qui semble immuable, où le statut social et matériel fixe la place de l'individu dans la société, les enfants Oulianov pourraient à bon droit s'estimer privilégiés. Au lycée de Simbirsk, ils bénéficient du prestige paternel. Leur foyer est harmonieux : une mère attentive, un père indulgent. Gagné aux idées libérales sur l'éducation, ce dernier contribue par là à l'épanouissement de ses enfants. Parmi ses frères et sœurs, la plus proche de Vladimir fut, dans son enfance, sa sœur Olga, d'un an sa cadette et qui mourra à l'âge de vingt ans. Le plus inquiétant peut-être, celui qui troublera la paix familiale, est Alexandre, de quatre ans son aîné, et qui déjà s'intéresse aux problèmes politiques, vilain canard d'une famille installée jusque-là dans un confortable conservatisme. Comment un haut fonctionnaire respecté de tous, comment ceux qui l'entourent pourraient-ils d'ailleurs penser autrement à la vue des réformes qui impriment au cours de ces années une réelle modernisation à l'Empire ?

Dans ce climat familial paisible, le jeune Volodia poursuit de brillantes études. Au lycée, son proviseur est un homme dont la carrière ressemble à celle de son père ; il s'appelle Fedor Kerenski. Plus tard, il sera au Turkestan inspecteur général de l'enseignement comme l'avait été, à Simbirsk, Ilia Oulianov. Ironie de l'Histoire, aux carrières parallèles des pères correspondront les destins un temps parallèles des fils : Vladimir Oulianov sera un éphémère avocat et le chef de la révolution d'Octobre ; Alexandre Fedorovitch Kerenski, avocat lui aussi, mais de grande notoriété, orateur remarquable, sera l'une des figures de proue de la révolution de Février.

La fin des jours heureux

Mais, avant que les événements ne poussent sur le devant de la scène ces deux personnages qui ne sont encore qu'adolescents, deux événements bouleversent la vie de Volodia Oulianov et vont peu à peu l'écarter du chemin qui semblait tracé pour lui.

C'est d'abord, au début de l'année 1886, alors qu'il vient d'avoir seize ans, la mort subite de son père, victime à cinquante-cinq ans d'une hémorragie cérébrale. Les effets de cette disparition sont immédiats. Sans doute Maria Alexandrovna réagit-elle aussitôt en demandant au gouvernement une pension qui lui permettra de pourvoir à l'éducation de ses enfants. Elle dispose aussi du domaine hérité de son propre père, et des revenus qui y sont liés. Mais la famille cesse de bénéficier du prestige paternel.

Plus tragique dans ses conséquences fut l'exécution d'Alexandre Oulianov, le turbulent frère aîné. Il a alors vingt ans, son père vient de disparaître et il poursuit de brillantes études scientifiques à l'université de Saint-Pétersbourg. En 1886, la Russie vit une période étrange. Alexandre III, qui a succédé à Alexandre II en 1881, est hanté par le souvenir du régicide qui coûta la vie à son père ; il est profondément troublé par le constat que les réformes n'ont en rien apaisé le terrorisme, et convaincu qu'il faut à son pays, pour y mettre fin, une autorité sans faille. Le haut procureur du Saint-Synode, Constantin Pobedonostsev, lui a écrit au lendemain du meurtre : « L'heure est terrible, mais il n'y a pas de temps à perdre. C'est maintenant qu'il faut sauver la Russie. Si l'on vous chante les anciens chants de sirènes prétendant qu'il faut se calmer, continuer dans le même esprit libéral, faire des concessions à ce qu'on appelle l'opinion publique, ne le croyez pas, ce serait la perte de la Russie et la vôtre[2]. » Ainsi encouragé à réprimer, Alexandre III poursuit les organisations révolutionnaires de sa vindicte, bien décidé à les démanteler et à faire exécuter tous les terroristes qui seront pris. Cette politique de répression rigoureuse n'arrête en rien le mouvement. Les tentatives d'assassinat, dirigées cette fois contre lui, se multiplient, et les organisations révolutionnaires prolifèrent. C'est de l'une d'elle que va venir la tragédie qui endeuillera à jamais les Oulianov. Alexandre s'est lié à Saint-Pétersbourg avec un jeune noble, Piotr Chevyrev, fondateur d'une section terroriste de la *narodnia volia** (Liberté du peuple) dont l'activisme parmi les étudiants de la capitale est grand. En 1887, le groupe prépare un attentat contre l'empereur, dont la date est fixée au 1er mars 1887, afin, pensent les conjurés, d'impressionner les esprits par cette commémoration éclatante du meurtre d'Alexandre II. Alexandre Oulianov, qui est en train de rédiger son mémoire de diplôme sur les « araignées de mer », est l'un des rédacteurs des violentes proclamations appelant au coup de force. Mais la police s'active, découvre le complot et arrête les principaux conjurés. Le programme rédigé par le scientifique Oulianov demande la nationalisation de la terre et des entreprises, et l'instauration d'une démocratie. Commentaire du tsar : « C'est tout simplement la Commune de Paris[3]. »

Quinze inculpés sont déférés au tribunal spécial du Sénat ; tous sont condamnés à mort, mais dix d'entre eux seront en définitive graciés. Si Alexandre Oulianov ne l'est pas, c'est qu'au cours du procès il a revendiqué hautement sa responsabilité, allégeant d'autant celle de

---

* *Volia* se traduit par « volonté » ou par « liberté ».

ses coïnculpés. C'est qu'il dit ensuite son refus de toute grâce et de toute manifestation de repentir. Sa mère a beau plaider sa cause à Pétersbourg, invoquer auprès du souverain la clémence au nom des services rendus à l'Empire par son mari, l'intransigeance de son fils conduit le tsar à refuser tout geste de générosité. Alexandre Oulianov et ses cocondamnés, dont Chevyrev, cheville ouvrière du mouvement, sont pendus le 11 mai 1887.

Quelle influence eut cette tragédie sur le futur Lénine ? La réponse est difficile à apporter. La légende soviétique a intimement lié le martyre d'Alexandre et la vocation révolutionnaire de son frère. À examiner de près ses activités en ces mois terribles pour sa famille, on constate que Vladimir Oulianov poursuit paisiblement ses études et passe avec succès les examens qui vont lui ouvrir les portes de l'université de Kazan. Il va y entamer des études de droit. À l'université, il jouit d'une protection désormais nécessaire, celle de son ancien proviseur du lycée de Simbirsk : Fedor Kerenski craint en effet que le nom de son frère ne pèse sur Vladimir et n'incite les autorités à les confondre dans une même méfiance.

L'attitude de Vladimir Oulianov est quelque peu indécise. Il ne manifeste pas encore un très vif intérêt pour la vie politique. Mais, peu à peu, il est pris par l'atmosphère agitée du milieu universitaire. Les manifestations, même si elles sont interdites, se poursuivent. Les étudiants sont incités à se présenter en porte-parole d'une jeunesse dont une part non négligeable a perdu tout espoir de fréquenter l'université, soit parce que les droits d'entrée y ont été relevés de manière brutale, ce qui condamne les candidats modestes, soit en raison des mesures discriminatoires qui limitent l'accès des Juifs aux études supérieures.

Kazan est un centre universitaire non moins agité que Saint-Pétersbourg, et, sans manifester un zèle excessif, il est incontestable que Vladimir Oulianov, poussé par la curiosité, le mouvement général, n'est pas absent des réunions estudiantines que les autorités réprouvent. Mais la sanction brutale dont il va faire l'objet n'est pas à la mesure de sa participation, plutôt épisodique et passive, à ces rencontres et débats. Elle est plutôt déterminée par le nom qu'il porte. Dès lors que les autorités souhaitent faire un exemple, c'est un Oulianov qui se doit d'être frappé. N'est-il pas d'emblée suspect ? En décembre 1887, malgré le plaidoyer ardent de Kerenski, toujours attentif au destin de son protégé, celui-ci est exclu de l'université, prié de quitter Kazan et assigné à résidence dans le domaine familial. Sa mère qui, quelques mois plus tôt, s'était rendue à Pétersbourg pour tenter de sauver la vie de son fils aîné, refait le même trajet pour sauver les études de Volodia. Ce n'est plus l'empereur qu'il lui faut désormais convaincre, mais le ministre de la Police Dournovo, qui ne veut rien entendre. Pour lui, il ne s'en cache pas, le frère d'un terroriste ne peut qu'être dangereux ; peu importe qu'il n'ait pas encore fait montre d'intentions révolutionnaires. Son nom suffit à le condamner.

Le « frère du pendu »

Chassé de l'université, contraint pour un temps à vivre à la campagne, privé de tout contact avec ceux qui furent ses condisciples, Vladimir Oulianov ne trouve que deux moyens de meubler son exil et de préparer l'avenir : travailler pour se présenter dès que possible en candidat libre aux examens de droit ; et surtout lire.

Mais que lire lorsqu'on est le frère d'un martyr de la lutte politique ? lorsqu'on est suspecté d'idées avancées ? lorsqu'on a constaté à l'université le prestige de la pensée socialiste ou anarchiste ? Il va de soi que c'est vers ce type de lectures que Vladimir va désormais se tourner. Puisqu'il est soupçonné de sympathies révolutionnaires, autant savoir ce que recouvre cette accusation. Marx, la littérature sociale russe, et avant tout Tchernychevski, qui sera, il le dira plus tard, son maître à penser, tout lui est bon pour voir clair en lui-même et comprendre aussi ce qui se passe dans son pays. C'est alors sans doute que le souvenir d'Alexandre s'impose à lui et qu'il devient, en son for intérieur, le « frère du pendu ».

La fréquentation assidue des auteurs sulfureux – aux yeux du pouvoir – n'empêche pas Vladimir de poursuivre son projet initial : acquérir le diplôme qui lui permettra d'exercer la profession d'avocat. En 1892, c'est fait, il est diplômé de l'université de Saint-Pétersbourg, même si, pour un candidat libre, ce n'était pas chose aisée. Et il s'installe comme avocat stagiaire à Samara, puisqu'il y est autorisé.

Sa carrière d'avocat ne mérite guère de retenir l'attention. Elle fut brève, et jamais Vladimir Oulianov ne plaida d'affaire conséquente. Quelques disputes de bornage entre propriétaires terriens, quelques affaires financières l'intéressant directement, là s'arrête toute son activité, la seule, dans son existence, qui lui permît d'espérer gagner sa vie. Car gagner sa vie ne lui sera jamais une véritable préoccupation.

D'ailleurs, voici que la rigueur policière à son encontre s'allège. Après les dures années de répression, après les grandes catastrophes – famine de 1891, choléra de 1892 – suivies d'inévitables troubles sociaux, une certaine paix revient en Russie. L'étau du pouvoir se desserre. Dans une atmosphère de fin de règne – Alexandre III meurt en 1894 –, une contestation relativement désorganisée se développe dans les grandes villes et parmi les nationalités. Vladimir Oulianov en profite pour quitter Samara en septembre 1893 et s'installer à Saint-Pétersbourg où il exerce un bref moment dans le cabinet de l'avocat Volkenstein.

DÉCOUVERTE DE LA CLASSE OUVRIÈRE

Ces deux années à Saint-Pétersbourg (septembre 1893-décembre 1895) sont les seules années de contacts – très relatifs, au demeurant – du jeune Oulianov avec la classe ouvrière. Ce sont aussi, assure sa sœur dans la biographie publiée sous son nom et déjà évoquée, des années au cours desquelles son métier d'avocat lui fut un gagne-pain, ce qui est plus douteux. L'important est sa rencontre avec une jeune fille déjà très engagée dans l'action politique, sinon révolutionnaire : Nadejda Kroupskaïa, qui deviendra sa fidèle collaboratrice et qu'il épousera.

Personnage austère et peu séduisant que cette jeune personne entichée d'idées avancées. Nadejda Kroupskaïa est de quelques mois plus âgée qu'Oulianov. Comme lui, elle revendique les origines nobles de ses deux parents. Il est remarquable qu'elle le souligne dans le texte autobiographique qu'elle a confié à l'encyclopédie *Granat* et qui fut rédigé après la disparition de Lénine. Origine noble mais pauvre, écrit-elle, puisque ses parents, tous deux orphelins, avaient été élevés « aux frais de l'État » et avaient pu ainsi poursuivre des études poussées. Le père, officier de carrière, fut accusé d'activités subversives, jugé, cassé, chassé de l'armée. Il mourut peu après, en 1883, alors que sa fille n'avait que quatorze ans. C'est à la veuve, femme de grand caractère, que revint alors la charge d'assurer l'éducation de sa fille et leur vie matérielle. Toutes deux vécurent des leçons données par la mère et grâce à la location de chambres à des étudiants. Nadejda termina ses études secondaires brillamment, « avec une médaille d'or », écrit-elle. Elle s'intéressa un temps aux idées de Tolstoï, fort en vogue à l'époque, puis se tourna vers la classe ouvrière à laquelle elle allait, pendant les quatre années à venir – 1891-1895 –, consacrer une part importante de son temps. Elle dispensait des cours du soir et des cours du dimanche non seulement aux adultes, mais aussi aux enfants de familles nécessiteuses. Même si ses centres d'intérêt politiques contribuent à orienter son activité, Nadejda Kroupskaïa ne constitue nullement une exception. En cette fin de siècle, nombreux sont les jeunes gens – les jeunes femmes surtout – issus de la noblesse qui tiennent pour un devoir de contribuer à développer le niveau d'éducation populaire. Le populisme avait déjà exprimé vingt ans plus tôt cette volonté de se lier au peuple, mais il s'agissait alors des paysans.

Le développement de la classe ouvrière, au cours des années d'industrialisation rapide, favorise l'élan d'une jeunesse idéaliste vers les ouvriers. Engagée dans cette action depuis déjà deux ans lorsque Vladimir Oulianov entre dans son existence, Nadejda Kroupskaïa l'aide à prendre contact avec le milieu ouvrier dont il ne sait rien. « C'est à cette époque, assure-t-elle, que je devins marxiste[4]. » Affirmation rapide, difficile à vérifier. Ce qui est certain, c'est que dans une capitale où le débat politique est très vif au sein de petits cercles que fréquentent à la fois des étudiants et des intellectuels déjà renommés – tel Piotre Struve – Oulianov et Kroupskaïa vont multiplier les rencontres et, par là, acquérir la réputation de sympathisants des idées avancées. Dans la maison de Kroupskaïa aussi, autour de sa mère, grâce en partie aux locataires, ces réunions sont fréquentes, et Vladimir Oulianov en devient un visiteur assidu.

Est-il alors aussi un soupirant assidu ? Sans doute accompagne-t-il souvent Nadejda à ses cours destinés aux ouvriers. Ils se rendent ensemble dans maintes soirées, politiques et non mondaines, cela va de soi. Pour autant, il ne semble pas qu'ils témoignent encore de sentiments dépassant les limites d'une solide amitié et d'un commun intérêt pour le débat politique.

On ne peut oublier que Vladimir Oulianov a été depuis l'enfance entouré, libéré de toutes difficultés matérielles par des femmes. Sa mère, ses sœurs ont toujours veillé à sa tranquillité. À Saint-Pétersbourg, âgé de vingt-trois ans, n'a-t-il pas apprécié à sa juste valeur l'accueil reçu dans une maison où il retrouvait, d'une certaine manière, ce qu'il avait toujours connu : une mère assurant à son enfant une vie protégée ? Les deux femmes ne seront séparées que par la mort. Toujours la mère de Kroupskaïa suivra sa fille et partagera sa vie. Il retrouve aussi dans la personnalité de Nadejda, dont les curiosités et les activités rejoignent les siennes, certaines de ses sœurs : Olga, la préférée, déjà disparue ; et Anne, qui viendra s'adjoindre au cercle de femmes qui constituera son entourage permanent. Mais, en dépit de ses visites fréquentes dans l'appartement de Nadejda, Vladimir ne se pose pas clairement en prétendant, et nul ne saurait encore prévoir que leurs destins vont être à jamais confondus.

Pour l'heure, leur attention à tous deux se porte de manière grandissante sur les idées de gauche. La situation en Russie se prête à de tels développements. À l'empereur Alexandre III a succédé en 1894 un jeune souverain au caractère peu affirmé, mais de grande bonne volonté. Il entend poursuivre l'œuvre de son père – maintenir l'autocratie, seul système qui convienne à la Russie, pense-t-il – mais, en même temps, il souhaite se concilier l'amour du peuple. De là une politique oscillant entre rigueur et souplesse, dont profitent avant tout les groupes contestataires pour multiplier et élargir leurs activités.

À LA RENCONTRE DES « PÈRES FONDATEURS »

Au début de l'année 1895, Vladimir Oulianov sort pour la première fois de Russie. Il se rend en Suisse pour y rencontrer les grandes figures historiques du marxisme russe : Plekhanov, Axelrod, Vera Zassoulitch. L'accueil reçu est mitigé. Pour ces personnages prestigieux, le jeune homme qui leur rend visite présente peu d'attraits. Physiquement, il étonne par un vieillissement prématuré. À vingt-cinq ans, on lui en donnerait volontiers, assurent les témoins, près de quarante. Petit, maigre, une calvitie précoce découvrant un front immense, des cheveux clairsemés, la barbe d'un roux déjà éteint, tout cela faisait surtout ressortir son type asiatique – hérité de la grand-mère kalmouke – et des yeux remarquables mais déconcertants. Un regard trop perçant, trop appuyé, d'une couleur indéfinissable, un « regard de loup », diront certains. Pour tous, très tôt, son physique inspire deux sobriquets qui font oublier son âge : *le Vieux* ou encore *le Chauve*.

Mais les réticences de ses aînés ne sont pas seulement liées à son aspect physique ; c'est dans le domaine intellectuel que la rencontre débouche sur une certaine incompréhension. Peu auparavant, Vladimir Oulianov avait publié sous la signature de « Touline » une critique virulente du livre de Struve sur le populisme. Les « pères fondateurs » du marxisme russe trouvent que le jeune Oulianov fait preuve d'une grande étroitesse d'esprit, qu'il est plus animé par l'esprit polémique que par une véritable appréhension des problèmes russes de cette fin de siècle. Si la rencontre est tout de même un succès – ses hôtes l'encouragent à publier en Russie un journal politique –, c'est que ceux-ci sont sensibles à la volonté d'agir qui inspire leur jeune visiteur. Mais, au-delà des encouragements, des promesses de travailler ensemble, on peut penser que, dès ce moment, se creuse la faille qui ne cessera de s'approfondir entre Plekhanov et le futur Lénine. Le premier a sans doute perçu, derrière la volonté, le cynisme qui se manifestera par la suite. Quant à Vladimir, il devine et rejette chez son interlocuteur les scrupules de l'intellectuel raffiné.

Ce très bref voyage va marquer la dernière phase du séjour pétersbourgeois. Oulianov se veut désormais actif dans le mouvement révolutionnaire, il multiplie les écrits – essentiellement, on y reviendra, pour critiquer les idées populistes –, rédige des manifestes de circonstance, notamment pour le Premier Mai, et s'efforce de donner vie au journal que lui ont suggéré de créer Plekhanov et Axelrod. Ce sera un journal clandestin, *Rabotchaia Gazeta* (le Journal ouvrier), dont il écrira lui-même tous les articles. Le 9 décembre 1895, la publication est prête, mais la police intervient. Le futur Lénine est arrêté, comme la plupart de ceux qui l'entourent ; le matériel est saisi. Pendant un an et deux mois, le temps de l'enquête, c'est la prison, point trop dure puisque le détenu peut s'y livrer à une inlassable activité, faisant venir des livres pour parfaire sa formation et préparer, grâce à ses lectures, ses propres écrits. Il peut communiquer – clandestinement, sans doute, mais efficacement – avec ses amis, surtout avec Nadejda, laquelle ne sera arrêtée qu'au cours de l'année 1896 pour participation aux grandes grèves qui, en mai-juin, mobiliseront d'importantes cohortes ouvrières. Par ses divers correspondants, Vladimir Oulianov fait passer à l'extérieur de petits pamphlets, des instructions à divers groupes, confortant les autorités dans leur conviction qu'elles ont affaire à un dangereux révolutionnaire. Cela justifie la décision d'« exil » (relégation) prise à son encontre en février 1897. Il est alors astreint à passer trois années en Sibérie.

UNE RELÉGATION CONFORTABLE

Il faut, à ce point, accorder attention aux méthodes du pouvoir tsariste que ses successeurs accuseront d'avoir été si sanguinaire. Après un séjour en prison qui ne ressemble en rien à la détention subie ultérieurement à la Loubianka par les victimes de la terreur soviétique – lesquelles ne pouvaient ni s'entourer de livres, ni préparer des pamphlets, ni les communiquer à l'extérieur –, Lénine est mis en liberté pour trois jours afin de « régler ses affaires », écrit sa sœur, et d'organiser lui-même son départ pour la Sibérie. Trois jours que cet homme, tenu pour dangereux, consacre à des rencontres avec des amis du mouvement révolutionnaire. Puis il va partir, mais dans quelles conditions !

Sa mère, qui n'a cessé de veiller sur lui, reprend ses démarches auprès des autorités. Et présente deux requêtes – combien étonnantes – au ministre de la

Police. Tout d'abord, que son fils parte pour l'exil par ses propres moyens, en homme libre, « sans escorte », précisera Anna Oulianova-Elizarova, apparemment peu consciente de l'énormité de sa demande. Par ailleurs, invoquant la piètre santé de son fils, Maria Alexandrovna plaide qu'il doit séjourner dans des lieux cléments, telle la ville de Krasnoïarsk ou la région sud de l'Ienisseï. Son fils n'hésite pas à cosigner ces demandes qui seront pour l'essentiel acceptées, et il pourra ainsi voyager confortablement par le Transsibérien, à ses frais, ou plutôt aux frais de sa mère. Il va s'installer à Chouchenskoïe, dans le district de Minoussinsk, où il passera trois ans. La clémence des autorités ne s'arrêtera pas là. Après six mois passés en prison, Nadejda Kroupskaïa fut assignée à résidence à Oufa, en pays bachkir. Elle demanda alors aux autorités que ce lieu d'exil fût changé pour Chouchenskoïe afin qu'elle pût y rejoindre son fiancé, Vladimir, l'épouser et vivre en sa compagnie !

Au début de 1898, Nadejda Kroupskaïa arrive donc, avec l'agrément des autorités, chez son fiancé. Elle est accompagnée de sa mère qui va partager sa vie et celle de son époux. En effet, non seulement le mariage a lieu mais – la mère de Kroupskaïa y a insisté – il est célébré religieusement, selon le rite orthodoxe dans lequel tous deux ont reçu le baptême plus d'un quart de siècle auparavant. Le mépris où les marxistes tiennent la religion ne semble pas impressionner le couple qui se conforme sans protester à la tradition.

L'exil de Vladimir Ilitch et de sa nouvelle famille fut somme toute très supportable. Dans son récit, marqué par la volonté d'effacer toute trace de bienveillance des autorités, d'en faire une période de travail et de réflexion, Anna Oulianova-Elizarova ne peut s'empêcher d'évoquer certaines facilités de la vie des « déportés » à l'époque tsariste : « Dans le village de Vladimir Ilitch ne vivaient que deux ouvriers polonais, mais dans les autres villages du district habitaient des camarades qu'il rencontrait pour des fêtes, des mariages... » Ainsi, l'on constate qu'être exilé n'empêchait – l'exemple de Lénine en témoigne – ni de se marier, ni de se rassembler entre habitants de diverses localités. Au cours de cette période, Lénine s'adonna souvent aux activités physiques qui lui étaient chères : la chasse, la pêche et de longues marches favorisées par une nature sauvage et splendide. Sans doute eut-il aussi les activités intellectuelles que met en avant avec complaisance sa sœur : traduction de l'ouvrage alors fameux du couple Webb, *Théorie et Pratique du trade-unionisme*, rédaction d'opuscules personnels dont il avait rassemblé les matériaux en prison, pamphlets qu'il envoie à l'étranger. Publiés, ils n'incitent cependant pas les autorités à contrôler les activités de cet exilé si zélé dans sa lutte contre le régime. Dans ces travaux polémico-littéraires, sa femme joue un rôle considérable ; elle collabore aux traductions, rassemble les matériaux des écrits futurs. Plus qu'une jeune mariée, Nadejda est une collaboratrice indispensable à un Lénine soucieux de partager son temps entre les plaisirs de la nature et le travail intellectuel. Quant aux tâches matérielles du ménage, elles incombent dès cette époque à la mère de Nadejda qui libère ainsi sa fille et son gendre de tout souci pratique.

Plusieurs autres aspects de cette vie méritent d'être soulignés. Tout d'abord le fait que, comme les autres relégués qu'ils rencontrent pour des soirées plaisantes où l'on jouit parfois des fruits de la chasse, les Oulianov ne subissent aucune contrainte, hors la nécessité de vivre là ou ils ont été assignés à résidence. Mais, dans un rayon non négligeable, ils disposent d'une grande liberté de mouvement pour visiter les exilés du voisinage, organiser des parties de chasse ou de pêche. Ils bénéficient aussi de larges possibilités de rencontre. Après tout, ces révolutionnaires ont été jugés dangereux pour le régime. Or non seulement on ne les prive pas du droit de se rassembler, mais on ne les écarte pas non plus de la population locale auprès de laquelle ils se livrent volontiers à une active propagande. Pour ceux qui y sont condamnés, la relégation est l'occasion d'élargir leurs contacts sociaux et de porter les idées révolutionnaires aux confins de l'Empire. Les autorités locales contemplent cette agitation sans réagir, car la condition d'« exilé » ne s'accompagne pas de contraintes. Les ennemis du régime sont traités avec une étonnante mansuétude et même avec déférence ; les témoignages sur ce point abondent. Ils ne sont pas non plus astreints ni même invités au moindre travail organisé par les autorités. En résumé, hormis l'obligation de séjourner en Sibérie, ils sont libres de vivre à leur guise, de voir qui il leur plaît, de se livrer à toutes les activités de loisir ou de subversion qui leur conviennent. Du voyage confortable en Transsibérien à cette existence paisible, on ne peut que constater à quel point le sort des ennemis du tsarisme fut éloigné du traitement infligé plus tard aux « ennemis du peuple ». La cruauté des bolcheviks au pouvoir, leur violence sans frein, ce n'est pas le tsarisme affaibli et donc plus policé de la fin du XIXe siècle qui les leur aura enseignées !

Sans doute le statut des déportés, au début de ce siècle, avait-il été infiniment plus dur. Mais, même alors, on ne peut oublier que les femmes des décabristes qui avaient gagné la Sibérie dans d'effroyables conditions avaient réussi à rejoindre leurs maris et à partager leur vie de relégués. Sous le régime soviétique, les individus traqués par le pouvoir – en général sans raison aucune, au hasard des « quotas de déportation » ou pour le seul crime d'appartenir à une catégorie sociale ou ethnique rejetée (les Tatars de Crimée, les Tchétchènes, les Ingouches, etc.) – seront arrachés à leurs foyers, à leurs familles, et perdront généralement tout lien avec eux.

Au surplus, cet « exil » d'une dureté toute relative ne sera pas de longue durée. En 1900, Lénine peut quitter la Sibérie, libre d'aller là où il l'entend, à l'exception des grands centres universitaires ou industriels où le pouvoir craint que les anciens relégués, forts du prestige attaché à leur séjour sibérien, ne deviennent d'emblée des agitateurs très écoutés. Après un bref séjour à Moscou auprès de sa famille, Vladimir Oulianov décide de s'installer à Pskov. Quant à Nadejda, qui a encore devant elle une année d'exil lors de la libération de son mari, elle choisit alors de regagner Oufa où elle a gardé des contacts étroits avec le milieu révolutionnaire. Peu contrariantes, les autorités qui ont autorisé trois ans plus tôt son déménagement à Chouchenskoïe, l'autorisent de même à repartir pour le pays bachkir. Peu leur importe la raison d'une telle demande. Peu leur chaut, dirait-on, que Kroupskaïa se livre à nouveau à une activité révolutionnaire qu'il est difficile d'ignorer. Elle restera à Oufa jusqu'en 1901, date à laquelle elle manifestera le désir de s'installer à l'étranger, ce qui lui sera naturellement accordé. À chaque déménagement, l'exilée Kroupskaïa se fait suivre de son ménage, c'est-à-dire de sa mère, dont elle est inséparable, de ses livres et de tous les biens nécessaires à la vie quotidienne. Si l'exil n'est pas doré, il ne manque assurément pas de commodités.

Avec la fin de la relégation s'achève pour le couple Oulianov le temps de l'apprentissage de la vie révolutionnaire. Comme pour mieux marquer cette rupture qui se produit pour tous deux aux abords de la trentaine, Oulianov va devenir à jamais « Lénine » en utilisant dès lors cette seule signature. Il avait auparavant été tour à tour, au bas de ses écrits, « V. Ou. », « Touline » (par référence à la ville de Toula), Pétrov, V. Iline. C'est en 1901 qu'il adopte le nom de Lénine. C'est sous ce nom que le « noble héréditaire Oulianov » va entrer dans l'Histoire, bouleverser le destin de son pays, et, dans une certaine mesure, ébranler celui du monde entier.

CHAPITRE II

La Russie au creuset du changement

L'EMPIRE DE « TOUTES LES RUSSIES »

La Russie n'est plus, en 1900, le pays décrit encore quelques décennies plus tôt par tous les voyageurs comme un lieu de barbarie et d'arriération. Ce qui est constant, sans doute, c'est l'énormité de l'espace et de la diversité humaine. L'espace n'a cessé de s'étendre, même si, juste avant la naissance de Lénine, en 1867, l'Empire russe, installé sur le continent américain, s'était défait de l'Alaska en le vendant aux États-Unis. Mais il demeure un ensemble immense, eurasiatique, dont les frontières ne seront définitivement arrêtées qu'en 1895. Deux mondes constituent cet Empire : la Russie proprement dite et ses possessions occidentales – provinces baltes, Finlande, Pologne –, tout entières tournées vers l'Europe ; et la seconde Russie qui s'étend vers l'est et le sud, espace quasi colonial de Sibérie, d'Extrême-Orient, des steppes. Ces deux Russies englobent des populations numériquement importantes, mais disparates par leurs civilisations, leurs niveaux de développement, leurs modes de vie.

La population totale de l'Empire est fort nombreuse : le recensement de 1897 y a dénombré cent vingt-trois millions d'habitants, alors que les États-Unis n'en comptent alors que quatre-vingt-quinze millions, et l'Allemagne soixante-huit millions. Mais cette population est dispersée dans un espace immense, mal répartie, et on ne compte en moyenne que sept habitants au kilomètre carré. La natalité est très forte, mais la mortalité ne l'est pas moins, surtout celle des enfants. La Russie a connu de nombreuses catastrophes démographiques, famines et épidémies. Mais, au tournant du siècle, les progrès de l'agriculture et ceux de la médecine semblent indiquer que de tels malheurs appartiennent au passé. La grande famine de 1891, le choléra de 1892 ont été – du moins est-ce l'espoir des Russes – les derniers épisodes tragiques de leur vie collective.

La diversité culturelle et ethnique est l'autre trait dominant de cette population. Le recensement de 1897 montre que 55,7 % des ressortissants de l'Empire ne parlent pas le russe, et ne sont donc pas considérés comme Russes. Ces hommes aux parlers divers sont aussi distincts par leurs convictions qui souvent commandent leurs modes de vie. Chrétiens en majorité – orthodoxes, mais aussi catholiques (que l'Empire persécute) et luthériens –, ils sont concentrés dans la partie occidentale du pays. Musulmans dans le sud et l'est du pays, généralement turcophones, mais pas toujours, ou parfois bouddhistes, en Sibérie surtout. Enfin, dans le Caucase – pour partie chrétien –, près d'une centaine de petits peuples et de langues se côtoient. La géographie, en sus des cultures, contribue à consolider des comportements différents. Le paysan russe s'est battu contre la forêt pour conquérir un espace viable ; le sédentaire de l'Asie centrale s'est battu pour disposer de l'eau nécessaire à sa survie ; le nomade, pour sauver des zones de migrations.

L'Empire, qui a conquis en quatre siècles – de 1552, date de la chute du khanat de Kazan, à 1900 – tous ces peuples, n'a pas eu le temps de s'interroger sur leur unité future, de les agréger vraiment. La Russie juxtapose ainsi Russes et allogènes *(inorodtsi)* et est en définitive, comme l'a écrit un voyageur anglais, l'« espace de toutes les Russies[1] ».

Lénine, parce qu'il fut exilé dans la lointaine Sibérie, a pu prendre la mesure de l'immensité et de la variété humaine de son pays. Après son enfance passée dans une Russie d'Europe déjà diverse, ce séjour sibérien lui a fait prendre conscience de l'infinité du territoire russe, de la richesse de ses paysages, mais aussi de celle de ses civilisations. Le Russe des villes, le paysan-colon de Sibérie, les Tchouvaches rencontrés dans l'exil mais aussi à Simbirsk, les Tatars croisés dès la petite enfance, puis retrouvés à Kazan, ont en commun de lui donner d'emblée une vue précise de l'Empire. Il y gagnera de s'être très tôt interrogé sur le problème colonial qui ne préoccupera que modérément la plupart de ses amis.

UNE SOCIÉTÉ QUI SE TRANSFORME

L'Empire si divers est aussi un Empire en mouvement où progrès et problèmes se conjuguent. L'émancipation des paysans fut en 1861 un acte d'une portée politique considérable, puisqu'il transformait les serfs en citoyens. Mais le problème agraire fut loin d'être résolu pour autant. Si, à compter de cette date, les paysans ont eu la possibilité de racheter la terre, les moyens matériels de le faire leur ont généralement manqué. Beaucoup, trop pauvres pour user de ce droit, l'ont cédé ; d'autres se sont durablement endettés. La campagne juxtapose dans les dernières décennies du siècle de grands propriétaires fonciers, des paysans riches, des propriétaires de parcelles exiguës, des paysans sans terre. L'exploitation communautaire *(mir)*, maintenue par la réforme, regroupe les paysans et répartit les terres entre les familles tous les cinq ou six ans. Dans un pays qui compte 80 % de paysans, la « soif de terre » et les hostilités entre riches et pauvres tiennent une place considérable. L'agitation rurale est latente et nul ne peut ignorer que la campagne est dominée par des tendances subversives rampantes dont tout mouvement politique organisé pourrait jouer. Le pouvoir est loin d'en être inconscient et tente, pour apaiser cette paysannerie dont les soubresauts l'inquiètent, de favoriser la migration rurale vers la Sibérie, solution de type américain qui séduit plus les autorités que les intéressés. En 1900, un million de paysans à peine se lancent dans l'aventure de la colonisation des terres disponibles.

En l'espace de deux décennies, le choix d'un développement économique de type surtout industriel, fait par Alexandre III à la mort de son père, a porté ses fruits. La Russie s'urbanise très rapidement et l'installation en ville tente des paysans découragés par la pauvreté rurale. Si, durant très longtemps, les cités russes ont été avant tout des marchés où les habitants étaient attirés par les transactions qui s'y effectuaient, à la fin du XIXe siècle l'industrialisation accélère le développement urbain et y fixe une population stable. Moscou et Saint-Pétersbourg, qui compteront au début du XXe siècle entre un million et un million deux cent mille habitants, sont de grands centres où tous les types d'industries sont représentés. Fait remarquable, ce développement industriel s'étend à la partie coloniale de la Russie ; les allogènes y participent largement, ce qui ne sera pas sans conséquences sur l'expansion des grands mouvements sociaux. Enfin, l'essor du chemin de fer, vital pour un pays aussi étendu, contribue à modifier la vie de l'Empire, favorisant encore l'urbanisation et les échanges humains.

Cette transformation économique rapide a pour effet de donner naissance à une classe ouvrière encore réduite en nombre – moins de trois millions d'individus – mais concentrée dans les grandes agglomérations industrielles. Cette classe ouvrière balbutiante est loin d'être passive. Sa condition matérielle est très dure et elle en a une conscience aiguë, peut-être parce que la rupture avec la vie à la campagne a été brutale, et que les villes, qui changent de jour en jour, ne sont guère accueillantes. L'industrialisation galopante a pour cadre de grandes usines ô combien éloignées des conditions de vie et des relations humaines du village. Enfin, en ces temps de capitalisme naissant, les entrepreneurs se montrent généralement implacables envers ceux qu'ils emploient, leur déniant tout droit. Pour autant, les ouvriers ne sont pas sans défense. Les deux tiers d'entre eux ont appris à lire, souvent grâce aux cours que leur prodiguent de jeunes gens attachés à leur cause, comme le faisait Nadejda Kroupskaïa avant son arrestation. Ils sont ainsi capables de déchiffrer ou de se faire lire les tracts marxistes, de réfléchir à leurs problèmes et de se rassembler autour de revendications communes.

Cette prise de conscience d'une classe ouvrière misérable et mobilisable est à l'origine des grèves et mouvements revendicatifs de la dernière décennie du XIXe siècle, mais aussi de certains progrès de la condition ouvrière. Confronté à la montée du mouvement ouvrier, le gouvernement est acculé à quelques concessions. À l'issue des grandes grèves qui paralysent en 1896-1897 l'industrie textile de Saint-Pétersbourg, Witte, alors maître d'œuvre de la politique économique de Nicolas II, entreprend une réforme du temps de travail. La loi adoptée limite la journée de travail à onze heures trente, le travail de nuit à dix heures, et fait du dimanche une journée de repos. Au regard de la législation sociale en vigueur dans le monde industrialisé à la fin du XXe siècle, ces dispositions paraissent effarantes et nul n'ose imaginer qu'elles aient pu constituer un progrès. Mais, pour la Russie d'alors où droit syndical et droit de grève n'existent pas, où presque rien ne vient limiter l'arbitraire patronal, c'est déjà un succès pour les ouvriers.

Au reste, ce n'est pas dans le temps, mais plutôt dans l'espace qu'une comparaison entre les législations du travail pourrait avoir un sens. Si, en Angleterre, la loi limite dès 1878 la journée de travail à dix heures et impose un repos obligatoire le samedi après-midi et le dimanche, la célèbre « semaine anglaise » n'est guère imitée ailleurs. En France, pays que les révolutionnaires russes tiennent pour avancé, la législation sociale à la fin du XIXe siècle est loin d'être exemplaire, et pourrait fort bien convenir à des patrons russes. Illimitée avant 1848, la durée quotidienne du travail y a été réduite après cette date à douze heures. Depuis lors, en dépit des mesures ponctuelles et locales, et jusqu'en 1914, nombre d'entreprises s'en tiennent à la législation de 1848[2], et la journée de dix heures constitue plutôt l'exception. Elle est imposée pour les femmes en 1900. Seuls les mineurs de fond et les enfants sont moins durement traités depuis la fin du XIXe siècle. Quant au repos hebdomadaire, s'il a été respecté en France jusqu'en 1881 pour des raisons religieuses, il est alors aboli et ne sera rétabli qu'en 1906, alors qu'en Allemagne il est obligatoire depuis 1891. Le statut de l'ouvrier russe est donc, sur ce plan, assez proche de celui de son homologue français. C'est sur celui des libertés syndicales et du droit de grève que la Russie fait exception à l'évolution générale. Partout ailleurs, en Angleterre, toujours pionnière, mais aussi en Allemagne, en Belgique, en France, en Italie, libertés syndicales et droit de grève font partie du statut ouvrier à compter de leur conquête dans les années 1870-1890.

En dépit de ces libertés, ou parce qu'elles existent, la mobilisation ouvrière devient à partir de 1895 un élément commun à toute l'Europe occidentale. Si les mouvement forts sont décalés dans le temps d'un pays à l'autre, les évolutions sont analogues et partout le pouvoir doit trouver des réponses aux exigences populaires. Comment la Russie échapperait-elle à cette agitation alors que les ouvriers russes sont, grâce à un mouvement révolutionnaire actif, informés des luttes qui se déroulent ailleurs, et de leur propre retard en matière de droits et de libertés ? Voilà qui explique qu'ils veuillent tenter de les arracher par la force.

Un pouvoir immobile

La société russe se trouve alors en plein bouleversement. Certes, elle est encore en majorité paysanne. Mais les éléments dynamiques, ceux qui témoignent d'une adaptation nécessaire à une économie modernisée, vivent dans les villes : ouvriers, étudiants et plus largement intelligentsia – on y reviendra. Ce qui manque encore à ce paysage social, c'est la bourgeoisie qui eût pu, si elle avait existé, contribuer tout à la fois au progrès et à une certaine stabilité[3].

Confronté à cette société changeante, le pouvoir est bien démuni. Au sommet de l'État, le jeune souverain, monté sur le trône en 1894, subit des influences multiples, mais qui toutes l'incitent à ignorer le besoin de changement qui agite son pays : le poids de l'héritage paternel, d'abord, et du conservatisme politique d'Alexandre III ; l'influence du haut procureur du Saint-Synode, Pobedonostsev, précepteur du défunt tsar, qui entend maintenir le fils dans la fidélité totale à l'autocratie, enseignée au père ; mais aussi la jeune impératrice Alexandra, passionnément attachée à sa nouvelle patrie, à la foi orthodoxe embrassée lors de son mariage, mais qui a une compréhension plutôt inquiétante de la religion à laquelle elle s'est convertie : elle en tire la certitude d'une mission sacrée où se mêlent mysticisme et conservatisme politique, ce qui débouche une fois encore sur une obsession de l'autocratie. Naturellement irrésolu, peu conscient de l'état d'une société qu'il ne connaît guère dans ses profondeurs, le souverain est sensible à ces pressions. De surcroît, il a de son peuple une vision plus proche de ce que celui-ci fut au XVIIIe siècle qu'à la fin du XIXe. Le « peuple », le vrai peuple russe, c'est, pour Nicolas II, un *moujik* idéalisé. Quant aux ouvriers qui font grève, aux étudiants qui manifestent, il les tient pour des minorités manipulées par des agitateurs et pense que le « vrai » peuple ne les entend pas. S'il poursuit, sous l'influence de Serge Witte, le grand modernisateur de la Russie, l'œuvre de développement économique entreprise par Alexandre III, il n'en perçoit pas les conséquences profondes : la modernisation parallèle des esprits et la nécessité d'aligner, au moins pour partie, le système politique sur les changements économiques et sociaux en cours. Pour Nicolas II, progrès économique et statut politique sont deux domaines séparés, et qui doivent le rester. Et plus la Russie progresse sur le plan matériel, plus, considère l'empereur, le respect de la tradition morale et politique doit s'imposer. L'Église orthodoxe contribue à l'ancrer dans cette attitude conservatrice.

L'État russe est-il en mesure de faire face à l'agitation qui se développe au tournant du siècle ? Certes non. L'un des traits les plus étonnants de ce puissant Empire dont les écrivains ont, à la suite de Gogol, abondamment décrit la lourdeur et la corruption bureaucratiques, est qu'à l'heure de la modernisation l'État n'y dispose pas d'une administration suffisante pour lui assurer un fonctionnement normal. À la fin du XIXe siècle, la structure administrative de l'État russe est infiniment moins développée que celle des États d'Europe occidentale[4] à la même époque, comme la France ou l'Allemagne. À la faiblesse numérique de ses effectifs – liée aux difficultés budgétaires de la Russie – s'ajoutent la mauvaise répartition territoriale des bureaux et des fonctionnaires et une corruption généralisée. Cette administration se concentre pour l'essentiel dans la capitale et dans la Russie centrale. Mais la province et plus encore les confins coloniaux ne sont guère encadrés. De cette situation découlent les excès de pouvoir de fonctionnaires aussi peu nombreux que peu scrupuleux. En effet, si de hautes personnalités de l'administration russe brillent par leurs qualités intellectuelles et morales, les petits fonctionnaires locaux ont hérité pour la plupart le comportement moral dépravé qui caractérise de longue date ces *tchinovniki.* Ils sont enclins à profiter d'un pouvoir qui s'exerce sans aucun contrôle administratif.

Sous-encadré, l'État russe compense cet état de fait en mettant l'accent sur le système de surveillance de la société, c'est-à-dire sur la police. Les attentats qui avaient jalonné la vie d'Alexandre II, puis celle de son fils, avaient abouti à conférer des pouvoirs considérables au ministre de l'Intérieur, véritable responsable, depuis 1883, de la sécurité de l'État et des forces de l'ordre. La sécurité relevait de la direction de la Police qui avait la charge de la gendarmerie, principal outil de contrôle de la société. Si, entre 1883 et 1898, le gouvernement eut le souci de maîtriser et contrôler les activités policières en les coiffant d'organes chargés d'en garantir la légalité, la situation change à compter de 1898. L'agitation sociale ayant repris, le pouvoir décide de renforcer les institutions policières. Le nombre des fonctionnaires de police et les effectifs de la gendarmerie augmentent ; le recours à l'état de siège se développe ; vu de l'extérieur, l'État russe tend à ressembler à un État policier. Mais un tel jugement doit être pondéré par certains traits propres au fonctionnement de la Russie.

Trois éléments sont venus affaiblir durablement une politique fondée sur l'espoir de neutraliser les forces subversives par la surveillance policière[5]. Tout d'abord, le respect de la propriété privée, des biens et de la liberté économique des individus, fussent-ils tenus pour de dangereux criminels d'État. Ni la prison, ni l'exil n'autorisaient l'État à priver quelqu'un de ses biens. Des mouvements révolutionnaires ou parfois leurs membres bénéficiaient de donations ou de subsides auxquels l'État, même lorsqu'il en avait connaissance, ne touchait jamais. Les transferts de fonds à l'étranger pour financer une littérature qui appelait à l'insurrection et qui entrait à cette fin en Russie, s'effectuaient le plus légalement du monde. La seconde faiblesse du système tenait à la possibilité donnée aux Russes, particulièrement à l'intelligentsia, de se rendre à l'étranger pour y étudier, pour s'y réfugier, pour y exercer des activités subversives. Obtenir un passeport était d'autant plus aisé, en cette fin de siècle, que les autorités préféraient voir les individus jugés dangereux s'éloigner de leur pays. Londres, Zurich, Paris, Berlin furent ainsi autant de centres très prisés de la vie révolutionnaire russe. Ce qui explique pourquoi le couple Oulianov ne rencontra guère de difficultés, au sortir de l'exil sibérien, à partir pour l'étranger. La troisième cause de faiblesse du régime tenait enfin aux « états d'âme » de l'élite dirigeante. D'un côté, elle croyait à la nécessité d'un système ferme, répressif. De l'autre, elle souhaitait être perçue, surtout hors de Russie, comme une élite moderne répondant à des critères d'autorité partout acceptés. De cette conception déchirée de l'autorité, que l'on retrouve parfois à de plus bas échelons du système, découlaient des comportements contradictoires, peu favorables à l'efficacité.

Ainsi, tout en se reposant, pour maintenir la paix civile, sur un dispositif policier important et sur des règles arbitraires, l'État russe était surtout caractérisé par sa faiblesse et son inefficacité. Policier en principe, mais peu répressif en réalité : quelques chiffres en témoignent. Dans la décennie qui précède l'arrivée au pouvoir de Nicolas II, il y eut dix-sept exécutions pour crimes politiques, et l'on sait que la plupart des condamnés avaient vraiment perpétré des assassinats. Durant tout le règne d'Alexandre III, quatre mille personnes en tout et pour tout furent arrêtées et incarcérées pour motifs politiques[6] – il est bon de souligner qu'il n'y avait pas à cette époque d'adversaires politiques du régime transformés en accusés de droit commun, comme ce fut l'usage en URSS – ; le palmarès de Nicolas II est encore plus faible. Pour une population de cent vingt-trois millions d'habitants, et pour des temps troublés où les assassinats de hauts dignitaires n'ont pas manqué, c'est un bilan qui ne permet pas de qualifier d'« État policier » la Russie des dernières décennies qui précèdent la Révolution. Tout juste certains de ceux qui la gouvernèrent en eurent-ils l'ambition.

Les grandes victimes, non de la surveillance, mais d'une certaine tolérance de la police pour les exactions qu'ils subirent, furent les Juifs. Six millions d'entre eux vivaient dans l'Empire à la fin du siècle, pour la majorité dans les « zones de résidence » qui leur avaient été assignées[7]. Les deux dernières décennies du siècle leur furent particulièrement tragiques, marquées par les discriminations – notamment le *numerus clausus* universitaire –, les pogroms répétés, et enfin, à partir de 1895, avec la publication d'un faux infâme, le *Protocole des sages de Sion*, par le développement d'une atmosphère de suspicion généralisée à leur encontre. Le gouvernement ferma ainsi les yeux sur la tragédie vécue par toute une communauté de l'Empire. Il ferma aussi les yeux sur une conséquence prévisible de cette situation, coûteuse pour la Russie : l'exode humain. Ceux des Juifs qui le purent décidèrent de fuir à destination des pays européens proches, voire de l'Amérique. À ceux qui restèrent, plusieurs choix s'offraient : se tourner vers des organisations qui prêchaient le retour à la Terre promise ; ou s'engager dans la lutte révolutionnaire au sein d'organisations spécifiquement juives ; ou enfin s'intégrer à la lutte menée contre le système par l'ensemble du mouvement révolutionnaire.

La crise invisible de l'Église

La Russie de la fin du XIXe siècle est aussi dominée par une structure combinant hiérarchie et autorité morale : c'est l'Église orthodoxe. L'orthodoxie est la religion dominante de l'Empire ; l'Église autocéphale est celle de l'État. Elle est par là l'une des composantes de la vie nationale et du système politique.

Depuis Pierre le Grand, l'Église est soumise à l'État. C'est lui qui a en effet aboli le patriarcat en 1721 pour lui ôter toute velléité d'indépendance, et l'a remplacé par une administration, le Saint-Synode. Le haut procureur du Saint-Synode est en définitive un haut fonctionnaire relevant du choix du souverain. Soumise depuis le XVIIIe siècle au pouvoir politique, l'Église orthodoxe s'est figée dans des rites somptueux, héritage de Byzance, et dans un grand conformisme intellectuel. D'elle, le pouvoir attend qu'elle confirme sa légitimité et qu'elle conforte la société dans la certitude que tous les choix et les actes du pouvoir sont en accord avec le dessein divin. En échange de cette soumission aux intérêts du système politique, de ce rôle stabilisateur, l'Église orthodoxe jouit d'une immense autorité liée à son statut d'Église nationale. Catholiques et luthériens sont réduits à une existence semi-légale ; le judaïsme est synonyme d'exclusion sociale, et les Juifs sont invités à prendre le baptême s'ils veulent devenir des citoyens à part entière de l'Empire. Seul l'islam, religion des peuples conquis du sud de l'Empire, est implicitement accepté par le pouvoir. Les allogènes sont des habitants de l'Empire jouissant d'un statut particulier : ils sont exemptés des obligations militaires, autorisés à ouvrir des écoles, à disposer de lieux de culte nombreux. Le général Kaufman, gouverneur général du Turkestan, interdit à l'Église orthodoxe d'établir un diocèse à Tachkent et de s'y livrer à des activités missionnaires[8]. De cette cohabitation pacifique avec les musulmans, le gouvernement russe attend que ceux-ci découvrent par eux-mêmes les vertus de la civilisation russe et orthodoxe, et se tournent volontairement vers elles.

En dépit des limites qui lui sont imposées dans la partie méridionale de l'Empire, l'Église orthodoxe est favorable à l'expansion territoriale, à des conquêtes (l'Empire tente alors de gagner de l'espace en Asie) dont elle attend, à terme, une extension de son aire d'influence. Mais conformisme et adhésion au pouvoir impérial et à ses projets ne font pas l'unanimité parmi les serviteurs de l'Église. Si le haut clergé, les dignitaires sont pleinement intégrés au système, si le clergé des campagnes, peu instruit, isolé, suit la hiérarchie et ne s'interroge guère sur l'avenir, un certain nombre de clercs – avant tout dans les grandes villes – prend conscience de l'agitation qui règne en Russie. Ceux-ci pensent que l'Église n'a pas pour seule vocation de soutenir un pouvoir sourd aux appels venus du peuple ; qu'elle ne doit pas se ranger obligatoirement aux côtés des riches et des puissants. L'inquiétude qui commence ainsi à germer chez une faible partie du clergé – une élite, sans conteste – conduira un jour, en 1918, à la séparation de l'Église et de l'État[9]. Après deux siècles de soumission, l'Église s'émancipera en l'espace de moins de deux décennies. Ce réveil de l'authentique conscience religieuse est une composante encore dissimulée, mais existante, des mouvements qui, souterrainement, ébranlent l'ordre politique de l'Empire. De ces évolutions non plus, le pouvoir, à la fin du XIXe siècle, n'est guère conscient.

LA RÉVOLUTION DES ESPRITS

Une société en mouvement, un pouvoir immobile : faut-il s'étonner si l'intelligentsia russe fait de cette contradiction le cœur de ses réflexions ? C'est ici qu'il faut prendre la mesure de deux phénomènes étroitement liés qui bouleversent, dès les débuts du XXe siècle, les données de l'histoire russe : le développement de l'intelligentsia et celui d'une pensée politique et sociale qui va progressivement s'inscrire dans l'action.

Pour comprendre ces phénomènes, il convient d'en revenir un instant à celui qui voulut, le premier, à sa manière brutale et rapide, transformer la Russie : Pierre le Grand.

Ce souverain remarquable eut le projet d'arracher son pays à son retard et à son héritage oriental – tatar et byzantin – pour le moderniser et l'enraciner en Europe. Toutes ses réformes furent inspirées par ce projet : la création d'un État puissant, la suppression de l'indépendance de l'Église, l'appel aux élites et aux techniques étrangères. À sa manière, la Grande Catherine poursuivit ce dessein. Volontaristes, acharnés à transformer leur pays, fût-ce en usant de méthodes implacables, ces deux souverains ont sans aucun doute été des chefs d'État éclairés : despotes, certes, mais dont le despotisme servait une quête désespérée du progrès. Après eux, la situation de la Russie n'est plus la même. Leurs successeurs, héritiers d'un État puissant, conquérants d'un vaste Empire, s'attachent en premier lieu à conforter cette puissance. À l'exception d'Alexandre II dont les réformes modifient l'organisation sociale du pays, les autres tsars pensent d'abord en termes de pouvoir. Sans doute aucun d'eux ne peut-il être taxé d'aveuglement complet. Mais, à partir de la fin du XVIIIe siècle, quand la philosophie des Lumières, l'esprit de la Révolution française déferlent sur toute l'Europe, la Russie ne participe pas au mouvement et s'enferme dans ses traditions asiatiques. Elle se coupe alors du reste de l'Europe. Si, jusqu'aux premières décennies du XIXe siècle, cette rupture fut peu ressentie en Russie même du fait de son isolement, tout, ensuite, deviendra matière à confrontation.

C'est ici que l'« intelligentsia », phénomène spécifiquement russe de par sa composition, son évolution, son rôle, trouve sa place. Ce qui lui confère son caractère unique, c'est qu'elle ne forme pas un groupe sociologiquement défini. Limitée numériquement, issue de milieux divers – allant de la noblesse aux couches populaires les plus défavorisées –, elle s'est constituée en prenant conscience des problèmes russes, en leur cherchant des réponses appropriées qui seront aussi diverses et changeantes qu'elle-même peut l'être. Elle se définit avant tout par le refus d'un ordre « immobile », et par l'esprit « révolutionnaire » qu'elle y oppose. L'intelligentsia russe est un conglomérat d'humeurs et d'idées. C'est une communauté idéologique, qui ira d'ailleurs en s'élargissant à des hommes de milieux toujours plus divers et qui se transformera en s'adaptant à une histoire intellectuelle mouvante. Très vite, ses membres vont s'écarter du milieu auquel ils appartiennent et s'installer dans une existence précaire, en milieu fermé. À l'époque où le prolétariat n'est pas encore répandu en Russie, l'intelligentsia, par la vocation qu'elle affiche, se voudra la représentante d'un peuple encore silencieux. Et, du fait de ses conditions d'existence, elle s'autoproclamera premier prolétariat de Russie.

Son histoire peut être divisée en deux périodes : avant 1870, elle se veut le véritable instrument de l'Histoire ;

après 1870, elle se met au service d'une classe « historique », la paysannerie d'abord, la classe ouvrière ensuite, qui sont, considère-t-elle, les vrais acteurs du changement à accomplir.

COMMENT CHANGER LA RUSSIE ?

L'histoire de la Russie au XIXe siècle est avant tout celle de mouvements d'idées qui se succèdent à un rythme accéléré, portés par l'intelligentsia. Le temps du mouvement révolutionnaire ne viendra qu'ensuite, au début du siècle suivant. Mais ce qui mérite d'être relevé d'emblée, c'est la richesse de pensée, la diversité dans la réflexion de l'intelligentsia, par opposition avec la rigidité et une certaine indigence intellectuelle de la classe dirigeante. En dehors même de l'intelligentsia, les grands esprits du siècle, ceux qui sont issus de la noblesse ou de milieux relativement aisés, comme Pouchkine, Tolstoï, Gogol, représentent eux aussi, aux yeux du pouvoir, une pensée subversive. Sans revenir en détail sur cette histoire, il faut rappeler que son point de départ se situe en 1825, quand de jeunes officiers issus de la noblesse, ayant découvert les idées des Lumières et de la Révolution française grâce aux guerres napoléoniennes – grâce aussi à la franc-maçonnerie qui a pénétré alors en Russie –, s'insurgent contre la stagnation politique de leur pays. C'est le mouvement « décabriste» . Lors des journées fiévreuses de décembre 1825, ces jeunes idéalistes ont cru qu'ils pourraient abattre tout le système en supprimant le souverain. Ils se réclament des idéaux français de liberté, d'égalité et de fraternité ; et ils se retrouvent dans une solitude totale. La société russe dans son ensemble n'a pas entendu leur appel.

Plusieurs raisons expliquent sa surdité. Contester la légitimité du souverain ne lui est pas encore acceptable. L'Église elle-même le confirme. Mais aussi, l'appel à la « Liberté » est encore prématuré. « Liberté » demeure un terme abstrait pour le Russe du début du XIXe siècle. Conscient de ses problèmes – le servage, la misère, l'arbitraire de ceux qui détiennent l'autorité – et hanté par eux, le peuple russe aspire avant tout à la justice sociale. Pour ne l'avoir point compris, les conjurés de 1825 restent seuls face au pouvoir, et leur martyre n'ébranlera pas les esprits. Pourtant, la leçon n'en sera pas perdue. Après 1825, c'est ce thème de la justice sociale, espoir de toute la société, ancré au cœur des miséreux, qui va remplacer celui de la liberté et dominer tous les mouvements de pensée. 1825 aura cependant été un coup de semonce pour un pouvoir qui n'ignore pas la nécessité des réformes, mais hésite à s'y engager. L'intelligentsia, convaincue qu'il en sera toujours incapable, considère pour sa part que les réformes se feront sans le pouvoir et contre lui. Dès ce moment, le lien entre volonté de réforme et lutte contre le pouvoir se noue ; il sera durable. Trouvent là leur source la tragédie d'Alexandre II et, jusqu'à un certain point, celle de Nicolas II.

Après l'échec des décabristes, l'intelligentsia commence à s'interroger sur la nature des changements nécessaires à la Russie et sur la voie qui permettra d'accéder à la modernité. C'est le temps du grand débat entre ceux qui veulent reprendre le chemin indiqué et suivi par Pierre le Grand, qui croient à une Russie évoluant à l'européenne, par le développement du capitalisme et le rejet des spécificités de l'histoire russe, et ceux qui défendent une « voie russe ». C'est un ami de Pouchkine, Pierre Tchaadaïev, qui, avant tout le monde, dans sa première *Lettre philosophique* publiée en 1836 (et écrite en français), s'interroge sur le développement historique de la Russie et suggère la nécessité pour elle d'adopter la voie européenne. Proclamé fou, interdit de publication, Tchaadaïev a pourtant ouvert brillamment la voie à la pensée « occidentaliste[10] », notamment à Bielinski.

La réponse à ce plaidoyer en faveur d'une occidentalisation de la Russie émane du groupe que l'on nomme « slavophile » et qui sera conduit par le théologien A.S. Khomiakov, les frères Ivan et Constantin Aksakov, Ivan Kireevski. Contrairement à l'idée reçue, ce mouvement est loin d'être original en Europe, même si ce qui le rassemble est l'affirmation de vertus propres à la Russie : spiritualité, générosité du peuple, solidarité, opposées à la dureté et à la corruption du capitalisme occidental[11]. Certes, la tradition russe est au cœur de cette réflexion, mais les slavophiles se rattachent en fait au romantisme européen, allemand surtout : comme Schelling, Schlegel, Franz von Baader, ils défendent avec nostalgie leur vision d'un paradis perdu.

Pour leur part, les occidentalistes n'étaient pas moins romantiques, à leur manière. Issus de la noblesse (à l'exception de Bielinski) comme la plupart des slavophiles, ils s'opposaient au servage pour des raisons morales, au nom d'une certaine culpabilité propre à leur milieu ; et ils prônaient un système politique constitutionnel. Mais la réflexion des uns comme celle des autres étaient assez ignorantes des réalités de la Russie. C'est en termes avant tout moraux qu'ils s'interrogeaient sur son avenir. Et, peu à peu, les lignes de partage entre les uns et les autres ne vont pas tarder à se brouiller. Tchaadaïev se montrera, avec le temps, moins sévère pour la spécificité russe, tandis que Khomiakov proclamera son admiration pour l'Angleterre. Et Hertzen, parti d'un occidentalisme intransigeant, mais déçu par les révolutionnaires français « bourgeois » de 1848, en vient progressivement à rallier certaines idées des slavophiles. L'Occident est corrompu, pense-t-il, par son mercantilisme et son esprit bourgeois ; la Russie ne l'est pas encore, parce qu'elle n'a pas choisi le capitalisme qui a engendré ces deux monstres. Dès lors, ne faut-il pas lui épargner le capitalisme et encourager plutôt à l'avenir le développement des structures communautaires qui constituent son originalité et pourraient la conduire au progrès ?

On voit se dessiner ici deux traits importants de la pensée russe. D'abord l'horreur de la bourgeoisie, tenue pour l'incarnation de la décadence et de la corruption. Par là, la pensée russe est bien éloignée de celle de Marx qui insiste au contraire sur les vertus naturelles de la bourgeoisie, son esprit d'entreprise et la mission qui lui est dévolue dans l'histoire des sociétés. L'autre idée, dont Hertzen suggère déjà l'essentiel et que Marx n'acceptera qu'avec maintes restrictions et fort tard, est que les processus historiques sont multiples, adaptés à la diversité des situations et des conditions historiques. La possibilité d'éviter le capitalisme, hypothèse qui fera florès dans la seconde moitié du XXe siècle, est, au milieu du XIXe, tout à fait nouvelle. Même si Marx n'est pas encore un maître à penser largement reconnu, la nécessité de l'étape capitaliste, ou encore son inévitabilité constituent une certitude déjà bien enracinée dans les esprits.

Si, jusqu'en 1861, à l'heure des grandes réformes du tsar-libérateur, le débat politique en Russie est lié pour l'essentiel à l'héritage des décabristes et à la querelle entre slavophiles et occidentalistes, tout change ensuite : la nature des idées, leur portée, l'intelligentsia elle-même.

« Ces magnifiques jeunes fanatiques »

Vient alors le temps des nihilistes : Pissarev, Dobrolioubov, et surtout Tchernychevski dont l'influence sur Lénine sera grande. Ce mouvement, sans équivalent ailleurs, est très caractéristique de l'esprit de l'intelligentsia russe. Radicale, intolérante, celle-ci n'est pas portée au débat, mais à la négation de toute idée qui n'est pas la sienne. Pour les nihilistes, seul compte dans la vie de l'esprit ce qui doit servir au progrès social. Ils tournent le dos à la littérature, à la philosophie, à l'art, et prônent comme seules utiles les sciences exactes. De leurs écrits se dégage aussi un type humain insolite, l'« homme nouveau », ascétique, austère, solitaire, dont le destin se confond avec celui de la collectivité. *Que faire ?* de Tchernychevski, le *Catéchisme révolutionnaire* de Netchaïev illustrent bien cette conception de l'avenir. Les plus grands écrivains russes donneront alors un écho considérable au mouvement nihiliste et à ses idées. Dans *Pères et Fils*, Tourgueniev popularise le vocable « nihiliste » (avec une intention polémique, il est vrai) et dessine de ces hommes le portrait moral. Dostoïevski s'inspire dans *Les Démons* du meurtre de l'étudiant Ivanov, voulu et organisé par Netchaïev. Bakounine, qui fut si proche de ce dernier[12] et contribua à assurer son influence, écrit à son propos : « J'ai ici auprès de moi un de ces jeunes fanatiques qui ne connaissent pas le droit, qui n'ont peur de rien et qui ont décidé d'une manière absolue que beaucoup d'entre eux devraient périr sous les coups du gouvernement aussi longtemps que le peuple russe ne se sera pas insurgé. Ils sont magnifiques, ces jeunes fanatiques, croyants sans Dieu, héros sans phrases[13]. »

Mais les réformes engagées par Alexandre II, surtout l'abolition du servage, imposent à l'intelligentsia une réflexion qui ne soit pas purement négative. Elles lui suggèrent aussi de s'adresser directement au peuple, de gagner son soutien pour éviter que les réformes en cours ne l'entraînent vers le tsar. C'est le temps où vont fleurir le populisme, l'anarchisme, et un premier mouvement révolutionnaire organisé, incarné par Tkatchev.

Comme le nihilisme, le « populisme » fut un mouvement proprement russe, en partie lié à la déception manifestée par Hertzen dans sa perception de l'Occident. À l'instar de ce dernier, les populistes se sont interrogés sur la réalité sociale d'une Russie dominée par la paysannerie ; ils en ont déduit que cette réalité devait être le fondement de leur action. Ils se sont aussi penchés sur les échecs subis par les mouvements d'idées qui les avaient précédés, et, constatant l'isolement de leurs prédécesseurs, l'incompréhension qui les avait entourés, ils en ont conclu à la nécessité de trouver une assise populaire. Un autre problème les préoccupa : celui de la place de l'intellectuel dans la lutte. Jusqu'alors, celui-ci se voulait acteur privilégié de l'Histoire ; pour les populistes, l'intellectuel doit s'effacer derrière la classe sociale « historique », la paysannerie. Sa fonction est de la servir, non de la guider. Si les populistes se sont ainsi attachés à reconnaître un rôle central à la paysannerie, c'est que, comme Hertzen, ils ont pensé que c'était une classe sociale étrangère au capitalisme, inassimilable par lui, donc capable de donner naissance à une société nouvelle que la corruption capitaliste ne parviendrait à pas dégrader. Ainsi, pour la première fois, la lutte politique fait-elle place en Russie aux masses populaires. Les idées des populistes sont également marquées par la distance prise avec la pensée de leurs prédécesseurs immédiats. Dans ses *Lettres historiques*, Lavrov s'appuie sur la pensée positiviste d'Auguste Comte et de Spencer. Les sciences exactes, tant à l'honneur, sont ici éclipsées par l'attention portée à la personne humaine, à l'exigence de justice sociale imposée par l'amour du prochain. Ceux que le destin a privilégiés doivent payer leur chance en se mettant au service d'autrui. La volonté d'expier une naissance privilégiée a ainsi conduit une jeunesse enthousiaste, gagnée à la prédication populiste, à « aller au peuple » : à se rendre dans les campagnes pour y éduquer le peuple, l'appeler à prendre conscience de son rôle historique et de ses souffrances.

Générosité déçue, incomprise ! La paysannerie reste attachée au souverain et à la foi qui légitime l'ordre existant, alors que les populistes proclament leur mépris de la religion et de cet ordre même ; elle accueille ces jeunes gens candides à coups de fourche, ou, pire, en alertant les gendarmes. Les populistes avaient raison lorsqu'ils s'efforçaient de fonder leur action sur la réalité sociale. Pour autant, ils ont négligé de s'informer sur l'état des mentalités paysannes. Assurés que la paysannerie adhérait ou était prête à adhérer à l'ensemble de leurs idées, ils se sont heurtés à deux réalités contraires : une réalité sociale misérable, telle qu'ils l'imaginaient ; une conscience sociale qui n'avait pas pris la mesure de cette misère et des moyens de lutte permettant d'en sortir. En outre – mais la leçon ne sera pas perdue pour d'autres, dont Lénine –, les populistes n'ont pas imaginé que la bonne volonté dont ils faisaient preuve se révélerait inefficace si elle n'était pas soutenue par une organisation. Les meneurs arrêtés, le mouvement s'effondra. Mais leur insuccès n'atténue en rien l'importance des populistes dans l'histoire politique de la Russie. Leur immense mérite aura été de comprendre les changements survenus en Russie après 1861. Et de démontrer – par l'échec, sans doute, mais l'enseignement en sera tiré – que, sans organisation, aucun mouvement politique ne pouvait réussir. La porte est dès lors ouverte aux organisations révolutionnaires.

L'« anarchisme » tient lui aussi une place éminente dans la lignée du mouvement révolutionnaire russe et participe également de la tradition russe. Son chef de file en Russie fut Bakounine, un grand seigneur qui, comme la plupart des populistes et des slavophiles, pensait que le peuple russe était doté de vertus propres. Une tradition de soulèvement, au premier chef, dont Pougatchev[14] était le modèle. C'est à cette tradition que Bakounine entendait rendre vie en appelant le peuple à l'insurrection. Ce peuple avait, à ses yeux, une autre qualité décisive pour l'avenir : l'absence de conscience étatique, de penchant pour l'organisation, et il opposait cette particularité à l'« étatisme inné » des Allemands. C'est pourquoi Bakounine était convaincu que la Russie serait le lieu privilégié de l'abolition de toute vie sociale organisée.

Des modèles pour l'action

À l'opposé de la pensée de Bakounine, polémiquant sans cesse contre lui et contre les populistes, Piotr Tkatchev a joué un rôle considérable dans le développement de la pensée révolutionnaire russe et dans la généalogie du léninisme. Comme nombre de penseurs révolutionnaires, il était issu de la petite noblesse de province, mais il avait fait ses études dans la capitale et y avait très tôt découvert les idées et les activités subversives. Tant et si bien que, entré à l'université en 1861, il avait presque aussitôt été arrêté pour avoir pris part à diverses manifestations. Il fut enfermé pendant deux mois à la forteresse Pierre-et-Paul. D'emblée, il avait donc acquis une double expérience : celle de l'agitation en milieu étudiant, celle de la répression.

Développée au fil de très nombreux articles publiés sous divers pseudonymes dans des revues russes, la pensée de Tkatchev fait en quelque sorte le bilan des réflexions des populistes, des anarchistes, de leurs expériences et de leurs échecs. Comme les populistes, il considère que la chance historique de son pays est l'absence de bourgeoisie. Mais, contre eux, il ne croit guère aux vertus spécifiques du peuple. Une révolution ne peut certes se faire sans ce dernier, pense-t-il ; mais le peuple doit être encadré, dirigé, guidé, et non livré à une sagesse historique supposée lui être innée, mais qui n'existe pas. Rejetant le pari paysan des populistes, Tkatchev condamne tout aussi vigoureusement le rejet de l'État par Bakounine. Il ne faut pas détruire l'État, dit-il, mais le remplacer par des institutions révolutionnaires rigoureusement organisées. On ne change pas la société en disloquant son cadre de vie et en la livrant à l'initiative des masses. On la change en prenant le pouvoir, en l'organisant et en le conservant. Tkatchev ouvre ainsi une voie nouvelle qui rompt avec la pensée passée des intellectuels russes. Mais qui s'écarte aussi en partie des idées de Marx. Il reconnaît les capacités révolutionnaires de la Russie, mais souligne que les conditions en sont spécifiques ; par ailleurs, il considère que la révolution signifie prise de pouvoir et conservation du pouvoir, non par les masses, mais par une minorité de révolutionnaires parfaitement organisés. Tkatchev est le premier à dire que la conquête du pouvoir est au cœur du processus de transformation sociale. Il est aussi le premier à proposer une méthode pour cette conquête du pouvoir, à en décrire les « techniques » et à en préciser la finalité : la conservation, voire le renforcement du pouvoir conquis. Organisé, rigoureux, précis, Tkatchev est en fait le premier théoricien de la révolution russe. Il adapte la pensée de Marx à la Russie des dernières décennies du XIXe siècle. Son journal, *Nabat* (le Tocsin), sa correspondance rompent avec une pensée révolutionnaire purement spéculative et indiquent le chemin à suivre à Lénine. La période prémarxiste s'achève en Russie : l'heure d'une réflexion se réclamant du grand courant marxiste occidental est venue.

Mais, auparavant, l'intelligentsia russe fait encore une ultime tentative pour atteindre son but par l'ébranlement organisé du système politique. Propagande, manifestations, grève en milieu ouvrier, terrorisme, tout va se combiner au sein de deux organisations terroristes révolutionnaires successives : *Zemlia i Volia* (Terre et Liberté) et *Narodnaia Volia* (Liberté du peuple). *Zemlia i Volia*, qui domine les années 1870, se dote au milieu de la décennie d'une véritable organisation pour fédérer les activités de ses membres dispersés dans l'immense Russie. À une propagande vigoureuse, à des manifestations spectaculaires – le drapeau rouge hissé au sommet de la cathédrale de Kazan – répond une répression implacable. Pour venger ses camarades déférés devant les tribunaux, une jeune aristocrate, Vera Zassoulitch, tire en 1878 un coup de pistolet sur le gouverneur de la capitale, inaugurant l'« année des attentats » et l'évolution de *Zemlia i Volia* vers le terrorisme systématique. Attentats contre les représentants de l'État, attentats contre le tsar... La période s'achève par l'instauration de l'état de siège dans les régions les plus agitées et par la transformation de *Zemlia i Volia* en *Narodnaia Volia*, dernière variante du mouvement dominée par deux remarquables figures de révolutionnaires, Nikolai Kibaltchitch et Andrei Jeliabov. Cette fois, il s'agit bien d'une véritable société secrète dont le terrorisme est le seul but. Abattre le tyran par la lutte armée, grâce à l'existence d'une forte organisation de combat, tel est l'objectif. Celui-ci sera atteint le 1er mars 1881 lorsque les conjurés auront enfin réussi à tuer le tsar-libérateur.

Succès ambigu, puisque la mort du tsar eut pour effet de mettre un terme aux projets constitutionnels qui allaient au même moment recevoir sa signature. Au lieu d'un acte constitutionnel, c'est la politique conservatrice recommandée par Pobedonostsev à Alexandre III qui va l'emporter et retarder d'un quart de siècle le progrès politique de la Russie. Les assassins furent pendus le 3 avril 1881 ; il avait suffi que leur mouvement eût atteint sa cible principale pour que fût du même coup démontrée son impuissance.

Avec l'avènement du marxisme russe, c'est une autre élite intellectuelle qui va désormais occuper le devant de la scène politique. Lénine en deviendra progressivement l'une des figures les plus marquantes. Une page de l'histoire russe se tourne donc le 1er mars 1881 : celle de la préhistoire révolutionnaire. Dès lors, le débat sur la spécificité russe va passer au second plan des préoccupations de ceux qui veulent changer la Russie.

CHAPITRE III

Aux origines du bolchevisme

Lorsque, en 1900, Vladimir Oulianov quittera la Sibérie et deviendra à jamais Lénine, les conditions en Russie seront déjà très favorables au développement d'un mouvement révolutionnaire organisé se réclamant du marxisme. Les dernières décennies du siècle auront en effet vu évoluer tout à la fois la société russe, l'intelligentsia russe, mais aussi les propres rapports de Marx avec la Russie, tous éléments qui vont concourir à l'implantation rapide du marxisme dans ce pays.

Marx et la Russie

La russophobie de Marx est suffisamment connue pour qu'on n'y insiste pas. Mais ce que l'on sait moins, c'est qu'il fut toujours hanté par la Russie et qu'au fil de ses travaux il était devenu un véritable spécialiste de la « question russe ». Il avait d'abord été obsédé par sa vision d'un « projet d'agression universelle » nourri, pensait-il, par la Russie, et par la barbarie des méthodes destinées à servir ce projet. À titre de preuve, il s'appuyait dans sa réflexion sur le pseudo-« testament de Pierre le Grand » dont il n'a jamais imaginé qu'il pût être apocryphe. Cette hostilité de Marx se trouva confortée par la violence russe à l'endroit de la Pologne, notamment par la terrible répression du soulèvement de 1863. Il écrit encore à ce moment-là que le soutien à la Pologne est le « critère d'une véritable conscience socialiste ». L'expression constante et virulente de cette antipathie envers la Russie n'était guère faite pour lui attirer l'adhésion des intellectuels russes. L'on conçoit aisément que ces derniers se soient réfugiés, jusqu'aux années 1880, dans des mouvements et des idées plutôt étrangers au marxisme.

Mais, à l'heure même où il s'afflige du destin de la Pologne, Marx commence à jeter sur la Russie un regard neuf. L'émancipation des serfs, l'agitation de l'intelligentsia lui font percevoir des évolutions rapides. Le livre I du *Capital* (publié en 1867) est traduit en Russie en 1872 et Marx va faire la connaissance de l'un de ses traducteurs, le populiste Danielson (qui use du pseudonyme de Nicolas On). Dans une lettre datée de 1871, celui-ci l'assure de la grande curiosité que suscite son livre en Russie[1]. Dès lors, Marx redouble de curiosité envers la Russie. Il va en apprendre la langue, il lit Tchernychevski, Flerovski[2], et engage une correspondance suivie avec de nombreux intellectuels, dont Lavrov et Vera Zassoulitch. Dès 1870, il note qu'en Russie « une terrible révolution sociale est inévitable[3] ».

Du coup, il s'intéresse à la « commune » russe. Vera Zassoulitch l'interroge sur la possibilité d'utiliser cette structure sociale spécifiquement russe à des fins révolutionnaires. Tout en entourant sa réponse de réserves, Marx conclut : « Si la révolution russe donne le signal d'une révolution prolétarienne en Occident, que toutes deux se complètent, l'actuelle propriété collective de Russie pourra servir de point de départ à une évolution communiste[4]. » Sans doute est-ce pour lui une hypothèse plus théorique que concrète, et maints autres de ses écrits confirment ses doutes. Car ce dont il s'agit, au bout du compte, c'est de tenir la spécificité russe pour une chance historique et d'imaginer une évolution différente de celle du reste de l'Europe, permettant à la Russie d'éviter l'étape du capitalisme, c'est-à-dire d'avancer à un rythme accéléré vers les formes socialistes de production. D'une certaine manière, Marx paraît donner ainsi raison aux populistes et à Tchernychevski qui cherchaient désespérément la voie permettant d'en finir avec le tsarisme sans avoir à parcourir le long trajet de l'histoire européenne et sans renoncer aux structures socio-économiques propres à la Russie. Si sa réponse reste en dernier ressort ambiguë, propre à ne pas décourager ses amis russes, mais à ne pas les encourager non plus dans la perpétuation des thèses populistes, Engels, une fois Marx disparu, se montrera beaucoup plus intransigeant dans ce débat. Répondant à Danielson en 1890, il réduira les propos pourtant mesurés de Marx à l'expression d'un jugement circonstanciel : le terrorisme, explique-t-il à cette date, semblait annoncer la fin du tsarisme ; quoi de plus normal alors que de ne point pousser la Russie à développer le capitalisme ? Mais, dans les années 1890, Engels constate que l'industrialisation de la Russie a pour conséquence le développement de la classe ouvrière et la naissance du capitalisme. La discussion Marx-Zassoulitch n'est donc plus de saison.

Sur les liens entre révolution occidentale et révolution russe – fût-ce à partir de la « commune » paysanne préservée –, Engels consacre encore maints écrits à lever les ambiguïtés que les positions de Marx auraient pu faire naître. C'est la révolution d'Europe qui prime, souligne-t-il, et non une révolution autonome en Russie. Tout deviendra possible pour la Russie dès lors que la révolution socialiste l'aura emporté en Europe.

Si, dans la dernière décennie du XIXe siècle, ces débats peuvent sembler quelque peu théoriques, il suffira de peu d'années pour que l'on en constate les implications pratiques. En tout cas, ils ont le mérite de placer la Russie, jusqu'alors peu respectée des socialistes européens, au centre de leurs préoccupations. Ils présentent aussi l'avantage de faire du marxisme une référence décisive dans le développement de la pensée russe de la fin du siècle.

LE MARXISME RUSSE. ORTHODOXIE ET RÉVISIONNISME

Dans la porte entrouverte par Marx s'engouffrent aussitôt des esprits brillants, philosophes, économistes, qui vont poser à leur manière le problème de la transformation de la Russie, soulignant avec éclat les désaccords existant entre leurs analyses et celles des disciples russes de Marx, attachés à une pensée orthodoxe.

Cette orthodoxie est incarnée avant tout par celui qui est considéré comme le père du marxisme russe, Georguei Plekhanov (1856-1918). Après avoir milité – sous l'influence de Tchernychevski – dans le mouvement Terre et Liberté, puis dans diverses organisations d'inspiration bakouninienne, il se convertit au marxisme en même temps qu'il doit, en 1880, fuir son pays. Dès lors commence pour lui une difficile existence d'exilé qui ne s'achèvera qu'en 1917 par son retour en

Russie. Dans l'intervalle, Plekhanov vécut à Genève ; fut banni de Suisse de 1889 à 1894 ; s'installa en France d'où il fut expulsé cinq ans plus tard. Ses errances le conduisirent alors à Londres avant qu'il pût enfin revenir en Suisse. Cette vie de perpétuel proscrit, sa très grande culture, son rigoureux attachement au marxisme expliquent l'immense prestige dont il jouit alors dans l'intelligentsia russe.

Le petit groupe rassemblé autour de lui à Genève, qui s'est baptisé Groupe pour l'émancipation du travail, se compose alors de Pavel Axelrod, Lev Deutsch et Vera Zassoulitch. Voilà le premier parti marxiste russe et ils en sont les seuls membres. Ils se consacrent à une double tâche : propager en Russie les thèses de Marx et fonder sur elles un mouvement révolutionnaire qui prenne place dans le mouvement socialiste international ; ruiner le prestige et l'influence des populistes.

L'autorité intellectuelle de Plekhanov sur l'intelligentsia explique la propagation rapide du marxisme en Russie, qu'atteste le succès que va y rencontrer la publication du *Capital.* Mais les « pères fondateurs du marxisme russe » sont faibles politiquement, en raison de leur éloignement, de leur absence de contacts réels avec la classe ouvrière russe sur laquelle ils fondent pourtant tous leurs espoirs révolutionnaires.

Malgré tout, ils réussissent à diffuser dans leur pays un marxisme que n'entachera pas le désir de « récupérer » la spécificité russe. C'est une pensée occidentale, rationaliste, qui, grâce à eux, pénètre en Russie et porte des coups sérieux au populisme et à toute une vision « russe » de l'avenir.

Plekhanov bataille inlassablement contre ceux qui lui semblent les mauvais génies de la pensée russe, ceux qui l'ancrent dans un isolement auquel seul le marxisme, pense-t-il, peut l'arracher : Tkatchev, Bakounine, tous les populistes sans exception. Dans *Nos Désaccords*, publié en 1885, il s'en prend vivement à la conception historique des populistes au nom de l'unicité du processus historique. « La Russie, écrit-il, suivra obligatoirement la même voie que les sociétés occidentales, même si son grand retard pourrait entraîner une marche plus rapide vers le capitalisme et un dépérissement plus rapide de ce dernier. Les erreurs du prolétariat occidental pourraient aussi instruire le prolétariat russe naissant, et l'aider à accélérer le cours des événements. » Mais miser sur la spécificité de l'organisation rurale russe constitue aux yeux de Plekhanov une dangereuse utopie. On ne peut, écrira-t-il souvent, éviter le capitalisme, éviter la lutte des classes. Et il entrevoit lucidement les périls d'une révolution qui se réclamerait du socialisme et n'en remplirait pas les conditions préalables : « Ce serait un monstre politique..., un despotisme tsariste repeint aux couleurs communistes. » Cette mise en garde, qui date de 1885, témoigne d'une exceptionnelle prescience.

C'est au volontarisme de Tkatchev qu'il s'en prend surtout ; il l'accuse de préparer, à vouloir forcer le cours de l'Histoire, une terrible réaction. Mais, par-delà cette attaque contre Tkatchev, c'est avec Lénine – un Lénine que le monde entier ignore encore, qui n'est en somme qu'adolescent – qu'il engage déjà le fer. Plaidant contre l'obscurantisme, pour une approche rationnelle de l'Histoire, Plekhanov fera figure dès cette époque et pour toujours de marxiste rigoureux, occidentaliste, acharné à faire prévaloir en Russie la voie européenne du développement.

Mais, en cette fin de siècle, le marxisme russe est un mouvement de pensée d'une grande diversité auquel un autre courant, celui des « marxistes-légaux », va apporter une remarquable contribution. Sans doute le succès du bolchevisme va-t-il bientôt rejeter ses représentants aux oubliettes pour une longue période ; ils n'en ont pas moins introduit en Russie des idées très proches de celles que développe alors le « révisionnisme » allemand. Marxistes-légaux : ils seront qualifiés ainsi avec mépris par leurs adversaires qui dénonceront ce qui va pourtant contribuer à leur notoriété, leur capacité à propager leurs idées dans la légalité. Ils vivent en effet légalement en Russie, y publient des écrits qui passent souvent avec succès la barrière de la censure. Et leurs ouvrages atteignent parfois un public étendu selon les critères de l'époque. De tous, le plus connu est alors Piotr Struve, contemporain de Vladimir Oulianov, mais qui lui survivra vingt ans[5]. Autour de lui, Nicolai Berdiaev, Mikhail Tougan-Baranovski, Semion Frank et le futur théologien Sergei Boulgakov constituent une brillante pléiade. Tous ces penseurs nés dans les mêmes années que Lénine sont plus des intellectuels réfléchissant au destin de leur pays que des hommes d'action. Leurs adversaires les accuseront de rêver de réformes et non de vouloir, en marxistes conséquents, que le développement russe ait pour finalité la révolution. Ils les accuseront aussi de prôner, pour atteindre leur but, des méthodes légales, synonymes d'inefficacité aux yeux de ces critiques.

Tous se rallieront par la suite au libéralisme. S'ils ont d'abord opté pour le marxisme, c'est qu'au tournant du siècle le libéralisme n'existe pas encore en Russie et que tout le débat s'organise alors autour des idées de Marx. Ils s'orienteront aussi vers le christianisme, et Sergei Boulgakov deviendra le plus grand et le plus original théologien orthodoxe du XXe siècle. Ces hommes ont eu pour commun dessein de réfléchir au marxisme sans en accepter aveuglément un certain nombre d'axiomes. Ils séparaient le marxisme, explication scientifique des processus historiques – auquel ils souscrivaient –, d'un certain nombre de principes moraux relevant à leurs yeux d'une sphère indépendante. Ils accordaient ainsi une valeur absolue à la démocratie et aux libertés et tenaient en définitive le marxisme pour une utile théorie de la société, sans vouloir en faire une arme politique. En 1894, Struve publia à Saint-Pétersbourg ses *Remarques critiques sur le développement économique de la Russie*, livre qui suscita curiosité et débats. Mais ouvrage troublant pour les marxistes, puisque Struve y rejette l'idée que l'État opprime la société : tout au contraire, écrit-il avec lucidité, il lui est « nécessaire » et le sera encore dans le système qui remplacera le capitalisme. Sa vision positive du capitalisme, de sa faculté d'évoluer, de préparer lui-même sa disparition pour laisser place à un ordre meilleur, condamne l'idée, chère aux marxistes, d'une paupérisation de la classe ouvrière. Cette pensée très riche ne paraît pourtant pas inquiéter, au début, les marxistes russes avec lesquels Struve et ses amis entretiennent d'ailleurs des rapports étroits.

En 1895, Struve se rend en Suisse auprès de Plekhanov qui l'accueille chaleureusement. L'année suivante, il est désigné par l'organisation sociale-démocrate fondée par Lénine et Martov – on y reviendra – au congrès de l'Internationale socialiste réuni à Londres. Et surtout, en 1897, il prend avec Tougan-Baranovski la direction de la revue *Novoie Slovo* qui va devenir la tribune de tous les marxistes, légaux ou orthodoxes.

À l'arrière-plan des grands débats qui agitent les marxistes russes, que ce soit dans leur pays ou dans l'exil, le marxisme prend aussi une autre forme : celle de l'action. Son terrain privilégié est Saint-Pétersbourg, capitale politique de l'Empire, mais plus encore centre intellectuel et économique où s'affrontent les esprits et les forces sociales.

LES DÉBUTS DE L'ACTION RÉVOLUTIONNAIRE MARXISTE

Après quelques années relativement calmes dues à la répression qui suit l'assassinat d'Alexandre II, la capitale entre au début de la dernière décennie du siècle dans une période de grande agitation.

C'est alors que va s'y développer un mouvement social d'abord prémarxiste, puis gagné au marxisme. Des cercles politiques d'obédience marxiste ou populiste s'y organisent, qui inquiètent d'autant plus le pouvoir que grèves et démonstrations secouent alors le pays : des manifestations ont lieu dans la capitale, destinées à marquer la fête du travail (la première tentative de ce genre en Russie a eu lieu à Saint-Pétersbourg au mois de mai 1891). Mais, surtout, le pouvoir s'alarme des grandes grèves ouvrières de Łódź en mai 1892. La réaction du pouvoir est vive. Les nombreuses arrestations qui frappent les petits groupes d'intellectuels dispersés leur imposent – particulièrement à ceux qui se disent sociaux-démocrates et sont les cibles principales de la répression – un effort d'organisation.

À l'aube de l'année 1893, un mouvement révolutionnaire se constitue autour d'un étudiant de l'Institut de technologie de la capitale, Stepan Radtchenko, doté d'un véritable tempérament de conspirateur. Pour lui et ses camarades, il est impensable de laisser aux ouvriers la responsabilité de l'action. Les conditions russes, pensent-ils, imposent une activité politique clandestine, donc secrète, organisée, hiérarchisée, où les intellectuels joueraient le rôle de guides. Les idées de la *narodnaia volia* trouvent ici un adversaire conséquent. Autour de Radtchenko se pressent des fidèles : German Krassine, qui devient le théoricien du mouvement, et surtout un petit groupe de quatre femmes qui enseignent dans les écoles du dimanche pour ouvriers, fondées par un industriel philanthrope, Vargounine. Nadejda Kroupskaïa est l'une d'elles.

Le moment est venu d'introduire dans ce mouvement Vladimir Oulianov. On a déjà vu – mais il s'agissait alors de vie privée – comment il a participé au cours de cette période à une certaine activité révolutionnaire. À présent, c'est sa place dans le mouvement marxiste qui doit être considérée. Arrivé de Samara après un bref séjour à Nijni-Novgorod (villes où vivaient de nombreux proscrits), muni d'une recommandation pour le groupe Radtchenko, Oulianov a aussi pour lui d'être le frère d'un héros du mouvement révolutionnaire, et le nom d'Alexandre est son meilleur laissez-passer. Il rencontre alors les principaux dirigeants du groupe, mais l'impression qu'il leur fait n'est pas des plus favorables : « Son apparence physique peu attirante, commune, ne nous impressionna guère », note l'un des participants à la rencontre, Mikhail Alexandrovitch Silvine[6].

Il fallut près d'un an au nouveau venu pour se faire réellement accepter et se mêler aux activités du groupe. Ce temps mort ne le troubla guère : il en profita pour prendre, à l'été de 1894, des vacances en famille. Vacances méritées, pouvait-il penser, puisqu'elles marquaient l'achèvement d'un essai, *Ce que sont les amis du peuple et comment ils combattent les sociaux-*

démocrates[7]. Dans cet ouvrage, il combat les populistes et défend Struve. Mais, plus que cette première tentative livresque, l'événement, dans la vie de Vladimir Oulianov, est alors la rencontre avec Martov, et la nécessité de choisir entre l'agitation comme moyen révolutionnaire (thèse propagée par ce dernier), et l'action de propagande.

Avec Martov, Oulianov va se trouver confronté au grand débat des marxistes qui, en Russie, cherchent les voies de l'action. À l'origine du débat, et de la rencontre, il y eut un livre publié par Martov – *Ob agitatsii* (De l'agitation) – dont l'auteur, Arkadi Kremer, sera l'un des fondateurs du parti socialiste juif (Bund). Martov, qui sera l'un des proches de Lénine, mérite que l'on s'arrête un instant pour le décrire et retracer son itinéraire. Issu d'une famille d'intellectuels juifs, Iouli Tsederbaum, de son vrai nom, eut une enfance qui le marqua profondément. Né d'une mère viennoise, il apprit l'allemand, mais aussi le français, langue que ses parents utilisaient dans la vie de famille. Son grand-père, un intellectuel juif renommé, avait fondé les premiers journaux destinés à la communauté juive de Russie. Son père, qui vivait à Constantinople lorsque Iouli naquit en 1873, avait suivi ses traces et servait de correspondant à plusieurs journaux russes. Élevé dans une famille très instruite, voyageuse, qui, après Constantinople, s'était fixée à Odessa – ville où les Juifs étaient nombreux –, le jeune Tsederbaum n'eut pas, dans son enfance, particulièrement conscience d'être juif ni d'appartenir à une communauté différente du peuple russe. Mais le pogrom qui, en 1881, suivit à Odessa le meurtre du tsar Alexandre II, et qui, miraculeusement, s'arrêta presque à la porte du domicile des Tsederbaum, laissa à l'enfant de huit ans le souvenir de scènes effroyables et lui fit découvrir ses origines.

Autre moment de cette prise de conscience : 1889. Peu après le pogrom de 1881, les Tsederbaum s'étaient installés dans la capitale. Iouli avait été admis dans un gymnase quand, en 1889, la police remit en cause leur permis de résider à Saint-Pétersbourg, permis dont seuls des Juifs privilégiés avaient pu bénéficier. Après un certain flottement, cette autorisation fut néanmoins confirmée, probablement en raison du haut niveau d'éducation et donc du statut social du chef de famille. Mais l'incident, qui avait failli priver Iouli Tsederbaum de la possibilité d'étudier dans la capitale, le marqua profondément et l'orienta aussitôt vers les activités illégales au sein de groupes d'étudiants. Arrêté en 1892, libéré, arrêté de nouveau en 1894, il fut alors condamné à quitter Saint-Pétersbourg et interdit de séjour dans toute ville universitaire pendant deux ans. Il s'installa à Vilno (aujourd'hui Vilnius, capitale de la Lituanie), y rencontra Kremer et se mit à réfléchir avec les sociaux-démocrates locaux aux problèmes du mouvement ouvrier. C'est alors qu'il devient « Martov ».

Dès cette époque, il s'impose à tous en dépit d'un physique peu attirant. Assez laid, voûté, négligé, il donnait l'impression d'être quelque peu contrefait. Pourtant, sitôt que l'on rencontrait son regard, étincelant d'intelligence derrière des verres épais, le physique ingrat était oublié et l'on ne voyait plus que l'homme brillant, infiniment cultivé, remarquable dialecticien. En Martov, Lénine trouvera un collaborateur et un interlocuteur exceptionnels dont l'attachement – avant une rupture dramatique – témoigne qu'il avait su deviner en lui le futur héros de la Révolution.

Ob agitatsii, le pamphlet de Kremer qu'il publie, pose à la social-démocratie des problèmes qui vont la diviser sérieusement. Partant de l'expérience de la classe ouvrière polonaise, Arkadi Kremer tire la conclusion que les ouvriers doivent lutter pour résoudre leurs difficultés propres, d'abord d'ordre économique ; et que c'est par là qu'ils en viendront à se heurter au pouvoir, donnant ainsi à leur lutte un caractère politique. Deux thèmes se dégagent ainsi de sa réflexion : les ouvriers doivent « agir » plutôt qu'étudier : ils apprennent dans la lutte, et le devoir des sociaux-démocrates est de les pousser à l'action par l'« agitation ». C'est la « conscience de leurs intérêts économiques » qui prévaut chez les travailleurs. L'activité des sociaux-démocrates doit par conséquent se déplacer de la propagande ou de l'éducation vers l'agitation de la classe ouvrière.

Autour de ce choix – agitation ou poursuite de l'œuvre éducatrice –, les sociaux-démocrates débattent et se divisent. Pour sa part, Lénine se consacre pour l'essentiel au travail intellectuel, toujours privilégié dans son existence. Il étudie alors les conditions de vie de la classe ouvrière, la législation du travail ; bref, il devient « expert en classe ouvrière », sans posséder pour autant une réelle expérience du terrain. Ce qui compte d'abord à ses yeux, c'est de dépasser le petit groupe auquel il appartient, d'entrer dans le cénacle des « grands » théoriciens marxistes, et, par eux, d'atteindre les prestigieux pères fondateurs réfugiés en Suisse. La publication du livre de Struve, *Remarques critiques sur la question du développement économique de la Russie*[8], lui en fournira, pense-t-il, l'occasion. L'ouvrage qui, curieusement, fut autorisé par la censure, connut un large succès dont l'effet immédiat fut de diffuser les thèses marxistes – et donc la condamnation de l'idée populiste selon laquelle la Russie devait suivre une voie historique propre – dans un public plus vaste que celui qui, jusqu'alors, lisait les pamphlets sociaux-démocrates. Il ouvrit en Russie un vaste débat d'idées. Oulianov en fit un compte rendu prudent. En janvier 1895, victime d'un refroidissement, il décida de partir se soigner à l'étranger et c'est alors qu'il reçut sans difficulté un passeport. C'était l'occasion rêvée de rencontrer enfin les pères fondateurs.

On l'a dit, en Suisse, il voit Plekhanov et Axelrod. Pour le jeune révolutionnaire de vingt-cinq ans, ces aînés sont impressionnants à tous égards. Axelrod, alors âgé de quarante-cinq ans, fils d'un pauvre cabaretier juif d'Ukraine, a découvert très tôt la cause révolutionnaire en s'efforçant d'aider à l'éducation d'enfants juifs pour assurer leur émancipation. À ce typique représentant de l'intelligentsia juive de l'Empire qui a cherché dans la révolution une réponse au statut opprimé des siens, s'oppose le personnage aristocratique de Plekhanov. Comme nombre de jeunes nobles de sa génération, celui-ci est entré en socialisme en passant par le populisme, car il pense avoir contracté une dette envers le peuple. En 1895, cet homme de quarante ans s'impose par un physique séduisant ; il est beau, distingué, infiniment cultivé, courtois mais distant.

Quand Oulianov arrive chez Plekhanov, Struve est auprès de lui. Les deux hommes sont également brillants, et le savent. Ils s'estiment. Pour se présenter à Plekhanov, Oulianov dispose d'une bonne carte de visite, qui tient à ses prises de position. En même temps que le livre de Struve, la censure russe a autorisé la publication de *La Conception moniste de l'Histoire*, de Plekhanov. Oulianov en a fait dans une réunion de sociaux-démocrates un commentaire enthousiaste. Plekhanov en a été informé. Pourtant, il n'est, on l'a vu, qu'à demi séduit par ce jeune homme attentif à lui plaire. L'effet que ce dernier produit sur presque tous ses interlocuteurs – c'est aussi le cas pour Struve –, sans être négatif, est marqué par une certaine défiance. Et Struve d'écrire : « L'impression que Lénine me fit, et qui me restera toujours, était déplaisante... Je l'ai senti aussitôt comme un ennemi, même lorsque nous étions encore proches... La brutalité et la cruauté de Lénine – que j'ai perçues dès notre première rencontre – étaient indissolublement liées à une irrépressible passion du pouvoir... Ce qui est terrible chez Lénine, c'est le mélange d'ascétisme personnel, de capacité à s'autoflageller, et de capacité à flageller autrui, qui s'exprime dans une haine sociale abstraite et une froide cruauté politique[9]. » Le regard que Struve jeta rétrospectivement sur le jeune Oulianov rejoint d'une certaine façon l'insistance mise par Lounatcharski à évoquer les traits « asiatiques » de Lénine.

Après être passé par Paris pour y rencontrer le gendre de Marx, Paul Lafargue, Oulianov rentre à Saint-Pétersbourg en septembre 1895. C'est alors qu'il fait la connaissance d'un Martov, tout aussi impatient que lui de passer à l'action. Des deux amis – car les relations du futur Lénine et de Martov furent, avant leur rupture, très étroites –, le second est le plus entreprenant. Il pousse aux décisions concrètes, alors qu'Oulianov hésite encore et incline davantage à l'activité intellectuelle. Le résultat de leur alliance est la formation du Groupe social-démocrate de Saint-Pétersbourg qui rassemble les disciples de Radtchenko et les proches de Martov. Il réunit dix-sept membres, dont les quatre femmes qui enseignaient dans les écoles du dimanche, et cinq « suppléants ». C'est déjà une petite organisation hiérarchisée, fermée aux ouvriers, élitiste. Oulianov est responsable (rédacteur en chef) de toutes les publications. Mais, on le sait, le 16 décembre 1895, les autorités, attentives à ce remue-ménage, interviennent et arrêtent la plupart des membres du groupe.

Prisonnier mais pas inactif, Oulianov rédige un programme destiné à permettre la survie du groupe. Ce texte, qui sortira aisément de la prison et sera largement diffusé, est curieux. Son auteur paraît encore incertain de la ligne qui devrait être suivie. Dans la mesure où il prône la primauté de la lutte économique et décrète que le Parti doit « assister » (et non guider) la classe ouvrière, ce texte-programme a tout l'air de sortir de la plume de Kremer. Or ce sont des thèmes que, peu d'années plus tard, alors qu'il sera devenu Lénine, Oulianov dénoncera avec virulence.

La situation russe est à ce moment très contradictoire. Les grévistes de 1896 n'ont pas fait d'émules. Mais la crise économique qui va se développer au tournant du siècle retentit déjà sur certains secteurs d'activité – avant tout la métallurgie. Menacés de chômage, les ouvriers sont réduits au silence. Le nombre des grévistes passe de soixante mille en 1897 à quarante-trois mille en 1898. Après un léger regain en 1899, la première année du XXe siècle n'en enregistre plus guère que vingt-neuf mille.

Ainsi l'espoir révolutionnaire recule et l'exil ne paraît pas constituer une rupture tragique avec le mouvement ouvrier. Les exilés se réunissent avant leur départ pour débattre : faut-il ou non que leur mouvement s'ouvre à la classe ouvrière ? La réponse clairement négative de Martov et de Lénine est soutenue, à distance, par Plekhanov. On voit comment la social-démocratie pourrait alors s'unifier autour de telles conceptions.

Les années pétersbourgeoises de Lénine – ses seules années russes jusqu'à la Révolution – sont difficiles à résumer dès lors qu'on souhaite cerner son évolution intellectuelle. En 1897, lorsqu'il part pour la Sibérie, il condamne l'ouverture du Parti à la classe ouvrière. Mais, moins de deux ans auparavant, il avait repris à son compte les idées d'agitation et d'assistance à la classe ouvrière. Le populisme de sa jeunesse ne l'a pas encore pleinement quitté et se mêle aux idées de Marx. Pour qu'il tourne résolument le dos à la tentation de « l'économique d'abord », il lui faudra attendre la fin du siècle. En définitive, ce qui ressort le plus clairement de son activité, c'est son aptitude à se battre sur le terrain des idées, à polémiquer, à écrire. Il sera toujours plus à l'aise avec l'intelligentsia qu'avec les ouvriers, qu'il connaît à peine et dont il craint, sans l'exprimer, que, mieux éduqués, ils n'en viennent à former une élite capable de concurrencer l'intelligentsia à laquelle lui-même appartient.

LES PREMIÈRES ORGANISATIONS

Kremer, importateur en Russie de l'« économisme , a aussi été le fondateur du Bund, c'est-à-dire de l'une des premières organisations de la classe ouvrière de l'Empire. Jusqu'alors, tout se jouait au cœur même de la Russie ; mais ce sont les Polonais et les Juifs qui vont imprimer un coup d'accélérateur au mouvement politique organisé. Aux origines, on trouve le Parti socialiste polonais, fondé en 1893 par Dmowski, qui tend à privilégier des intérêts proprement polonais. Contre cette tendance « nationaliste », les éléments internationalistes du Parti, dirigés par Rosa Luxemburg et Leo Jogisches, vont rapidement faire scission et fonder le Parti social-démocrate du royaume de Pologne. Déjà, Rosa Luxemburg comprend, comme l'a fait Marx quelques années plus tôt, que le temps est révolu où les intérêts polonais devaient être pris en compte dans la mesure où, la Pologne étant plus avancée que la Russie, la soutenir constituait un moyen d'affaiblir l'Empire des tsars. L'essor économique rapide de la Russie, son développement politique imposent en 1890 d'organiser la lutte ouvrière dans tout l'Empire afin de rassembler le prolétariat et d'éviter qu'il ne s'épuise dans des dissensions nationales stériles. C'est au cœur de la Russie que la révolution devra se faire.

Plus complexe est l'itinéraire du Bund. Ce mouvement socialiste juif a été créé en 1897 sous l'impulsion notamment de Martov et Kremer ; il s'intitule Union générale des ouvriers juifs de Lituanie, Pologne et Russie. On comprend aisément ce qui a conduit Martov, Kremer et leurs amis à mettre sur pied une telle union. Dans la Russie agitée de la fin du XIXe siècle, le sort des Juifs était particulièrement difficile. Confrontée aux persécutions et aux obligations de résidence, leur communauté est alors divisée. Les uns rêvent du retour en Palestine et le sionisme fait de nombreux adeptes. Mais, contre les sionistes, les partisans de l'intégration plaident avec passion que le socialisme, fondé sur la solidarité de la classe ouvrière, est la plus sûre riposte à l'ostracisme dont ils sont victimes. Ils s'appuient, pour défendre cette cause, sur les particularités sociales de la communauté juive. Elle est avant tout urbaine, concentrée dans l'ouest de l'Empire, là où l'industrialisation s'accomplit le plus rapidement. La classe ouvrière juive qui se développe si vite est généralement dispersée dans de petites entreprises, moins soumises au contrôle policier que les grands ensembles industriels. C'est grâce à de tels traits que cette classe ouvrière a pu tisser les liens de solidarité et d'organisation qui en font un élément avancé du prolétariat de l'Empire. Si l'on y ajoute qu'elle est caractérisée par un haut degré de développement intellectuel, qui la différencie des ouvriers issus du milieu rural, hâtivement urbanisés, encore mal adaptés à la ville et à l'usine – ce qui est le propre de la majorité de la classe ouvrière russe –, on comprend la propension du prolétariat juif à se regrouper et à témoigner d'une réelle conscience de classe.

Ce sont ces traits que les partisans de l'intégration invoquent. Les responsables du mouvement ouvrier travaillent alors au rapprochement entre ouvriers juifs et non juifs, assurant que ce qui leur est commun, c'est leur condition, et que ce qui les sépare, le judaïsme, ne pèse guère. Sans doute, au sein des groupes ouvriers juifs, s'exprime-t-on surtout en yiddish, mais pour la simple raison que c'est le meilleur moyen de communiquer. Pourtant, le premier intellectuel juif à constater les difficultés du projet assimilationniste est Martov, lui-même parfaitement assimilé. S'adressant le 1er mai 1894 à des Juifs de Vilno, il affirme que les intérêts des ouvriers russes et juifs ne sont pas toujours concordants. Que, certes, ils doivent lutter ensemble, mais que les Juifs ne peuvent se fier pleinement aux Russes. Il leur faut donc, conclut Martov, former leurs propres organisations[10]. Avis d'autant plus écouté que l'antisémitisme russe revêt alors des proportions terrifiantes et devient une réalité quotidienne.

C'est contre cette vision spécifique d'un mouvement ouvrier juif que le Bund sera fondé. Sans doute, à l'heure où il se constitue, est-ce une organisation de la classe ouvrière juive[11]. Mais, dans l'esprit d'un Martov, ce n'est là qu'un sacrifice momentané aux conditions spécifiques de la Russie ; la finalité est l'internationalisation de la classe ouvrière. Il s'agit de la préparer.

C'est donc cette activité politique des Polonais et des Juifs qui a servi jusqu'à un certain point d'exemple aux marxistes de Saint-Pétersbourg, ouvrant la voie à la création d'une véritable organisation social-démocrate russe qui va voir le jour en 1898.

LE CONGRÈS DE MINSK

Neuf personnes se réunirent à Minsk en mars 1898 et fondèrent le Parti social-démocrate ouvrier russe, ou PSDOR. Cette réunion de Minsk a pour origine les rivalités qui opposaient diverses organisations ouvrières régionales, notamment celle de Vilno, base du Bund, et celle de Kiev. Son but était de réaliser l'unité des organisations ouvrières. Mais c'est le Bund qui joua un rôle décisif dans l'organisation du congrès de Minsk. Les neuf participants représentaient les organisations marxistes de Saint-Pétersbourg, Moscou, Kiev, Ekaterinoslav, ainsi que, cela va de soi, le Bund qui y comptait trois délégués. Le congrès dura trois jours – du 1er au 3 mars –, élut un comité central de trois membres et adopta un programme rédigé par Struve, qui se réclamait des idées de la « Liberté du peuple », mais sans recourir au terrorisme. En se séparant, le congrès décida de la tenue d'une nouvelle réunion plénière six mois plus tard, mais, peu après, les délégués furent arrêtés et déportés, et le PSDOR entra en sommeil.

De cette première tentative d'organisation regroupant tous les groupes marxistes dispersés sur le territoire de la Russie, il faut retenir deux traits :

Tout d'abord, l'aspiration à dépasser les problèmes nationaux qui commencent alors à agiter l'Empire multiethnique, et à faire de l'organisation de la classe ouvrière un instrument d'intégration des nationalités. Le vocabulaire utilisé en témoigne, puisque le parti se nomme parti « de Russie » *(Rossiiskaia)* et non pas « russe » *(Russkii)* ; il s'adresse ainsi clairement à tous les ouvriers de toutes origines vivant dans les limites de l'Empire, et non à la seule classe ouvrière russe.

En second lieu, le programme élaboré par Struve, à l'instar du *Manifeste communiste*, décrit un processus révolutionnaire en deux étapes. L'une, dominée par la bourgeoisie, conduit au progrès démocratique ; dans la suivante, le prolétariat assume sa tâche historique et fonde le socialisme. Mais Struve souligne que dans ce processus, la faiblesse de la bourgeoisie russe la rend incapable de jouer pleinement son rôle à l'étape du progrès démocratique ; la conséquence en est d'assigner d'emblée au prolétariat russe un rôle décisif. En d'autres termes, Struve parvient à concilier dans ce texte la conception révolutionnaire de Marx et les conditions politiques particulières de la Russie.

Même s'il n'eut pas les suites espérées, le rôle du congrès de Minsk ne doit pas être sous-estimé dans l'histoire tourmentée du mouvement révolutionnaire russe. Jusqu'alors, la scène politique avait été dominée par les populistes, puis par le combat mené contre eux, au nom d'une vision historique différente, par les « pères fondateurs » du marxisme, Plekhanov et Vera Zassoulitch. Mais, pendant près d'un quart de siècle, le débat d'idées et le terrorisme l'avaient emporté sur les tentatives d'organiser une classe ouvrière naissante. Avec le congrès de Minsk, et malgré la disparition rapide de ses participants, c'est une nouvelle période qui s'ouvre : celle où la nécessité d'une organisation révolutionnaire, d'un programme et de règles précises de fonctionnement vont s'imposer à tous, mobiliser l'énergie des marxistes, et avant tout de Lénine.

Enfin, il est étonnant de constater combien vite vont s'effacer des mémoires les noms de ceux qui, à Minsk, se lancèrent dans cette première création d'un parti, et combien rapidement la scène révolutionnaire va se trouver dominée par ceux qui, jusqu'alors, n'y avaient joué qu'un rôle second. Les neuf délégués de Minsk basculent dans les oubliettes de l'Histoire, peut-être en raison de la répression, mais surtout parce qu'aucun d'eux ne jouera par la suite un rôle significatif dans le parti qui va naître. En revanche, Vladimir Oulianov, absent de Minsk, puisqu'il est alors exilé en Sibérie où il se consacre à des travaux de réflexion et d'écriture, va surgir peu après pour devenir l'organisateur véritable d'un Parti bolchevique dont nul, à Minsk, n'imaginait encore les visées, ni surtout l'orientation qu'il allait imprimer à la lutte révolutionnaire russe.

Au printemps de 1898, la véritable histoire de Lénine peut commencer.

DEUXIÈME PARTIE

RÉVOLUTIONNAIRE PROFESSIONNEL
(1900 - 1914)

CHAPITRE IV

L'unité : un parti, un programme, un chef

11 février 1900 : l'exil de Vladimir Ilitch Oulianov est achevé. Il quitte la Sibérie. Mais celui qui s'élance de Chouchenskoïé vers la Russie et surtout vers l'étranger n'est plus Oulianov. Dans les derniers mois de sa relégation, il a achevé un ouvrage intitulé les *Tâches de la social-démocratie russe*[1] qui sera publié en Suisse et qui est signé du nom qui ne le quittera plus, Lénine. Ce nom n'est encore qu'un pseudonyme, choisi par référence au fleuve Lena qui coule paresseusement dans la région où a vécu pendant près de trois ans l'exilé. Ce pourrait n'être que l'un de ses multiples masques. Pourtant, les hasards de l'Histoire feront que ce Lénine-là survivra et qu'il désignera à jamais l'homme qui a bouleversé l'histoire du monde au XXe siècle plus qu'aucun autre de ses contemporains. Cette permanence du nom choisi par accident au terme de l'exil tient sans doute au fait qu'à partir de 1900, Lénine va vivre hors de Russie, qu'il publiera hors de Russie, et que, dès lors, il ne lui sera plus indispensable de se dissimuler sous des identités changeantes. Tout au contraire, les activités qui seront

les siennes à partir de 1900 vont lui imposer une identité stable à laquelle ceux à qui il s'adresse, mais aussi ceux qu'il combat puissent se référer sans risque d'erreur. Dès ce moment, les exigences de la clandestinité cèdent en effet la place à celles du combat politique mené de l'étranger, donc dans des conditions de sécurité assez constantes.

PSKOV – MOIS ULTIMES EN RUSSIE

L'exil achevé, il convenait de choisir un lieu de résidence provisoire, car déjà Lénine a pour ambition de s'installer hors de Russie. Il élit domicile à Pskov où résidaient certains de ses proches, tel Radtchenko. Au même moment, l'exil prenait fin aussi pour Potressov et Martov qui le rejoignirent, faisant ainsi de Pskov un centre d'activités marxistes. Durant cette brève période, les anciens relégués ont matière à affiner leur vision théorique, car le tournant du siècle est marqué par de furieux débats entre marxistes, débats auxquels Lénine a pris une part non négligeable durant ses derniers mois de séjour sibérien.

Dans les *Tâches de la social-démocratie russe*, il avait déjà esquissé ses vues sur le rôle du Parti ouvrier et la nature des alliances que celui-ci peut nouer avec les autres forces sociales. Pour Lénine, seule la social-démocratie combat de manière conséquente l'absolutisme, elle doit donc utiliser les autres forces sociales à *ses* fins, sans aucun esprit de compromis. Les idées de Lénine vont se heurter d'emblée à celles des « économistes », jeunes sociaux-démocrates rassemblés autour de Iekaterina Kouskova et de son mari Sergei Prokopovitch, qui seront exposées dans le *Credo* publié par ce dernier. Pour les « économistes », la situation spécifique de la Russie ne peut pas ne pas être prise en compte par le marxisme ; les revendications « économiques » de la classe ouvrière doivent mobiliser le mouvement social-démocrate qui, en s'alliant à l'opposition libérale, fera œuvre beaucoup plus utile qu'en fondant un parti autonome. Ayant lu ce programme, Lénine, encore en exil, mobilisa ses amis et leur fit apposer seize signatures sous le texte qu'il rédigea pour condamner avec vigueur les thèses du *Credo*. Ce manifeste anti-économiste fut publié à Genève par les sociaux-démocrates regroupés au bord du lac Léman.

Mais les économistes ne sont pas les seuls à inquiéter Lénine. Il est troublé avant tout par la progression en Russie des thèses réformistes d'Eduard Bernstein, ainsi que par l'évolution philosophique de Struve et Boulgakov. La crainte de voir le marxisme russe s'orienter vers des thèses hétérodoxes le hante dès ce moment et le pousse à réfléchir plus précisément à la réponse qui doit y être apportée en termes de programme et d'organisation. Le séjour de Pskov y sera consacré. Les discussions conduites sur ce thème avec les fidèles Alexandre Potressov et Martov conduisent Lénine à la conclusion qu'il faut d'urgence doter la social-démocratie russe d'un organe de combat, d'un journal publié à l'étranger, qui exprimera les thèses de l'orthodoxie marxiste.

Il convoque ses amis à Pskov en mai 1900 pour une réunion de travail à laquelle assistent aussi Struve et Tougan Baranovski. Dans l'esprit de Lénine, l'alliance avec ces marxistes-légaux est censée permettre de donner plus de poids à son projet. Le journal qui va naître de cette rencontre est l'*Iskra* (l'Étincelle), à laquelle tous vont contribuer, le groupe de Pskov comme les marxistes-légaux. Mais, pour que l'idée prenne réellement corps, il y faut l'assentiment et la participation de Plekhanov que Lénine, Martov et Potressov se chargent d'obtenir. Pour cela, ils doivent quitter la Russie. C'est ainsi que va prendre fin (exception faite de l'intermède de 1905), jusqu'en 1917, l'existence russe de Lénine.

Mais, avant de partir pour ce long exil – cette fois, exil dans la liberté –, Lénine doit régler ses problèmes familiaux, et d'abord retrouver Kroupskaïa.

Cette dernière avait encore, en 1900, une année de relégation devant elle. Aussi, lorsque Lénine quitta la Sibérie, l'accompagna-t-il à Oufa avant de se rendre à Pskov. En mai, à la veille de quitter pour longtemps la Russie, il alla lui faire ses adieux dans une de ces expéditions familiales que cet homme profondément attaché aux siens prisait tant. Il se rendit en pays bachkir en compagnie de sa mère et de sa sœur Anna ; ces deux dernières se trouvant alors à Podolsk, et lui-même à Pskov, la rencontre des trois Oulianov eut lieu à Sizran. De là, ils firent en bateau le trajet sur la Volga jusqu'à Kazan, puis changèrent d'embarcation et, naviguant de fleuve en fleuve, atteignirent Oufa par la Kama. Voyage d'agrément – nullement le plus court et le moins coûteux des chemins de Kazan à Oufa – dont Lénine gardera toujours un souvenir heureux. « Comme nous avons agréablement navigué avec toi et Aniouta au printemps 1900 », rappellera-t-il dans une lettre adressée à sa mère[2].

Avant de s'engager dans cette expédition, il avait décidé de se rendre à Saint-Pétersbourg pour y rencontrer des sociaux-démocrates et régler diverses affaires. La ville lui étant interdite, il s'arrêta pour la durée de son séjour à Tsarskoïe Selo, résidence préférée de la famille impériale, ce qui était une transgression supplémentaire des règles qui lui étaient imposées. Il fut arrêté, conduit au poste de police, puis en prison pour trois semaines dans des conditions peu confortables, essentiellement marquées par la présence importune de punaises dans sa cellule.

On ne peut que s'étonner des inconséquences du système de surveillance tsariste. Lénine, en 1900, s'était déjà fortement signalé à l'attention de la police par ses activités révolutionnaires pétersbourgeoises qui lui avaient valu la prison et l'exil ; puis par ses activités au sein du groupe d'exilés de Pskov. En 1900, il est parfaitement connu des services chargés de surveiller les milieux révolutionnaires. Se rendant clandestinement dans la capitale qui lui est interdite, il paie certes cette infraction d'un bref emprisonnement, mais sans conséquences judiciaires. Nul ne songe à le condamner de nouveau. Il demande ensuite à se rendre à Oufa pour visiter sa femme qui a repris dans cette ville des activités subversives, et si on lui oppose d'abord un refus, ce n'est que brièvement ; quelques jours plus tard, il est autorisé à organiser la rencontre familiale évoquée. Ensuite, ayant décidé de se rendre à l'étranger, il demande un passeport qui lui est accordé sans la moindre difficulté contre la modeste somme de dix roubles. Sans doute la police russe était-elle plus rassurée de savoir les révolutionnaires hors du pays que s'activant en Russie. Mais elle eût pu aussi bien renvoyer Lénine en Sibérie : son mépris des contraintes légales donnait prise à ce type de décision. En mai 1900, c'est le comportement on ne peut plus tolérant du système policier qui permit à Lénine de quitter en toute sérénité son pays pour préparer, hors des frontières, le renversement du système.

LES DÉBUTS DE L'*ISKRA*

Quittant la Russie, Lénine se rendit en Allemagne pour prendre contact avec les sociaux-démocrates, tandis que Potressov s'en allait en Suisse solliciter le concours de Plekhanov et d'Axelrod qui l'avaient d'ailleurs déjà promis par le passé. Restait encore à régler des points de détail au cours d'une ultime rencontre avec Plekhanov. La décision de publier l'*Iskra* était prise, mais il fallait choisir le lieu et les conditions dans lesquelles le journal pourrait vivre. Plekhanov souhaitait que l'*Iskra* parût en Suisse ; il s'était proposé comme rédacteur en chef et disait pouvoir lui faciliter l'accès à une imprimerie. De leur côté, Lénine et Potressov avaient négocié en Allemagne avec Clara Zetkin qui leur avait promis les services d'une imprimerie clandestine. Et ils avaient décidé que la publication serait faite à Munich. La préférence accordée à l'Allemagne plutôt qu'à la Suisse a été expliquée par Anna Elizarova, laquelle souligna le désir de son frère de ne pas se retrouver enfermé dans le milieu confiné et quelque peu querelleur de l'émigration genevoise. Plus probablement Lénine ressentait-il dès ce moment que l'autorité morale et intellectuelle de Plekhanov risquait d'éclipser la sienne. La participation de celui-ci au projet était indispensable, mais Lénine refusait d'emblée que le patriarche du marxisme russe fût tenu pour la référence suprême. Si, en 1900, rien dans les idées n'oppose encore les deux hommes, tout les distingue dans le tempérament. Leurs rencontres en Suisse, de 1895 au rendez-vous de 1900 destiné à mettre au point les derniers détails de la publication du journal, furent toujours, derrière la cordialité apparente, marquées par une méfiance plus ou moins dissimulée de part et d'autre. La décision prise d'imprimer l'*Iskra* en Allemagne entraîna un grand remue-ménage. Ses principaux maîtres d'œuvre – Lénine, Vera Zassoulitch, Martov, Potressov – s'installèrent à Leipzig où se trouvait la première imprimerie à laquelle on fit appel. Pour des raisons de sécurité, il fallut souvent en changer et l'*Iskra* déménagea maintes fois de Leipzig à Munich, puis à Londres, enfin à Genève.

Lénine tenait donc cet organe de combat auquel il avait durablement rêvé et que Plekhanov l'avait exhorté cinq ans plus tôt à créer. Le premier numéro sortit des presses le 21 décembre 1900. Lénine s'occupait tout à la fois d'en rédiger maints articles, d'organiser l'expédition du journal vers la Russie, et par-dessus tout d'en définir la ligne. Car, pour lui, l'*Iskra* était déjà l'amorce du Parti qui devait rassembler et diriger le mouvement révolutionnaire russe. Dès sa parution, le journal fut très remarquablement introduit en Russie où il était acheminé par des voies clandestines, puis distribué aux groupes marxistes les plus actifs, dans la capitale et les grands centres industriels et universitaires. Chaque numéro – telles étaient les consignes données – était lu et commenté au sein de petits groupes ; il passait de main en main et finissait ainsi par toucher un nombre non négligeable de lecteurs. Des exemplaires étaient affichés de nuit sur les murs, arrachés au matin par la police ; mais, entre-temps, ils avaient été lus par des centaines de sympathisants et de curieux. Véritable maître d'œuvre de l'*Iskra*, Lénine en tira une autorité considérable. Il en fit d'emblée un organe de lutte contre les idées qu'il condamnait, l'économisme et le réformisme, auxquels un grand nombre d'articles furent consacrés entre la fondation du journal et 1903, année où les problèmes d'organisation vont le mobiliser et le contraindre à consacrer moins d'attention aux polémiques. Dans ces articles et au-delà, Lénine forge peu à peu une conception personnelle de la lutte révolutionnaire dont son *Que faire* sera l'expression achevée. Mais, avant même que ses vues ne soient clairement formulées, il tient que la fonction du journal est de rassembler, d'unifier les organisations politiques russes qui se réclament du marxisme. La dispersion, une certaine souplesse idéologique et politique continuaient en effet à caractériser le mouvement marxiste russe en 1900 : il s'agissait encore d'une juxtaposition de groupes et de tribunes de discussion plutôt que d'un ensemble tendant à l'unité. Pour Lénine, le journal qu'il tient en main doit être un « agitateur et un organisateur collectif ». Parce qu'il a une idée précise de la fonction de l'*Iskra*, il s'y investit tout entier, revendiquant par là une autorité particulière. Kroupskaïa notera par la suite que, dès cette époque, cet homme passionné par les échecs cessa d'y jouer, craignant que le jeu ne l'absorbât au point de négliger fût-ce un seul instant les tâches du journal.

Kroupskaïa, qui a achevé son temps de relégation, le rejoint à Munich, toujours flanquée de sa mère ; le trio ne se séparera plus, et ils vont mener désormais une existence régulière, voire bourgeoise. Mais le séjour munichois se trouve rapidement interrompu, l'imprimeur de l'*Iskra* trouvant l'affaire par trop risquée. Il faut se résoudre à s'installer dans une autre ville, et Lénine opte alors pour un changement de pays.

Londres paraissait l'endroit le plus sûr pour de telles activités. L'*Iskra* y fut donc transféré et le ménage s'y installa sans hésiter. La ville plaisait beaucoup à Lénine, mais il eut tôt fait de découvrir un inconvénient personnel à ce séjour anglais : sa piètre connaissance de la langue. Sans doute, lors de son exil sibérien, avait-il traduit en compagnie de Kroupskaïa l'ouvrage des Webb, *Histoire du trade-unionisme*. Mais la différence était grande entre une traduction sur laquelle il peinait, armé de dictionnaires et de grammaires, et les conversations à mener avec des interlocuteurs britanniques. Du coup, il s'adonna à l'étude de l'anglais avec le même acharnement qu'il mettait à rédiger son journal ou à combattre ses adversaires. De manière générale, il apportait à tout ce qu'il entreprenait une opiniâtreté et une concentration tout à fait exceptionnelles ; cette constance dans tout effort qu'il jugeait nécessaire lui conférait une grande supériorité sur ceux qui l'entouraient et qui se montraient souvent moins conséquents.

À plusieurs reprises, ce trait de caractère eut aussi des effets néfastes. Les efforts trop intenses l'épuisaient, ébranlaient son système nerveux qui était sans aucun doute fragile. C'est ce qui lui arriva en 1902 à la veille de quitter Londres pour Genève où le journal et ses collaborateurs devaient émigrer une fois de plus. Lénine sombra alors dans un état semi-dépressif qui lui imposa, arrivé à Genève, de passer quinze jours cloîtré à son domicile sans voir personne.

Avant de quitter l'Angleterre, il y avait rencontré pour la première fois un jeune révolutionnaire de près de dix ans son cadet, Lev Davidovitch Bronstein, qui, précisément en cette année 1902, venait d'adopter un pseudonyme définitif, Trotski, emprunté à un gardien de prison d'Odessa, ville où il avait passé près de deux ans. Après les prisons, l'exil, la fuite vers Samara où il avait été en relation avec le groupe local de l'*Iskra*, Trotski s'était rendu clandestinement en Autriche, à Vienne, où il avait rencontré Victor et Friedrich Adler, puis était arrivé à Londres pour y rejoindre la direction du journal. Curieux de tout, brillant, cultivé, il eût pu s'attendre d'emblée à un accueil chaleureux. En fait, Lénine soumit le nouveau venu à un véritable examen avant de l'accepter. Sans doute lui fit-il ensuite confiance, mais tout indique que dans les discussions entre rédacteurs de l'*Iskra*, Trotski était plus séduit par Martov et Vera Zassoulitch que par Lénine qui tranchait de tout sans grande subtilité. Si l'on en croit Trotski, Lénine s'en aperçut à plusieurs reprises, mais il imputait l'attitude de son jeune collaborateur à des influences qu'il jugeait pernicieuses plutôt qu'à une prise de conscience de divergences croissantes au sein de la rédaction. Quand l'équipe de l'*Iskra* aura déménagé à Genève, c'est avec Plekhanov que Trotski aura du mal à s'entendre, alors qu'Axelrod sera assez proche de lui. En 1903, il entrera officiellement au comité de rédaction de l'*Iskra* lorsque le contrôle du journal échappera à Lénine.

QUE FAIRE : L'UNITÉ

Depuis 1900, Lénine réfléchissait au moyen d'assurer la cohésion et l'efficacité du mouvement révolutionnaire. Les batailles idéologiques, l'*Iskra*, ses articles, tout s'inscrivait dans cette volonté acharnée de forger l'outil de la révolution conforme à son idée centrale que l'« unité » – de la volonté, du programme, de l'organisation – permet seule de donner forme au projet révolutionnaire. L'*Iskra*, l'organe organisateur et rassembleur, constituait un premier pas dans cette direction. Mais ce n'était pas, et de loin, l'outil véritable auquel il rêvait. Hanté par les idées puisées chez Tkatchev, c'est le Parti qu'il lui fallait désormais inventer et imposer. En 1902, il écrit *Que faire*[3], exposé systématique de ses vues sur l'outil de la révolution. Sa thèse centrale – que tout son combat contre les économistes annonçait – est que le primat du politique ne peut être mis en question.

Analysant la situation de son pays, les conséquences d'une industrialisation rapide et le développement de la classe ouvrière, Lénine en conclut que la faiblesse de cette dernière impose qu'une organisation structurée en prenne la direction. Mais réduire la pensée de Lénine à ce constat circonstanciel serait la fausser dangereusement. Car, au-delà des difficultés propres à une classe ouvrière naissante, c'est le problème général de la conscience de classe des ouvriers qu'il pose, et auquel il apporte une réponse négative : « L'histoire de tous les pays atteste que, livrée à ses seules forces, la classe ouvrière ne peut arriver qu'à la conscience syndicale. [...] La conscience de classe politique ne peut être apportée à l'ouvrier que de l'extérieur, c'est-à-dire l'extérieur de la lutte économique, l'extérieur des rapports entre ouvriers et employeurs. »

On tient ici la base du raisonnement de Lénine. L'absence d'une conscience de classe innée chez les ouvriers condamne leurs mouvements spontanés à déboucher sur des compromis ou des reculs. Le spontanéisme de la classe ouvrière – dont les manifestations en Russie sont nombreuses en ce début de siècle – conduit à l'économisme et non à une véritable conscience révolutionnaire. « Le développement spontané du mouvement ouvrier aboutit justement à le subordonner à l'idéologie bourgeoise [...]. Ce trade-unionisme, c'est justement l'asservissement idéologique des ouvriers par la bourgeoisie. C'est pourquoi notre tâche, celle de la social-démocratie, est de combattre la spontanéité [...]. Il ne peut y avoir de conscience révolutionnaire sans théorie révolutionnaire. »

Alors que faire ? La réponse, pour Lénine, est très simple : « Les ouvriers, avons-nous dit, ne peuvent avoir de conscience sociale-démocrate. Celle-ci ne peut leur être apportée que du dehors. » Pour corriger la conscience trade-unioniste de la classe ouvrière, il faut donc la pousser vers un mouvement révolutionnaire authentique ; qu'interviennent à ses côtés ceux qui, en dehors d'elle, ont conscience des problèmes globaux de la société, c'est-à-dire l'intelligentsia.

Ici, Lénine se sépare sans le dire des conceptions en honneur dans la social-démocratie et que soutiennent les sociaux-démocrates russes « historiques », tel Plekhanov. Pour ces derniers, l'intelligentsia doit former avec les ouvriers un mouvement révolutionnaire sans structure spécifique, le Parti étant compris comme une organisation les regroupant tous, les tenant tous pour capables de participer au changement historique. Lénine a une vue très différente de la révolution : celle-ci doit être organisée et conduite par des professionnels, « avant-garde » de la classe ouvrière, porteurs de sa conscience de classe et, par là, de la théorie révolutionnaire dont les ouvriers n'ont pas non plus un sens inné. Seul le Parti, pour Lénine, est le véritable créateur de la lutte de classe, celui qui peut insuffler à la classe ouvrière ce caractère de classe qui lui permettra de ne pas tomber dans l'erreur ni sous la domination idéologique de la bourgeoisie. Ce qui compte à ses yeux, c'est que le mouvement ouvrier soit guidé par l'« idéologie » juste, celle précisément que le Parti lui apporte. Le Parti est ainsi le « seul » détenteur de la conscience prolétarienne.

D'où l'importance accordée par Lénine à l'organisation et au fonctionnement du Parti. Cette avant-garde doit être organisée en fonction de sa vocation historique, particulièrement difficile à réaliser puisqu'il s'agit toujours de mettre fin à un ordre établi. Cela implique que le Parti soit centralisé, hiérarchisé, autoritaire, et qu'on se refuse à y sacrifier aux débats sans fin et au verbalisme. Ce qui domine son organisation, c'est le principe de l'unité, l'« unité de la volonté », traduction de l'unité de la classe et de sa propre volonté. Et comment établir cette unité de la volonté, si ce n'est par l'élimination de toutes les volontés particulières, des erreurs ou des déviations, c'est-à-dire par une épuration ? « Le Parti se renforce en s'épurant » – ainsi commence *Que faire*. Le modèle d'organisation auquel se réfère Lénine est double : c'est l'« usine », certes, qui impose aux hommes la discipline, un comportement collectif, l'obéissance à un projet qui les dépasse ; mais, plus encore, c'est l'« armée » aux structures rigides, organisées en vue d'un combat, finalité qui préside à ses règles et qui en assure l'efficacité. Organisation de professionnels dont les tâches sont définies selon les principes de la division du travail, le Parti doit rigoureusement hiérarchiser l'autorité qui émane du sommet, se diffuse à tous les niveaux et impose en dernier ressort ses décisions à tous.

Pour un intellectuel russe, ces idées ne rendaient pas un son tout à fait nouveau. En 1874, Tkatchev, qui avait tant impressionné Lénine, son grand lecteur, avait déjà écrit : « Le peuple est incapable à lui tout seul de faire une révolution sociale et d'organiser sa vie sur des bases meilleures. Évidemment, le peuple est indispensable à la révolution. Mais à condition que la minorité révolutionnaire en prenne la direction. »

Si *Que faire* était l'exposé de la vision théorique de Lénine, restait à établir cette théorie dans la vie courante. Il y fallait l'accord des sociaux-démocrates, et ce fut la tâche du IIe Congrès du PSDOR qui se réunit en juillet 1903 à Bruxelles avant de se transporter à Londres.

Lors de sa parution, *Que faire* ne suscita guère de réactions hostiles. Sans doute Plekhanov déclara-t-il que Lénine exagérait les périls du spontanéisme, et nombre de ses collègues trouvèrent-ils quelque peu excessif l'accent qu'il mettait sur le centralisme. Mais, d'une manière générale, tous étaient conscients des difficultés de la lutte contre l'autocratie dans les conditions politiques russes, et donc des exigences de la lutte clandestine. Avec des nuances, certes, mais sans dissensions profondes, les compagnons de Lénine partageaient plutôt son analyse.

LE IIe CONGRÈS : LES SOCIALISTES DIVISÉS

Pourtant, la rupture eut lieu à Bruxelles et Londres par les journées étouffantes de l'été 1903. Le congrès qui s'y tint s'intitulait pompeusement IIe Congrès du PSDOR, ce qui était une prétention formelle à assurer la continuité avec la rencontre de Minsk. En réalité, il s'agissait, à cette date, de donner vie à un Parti qui n'existait pas encore.

En 1903, fonder un vrai Parti était un impératif que tous les sociaux-démocrates comprenaient. Deux menaces immédiates imposaient en effet cet effort, l'une comme l'autre modifiant en Russie les rapports entre la social-démocratie et la classe ouvrière.

En premier lieu, l'entreprise de « syndicalisme policier » ou « syndicalisme jaune » mise en place en 1901-1902 par le ministre de l'Intérieur produisait déjà des effets inquiétants. L'« entrisme » syndical, appelé *Zoubatovchtchina*, du nom de son inventeur, Zoubatov, attirait dans les unions ouvrières suscitées et protégées par la police d'importants contingents de travailleurs séduits par la possibilité de manifester et de revendiquer légalement une amélioration de leurs conditions de travail. Les sociaux-démocrates ne pouvaient que s'inquiéter de cette évolution de la classe ouvrière qui réduisait les rangs de leurs fidèles et apportait de l'eau au moulin des économistes, confirmant les thèses défendues par ceux-ci.

Un second problème se dessinait dans le même temps : la concurrence des socialistes-révolutionnaires (S.-R.) qui prêchaient tout à la fois l'union des forces d'opposition et le recours au terrorisme pour accélérer la lutte, et qui exerçaient par là une grande influence sur l'élite, des étudiants à l'intelligentsia au sens le plus large.

Ainsi menacés de perdre leur autorité sur la classe ouvrière et sur l'élite, les sociaux-démocrates étaient assez unanimement convaincus qu'il leur fallait d'abord disposer d'une organisation forte pour réagir efficacement à de tels défis.

À l'heure où le congrès du PSDOR se réunit, l'humeur de ses membres les plus éminents est déjà fort assombrie et même agressive, si l'on s'en tient à l'état des relations entre Plekhanov et Lénine. Pourtant, plus encore que par ces dissensions, le IIe Congrès va être marqué par la rupture dramatique, définitive, entre Lénine et celui qui, depuis près de huit ans, l'a suivi et soutenu sans réserve, l'inconditionnel Martov.

Si *Que faire* avait été tenu par le « maître de Genève » pour un exercice intellectuel fâcheusement marqué par le tempérament excessif de son auteur, nul n'avait pensé qu'il pouvait y avoir là l'esquisse d'un véritable programme pour le Parti. Ce texte n'était au mieux, pour les collègues de Lénine, qu'une description toute personnelle du Parti souhaitable. Encore fallait-il le doter d'un programme sérieux, puis en définir les règles de fonctionnement.

Pour le programme, Plekhanov s'y était attelé au cours de l'année 1902. Il produisit un texte qui provoqua une vive réaction de Lénine ainsi que de Martov et Potressov qui soutenaient toujours ce dernier. La querelle tournait principalement autour de deux thèmes : le rôle de la social-démocratie dans la lutte révolutionnaire ; la définition de certains éléments propres à la vie économique et sociale russe, dont la social-démocratie pouvait s'accommoder. Pour Plekhanov, si la social-démocratie était le guide des travailleurs, c'est parce que les intérêts des uns et des autres étaient les mêmes. Lénine, au contraire, s'acharnait à démontrer ce qui les séparait, et était donc enclin à accuser sur ce point Plekhanov de sacrifier aux idées des économistes. Mais il lui reprochait aussi son indulgence envers la petite production et la petite bourgeoisie, toutes deux condamnées à disparaître, disait-il, alors que Plekhanov, lui, leur assignait un rôle positif dans le processus révolutionnaire russe. Plekhanov fut donc invité à réviser son texte et à en soumettre à la rédaction de l'*Iskra* une version qui tînt compte des objections de Lénine, dont l'intransigeance véhémente impressionnait fort ses collègues. La seconde version ne satisfit pas davantage les lecteurs critiques de Plekhanov que la première, d'autant qu'il y avait substitué à l'expression « dictature du prolétariat » celle de « pouvoir du prolétariat ». Lénine en appela alors à Marx qui, dès le début des années 1850, posait clairement que « la lutte des classes aboutit nécessairement à la dictature du prolétariat[4] ». Après un débat acharné, il obtint que l'expression fût rétablie dans le texte de Plekhanov, qui finit par être adopté.

Les divisions que l'équipe de l'*Iskra* manifesta à cette occasion ne firent que s'accuser au cours des mois suivants. Plekhanov était soutenu par Vera Zassoulitch et Axelrod. Contre eux, Martov et Potressov, qui les qualifiaient peu respectueusement de « vieux », prenaient le parti de Lénine tout en étant troublés par la violence de ce dernier et par son manque d'égards envers ceux qui osaient se dire en désaccord avec lui. Potressov soulignera par la suite que, dès cette époque, le caractère brutal de Lénine, sa certitude d'avoir toujours raison conduisaient ses partisans à douter de la justesse du soutien qu'ils lui apportaient. Il en va de même de Martov qui, avant même d'arriver à Bruxelles, entrevoit déjà ce qui peut le séparer de Lénine, même s'il n'exprime pas encore clairement ses craintes. Mais les débats, la formidable volonté de pouvoir de Lénine, qui pour la première fois éclate au grand jour, ses manipulations aussi[5], vont enfin conduire Martov à prendre conscience de ce qui les oppose, et du caractère irrémédiable de cette opposition.

À la veille du IIe Congrès, les antagonismes étaient patents au sein de l'équipe responsable de l'*Iskra*. Toutes les décisions concernant le contenu du journal devaient, pour cette raison, être soumises à un vote formel qui aboutissait régulièrement au même résultat : deux groupes – trois et trois – se retrouvaient face à face et se neutralisaient.

C'est dans cette lourde atmosphère que les responsables de la rédaction se dirigent vers Bruxelles où le congrès va s'ouvrir le 30 juillet.

Les sociaux-démocrates russes espèrent trouver à Bruxelles une certaine sécurité, promise par les socialistes belges et notamment par Van der Velde, qui leur procure les locaux où ils vont pouvoir tenir leurs premières réunions. Mais la police belge, alertée par les agents russes, attentive à ces débats en dépit de fréquents changements de lieux destinés à déjouer sa surveillance, ne l'entend pas de cette oreille et, au bout de quelques jours, prie les congressistes de quitter la Belgique sans délai. Ils se transportent alors à Londres où des syndicalistes leur donnent asile dans une église.

Le congrès rassemble les délégués des vingt-cinq principales organisations de Russie, ainsi que ceux du Bund. En théorie, chaque organisation dispose de deux voix. En fait, certaines n'ont envoyé au congrès qu'un seul délégué, de sorte que les quarante-trois présents disposent de cinquante et un mandats. En outre, quatorze délégués au congrès n'ont qu'une voix consultative. Cette situation est conforme aux vues de Lénine : il tient à ce que les partisans de l'*Iskra* soient majoritaires. Mais il n'est pas fâché non plus de constater que quatre ouvriers seulement assistent au congrès.

Le premier point inscrit à l'ordre du jour est l'adoption du programme présenté par l'*Iskra* – mélange subtil de la contribution de Plekhanov et des amendements apportés par Lénine – ainsi que celle des statuts. Le programme est très sérieusement et longuement débattu puis adopté, moyennant quelques amendements qui n'en modifient guère le fond. Le renversement de l'autocratie, l'appel à une assemblée constituante élue au suffrage universel sont présentés comme les premières étapes du projet révolutionnaire, sur lesquelles tous s'accordent sans difficulté. Au cours du débat, la question d'une possible contradiction entre les libertés démocratiques qui, pour certains, ont une valeur absolue, et l'« intérêt du Parti », mobilise les délégués. Mais, sur ce point, Lénine, tenant de la subordination de tous les principes démocratiques à l'intérêt du Parti, reçoit l'appui de Plekhanov.

On voit ici combien, en dépit des réticences de ce dernier à son égard, les idées de *Que faire* avaient cheminé dans les esprits. Dès 1903, le Parti est considéré comme la référence suprême, détentrice de la vérité et seule capable d'user avec justesse de l'autorité. Du coup, l'« intérêt du Parti » tel qu'il est défini par lui-même devient à son tour une valeur suprême, laissant peu de place au principe de liberté et aux exigences démocratiques.

Mais ce n'est pas à ce propos que le Congrès se divise. Sur ce point, Lénine a réussi à imposer ses conceptions, et le programme adopté restera en vigueur jusqu'en 1919. C'est autour des statuts que le divorce va se consommer de manière irréparable. En entendant Plekhanov soutenir Lénine dans le débat précédent, Axelrod et Martov ont été atterrés. Leur inquiétude annonce la rupture qui ne tarde pas à se produire au cours du second grand débat, portant sur la définition de « membre du Parti », au cours duquel tous deux mènent une bataille implacable contre Lénine.

Le premier paragraphe des statuts définit les conditions de l'adhésion au Parti. Ici, deux conceptions s'opposent irrémédiablement, celle de Lénine et celle de Martov. Pour le premier, l'adhésion suppose un engagement personnel dans une organisation du Parti, ce qui signifie non seulement l'accord sur la totalité du programme, mais aussi une participation active à la vie du Parti. Martov, qui a préparé avant le Congrès un second texte et insisté vigoureusement pour que sa version soit soumise elle aussi aux délégués, propose une définition infiniment plus souple de la qualité de « membre du Parti ». Pour lui, est membre « celui qui prête son concours au Parti sous l'autorité d'un de ses organes ». En d'autres termes, pour Lénine, seul peut se réclamer du Parti celui qui occupe une place précise et joue un rôle actif au sein d'une organisation hiérarchisée et centralisée, alors que, pour Martov, celui qui se sent proche des idées du Parti peut s'en dire membre. Cette querelle, apparemment abstraite, recouvre en fait deux débats éminemment concrets :

D'une part, la conception défendue par Lénine dans son texte préparatoire sous-tend toute sa conception d'une organisation de révolutionnaires professionnels, rigoureuse, disciplinée, soumise à un contrôle interne permanent. Pour lui, seule une telle conception, qui sépare le Parti de la classe ouvrière et soumet les organisations de base aux instances organisées, peut permettre de traduire en actes un projet révolutionnaire.

Le second problème concret est celui de l'autorité. L'organisation de masse telle que l'envisage Martov laisse l'initiative à la base, et interdit de fait au sommet du Parti de lui imposer ses directives. Pour Lénine, cette conception entraîne inévitablement une dilution de l'autorité du Parti et met en cause l'autorité personnelle de son chef. C'est-à-dire la sienne...

Sans doute Martov n'est-il pas le seul à soutenir une telle conception. Par là, il est proche avant tout d'une fraction non négligeable de la social-démocratie allemande. Mais, parmi les Russes, il est minoritaire. Le débat évolue cependant dans une direction inattendue. La dureté de Lénine, le talent oratoire de Martov impressionnent les esprits. Certes, Lénine semble au départ bénéficier d'une majorité, et Plekhanov lui a apporté son soutien : « J'ai écouté attentivement les arguments des deux parties, déclare celui-ci, et plus j'écoute, plus je suis certain que Lénine a raison... Les adversaires de l'opportunisme doivent voter pour le projet de Lénine, qui ferme à ces derniers la porte du

Parti. » Mais Axelrod se tient explicitement du côté de Martov, tandis que Vera Zassoulitch et Potressov lui manifestent silencieusement leur sympathie. Au tout dernier moment, Trotski aussi, bien qu'il ne fasse pas encore partie du comité de rédaction de l'*Iskra* en raison de l'opposition très ferme de Plekhanov à sa candidature, penche en faveur de Martov. Il s'en prend avec violence au soutien apporté par Plekhanov aux thèses de Lénine, et met en pièces l'argument qu'il a déployé pour défendre l'efficacité de la formule léniniste dans le combat contre l'opportunisme. L'intervention de Trotski est brillante, remarquable par les qualités oratoires qui l'ont toujours servi et, pour cette raison, elle porte.

Malgré une dernière intervention de Lénine visant à affaiblir Martov et Trotski, le scrutin qui suit, à l'issue duquel il s'attendait à être majoritaire, lui est en définitive défavorable. Le vote nominal donne vingt-huit voix à Martov, contre vingt-trois à Lénine. Le reste du texte est adopté sans modifications. Mais, pour Lénine, le coup est rude ! C'est son premier grand échec depuis qu'il joue un rôle de premier plan au sein de la social-démocratie russe.

À ce stade, malgré les apparences qu'on tente de préserver, la rupture entre les deux hommes est consommée. Depuis le début du congrès, Martov a senti grandir son inquiétude face à un Lénine qui se comporte trop autoritairement et tient ses idées pour les seules fondées. Le ton de son contradicteur l'a humilié à plusieurs reprises. Cet homme sensible et fin, passionnément fidèle durant des années à Lénine, n'a pu supporter la dureté et l'arrogance de celui qu'il a si longtemps soutenu. Soudain, il ne voit plus chez son ex-ami que la passion du pouvoir. Du côté de Lénine, la violence des sentiments éprouvés n'est pas moindre. Martov s'est opposé à lui, lui a infligé une cruelle défaite et tente, considère-t-il, de l'écarter de la direction du Parti, qu'il revendique sans vouloir l'avouer. La différence de tempérament entre les deux hommes, conscients qu'au-delà de leur débat théorique l'enjeu est bel et bien l'exercice du pouvoir, explique la suite des événements. Martov, s'il est remarquablement intelligent, est impulsif et n'a rien d'un calculateur ; les émotions l'emportent souvent chez lui sur la capacité de raisonnement. Lénine, au contraire, si passionné par le jeu d'échecs, a toutes les vertus que ce jeu requiert. Tout chez lui est froidement calculé. De l'amitié pour Martov, il est instantanément passé à la haine et au désir de l'éliminer politiquement. Dès lors, son intelligence sera mise tout entière au service de ce dessein dont le pouvoir au sein du Parti est, il faut le souligner une fois encore, le véritable enjeu.

La suite des débats va avoir des conséquences considérables et inattendues sur la vie du Parti, car elle entraîne une nouvelle inversion du rapport des forces et place soudain Martov et ses partisans en position minoritaire. La discussion porte alors sur le statut du Bund, qui réclame le droit de former une organisation séparée, seule habilitée, selon lui, à représenter le prolétariat juif. Au-delà des problèmes d'organisation, la demande du Bund débouche d'ailleurs sur un débat plus vaste, celui de la question nationale à propos de laquelle le Parti devra rapidement se déterminer. Mais les délégués, pour l'heure, sont tenus de se prononcer sur l'organisation du Parti : faut-il, en reconnaissant l'importance de la question nationale, le doter d'une structure fédérale ? voire lui assigner la tâche de défendre les volontés d'émancipation nationale ?

Ces exigences présentées par le Bund au congrès du Parti se situent dans la ligne des débats qui agitent l'Internationale socialiste depuis la fin du XIXe siècle. Les sociaux-démocrates autrichiens ont déjà multiplié à ce propos analyses et propositions, qui ont fortement perturbé le mouvement ouvrier. En dépit de la phrase fameuse et radicale du *Manifeste communiste* selon laquelle « les ouvriers n'ont pas de patrie », les socialistes autrichiens Renner et Bauer constatent – l'exemple de l'Empire austro-hongrois les en a convaincus – que les ouvriers se sentent avant tout solidaires du groupe national auquel ils appartiennent, et ensuite seulement de leur classe sociale. Ils craignent que, si le mouvement ouvrier n'en tient pas compte, les solidarités nationales ne viennent oblitérer en dernier ressort les solidarités de classe. Dans leurs œuvres, ainsi qu'au congrès de Brünn en 1899, ils demandent donc que la social-démocratie intègre à son programme les exigences nationales, tout en repoussant l'idée d'une fédéralisation du mouvement ouvrier.

Attentifs au débat autrichien, Lénine et la majorité des sociaux-démocrates russes comprennent d'emblée que celui-ci pourrait gagner rapidement l'Empire russe dont la complexité ethnique dépasse de loin celle de l'Empire austro-hongrois. Dans les exigences du Bund – à qui le congrès de Minsk avait reconnu en 1898 le statut spécial d'« organisation autonome » du Parti –, ils entrevoient déjà les germes des futures revendications des organisations sociales-démocrates de la périphérie de l'Empire. La présence au congrès de Londres de délégués géorgiens autour de leur chef, Noe Jordania, qui a réussi à faire voter au cours des débats, avec l'aide du Bund, un article concernant l'usage de la langue nationale, attestait que les revendications nationales étaient bien près de s'exprimer au sein de la social-démocratie russe, et que le Bund, à cet égard, n'était pas totalement isolé. D'où, au cours de la discussion provoquée par la demande du Bund, l'intransigeance des congressistes, surtout de la direction de l'*Iskra*, soudain réconciliée pour faire front commun contre l'organisation ouvrière juive. Le vote qui s'ensuit rassemble une majorité contre celle-ci. Aussitôt, sept délégués indignés quittent la salle : cinq bundistes et deux économistes qui avaient pris le parti de ces derniers tout en souhaitant pour eux-mêmes la reconnaissance d'un statut spécial. Du coup, la majorité acquise à Martov lors du vote précédent n'existe plus et Lénine met à profit ces départs pour se retrouver en position de force avec une voix de majorité. Ayant vu la situation se redresser ainsi en sa faveur, il affirme que le groupe qu'il conduit est devenu majoritaire et en tire alors sa dénomination de « bolchevik ». Quant à ses adversaires, devenus minoritaires, ils sont baptisés « mencheviks ».

Cette décision, tout unilatérale, est intéressante dans la mesure où elle traduit à la fois un rapport de forces, des affrontements de personnalités, une grande divergence de perception des événements, et où elle suggère déjà les grandes lignes de l'avenir. La majorité dont se targue Lénine est fortuite : d'une voix seulement, et due au départ du Bund avant la fin du congrès. La détermination de Lénine – qui s'est retrouvé lui-même en minorité et eût pu le rester si Martov s'était montré plus adroit dans les débats – de fixer à jamais ce « moment » majoritaire en l'inscrivant dans le vocabulaire, en en tirant une définition intangible de l'équilibre des forces au sein du Parti, est révélatrice de son volontarisme et de son manque de scrupules. Ce sont ces traits qui le conduiront à s'emparer du pouvoir et à le monopoliser.

En face, la docilité de Martov et de ses amis, qui acceptent d'être baptisés mencheviks, donc d'être définis à jamais comme minoritaires, annonce déjà leurs faiblesses futures. Respectueux du vote alors même que celui-ci ne traduit qu'une vérité passagère, ils ont acquiescé à une dénomination qui les enferme dans un statut d'infériorité. Dans tous leurs combats contre les bolcheviks, les mencheviks seront ainsi paralysés par leurs scrupules excessifs et leurs démissions en chaîne.

Le congrès prend fin sur une autre victoire de Lénine, celle qui lui donne le contrôle de l'*Iskra*. Arguant des blocages de l'équipe de direction, il a suggéré de la réduire à trois membres, de même qu'il propose une réduction de fait de l'autorité du comité central du Parti. Lénine est alors rassuré par la victoire qu'il a remportée sur Martov et par la certitude qu'après le départ des bundistes et des économistes, sa majorité est stable. Avec les décisions qu'il va imposer en matière d'organisation des instances dirigeantes, il tient, pense-t-il, sa revanche. À la direction de l'*Iskra*, le congrès désigne à une majorité de vingt-cinq voix pour, deux contre et dix-sept abstentions (il ne reste alors que quarante-quatre votants), Lénine, Plekhanov et Martov. Mais ce dernier, indigné par l'éviction de Vera Zassoulitch, d'Axelrod et de Potressov, convaincu que cette direction restreinte livre l'*Iskra* à la seule autorité de Lénine, que la faiblesse de Plekhanov ne pourra compenser, refuse d'y participer. Le nombre très élevé d'abstentions témoigne aussi des doutes qui ont envahi l'assemblée.

S'agissant du comité central, Lénine a aussi imaginé un moyen propre à réduire son poids. Le Parti, tel qu'il est organisé à l'issue du congrès, dispose de deux centres d'autorité : l'un, le « comité central », installé en Russie, coiffant les diverses organisations locales ; l'autre, le

« comité d'organisation », c'est-à-dire l'*Iskra*, situé hors de Russie, à l'abri de la police russe. Il va de soi que ces deux centres ne pèsent pas du même poids. Le comité central est naturellement plus faible, en butte aux arrestations, donc à l'instabilité de ses effectifs qu'il faudrait souvent renouveler. Le comité de rédaction de l'*Iskra* ou comité d'organisation se trouve au contraire à l'abri des changements de personnes, il jouit de la stabilité et donc d'une plus grande autorité. Lénine a d'ailleurs marqué cette différence en attribuant au premier la « direction pratique », au second la « direction idéologique ». S'y ajoute encore au demeurant une différence sémantique : le comité d'organisation a une fonction de « commandement », tandis que, pour le comité central, il n'est question que de *rukovodstvo*[6] ou « direction ».

À la clôture du congrès, la rupture au sein du Parti est patente. Lénine est devenu maître de l'*Iskra* ; l'organisation du Parti, qui se confond avec celle de son journal, est largement dominée par ses partisans. La rancœur des vaincus est grande. Même si Plekhanov figure à l'honneur dans la nouvelle direction, il est aveuglant – l'intéressé ne peut l'ignorer – qu'il n'en est plus que l'alibi. Entre Zassoulitch, Axelrod, Potressov, Martov et Lénine, les contacts se trouvent pratiquement rompus et Plekhanov n'est pas loin de songer à les rejoindre.

Mais les soubresauts de ce Parti divisé sont loin d'être achevés, et le triomphe de Lénine sera, pour cette fois, de brève durée.

Victoire à la Pyrrhus

La fin de l'année 1903 est marquée pour Lénine par un renversement de la situation qui lui avait été si favorable au sortir du congrès. Au lendemain de la réunion de Londres, tous les bolcheviks et mencheviks s'étaient retrouvés à Genève où Lénine parut d'abord tenir fermement en main l'*Iskra*. Mais les mencheviks prirent rapidement conscience de l'hostilité que son autoritarisme et son intolérance provoquaient. Soutenu par Trotski, Martov se mit à attaquer avec virulence la mainmise bolchevique sur l'*Iskra*, soulignant que seules des circonstances exceptionnelles avaient rendu ce rapt possible. Après avoir cautionné un bref moment Lénine, Plekhanov plaida pour un compromis avec les mencheviks, et sa thèse séduisit bon nombre de bolcheviks. Encouragé par ce soutien, il demanda que l'*Iskra* rétablisse son ancienne direction de six membres et y rappelle ceux qui en avaient été exclus. Intraitable, à son habitude, Lénine repoussa cette thèse « conciliatrice », et, confronté à une coalition hostile, il claqua la porte de l'*Iskra*, n'acceptant pas l'idée de perdre sa position dominante. Du coup, « son » journal tomba aux mains des mencheviks, Plekhanov reconstituant l'ancienne direction, sans Lénine ; quant à ses anciens partisans, comme Martov, ils y étaient devenus ses plus irréductibles adversaires.

La perte de l'*Iskra* constitua, pour Lénine, une véritable tragédie. Force lui fut d'abord de constater que son autorité dans la social-démocratie émigrée était bien moindre qu'il ne l'avait cru après son triomphe londonien. Il était aussi coupé du mouvement russe auquel l'*Iskra* servait de lien. Au début de ce temps de rupture, son isolement fut total.

Comme cela lui était déjà arrivé par le passé, Lénine dut aussi faire face à la fragilité de son système nerveux qui le trahissait si souvent lors des crises politiques. Il sombra dans un état dépressif dont Kroupskaïa finit par le tirer en lui organisant des grandes vacances dans les montagnes suisses où le tourisme, la marche, de longues heures d'un sommeil réparateur réussirent à lui rendre la santé. À la fin de l'été 1904, il a recouvré son équilibre, mais, surtout, il nourrit de nouveaux projets et se trouve de nouveaux collaborateurs.

Dans sa période de solitude et de dépression, Lénine avait pu constater, à la lecture de l'*Iskra*, combien l'hostilité des mencheviks à son endroit était vive. Il n'était de numéro du journal qui ne contînt des articles contestant ses vues. Au travers de ces contributions, ses anciens amis, Axelrod, Martov, Plekhanov, s'efforçaient en outre de donner au menchevisme une base théorique solide, propre à affaiblir la conception léninienne des rapports entre intelligentsia et prolétariat. Plekhanov s'était alors lancé dans une véritable croisade contre lui, où il fustigeait l'homme, son intolérance, sa brutalité, mais où il critiquait aussi en permanence sa conception du Parti dont il entrevoyait avec lucidité le caractère totalitaire. Trotski se joignit au chœur des critiques pour traiter Lénine de « Robespierre en puissance », imaginant déjà comment il décimerait un jour tous ceux qui formaient le Parti de la Révolution. Vision prémonitoire, sans doute, qui s'appuyait sur l'injonction d'« épurer » placée en exergue à *Que faire*.

Pourtant, au fil des mois, l'isolement de Lénine s'atténue ; de nouveaux sympathisants viennent à lui. C'est d'abord un jeune médecin, son contemporain, Alexandre Malinovski. Très tôt rallié au mouvement révolutionnaire, il est connu au début du siècle sous son nom de plume, Bogdanov. Ses travaux théoriques – il a polémiqué avec Berdiaïev – et philosophiques lui assurent déjà une grande notoriété et des relations suivies avec les écrivains russes les plus célèbres. Ayant adhéré au bolchevisme en 1903, il se rend au printemps suivant auprès de Lénine, réjoui de cette visite qui va lui assurer une recrue de choix. Bogdanov attirera vers Lénine des amis comme son beau-frère, Lounatcharski. Il lui procurera des moyens financiers et lui donnera accès aux intellectuels vivant en Russie, dont il est proche. Il participera aussi aux longues vacances du couple, au cours desquelles Lénine va recouvrer peu à peu son équilibre nerveux et le goût du combat.

Autre nouveau venu dans sa vie, aux heures de solitude, grâce à Bogdanov : Anatoli Vassilievitch Lounatcharski, esprit brillant, parfaite incarnation de l'élite intellectuelle russe. Philosophe de formation, polyglotte, d'une érudition remarquable en maints domaines, celui-ci était entré très tôt en contact avec le mouvement marxiste. Dès 1899, il avait rencontré à Moscou la sœur de Lénine, Anna Elizarova. Inséparable de Bogdanov, il se rendit auprès de Lénine à Genève pour lui proposer de collaborer au journal qui allait être créé pour remplacer l'*Iskra*. Mais, plus qu'un politique, Lounatcharski était un intellectuel de grande qualité que sa faiblesse de caractère et son instabilité trahiront à maintes reprises.

Troisième recrue de choix : Leonid Borissovitch Krassine, né comme Lénine en 1870, dans une petite ville de Sibérie. Avant sa rencontre avec ce dernier, Krassine s'était déjà illustré plus que tout autre par ses activités militantes. Au terme de ses études, il avait commencé à travailler comme ingénieur à Bakou où il allait jouer un rôle considérable dans le mouvement social-démocrate qui se développait alors dans la capitale du pétrole, et, au-delà, dans tout le Caucase. Il créa une imprimerie clandestine où furent composés la *Pravda* et des tracts révolutionnaires, et organisa leur diffusion dans tout l'Empire. En 1903, il fut élu au comité central en qualité de sympathisant bolchevique. À la grande déception de Lénine, il y défendit non ses thèses rigides, mais celle de la nécessaire réconciliation avec les mencheviks. Conscient du rôle que pouvait jouer, dans le Parti qu'il rêvait de reprendre en main, un homme doué d'un tel génie de l'organisation, Lénine entreprit de le ramener à lui. Il y parvint progressivement.

Enfin, au nombre de ceux qui l'aidèrent à sortir de la solitude figura bien sûr au premier rang Kroupskaïa. En même temps qu'elle s'employait à distraire son mari, elle mit à son service ses anciennes relations militantes et œuvra efficacement pour lui permettre de renouer le contact avec les organisations sociales-démocrates de Russie.

Lorsqu'ils rentrent de vacances, tout est prêt pour que Lénine se lance dans un nouveau projet et puisse recouvrer peu à peu son ascendant – ou à tout le moins une partie de son autorité – sur ses anciens compagnons.

V PERIOD OU LA NOUVELLE *ISKRA*

Avec l'aide financière et grâce aux contacts de Bogdanov, Lénine va recréer ce qui lui manque le plus, ce dont il ne saurait se passer : un journal. L'urgence le pousse, car tout au long de l'année 1904, sa situation personnelle s'est dégradée. Ce ne sont pas seulement ses anciens camarades russes qui lui ont tourné le dos, mais aussi la social-démocratie européenne dont les membres allemands les plus prestigieux condamnent ses excès de pensée et de langage. Kautsky, alors probablement la plus haute autorité morale du mouvement, lui ferme les colonnes du *Neue Zeit* où Lénine a demandé à exposer son point de vue sur le conflit qui l'oppose aux mencheviks. Lénine, dont le tempérament rancunier se manifestera plus d'une fois, n'oubliera jamais l'offense. Il y répondra des années plus tard en traitant le vieux maître de « renégat Kautsky ». Rosa Luxemburg, autre figure de proue de la social-démocratie, se joint au chœur des critiques pour souligner que Lénine est avant tout « russe » dans son comportement, imprégné des attitudes encore peu civilisées de sa patrie. De cette offense-là non plus, l'intéressé ne sera pas oublieux. Des années durant, sur maints sujets, Lénine et Rosa Luxemburg polémiqueront[7], même si, sur le fond de problèmes graves, telle la question nationale, ils ne seront pas en véritable désaccord. Mais la querelle avec Junius (pseudonyme de Luxemburg), en 1916[8], rappellera par sa violence l'hostilité qui avait opposé l'un et l'autre dès la difficile période du conflit interne aux sociaux-démocrates russes. Enfin, si Bebel, autre autorité, suggère un compromis, Lénine refuse de l'entendre, convaincu que la social-démocratie allemande est favorable à ses ennemis. Là-dessus, il n'a pas totalement tort. Dès cette époque, les responsables du mouvement ouvrier européen s'inquiètent des débordements de ces bolcheviks qui leur paraissent bien peu accordés à leurs propres manières policées et à leurs orientations réformistes.

La fin de l'année 1904 marque la fin des tourments de Lénine. Il a écrit, au cours de l'année, un nouvel ouvrage, *Un pas en avant, deux pas en arrière – La crise dans notre Parti*[9], dans lequel il réglait ses comptes avec le IIe Congrès[10]. Publié à Genève, ce texte constitue une défense des positions qu'il y avait soutenues. En août 1904, rentré à Genève après le circuit destiné à lui rendre la santé, il y convoque vingt-deux bolcheviks, proches de lui, et forme avec eux un « comité de la majorité » où Bogdanov, élu au bureau, va jouer un rôle très actif. À partir de l'automne, ce dernier va revenir en Russie et travailler à organiser des groupes soumis à ce comité. Mais, avant son départ, il prépare avec Lénine la sortie du journal censé témoigner de son autorité reconquise et renforcer l'existence du bloc ou comité dit majoritaire. En décembre, le premier numéro de *V period* (En avant) paraît ; c'est véritablement l'organe de Lénine, qui y règne sans partage. Le journal consacre de façon éclatante, si besoin était, la rupture entre les deux tendances de la social-démocratie russe. C'est l'anti-*Iskra*, et Lénine, numéro après numéro, va attaquer la publication rivale avec une virulence jamais apaisée. Le patriarche Plekhanov, de son côté, dénonce dans chaque écrit de Lénine « l'huile versée sur le feu pour attiser le conflit ».

Dès ce moment, ayant refait le plein de vitalité, Lénine va s'employer à préparer le IIIe Congrès du PSDOR qui tiendra ses assises à Londres, une fois encore, au printemps de 1905. Ce congrès, il l'a passionnément voulu afin qu'il consacre sa patiente reconquête du Parti. Mais sa volonté se heurte tout à la fois à l'opposition des mencheviks et à celle des organisations de Russie, sensibles à la stérilité du schisme qui affaiblit tout le mouvement. Cinq des six membres du comité central travaillant en Russie expriment leur opposition à l'idée de ce congrès et plaident que « la social-démocratie en Russie a besoin de directives sérieuses, de matériel de propagande et non de querelles. Cessez de vous disputer et mettez-vous au travail ! »

Mais, pour Lénine, le premier travail, le seul urgent, consiste à restaurer son autorité sur le Parti et à reconquérir le pouvoir perdu. C'est la raison pour laquelle il fait la sourde oreille à la suggestion de Krjyjanovski, vieille connaissance du mouvement pétersbourgeois de 1895, élu au comité central lors du IIe Congrès, de venir en Russie pour y prendre le pouls des organisations locales. Partisan d'une réconciliation, Krjyjanovski s'est rendu tout exprès à Genève pour y exprimer les sentiments des militants de l'intérieur. Il a conseillé à Lénine d'aller les voir de près, de s'entretenir avec eux au lieu de continuer à imaginer leurs vues depuis son confortable asile suisse. Lénine a refusé tout net, s'offusquant d'une telle naïveté.

Mais la chance sourit à Lénine de façon inattendue. En Russie, la police intervient dans les activités du Parti et réussit à appréhender neuf des onze membres de l'instance dirigeante. Krassine échappe à la rafle. Un coup de filet providentiel pour Lénine, puisque le voici soudain débarrassé de tous ceux qui, sur le terrain, se sont opposés à sa volonté. Il perçoit tout de suite l'aubaine que représente pour lui l'intervention policière qui a conduit ses camarades en prison, et il fait ce commentaire cynique : « Voilà qui affaiblira les mencheviks pour longtemps. »

C'est donc un comité central réduit par les circonstances à sa plus simple expression qui donne son accord à la tenue des assises qui vont s'intituler « IIIe Congrès du PSDOR ». Appellation sans doute exorbitante, car il s'agit en fait d'une réunion proprement bolchevique, en rupture donc avec le congrès précédent. Les trente-huit délégués, venus de Russie pour la plupart, militants à temps plein, « professionnels », tels que le prescrivait *Que faire*, se rangeront d'avance du côté de Lénine, prêts à condamner sans réserve les thèses des mencheviks.

Ces derniers, au demeurant, ne demeurent pas passifs. Ils en ont appelé à August Bebel en tant que médiateur. Celui-ci a proposé la constitution d'un tribunal de cinq personnalités indépendantes pour tenter d'apaiser le conflit. L'idée, acceptée par les mencheviks, est rejetée avec violence par Lénine qui répond que c'est le congrès, déjà prévu, qui aura à trancher d'un désaccord qui ne met pas en cause des personnes, mais des idées. Bebel se retire, horrifié par le comportement de Lénine, mais par ailleurs peu convaincu du sérieux politique de ses adversaires. Mis au pied du mur par la décision de Lénine de réunir le congrès, les mencheviks décident de leur côté de convoquer leurs partisans à Genève, mais ils intitulent la réunion ainsi organisée « conférence », et non pas congrès. Comme ils l'ont fait deux ans plus tôt, par légalisme ou par faiblesse, ils optent pour une position modeste qui abandonne à Lénine le bénéfice de la véritable représentativité sociale-démocrate.

Les débats de Londres comme ceux de Genève sont dominés par les événements qui, depuis le mois de janvier, bouleversent la Russie, et par la perspective d'une transformation et d'un développement de l'agitation en cours en révolution. Dès lors, les problèmes d'organisation du Parti, de ses relations avec le prolétariat, de la définition des perspectives d'avenir, semblent plus actuels que jamais, et la confrontation n'en est que plus aiguë.

Les mencheviks, maîtres de l'*Iskra*, regroupent dans leurs rangs les personnalités les plus prestigieuses de la social-démocratie russe : Plekhanov (affaibli toutefois par l'appui qu'il a récemment apporté à Lénine), Axelrod, Martov, et celles qui ont un temps soutenu Lénine : Potressov, Trotski. Constatant le développement du climat révolutionnaire en Russie, tous plaident que le Parti doit incarner une opposition révolutionnaire et non pas se lancer dans des tentatives de prise du pouvoir ou de partage du pouvoir, jugées prématurées. Leur hostilité à la volonté de centralisation du Parti prônée par Lénine, jusqu'alors feutrée, est désormais ouverte.

Le IIIe Congrès. La bolchevisation des instances

À Londres, Lénine doit s'appuyer sur de nouveaux alliés : Krassine, qui va défendre au congrès la thèse, désormais chère à Lénine, de la participation du Parti au gouvernement provisoire révolutionnaire ; Bogdanov, si actif en Russie dans la préparation du congrès ; et Lounatcharski qui présentera au congrès, à la demande de Lénine, une résolution sur l'insurrection armée. Mais, en dépit de ces soutiens, les germes de la rupture entre Lounatcharski et le fondateur du Parti bolchevique sont déjà perceptibles. Au demeurant, leurs relations seront toujours difficiles, oscillant entre la volonté militante du premier de se rendre utile au second et les doutes de l'intellectuel qui l'écarteront maintes fois du père du bolchevisme. Le IIIe Congrès constitue pourtant, de la part de Lounatcharski, une phase de soutien au leader bolchevique. Mais, déjà, celui-ci ne peut accepter l'adhésion de celui-là aux idées philosophiques de Bogdanov. S'il se tait, par nécessité de préserver un accord à court terme, ce silence sera rapidement rompu.

Des nouveaux venus vont alors se joindre à Lénine, tel Lev Borissovitch Kamenev, un tout jeune homme qui a adhéré à l'*Iskra* en 1902, polémiqué dans ses pages avec Berdiaïev et Struve, avant de revenir en Russie pour s'y consacrer, à Tiflis d'abord, puis au comité du

Parti de Moscou, à l'organisation de groupes de militants. Dès ce moment, en 1904, il rompt avec l'*Iskra*, devenue menchevique, adhère aux thèses de Lénine, correspond avec *V Period* nouvellement créé, et prépare le IIIe Congrès en faisant le tour des comités locaux gagnés au bolchevisme, au Caucase, en Russie centrale et dans l'Oural. Le comité du Caucase en fait son représentant au IIIe Congrès.

Autre recrue de fraîche date, Alexei Ivanovitch Rykov, fils de paysans originaires de Saratov, très tôt gagné à l'*Iskra* et qui joue un rôle décisif dans la mise en place des groupes sociaux-démocrates à Moscou.

Ces nouveaux venus ne sont pas, pour Lénine, des alliés qu'il peut manipuler aisément ; et le Congrès de Londres va prouver que si le fondateur du bolchevisme a été capable d'y réunir ses partisans, il n'a pas pour autant devant lui une organisation monolithique. Nombre de délégués venus de Russie vont lui tenir tête. Ceux qu'il baptise avec mépris *komitetchiki* (responsables de comités locaux) sont conduits par Alexei Rykov qui, avec tout l'enthousiasme de la jeunesse – il a à peine vingt-trois ans –, s'oppose à lui sans trouble aucun. Parce qu'il vient de la campagne, Rykov doutera toujours de la possibilité, pour une société agraire, de réaliser une révolution socialiste sans une longue période de transition. Au cours du congrès, l'on voit nettement qu'une tendance « réformiste » prend corps, dont l'objectif est de limiter les pouvoirs de Lénine. Le fidèle Krassine lui-même s'engage dans une véhémente critique de l'« émigration » dont le poids excessif dans le Parti freine, dit-il, son développement. Lénine est la cible visée par Krassine, tous le comprennent parfaitement, ce qui n'empêche pas la majorité des délégués d'applaudir vigoureusement à ce discours.

Une autre difficulté à laquelle Lénine doit faire face porte sur les relations avec les mencheviks, qu'il rêve d'exclure du Parti. Mais les congressistes y sont en majorité hostiles. Malgré leur opposition, ceux-ci finissent par adopter les propositions de Lénine qui, en bon tacticien, a toujours su les présenter de manière prudente. Les mencheviks se retrouvent ainsi condamnés sur le plan des idées, mais ils peuvent, à titre individuel, rester membres du Parti s'ils en acceptent toutes les conditions et la discipline, et s'ils reconnaissent la légitimité du IIIe Congrès. En résumé, le menchevisme est excommunié, mais ses membres peuvent survivre dans le Parti s'ils admettent de s'y soumettre totalement. Le congrès vote en outre en faveur de l'organisation immédiate d'une insurrection armée, décision à laquelle Lénine attache une importance primordiale.

Le comité central bolchevique élu à l'issue du IIIe Congrès réunit Lénine, Krassine et Bogdanov, triumvirat qui va gouverner le Parti jusqu'en 1908. Mais l'instance a aussi appelé dans ses rangs Rykov, faisant ainsi place aux turbulents *komitetchiki*.

*

* *

L'autorité de Lénine sur le Parti est alors difficile à évaluer. D'une part, il a imposé l'essentiel de ses vues : la tenue du congrès fait de la fraction bolchevique l'équivalent du PSDOR, et lui-même est désormais identifié au Parti, tandis que l'exclusion des mencheviks paraît les rejeter hors de la social-démocratie. Enfin, l'appel à l'insurrection armée et la reconnaissance de la centralisation du Parti consacrent la conception révolutionnaire chère à Lénine. Celui-ci fait alors figure de vrai représentant de la social-démocratie russe.

Pourtant, la réalité est plus complexe. Tout d'abord, il lui a fallu batailler dur pour imposer ses vues. L'unanimité apparente autour de la rupture avec les mencheviks est démentie par une résolution secrète qui donne mission au comité central de chercher les voies de la réconciliation. Ainsi, d'un côté, le congrès condamne les mencheviks et appelle les organisations de Russie qui se rattachent à eux à accepter les thèses de la majorité et à se soumettre à elle ; dans le même temps, la volonté de restaurer l'unité subsiste et le comité central est chargé de la mettre en œuvre. L'attitude des mencheviks contribue à entretenir l'espoir d'un tel retour à l'unité. Si leur réunion de Genève est riche d'attaques contre les bolcheviks, le fait même que ses promoteurs aient utilisé pour la définir le mot « conférence », et non « congrès », est révélateur de leurs arrière-pensées. Sans doute faut-il voir là une manifestation de cet esprit légaliste qui les empêche de baptiser « congrès » une réunion fractionnelle (scrupule tout à fait étranger à Lénine !). Mais aussi, en ne disant pas que leur réunion est un congrès de la social-démocratie, ils évitent de consacrer une rupture définitive et prodiguent ainsi un encouragement à ceux qui, autour de Lénine, n'acceptent qu'à contrecœur son comportement intolérant.

L'Internationale socialiste ne se montre guère indulgente non plus pour l'extrémisme des bolcheviks. Les thèses radicales de Lénine sont en rupture avec les conceptions de la majeure partie du mouvement social-démocrate, et d'abord avec l'orientation de la social-démocratie allemande. Entre Plekhanov, intellectuel raffiné d'allure occidentale, et le personnage brutal de

Lénine, l'Internationale préfère sans aucun doute le premier, alors que le second illustre à ses yeux une spécificité russe que la social-démocratie ne sait trop comment intégrer à sa stratégie.

Si Lénine l'a emporté à Londres sur les hésitants du congrès, c'est peut-être parce que nulle personnalité d'envergure ne pouvait lui tenir tête durablement, hormis Krassine qu'il va gagner à ses vues, même si ce ne sera que pour une alliance de quelques années. Il l'emporte aussi sur les mencheviks, victoire qui, comme la précédente de 1903, ne s'inscrira pas toujours dans la durée ni dans la réalité. Mais, en ce mois d'avril 1905, lorsque s'achève le congrès de Londres, la social-démocratie russe va devoir déplacer son attention des débats formels au combat révolutionnaire qui a commencé depuis plusieurs mois en Russie.

La révolution de 1905 va oblitérer toutes les discussions et mettre l'autorité de Lénine à rude épreuve.

CHAPITRE V

1905 – L'épreuve du feu

Pendant que bolcheviks et mencheviks débattent, la Russie s'enflamme et sombre peu à peu dans une révolution dont Lénine n'avait pas prévu l'éclatement ni le cours désordonné[1]. Tout, pourtant, aurait dû l'alerter. La guerre désastreuse contre le Japon provoque l'indignation du peuple russe qui constate l'inutilité des pertes militaires et l'incompétence de ceux qui le dirigent[2]. Elle engendre aussi des désordres en chaîne. Les troupes démoralisées sont en butte à l'agitation de militants révolutionnaires qui s'affairent le long des voies de communication par où les renforts montent vers l'Extrême-Orient. Les grands nœuds ferroviaires se prêtent particulièrement au développement d'un tel mouvement : là se rassemblent cheminots déjà gagnés à la cause révolutionnaire, étudiants chassés des universités lors des troubles de 1899-1901, intégrés dans des bataillons disciplinaires, généralement chargés de la garde des voies ferrées et qui s'adonnent à l'agitation dans le milieu où ils sont condamnés à vivre. Certaines organisations politiques ne sont pas absentes du mouvement : cette période troublée voit notamment s'affirmer le Parti socialiste-révolutionnaire (S.-R.), héritier des populistes, dont la montée en puissance vient relayer les organisations terroristes déclinantes : Terre et Liberté, Liberté du peuple.

L'agitation qui se développe en Russie emprunte des voies politiques légales – les *zemstvos* s'organisent, se réunissent en congrès pour pousser aux réformes – mais relève tout à la fois des actions illégales. Chacun sent que, de gré ou de force, non seulement le système politique russe doit changer, mais il doit le faire très vite. Hélas, au sommet de l'État, un souverain inquiet et indécis comprend mal l'impatience sociale et y répond par une mesure qui, un demi-siècle plus tôt, eût paru révolutionnaire, alors qu'en 1905 elle n'est plus que dérisoire. C'est l'oukase du 12 décembre 1904 qui, plus qu'une annonce de réformes, même restreintes, évoque en termes vagues celles qu'il faudrait faire et qui seront faites, dit le texte, pour satisfaire zemstvos, paysans, travailleurs et justiciables. Nicolas II est convaincu qu'il a répondu par là à l'agitation croissante de la Russie. Du coup, quarante-huit heures plus tard, le gouvernement lance un avertissement solennel à la société : l'agitation doit prendre fin sans délai, l'oukase est une réponse donnée aux demandes sociales ; le débat est donc clos. Cette méconnaissance des humeurs de la société va ouvrir la voie à la grande tragédie de janvier. Nul n'entend plus les appels au calme. Les étudiants s'agitent. La classe ouvrière, jusqu'alors silencieuse, va entrer en scène avec fracas.

DIMANCHE ROUGE

Le 20 décembre 1904, une grève éclate aux usines Poutilov. Le motif en est mince : quatre ouvriers ont été licenciés. Cela suffit cependant à enflammer les faubourgs de la capitale, puis la capitale tout entière.

Pour comprendre ces événements, il faut revenir un instant sur un trait particulier du syndicalisme russe en ce début de siècle : la manipulation des syndicats par le pouvoir telle qu'elle fut imaginée par le policier Zoubatov[3]. Grâce à cette forme très spéciale de syndicalisme, le pouvoir se croit à l'abri des grands mouvements ouvriers, ou espère encore pouvoir les contrôler. Cela explique que les activités du prêtre Gapone, qui conduira la manifestation du Dimanche rouge, n'inquiètent guère les autorités ; elles voient en lui un homme à leur service. Mais Gapone n'est pas Zoubatov. Il n'est pas corrompu ; il est convaincu qu'il est chargé d'une mission sacrée, que c'est son devoir de réconcilier le tsar et le peuple[4]. Animé d'une foi profonde, doué d'un réel charisme, dès 1904 il a rassemblé dans les rangs de son syndicat près de vingt mille ouvriers (chiffre bien supérieur à celui des adhérents dont peuvent alors se targuer les organisations sociales-démocrates !). Aussi son intervention dans le conflit des usines Poutilov est-elle favorablement accueillie tant par les ouvriers que par le pouvoir. Mais Gapone échoue à imposer une solution négociée et décide de recourir à la grève générale et à la mobilisation sociale pour démontrer au pouvoir la solidarité et la détermination des travailleurs.

En janvier 1905, rien n'est pourtant joué ni d'un côté ni de l'autre. C'est vers le souverain que les grévistes se tournent, c'est à lui qu'ils vont adresser une supplique, c'est lui qui, dans leur esprit, a le pouvoir de dénouer la crise. La supplique est rédigée par Gapone, avec l'aide de quelques libéraux, et doit être remise au tsar le dimanche 9 janvier. Le conflit des usines Poutilov n'est plus alors qu'un prétexte. Ce que le peuple demande au souverain, c'est une réforme totale du système politique, et il veut y être associé. Les partisans de Gapone entendent faire du texte de cette supplique l'expression d'une large volonté populaire, et, à cette fin, ils recueillent des signatures partout : dans les entreprises, les lieux publics, les rues.

Les autorités n'ignorent rien de ces développements, puisque Gapone les tient informées de la manifestation qui se prépare. Un cortège pacifique doit aller présenter la requête du peuple au souverain le dimanche, jour de paix, jour du Seigneur – vocable qui, en Russie, signifie aussi « résurrection ». C'est en effet à une nouvelle naissance que le peuple se prépare, ou à une nouvelle vie. Parce que le pouvoir, si bien informé, ne réagit pas ouvertement, Gapone est convaincu qu'il accepte cette démarche. Mais il ignore que Nicolas II note au même moment dans son journal : « Depuis hier, toutes les usines de Pétersbourg sont en grève. On a fait venir des troupes des environs pour renforcer la garnison. Jusqu'ici, les ouvriers ont été calmes. On estime leur nombre à cent vingt mille. À la tête de leur union se trouve une sorte de pope socialiste nommé Gapone. Mirski est venu dans la soirée me présenter son rapport sur les mesures prises. »

Le malentendu est, on le voit, total. D'un côté, un peuple suppliant et confiant. De l'autre, un souverain qui va s'enfermer dans sa résidence champêtre de Tsarskoïe Selo, évitant ainsi tout contact avec ce peuple qui vient à sa rencontre, et laissant à ses collaborateurs le soin de réagir d'instinct au déroulement de la manifestation.

Parce que la foule est pacifique et désarmée, parce qu'elle croit que son projet a été entendu et accepté, elle ne tient pas compte des avertissements ni de l'ordre qui lui est donné de se disperser. Parce que le pouvoir n'a pas compris ni écouté cette foule, les troupes qui lui font face ouvrent le feu, et, affolées par des manifestants qui ne le sont pas moins, vont alors procéder à un effroyable massacre. Le dimanche de la marche paisible du peuple vers son souverain va devenir en quelques heures le *Dimanche sanglant*. Dimanche de la rupture entre le peuple et le tsar. Gapone le résumera par ce cri tragique : « Il n'y a plus de Dieu ni de tsar. »

Le bilan du Dimanche rouge est très lourd. En pertes humaines, il se chiffre – même si l'on tente de rester modéré – à plusieurs centaines de morts et de blessés. Mais, au-delà de la tragédie qui frappe les victimes, c'est le bilan politique qui est désastreux. L'autocratie est à jamais condamnée aux yeux d'un peuple qui l'a si longtemps supportée. Et les morts du Dimanche rouge viennent s'ajouter dans la conscience sociale à ceux, combien inutiles, du désastre d'Extrême-Orient, preuve supplémentaire, s'il en fallait, du mépris dans lequel le système tient la vie de ses sujets. Qu'est donc ce régime qui tue ou laisse tuer ses enfants ? À quelle légitimité peut-il prétendre ?

Le malentendu entre le peuple et son souverain, déjà grand, va se creuser encore davantage. Pour Nicolas II, le bain de sang du 9 janvier a démontré que le pouvoir était trop faible ; il en conclut à la nécessité d'un nouveau durcissement pour rétablir l'ordre. Pour le peuple, la seule réponse au bain de sang, la seule manière de manifester sa solidarité avec les morts, réside dans la poursuite de la lutte. L'agitation ouvrière s'étend alors à la province – Moscou, Saratov, Riga, Łódź, Varsovie, Vilno – ainsi qu'à la campagne où la paysannerie se dresse avec violence. Le terrorisme, un temps apaisé, effectue aussi sa réapparition. Le 4 février 1905, le grand-duc Serge, oncle de l'empereur, gouverneur de Moscou, tombe sous les balles de l'étudiant Ivan Kaliaïev, disciple des socialistes-révolutionnaires. Les étudiants ont d'ailleurs rejoint le mouvement. Ils désertent les cours, organisent des manifestations jusque dans les universités en dépit des interdits, et se joignent partout aux ouvriers.

NAISSANCE DES SOVIETS

Tandis que bolcheviks et mencheviks vont s'affronter à distance dans leurs réunions de Londres et de Genève, en Russie la révolution, d'abord spontanée, commence à s'organiser et à trouver des canaux pour formuler des exigences précises. Les zemstvos, réunis en congrès à Moscou en avril, réclament l'instauration du suffrage universel et la convocation d'une assemblée qui préparerait les réformes nécessaires. Un mois plus tard, l'Assemblée des zemstvos formule des exigences politiques plus précises et oppose dans ses revendications les « droits de la nation » – concept nouveau, encore que mal défini – à ceux du souverain. Partout des associations, des groupements se forment, multiplient les réunions, votent des motions. Les paysans eux-mêmes rédigent des cahiers de doléances. En mai 1905, un Congrès paysan tient ses assises, et les traditionnelles habitudes de jacquerie resurgissent.

Mais, au cours de ce mois de mai si agité, un événement se produit qui devrait s'imposer à l'attention des sociaux-démocrates de toutes tendances. À Ivanovo-Voznessensk, centre de l'industrie textile, les ouvriers en grève élisent un soviet qui va exister pendant deux mois. Innovation politique de taille ! Peu après, la mutinerie du cuirassé *Potemkine* dans le port d'Odessa témoigne aussi que, d'un bout à l'autre du territoire, dans les milieux les plus différents, sous les formes les plus diverses, l'incendie social s'étend.

Pour les mouvements politiques, sociaux-démocrates en tête, une question est posée : que faire ? En premier lieu à l'égard du soviet, cette organisation spontanée de la classe ouvrière[5]. Faut-il le soutenir ? essayer de le récupérer ? Que faire en général de ces forces sociales déchaînées ? Les organiser ? Dans quelle voie tenter de les orienter ? Les socialistes-révolutionnaires ont les yeux braqués sur les campagnes. Les libéraux, eux, cherchent à « récupérer » les syndicats. Avant que les sociaux-démocrates n'aient décidé de leur côté de la voie à suivre, c'est de la société elle-même que vient la réponse. À l'automne, les grèves locales, les manifestations sporadiques ont soudain gagné tout le pays et le plus puissant de tous les syndicats, celui des cheminots, proclame la grève générale. Dans la capitale naît alors à la mi-octobre un soviet qui reprend à son compte l'expérience accumulée depuis mai à Ivanovo-Voznessensk et par tous les autres soviets éclos de-ci de-là à son instar.

Le soviet de Saint-Pétersbourg, qui se constitue le 14 octobre 1905, durera cinquante jours. Il est composé de cinq cent soixante-deux membres élus par les ouvriers dans les usines, et presque tous ses députés sont issus de la classe ouvrière – en majorité de l'industrie métallurgique. Un comité exécutif *(ispolkom)* de trente et un membres inclut dix-neuf représentants des partis de gauche qui suivent les travaux du soviet, mais n'y ont qu'une voix consultative. Les mencheviks ont rapidement compris l'importance de cet organe dont ils ont pratiquement suscité la réunion. Celui-ci porte à sa tête un jeune avocat, Khroustalev Nosar, assisté de deux vice-présidents, le menchevik Trotski et le socialiste-révolutionnaire Avksentiev.

Le soviet s'organise, publie un bulletin hebdomadaire, *Izvestia Sovieta Rabotchikh Deputatov* (Les Nouvelles du soviet des députés ouvriers) dont se réclameront en 1917 les *Izvestia*, le journal de l'État soviétique qui, après une grande mutation, aura même survécu à l'effondrement de l'URSS !

Alors que naît le soviet, l'empereur hésite, effrayé à la vue d'un pays paralysé par les grèves et engagé dans la mise en place d'organes de gouvernement autonomes ; par tempérament, par fidélité à la politique conduite par son père, Nicolas II est tenté par la solution de force. Mais une fraction de son entourage prêche la flexibilité, notamment son ancien ministre Witte qui vient, à la conférence de Portsmouth, de limiter l'ampleur de la catastrophe militaire d'Extrême-Orient. Auréolé par le traité qu'il a su si remarquablement négocier, il est en mesure de peser sur le souverain, de lui démontrer que les moyens de la répression n'existent plus en Russie, qu'il lui faut traiter avec la société. Le 17 octobre 1905, le *Manifeste* impérial annonce à la Russie qu'une partie de ses exigences va être satisfaite : suffrage universel, convocation d'une assemblée élue. Le pays va entrer dans un nouvel âge politique.

Pour les libéraux, le *Manifeste*, qu'ils jugent certes insuffisant, ouvre cependant la voie des élections et les incite à élaborer une stratégie pour y participer efficacement. Ils constituent alors le Parti constitutionnel-démocrate (dit K.-D. ou Cadet) et se préparent au combat électoral. Mais les socialistes ne sont guère disposés à suivre cette voie. Tout en intéressant de larges secteurs de la société, le *Manifeste* n'a pas arrêté l'agitation. Le soviet de Pétersbourg ne désarme pas ; au contraire, il multiplie les appels à continuer la grève et les manifestations. « Le prolétariat ne doit pas déposer les armes », disent les *Izvestia*. Et le *Novoie Vremie*, journal hostile à la révolution montante, conscient de l'importance de Khroustalev-Nosar premier président du soviet, écrit : « Il y a aujourd'hui deux gouvernements en Russie, celui de Witte et celui de Khroustalev. »

Le pouvoir ne reste pas indifférent à cette vue et joue tout à la fois de l'arme de la séduction – les élections prochaines, les dispositions en faveur de la paysannerie – et de celle de la répression. Les arrestations se multiplient. Khroustalev en est victime ; Trotski le remplace à la présidence du soviet à laquelle il confère un grand prestige, même si sa présence à ce poste coïncide avec les derniers jours de l'instance populaire. Celle-ci sera bientôt liquidée et son président, Trotski, arrêté et déféré à la justice. Mais l'exemple du soviet a gagné la province et d'abord Moscou, l'autre capitale, qui va prendre le relais de Pétersbourg comme centre révolutionnaire.

Cette répression, Plekhanov, de loin, s'en était inquiété, multipliant les mises en garde contre tout mouvement prématuré dont l'effet, disait-il, serait de briser le cours du changement engagé par le pouvoir et de donner un élan nouveau à l'autocratie. Dédaignant ses avertissements, le soviet avait appelé le peuple à faire la grève de l'impôt et à se soulever pour imposer une assemblée constituante. Si cet appel, inscrit dans un *Manifeste au peuple russe*, ne produisit guère d'effet sur la société, il provoqua sans aucun doute la réaction brutale du pouvoir, les arrestations des membres de l'Ispolkom et l'interdiction des journaux.

Le pouvoir réagit d'autant plus vite et violemment que cet appel du soviet n'est que la forme visible de l'insurrection qui se prépare au même moment. En effet, presque absents du soviet, les bolcheviks se consacrent alors à organiser dans les villes une lutte armée en vue de laquelle ils achètent des armes et en équipent de petits groupes préparés au combat. Saint-Pétersbourg, dominé par le soviet et les mencheviks, est peu favorable à de tels projets ; mais, à Moscou, les tracts appelant à l'insurrection couvrent les murs et des barricades s'élèvent dans toute la ville.

Décembre 1905 : quand la répression s'abat, que tous les dirigeants du soviet sont arrêtés, l'armée, composée de paysans, aide à refermer la page révolutionnaire. Trotski sera condamné quelques mois plus tard à l'exil, mais il s'enfuira avant même d'atteindre le lieu de relégation qui lui a été assigné. C'est à Moscou que les ouvriers se battront les derniers avec acharnement, avant d'être vaincus à leur tour. La révolution achevée, l'heure est aux solutions politiques. Elle est aussi à la réflexion.

LÉNINE DEVANT LA RÉVOLUTION

De janvier à décembre 1905, les bolcheviks et avant tout Lénine ont observé avec inquiétude des événements qui échappent à leurs prévisions et analyses. Le Parti, pourtant bien organisé, n'a joué dans l'agitation montante qu'un rôle mineur, voire aucun. Et le succès momentané des soviets témoigne que la classe ouvrière est capable d'inventer, seule, ses propres formes d'organisation. La spontanéité ouvrière débouchant sur une conscience politique : voilà qui cadre mal avec les vues chères à Lénine !

Au début du mouvement, celui-ci ne songe guère à rentrer en Russie, contrairement à Trotski qui a franchi la frontière au lendemain du Dimanche sanglant, pour participer au mouvement d'abord à Kiev, puis dans la capitale.

Dans la foulée du Manifeste d'octobre, Nicolas II a proclamé, le 21, l'amnistie politique réclamée depuis janvier et pour laquelle il n'arrivait pas à se décider. Jugée insuffisante à l'intérieur du pays, cette amnistie va néanmoins avoir pour conséquence de permettre le retour des révolutionnaires exilés ; elle va donc insuffler aux organisations politiques naissantes des forces nouvelles. Dans ses souvenirs consacrés à Lénine, Nadejda Kroupskaïa le montre très impatient, après janvier 1905, de rentrer en Russie. Cette impatience, Lénine sut pourtant parfaitement la dominer, puisque son retour n'a lieu qu'une fois l'amnistie proclamée. Il ne rentrera à Saint-Pétersbourg que le 8 novembre 1905 : c'est dire s'il aura pris son temps ! Et son activité première en Russie va être le journalisme.

Kroupskaïa donne de cette période une version toute personnelle : « À la fin de l'été 1905, la perspicacité de Vladimir Ilitch se manifesta dans cette réponse : bientôt nous ouvrirons un journal à Pétersbourg et la rédaction se trouvera sur la perspective Nevski. Je me moquais alors de cela comme d'une chose invraisemblable, mais, trois mois plus tard, l'enseigne de la rédaction de *Novaia jizn'* (la Nouvelle Vie) étincelait effectivement sur la perspective Nevski[6]. »

La réalité était cependant quelque peu différente[7]. À l'automne 1905, avant que le Manifeste n'eût été proclamé, un groupe d'intellectuels, de gauche sans doute mais indépendants de tout parti, s'était rassemblé dans la capitale dans l'espoir d'éditer un journal qui eût exprimé les aspirations de la société apparues dans ces mois troublés. À ce groupe initial composé du philosophe Minski, des poètes Zinaïda Hippius et Constantine Balmont, se joignirent Gorki et des écrivains proches de lui, tel Leonid Andreev, et enfin quelques bolcheviks, dont deux membres du comité central du Parti, Bogdanov et Roumiantsev. Minski réussit à obtenir l'autorisation de publier son journal avant même que le Manifeste n'eût donné le signal de la libéralisation du régime. Et il en devint responsable, la rédaction étant confiée à la seconde femme de Gorki, l'actrice Maria Andreeva[8], qui avait abandonné le théâtre pour s'adonner à des activités politiques liées à ses sympathies probolcheviques. L'alliance – étrange – ainsi nouée entre des écrivains plus attachés aux problèmes esthétiques qu'à l'engagement partisan et des bolcheviks, s'explique avant tout par l'atmosphère exaltée, euphorique même, qui règne en Russie tout au long de l'année 1905. Le « printemps politique » va céder progressivement la place à l'action révolutionnaire, mais ce qui en subsiste durant des mois, c'est l'attente du changement, l'espoir de vivre une grande époque. Valentinov, qui en fut le témoin incomparable, évoque, à propos de ces mois où rien n'est encore tranché, l'année 1848, l'atmosphère qui régnait alors en France et la description qu'en donne Flaubert dans *L'Éducation sentimentale.*

Tout va changer avec le retour en Russie de Lénine qui se précipite, sans perdre un instant, à la rédaction de la *Novaia jizn'*, et s'en empare, comme s'il en avait été le créateur, pour en faire son instrument. D'emblée, il y publie article sur article, imposant autoritairement ses vues sur « la réorganisation du Parti », le « prolétariat et la paysannerie ». Quatre jours après son entrée dans ce journal qui ne lui appartenait pas, son article « L'organisation du Parti et la littérature du Parti » (13 novembre), conduit à une véritable mainmise bolchevique sur cet organe qui se voulait à l'origine un pont entre écrivains de gauche et militants. Ceux qui refusèrent ce coup de force sournois n'eurent qu'à s'en aller ; d'autres, moins décidés, se turent, et *Novaia jizn'* devint, comme Lénine, à Genève, l'avait annoncé quelques semaines plus tôt à Kroupskaïa, son journal.

« La littérature doit être partisane, écrit-il. Elle doit être une partie de la cause du prolétariat, la roue et la vis de la grande mécanique sociale-démocrate... Les journaux doivent être aux mains des Partis. Les littérateurs doivent entrer dans les organisations partisanes... Ce dont il s'agit, c'est de la littérature du Parti, et du contrôle que le Parti doit exercer sur elle[9]. »

Cet article, écrit certes dans le feu de l'action, c'est-à-dire dans la nécessité où se trouve Lénine, tardivement confronté à une révolution qui bientôt touche à son terme, de prendre position, n'en est pas moins troublant. Son autoritarisme s'est déjà manifesté dans les débats au sein de la social-démocratie. Mais jamais il n'a encore dit avec autant de franchise comment il concevait la vie intellectuelle, c'est-à-dire sa mobilisation et sa soumission complète au Parti. La pratique totalitaire de l'État bolchevique est déjà inscrite dans cet article.

Ayant imprimé, comme huit autres journaux, l'appel à la grève des impôts lancé par Trotski, *Novaia jizn'* est interdit au début de décembre. Pour autant, la presse ne se trouve pas muselée. Les journaux proscrits sont aussitôt remplacés par de nouvelles publications ou, mieux, par de nouveaux titres dont les rédacteurs sont les mêmes qu'auparavant. Le Manifeste impérial a proclamé la liberté de la presse ; bien qu'il réprime le mouvement révolutionnaire, le gouvernement s'en tient à sa promesse de préserver la liberté d'expression. Parmi le flot de journaux qui se crée alors en permanence, reflétant les positions des bolcheviks, des mencheviks, des socialistes-révolutionnaires et des libéraux, Lénine disposera toujours de sa propre tribune. C'est ainsi qu'il dirigera successivement *Volna* (la Vague), *V period* (En avant), *Ekho* (Écho) et *Proletarii* (le Prolétaire) publié à Vyborg.

Pour financer la presse, tous les partis vont trouver des commanditaires que l'on se serait plutôt attendu à voir soutenir des positions plus conservatrices : grands industriels, aristocrates parfois, tant il est vrai que 1905 fut une révolution dont la majeure partie de la société partagea l'élan. Lénine bénéficia pour ses publications de l'esprit entreprenant de Krassine qui, depuis le IIIe Congrès, était son plus zélé lieutenant. Il fut aussi aidé par Gorki, remarquable collecteur de fonds. En 1906, ce dernier se rendit, en compagnie de Maria Andreeva, aux États-Unis pour procurer aux bolcheviks les moyens nécessaires au financement de leur presse, mais aussi aux achats d'armes, voire aux subsides versés aux collaborateurs permanents du Parti. Ces récoltes de fonds n'étaient pas, et de loin, les seules ressources des bolcheviks qui trouvèrent – on y reviendra – dans les « expropriations » un moyen additionnel de résoudre leurs problèmes d'intendance.

Durant cette période russe, la vie de Lénine est marquée par sa position de chef incontesté des bolcheviks. Le rôle des mencheviks dans les soviets, le prestige personnel de Trotski, tout a contribué, pendant la révolution de 1905, à braquer le projecteur sur eux et à souligner l'absence des bolcheviks dans ces mois agités, et, davantage encore, l'absence parmi eux de personnalités d'envergure, Lénine excepté. On ne peut dès lors s'étonner si, comme le souligne Valentinov, la fraction bolchevique se mobilise autour de son chef et s'emploie à lui assurer une vie exempte de contraintes matérielles. Après deux brefs séjours à Moscou en décembre 1905 et mars 1906, consacrés avant tout à des rencontres avec sa famille, Lénine décide de se fixer plus durablement en un lieu protégé. Discrète sur les conditions d'existence du couple dont elle ne cesse de souligner avec complaisance les difficultés, Kroupskaïa a maintes fois expliqué que Lénine dut mener une vie errante en Russie, faisant appel aux bonnes volontés de tiers pour passer la nuit chez eux, rencontrant sa femme à l'occasion dans des restaurants modestes de la capitale. Au vrai, dès février 1906, Lénine, attaché à une vie stable et confortable, comme il avait su la créer jusque dans son exil sibérien, décidait de s'installer à l'écart des surveillances policières, en Finlande.

En 1906, dans le climat politique russe créé par la révolution, par le Manifeste, par l'attitude ambiguë du pouvoir, faite de concessions et de répression, la Finlande se trouve dans une étrange situation d'éloignement de l'Empire. C'est pourquoi Lénine va s'installer à Kuokala, à soixante kilomètres de la capitale, où il a l'impression de se trouver quasiment hors de Russie. Finie, alors, l'époque des déménagements perpétuels et de la séparation d'avec Kroupskaïa ! Le couple loue le rez-de-chaussée d'une grande villa tandis que l'étage est occupé par Bogdanov et quelques autres bolcheviks. En peu de semaines, la « vie de famille » à laquelle Lénine fut toujours attaché est reconstituée. La mère de Kroupskaïa vient les rejoindre et assume les tâches matérielles, aidée en cela par une domestique. Kroupskaïa a toujours avoué être piètre maîtresse de maison et, de surcroît peu intéressée par les travaux ménagers. Aussi longtemps qu'elle vécut, sa mère y suppléa. Peu après, c'est la sœur de Lénine, Maria, qui vient compléter le cercle familial. Les activités se répartissent entre tous d'une manière parfaitement organisée.

Lénine reste la plupart du temps à Kuokala d'où il dirige le Parti, les journaux, écrit des articles et reçoit ceux qui viennent chercher ses consignes. Kroupskaïa se rend presque quotidiennement dans la capitale pour y assurer les liaisons. En mai 1906, Lénine fait une brève tentative d'installation avec les siens à Pétersbourg ; mais, soucieux de se tenir à l'écart de toute surveillance, il a tôt fait d'abréger cette expérience et retourne à Kuokala où son séjour dure près d'un an. De temps à autre, il participe à des réunions bolcheviques, très rarement à des meetings pour y prendre la parole.

Peut-être est-ce en raison de l'extrême tension de ces mois où nul ne peut prédire l'avenir de la révolution, que Lénine bascule une fois encore dans une dépression nerveuse spectaculaire. En mai 1907, il s'est rendu à Londres au congrès du Parti où les bolcheviks étaient majoritaires et où ses thèses sur le « centralisme démocratique » ont été adoptées et inscrites dans les statuts. On reviendra sur ce congrès qui constitue pour lui un triomphe, mais qui fut également marqué par un très rude combat contre les mencheviks. Rentré à Kuokala, Lénine impressionne si fort Kroupskaïa et ses proches par son état de délabrement nerveux et physique que sa femme décide de renouveler le traitement déjà utilisé par le passé, à savoir de l'arracher à toutes ses activités et de supprimer par l'isolement toutes ses préoccupations. Il part donc se reposer pour deux mois dans un lieu retiré au fin fond des forêts finlandaises, et nul bolchevik ne sait alors où le joindre. À l'automne, remonté par ces deux mois de solitude et d'activité physique, il revient d'abord à Kuokala, puis, craignant les effets d'une réaction grandissante, il se réfugie dans un village proche d'Helsingfors. Ici encore, il s'inquiète de l'insécurité qu'il pressent. C'est alors que le couple décide d'abandonner la Russie et se rend à Stockholm, en passant par Abo.

Au cours de cette expédition hivernale, marchant sur la glace pour rejoindre une petite île où l'attendait une barque de pêcheur, Lénine, la glace venant à céder sous son poids, faillit se noyer. Mais Valentinov, toujours attentif à son héros, s'interroge avec pertinence : ce qui fut une chance pour Lénine, n'est-ce pas ce qui va faire le malheur de la Russie[10] ? Que serait-il arrivé si, en décembre 1907, l'homme d'Octobre avait disparu dans les eaux glacées du golfe sur lequel il s'était si imprudemment aventuré ? Nul ne pourra jamais répondre à cette question.

De Stockholm à Genève, le voyage fut aisé, et la vie d'exil reprit ; elle durera encore dix ans. Pour Lénine, cette décennie sera faite d'années sombres où sa volonté révolutionnaire ne trouvera guère à s'employer. Et le regard qu'il jettera de loin sur les deux années où l'Empire a failli basculer ne sera pas fait non plus pour le réconforter. Pouvait-il se féliciter réellement de la faible part prise par son parti au cours tumultueux des événements ? Pouvait-il se féliciter de la manière dont lui-même avait dirigé le Parti au cours de ces deux années d'espérance révolutionnaire ?

UNE RÉVOLUTION SANS LES BOLCHEVIKS

À son retour en Russie, Lénine avait été pris de court par les événements et par le succès du soviet ; pris de court comme il l'avait déjà été en janvier 1905. Tout cela était pour lui imprévu. Il avait pu voir l'activité révolutionnaire spontanée de la classe ouvrière se développer durant des mois sans bénéficier des directives d'aucun parti. Puis il avait été témoin de l'effort déployé par cette classe ouvrière pour se doter de structures représentatives, d'abord à Ivanovo-Voznessensk, puis surtout à Pétersbourg. Ce mouvement qui se politisait chaque jour davantage était un démenti cruel à ses propres postulats et consacrait un double échec de sa pensée : échec intellectuel – Lénine n'avait pas prévu ces développements –, mais aussi politique, puisque les mencheviks, naturellement confiants dans la classe ouvrière, avaient su, même si ce n'avait été que tardivement, accompagner la révolution. Et démontrer par là l'erreur d'analyse de leur ennemi juré.

Il convenait dès lors de réfléchir à la manière de rendre aux bolcheviks leur place, et Lénine s'y employa sur deux plans. Tout d'abord, en cherchant à définir une stratégie immédiate pour la lutte révolutionnaire. Ensuite, en tentant de résoudre le problème des élections à la Douma et de l'attitude à adopter en la circonstance.

Quelle stratégie pour la révolution ? Lénine se trouve ici confronté à deux questions : comment juger le Soviet à dominante menchevique ? dans quelle direction pousser une classe ouvrière qui ne désarme pas ? Après avoir observé le soviet – manifestation de spontanéisme – avec une grande méfiance, Lénine mesure son erreur. Le soviet existe, son modèle se répand dans d'autres villes de Russie, il faut tenter de l'attirer du côté des bolcheviks, même s'il est déjà bien tard. N'hésitant jamais à abandonner d'un instant à l'autre une position tactique qu'il a jusque-là défendue, Lénine proclame, au nom d'une vision pragmatique du réel – ce dont de nombreux articles témoignent –, que le soviet est l'instrument privilégié du prolétariat, qu'il doit se développer et devenir par la suite l'institution principale du gouvernement provisoire qui sera formé dès que la révolution l'aura emporté.

Mais, pour que la révolution puisse l'emporter, il reste à décider et à mener une action décisive, à savoir l'insurrection générale. La situation, en cette fin de 1905, se tend de plus en plus. Les ouvriers multiplient les grèves et les manifestations, des mutineries éclatent çà et là, indiquant que l'armée, ébranlée par le fiasco de la guerre russo-japonaise, doute d'un pouvoir par trop hésitant ; enfin, les communications postales et ferroviaires sont pratiquement paralysées. Les conditions d'une action insurrectionelle sont bel et bien réunies.

De son côté, le pouvoir, estimant que le Manifeste d'octobre a accordé à la société le maximum de concessions, attend que celle-ci y réponde par un retour au calme. Ne le voyant pas venir, il considère que la répression s'impose.

Entre l'agitation poursuivie et la menace d'une répression brutale destinée à y mettre fin, il n'est pour Lénine qu'une stratégie possible : l'insurrection armée, capable de transformer l'agitation en révolution et de changer définitivement la Russie. Avant même de quitter Genève pour Pétersbourg, à tous ceux qui lui demandent comment agir, il répète fiévreusement que seule l'insurrection répond à la situation qui s'est créée en Russie depuis janvier 1905. Et cette insurrection, c'est aux bolcheviks, organisés en petits groupes de « professionnels » de la révolution, qu'il incombe de la conduire.

La compétition sur le terrain avec les mencheviks ne peut d'ailleurs être favorable aux bolcheviks que si une insurrection vient à éclater. Les soviets ont été la chance des mencheviks qui ont su très vite s'y adapter et qui ont d'emblée trouvé leur place dans le courant populaire qui soulève la Russie. Ils comptent de surcroît dans leurs rangs de bons orateurs, capables de s'adresser aux ouvriers et à leurs instances représentatives sans revendiquer, comme le réclame Lénine, d'exercer sur eux leur autorité.

De la stratégie de la violence aux élections

Face à ces meneurs, aux orateurs prestigieux qu'étaient un Trotski ou, à un degré moindre, un Khroustalev Nosar, les bolcheviks avaient le plus grand mal à séduire les foules. Quant à Lénine, durant tout son séjour en Russie, il n'affronta guère les rassemblements publics. L'insurrection étant le terrain où les bolcheviks pouvaient se sentir le plus à l'aise, il y poussait en multipliant les directives précises : insurrection armée, formation d'une Armée de la Révolution et d'un gouvernement provisoire... Pour préparer un tel soulèvement, les bolcheviks acquirent des armes, formèrent des groupes d'assaut, imprimèrent des tracts appelant au soulèvement, dont ils couvrirent les murs de la capitale et de Moscou, et participèrent partout à la construction de barricades.

Les mencheviks, pour leur part, étaient plutôt sensibles aux appels au calme lancés par Plekhanov, qui s'adressaient en fait aux bolcheviks plus encore qu'aux siens, mais les partisans de Lénine se refusaient à écouter. Attentifs à tout ce qui émanait du Parti, les ouvriers, eux, prêtèrent davantage l'oreille aux appels bolcheviques à la violence et à l'insurrection immédiate. La conséquence directe en fut le soulèvement des ouvriers de Moscou en décembre 1905[11] et leur défaite, qui coûta à la classe ouvrière beaucoup de sang que l'on reprocha ensuite à Lénine d'avoir fait verser en vain. Mais celui-ci ne renonça pas pour autant à ses exhortations à l'insurrection. C'est ainsi qu'après la dissolution de la Douma en juillet 1906, arguant de l'échec de l'expérience parlementaire, il prôna le retour à l'action violente. Il invita de surcroît les députés de la deuxième Douma à tirer avantage de leur immunité pour pousser le peuple au soulèvement. Le pouvoir ne pouvait que réagir à ce genre de discours insurrectionnel, et plus encore aux exhortations lancées par certains députés à la classe ouvrière et à l'armée pour les inciter à entrer dans la lutte. Dès juillet 1907, le gouvernement dénonça la préparation d'un complot contre l'État ; nombre de députés furent accusés d'en être complices et furent arrêtés tandis que la Douma était dissoute, ce qui privait les élus de la fragile protection de leur immunité. Tentatives insurrectionnelles manquées et répression eurent raison du mouvement ouvrier qui sombra peu à peu dans le découragement et se démobilisa. En 1905, deux millions sept cent cinquante mille grévistes avaient pris part à l'action révolutionnaire ; en 1906, on en compte un million de moins ; leur nombre tombe à sept cent cinquante mille en 1907 et il ne cessera plus de décroître pour s'effondrer à cinquante mille en 1910. Les militants du mouvement se raréfiaient d'autant et les organisations révolutionnaires s'écroulèrent.

Propagandiste de l'insurrection, Lénine a sans conteste perdu cette bataille. Restait à savoir quel parti on pouvait tirer des réformes et, surtout, des élections.

La division des socialistes était sur ce point patente. Contrairement aux K.-D. qui espéraient que la Douma paverait la voie d'une monarchie constitutionnelle, les socialistes de toutes tendances n'en croyaient rien. Mais tous, à l'exeption des bolcheviks, pensaient qu'il fallait malgré tout tenter d'utiliser la Douma à leurs fins. Divisés sur la stratégie électorale, socialistes-révolutionnaires et mencheviks décidèrent de participer malgré tout aux élections et de se battre pour faire élire des députés qui, protégés par leur immunité, sauraient défendre leurs thèses publiquement et sans risques. Lénine seul opta pour une position radicalement hostile aux élections[12]. La Douma était, disait-il, une pure supercherie ; à ce marché de dupes convenait une riposte simple : le boycott des élections. Malgré ce mot d'ordre, et en dépit des tentatives bolcheviques d'empêcher le scrutin par des violences, celui-ci eut lieu en avril 1906. Les Cadets obtinrent un bon nombre des quatre cent quatre-vingt-six sièges (cent soixante-dix-neuf). La paysannerie, en dépit du boycott décidé aussi par le parti S.-R., sa formation traditionnelle, eut quatre-vingt-quatorze élus qui se regroupèrent sous l'étiquette de *troudoviki* (travaillistes). Les mencheviks, enfin, ébranlés par les attaques de Lénine visant ce qu'il nommait le « crétinisme parlementaire », mais néanmoins tentés par la participation électorale, avaient opté pour un semi-boycott qui fut mal compris des électeurs ; conséquence d'une attitude par trop ambiguë : dix-huit députés seulement furent élus sous leur étiquette.

Cette première Douma, dont l'existence fut brève, sera remplacée en 1907 par une deuxième assemblée élue selon le même mode de scrutin. Cette fois, les socialistes avaient changé de stratégie. Constatant la popularité de la Douma au sein de la société, dont témoignait une forte participation lors du premier scrutin, ils avaient renoncé au boycott au profit d'une campagne électorale très active. Les difficultés, pourtant, ne manquèrent pas. Si, en 1906, le gouvernement s'était abstenu d'intervenir dans la campagne, en 1907 il accorda son soutien – c'est-à-dire des facilités matérielles – aux partis proches de lui, regroupés pour la plupart sous l'étiquette des « Octobristes » (partisans de la politique engagée par le Manifeste d'octobre 1905). Les autres partis durent aller à la bataille sans moyens et dans une semi-légalité. Cela n'empêcha pas leur succès. L'assemblée qui sortit des urnes vit triompher les socialistes : cent trente-trois députés se réclamaient de cette étiquette, dont soixante-six sociaux-démocrates, mencheviks en majorité, et trente-sept socialistes-révolutionnaires ; il y faut ajouter quatre-vingt-dix-huit élus « travaillistes ». En face, la droite ne comptait que cinquante-deux élus (dix-neuf octobristes, trente-trois représentants des partis d'extrême droite) et les K.-D. tombaient de cent soixante-dix-neuf sièges au sein de la précédente assemblée à quatre-vingt-dix-huit dans la nouvelle. Celle-ci penchait donc nettement à gauche, et les mencheviks s'y trouvaient, comme ils l'avaient été dans les soviets de 1905, en bien meilleure position que les bolcheviks.

Succès de brève durée, cependant, puisque le gouvernement, convaincu d'être confronté à une assemblée ingouvernable, obtint du souverain qu'elle fût dissoute. Il décida en outre de réviser la loi électorale pour s'assurer d'élections plus conformes à ses vœux. La troisième Douma, élue à l'automne 1907, vit l'effacement de la gauche, dont les représentants ne disposaient plus que de trente-deux élus, sociaux-démocrates pour moitié.

Les socialistes-révolutionnaires avaient résolu pour leur part de boycotter le scrutin ; ils furent donc absents de la troisième Douma. Cette fois, pourtant, Lénine s'était montré plus favorable à la participation[13]. Constatant le recul du mouvement ouvrier, le découragement général, il en avait conclu que les élections représentaient malgré tout une ultime chance de développer en public les thèses révolutionnaires. Sans doute considérait-il que la loi électorale interdisait aux candidats de gauche de gagner ; mais mieux valait, pensait-il, affirmer au cours de la campagne la présence de la gauche que de livrer la classe ouvrière aux seuls partis progouvernementaux. La participation aux élections était à ses yeux un ultime moyen d'éviter la rupture de contact avec la classe ouvrière. Il se retrouvait ainsi seul avec les mencheviks à défendre la thèse d'une nécessaire participation, et il défendit cette position à la conférence de Kotla qui se réunit en juillet 1907 pour fixer l'attitude de la social-démocratie[14].

Mais le plaidoyer de Lénine en faveur de la participation électorale était loin d'avoir fait l'unanimité dans le Parti. Au lendemain des élections, les bolcheviks qui avaient combattu sa position, au premier chef ses deux lieutenants, Krassine et Bogdanov, farouches partisans du boycott, exigèrent que les élus sociaux-démocrates quittent sans délai la Douma. Entre Lénine et les « bolcheviks de gauche » conduits par Bogdanov – qui avait été, à la deuxième Douma, le chef de file des quelques élus bolcheviques –, le conflit, violent, annonce déjà la rupture à venir, qui dépassera les considérations tactiques pour déboucher sur un désaccord idéologique profond. Les *otzovistes* – ainsi nomma-t-on ces avocats du rappel des députés – entraînèrent derrière eux l'organisation bolchevique de Saint-Pétersbourg et condamnèrent toute forme d'activité légale, jugée par eux impossible en période de réaction. En dépit de sa volonté de ne pas couper le parti des masses par un refus radical d'exister à découvert, Lénine ne pouvait résister à ce courant et en accepta finalement les positions. Pour autant, il ne réussit pas à regagner les extrémistes qui lui étaient hostiles ; ceux-ci se constituèrent en fraction séparée et allèrent jusqu'à fonder leur propre journal, en reprenant un titre éphémère : *V period*. Ils suivaient en cela l'exemple que Lénine lui-même avait donné peu d'années auparavant en créant un journal pour s'opposer à l'*Iskra* et aux mencheviks. Les ruptures et rejets qu'il était si habitué à imposer aux autres, c'est lui-même, en cette sombre année 1907, qui s'en retrouvait victime. L'« unité », fondement de son Parti, qu'il avait si fort prônée, se trouvait mise à mal.

TENTATIVES DE RÉCONCILIATION AVEC LES MENCHEVIKS

Les divisions des bolcheviks ne doivent pas dissimuler l'essentiel, c'est-à-dire, dans la période 1905-1907, le profond désir d'unité qui anime tous les sociaux-démocrates. Ce désir est alors renforcé par le reflux du mouvement révolutionnaire et la nécessité de définir une stratégie qui tienne compte à la fois de l'échec de la révolution et des perspectives parlementaires ouvertes en Russie. La scission est encore récente et nul ne songe à la perpétuer. Si Lénine adhère à l'idée d'une réconciliation avec les mencheviks, c'est que, parmi ses partisans, le désir d'accomplir ce pas est grand, et qu'ils font pression sur lui pour qu'il se prête au dialogue. Mais c'est aussi que Lénine, comme toujours, est convaincu d'avoir raison dans son analyse des événements ; il attend donc des mencheviks qu'ils le rejoignent et le soutiennent. La réconciliation, sans doute la veut-il, mais à condition qu'elle se fasse autour du bolchevisme.

En décembre 1905, une conférence bolchevique panrusse se réunit à Tammerfors, en Finlande, où l'on débat de l'unité nécessaire, pour laquelle les mencheviks militent de leur côté. On peur noter que Lénine y croise pour la première fois un jeune révolutionnaire géorgien, envoyé à la conférence par l'organisation du Caucase qui s'était d'abord ralliée aux mencheviks, puissants dans la région ; il s'agit de Iossif Vissarionovitch Djougachvili, mieux connu à l'époque sous le nom de Koba, et après 1910 sous celui de Staline. De cette rencontre entre les deux hommes, il y aurait peu à dire si l'on ne disposait des souvenirs de Koba, notant l'impression ou plutôt l'absence d'impression qu'il retira de ce premier contact avec le chef de file des bolcheviks : « J'espérais voir l'aigle des montagnes de notre Parti, comme un grand homme non seulement politiquement, mais aussi physiquement... Quelle ne fut pas ma désillusion en voyant l'individu le plus ordinaire, au-dessous de la taille moyenne, ne se distinguant en rien des mortels ordinaires [...] et en apprenant que Lénine était venu à la réunion avant les délégués, qu'oublié quelque part dans un coin il tenait la plus ordinaire des conversations[15]... »

En avril 1906, bolcheviks et mencheviks se réunissent secrètement à Stockholm. Les mencheviks sont majoritaires, avec soixante-deux délégués représentant trente-quatre mille militants, tandis que les bolcheviks ne sont que quarante-six et se réclament de quatorze mille militants. Le statut de cette rencontre fut d'ailleurs difficile à fixer. Baptisée *Congrès de l'unité*, la réunion de Stockholm aurait constitué pour les bolcheviks le

IVe Congrès de la social-démocratie, alors que pour les mencheviks qui ne reconnaissaient pas la validité du congrès de Londres de 1905, tenu par les bolcheviks pour le IIIe Congrès, le rassemblement dans la capitale suédoise était le seul véritable IIIe Congrès. En raison de ce désaccord, cette rencontre unitaire ne fut pas incorporée, à l'époque, dans la série des congrès de la social-démocratie. Ce n'est que par la suite qu'elle trouvera une place dans la chronologie des congrès communistes élaborée par les bolcheviks.

En 1906, pourtant, le succès de la réunion de Stockholm fut réel. L'unité rétablie, le Parti accueillait aussi dans ses rangs le Bund et les partis sociaux-démocrates polonais et letton. Le comité central élu à l'issue de cette réunion reflétait l'unanimité retrouvée, et la position inconfortable d'un Lénine généralement tenu pour responsable de la scission. Les trois bolcheviks portés à l'instance dirigeante étaient Krassine, Rykov et Desnitski, tandis que Lénine lui-même en était absent. Les mencheviks, pour leur part, y obtenaient sept sièges.

Lénine minoritaire : voilà une situation qu'il lui est difficile d'accepter ; et que, selon son habitude, il va s'employer à modifier. Déjà, à la fin de 1906, lorsque s'ouvre le débat sur l'attitude à adopter pour les élections à la deuxième Douma, tout en proclamant avec force son attachement à l'unité, il combat la thèse des mencheviks qui proposent une alliance électorale avec les libéraux pour barrer la route à une droite « dure » que la loi électorale est censée favoriser[16]. L'opposition entre Lénine et les mencheviks est alors telle qu'une réunion doit être organisée en janvier 1907 pour tenter de rapprocher les points de vue. Convaincant, renforcé par la présence de quarante-deux bolcheviks – dix délégués de plus que les mencheviks –, Lénine obtient alors un vote favorable, mais accepte en échange – unité oblige – d'examiner les alliances possibles[17]. Ce qui ne l'empêche pas d'affirmer dans un pamphlet que les mencheviks sont « vendus à la bourgeoisie[18] ». Ceux-ci répondent en faisant appel au tribunal du Parti ; devant celui-ci, Lénine plaide qu'il a en effet insulté les mencheviks, mais que le combat politique, fût-ce contre des proches, légitime l'usage de tous les moyens. La brutalité de Lénine traduit sa certitude qu'après les difficultés rencontrées à Stockholm, la balance, au sein de la social-démocratie, penche à nouveau en sa faveur. Ce que le congrès de Londres va confirmer.

Le Ve Congrès de la social-démocratie se réunit dans la capitale britannique en avril 1907 et semble d'abord refléter la réconciliation négociée à Tamerfors et à Stockholm, qui était avant tout réclamée par la base. Tous les grands chefs de la social-démocratie sont présents à Londres : Plekhanov, Axelrod, Martov, Potressov, Rosa Luxemburg, Trotski, Bogdanov, Krassine, Gorki, Tseretelli, mais aussi des nouveaux venus qui commencent à s'illustrer sur le terrain et vont progressivement jouer un rôle de premier plan, comme Zinoviev, Kamenev, Tomski, Vorochilov, Hanetski et Staline. Aux cent soixante-quinze délégués du Parti russe se sont joints quarante-quatre délégués du Bund, vingt-six Lettons, quarante-cinq Polonais. Les Russes se partagent entre bolcheviks (quatre-vingt-dix) et mencheviks (quatre-vingt-cinq). En dépit de cet apparent équilibre et de discours à tonalité unitaire, le congrès reflète les luttes féroces qui se déroulent en Russie depuis le congrès de Stockholm. Minoritaires à Stockholm, les bolcheviks disposent sur le terrain, surtout dans les deux principales villes russes, d'organisations à leur dévotion, ou y tiennent en tout cas d'importantes positions. À Saint-Pétersbourg, le comité du Parti est partagé entre eux et les mencheviks, mais c'est une troïka qui dirige tout. La figure la plus forte en est Grigori Evseievitch Radomylski, déjà connu dans le Parti sous le nom de Zinoviev. C'est, comme le notera plus tard Trotski, un « agitateur né, doté d'un flair politique remarquable et toujours enclin à s'emballer[19] ». Lénine lui fait déjà confiance et l'a envoyé, en 1906, organiser l'insurrection de Cronstadt, qui se sera soldée par un échec. La troïka fait progressivement glisser le comité de Pétersbourg du côté des bolcheviks. Kamenev, lui, se dépense surtout à Moscou dont le comité central est dominé par des mencheviks historiques comme Dan, Martov, Noe Jordania. Mais Lénine considère que c'est le comité de Pétersbourg qui peut assurer la victoire des siens. Zinoviev dans la capitale, Kamenev à Moscou ont préparé le congrès et n'ont pas ménagé leur peine pour y assurer la prééminence des fidèles de Lénine.

Les débats de Londres vont lui apporter le soutien des délégués polonais et lettons, alors que les mencheviks ne peuvent compter que sur le Bund, exaspéré par le centralisme autoritaire de Lénine. La présence à Londres des grandes figures de la social-démocratie n'infléchit guère le cours des choses. Les bolcheviks, un peu plus nombreux, renforcés par des alliés en plus grand nombre, ont le vent en poupe. Les débats, qui ont lieu dans une église, sont souvent brutaux et traduisent un durcissement des partisans de Lénine. En face d'eux, les mencheviks sont sur la défensive. Axelrod plaide pour le rassemblement de tous les partis et groupes ouvriers de Russie. Tseretelli, l'un des plus brillants orateurs de la Douma[20], réclame que la social-démocratie adopte une attitude réaliste, qu'elle reconnaisse la nécessité de l'étape de la démocratie bourgeoise afin de favoriser le progrès politique en Russie. Trotski défend presque seul une position conciliatrice, s'efforçant de convaincre ses collègues que le plus important, pour l'avenir de leur mouvement, est d'éviter toute nouvelle scission.

Mais Lénine se montre inexorable, traitant les uns d'hypocrites, les autres de réformistes. Il est convaincu que le succès lui est acquis. D'abord par l'élection d'un comité central dominé par les siens, où figurent à ses côtés Zinoviev, et, à titre de suppléants, Krassine et Bogdanov. Mais il peut aussi se targuer d'une autre victoire : le congrès a accepté d'inscrire dans ses statuts les principes qui lui sont chers, à savoir : centralisme démocratique, soumission de la minorité à la majorité. Enfin, il a obtenu l'adoption de règles de périodicité des rencontres – congrès annuel, conférences trimestrielles. La social-démocratie accède ainsi aux vœux de Lénine et son organisation devient plus contraignante. Sans doute pour Lénine s'agit-il avant tout d'aménager, d'une manière qui ne l'affaiblisse pas, la cohabitation de groupes rivaux au sein du même Parti. Majoritaire en 1907, il n'ignore pas que cette position est précaire. De fait, peu après la conférence de Londres, ses proches partisans, Bogdanov et Krassine, vont s'éloigner de lui. Ce qui lui importe alors, c'est de conserver les moyens de s'opposer aux mencheviks, de les affaiblir dans une phase où il est contraint de cohabiter avec eux. Au cours de cette étape, le « centralisme démocratique » lui est particulièrement nécessaire dans son acception « démocratique », en ce qu'il autorise l'appel à la base, chargée de choisir ses dirigeants, et la « liberté de discussion ». Ce n'est pas un hasard si, au sein du comité central élu à l'issue du congrès, Lénine a fait entrer de jeunes professionnels de la révolution comme Zinoviev, qui doivent rentrer en Russie pour travailler sur le terrain à « bolcheviser » les organisations.

Conception aisée à comprendre à la lumière de l'évolution de la Russie. L'échec de la révolution et des tentatives insurrectionnelles, le développement d'un processus parlementaire incitent les mencheviks à condamner l'action clandestine et à lui préférer une intégration dans le système qui se met en place. La bourgeoisie libérale, pensent les mencheviks, peut constituer une alliée efficace pour faire évoluer le mouvement ouvrier russe dans le sens suivi par la social-démocratie occidentale. Cette vision, toujours défendue par Axelrod – mais il n'est pas le seul –, Lénine la combat d'autant plus violemment qu'il perçoit le découragement de la classe ouvrière et la décomposition rapide de tout le mouvement.

En 1907, pensent l'ensemble des sociaux-démocrates, l'urgence est de tirer les leçons de l'échec de 1905 afin de définir la voie dans laquelle la social-démocratie peut s'engager pour survivre.

Les leçons d'une révolution manquée

Séparés d'emblée par leur conception du cours de l'histoire russe, mencheviks et bolcheviks vont tirer de 1905 des enseignements qui confortent leurs certitudes respectives et donc leur division. Les mencheviks voient dans le cours des événements une confirmation de la justesse de leur attachement à un marxisme rigoureusement orthodoxe. La révolution socialiste – Marx, dont ils se réclament, l'a dit explicitement – ne peut s'accomplir sans un prolétariat fort, et celui-ci n'est pas à même de se développer hors d'un capitalisme généralisé et d'une révolution bourgeoise. 1905, pensent les mencheviks, a été une tentative malheureuse pour accélérer le processus. Son échec confirme l'impossibilité de brûler les étapes historiques. Et que les menées insurrectionnelles encouragées par Lénine ne conduisent pas, les faits l'ont montré, au succès des objectifs révolutionnaires. « Il ne fallait pas prendre les armes », martèle Plekhanov. Il ne fallait pas non plus compter sur une alliance de la classe ouvrière et de la paysannerie, classe réactionnaire par essence, rappellent les mencheviks, invoquant Marx, Engels, et l'expérience de la révolution de 1848. De là, après 1906, leur volonté d'alliance, à la Douma et hors de l'assemblée, avec les partis libéraux, et leur souhait de constituer en Russie un grand regroupement des travailleurs, alliance non partisane, en vue d'instaurer ou d'étendre à tout le pays le système des soviets[21].

Pour Lénine, cette analyse est inacceptable en totalité et dans chacun de ses éléments : 1905 a montré que le prolétariat existe en tant que force nationale et qu'il est prêt à abattre l'autocratie. S'il admet au lendemain de 1905, comme les mencheviks, que le stade de la démocratie politique bourgeoise est inévitable, il complète cette proposition par le constat que la bourgeoisie russe n'ira pas au-delà de ce stade, car elle est « inconséquente, égoïste et froussarde », effrayée par le prolétariat au point d'être toujours prête à tourner casaque. Seul le prolétariat est conséquent, conscient de la nécessité, pour gagner, d'aller au-delà de la révolution bourgeoise.

Comment ?

À l'été 1905, Lénine répond dans les *Deux Tactiques de la social-démocratie dans la révolution démocratique*[22] :

Première condition posée ici : l'alliance avec la paysannerie[23]. Dès 1905, il est convaincu de l'importance de la question paysanne russe et du potentiel révolutionnaire des revendications paysannes auxquelles le système politique n'apporte pas de réponses suffisantes. Il appartient au Parti, estime-t-il, de canaliser ce potentiel, et de l'utiliser à son profit. « Le paysan propriétaire en Russie est à la veille d'un mouvement démocratique de tout le peuple avec lequel il doit sympathiser[24]. » Le résultat de cette lutte commune devra être, selon Lénine, « une dictature révolutionnaire démocratique des ouvriers et des paysans[25] ».

Second élément de cette définition du succès révolutionnaire – et, là-dessus, Lénine n'est pas en désaccord avec les mencheviks : la révolution démocratique « enflammera les pays » occidentaux – formule que l'on retrouve chez Trotski – et la conséquence en sera l'accélération du processus révolutionnaire russe qui échappera par là à l'isolement.

Trotski apporte aussi sa contribution au débat par différents textes qui tirent les leçons de 1905. Le bilan qu'il dresse des événements est marqué par deux réalités. D'abord, il a été, durant la révolution de 1905, un acteur de tout premier plan au sein du soviet de Pétersbourg qu'il a même, tout à la fin, présidé. Le soviet n'est pas pour lui un sujet de réflexion abstrait : il a été pendant un temps son centre d'activité révolutionnaire. Par ailleurs, l'année suivante a été pour lui celle de la prison où il a eu tout loisir de réfléchir aux événements qu'il venait de vivre. Il a alors formulé ses idées dans des textes qui seront définitivement tenus pour les plus représentatifs de sa pensée.

Ayant présidé le soviet, c'est la place de cette instance que Trotski entend définir dans le processus révolutionnaire : « Le Soviet, écrit-t-il, a organisé les masses laborieuses, dirigé les grèves et manifestations politiques, armé les travailleurs et protégé la population contre les pogroms. Des tâches semblables étaient accomplies par d'autres organisations révolutionnaires avant que les soviets ne se créent, parallèlement à lui, et après lui. Mais elles n'ont pas obtenu la même influence que le soviet. Le secret de cette influence tient au fait que le soviet était isolé organiquement du prolétariat au cours de la lutte que ce dernier a menée pour le pouvoir[26]. »

Cette évaluation du rôle du soviet, qui inspirait tant de méfiance à Lénine, pose, dans l'analyse de Trotski, le problème du Parti social-démocrate. Le soviet doit-il s'y substituer ? La réponse de Trotski n'est pas douteuse. En temps de révolution, il faut, pense-t-il, que le front révolutionnaire soit aussi large que possible ; c'est ce que le soviet a su réaliser en intégrant toute la classe ouvrière dans le mouvement. C'est ce à quoi le Parti, rompu aux exigences de la clandestinité, et pour cette raison replié sur lui-même, ne peut parvenir. Pour autant, Trotski ne nie pas que le Parti reste la source indispensable de l'idéologie révolutionnaire qui inspire le soviet. Ce dernier n'est pas le « pur produit » de la social-démocratie, mais il est porteur de ses idées, c'est-à-dire du socialisme prolétarien.

Ainsi Trotski établit-il un partage des tâches entre Parti et soviet. Dans la phase prérévolutionnaire, le premier éduque et influence les travailleurs. Mais ensuite, lorsque la révolution a lieu, ce sont les travailleurs eux-mêmes qui créent les institutions de leur lutte, les soviets. Si le Parti est, avant la révolution, l'avant-garde de la classe ouvrière, il devient ensuite une des composantes du mouvement ouvrier et de son institution propre, le soviet. Cette conception entrera dans la théorie de la révolution permanente que Trotski va élaborer en réfléchissant aussi aux leçons de 1905. Ce qu'en définitive il retire et garde des événements auxquels il a participé, c'est l'impression profonde qu'a produite sur lui l'entrée des masses dans le mouvement révolutionnaire. Il en conservera la certitude que le prolétariat russe ne peut agir que « massivement » comme force politique ; et qu'aucun Parti ne doit alors le dominer.

On voit ici ce qui le sépare de Lénine dont les événements de 1905 n'ont nullement entamé les certitudes touchant au rôle du Parti et à sa place dans le mouvement ouvrier, même lorsque la révolution se produit.

Le désaccord entre Lénine et Trotski est ici patent, et même si le second déploya de nombreux efforts pour sauvegarder l'unité de la social-démocratie, son discours ne pouvait être entendu du premier, à la fois en raison de la virulence de ses critiques contre le bolchevisme, contre l'autoritarisme de son chef, et parce que Lénine, pour satisfaire son adversaire, aurait dû en fait renoncer à l'essence même de sa pensée.

Jusqu'en 1917, rien ne réconciliera les deux hommes.

*
*   *

La première révolution russe a été pour Lénine une période inattendue à bien des égards. Certes, il est rentré en Russie dès lors que la révolution a gagné l'ensemble du pays. Mais il ne l'a pas fait d'emblée. Homme de réflexion, il s'est penché, ayant appris ce qui bouleversait son pays, sur tous les écrits traitant de l'insurrection : ainsi des analyses de Marx et Engels sur la révolution de 1848. Puis il a entrepris de convaincre ses correspondants russes que leur tâche était d'organiser le soulèvement armé[27]. Mais il était aussi homme de parti et il lui importait d'arracher la social-démocratie des mains des mencheviks. Tandis que grèves et manifestations se développaient, il se consacra à organiser le congrès de Londres qui se tint alors même qu'Ivanovo-Voznessensk devenait un centre du mouvement ouvrier qui verrait naître le premier soviet de Russie.

Pendant les premiers mois de la révolution, Lénine dirige l'action des bolcheviks russes, mais de l'étranger ; il ne rentre en Russie qu'en novembre. Les grèves d'octobre, qu'il n'a pas prévues, qui ne vont pas dans le sens de ses analyses ni du programme présenté au IIIe Congrès, débouchent sur la formation du soviet de Pétersbourg. Il considère l'institution avec inquiétude, mais est contraint d'en tenir compte. Son séjour en Russie, de la fin de 1905 à 1907, n'a pas été marqué par une activité révolutionnaire intense. Il se veut chef du Parti, mais aussi penseur et journaliste. Il écrit, prêche l'insurrection, mais ne se mêle guère aux événements. L'essentiel de son séjour, il le passe à l'écart de l'agitation, en Finlande, ou dans une quasi-clandestinité. Ou encore il se rend pour des réunions sociales-démocrates à l'étranger – à Stockholm ou à Londres. Les meetings ouvriers auxquels on l'aura vu prendre la parole ne sont pas légion. Il est vrai que, sur ce plan, il ne constitue pas une exception et que Trotski sera pratiquement le seul social-démocrate de renom à jouer un rôle visible dans les événements. Tandis que Bogdanov, Zinoviev, Kamenev, tous ses lieutenants s'activent alors sur le terrain, au Soviet ou dans les organisations bolcheviques de la capitale, Lénine semble avoir considéré que son statut de chef de la fraction bolchevique lui imposait de veiller prioritairement à sa sécurité.

Cette période révolutionnaire est aussi révélatrice de l'extraordinaire fragilité de son système nerveux. À deux reprises, en 1905, puis au retour du congrès de Londres, en 1907, il a sombré dans des états dépressifs si impressionnants qu'il a fallu l'éloigner de toute activité politique, soit en lui organisant de longues vacances, soit encore en l'arrachant à tout contact avec ses collègues et en l'isolant dans quelque lieu perdu de la forêt finlandaise. Nul n'a percé les causes de ces effondrements. Forte tension nerveuse, sans doute. Mais causée par la révolution ? par la tentative désespérée de déboucher sur une solution insurrectionnelle et par le désarroi devant l'échec ? Ou bien le conflit permanent avec les mencheviks et la lutte pour imposer son autorité au Parti expliquent-ils que, par moments, Lénine se révèle incapable de poursuivre tout effort à caractère politique ? Évoquant l'un de ces passages à vide, sa sœur appelle sa maladie le « feu sacré ».

En 1907, la révolution achevée, le séjour en Russie ayant pris fin, il ne reste plus à Lénine qu'à retourner à l'étranger et à y reprendre ses travaux. Un nouvel exil de dix ans l'attend alors ; des déconvenues de 1905, il tirera encore maints écrits, en quête d'un nouveau départ pour un mouvement révolutionnaire qui, l'espace de quelques années, semblera assoupi. Pourtant, le plus important peut-être des constats de Lénine – encore informulé, certes, mais qui déjà chemine – est que 1905 ne s'est pas produit dans n'importe quelles conditions.

Ce qui a allumé l'étincelle, ce qui a provoqué le sursaut populaire, c'est la guerre perdue en Extrême-Orient. De cette intuition, des années plus tard, il tirera des conclusions fécondes et un projet d'action qui, pense-t-il, pourrait cette fois ne pas échouer.

CHAPITRE VI

La traversée du désert 1905-1914

La fin de l'aventure révolutionnaire ramène le couple à Genève. Ce nouvel exil rend Lénine morose. « Maudite ville ! J'ai le sentiment, en y revenant, de descendre dans un tombeau. »

On comprend aisément les sentiments qui l'habitent en ce début de l'année 1908. Non seulement la révolution a été un échec, mais, surtout, le mouvement ouvrier russe est en plein effondrement. Les grèves qui avaient mobilisé les travailleurs sont de moins en moins nombreuses ; les militants, si dévoués au Parti pendant deux ans, s'en éloignent. Ils seront moins de dix mille en 1910, soit un dixième de leurs effectifs cinq ans plus tôt. Les organisations sociales-démocrates disparaissent faute de participants, ou parce que les derniers fidèles s'épuisent en vaines querelles et vont former des groupuscules rivaux. De fait, la société russe tout entière est lassée d'une agitation dont les résultats n'apparaissent guère positifs. Le pouvoir est conscient de cette lassitude. Il constate aussi que, malgré ses appréhensions, et en dépit de revers militaires, il a pu disposer de l'appui de l'armée pour reprendre le pays en main. Surtout, il a compris – tout comme Lénine l'a perçu de son côté – que la révolution s'est heurtée à deux limites : géographique – elle n'a jamais réussi à sortir des villes – et politique : ses buts, si l'on met à part le projet insurrectionnel de Lénine qui ne fut pas suivi, étaient trop imprécis et sont demeurés incompréhensibles à la société.

DES RÉFORMES CONTRE LA RÉVOLUTION

Dès lors, le pouvoir put reprendre le contrôle de la situation en combinant répression et concessions. Les arrestations plurent sur tous les responsables identifiés, à commencer par les députés radicaux de la Douma. De même qu'en décembre 1905, après l'appel à la grève de l'impôt, le pouvoir avait fait arrêter les membres de l'exécutif du soviet, en juin 1907, l'annonce de la découverte d'un complot contre la sûreté de l'État lui permit de décréter l'arrestation de la plupart des députés sociaux-démocrates[1], la dissolution de la Douma et le démantèlement de nombreuses organisations. Les sociaux-démocrates qui avaient échappé à l'arrestation quittèrent aussitôt la Russie.

Il est équitable de souligner ici que cette troisième Douma, traitée souvent avec légèreté de « parlement croupion », consacra en réalité un progrès de la vie politique russe. Mal élue, soumise aux pressions du pouvoir, elle n'en était pas moins la manifestation de l'irréversibilité d'un tournant institutionnel. La Douma n'était plus une production momentanée de la volonté impériale. Elle dura cinq ans, accomplit la totalité de son mandat, et eut une vie propre, dictée par les textes.

Lénine avait clairement entrevu en 1907 l'évolution qui se dessinait, et telle avait été la raison de son revirement à l'égard de cette assemblée. Partisan inflexible du boycott aux élections des deux premières Douma, il avait révisé totalement sa position lorsqu'il s'était agi d'élire la troisième. Les premières n'avaient été pour lui qu'une « invention policière » ; en 1907, il place ses espoirs dans l'action des élus sociaux-démocrates à la nouvelle Douma et se bat contre les *otzovistes*, en tête desquels se trouve son vieil ami Bodganov.

Quant au gouvernement, il entendait contrôler la Douma grâce à un système électoral restrictif ; mais ce n'est là qu'un des éléments d'une politique destinée à reprendre en main la société. L'essentiel est ailleurs, dans les projets de Stolypine qui, depuis l'été 1906, dirige le gouvernement.

Piotr Stolypine, homme de terrain – c'est pour cela que Nicolas II l'a choisi –, fait de la réforme en milieu rural la pierre angulaire de sa politique. Il a compris – et son intuition rejoint l'analyse de Lénine[2] – que la révolution de 1905 avait souffert de la distance qui séparait classe ouvrière et paysannerie. Certes, l'agitation paysanne avait été forte au début du XXe siècle, mais elle était indépendante du mouvement ouvrier qui n'avait pu s'appuyer sur elle ni s'étendre à la campagne. Cette faiblesse de la classe ouvrière, Lénine l'avait clairement perçue et commentée, on l'a vu ; il en cherchait les remèdes dans la « révolution démocratique des ouvriers et des paysans » prônée par lui au terme du bilan de 1905 qui constitue, à son retour en Suisse, l'essentiel de sa réflexion.

Gagner la révolution de vitesse en ancrant la paysannerie dans le camp du pouvoir, tel est le projet de Stolypine qui élabore dès 1906 une série de textes libérant les paysans de la commune, distribuant les terres communales, les poussant aussi à aller s'installer en Sibérie où les perspectives d'avenir, pour ceux qui tenteraient l'aventure de la colonisation, étaient considérables. À la réforme agraire s'ajoute un prodigieux effort de formation de la société rurale, tant sur le plan scolaire que technique et sanitaire. Tout est mis en œuvre pour que le monde rural se transforme à vive allure et pour que le développement de la propriété privée d'une paysannerie éduquée convainque celle-ci de tourner le dos aux appels révolutionnaires.

Les concessions politiques et les projets de réforme sociale ont aussi pour conséquence de séduire l'intelligentsia libérale, découragée par l'échec de 1905 et par les bruyantes querelles des socialistes. Cette intelligentsia est tentée de jouer le jeu qui s'offre à elle afin d'entraîner le pouvoir aussi loin que possible dans la voie du progrès.

L'exil, auquel Lénine est contraint, n'est guère réconfortant. Il peut, de loin, observer les décombres du mouvement ouvrier, le progrès économique de la Russie, et surtout une vie politique qui semble en voie d'apaisement. La répression, très dure en 1906-1907, s'atténue à son tour. Lénine est bien conscient de la course de vitesse engagée entre le pouvoir et la révolution, laquelle ne paraît pas disposer des meilleurs atouts au cours de ces années.

Années d'errance

Exilé, découragé, Lénine commence à mener en 1908 une existence errante. Après Genève où l'ennui le gagne, il part pour Paris à la fin de 1908 ; il va y passer près de quatre ans. Puis c'est Cracovie, plus proche de la Russie, où il entrevoit alors de nouvelles raisons d'espérer. Au début de la guerre, il retournera en Suisse, mais pas à Genève qu'il s'est mis à détester ; il séjournera alors à Berne, puis à Zurich.

C'est durant cet exil ambulant que s'est forgée la légende soviétique d'un Lénine confronté aux pires difficultés matérielles. Valentinov a recherché les origines de cette légende de la pauvreté dont Anna Elizarova fut la mémorialiste, mais dont il l'absout, car, dit-il, lorsqu'elle entreprit de rédiger ses souvenirs, le Parti avait déjà forgé la belle histoire du révolutionnaire vivant dans la misère. Le premier auteur responsable d'une telle « invention » fut, semble-t-il, un obscur bolchevik qui doit à cette contribution d'avoir trouvé sa place dans l'histoire de cette période. Cet homme, nommé Vladimirov, visita Lénine à Paris et raconta qu'il y vivait « dans une petite pièce avec une alcôve et une minuscule cuisine ». Au vrai, Lénine lui-même l'a confirmé, ses deux domiciles parisiens, rue Bonnier, puis rue Marie-Rose, n'étaient ni minuscules, ni sordides, ni dénués de confort. Ils étaient tels qu'une fois encore la cellule familiale pût s'y reconstituer. Rue Bonnier, le couple Lénine était entouré de l'inévitable mais indispensable mère de Nadejda Kroupskaïa, et, alternativement, de la mère de Lénine ou d'une sœur, chacune disposant naturellement d'une chambre ; sans compter, écrira Kroupskaïa, qu'à la chambre conjugale s'ajoutait un salon. L'année suivante, les Lénine déménagent rue Marie-Rose où leur nouvel appartement comporte une pièce en moins ; mais la mère et la sœur de Lénine sont alors retournées en Russie et seule demeure avec eux Elizaveta Vassilievna. Cet appartement est caractérisé – grand confort pour l'époque ! –

par l'existence d'un chauffage central dont Lénine va faire grand cas[3]. Maintes fois, il y fait allusion dans les lettres adressées à sa mère.

Cette atmosphère familiale, où l'organisation matérielle était pleinement assumée par la mère de Krouphskaïa, aidée d'une domestique, lui était nécessaire pour travailler et il y regagna un équilibre qui s'était trouvé ébranlé au cours des années précédentes. Au surplus, Kroupskaïa pouvait lui servir d'intermédiaire, assurer ses contacts avec l'extérieur, avec les importuns, le protéger, lui qui n'aimait pas être encombré de visiteurs et se plaignait toujours des bavardages interminables et stériles des émigrés. La Bibliothèque nationale, où il se rendait volontiers à bicyclette – il vantait ce mode de locomotion pour les bienfaits qu'il procure à la santé, thème sur lequel il pouvait se montrer intarissable –, lui fournit des ressources inépuisables pour ses écrits, et d'abord pour ses polémiques politico-philosophiques avec celui qui avait été son ami et collaborateur fidèle, Bogdanov.

Mais, avant d'en venir à ces travaux, un sujet mérite que l'on s'y arrête, car il eut de graves conséquences sur les rapports de Lénine avec le mouvement socialiste international et avec les mencheviks. C'est ce qu'en termes contemporains il faudrait appeler les « affaires », c'est-à-dire les affaires d'argent.

Les « expropriations » – Le scandale permanent

Si, pour sa propre vie et pour ses publications, Lénine avait pu bénéficier d'aides financières diverses, un problème permanent dominait la vie du Parti : comment se procurer l'argent nécessaire au financement de ses activités ? Krassine, qui s'était intitulé « ministre des finances du Parti », fut le véritable maître d'œuvre des « expropriations », lesquelles constituèrent à un certain moment une source quasi inépuisable d'enrichissement du Parti. Avant lui, Gorki avait déjà entrepris d'alimenter ses caisses en en appelant à des fonds privés, en les collectant en Amérique, mais ce n'était rien par comparaison avec la méthode des « expropriations » qui allait faire scandale au sein du mouvement ouvrier.

Bien avant que les bolcheviks n'usassent de ce moyen pour se constituer un trésor de guerre, l'expropriation avait été prônée par Kropotkine qui, comme Lénine, mais trente ans plus tôt, avait fui la police russe à Genève. Dans ses *Paroles d'un révolté*[4], publiées en 1855 par les soins d'Élisée Reclus, le grand anarchiste lie révolution et expropriation, qu'il dit indispensable au succès révolutionnaire. Mais il ajoute : « Il faut qu'elle [l'expropriation] s'accomplisse en de vastes proportions. En petit, on n'y verrait qu'un vulgaire pillage[5]. » Or c'est bien le « vulgaire pillage » qui caractérisa la pratique bolchevique des expropriations et suscita l'indignation du mouvement socialiste international.

Elles avaient commencé avant 1905, mais devinrent spectaculaires dans la période qui suivit, marquée par quelques épisodes particulièrement saillants. Le plus célèbre fut, en 1907, l'expropriation de Tiflis, chef-d'œuvre de Staline[6].

Ces attaques à main armée (que l'usage du vocable popularisé par Kropotkine était destiné à couvrir de respectabilité) s'étaient multipliées sur tout le territoire de l'Empire en 1906. À la réunion sociale-démocrate de Stockholm, les expropriations avaient pourtant été condamnées, qu'elles visassent des biens publics ou des biens privés. Les sociaux-démocrates avaient en effet pu constater que des groupes armés se livraient, pour le compte du Parti, à un banditisme débridé qui associait aux organisations de combat des criminels incontrôlables. La réputation de la social-démocratie russe pâtissait dès cette époque de la confusion entre ce que Lénine estimait nécessaire à l'obtention de moyens financiers, et la pure et simple criminalité. Sans doute la méthode était-elle efficace, puisque les caisses des bolcheviks, ainsi remplies, leur permettaient d'acheter des armes, d'équiper des groupes de combat, de financer l'impression de tracts, c'est-à-dire d'affirmer et renforcer leur puissance. En 1907, l'espoir d'une insurrection, par quoi Lénine justifiait cette violence, n'existait plus. Du coup, les décisions prises à Stockholm ne firent que mettre mieux en lumière l'illégalité de la méthode. Pourtant, terrorisme et expropriations se poursuivirent.

Au cœur du système se trouve celui qui est encore le proche lieutenant de Lénine, Leonid Borissovitch Krassine. Dans la période postrévolutionnaire – alors que tout effort politique paraît vain –, il met ses talents exceptionnels au service de l'action terroriste. Chez lui, c'est l'ingénieur et l'économiste, dont les compétences sont reconnues de tout le Parti, qui jouent ce rôle. Après l'échec de 1905, il est le véritable chef des militants armés, les *boieviki*[7], qui, la révolution achevée, poursuivent la lutte en se lançant dans un terrorisme systématique dirigé contre les forces de l'ordre, les institutions et surtout les biens « expropriables ». Mais, pour continuer ainsi le combat, encore faut-il des armes, des explosifs, de l'argent. Tout cela est acquis grâce à l'infatigable Krassine qui négocie des achats d'armes partout (ses fournisseurs favoris sont les militaires de retour d'Extrême-Orient ou des trafiquants à l'étranger), organise la fabrication des explosifs et ouvre des cours à l'intention des terroristes qui s'en serviront. C'est encore Krassine qui prépare l'attentat contre la maison où logeaient en 1907 Stolypine et sa famille, dans l'île Aptekarski.

Le plus fidèle lieutenant de Krassine, le plus célèbre aussi, est, comme Staline, un natif de Gori, village proche de Tiflis, et de trois ans son cadet : il s'agit de Semion Ter Petrossian, plus connu sous le nom de Kamo. Compagnon de Staline, spécialiste des attentats et du trafic d'armes – en 1906, le Parti le charge d'en acheter à l'étranger –, il était, selon les mots de Kroupskaïa, « passionnément attaché à Ilitch, à Krassine et à Bogdanov ». Travaillant avec Krassine, avec Staline qui agit dans l'ombre, c'est Kamo qui met au point, en 1907, l'expropriation de Tiflis : pillage des fonds de la banque d'État à grand renfort de bombes et de coups de revolver. Cette opération spectaculaire, effectuée en plein jour, sous les yeux d'une foule nombreuse, révèle combien les expropriations, en 1906-1907, étaient devenues pratique courante en Russie.

La condamnation du congrès de Stockholm ne pesait guère en regard de l'habitude prise d'y recourir, et Lénine applaudissait ouvertement à ces rentrées de fonds souvent considérables. Son adhésion sans réserve à cette « politique financière » ressort des propos affectueux et admiratifs de Kroupskaïa pour les auteurs de ces exploits. Elle se manifeste aussi dans le fait qu'au terme de mésaventures très éprouvantes, arrêté en Allemagne, feignant la folie, expulsé en Russie et condamné, Kamo, sitôt libre, vient aussitôt rejoindre Lénine à Paris et est accueilli par lui, dira Kroupskaïa, avec chaleur.

Ces expropriations, les bolcheviks ne peuvent de toute manière feindre de les ignorer. Lorsque Kamo fut arrêté en Allemagne, on établit qu'il y mettait au point le pillage d'une banque. Au même moment, en 1908, Litvinov, autre proche de Lénine, était arrêté à Paris, porteur de billets de cinq cents roubles qui, à l'examen, se révélèrent faire partie du butin raflé à Tiflis. Ce n'était pas fortuit, Maxime Maximovitch Litvinov étant chargé depuis 1906 de « gérer » les fonds provenant des expropriations. Depuis plusieurs années, c'était également un très proche collaborateur de Lénine qui se reposait sur lui du soin d'établir la liaison financière avec le secrétariat du Bureau socialiste international. Litvinov déposait au BSI les fonds récoltés au gré des expropriations, naturellement sans en révéler l'origine, puis les utilisait pour des achats d'armes, donnant ainsi au produit de vols à main armée une certaine respectabilité que les socialistes européens ne mirent pas d'emblée en doute. Mais l'arrestation de Litvinov et d'autres bolcheviks qui, comme lui, changeaient à l'étranger les billets volés, dessilla soudain les yeux des sociaux-démocrates.

À l'affaire des billets de cinq cents roubles s'ajoutait de surcroît la découverte, à Berlin, de papier et de prototypes destinés à la fabrication de faux roubles. Là encore, la police mit la main sur les auteurs du projet : des bolcheviks ! Le scandale fut d'autant plus grand que les faux-monnayeurs avaient dissimulé leur matériel au siège du *Vorwaerts*, organe du Parti social-démocrate allemand. Aussitôt, les mencheviks de s'indigner : Axelrod clama qu'ils ne pouvaient continuer à coexister au sein du même Parti avec des hors-la-loi, de surcroît irrespectueux des engagements pris en commun ; Plekhanov ne fut pas moins violent. Mais protestations et condamnations morales n'impressionnaient guère Lénine.

Pourtant, il n'est pas alors en position de force et doit accepter – à la demande des mencheviks et de certains bolcheviks plus scrupuleux que lui – qu'une commission d'enquête examine l'affaire. En fait, c'est Tchitcherine qui va être chargé de l'enquête et ce choix non plus n'est guère favorable à Lénine. Rejeton d'une famille aristocratique, Gueorgui Vassilievitch Tchitcherine avait été, au sortir de l'université, diplomate avant de rompre avec son milieu pour s'engager dans l'action révolutionnaire. Par tempérament, il se sentait plutôt proche des mencheviks ; même si, en 1907, l'unité des sociaux-démocrates russes est rétablie, il s'inscrit parmi les adversaires de Lénine et des bolcheviks. S'il est désigné pour conduire l'enquête sur les « affaires », c'est précisément parce que, dans le milieu de l'émigration où il est chargé d'importantes responsabilités – il est alors secrétaire de l'organisation sociale-démocrate à l'étranger –, il inspire un authentique respect à tous ses collègues. Ces derniers se plaisent à reconnaître à cet « aristocrate rouge » une éducation parfaite, alliée à une grande compétence administrative. Tchitcherine jouit aussi de l'estime des sociaux-démocrates européens avec qui ses fonctions le mettent en contact permanent. L'enquête qui lui est confiée inquiète Lénine, même si, au début, ce dernier est convaincu que Tchitcherine sera incapable de réunir les preuves d'une collusion entre lui et les faux-monnayeurs. Mais Tchitcherine réussit à identifier Krassine comme le commanditaire de l'opération, et tente d'en faire remonter la responsabilité jusqu'à Lénine.

La réaction de ce dernier face à une telle menace est toujours du même type : il va contourner la difficulté en obtenant que soit modifiée la composition de l'organe qui en est le vecteur. Il suggère donc de confier l'enquête à une vraie commission, et non plus au seul Tchitcherine, et réussit à truffer celle-ci de bolcheviks. Du coup, Krassine va se trouver exonéré de toute responsabilité, l'affaire des faux billets sera étouffée, et la commission recommandera la réintégration de tout le groupe caucasien – dont Staline – qui avait été exclu après que le Parti se fut indigné de ses exploits à Tiflis. Par cette adroite manœuvre, Lénine peut ainsi redresser une situation apparemment bien compromise pour lui. Mais, ce faisant, il exaspère encore davantage les mencheviks qu'il a déjà accusés d'avoir porté de faux témoignages contre ses partisans. Son habileté ne désarme pas non plus Tchitcherine. Et Krassine commence à son tour à s'écarter de lui pour rejoindre, avec Bogdanov, les partisans du boycott de la Douma. La rupture avec ces deux fidèles ne saurait plus tarder.

DÉTOURNEMENT D'HÉRITAGE

Débarrassé des affaires d'expropriations et de faux billets – mais non des moyens matériels considérables ainsi acquis, qui lui permettent de manœuvrer le Parti –, Lénine va se trouver aux prises avec une autre affaire tout aussi préjudiciable à sa réputation, celle de l'héritage Schmidt. Ou plutôt, puisqu'il faut appeler cette affaire par son nom, par une « captation » d'héritage organisée par les bolcheviks.

Kroupskaïa a résumé dans ses souvenirs l'épisode Schmidt de façon très romanesque et émouvante : « Un jeune étudiant de vingt-trois ans, Nikolaï Pavlovitch Schmidt, neveu de l'industriel Morozov, devint, en 1905, bolchevik. Il donnait de l'argent pour la *Novaia jizn'*, pour acheter des armes. En 1905, il fut arrêté, torturé, puis égorgé en prison. Avant sa mort, il réussit à exprimer sa volonté de léguer sa fortune aux bolcheviks. Sa jeune sœur, Élisabeth Pavlovna Schmidt, ayant reçu sa part de l'héritage fraternel, décida de le donner aux bolcheviks[8]. »

À ce point, l'histoire que raconte Kroupskaïa devient peu compréhensible, sauf si l'on y introduit un ingrédient déjà connu : les manipulations financières et humaines chères aux bolcheviks. En réalité, le défunt Schmidt avait deux sœurs et un frère. Un seul des membres de cette fratrie, Catherine, était majeur et pouvait disposer de sa fortune. Les deux autres, Élisabeth, citée par Kroupskaïa, et un frère, étaient mineurs et ne pouvaient donc rien donner aux bolcheviks. Désireux de mettre au plus vite la main sur une fortune qu'aucune disposition testamentaire légale ne lui attribuait, le Parti entreprit de circonvenir les deux sœurs par une politique matrimoniale sur laquelle Kroupskaïa jette un voile fort pudique. Selon elle, Élisabeth, parce qu'elle était encore mineure, avait contracté un mariage fictif avec un bolchevik nommé Ignatiev, afin d'accomplir, par ce subterfuge, la volonté de son frère. Mais, en réalité, c'est avec un autre bolchevik, Victor Taratouta, qu'elle convola ; et, ici, l'histoire véridique devient infiniment plus intéressante : Taratouta alla à Genève rejoindre Lénine et lui remit l'héritage tant convoité.

Mais la vérité est encore plus compliquée qu'il y paraît, et l'ordre du récit doit être modifié si l'on veut rendre compte de tout. Taratouta était un familier de Lénine, secrétaire en 1905 du comité – bolchevik – de Moscou, chargé de sa trésorerie. Au congrès de Londres, il avait été promu membre suppléant du comité central grâce à l'autorité exercée par Lénine sur la composition de l'organe dirigeant, puis il était allé retrouver le fondateur du bolchevisme à Kuokala. C'est à ce moment-là qu'il entra en scène dans l'affaire de l'héritage Schmidt. Il s'éprit de la sœur mineure Élisabeth, l'épousa, mais ce mariage ne pouvait être contracté légalement, puisque Taratouta vivait dans la clandestinité sous diverses identités d'emprunt. Pour que la jeune femme pût disposer de ses biens, les bolcheviks imaginèrent alors de la marier avec Ignatiev qui vivait tout à fait légalement sous son nom.

Au terme de cette histoire passablement tortueuse et bien peu morale, Ignatiev disparaît du tableau, laissant Taratouta maître de la situation et de la part de la fortune censée revenir à Élisabeth Schmidt. Il reverse – du moins l'écrira-t-il – des sommes considérables aux bolcheviks, par l'intermédiaire de Lénine et de Bogdanov dont l'amitié n'était pas encore rompue à ce moment-là[9]. Taratouta ne remet d'ailleurs aux bolcheviks que la part de la fortune de sa femme provenant de l'héritage de Nicolas Schmidt, mais il garde pardevers lui ce qui provient de l'héritage paternel d'Élisabeth. Ce qui explique que Bogdanov, qui se méfiait de lui, l'accusant, du fait de ses activités passées, d'être un provocateur, voire un délateur, le qualifie soudain de « maquereau ».

Mais l'affaire ne s'arrête pas là. Le Parti ne pouvant mettre la main sur la fortune du jeune frère, âgé seulement de quinze ans, pour qui un mariage n'était donc pas imaginable, il s'attaqua à la sœur aînée, Catherine. L'émissaire du Parti fut en l'occurrence un autre bolchevik nommé Nicolas Andrinakis, qui, à la différence de Taratouta, vivait sous son propre nom, dans la légalité, et pouvait donc épouser en toute tranquillité l'héritière Schmidt. Pour autant, il n'aura pas la paix, le Parti le considérant comme un simple intermédiaire tenu de lui remettre sans barguigner la part d'héritage Schmidt que ce mariage lui avait value[10].

À ce point commence une double farce. Entre les époux et les bolcheviks, d'abord. Entre les deux fractions de la social-démocratie russe, ensuite. Si Taratouta réussit sans grand mal, au seul prix de jugements insultants, à concilier les intérêts du Parti et les siens propres en conservant par-devers lui une partie des biens de sa femme, il en alla tout autrement du couple Andrinakis. Arrivé à Paris en 1908, le mari de Catherine Schmidt décida de ne pas remettre aux bolcheviks la fortune convoitée. Taratouta fut chargé par le Parti de faire entendre raison à ce beau-frère récalcitrant, soudain saisi de scepticisme envers la cause révolutionnaire. Remontrances, menaces, tout fut tenté. Taratouta alla jusqu'à évoquer la liquidation physique du rebelle, qui en appela au centre bolchevique et s'attira cette réponse cosignée par Lénine, Zinoviev et Kamenev : « Nous affirmons que dans l'affaire Z (désignant le plaignant), le camarade Victor (Taratouta) a agi selon nos directives et sous notre contrôle. Nous n'acceptons aucune mise en cause du camarade Victor[11]. »

Pour échapper à la vindicte des bolcheviks, Andrinakis leur versa pour finir une partie de la succession Schmidt, mais en conserva pour lui l'essentiel, et décida alors de rompre tout lien avec le Parti. Taratouta fut tenté d'agir de même, mais le Parti le tenait davantage : il dut céder aux pressions conjuguées de Lénine, Bogdanov et Lounatcharski, et abandonner une part nettement plus consistante de la fortune familiale. Le mépris dans lequel le tenaient nombre de proches de Lénine parut alors annoncer sa perte. Pourtant, la faveur de ce dernier ne lui fit jamais défaut. Après 1917, passé une éclipse de quelques années, le « maquereau » réapparaîtra dans l'entourage de Lénine.

La farce conjugale se double d'une querelle bien plus grave, puisqu'elle intéresse la social-démocratie européenne : il s'agit du conflit qui oppose toujours, sur cette question d'argent, bolcheviks et mencheviks. Contrairement aux assertions de Kroupskaïa, Schmidt avait manifesté son intérêt pour toute la social-démocratie russe, et non pour les seuls bolcheviks. À la captation d'héritage s'ajoute donc une tentative de captation du mort lui-même dont les récits imaginaires de Kroupskaïa tentent de faire un martyr bolchevique. En réalité, le jeune Schmidt, comme nombre d'entrepreneurs russes du début du siècle – à l'exemple de son oncle Sava Morozov, épris d'art contemporain –, nourrit la certitude que la révolution est nécessaire à la Russie et prend le parti des révolutionnaires, en particulier, les sociaux-démocrates, dans leur entier. Quand, par des manœuvres ô combien singulières, les bolcheviks s'approprient l'héritage dont ils n'obtiendront en définitive qu'une partie, mais qu'ils revendiquent en totalité, les mencheviks ne peuvent l'accepter. Ils connaissent en effet l'attachement de Schmidt à toutes les composantes de la social-démocratie ; ils n'ignorent pas que Lénine compte user de cet argent pour imposer la domination bolchevique sur l'ensemble du mouvement ; enfin, cette querelle d'héritage coïncide avec le moment où la social-démocratie russe est en principe réunifiée : ce qui appartient aux bolcheviks est donc aussi la propriété des mencheviks. Mais Lénine ne l'entend pas de cette oreille et il s'efforce de cacher au Parti l'existence de cet héritage dont il entend spolier les mencheviks et leurs alliés bundistes, et que ces derniers découvrent presque par hasard.

L'affaire Schmidt éclate en effet au moment où la social-démocratie, théoriquement réconciliée, mais qui s'est déchirée sur le problème du rappel des députés de la Douma, tente une fois encore de trouver les bases d'un compromis prêché par les « conciliateurs ».

C'est autour de la presse du Parti qu'un nouveau conflit surgit alors. Lénine a fondé au début de 1908 – avec l'aide des fonds Schmidt – le journal *Proletarii* qui, pendant deux ans, a tiré à boulets rouges sur les mencheviks et les « conciliateurs ». Après cet assaut, il propose de baisser les armes. Son offre a certes de quoi séduire ses interlocuteurs : il arrêtera la parution de *Proletarii*, et les mencheviks en feront autant de leur côté avec leur organe *La Voix du social-démocrate (Golos social demokrata)* ; puis tous se rassembleront dans l'organe commun de la social-démocratie, *Sotsial-demokrat*, dont la rédaction devrait accueillir Lénine et Zinoviev, deux mencheviks, Dan et Martov, ainsi qu'un représentant des sociaux-démocrates polonais, Warski. Mais, si l'on décide de mettre en commun rédaction et moyens intellectuels, il faut agir de même avec les moyens financiers. Plus de « caisses » séparées, clament les mencheviks qui exigent que la lumière soit faite sur l'héritage Schmidt et que l'argent résultant de ce legs soit déposé entre des mains neutres auxquelles les uns et les autres puissent faire confiance. C'est une fois encore vers les sociaux-démocrates allemands, si respectables et respectés, que se tournent les frères ennemis russes. Clara Zetkin, Kautsky, Mehring vont être chargés de recevoir cette fortune et d'en distribuer ce qui sera nécessaire à chacune des parties au fur et à mesure des besoins[12].

L'accord conclu ne dure guère. Tout d'abord, Lénine a décidé que les fonds seraient transférés aux curateurs par étapes, et qu'il convenait qu'il en gardât une petite part pour compenser la liquidation de son journal *Proletarii*. Les mencheviks qui, au demeurant, s'étaient refusé à liquider leur propre publication, se plaignirent d'emblée de la malhonnêteté des bolcheviks dans les dépôts d'argent. À peine réconciliés, bolcheviks et mencheviks s'engagèrent dans un conflit d'intérêts d'une violence inouïe, où plurent invectives et injures, et qui finit devant les tribunaux. Entre-temps, ils exaspérèrent les socialistes allemands. Lénine exigea de ceux-ci, puisque l'accord était rompu, clamait-il, par la faute des mencheviks, qu'ils lui rendissent, et à lui seul, tout l'argent déposé. Un à un, les curateurs se découragèrent. Kautsky se retira de l'affaire, puis Mehring fit de même ; Clara Zetkin tenta une dernière fois de réconcilier les adversaires en proposant la restitution des fonds au Parti en tant que bien commun. Rien n'y fit. Lénine l'accusa à son tour de mensonges, les tribunaux s'en mêlèrent, et, jusqu'à la guerre, mencheviks et bolcheviks continuèrent de s'entre-injurier et se battre pour la possession des biens Schmidt.

Mais le grand gagnant, sur le plan financier, restait Lénine. Il avait – les mencheviks, sur ce point, ne se trompaient pas – conservé une part importante des fonds dont il avait réussi naguère à être le dépositaire.

En 1910 déjà, les bolcheviks ne manquaient pas de moyens. Les expropriations, les héritages, les dons de riches financiers avaient largement rempli leurs caisses. Ils y avaient certes perdu l'estime des sociaux-démocrates allemands, exaspérés par les querelles russes, par la grossièreté des bolcheviks et de leur chef en particulier. Mais l'argent ne leur manquera plus jamais. Trotski qualifiera un jour les opérations financières de ce type d'« expropriations à l'intérieur du Parti ».

Aux « affaires » d'argent va s'ajouter, en 1909-1910, dans cette zone trouble de l'histoire du mouvement bolchevique, l'« affaire Malinovski[13] ». Ce dernier était un protégé de Lénine, mais c'était surtout une de ces recrues de la police politique tsariste, l'Okhrana, qui pullulaient dans les rangs des partis de gauche. Ouvrier métallurgiste, Malinovski avait été secrétaire du syndicat de Saint-Pétersbourg. Après une brève arrestation qui le convainquit de déménager à Moscou, il fut de nouveau appréhendé, puis relâché alors que les arrestations pleuvaient dans le mouvement bolchevique. Parmi ceux qui avaient été emprisonnés en même temps que lui, Boukharine l'avait d'emblée suspecté de double jeu, l'accusant d'être venu au bolchevisme sur ordre de l'Okhrana. Les mencheviks, parmi lesquels Malinovski avait milité jusqu'en 1909, époque de son passage remarqué au bolchevisme, ne s'en méfiaient pas moins. Et c'est ainsi qu'après la vague d'arrestations qui dévasta le mouvement ouvrier en 1909-1910, Malinovski fut publiquement accusé par eux de les avoir provoquées. Une commission sociale-démocrate fut saisie. Mais elle était présidée par Hanetski, un proche de Lénine qui, par son intermédiaire, se porta garant de Malinovski. La suspicion ne disparut pas pour autant, et les mencheviks, exaspérés par le comportement de Lénine – qui, à cette occasion, les accusa de calomnier un honnête « militant » –, enrichirent alors leur dossier antibolchevique d'un nouveau grief : l'entourage de Lénine était, dirent-ils, corrompu et dangereux, parce que manipulé par l'Okhrana.

Si, dans les années 1907-1910, Lénine sait se doter des moyens financiers de faire vivre sa fraction, ses méthodes, son cynisme, sa brutalité l'isolent. Ses proches lieutenants, Bogdanov, Krassine, mais aussi Gorki, Lounatcharski vont rompre avec lui. Deux hommes les remplaceront : Zinoviev et Kamenev, qui ne le quitteront plus jusqu'à la guerre, même si, un bref moment, en janvier 1910, ils s'opposeront à lui sur l'attitude à adopter envers les mencheviks dont Kamenev souhaitera regagner le soutien. Mais cette rébellion sera de courte durée. Deux ans plus tard, guidé par Lénine, Kamenev publiera un pamphlet, *Deux Partis*, qui consacrera la rupture au sein de la social-démocratie.

MENCHEVIKS - BOLCHEVIKS, LE DIVORCE

Les procédés de Lénine envers les mencheviks et envers la social-démocratie allemande lui valent alors beaucoup d'inimitiés. À la fin de 1908, une conférence du Parti adopte, sous son influence, des positions hostiles à ceux qu'il nomme les « liquidateurs de gauche ». L'année suivante, il fait condamner par une réunion bolchevique les « expropriations » (sur lesquelles il a non seulement fermé les yeux, mais assis la prospérité et la capacité d'action des siens) et exige que l'on dissolve les derniers groupes de *boieviki* (autre moyen de lutte dont il avait disposé sans scrupule jusqu'alors). Cette soudaine attaque contre la gauche fait fuir ses fidèles de la veille et le laisse presque seul, mais convaincu d'avoir raison d'agir ainsi.

En janvier 1910, le comité central se réunit à Paris. Il n'a jamais vraiment accepté la division du Parti et tente d'en réconcilier les diverses tendances, sans grand succès. Lénine s'appuie alors sur la majorité de 1907 pour exiger que tous le suivent. Mais, arguant de ses échecs en Russie, ainsi que de son manque de scrupules, mencheviks et bundistes refusent de lui céder la direction du Parti. L'unité est un rêve irréalisable.

Son intolérance explique qu'au congrès de l'Internationale socialiste réuni quelques mois plus tard, en août, à Copenhague, Lénine soit l'objet des plus vives attaques de tous côtés. Il est le grand diviseur qui pourrait bien, pensent les sociaux-démocrates russes, devenir le fossoyeur du Parti.

En 1911, il est épuisé par les luttes intestines, les abandons, la solitude. Nombre de ceux qui l'ont quitté sont attirés par la *Pravda* que publient à Vienne Trotski et Ioffé[14], ou encore rejoignent Bogdanov et le groupe rassemblé autour de *V period*. Comme d'habitude, son système nerveux cède, il lui faut du repos. Il va alors rejoindre aux environs de Paris, à Longjumeau, le ménage Zinoviev. Dans cette banlieue, les bolcheviks ont mis sur pied, en ces années difficiles, une école de cadres que dirige Zinoviev. Les militants y sont formés pour pouvoir ensuite être envoyés en Russie et réorganiser le mouvement qui est en voie de décomposition. Longjumeau, c'est l'école rivale de celle que Gorki, qui s'est lui aussi écarté de Lénine, a créée à Capri aux mêmes fins. Tout en se reposant, Lénine s'y livre à une ardente propagande bolchevique.

Mais, déjà, il est clair que la social-démocratie ne peut rester indifférente au réveil ouvrier en Russie, ni par conséquent continuer à gratter ses plaies. Les manifestations ont recommencé, d'abord dans les universités. Puis elles ont été suivies de grèves ouvrières. Si, en 1910, on ne compte que cinquante mille grévistes en Russie, dès 1911, leur nombre double ; le 1er mai, quatre cent mille ouvriers arrêtent le travail. En avril 1912, les grèves ont pris en Sibérie, dans les mines d'or des bords de la Lena, une dimension telle que le pouvoir intervient, arrête les délégués des grévistes, et, quand la foule des mineurs vient exiger leur libération, lance la troupe contre eux. Les tirs sans sommation font un nombre élevé de victimes : près de cent cinquante morts et des centaines de blessés. Le massacre, car c'en est un, bouleverse la Russie et déclenche grèves et manifestations en cascade à travers tout le pays.

Mais, avant que la renaissance de l'agitation ouvrière ne gagne toutes les villes industrielles, les sociaux-démocrates se sont réunis en conférence à Prague, en janvier 1912. Lénine a soigneusement préparé l'événement, comptant y reconquérir la majorité. Nombre de cadres issus de l'école de Longjumeau ont reçu pour mission, à leur retour en Russie, d'y faire de l'agitation pour rassembler les partisans de Lénine et obtenir d'eux qu'ils délègent à Prague ses plus chauds défenseurs. Une telle préparation se révèle efficace, car la plupart des participants à la conférence y représentent les organisations clandestines russes, alors que l'émigration y envoie assez peu de délégués, qu'ils soient bolcheviks ou mencheviks. La conférence va consacrer la division du Parti en deux fractions irréconciliables.

Lénine réussit à imposer son autorité à Prague. Le comité central élu au terme de la conférence fait place à ses côtés à Zinoviev, Ordjonikidze, Sverdlov et Malinovski (toujours suspect aux yeux des mencheviks). Lénine lui confie alors un rôle décisif dans le quotidien dont le congrès a décidé la création, la *Pravda* : Malinovski en sera le directeur. Le premier numéro paraîtra en avril 1912 et, à la suite d'interdictions successives, il devra modifier son titre, mais gardera toujours le mot *Pravda* dans les diverses combinaisons retenues. Conscient de l'autorité morale dont jouit Plekhanov, Lénine va encore tenter, l'espace de quelques mois, de l'associer à cette publication, mais il ne s'entêtera guère face au refus du vieux maître.

Entre-temps, Trotski, dépossédé de son titre, réagit. En août 1912, il réunit à Vienne une conférence pour tenter de recréer une certaine unité du Parti. Mais c'est un échec : bolcheviks et mencheviks refusent tout dialogue. Le fruit de la conférence est la création du Bloc d'août, hétéroclite alliance qui se dote d'un comité d'organisation dont l'activité sera mince.

Dans le même temps, la polémique fait rage entre Lénine, contre qui le Bloc était dirigé, et Trotski. Lénine accuse son adversaire d'osciller d'une tendance à l'autre et d'être politiquement inconséquent. Trotski souligne à l'envi que Lénine a fait du retard de la Russie et de sa classe ouvrière son fonds de commerce.

L'Assemblée est un autre lieu privilégié de l'affrontement entre bolcheviks et mencheviks. En 1912, le mandat de la troisième Douma, qui a accompli une législature complète, prend fin. Les élections à la quatrième Douma imposent qu'une stratégie électorale soit définie. Sans doute la loi électorale adoptée en 1907 est-elle toujours en vigueur, et défavorable aux socialistes. Pourtant, Lénine se passionne cette fois pour le scrutin et préconise, comme en 1907, la participation[15]. L'attention qu'il porte à la consultation de 1912 est si grande que, convié à assister en novembre à une réunion du Bureau socialiste international dont il est membre, il déclara ne pouvoir s'y rendre à cause des élections à la Douma[16]. Il répond aussi à la même époque à un rappel de cotisations que lui a adressé l'instance de liaison de l'Internationale socialiste, que les élections à la Douma mobilisent toutes les ressources du Parti[17]. Au lendemain du scrutin, s'il se plaint du taux élevé d'abstentions et des trucages électoraux, il salue avec enthousiasme l'élection de treize sociaux-démocrates, dont six bolcheviks. Parmi les élus à la quatrième Douma, les socialistes-révolutionnaires pouvaient se prévaloir de l'entrée au Parlement d'un homme qui y jouera un grand rôle, et qui est pour Lénine, par ricochet, une connaissance déjà ancienne : Alexandre Kerenski, fils de son protecteur de Simbirsk.

Aux débuts de la nouvelle Assemblée, bolcheviks et mencheviks réussissent à sauvegarder les apparences d'une unité que la conférence de Prague avait par ailleurs brisée. Mais cette unité de façade ne dure qu'un temps, jusqu'à l'été 1913. Le conflit gagne alors la Douma et le groupe social-démocrate cesse d'y exister. La fraction bolchevique est dès lors présidée par Malinovski qui sert là encore de relais à Lénine.

Cette rupture du groupe parlementaire a deux conséquences. Tout d'abord, que la Douma devient à son tour le théâtre de l'affrontement entre bolcheviks et mencheviks. Malinovski ne cesse d'y invectiver les élus mencheviques, et son effort est relayé par la *Pravda*. Par ailleurs, la personnalité plus que suspecte de Malinovski, dont les bolcheviks et non leurs seuls adversaires se défient sans cesse davantage, jette un discrédit certain sur tous les sociaux-démocrates.

En 1912-1913, Malinovski crée un grand scandale au sein du Parti bolchevique. Les soupçons pesant de longue date sur lui, dont Boukharine a en vain saisi Lénine, vont se trouver ranimés par une série d'arrestations que lui seul a pu provoquer. C'est d'abord, à la fin de 1912, la secrétaire de la fraction bolchevique de la Douma, mariée à Alexandre Troïanovski, qui est appréhendée alors qu'elle transporte un message de Lénine. Puis c'est le tour de Sverdlov, militant bolchevique dès sa prime jeunesse et coopté au comité central en 1912 à l'âge de vingt-sept ans. Son arrestation, alors qu'ayant fui la Sibérie il s'est réfugié à Saint-Pétersbourg, a lieu à la suite d'une rencontre avec Malinovski. Staline lui-même est arrêté dans des conditions analogues. Dans tous les cas cités, Malinovski s'est trouvé à proximité des refuges clandestins ou a été informé des mouvements de ceux que la police a interrogés. De tous côtés – Boukharine une fois encore, Troïanovski, mais aussi Martov et son beau-frère Fedor Dan – on alerte Lénine, le conjurant de retirer sa confiance à celui qu'on accuse ouvertement d'être un agent de l'Okhrana[18]. Peine perdue. Loin de prêter attention à ces propos, Lénine, qui séjourne alors à Cracovie, fait de Malinovski l'un de ses commensaux préférés et menace ceux qui l'accusent de les traîner devant les tribunaux. Il signe des communiqués vengeurs que la *Pravda* publie, disant qu'« après enquête, nous sommes complètement convaincus de l'innocence de Malinovski », et refuse qu'un tribunal du Parti s'en mêle.

L'affaire Malinovski contribue donc à empoisonner encore davantage, si besoin était, le climat au sein de la social-démocratie russe. Certains proches de Lénine ne s'accommodent pas de son aveuglement. C'est ainsi que Troïanovski, exaspéré, rompt avec lui ; les deux hommes ne se retrouveront qu'à la fin de l'année 1920. Quant à Malinovski, véritable porte-parole de Lénine à la Douma, il tente en 1914 d'entraîner les députés à la démission collective. Son insuccès, mais surtout une situation personnelle de plus en plus délicate – car le président de la Douma, Rodzianko, a été informé de ses activités policières – lui inspirent soudain un geste inattendu : il remet à Rodzianko sa démission de manière spectaculaire et déclare se retirer de la vie politique. Il disparaît aussitôt de Russie et ne réapparaîtra que durant la guerre où, fait prisonnier, il bénéficiera encore de l'aide de son protecteur. Mais cette démission ajoute à la confusion qui règne parmi les députés sociaux-démocrates.

La presse, comme toujours, sert aussi de caisse de résonance à cette querelle qui n'en finit pas. Lénine dirige la *Pravda* d'une main de fer. Tandis que Malinovski s'y occupe des problèmes de trésorerie, le rédacteur en chef, Tchernomazov, est d'ailleurs, tout comme lui, un agent de l'Okhrana. Aidé de ces deux provocateurs, Lénine fait du journal l'outil de ses attaques furibondes contre ses adversaires privilégiés, les mencheviks. Ceux-ci lui répondent avec la même virulence dans l'organe de presse qu'ils ont créé en Russie, *Loutch* (le Rayon). Mais la publication menchevique ne peut soutenir la comparaison avec sa rivale bolchevique, car les moyens matériels qui permettent de faire vivre un journal et d'en assurer la diffusion sont aux mains de Lénine. Les questions d'argent continuent ainsi à peser lourdement sur les rapports entre les sociaux-démocrates ; et les mencheviks de se plaindre sans relâche d'avoir été matériellement dépossédés par des adversaires sans scrupules.

Cracovie, plus proche de la Russie

À l'été 1912, Lénine et les siens ont quitté la capitale française et se sont installés à Cracovie. Non que Paris ait pesé à l'exilé, mais il entend se rapprocher de la Russie dès lors que l'agitation sociale y gagne à nouveau du terrain et que le mouvement ouvrier paraît y renaître. Cracovie est aussi un lieu plus propice pour diriger et contrôler la *Pravda*.

S'installer à Cracovie n'allait pourtant pas de soi. Pour les autorités autrichiennes, Lénine n'était pas un hôte particulièrement désiré. Mais un fidèle, venu à lui en ces années difficiles, s'entremit efficacement : Jacob

Hanetski. Personnage étrange que ce Hanetski, nommé encore Fürstenberg, qui avait été membre du mouvement révolutionnaire polonais, délégué depuis 1903 aux congrès du PSDOR et élu membre du comité central au Ve Congrès. Mêlé progressivement à toutes les affaires financières de Lénine, c'est lui qui réussit à négocier pour lui l'autorisation de s'établir à Cracovie où deux autres fidèles, Zinoviev et Kamenev, vont venir le rejoindre.

Ces deux années passées à Cracovie ont été paisibles et relativement heureuses pour Lénine. Il écrit des articles, fait de longues marches, reçoit de nombreux émissaires de Russie.

En 1913, un bolchevik vient le rejoindre un moment, dont il a reconnu les mérites depuis que les « expropriations » ont contribué à remplir les caisses des bolcheviks : c'est Staline. La faveur de Lénine à l'égard de celui qui fut « Koba » avant de s'appeler ainsi est flagrante dès 1912. À la conférence de Prague où il fait élire « son » comité central, c'est sur son insistance que Staline est coopté et nommé membre du « bureau russe », alors que sa candidature a été fraîchement accueillie par les participants qui gardent en mémoire son rôle dans les « expropriations ». Mais si Lénine pousse en avant les Caucasiens en général, et pas seulement Staline, c'est parce que leur région constitue une véritable citadelle bolchevique. Ordjonikidze est promu en même temps que Staline. Ce dernier joue d'ailleurs aussi un rôle lors de la fondation de la *Pravda*, la même année, et y est nommé, comme Molotov, secrétaire de rédaction. Mais la contribution de Staline et de Molotov ne serait nullement digne d'être remarquée si tous deux n'avaient alors défendu, dans le journal, contre Lénine, une ligne conciliatrice. Cela leur valut d'être traités de

« lavettes » et remplacés par Sverdlov qui se chargea d'imposer de nouveau au journal la ligne définie par Lénine. Pour autant, Staline ne perdit pas la faveur de ce dernier qui, à son arrivée à Cracovie en 1913, l'accueille chaleureusement et le charge d'un travail auquel il tient beaucoup : rédiger un texte sur la question nationale destiné à une revue contrôlée par les bolcheviks, *Prosvechtchenie* (l'Instruction).

Le moment n'est pas encore venu de développer les idées de Lénine sur la question nationale. Ce qu'il faut retenir, c'est qu'il fait appel à Staline en 1913 parce qu'il a besoin de mettre au clair ses propres conceptions en ce domaine, non pour en tirer une théorie, mais pour des raisons de pure stratégie politique. En 1912-1913, la question nationale agite en effet la social-démocratie russe. Et à la conférence de Vienne, organisée en août 1912 par les mencheviks – que Lénine qualifie de conférence[19] des « liquidateurs* » –, les dirigeants des organisations sociales-démocrates nationales (Bund, Partis sociaux-démocrates letton, caucasien, ainsi que représentants des Partis socialistes polonais et lituanien) réclament que soit adopté un programme pour les nations. Ces exigences sont jugées dangereuses par Lénine. Elles risquent, pense-t-il – déjà le Bund[20] avait fait peser cette menace sur la social-démocratie –, d'affaiblir l'unité du mouvement ouvrier, peut-être même de faire exploser le Parti. De surcroît, la discipline du Parti, qui impose l'adhésion totale à des principes élaborés dès 1903, est mise en cause par ces revendications particularistes. Lénine en est d'autant plus inquiet

* Liquidateurs est une injure inventée par Lénine contre les mencheviks qu'il accuse, en se soumettant aux demandes de la classe ouvrière, de « liquider » la révolution.

que ce sont précisément les places fortes du mouvement socialiste – dont le Caucase – qui sont affectées par ces idées et qui se réclament des thèses d'Otto Bauer et de ses disciples, personnalités au demeurant fort respectées au sein de la social-démocratie européenne. Pour combattre tous ceux qui sont séduits par une conception nationale du socialisme, Lénine ressent le besoin d'utiliser un bolchevik impliqué dans les problèmes nationaux. Il a d'abord songé pour ce travail à l'Arménien Chaoumian, qui avait déjà réfléchi au problème et accumulé arguments et matériaux ; mais Chaoumian se trouve au Caucase. C'est alors que, providentiellement, le Géorgien Staline débarque à Cracovie. Sans hésiter, Lénine lui confie cette tâche et écrit à Gorki : « Nous avons ici un merveilleux Géorgien qui est en train d'écrire un long article *"éclairant"* la solution prolétarienne de la question nationale[21]. »

Le but de l'article commandé à Staline est clair. Il s'agit d'un travail polémique destiné à remettre de l'ordre dans la social-démocratie russe et à accélérer le processus de rupture avec les mencheviks et leurs partisans en donnant de leur conflit une explication théorique. Exclure les bundistes, les mencheviks caucasiens et, au-delà, tous les autres mencheviks, eût été malaisé sans raison solide, car l'Internationale s'en fût offusquée. Fidèle à sa méthode, Lénine entend donc démontrer que l'adversaire a tort. Mais en aucun cas on ne peut penser qu'il ait confié au « merveilleux Géorgien » le soin de rédiger un texte théorique. La réflexion profonde, la théorie, Lénine s'en est toujours chargé lui-même. À ses collaborateurs de croiser le fer dans le genre polémique.

Au reste, pour prêter main-forte à Staline dont les notions d'allemand sont très rudimentaires, voire inexistantes, Lénine lui adjoint Boukharine et Troïanovski – il n'est pas encore brouillé avec ce dernier – qui l'aideront à rechercher et traduire la documentation sur le sujet. Le résultat de ce travail est, on le sait, l'opuscule de Staline sur *Le Marxisme et la question nationale*, qu'il revendiquera toujours comme preuve de ses dons de théoricien. Ce sera aussi la formule : le « merveilleux Géorgien », dont il se parera pour montrer combien ses liens avec Lénine avaient été profonds. Mais cela est une autre histoire... L'essentiel, pour l'heure, est l'importance que Lénine attache au travail de son collaborateur en un temps où les conflits avec les mencheviks sont pour lui source de problèmes avec l'Internationale socialiste.

L'Internationale entre les frères ennemis

L'Internationale, créée en 1889 à Paris, fut, après une période de complète flexibilité, organisée dès le début du siècle de manière plus institutionnalisée. Le Bureau socialiste international (BSI) se trouva ainsi installé à Bruxelles en 1900 comme organe permanent. En 1904, lors du congrès socialiste d'Amsterdam, l'Internationale fait figurer dans ses tâches le soin de veiller à l'unité socialiste dans les divers pays. La scission de la social-démocratie russe va devenir dès lors une préoccupation constante pour ses chefs et pour son organe permanent. La situation est d'autant plus difficile pour toutes les parties en cause qu'à l'origine, Plekhanov est l'un des deux représentants et le plus connu des Russes[22] au Bureau socialiste international. De plus, les grandes figures sociales-démocrates, Kautsky, Bebel, sont enclines à préférer les mencheviks aux bolcheviks.

Enfin, après le IIIe Congrès du PSDOR que les mencheviks refusent de tenir pour légal, Lénine conteste à Plekhanov le droit de continuer à représenter la social-démocratie russe, et tente d'imposer à l'Internationale de nommer à sa place un bolchevik que le comité central issu du congrès désignerait. En d'autres termes, que lui, Lénine, aurait choisi. En définitive, c'est Lénine qui, en 1905, devient le représentant de la fraction bolchevique au BSI, tout en s'abstenant d'y paraître tout le temps de la première révolution russe.

En revanche, entre 1907 et 1912, l'Internationale tient une grande place dans les activités de Lénine et contribue à adoucir la traversée du désert que représentent pour lui ces années d'exil et souvent de découragement. Les relations avec l'Internationale vont, de surcroît, se trouver quelque peu améliorées dans la mesure où les démarches en faveur de l'unité se multiplieront en 1909-1910, ce qui renforcera les sociaux-démocrates européens dans leur conviction que la division résulte de « classiques querelles d'émigrés » bien plus que de conflits de fond. En 1910, cette thèse semblera corroborée par deux événements : Lénine proposera au BSI de lui adjoindre Plekhanov, évincé en 1905 ; Plekhanov, de son côté, acceptera de coopérer avec les bolcheviks contre les « liquidateurs », et écrira alors : « Nous appartenons au même Parti[23]. »

En 1907, Lénine assiste pour la première fois à un congrès de l'Internationale, celui de Stuttgart[24], et fait même partie du bureau qui préside les travaux du congrès. *Le Peuple* évoque ainsi sa présence : « Assis à la gauche de Rosa Luxemburg, Lénine, le leader socialiste de la feue Douma. Petite moustache blonde, grand front élargi par une calvitie précoce, œil perçant, masque énergique et fin, c'est un type vraiment impressionnant[25]. » Cette première participation à un forum international le rend fort heureux. Il est convaincu d'avoir trouvé là une tribune pour combattre le réformisme et fait alors bloc avec Rosa Luxemburg sur bien des points. Cela l'encourage à poursuivre sa coopération avec l'Internationale, et, durant quatre ans, il assiste à toutes ses réunions. D'une certaine manière, ses difficultés au sein de la social-démocratie russe sont allégées par le sentiment de participer à la direction du socialisme international. Mais, en 1912, ce bel optimisme prend fin. L'Internationale, qui avait cru contribuer à effacer les dissensions au sein de la social-démocratie russe, et Lénine, qui s'y croyait accepté et compris, doivent déchanter.

La social-démocratie russe n'est certes pas la seule à offrir le spectacle de ses divisions. Mais, pour l'Internationale, c'est probablement le cas le plus sérieux. En janvier 1912, après la conférence de Prague, mencheviks et bolcheviks se séparent à jamais. Cette situation, l'Internationale la juge aussi scandaleuse qu'inacceptable. Les offres de médiation vont alors se multiplier, mais les adversaires les repoussent avec autant de véhémence de part et d'autre. Pour les mencheviks, ce refus repose sur le sentiment d'être du côté du bon droit, confrontés à une violence qu'aucun raisonnement n'est à même de vaincre. Sans doute Plekhanov se montre-t-il infiniment plus nuancé que ses collègues et déclare-t-il que toute médiation est acceptable, car c'est la rupture qui ne l'est pas. Mais nul ne l'entend. Quant à la surdité de Lénine aux offres de médiation, elle tient certes à son tempérament intransigeant mais aussi à la prise de conscience qu'il est, pour l'Internationale, le « mauvais sujet », l'empêcheur de tourner en rond. Or, sur ce point, il n'a pas tort.

L'Internationale a toujours considéré – et continue de le faire – que les querelles russes tiennent avant tout aux personnes. Que l'émigration est une situation bien propre à développer et envenimer de telles chamailleries. Qu'il y ait entre mencheviks et bolcheviks un immense débat de fond sur la nature de la révolution russe, nul, dans les rangs de l'Internationale, ne le croit vraiment. Cette erreur d'appréciation contribue à donner aux échanges entre Russes et socialistes européens le caractère d'un dialogue de sourds qui se poursuivra jusqu'à la révolution russe et à la mort de la IIe Internationale. Dans ces conditions, c'est Lénine qui s'exprime le plus violemment, sur qui convergent tous les griefs des mencheviks, qui est tenu pour un individu capable de tout. Comment ne pas songer ici aux « affaires » – expropriations et héritages détournés – dont il est l'instigateur et le bénéficiaire ? Les dirigeants de l'Internationale en sont horrifiés, tout comme ils le sont par sa grossièreté dès lors que les médiations tentées ne lui conviennent pas : à l'égard de Clara Zetkin, par exemple. À cette grossièreté, ils opposent le ton mesuré et courtois d'un Plekhanov ou d'un Martov, plus conforme à leurs habitudes européennes.

Rosa Luxemburg n'a guère contribué à améliorer la réputation de Lénine. Au sein de l'Internationale, elle fait figure de grande spécialiste de la Russie. Russophone, issue du mouvement ouvrier polonais, elle est, sur la « question russe », la référence suprême. Pourtant, sur bien des problèmes, Rosa Luxemburg partage les mêmes vues que Lénine. Mais, comme Kautsky, elle est convaincue que l'heure n'est pas au débat sur la révolution en Russie ; que seules comptent les manœuvres de Lénine qui sapent l'unité sociale-démocrate en Russie. En 1912, le fossé entre les deux personnages deviendra vite infranchissable, car ils vont de surcroît s'opposer sur un problème particulier : la scission qui se produit au sein de l'organisation sociale-démocrate polonaise. Contre le comité directeur de la social-démocratie de Pologne et de Lituanie, dirigé par Tyszka (Leo Jogisches) et Rosa Luxemburg, des proches de Lénine se dressent, qui en appellent au soutien bolchevique. Il s'agit avant tout de Jacob Hanetski et de Karl Radek. Ce dernier est à la fois remarquablement intelligent et brillant, et remarquablement brouillon et instable. Il est haï par la social-démocratie allemande pour son opportunisme, son manque de scrupules, les scandales qui l'accompagnent. En 1908, il a même été accusé de vol. Le soutien de Lénine à ses positions, en 1912, n'est pas fait pour améliorer les sentiments de Rosa Luxemburg à l'égard du chef des bolcheviks.

La conférence de Prague, les conflits polonais, les pressions de Rosa Luxemburg sur l'Internationale, tout explique qu'en 1913 cette instance décide d'inscrire à son ordre du jour la question russe. Lénine, conscient d'y être de plus en plus mal vu, a pris cette année-là ses distances. Il n'assiste plus aux réunions du BSI et confie son mandat à Kamenev, qui vit alors à Paris. Raison officielle : Cracovie est trop éloignée de Bruxelles. En fait, Lénine s'y sentirait en position difficile. Il n'assiste pas davantage à la réunion de décembre 1913 qui a lieu à Londres ; il laisse non plus à Kamenev, mais à Litvinov, qui remplace ce dernier pour l'occasion, le soin de répondre à Rosa Luxemburg, soutenue par Kautsky. Mais la réunion ne justifie ni les efforts de Rosa Luxemburg et de ses partisans, ni les inquiétudes de Lénine[26]. Après quelques paisibles préliminaires, l'affaire est renvoyée à une conférence spéciale censée être convoquée quelques mois plus tard à Bruxelles et qui devra rassembler l'ensemble des organisations, fractions et groupes se réclamant de la social-démocratie en Russie. Le programme que s'assigne le BSI est clair : ou bien cette confrontation permet d'avancer dans la voie d'une compréhension mutuelle, ou bien elle échoue et restera alors l'ultime recours : le congrès socialiste international, qui devra tenir ses assises à Vienne en août 1914.

Dès lors, Lénine prépare avec grand soin la conférence à venir, rédigeant un rapport sur l'unité sociale-démocrate en Russie, rassemblant les documents dont il entend munir sa délégation, essayant de s'assurer qu'un maximum d'organisations favorables à ses thèses seront représentées. Il choisit avec la plus grande minutie la délégation bolchevique de trois membres, dont le plus éminent et le plus proche de lui est Inessa Armand, et rédige entièrement leurs diverses interventions. Tout semble ainsi réglé au mieux, sauf que le plan de Lénine comporte un point faible : sa propre absence. Il a eu tort de ne pas se rendre à Bruxelles et de confier la lecture de son rapport à Inessa Armand. Son absence fait mauvais effet, est jugée comme une dérobade inspirée par la crainte d'être désavoué, tandis que ses représentants, déroutés par les débats, manquent parfois d'esprit d'à-propos. Au terme de discussions très vives, la résolution de Kautsky, hostile aux bolcheviks, l'emporte. Lénine n'est qu'à demi déçu : il ne nourrissait guère d'illusions sur ses chances de l'emporter. Mais, puisque l'unité n'a pu être réalisée, le congrès de Vienne devra se saisir à nouveau de la question, et, à ce congrès, Lénine est bien décidé à se rendre en personne pour se battre contre les mencheviks, contre le réformisme, contre toute l'Internationale, si nécessaire !

Projet réduit à néant, tout comme le congrès projeté : à la date où celui-ci était censé s'ouvrir, la guerre a éclaté, entraînant l'Europe dans le cataclysme et sanctionnant la faillite de l'Internationale. Celle-ci n'avait ni réconcilié les frères ennemis russes, ni su empêcher la guerre. Depuis 1912, Lénine avait cessé de croire à ses mérites et vit dans son effondrement la confirmation de la justesse de ses vues.

Une traversée du désert... mais des proches pour l'adoucir

Les années 1907-1914 furent certes, pour Lénine, de dures années sur le plan politique : espoir révolutionnaire envolé ; attaques subies ; grands moments d'isolement. Ce qui l'aide dans cette traversée du désert où il lui paraît difficile d'imaginer le moindre renouveau révolutionnaire, ni a fortiori que les bolcheviks puissent s'imposer comme une force dominante, c'est son entourage. Dans le camp de ses partisans, ces années-là sont marquées par de sévères ruptures, mais aussi par l'arrivée à ses côtés de nouveaux disciples.

Des hommes qui lui furent proches et qu'il estimait s'éloignent brusquement de lui. C'est le cas d'abord de Bogdanov qui, en 1907, rompt sur la question de l'attitude à adopter à l'occasion des élections à la troisième Douma, et lui arrache un bref moment la direction de la fraction bolchevique. Mais, au-delà de la querelle de pouvoir, ce sont les idées philosophiques qui les opposent, même si Lénine a toujours tenté de minimiser leur différend. Dans l'école du Parti, fondée à Capri en 1909, Bogdanov fait venir pour y enseigner des adversaires de ce dernier, comme Trotski et Lounatcharski. D'avoir créé, contre l'école de Capri et contre les idées que l'on y diffuse, l'école de Longjumeau, ne suffit pas à apaiser Lénine.

À son tour, Krassine, qui lui fut longtemps si fidèle, le quitte définitivement en 1910. Trotski, son protégé d'un moment, a déjà fait de même.

Aux abandons qui se succèdent vont s'opposer de nouvelles fidélités : celles de Zinoviev, de Kamenev, de Hanetski, qui tous deviennent des intimes dans les années précédant la révolution et qui ne le quitteront plus jusqu'au retour en Russie.

C'est cependant au sein de la cellule familiale que Lénine trouve toujours un véritable réconfort. Cellule de femmes : outre celles des débuts de son existence, sa mère, ses sœurs qui viennent le rejoindre pour de plus ou moins longs séjours dans ses divers exils, il a auprès de lui depuis 1897 les deux femmes qui ne le quitteront que lorsque la mort en aura décidé.

Nadejda Kroupskaïa, épousée en Sibérie, est tout à la fois sa femme, son directeur de cabinet, son service de relations publiques et sa secrétaire. Dévouée, infatigable, en dépit d'une santé précaire, elle est aussi l'objet de l'attention constante de son mari. Combien de fois se préoccupera-t-il de convoquer pour elle le meilleur médecin ! Combien de fois entretiendra-t-il Inessa Armand des sautes de température de Nadejda, atteinte d'une angine ! Étonnant couple de camarades, mais couple inséparable, lié sans doute par l'affection et l'estime, et par le projet révolutionnaire. Le trépas seul mettra fin à ce compagnonnage d'un quart de siècle. Durant leur longue vie commune, ils n'ont connu que des difficultés mineures. En dépit de leurs activités révolutionnaires, ils ont rarement ressenti une réelle insécurité. Leur exil a été plutôt paisible. Leurs résidences successives à l'étranger les ont presque toujours mis à l'abri de la police impériale. À de très rares moments près, ils n'ont pas eu le sentiment d'être traqués, comme le furent nombre de leurs camarades.

La vie matérielle a été tout aussi aisée grâce, pendant de longues années, à l'aide financière de la mère de Lénine, puis aux facilités que leur a accordées le Parti. Toujours convenablement logés, en mesure de recourir aux services d'une domestique, la gêne dont maints révolutionnaires eurent à se plaindre n'aura pas été leur lot. Les épreuves auxquelles ils eurent à faire face relevaient des peines de cœur : chagrin à cause de l'enfant que Kroupskaïa ne pouvait avoir (tous deux en souffraient au point d'avoir proposé, durant leur séjour polonais, d'adopter le petit garçon des Zinoviev, qui naturellement refusèrent) ; chagrin, enfin, lié au dilemme dans lequel les plongea l'irruption dans leur existence d'Inessa Armand.

Auprès d'eux, Elizaveta Vassilievna, la mère de Kroupskaïa, fut vraiment la fidèle gardienne du foyer ; elle veillait à tout, avant que sa santé déclinante et l'âge n'imposent la présence d'une domestique à temps plein pour la suppléer. Elle restera au foyer de Lénine jusqu'à sa mort en 1915. Là encore, il s'agit d'une longue cohabitation. Ses relations avec son gendre étaient étranges : courtoises, paisibles, teintées sans doute d'estime, voire de sympathie ; mais Elizaveta Vassilievna demeura toujours réservée à l'égard de Lénine, estimant – elle le répétera à maintes reprises – que ce n'était pas une vie normale, pour un homme, que de ne point travailler !

Et puis il y eut dans l'existence de Lénine, à partir de 1910, une figure féminine que la pruderie bolchevique s'efforça de réduire à la camaraderie d'usage, mais qui occupa dans cette vie la part du cœur. Ce n'est pas céder à une curiosité de mauvais aloi ni à la tentation du ragot que de s'arrêter sur la place réservée à Inessa Armand dans le destin de Lénine. Cette place reconnue, le portrait de l'homme s'éclaire d'un jour que la légende soigneusement forgée a toujours tenté de dissimuler. Elle peut d'autant moins être occultée qu'elle concerne aussi son devenir politique.

Inessa Stephan-Wild, devenue Armand par mariage, naquit à Paris en 1874 d'un père français et d'une mère à demi anglaise. Élevée à Londres après la mort de son père, Inessa partit à l'âge de quinze ans pour la Russie où l'attendaient sa grand-mère et une tante. Comme nombre de leurs compatriotes, celles-ci s'étaient installées dans ce pays où, à la fin du siècle passé, les Françaises étaient recherchées par les meilleures familles comme institutrices, gouvernantes, et où, à l'occasion, elles faisaient de riches mariages, inespérés dans leur pays d'origine. Belle, parlant parfaitement l'anglais et le russe, Inessa était de surcroît excellente musicienne. Comme dans certains romans roses de l'époque, elle fut gouvernante dans une riche famille et épousa, à dix-huit ans, le fils d'un grand commerçant russe. Un mari beau, riche et aimable, et cinq enfants : le destin d'Inessa semblait tout tracé si la tentation révolutionnaire ne l'avait détournée de ce chemin confortable. Elle milita dans des groupes sociaux-démocrates, quitta son mari pour son jeune beau-frère – sacrifice au mythe de l'amour libre –, fut arrêtée, exilée, toujours protégée par un mari abandonné mais indulgent qui veillait sur les enfants ; marxisme oblige, elle suivit des cours d'économie ; enfin, arrivant à Paris en 1910, elle y rencontra Lénine qui jouissait à ses yeux du prestige du chef révolutionnaire.

Cette relation, que des fragments de lettres éclairent, posait à Lénine un sérieux problème : celui de Nadejda

Kroupskaïa. Les recherches entreprises par des historiens sérieux[27] suggèrent que celle-ci, vite consciente de la situation – elle n'avait jamais quitté Lénine et percevait ses moindres changements d'humeur –, souffrit, se rebella, puis proposa dignement de céder la place. Mais Lénine ne l'entendait pas ainsi. La liaison avec Inessa Armand fut discrète : Kroupskaïa resta l'épouse respectée, et, peu à peu, elle se prit d'amitié pour Inessa, qui le lui rendit. Ménage à trois ? Certes non ! Les Lénine et Inessa se rencontraient beaucoup, voyageaient parfois ensemble, mais leur groupe fit montre d'une dignité remarquable et d'un profond respect mutuel. En 1913, Inessa, qui supportait mal Cracovie, ville à ses yeux ennuyeuse, peut-être aussi troublée par une situation sentimentale difficile, s'éloigna un temps et s'installa à Paris. Mais c'est Lénine qui décida de rompre, tout en conservant la même intimité avec Inessa. En décembre 1913, elle lui écrit qu'« elle peut se passer de ses baisers à condition de rester près de lui ». Dans une lettre de mai 1914, Lénine la supplie : « Ne sois pas en colère contre moi, je sais que je t'ai causé une grande peine, je le sais[28]. » Un mois plus tard, il demande à Inessa : « Quand tu viendras, apporte ici toutes nos lettres. » Leur correspondance, pour ce qui a été préservé, est tout à la fois confiante et douloureuse, révélatrice du sacrifice que Lénine s'impose et impose à Inessa. On en comprend les raisons à considérer le caractère de Lénine. Jamais il n'eut, sur le chapitre de l'amour, les libres conceptions de nombre de bolcheviks. Il critiquera vigoureusement le plaidoyer d'Alexandra Kollontai en faveur de l'amour libre et plus généralement de la liberté sexuelle. Homme d'ordre, prude, il restera toujours fidèle à l'éducation qu'il avait reçue au sein d'une famille unie, aux comportements dictés par le code moral de la société russe de la fin du XIXe siècle.

Le défunt général Volkogonov, qui eut accès aux archives présidentielles russes, assurait que Lénine avait eu de surcroît un enfant illégitime[29]. Si le fait est avéré – mais le secret, sur ce point, paraît bien gardé –, il démontre simplement combien Lénine était attentif à ne pas laisser porter atteinte à sa réputation de moralité. Combien aussi il lui importait de ne point blesser ses proches.

À partir de la guerre, Inessa Armand devint avant tout, avec Kroupskaïa, la collaboratrice la plus nécessaire à Lénine. Ne lui avait-il pas écrit : « Ma plus totale amitié, mon estime et ma confiance les plus absolues sont réservées à deux, trois femmes[30] » ? Représentant Lénine, parlant en son nom dans divers congrès socialistes, ou y participant à ses côtés, elle fera aussi partie du groupe qui rentrera avec lui en Russie en avril 1917. Lorsqu'elle disparaîtra, c'est un Lénine brisé, accablé d'un chagrin qui en impose à toutes les personnes présentes, qui accompagnera Inessa jusqu'à sa dernière demeure. En dépit des distances imposées au cœur, l'amour qu'il lui portait était resté, tout en témoigne, intact.

La vie familiale, la part faite aux élans du cœur attestent que si Lénine était avec ses adversaires d'une incomparable dureté, abstrait dans la sympathie qu'il portait à l'humanité en général – Gorki n'a-t-il pas dit qu'il « aimait les hommes tels que la révolution les aurait transformés[31] » –, il y eut aussi un autre Lénine, celui du cercle le plus étroit, chaleureux et aimant. Il serait inéquitable de ne pas ajouter ce Lénine, dont la compagnie fut réservée à quelques rares privilégiés, à celui qui entre dans l'histoire de son pays et du monde à compter de la fin du XIXe siècle. Mais ce constat suggère une question : y eut-il un moment, lorsqu'il disposa d'un immense pouvoir, où le Lénine, si attentif à ses proches, étendit sa capacité d'aimer autrui à ceux qui n'appartenaient pas au cercle restreint de ses affections ? La traversée du désert s'achevant et les événements se précipitant, quel est le Lénine qui va aborder la période d'action : l'homme brutal ne songeant qu'à tout soumettre à sa volonté ? ou encore un Lénine plein d'humanité pour ceux qui lui étaient chers et qui l'avaient aidé à maintenir la flamme de l'espérance quand tout semblait perdu ?

TROISIÈME PARTIE

LA RÉVOLUTION À TOUT PRIX
(1914-1917)

CHAPITRE VII

La défaite russe, pour le bien de la révolution

Si, en 1905, au vu des revers russes dans le Pacifique, il n'avait pas imaginé que la révolution en sortirait, en 1914, Lénine a de longue date tiré les leçons du passé et blâmé son propre aveuglement. Que la guerre soit la chance de la révolution, il n'en doutera plus jamais ; mais peut-il espérer qu'une guerre ait lieu ? En Russie surtout où, quelques années plus tôt, elle a été l'étincelle qui déclencha une révolution avortée ? Lénine n'ose croire que pareille chance puisse s'offrir à nouveau, et il écrit en 1913 à Maxime Gorki : « Une guerre entre la Russie et l'Autriche serait très bénéfique pour la révolution. Mais il y a peu de chances que François-Joseph et Nikki nous fassent ce plaisir[1]. »

Au reste, l'Internationale n'est-elle pas prête à mobiliser toutes ses forces pour conjurer la menace de guerre ? Depuis qu'en 1911 – avec le conflit du Maroc, puis les guerres balkaniques – la situation internationale se tend, l'Internationale débat de réunion en congrès des moyens d'empêcher un affrontement mettant aux prises des peuples dont la solidarité de classe interdit qu'ils s'entre-combattent. La paix et elle seule constitue l'horizon indépassable de la majorité des socialistes européens. Quant à la révolution qui pourrait découler d'un éventuel conflit, ils sont bien peu nombreux à y songer, et ce sont avant tout des Russes. En 1907, déjà, au congrès de Stuttgart où le problème de la lutte contre la guerre a mobilisé tous les participants, Rosa Luxemburg, Lénine et Martov ont réussi, dans l'inattention générale, à faire adopter un amendement allant bien au-delà des vues de la majorité : « Au cas où la guerre éclaterait, les socialistes ont le devoir... d'utiliser de toutes leurs forces la crise économique et politique créée par la guerre pour agiter les couches populaires les plus profondes et précipiter la chute de la domination capitaliste[2]. »

La position des Russes est aisée à comprendre : le souvenir de 1905 les obsède. Lénine ne s'écartera plus de cette réflexion liant guerre et révolution, qu'il ne cessera de développer dans les années qui suivent[3].

Retour en Suisse

La guerre, nul n'y croit vraiment dans les premières semaines de juillet 1914. Les chefs d'État, les chefs de parti, notamment ceux de l'Internationale, les particuliers quand ils en ont les moyens, tous se préparent à prendre des vacances. Dans son beau livre *La Grande Guerre des Français*[4], Jean-Baptiste Duroselle note qu'en dépit de l'assassinat de l'archiduc d'Autriche, le 28 juin 1914, un calme complet règne durant presque tout le mois de juillet en Europe, si bien que le président Poincaré et le président du Conseil Viviani s'embarquent le 16 pour la Russie, et que ce dernier écrit alors :

« Nous allions le front haut et le cœur tranquille vers la paix. »

Lénine fut l'un des rares responsables politiques à percevoir, derrière ce calme apparent, l'orage qui montait. Sans doute, le 23 juillet, l'Autriche adresse-t-elle un ultimatum à la Serbie. Mais, pendant quelques jours encore, les chancelleries veulent croire aux chances de la paix. Lénine, lui, réagit aussitôt et écrit, le 25, une lettre à Inessa Armand qui commence ainsi :

> « Ma chère, très chère amie,
>
> Tous mes vœux pour la révolution qui commence en Russie[5] ! »

Le sens du message est clair. Lénine ne doute plus de la guerre, ni de ce qui doit en être l'issue : la révolution dans son propre pays. Pour y croire, il faut, en cette dernière semaine de juillet 1914, être bien visionnaire, car jamais la Russie n'a inspiré autant confiance à ses alliés. Le voyage de Poincaré en témoigne, et le président français tire de la revue militaire à laquelle il assiste, le 23 juillet, à Tsarskoïe Selo, la certitude que la puissance militaire de sa partenaire est grande. Celle-ci vient d'ailleurs de fêter triomphalement le tricentenaire de la dynastie, et les manifestations d'enthousiasme populaire suggèrent aux détenteurs du pouvoir que le temps des crises violentes pourrait bien être révolu. Le développement économique se poursuit et 1913 est l'année d'une production céréalière exceptionnelle, de bons résultats industriels, tandis que l'inflation – 2 % – reste très modérée. Certes, tout n'est pas gagné. Mais Lénine lui-même, avant que la guerre ne lui ait rendu l'espoir, a, dans un texte daté de 1913[6], constaté les progrès rapides de la Russie, et il s'est alors interrogé sur les chances d'une révolution dans un tel contexte. On peut en effet parier que la Russie va continuer à progresser sur la voie de la monarchie constitutionnelle, comme l'espèrent nombre de libéraux. Ou encore que s'y développeront des tendances révolutionnaires modérées. Les mencheviks le pensent. L'Internationale les soutient et, forts de cette caution, ils estiment pouvoir rassembler autour d'eux le mouvement ouvrier russe. La moins plausible des hypothèses est, à la veille de la guerre, celle de la révolution radicale et du triomphe bolchevique. Comment se la figurer alors que les amis de Lénine sont isolés sur le plan international, affaiblis sur le plan interne, et que leur programme est loin de coïncider avec les aspirations de la plupart des forces sociales russes qui veulent que leur pays évolue paisiblement ?

Pour Lénine, cela n'a plus aucune espèce d'importance : la guerre est là ; reste à attendre la défaite russe et ses suites...

Sa vision défaitiste n'est pourtant partagée ni par la majorité de l'Internationale, ni par ses compatriotes. L'Internationale, réunie à Bruxelles les 29 et 30 juillet, se sépare sans avoir décidé d'une action concertée pour sauver la paix. Mais elle compte fermement sur le congrès de Vienne, prévu en août, pour adopter des mesures susceptibles d'empêcher le conflit. La guerre devance le congrès et les socialistes les plus véhéments tournent alors le dos à la phraséologie internationaliste. Le 4 août, les sociaux-démocrates du Reichstag votent les crédits de guerre ; Van der Velde entre dans le gouvernement belge ; en France, l'« union sacrée » s'étend à tous les partis. Les socialistes, toujours et partout si prompts à dénoncer leurs propres gouvernants, découvrent soudain que la responsabilité de la guerre incombe à ceux des pays adverses. Dès lors, la guerre est déclarée « défensive » par les socialistes allemands, tandis que socialistes français et belges s'unissent pour en rejeter la faute sur l'« agression allemande ». La notion de « guerre juste » se substitue soudain à celle de guerre inacceptable. Seuls les sociaux-démocrates russes vont, dans leur pays, s'y opposer et refuser en majorité de voter les crédits demandés pour la défense. Si Lénine crie à la trahison des socialistes allemands et français, en Russie, ce sont les bolcheviks qui sont accusés de trahir. Lénine a d'ailleurs adressé à Kamenev, rentré en Russie pour diriger la *Pravda* et le groupe bolchevique de la Douma, des instructions peu nuancées destinées à définir l'attitude de ses députés. Ils doivent, ordonne-t-il, déclarer solennellement à l'Assemblée leur opposition à la guerre et leur volonté de voir la Russie défaite, puisque sont censés en dépendre la guerre civile et le salut de la classe ouvrière. L'intervention de la police et l'arrestation de tous les députés mettent fin à ces velléités.

En fait, les socialistes russes, en dehors des bolcheviks, sont fort divisés. Comme les hauts responsables de l'Internationale, les chefs mencheviques se prononcent dans leur majorité en faveur de l'effort de guerre du jour où celle-ci est déclarée. Telle est la position de Plekhanov ; c'est aussi celle de Potressov, resté en Russie. Mais une minorité groupée autour de Martov et d'Axelrod penche vers les thèses internationalistes. La division existe aussi chez les socialistes-révolutionnaires où Victor Tchernov n'est pas loin de partager les vues de Lénine. Mais le plus important est que la position de ce dernier ne passe pas inaperçue des responsables des Empires centraux qui vont vite découvrir le parti à tirer de cet allié inattendu. Il écrit d'ailleurs un petit texte qui doit, pense-t-il, servir de guide à tous ceux qu'anime l'esprit révolutionnaire : les *Tâches de la social-démocratie révolutionnaire dans la guerre européenne*, daté de la fin août 1914. Ce texte résume sa vision de la guerre se transformant en révolution[7], et fournit des instructions précises pour l'action défaitiste que doivent conduire ses partisans. Il faut, recommande-t-il notamment, aller dans les tranchées, dire aux simples soldats : « Prenez vos fusils, retournez-les contre vos officiers et contre tous les capitalistes ! »

Cependant, le conflit commencé, Lénine doit sur-le-champ régler sa situation personnelle, celle d'un étranger résidant dans un pays en guerre contre sa propre patrie. Les autorités austro-hongroises s'inquiètent d'abord de sa présence et le soumettent à certains contrôles avant de l'arrêter pour quelques jours. Affolé, car il est peu habitué à pareil traitement, Lénine se tourne vers le fidèle Hanetski[8] qui en appelle à toutes les autorités de l'Empire austro-hongrois, à ses amis, notamment à Victor Adler, et obtient ainsi sa libération. Pour cela, Hanetski invoque déjà les positions défaitistes de son protégé, indirectement favorables aux Empires centraux. Il lui fait accorder sa remise en liberté, mais aussi l'autorisation de partir sans encombres pour la Suisse.

C'est à Berne, centre actif de l'émigration russe, que Lénine va dans un premier temps s'installer. Sitôt arrivé, il réunit les bolcheviks qui vivent dans la capitale fédérale et leur expose sa conception de la guerre et son programme : « Cette guerre est celle de l'impérialisme. Du pillage. Ce n'est pas la paix qu'il nous faut réclamer. Cela, c'est un mot d'ordre de curés. Le slogan du prolétariat doit être la transformation de la guerre en guerre civile, pour détruire à jamais le capitalisme ! » Et il précise que c'est bien de la défaite russe qu'il parle, car, ajoute-t-il, « le tsarisme est cent fois pire que le kaisérisme ».

Au cours de cette réunion, Lénine développe aussi un thème qui apparaît pour la première fois dans son petit texte-programme de la fin août : celui du détachement de l'Empire de diverses régions – Ukraine, Pologne, provinces baltes – comme conséquence prévisible de la guerre et de la défaite russe. Dès ce moment, il va constamment revenir sur deux idées : la nécessité d'une mobilisation internationale des socialistes pour déclencher partout des guerres civiles ; la possibilité pour les Russes de pousser à la décomposition de l'Empire russe. De Berne, puis de Zurich où il s'installe en 1915, il va s'acharner à promouvoir ces idées avec l'aide implicite des Empires centraux.

Les années suisses ont été pour Lénine des années difficiles. Il se plaint, dans de nombreuses lettres, de devoir faire face avec très peu de moyens à une vie on ne peut plus onéreuse. De nombreux historiens ont repris à leur compte les assertions de Kroupskaïa sur ces années de pauvreté où Lénine aurait été hanté par l'espoir de trouver quelques commandes littéraires pour subsister. Des lettres adressées à Gorki et à Chliapnikov[9] sont autant d'appels à l'aide. Pourtant, Valentinov, dont les recherches sur l'état des finances du couple ont été très poussées, est loin d'avaliser cette thèse. Il cite au contraire nombre de lettres de Lénine remerciant ses sœurs pour divers transferts de fonds, et rappelle que Kroupskaïa avait reçu, juste avant la guerre, l'héritage d'une tante de Novotcherkassk. Volkogonov, qui a exploré attentivement les archives traitant des affaires d'argent de Lénine, soutient lui aussi que les difficultés matérielles dont il s'est plaint pendant la guerre étaient toutes relatives. Sans doute, en 1915-1916, la disparition de sa mère, la désorganisation du Parti en Russie peuvent-elles avoir entraîné des difficultés passagères. Mais, plus que le manque d'argent, c'est le découragement qui explique les lamentations de Lénine à cette époque.

Il est rongé par l'impatience, alors que les événements sont lents à s'orienter dans la direction qu'il prône. En Russie même, l'élan patriotique de 1914 fait de lui un pestiféré. Et les grandes défaites de 1915 ne tournent pas, comme il l'espérait, à la guerre civile. La durée même du conflit, qui se prolonge de mois en mois, d'année en année, lui est une surprise. Sans doute consacre-t-il alors beaucoup de temps à l'écriture. De grands textes, dont *L'Impérialisme, stade suprême du capitalisme*, sont les fruits du travail de cette époque. Il rédige des articles, mais la *Pravda* est interdite, et cette tribune privilégiée lui manque pour les publier. Surtout, dans son exil, il est solitaire, pratiquement coupé du mouvement socialiste de Russie. En Suisse même où ses compatriotes révolutionnaires sont pourtant légion, ses positions extrêmes sur la guerre lui aliènent nombre d'entre eux. En Russie, la situation est pire encore : après les arrestations des députés, Kamenev en tête, leur procès pour « haute trahison » leur vaut le bannissement en Sibérie où ils vont retrouver Sverdlov, Staline, Ordjonikidze, condamnés à l'exil dès avant la guerre. Conséquence première de ces dispositions répressives : l'organisation bolchevique – et le bureau russe du Parti – ont pratiquement cessé d'exister. Il faudra attendre 1916 pour que Chliapnikov, rentré en Russie, se charge de réorganiser un Parti démantelé, et devienne l'agent de liaison de Lénine.

Dans ses souvenirs, Kroupskaïa a raconté à quel point l'isolement où vécut son mari en Suisse à cette époque le laissa démoralisé. De surcroît, les années passées à Berne et à Zurich furent des années de chagrins privés. Après la mère de Kroupskaïa dont la disparition n'était qu'accessoirement l'affaire de Lénine, ce fut, en 1916, la mort de sa propre mère, dont il était toujours resté très proche et qu'il n'avait pas revue depuis des années. Peu après cette fin qui l'affecta tant, sa sœur Anna Elizarova fut arrêtée en Russie. Il l'apprit par un message codé de son beau-frère, et s'en émut fort. Parce qu'il avait pour elle de l'affection, mais aussi parce qu'elle lui était indispensable, même s'il la jugeait peu formée politiquement. Sous le pseudonyme de *James*, elle lui servait de courrier. Sa mère disparue, sa sœur arrêtée – pour une brève durée, au demeurant –, tous les liens du passé familial auxquels il était si attaché se défaisaient.

La disparition de sa belle-mère eut aussi des conséquences pratiques pour la vie du couple. Nadejda Kroupskaïa n'avait jamais montré d'intérêt pour les tâches domestiques. C'est sa mère qui avait veillé en permanence à leur confort. Une domestique l'aidait certes, mais lorsqu'Elizaveta Vassilievna disparut, nul ne songea plus à donner à cette servante les instructions nécessaires. Ce qui explique probablement que le logement de Zurich et les vêtements quelque peu négligés de Lénine aient à l'époque produit sur certains visiteurs une impression déplorable. Inessa Armand, pour sa part, était tantôt en Suisse où elle partageait les vacances du couple – car l'habitude de prendre des vacances n'avait pas disparu –, tantôt à Paris. La correspondance échangée par Lénine avec elle fut considérable au cours de ces années – seul Hanetski reçut d'aussi nombreuses missives –, mais son absence aussi lui pesait. Restait, mais ténue, sporadique, décourageante, l'activité politique.

Reconstruire une Internationale

L'incapacité des grandes figures socialistes européennes à s'élever contre la guerre a bouleversé ceux qui continuaient à se réclamer d'un véritable internationalisme. Ils sont hantés par l'idée d'arracher l'Internationale à son échec, de reconstituer une organisation qui reprenne le flambeau tombé en juillet 1914[10]. L'initiative vient des socialistes suisses et italiens qui s'interrogent dès septembre sur les moyens de rassembler les débris de l'Internationale et qui en débattent alors secrètement à Lugano. Leur projet rencontre le soutien de Clara Zetkin qui, bien que désespérée par la quasi-disparition du mouvement auquel elle a consacré sa vie, a l'idée de commencer par organiser une réunion de femmes socialistes. Le résultat en est la réunion de Berne, au printemps 1915, à laquelle prennent part Kroupskaïa, Lilina, la femme de Zinoviev, et quelques bolcheviks de moindre réputation.

Dissimulé derrière elles, Lénine entreprit de transformer cette réunion pacifiste en mouvement au service de ses idées. La conférence avait élaboré un manifeste de tonalité modérée s'adressant aux femmes et disant en substance : « Travailleuses de tous les pays en guerre, unissez-vous ! » Les collaboratrices ou porte-parole de Lénine tentèrent de lui substituer ou d'y adjoindre une résolution de nature radicale, affaiblissant la portée de ce manifeste déjà rédigé. La résolution des femmes bolcheviques – œuvre, cela va de soi, de Lénine – réclamait la rupture avec « tous » les partis socialistes et ouvriers « traîtres », la constitution immédiate d'une nouvelle Internationale, et s'achevait sur un appel à la transformation de la guerre en guerre civile.

Parmi les déléguées présentes à Berne, les militantes étrangères au bolchevisme ne pouvaient accepter pareille résolution. Elles ne voulaient pas se placer en marge des partis existants, mais prétendaient au contraire peser sur eux pour les convaincre d'adopter une position pacifiste. Elles étaient convaincues que rien n'était encore perdu, bien que la guerre battît déjà son plein, si l'on s'adressait aux masses. Le mot d'ordre qu'entendait leur imposer Lénine – « Vive la IIIe Internationale ! » – leur était étranger. Poussées par lui, les déléguées bolcheviques reprirent à leur compte l'attitude intransigeante dont il était coutumier. Clara Zetkin les adjura de retirer une résolution qui affaiblissait la position commune. Devant leur refus de toute discussion, elle en appela à Lénine et, au terme d'une très longue négociation qui faillit bien la tuer – Clara Zetkin était cardiaque –, elle finit par lui arracher un compromis. Les bolcheviks signeraient la résolution commune, mais leur texte trouverait place dans le rapport final.

Si Lénine avait, *in fine*, décidé de ne pas couper les ponts, c'est qu'il entrevoyait déjà une stratégie propre à faire triompher ses idées. Quelques semaines plus tard, une nouvelle occasion s'offrit à lui. À Berne toujours, des organisations socialistes de jeunes furent réunies dans la foulée du congrès de femmes. Lénine s'empressa de munir les jeunes bolcheviks de la résolution défendue peu auparavant par Kroupskaïa et Lilina, et la même bataille s'engagea, débouchant derechef sur une impasse.

Peu après, Lénine allait renouveler ses efforts, cette fois sans faire appel à des intermédiaires. Le 5 septembre 1915, les socialistes italiens réalisaient enfin le projet, qu'ils nourrissaient depuis un an, de réunir une conférence socialiste. La petite ville suisse de Zimmerwald accueillit des délégués russes, allemands, polonais, français, italiens, hongrois, hollandais, etc. Ceux-ci faisaient preuve, en s'y rendant, d'un grand courage, car les contacts avec des représentants d'un pays ennemi étaient naturellement considérés en temps de guerre comme des manifestations de trahison. Nombre d'entre eux étaient arrivés en Suisse clandestinement ; ils s'en prendront d'ailleurs à Lénine, expliquant que, pour lui, résidant dans ce pays, les risques encourus étaient inexistants. Sa virulence leur semblait pour cette raison on ne peut plus déplacée.

À Zimmerwald, deux groupes retiennent l'attention de tous, car de leur comportement va dépendre l'avenir de l'Internationale. D'une part, les délégués français et allemands, dont les pays se trouvent si engagés dans la guerre, proclament d'emblée : « Cette guerre n'est pas la nôtre. » Et ils affirment leur volonté de travailler à une « paix sans annexions », seul moyen, pensent-ils, d'apaiser à l'avenir les haines nationales. Ces délégués – les Allemands Hofman et Ledebour, les Français Merheim et Bourderon – sont follement applaudis, car les socialistes présents retrouvent, en les écoutant, l'espoir de voir renaître l'Internationale. Il en va différemment du second groupe, celui des Russes. La délégation de ce pays n'est pas homogène : elle comprend des bolcheviks, des mencheviks et des socialistes-révolutionnaires. Mais Lénine y compte des partisans en nombre non négligeable. La conférence permet de constater, au fil des débats, que sur trente-cinq délégués présents, huit lui sont acquis, dont Fritz Platten, secrétaire du Parti social-démocrate suisse. Âgé alors de trente-deux ans, celui-ci a été serrurier, puis dessinateur, et, durant la guerre, fasciné par le discours de Lénine, il est devenu l'un de ses fidèles. On le retrouvera après 1917 parmi les fondateurs du Komintern et à l'origine du Parti communiste suisse.

Dans les années difficiles que Lénine traverse alors, l'arrivée auprès de lui de nouveaux disciples lui est d'un grand réconfort. À Zimmerwald, il écarte les idées acceptées lors des conférences bernoises ; aux résolutions de paix de la majorité des délégués, il s'efforce d'opposer son propre programme : rupture avec la IIe Internationale, création immédiate d'une nouvelle instance de la classe ouvrière, mise en avant de slogans radicaux, notamment l'appel à déclencher partout la guerre civile. Minoritaire, il n'est pas inclus dans l'exécutif de quatre membres installé à Berne, à l'issue de la conférence, sous le nom de Comité socialiste international ; ses membres sont deux Italiens, Morgari et Angelica Balabanova, et les Suisses Robert Grimm et Charles Naine. Mais, même s'il n'a pu peser sur le manifeste voté à l'unanimité (il le vota aussi, mais à contrecœur), Lénine en retire une certaine satisfaction, celle d'avoir pu compter ses partisans qui se baptisent « gauche zimmerwaldienne ». Cette gauche produit alors une déclaration plus radicale que le manifeste commun, mais qui ne va pas jusqu'à appeler à l'insurrection générale, ainsi que l'a demandé Lénine.

L'occasion d'aller plus loin avec son groupe lui est fournie peu après, en avril 1916, lors de la conférence de Kienthal qui prolonge la rencontre de Zimmerwald. Le climat politique au sein des délégations socialistes n'est déjà plus celui de 1915, ce qui explique les progrès de sa position. En effet, les appels à la paix sont restés sans écho et la prolongation du conflit souligne cruellement la solitude des socialistes. De plus, dans certains pays, particulièrement en France et en Allemagne, les

« zimmerwaldiens » sont minoritaires face à des majorités socialistes emportées par le patriotisme. C'est ainsi qu'en Allemagne la social-démocratie se divise autour de la question des crédits de guerre, et Liebknecht, porte-parole des zimmerwaldiens, est exclu de son groupe parlementaire. Le fossé se creusant de la sorte au sein du mouvement, ceux qui militent pour la paix sont enclins à se montrer d'autant plus offensifs.

Quarante-trois délégués assistent à la conférence de Kienthal ; Lénine se trouve cette fois à la tête d'un groupe de partisans plus nombreux qu'à Zimmerwald, puisqu'il va pouvoir rassembler douze voix sur sa résolution. Sur place, il est épaulé en permanence par ses deux lieutenants, Zinoviev et Radek, qu'on a vus déjà très actifs à Zimmerwald. Zinoviev a copublié avec lui, en 1915, *Contre le courant*, volume contenant certains de leurs articles respectifs. Puis il s'est acharné à organiser la gauche zimmerwaldienne et à la doter de textes de propagande. À Kienthal, Zinoviev se présente en tant que délégué de la Lettonie, ce qui est recevable dans la mesure où celle-ci fait partie de l'Empire. Quant à Radek, qui milite encore dans les rangs de la social-démocratie allemande, il commence au même moment à s'intégrer à la fraction bolchevique, et tente même de créer alors, avec Paul Levi, une fraction probolchevique au sein du mouvement ouvrier allemand.

Comme à Zimmerwald, Lénine présente une résolution radicale qui appelle la classe ouvrière alors sous les drapeaux « à baisser les armes et à les retourner contre l'ennemi commun, les gouvernements capitalistes ». La résolution majoritaire, tout en rejetant un appel aussi radical, va plus loin que celle de l'année précédente. Tirant les conclusions d'un conflit qui s'éternise, elle admet en effet que le pacifisme ne saurait suffire et qu'il convient de l'enrichir d'une autre dimension, « la lutte pour le socialisme ».

La résolution va donc dans la direction prônée par Lénine. Sans doute est-il vaincu sur le point qu'il n'a cessé de défendre : la rupture avec la IIe Internationale. Mais, ici encore, les délégués se rapprochent de lui puisqu'ils portent une condamnation sévère dénonçant l'incapacité de l'Internationale à défendre la cause de la paix, c'est-à-dire du prolétariat. Si la résolution radicale de Lénine ne recueille que douze voix, les participants, dans leur majorité, ne sont plus très éloignés de partager ses vues. Et tous reconnaissent que sa contribution à l'évolution du mouvement socialiste international est très importante, voire décisive. Déjà se profile, dans la conscience des délégués, l'idée d'une IIIe Internationale.

La réflexion sur l'impérialisme

Si les conférences de Zimmerwald et de Kienthal ont mobilisé par moments Lénine, lui donnant l'occasion d'exercer son autorité sur le mouvement socialiste, elles n'ont pas suffi à rompre son sentiment d'isolement. Ce sont les travaux intellectuels qui, en ces années difficiles, constituèrent son vrai refuge. La guerre de 1914 le contraignit à approfondir sa pensée dans un domaine où il avait, dès 1907, entrevu son désaccord avec la pensée majoritaire de la IIe Internationale : le problème de l'exploitation coloniale. Cette année-là, commentant les travaux du congrès de Stuttgart, Lénine avait commencé à s'interroger sur le lien entre la colonisation et la faiblesse révolutionnaire du prolétariat européen.

Au début du XXe siècle, nombre de socialistes étaient conscients des effets bénéfiques de la politique coloniale sur le sort matériel des ouvriers européens qui, par là même, pouvaient se sentir moins disposés à penser à la révolution comme moyen d'échapper à leur condition. Kautsky, Rosa Luxemburg, Hilferding[11] avaient clairement perçu et posé ce problème, se demandant comment y mettre fin. Le sujet avait été abondamment débattu à Stuttgart, et Lénine avait alors écrit[12] : « Ainsi se crée dans certains pays la base matérielle et économique de la contamination du prolétariat par le chauvinisme colonial. »

Durant plusieurs années, il hésita sur la tactique à adopter pour isoler le prolétariat de la contagion colonialiste, mais, comme ses collègues socialistes, il restait convaincu que c'était du prolétariat occidental que pouvait venir la solution. La guerre de 1914 ouvre une nouvelle étape dans sa réflexion. Car la différence des réactions socialistes face à la guerre pose, dit-il, une question à laquelle il est impossible d'échapper. Ces attitudes contraires ne seraient-elles pas liées au statut des États dont sont issus les socialistes ? Lénine rappelle alors qu'à Stuttgart les clivages observés sur le problème colonial séparaient les partis socialistes des puissances dotées d'un Empire, fort peu enclins à mettre en cause le fait colonial, et ceux des États sans colonies, beaucoup plus critiques envers la colonisation. En 1914, Lénine constate l'écroulement de la social-démocratie dans des pays où elle était forte, jouissant d'un statut quasi officiel, et qui tous détiennent de vastes possessions – Allemagne, France, Belgique – ; il y oppose la force du socialisme russe, pourtant quasi clandestin, et sa volonté de sauver la paix. Sans doute la Russie possède-t-elle aussi des colonies, mais la nature de l'Empire russe est très différente de celle des autres empires européens : il est caractérisé par la « continuité » territoriale, l'imbrication de la population et, surtout, dès 1905, par un développement du mouvement révolutionnaire à sa périphérie coloniale. Lénine s'efforce d'intégrer ces données disparates dans un ensemble cohérent et en conclut que l'impérialisme fournit une explication à la crise que traverse le socialisme européen.

Deux textes témoignent de cet effort de réflexion théorique, auxquels Lénine a consacré l'essentiel de son temps, rassemblant patiemment des matériaux dans les bibliothèques suisses et les publiant tous deux en 1916. *L'Impérialisme, stade suprême du capitalisme*[13] est le résultat d'un considérable effort documentaire dont les éléments figurent dans ce qui constitue peut-être l'un des aspects les plus intéressants du travail de Lénine et de sa méthode : les *Cahiers de l'impérialisme*[14]. Vingt-deux cahiers, datés des années 1915-1916, contiennent le résumé de ses lectures préparatoires à la rédaction de son ouvrage, et témoignent d'une méthode vigoureuse fondée sur la volonté de ne laisser échapper aucune source d'information disponible. De ce travail est né *L'Impérialisme*. Sans doute, à le lire, constate-t-on que la partie économique, qui s'appuie sur les travaux de Hilferding et Hobson, n'apporte rien de neuf. Mais l'ambition de Lénine était d'ordre théorique et tactique, ou revenait à fournir une base théorique à la tactique qu'il préconisait. Souhaitant apporter une explication à l'évolution globale qu'il constate dans le monde depuis le début du siècle, il développe systématiquement l'idée qu'il avait commencé à esquisser dès 1907, à savoir que le fait colonial explique la corruption du prolétariat occidental. Les profits coloniaux, écrit-il, ont permis à la bourgeoisie de nourrir les tendances « opportunistes », c'est-à-dire modérées et réformistes, de la classe ouvrière. En raisonnant ainsi, Lénine est en accord avec sa vision d'un prolétariat dont, depuis *Que faire*, il a clairement affirmé que la conscience de classe n'était pas innée ; mais qui penche vers le trade-unionisme dans la mesure où il a un sens inné de son intérêt immédiat. Comment, dès lors, ne serait-il pas corrompu par le colonialisme qui est à même d'améliorer sa condition ?

Mais, si Lénine débusque et dénonce l'action corruptrice du colonialisme sur la classe ouvrière occidentale, tournant son regard vers les masses colonisées, il y décèle des conséquences inverses. Révoltées par une domination dont elles ne peuvent attendre aucun bénéfice, ces masses cherchent le salut dans l'action nationale. Le développement des sentiments nationaux dans le cadre colonial : tel est, pour Lénine, l'effet positif de l'impérialisme. Dès 1916, il affirme que la lutte nationale contre l'impérialisme est une composante fondamentale de la lutte générale du prolétariat pour son émancipation. La lutte de libération nationale dans les colonies affaiblit les gouvernements colonisateurs et donne aux prolétariats une force nouvelle. *L'Impérialisme, stade suprême du capitalisme*, ne sera publié à Petrograd qu'en 1917, mais les thèses qui y sont défendues vont nourrir dès 1916 la querelle avec Rosa Luxemburg.

Celle-ci, qu'exaspèrent les idées avancées par Lénine sur le thème national, publie cette année-là, sous le pseudonyme de Junius, la *Crise de la social-démocratie*, dans laquelle elle attaque avec force le chef des bolcheviks et défend contre lui une vision européocentrique de la révolution. « Ce n'est que d'Europe, écrit-elle, ce n'est que des pays capitalistes les plus anciens que pourra partir, lorsque le temps sera mûr, le signal de la révolution sociale qui libérera les hommes. Seuls les ouvriers anglais, français, belges, allemands, russes, italiens, tous ensemble peuvent conduire l'armée des exploités et des asservis des cinq continents. » Sans doute Rosa Luxemburg, venue elle aussi de l'Empire des tsars, n'oublie-t-elle pas les ouvriers russes dans son énumération. Mais Lénine ne peut accepter cette sous-estimation des pays dominés, ou de ceux qui ne s'industrialisent que tardivement. Sa réponse à Rosa Luxemburg est cinglante : « Les guerres nationales contre les puissances impérialistes sont, écrit-il, inévitables, progressistes, révolutionnaires... »

Ces lignes sont extraites de la *Réponse à Junius*[15] datée de juillet 1916. Il y réaffirme sa croyance en l'utilité, pour la révolution européenne, des mouvements qui agitent le monde colonial. Les idées que développe alors Lénine sur les liens entre révolution européenne et agitation nationale dans les colonies découlent pour l'essentiel de sa réflexion sur une question décisive pour la Russie : celle des mouvements nationaux et de la place que doit leur accorder dans sa stratégie le mouvement ouvrier. Ici, la pensée de Lénine évolue très vite, et les années de solitude lui permettent de produire une œuvre originale qui rompt avec la tradition du mouvement ouvrier.

NATION ET RÉVOLUTION

La question nationale ne constitue pas une préoccupation inédite chez les socialistes. Si Marx et Engels ne s'en sont souciés que modérément, analysant avec soin les problèmes concrets posés par les nations, mais n'élaborant pas de théorie nationale à proprement parler, leurs successeurs ont été très tôt confrontés au problème. Surtout ceux qui vivaient dans des empires multinationaux ou qui en étaient issus. Kautsky, né

Tchèque, citoyen autrichien mais vivant en Allemagne, Karl Renner, Otto Bauer vont, au tournant du siècle, consacrer une grande part de leur temps à chercher à comprendre le phénomène national et à définir ses relations avec la dynamique révolutionnaire. L'austro-marxisme – puisque c'est le nom qui fut donné au courant de réflexion de ces penseurs – marque à la fois la reconnaissance du fait national, de la « nation », catégorie permanente de l'Histoire, et la volonté de la faire cohabiter avec l'internationalisme prolétarien.

Le succès de l'austro-marxisme en Russie explique que la social-démocratie russe se soit très tôt saisie du problème, moins en termes théoriques que pour élaborer une réponse stratégique. Comme les mencheviks, Lénine accepte d'emblée le principe de l'autodétermination des nations, mais précise que l'expression recouvre en fait l'« autodétermination du prolétariat ».

Jusqu'en 1912, dans ses écrits consacrés à ce thème, il se limite à des préoccupations stratégiques. Mais, dès avant la guerre, il lui paraît nécessaire de pousser plus loin la réflexion. En août 1912, en effet, lors de la conférence menchevique de Vienne, dite des « liquidateurs », une commission où siègent Trotski, Martov et Berg (ce dernier représentant le Bund) est chargée d'élaborer un programme sur l'avenir des nations. Les socialistes caucasiens et les bundistes étant en majorité proches des mencheviks, ceux-ci se trouvent contraints de prêter attention à leurs demandes. Ils le doivent d'autant plus que le Parti socialiste-révolutionnaire est, en ce domaine, un dangereux concurrent pour tous les sociaux-démocrates. Depuis 1905, il progresse dans l'élaboration d'une théorie nationale qui reconnaît l'importance du problème et fait du droit à l'autodétermination une partie intégrante de son programme. Les mencheviks comprennent qu'à faire moins que les S.-R., ils risquent de voir les bataillons socialistes juifs et caucasiens déserter leurs rangs pour rejoindre les leurs.

En décembre 1912, à la Douma, le député menchevique géorgien Akaki Tchenkeli réclame la création d'« institutions nécessaires au libre développement de chaque nation ». Ce faisant, il viole délibérément la discipline du Parti. C'est plus que Lénine n'en peut tolérer : il exige que le PSDOR adresse un blâme à Tchenkeli, mais, surtout, qu'il fasse taire les partisans de telles idées.

Pourtant, il ne s'en tient jamais à de simples mesures administratives. La polémique est à ses yeux la meilleure arme pour combattre les idées qu'il rejette. C'est pour cette raison qu'en 1913, ayant Staline sous la main à Cracovie, il le mobilise pour engager la croisade contre les Caucasiens, les bundistes et tous ceux qui seraient tentés de suivre leur exemple.

Mais Lénine ne se résigne pas à laisser d'autres répondre à sa place à ce qu'il tient pour une dangereuse hérésie, et surtout une menace pour l'unité et la discipline du mouvement ouvrier. S'il réfléchit jusqu'en 1914 à la riposte la plus pertinente[16], il rédige ensuite, entre février et mai, *Sur le droit des nations à l'autodétermination*[17]. Dans ce texte et dans tous ceux, plus brefs, qu'il consacre à la même époque au problème, il rejette l'idée que la lutte pour l'autodétermination détourne les masses de la lutte pour la révolution. Loin d'accepter le postulat que la lutte nationale est l'affaire de la bourgeoisie, il affirme qu'elle est tout au contraire le devoir du prolétariat. Il s'agit en effet de lutter contre une forme d'oppression, et le prolétariat est, par nature, l'adversaire de toute oppression. Lénine insiste ici sur la nécessité de reconnaître le principe d'autodétermination dans la révolution, et sur l'effet qu'aura cette légitimation des luttes nationales sur le développement de la conscience internationaliste. Contre ses adversaires de gauche, telle Rosa Luxemburg, il lie internationalisme et reconnaissance des aspirations nationales en se fondant sur trois arguments :

– Admettre la nécessité de l'autodétermination, c'est résoudre les difficultés d'un État multinational en apaisant les rapports entre les diverses communautés, surtout entre leurs éléments prolétariens, donc à l'intérieur du Parti. Cette reconnaissance libère le Parti des rancœurs nationales et le place en posture plus favorable pour prétendre représenter les intérêts de « tous » les ouvriers.

– Dans la période prérévolutionnaire, ce programme assure à la classe ouvrière et à son Parti le concours des mouvements nationaux non prolétariens ; ce qui renforce le Parti et accélère le cours de la révolution.

– C'est enfin un moyen de combattre le nationalisme et d'éduquer le prolétariat dans un esprit internationaliste. Le corollaire de l'autodétermination, c'est l'égalité nationale dont les prolétaires de la puissance oppressive comme ceux de la puissance opprimée n'ont pas naturellement conscience. Pour Lénine, ce principe a donc aussi une vertu pédagogique. Son acharnement à le défendre est à la fois stratégique et fondé sur une préoccupation internationaliste. Depuis le congrès de Stuttgart, il est hanté par la conscience du chauvinisme qui anime le prolétariat des nations dominantes, et en redoute les effets pour l'avenir.

À première vue, les thèses de Lénine semblent proches de celles que défendait Otto Bauer[18]. En réalité, il refuse d'entériner le fait national à la manière de ce dernier ; en particulier, il refuse la reconnaissance de la

« culture nationale » qui est au cœur de son raisonnement. Pour Lénine, ce concept a été forgé par la bourgeoisie, car toujours la culture nationale est celle de la classe dirigeante. La seule culture acceptable pour lui est la « culture internationale du mouvement ouvrier mondial[19] ». Mais Lénine ne se montre guère précis dès qu'il s'agit de définir cette culture du mouvement ouvrier. Contrairement à Staline qui, dans son texte de 1913, a insisté sur ces aspects culturels, il y fait peu de place dans sa réflexion, même s'il reconnaît au passage qu'une culture ne peut exister indépendamment des formes nationales, et d'abord d'une langue. Les rapports nationaux l'intéressent avant tout dans le cadre de l'économie et de l'idéologie. S'il discute du problème de la culture nationale, c'est pour condamner l'idée d'autonomie culturelle des nations, chère aux Caucasiens. Les silences de Lénine en ce domaine témoignent de sa difficulté à considérer la nation comme une catégorie historique réelle ; tout en lui faisant quelques concessions, il tente de la maintenir dans un cadre étroit et temporaire, d'en neutraliser le contenu politique en lui opposant la culture internationale du prolétariat.

Quelle peut être alors l'issue d'un combat pour l'autodétermination ? Lénine n'en envisage que deux : l'adhésion pleine et totale à un État prolétarien unitaire dès lors que le prolétariat l'aura emporté ; ou bien la séparation. Mais ce second cas de figure, il l'envisage plutôt en tant que solution du problème national au stade prérévolutionnaire. Il a pour effet, dans ce cas, d'affaiblir l'État existant et d'ouvrir la voie à la révolution. Celle-ci étant réalisée, Lénine n'imagine pas que l'union de tous les prolétaires des divers groupes nationaux ne se fasse pas. Le mot d'ordre pédagogique d'autodétermination, adopté par le mouvement ouvrier dans la période de lutte révolutionnaire, doit avoir suffisamment modifié les consciences pour qu'ensuite les différences nationales s'effacent et que ne subsiste plus que l'unité de la conscience prolétarienne. En toute hypothèse, Lénine rejette les solutions moyennes, autonomie ou fédéralisme.

C'est cette pédagogie internationaliste qui le conduit, dès le début de la guerre, à affirmer la nécessité de démanteler l'Empire russe[20]. Le 29 novembre 1914, il y revient dans un article consacré à la fierté nationale des Grands-Russes[21]. La volonté de Lénine de soutenir les luttes nationales dans l'Empire russe se heurte alors aux convictions de nombre de socialistes qui considèrent que, par son appel aux sentiments nationaux, il affaiblit le mouvement ouvrier tout entier. Après Rosa Luxemburg et la gauche polonaise, ce sont Boukharine, Piatakov, Evgenia Bosch puis Radek[22] qui s'élèvent contre cette pédagogie dont l'effet premier est, disent-ils, de diviser le prolétariat et de le détourner du seul but qu'il doit poursuivre : la révolution. Lénine réplique par une série de textes polémiques qui, pendant deux ans, ne font que répéter ses vues. Mais, en 1916, il publie un texte qui innove radicalement, *La Révolution socialiste et le droit des nations à l'autodétermination*[23]. Pour la première fois, une vision planétaire du fait national se dégage de la réflexion de Lénine. Il distingue alors trois situations :

– Dans les pays capitalistes avancés – Europe occidentale ou États-Unis d'Amérique –, les mouvements bourgeois progressistes nationaux ont achevé leur tâche, l'intégration est accomplie.

– Dans les deux empires multinationaux d'Europe, la lutte nationale est en cours ; le prolétariat ne peut y jouer son rôle et gagner que s'il défend le droit des nations à l'autodétermination.

– Dans le monde colonial et semi-colonial, enfin, où la population représente un milliard d'individus, les mouvements démocratiques bourgeois existent à peine. Les socialistes doivent prendre la tête des luttes, demander la fin immédiate de la colonisation et soutenir toutes les révoltes, au besoin par la guerre révolutionnaire.

Avec ce texte, Lénine se trouve enfin dans une position confortable face à ses collègues. Il défend un point de vue cohérent qui lie problème national et impérialisme, et où la lutte révolutionnaire intègre tout naturellement l'étape de la lutte pour l'autodétermination. De plus, au moment où l'agitation nationale gagne partout en importance, et pas seulement au sein de l'Empire russe, cette vision globale a le mérite d'occulter le caractère historiquement attardé et spécifique de la Russie et de lui conférer une place centrale dans le mouvement révolutionnaire.

En apparence, Lénine accorde au fait national une place considérable dans sa vision de l'Histoire à l'heure des luttes révolutionnaires. Mais l'apparence dissimule une tout autre réalité : il s'attache en fait à décrire les conditions « pratiques » dans lesquelles s'exercera le droit à l'autodétermination, et ce qui en ressort, ce sont avant tout les limites apportées à ce droit. Certes, écrit-il, celui-ci va jusqu'à la séparation, et le suffrage universel est le moyen de l'exercer. Mais il n'est pas illimité. Il se heurte à des contraintes géographiques. Ainsi, en Russie, écrit-il, il ne pourrait s'appliquer qu'à des nations ayant une situation périphérique, non à celles qui sont enclavées dans le territoire russe.

Seconde limite : celle qui concerne l'instance de décision. C'est au Parti de décider si ce droit peut s'exercer, et quand il le peut. Il est l'instance suprême de décision, parce qu'il est la conscience des masses. Et il doit régler chaque cas « en se plaçant du point de vue des intérêts du développement général de la société et des intérêts de la lutte de classe du prolétariat pour le socialisme[24] ». Lénine s'abstient d'ailleurs de préciser par quelles instances du Parti, selon quels critères de jugement, en tenant compte de quelles volontés nationales les décisions seront prises en dernier ressort. Enfin, il dit clairement que si l'union est définitive après la révolution, la séparation, elle, est toujours révocable. Cette précarité du « droit au divorce » est d'autant plus marquée que, pour lui, le cadre de vie d'une société postrévolutionnaire est, par définition, le grand État centralisé. Avant la révolution, même, un tel État peut déjà apparaître comme le cadre le plus propice au développement des luttes de classe ; mais, ensuite, il s'impose à coup sûr.

Ainsi, si Lénine a poussé fort loin, en 1916, sa réflexion sur les luttes respectives du prolétariat et des nationalités, il s'est surtout efforcé, à la lumière de la guerre et de l'effondrement de l'Internationale face à la montée des sentiments nationaux, de supprimer l'opposition entre ces deux catégories d'aspirations, de les réconcilier, et, par là, de proposer déjà des réponses pour les lendemains de la révolution.

*

* *

Pour Lénine, les années de guerre, si l'on en fait le bilan, ont certes été difficiles, solitaires, en apparence empreintes de désespérance. Entre 1916 et 1917, il s'est heurté à la majeure partie de l'Internationale qui, avant la guerre, tendait déjà à le tenir pour un agitateur peu scrupuleux. Mais aussi, malgré le relatif succès de la conférence de Kienthal, il est rejeté par la gauche socialiste que son insistance à analyser et intégrer le fait national dans la stratégie révolutionnaire irrite au plus haut point. Pour ses proches du temps de l'exil et de la période de construction du Parti – Martov, Trotski, Bogdanov, Krassine, entre combien d'autres –, il est un homme dangereux, avide de pouvoir, et pourtant, pensent-ils, déjà confronté à un échec irréversible. Pour nombre de ses compatriotes, il est purement et simplement un traître qui préconise – ce qui restera mal vu jusqu'en 1917 – la défaite de sa patrie. Pour les grandes figures du socialisme européen, son gauchisme est en contradiction avec toute l'évolution du mouvement ouvrier. Enfin, pour ceux qui, à gauche, comme Rosa Luxemburg, devraient l'applaudir, ses thèses nationales en font un réformiste.

Nul ne voit, en ces années de condamnation quasi générale, que Lénine est en train de trouver des réponses à toutes les questions qui, si longtemps, l'ont agité : comment concilier sa volonté révolutionnaire et la situation si particulière de la Russie, multiethnique et attardée ? Comment faire jaillir en Russie l'étincelle révolutionnaire ? Comment faire de son Parti, si minoritaire, l'instrument de la conquête du pouvoir ? C'est en élaborant une stratégie nationale de la révolution, en inscrivant la nation au cœur du processus révolutionnaire, qu'il pense y parvenir. Au début du siècle, il avait forgé l'outil de sa volonté révolutionnaire. En ces années de guerre si décourageantes, si stériles à première vue, il commence à entrevoir une stratégie nationale propre à accélérer le cours de la révolution. Parce qu'elle paraît réformiste et non révolutionnaire, on le croit converti aux idées d'Otto Bauer. En fait, il est, sur le fond du problème, du côté de Rosa Luxemburg, convaincu que seule compte la révolution prolétarienne. Mais sa réflexion comme son instinct lui dictent qu'avec les nations, il tient un formidable levier pour accomplir la révolution. À l'inventeur du Parti s'ajoute, en ces années, le stratège qui va, en peu de mois, trouver l'occasion de mettre en œuvre son intuition. Il a deviné que la faiblesse historique de la Russie, son retard, qui est avant tout un retard dans l'intégration des nations, pourrait bien, en définitive, en faire le poste avancé de la révolution.

En 1905, Lénine avait eu une intuition remarquable : il avait compris qu'une guerre malheureuse pouvait déclencher une révolution. L'interminable Première Guerre mondiale lui fut une autre source d'inspiration, ô combien étrangère au marxisme ; il pressentit alors que l'utilisation des volontés nationales pourrait bien devenir l'instrument privilégié de la victoire générale du prolétariat.

CHAPITRE VIII

Tout le pouvoir aux soviets (février-octobre 1917)

« Pas un seul parti ne se préparait au grand bouleversement. Tout le monde réfléchissait, rêvassait, pressentait, ressentait... La révolution ? C'était par trop invraisemblable. Tout le monde savait que ce n'était pas une réalité, un rêve seulement. Le rêve de longues années difficiles. L'espoir de plusieurs générations. Pourtant, sans y croire, je répétais machinalement les paroles de la jeune dactylo : Oui, c'est le commencement de la révolution[1]. »

C'est ainsi que Nikolai Nikolaievitch Himmer, plus connu sous le nom de Soukhanov, journaliste politique, économiste, lié au mouvement socialiste, rapporte sa réaction lorsque, le 21 février 1917, à Petrograd, une jeune dactylo qui travaillait dans le bureau voisin lui annonça l'effondrement du système politique russe. Son incrédulité peut paraître étonnante si l'on sait que, informé de tout, il était au centre de la vie politique de la capitale, y fréquentait tous les opposants. Mais on comprend mieux Soukhanov si l'on se souvient que nul, en cette fin d'hiver 1916-1917, n'imagine vraiment préparer la révolution.

Sans doute la situation de la Russie est-elle désastreuse. La guerre n'en finit pas de charrier son cortège de morts, de blessés, de prisonniers, et le malheur déferle sur le pays entier. La politique de la terre brûlée pratiquée par les armées impériales – fortes du souvenir de la résistance opposée efficacement à Napoléon – a, dans la guerre mondiale, des effets opposés : une foule de fuyards, civils, blessés, se répand sur les routes conduisant au centre de la Russie et envahit les villes où rien n'est prêt pour l'accueil des réfugiés.

Cette foule se sent abandonnée par un pouvoir qui n'a su ni prévenir les échecs militaires, ni préparer les mesures propres à soulager ses souffrances. Les rancœurs accumulées, les problèmes posés dans les villes par l'afflux de nouveaux venus provoquent un mécontentement prêt à tourner à la révolte.

La situation économique n'est guère plus brillante. La conversion de l'industrie pour faire face aux besoins militaires a certes permis d'accélérer la fabrication des équipements nécessaires à la défense. Mais elle a été payée d'un arrêt presque total de la production de biens de consommation, dont la pénurie retentit sur les prix. La paysannerie, notamment, ne peut rien acheter en échange de ce qu'elle vend, et tend tout naturellement à consommer les récoltes sur place ou à réduire ses efforts. La mobilisation qui a arraché les paysans à la terre contribue aussi à limiter la production. Comme les prix industriels, les prix agricoles grimpent, tandis que les salaires restent relativement stables. La pénurie, la baisse du niveau de vie n'affectent pas seulement la population ouvrière, mais aussi des milieux jusqu'alors plus protégés : classes moyennes, fonctionnaires. Ceux-ci qui, en 1905, étaient restés en retrait du mouvement révolutionnaire, vont, en 1917, être incités à y prendre part au vu de leurs difficultés matérielles grandissantes.

Au mécontentement sourd mais croissant des habitants des villes et de la campagne s'ajoute une autre source de difficultés pour le pouvoir russe : la crise de l'Empire, laquelle était encore imperceptible en 1905. Dès le début de la guerre, la Pologne, la Lituanie et la Galicie ont été envahies par les armées des puissances centrales, et leurs populations appelées à se rebeller contre la Russie au nom de leurs sentiments nationaux. Dès 1915-1916, l'Allemagne a joué la carte de la décomposition de l'empire des tsars, mettant sur pied une armée finnoise pour combattre les troupes russes, proclamant l'indépendance de la Pologne – de sa partie russe seulement, cela va de soi –, et constituant des contingents polonais dans l'espoir d'économiser ses propres troupes sur le front oriental. Surtout, elle utilise l'Union des nationalités, créée durant la guerre par des neutres, pour rassembler des émigrés issus des minorités de l'Empire russe et les inciter à défendre des programmes appelant à l'indépendance nationale[2]. Cet effort, dont les responsables russes ne perçoivent pas d'emblée la portée, contribue à développer en Pologne, dans les États baltes, en Ukraine, un courant nationaliste qui ne demandait qu'à se manifester. Jusque dans la lointaine Asie centrale, une telle propagande conduit, en 1916, à une rébellion des tribus nomades qui, dès ce moment, fera échapper une partie de la région au pouvoir tsariste. Comme l'écrira plus tard un auteur soviétique spécialiste du Turkestan, « ici, 1917 et la fin de l'Empire auront commencé dès 1916[3] ».

Enfin, le pouvoir paie au même moment le prix de ce qui lui avait permis, au cours des trois décennies précédentes, de réaliser un fantastique bond en avant économique : la structure du capitalisme russe. Le capital étranger a joué un rôle déterminant dans le développement de la Russie. Mais, à partir de 1915, les capitalistes français et anglais, principaux investisseurs, s'inquiètent des désastres militaires russes et des rumeurs persistantes de paix séparée auxquelles la nationalité d'origine de l'impératrice, princesse allemande, donne crédit. L'idée chemine qu'un changement de régime pourrait être une meilleure garantie, pour les intérêts investis en Russie, qu'une monarchie vacillante. La bourgeoisie libérale russe raisonne de la même manière. Quant au peuple, il soupçonne le régime de payer de sang russe une politique de développement fondée sur des emprunts étrangers. Les sacrifices militaires consentis par l'Empire pour contenir l'armée allemande sur le front oriental ne seraient-ils pas autant de concessions faites à des créanciers implacables ?

Devant la montée des mécontentements, des soupçons, le pouvoir se dissout à vive allure. Militaires et civils se rejettent la responsabilité du désastre. L'empereur est cloîtré à l'état-major et l'impératrice, toujours plus impopulaire, décide du choix des ministres, les change fréquemment, inspirant à la société le sentiment inquiétant de n'être plus gouvernée que par les fantaisies d'une femme déséquilibrée.

Les décisions urgentes que nul ne prend dans la sphère du pouvoir, des initiatives privées vont y faire face. La Croix-Rouge, des comités d'aide surgis de manière spontanée, tentent de résoudre dans les villes les problèmes des réfugiés, des blessés, de tous ceux qui demandent à être secourus. Il en va de même de la vie économique désorganisée qui laisse les habitants des villes livrés à eux-mêmes. Ici encore, des comités, œuvre de quelques bonnes volontés, se créent pour répondre aux problèmes d'approvisionnement. Ainsi, dans la quasi-vacance du pouvoir et dans un désordre croissant, la population russe fait l'apprentissage de l'autogestion et de l'autogouvernement. C'est là une situation quasi révolutionnaire dont nul n'a vraiment conscience : ni les intéressés, ni le pouvoir, ni les opposants, encore moins ceux qui vivent en exil.

L'étonnement de Soukhanov à l'annonce de la révolution n'aura donc d'égal que celui de Lénine.

NAISSANCE DU POUVOIR RÉVOLUTIONNAIRE

La révolution de Février commença à Petrograd – Saint-Pétersbourg avait été rebaptisée ainsi au début de la guerre pour gommer l'allure germanique de son nom – et dura six jours qui suffirent à éliminer la monarchie. Cette révolution si rapide, si aisée, comporte bien des aspects surprenants : la victoire d'un prolétariat livré à lui-même, sans chefs, dans une capitale parfaitement défendue ; l'extension immédiate de la révolution à un pays immense ; la disparition de la monarchie alors que la classe politique débattait encore de sa transformation. Le déroulement des événements permet de comprendre comment la Russie en est arrivée là.

Petrograd pouvait être défendue contre les émeutes. La leçon de 1905 avait été entendue par le pouvoir. La capitale avait une garnison de cent soixante mille hommes et un plan de répression des révoltes dormait dans le coffre de son gouverneur. Le 23 février, quatre-vingt-dix mille personnes – ouvriers grévistes du textile et de la métallurgie, femmes – se rassemblèrent pour manifester contre les difficultés matérielles et parce que cette date était celle de la Journée internationale des femmes. Arrêts de travail et défilés étaient les expressions spontanées du mécontentement populaire, accru par les privations et les grèves qui s'étaient succédé durant tout l'hiver. Mais aucun parti, aucun chef n'avait pensé qu'il fallait guider ou encadrer ces masses. Au terme d'une journée de manifestations relativement modérées – on y réclama du pain, la paix –, ceux qui y avaient participé rentrèrent chez eux, convaincus que la répression allait s'abattre sur le mouvement. Or, rien de cela n'arriva. Le pouvoir, pourtant bien préparé à de tels événements, ne réagit pas. Et les manifestants, éberlués par la passivité des autorités, redescendirent dans la rue le lendemain, plus assurés, plus agressifs.

Leur nombre augmenta : des petits-bourgeois, des étudiants les rejoignirent ; des chants révolutionnaires commencèrent à se faire entendre, ponctués de slogans politiques qui prenaient le relais des revendications économiques. Peu à peu, tout Petrograd fut gagné par le mouvement, et le gouvernement, effrayé, décida alors seulement que la troupe devait intervenir. Mais ce n'est que le 26, trois jours après le début des manifestations, que la foule et l'armée se retrouvèrent face à face et que les ordres de dispersion furent remplacés par des tirs. Le peuple appela alors l'armée à le rallier. Si forte fut cette invite que le jour suivant, des régiments basculèrent l'un après l'autre dans l'insurrection. Les plus prestigieux d'entre eux se joignirent à la mutinerie. Les ouvriers s'emparèrent des armes des militaires passés dans leur camp et furent enfin en mesure de se défendre. Ils ouvrirent les portes des prisons, libérèrent leurs chefs – de simples ouvriers aussi – arrêtés deux jours auparavant. Le 27 février, le pouvoir n'existait plus, il fallait en inventer un autre. Et le mouvement insurrectionnel s'étendit à tout le pays.

Faute de dirigeants à qui confier le pouvoir, la foule se tourna alors vers la Douma que le tsar venait de dissoudre. Récusant cette décision, la Douma élut aussitôt un comité provisoire où entrèrent des représentants de tous les partis, droite exceptée. Les leaders de la Douma rassemblés dans ce comité cherchaient à sauver le système politique en l'aménageant ; ils en appelèrent au tsar pour qu'il les laissât agir. Mais Nicolas II, inconscient de l'ampleur de la révolution, resta sourd à ces projets, voulut utiliser la force et se retrouva seul. Après avoir tenté de sauver le système en imposant au tsar une monarchie constitutionnelle, Rodzianko, président du comité de la Douma, lâcha enfin ce dernier et recueillit son abdication. Le tsar ayant aussi renoncé au trône pour son fils malade, puis ayant désigné pour héritier son frère le grand-duc Michel, lequel n'osa accepter sans l'accord d'une Assemblée constituante qui n'existait pas, la monarchie disparut sans coup férir le 3 mars 1917.

Mais les pourparlers de Rodzianko et les tergiversations du tsar étaient déjà dépassés par une réalité politique qui changeait d'heure en heure. Le palais de Tauride, siège de la Douma, hébergeait aussi le soviet des députés ouvriers, qui venait de se constituer sous la présidence de Tchkeidze, assisté de Kerenski, fils du protecteur de Vladimir Oulianov, et qui comptait dans ses rangs une majorité de mencheviks, Bogdanov, ami de Lénine avant leur rupture, Tchkeidze, Skobelev, des sympathisants des mencheviks, des internationalistes, un bundiste, etc.

Comité de la Douma et soviet, ces deux instances logées sous un même toit – le palais de Tauride –, rendent compte du caractère inattendu de cette révolution. La Douma était l'émanation de la bourgeoisie libérale qui s'était associée au mouvement populaire pour éviter de sombrer avec la monarchie. C'est vers elle que se tournèrent les masses, à elle que ces masses qui avaient fait la révolution remirent le pouvoir, puisqu'elles n'avaient pas de chefs à qui le confier. Sans doute le soviet, né au même moment, était-il plus représentatif de ces masses. Mais les socialistes qui le dominaient n'avaient-ils pas toujours répété que la révolution russe devait dans un premier temps conduire la bourgeoisie au pouvoir ? En se fiant à elle, la foule révolutionnaire se montrait fidèle à l'enseignement socialiste. Mais – là gît la grande faiblesse de la bourgeoisie libérale – celle-ci n'était pas à l'origine du pouvoir qu'elle détenait, elle était mandataire de forces qui, lui ayant confié l'autorité, estimaient être en droit de la contrôler, voire de la diriger.

Le gouvernement provisoire formé par le comité de la Douma et le comité exécutif du soviet était présidé par l'ancien président des zemstvos, le prince Lvov, et réunissait des personnalités souvent remarquables : l'historien Milioukov aux Affaires étrangères, Kerenski à la Justice, Goutchkov à la Guerre. Ce cabinet, à qui le soviet imposa aussitôt ses conditions, était en majorité composé de libéraux. Kerenski en devint vite la personnalité la mieux acceptée du peuple, qui le tenait pour un socialiste modéré, mais proche aussi du soviet. Il avait un pied dans chacune des instances et, en mars 1917, semblait être l'étoile montante de la Russie révolutionnaire.

Le gouvernement provisoire eut à définir immédiatement sa position sur le problème crucial de la poursuite de la guerre. Position d'autant plus difficile à arrêter que l'armée avait été désorganisée par la révolution, par le fameux « ordre du jour n° 1 » qui avait instauré l'égalité complète entre officiers et soldats, et n'avait plus de règles de fonctionnement. Comment, dans ces conditions, continuer à faire la guerre ? Comment aussi faire accepter une guerre qui n'en finit pas à une société qui veut la paix ?

Dès le 4 mars, le chef de la diplomatie, Milioukov, avait remis aux Alliés une note déclarant que son gouvernement était déterminé à respecter les obligations internationales contractées par le régime disparu, et qu'il poursuivrait la guerre jusqu'au bout. Les buts de guerre de la Russie restaient donc inchangés. Sans doute les *Izvestia*, organe du soviet, firent-elles paraître le 14 mars un texte qui répondait, à sa manière, à la note de Milioukov. C'était un appel aux peuples d'Europe à faire la paix, mais il restait imprécis et ne conviait personne à une paix « honteuse ».

Irakli Tseretelli, menchevik géorgien, suggéra au soviet, à son retour d'exil, d'adopter une position plus précise[4] : faire la guerre et lutter en même temps pour la paix. Le slogan « Paix sans annexions ni indemnités » devint alors le programme de la gauche modérée. Sous la pression de l'opinion, Milioukov fit le 27 mars la déclaration suivante : « Le but de la Russie libre... est l'établissement d'une paix durable sur la base du droit des peuples à disposer d'eux-mêmes. » Ainsi, pour un bref laps de temps, gouvernement et soviet semblaient partager une même conception de l'objectif à atteindre. Mais le retour de Lénine fit voler en éclats cette éphémère unité.

COMMENT RENTRER EN RUSSIE ?

Si Soukhanov avait pu être surpris par le déclenchement de la révolution, les exilés le furent davantage encore. À Genève, Londres ou New York où ils s'étaient installés, ils étaient loin d'imaginer que l'événement rêvé, toujours repoussé, pût un jour se produire. À Zurich où il vit alors, Lénine s'intéresse de près aux activités des socialistes suisses en qui il place beaucoup d'espoirs. Il fait des conférences devant les horlogers de La Chaux-de-Fonds, rédige des articles ; en un mot, il envisage tout, sauf ce qui se passe dans son propre pays. Et voici soudain qu'on vient lui annoncer l'inconcevable, la fin du tsarisme, le triomphe de la révolution ! Il en est si abasourdi qu'il se précipite sur les journaux suisses pour s'assurer de la véracité de la nouvelle qu'on vient de lui rapporter. Dès lors, une seule idée l'obsède : il doit rentrer au plus tôt en Russie, prendre part à cette révolution dont il sait encore peu de chose, mais pour laquelle il échafaude déjà tout un plan destiné à en orienter le cours. Sa vision de l'avenir se forme sitôt la nouvelle connue. Angelica Balabanova l'entend, dans un meeting qui se tient alors à Zurich, marteler avec toute la force de conviction qui l'habite : « Ou bien la révolution aboutira à une seconde et victorieuse Commune de Paris, ou bien nous serons écrasés par la guerre et la réaction[5] ! » Et l'auteur de ces souvenirs de s'étonner : « J'avais été formée à l'idée que la révolution viendrait d'un des pays les plus industrialisés. Et l'analyse de Lénine m'apparut à ce moment comme une quasi-utopie[6]. »

Mais Lénine de s'interroger surtout sur les moyens de regagner la Russie. Pour ce faire, il faut passer par la Suède, donc traverser soit des territoires alliés, soit l'Allemagne. Il pense d'abord demander l'aide de l'Angleterre où ses amis socialistes sont nombreux. Mais il a tôt fait de comprendre que ses idées défaitistes ne peuvent qu'effrayer les Alliés pour qui le maintien de la Russie dans la guerre est décisif. Ils n'auront, il le sait, aucun désir de le voir rentrer en Russie pour y prêcher une paix séparée ou la défaite, alors que le gouvernement provisoire a d'emblée proclamé sa fidélité aux alliances conclues. En revanche, ce qui rend son retour en Russie indésirable pour les Alliés est de nature à séduire l'Allemagne. Ayant tourné et retourné dans son esprit toutes les solutions possibles, il en arrive promptement à la conclusion que, sans recourir à l'Allemagne, il ne pourra retrouver son pays.

Les réflexions qui l'agitent sont partagées dans le même temps par les responsables des Empires centraux. Ceux-ci ont longtemps espéré qu'une paix séparée leur permettrait de reporter tout leur effort de guerre sur le front occidental. Mais, dès 1916, ils ont dû renoncer à cette illusion. Le tsar d'abord, le gouvernement provisoire ensuite ont clairement posé qu'ils ne concluraient pas de paix contraire aux engagements pris avant 1914. Les idées de Lénine sur la guerre sont d'autant mieux connues et d'autant plus sympathiques aux Empires centraux que, dès 1915, un étrange personnage, Alexandre Helphand, dit Parvus, s'en était fait, au ministère des Affaires étrangères d'Allemagne, le représentant[7]. Il élabore alors – les archives allemandes l'attestent – un mémorandum-programme intitulé « Préparation en vue d'une grève de masse en Russie », dans lequel il se réfère aux conceptions défaitistes de Lénine (guerre → défaite → révolution). Ce projet a paru suffisamment intéressant aux autorités allemandes pour que, le 7 mars 1915, le secrétaire d'État au Trésor impérial ait affecté « deux millions de marks à la propagande révolutionnaire en Russie[8] ». Sans doute, jusqu'en 1917, Lénine n'a-t-il guère de contacts directs avec Parvus, et ne perçoit-il rien des subsides obtenus. Mais Parvus travaille alors avec Hanetski, très proche de lui. Lénine correspond interminablement avec ce dernier, ignorant les mises en garde de Trotski sur les liens de Hanetski avec le « docteur » Parvus (titre académique usurpé) qu'il accuse d'être tout simplement un « agent stipendié de l'Allemagne ».

En mars 1917, les préventions de Lénine vis-à-vis de ce personnage douteux disparaissent d'un coup. Tous les contacts lui sont bons pour négocier avec l'Allemagne le droit de traverser son territoire afin de rentrer en Russie. Martov, aussi impatient que lui de regagner son pays, a d'ailleurs, de son côté, imaginé un projet assez voisin, propre, pense-t-il, à convaincre les autorités allemandes de l'aider : qu'elles autorisent les socialistes russes à traverser l'Allemagne et ceux-ci, une fois rentrés chez eux, obtiendront en échange du gouvernement provisoire la libération d'un certain nombre de prisonniers allemands et autrichiens[9]. Mais ce projet n'intéresse pas Berlin, et le plan Martov est rejeté. Cette proposition, en effet, resterait sans conséquences sur la poursuite de la guerre, alors que la présence d'un Lénine prêchant l'arrêt immédiat des hostilités et la révolution apporterait un concours considérable aux intérêts allemands. Tel est le sens des interventions du comte von Romberg, ministre allemand à Berne, et de Parvus. Ils vont convaincre Berlin d'accéder à la demande non de Martov, mais de Lénine. Ce qui motive l'accord conclu, c'est bien la volonté allemande d'utiliser ce dernier pour propager des idées défaitistes. La preuve en gît dans un télégramme émanant du ministère allemand des Affaires étrangères : « Sa Majesté impériale a décidé ce matin que les révolutionnaires russes seraient transportés à travers l'Allemagne et seraient pourvus de matériel de propagande pour pouvoir travailler en Russie. »

Les négociations, auxquelles contribuent les socialistes suisses Robert Grimm[10] et Fritz Platten, sont menées par Lénine, mais, toujours prudent, celui-ci se fait représenter dans toutes les démarches par Zinoviev. Lénine pose comme condition que le wagon utilisé jouira d'un statut d'extraterritorialité, afin d'écarter toute accusation de coopération avec l'Allemagne. Cette exigence, qui a donné naissance à la légende du « wagon plombé », est acceptée. L'Allemagne dégage aussi d'importants crédits destinés à financer la propagande pacifiste et révolutionnaire, et, ainsi doté, Lénine peut mettre à exécution son projet de retour.

Le 27 mars 1917, les bolcheviks quittent Zurich. Le couple Lénine est accompagné de nombreux fidèles, au premier rang desquels figurent Inessa Armand, mais aussi Zinoviev avec sa famille, Radek, qui va découvrir la Russie pour la première fois, et quelques bundistes. Conscient de l'impression fâcheuse que ce voyage sous organisation et protection allemandes risque de produire sur les socialistes européens, Lénine a demandé aux zimmerwaldiens français de l'approuver publiquement. La même demande, adressée à Romain Rolland, est rejetée avec mépris. Le départ de Zurich est d'ailleurs mouvementé : tandis que les partisans qui l'ont escorté à la gare entonnent *l'Internationale*, des manifestants hostiles traitent les voyageurs d'espions.

Par la suite, un second train emmènera en Russie, par la même voie, des exilés proches de Martov : outre lui-même, Axelrod, Balabanova, Lounatcharski, Grimm et Sokolnikov. Ces deux derniers se rallieront dès leur arrivée aux bolcheviks[11].

Il est nécessaire, à ce point, de constater qu'aucune des parties impliquées dans l'affaire n'était aveugle sur les termes du marché conclu. Pour les autorités allemandes, Lénine était l'atout dont elles disposaient pour désorganiser le pouvoir russe. Pour déclencher la révolution, il allait prôner la paix et pousser l'armée à la décomposition. Quant au reste, l'avenir en déciderait. En 1917, l'Allemagne a un besoin pressant de concentrer ses forces sur le front occidental ; les États-Unis s'apprêtant alors à entrer dans la guerre, il lui faut être en mesure de la gagner au plus tôt, du moins de remporter des victoires décisives, ce qui est improbable tant que le conflit se déroulera sur deux fronts. Lénine, de son côté, est lucide sur les raisons de l'intérêt et de l'aide que lui apporte soudain l'Allemagne. Mais il sait que sans cette aide – également d'ordre financier – il ne pourra rien faire : ni rentrer en Russie, ni donner à son Parti les moyens d'action nécessaires pour conquérir le pouvoir. Or, dès ce moment – Angelica Balavanova l'a montré –, la conquête du pouvoir est son unique but.

À son retour, force lui sera de constater que son Parti est loin de partager ses vues.

LES *THÈSES D'AVRIL*

Le retour de Lénine à Petrograd fut apparemment triomphal. Depuis des semaines, des exilés revenaient, accueillis chaque fois par d'importantes délégations du gouvernement et du soviet qui leur faisaient fête. Mais, pour Lénine, la réception fut exceptionnelle. Soukhanov, qui en a fait un récit détaillé, écrit : « Les bolcheviks savaient briller par l'organisation. Ils aimaient souligner les apparences, jeter de la poudre aux yeux sans craindre d'exagérer. Cette fois, il était visible qu'ils préparaient une véritable apothéose[12]. » Parmi les raisons de l'effort bolchevique pour donner à ce comité d'accueil un éclat exceptionnel, Soukhanov souligne qu'il fallait effacer l'effet négatif du retour par l'Allemagne, et prévenir une campagne de critiques qui s'esquissait déjà.

Musique militaire, banderoles de toutes sortes, délégations, rien ne manque ce jour-là à la gare de Finlande. Et l'on peut penser que la cérémonie habituelle va se dérouler sans incident. À l'arrivée du train, Lénine sort le premier. Il fait face à Tchkeidze qui prononce le discours de bienvenue « au nom du soviet des ouvriers et des soldats » dont il est le président, et ajoute : « Nous estimons que la tâche principale de la démocratie révolutionnaire est, à l'heure actuelle, la défense de notre révolution contre toute tentative ennemie, de l'intérieur comme de l'extérieur. Nous pensons qu'il ne faut pas diviser, mais au contraire resserrer les rangs de toute la démocratie. Nous espérons que c'est ce but que vous allez poursuivre avec nous[13]. » Pendant ce discours, Lénine reste impassible, comme si ces propos ne s'adressaient pas à lui. Il jette des regards de tous côtés, triture l'énorme bouquet de fleurs dont on l'a encombré, tout en faisant mine de ne rien entendre. Mais, sitôt que Tchkeidze s'est tu, il lui tourne le dos et martèle :

« Chers camarades, soldats, marins et ouvriers, je salue en vous la révolution russe victorieuse, l'avant-garde de l'armée prolétarienne mondiale. La guerre de rapine impérialiste est le commencement de la guerre civile dans toute l'Europe... L'aube de la révolution mondiale luit. D'un moment à l'autre, on peut s'attendre à l'écroulement de tout l'impérialisme. Vive la révolution socialiste mondiale ! »

Puis, laissant ses auditeurs pétrifiés, il s'éloigne, aux accents de *La Marseillaise*, monte dans une voiture officielle qu'une foule dûment mobilisée cherche à empêcher d'avancer, applaudissant, exigeant de nouveaux discours ; et il se rend au quartier général des bolcheviks.

Ceux-ci ont réquisitionné à leur seul usage le palais de la grande ballerine Kchessinska, pour qui Nicolas II avait eu, dans des temps fort lointains, avant son mariage, quelque penchant. Arrivé au palais où l'attendent ses fidèles, Lénine se précipite au balcon, prononce une brève harangue entrecoupée d'applaudissements, mais aussi de quelques cris hostiles, vite réprimés par un service d'ordre efficace, et rejoint enfin les responsables bolcheviques.

Le voici accueilli par un grand nombre de militants, d'ouvriers, de jeunes filles de la bonne société curieuses d'apercevoir ce Lénine encore mal connu en Russie mais dont on dit un si grand mal. Après de brefs discours introductifs de Kamenev et Zinoviev que l'assistance écoute distraitement, car elle n'est pas venue pour entendre ces seconds couteaux, Lénine s'adresse enfin à ses admirateurs. Durant deux heures d'horloge, emporté par le bonheur d'être revenu en Russie après sept ans d'exil, de se retrouver parmi les siens, il leur prodigue dans son style oratoire tout personnel qui « martelait, harcelait l'auditeur », un discours sans nuances. Comme il l'a fait à la gare de Finlande, il ne perd pas un instant pour reprendre son thème favori, la transformation de la guerre en guerre civile, et condamne sans ambages l'attitude adoptée jusqu'alors par le soviet, affirmant que la « démocratie soviétique prônée par Tseretelli et Tchkeidze ne peut conduire ni à la paix réelle (par la guerre civile) ni à la révolution... Le soviet dirigé par des opportunistes, des sociaux-patriotes, ne peut être que l'instrument de la bourgeoisie. Pour qu'il serve la révolution mondiale, il faut qu'il soit conquis, il faut qu'il soit prolétarien[14] ! » Deux conclusions découlent de là : le refus de soutenir le gouvernement provisoire ; la nécessité d'imposer au soviet une majorité, voire une domination bolchevique. Pétrifiés, les partisans de Lénine écoutent ce discours auquel ils n'étaient nullement préparés. La révolution les pousse à rêver d'unité socialiste et non pas de division, alors que Lénine vient leur dire que seuls ceux qui ont soutenu les thèses zimmerwaldiennes sont d'authentiques révolutionnaires.

Pendant les semaines qui avaient suivi l'écroulement du tsarisme, les bolcheviks, privés de leur chef, n'étaient pas restés inactifs. Dès le 26 février, en pleine agitation de Petrograd, Chliapnikov, Zaloutski et Molotov avaient préparé un manifeste qui avait été publié par les *Izvestia*, organe nouveau-né du soviet de Petrograd. Dès 1916, Molotov et Chliapnikov avaient travaillé à remettre sur pied une organisation bolchevique dans la capitale et avaient alors constitué le bureau russe du Comité central. Leur manifeste affichait un ton modeste : le 28 février, lorsqu'il parut, le nouveau pouvoir n'était pas encore stabilisé. Ce texte se contentait donc d'appeler à la formation d'un « gouvernement provisoire de la Révolution » et de réclamer des réformes de nature démocratique : convocation d'une Assemblée constituante élue au suffrage universel, appel à la paix entre prolétaires, confiscation des grands domaines. Lorsqu'il lut ce manifeste, Lénine – encore en Suisse – avait relevé avec satisfaction la proposition d'en appeler à la solidarité des prolétaires pour aboutir à la paix, qu'il estimait juste, même s'il ne s'en souciait guère.

Dans les jours qui suivirent, la liberté de publier étant instaurée en Russie, la *Pravda* avait reparu sous la direction de Molotov et adopté d'emblée les positions du manifeste. Pour autant, il n'était pas simple, pour les bolcheviks, d'opter pour une ligne politique claire, notamment vis-à-vis du gouvernement provisoire quand celui-ci fut constitué. Fallait-il le soutenir ? ou, au contraire, le combattre, comme le pensait Molotov ? Le 13 mars, trois vétérans de la *Pravda* qui, ayant été exilés en Sibérie, en avaient perdu le contrôle : Staline, Kamenev et Mouranov, regagnèrent Petrograd et reprirent aussitôt en main l'organe du Parti. La position qu'ils lui imprimèrent alors n'avait rien à voir avec celle que Lénine allait défendre[15]. Kamenev, brillant journaliste, écrivit qu'en temps de guerre, on ne peut demander à une armée de déposer les armes. Même si cette position défensiste allait se révéler minoritaire, la *Pravda* avait donc opté pour une attitude modérée à l'égard du gouvernement provisoire, évitant toute attaque contre lui ou contre sa volonté de poursuivre la guerre. En définitive, les responsables de la *Pravda* avaient prudemment décidé d'attendre que les événements prennent un cours plus net pour affiner leur propre analyse[16].

Élément dominant de leur attitude : la certitude que la révolution de Février est bourgeoise, donc que le gouvernement provisoire peut légitimement prétendre la représenter et parler de paix en tenant compte des intérêts révolutionnaires. Autre composante de l'attitude des bolcheviks : leur désir d'unité, d'où la possibilité, déclare Staline, d'une réconciliation de tous ceux qui adhèrent aux principes de Kienthal-Zimmerwald. La distance entre leurs vues « conciliatrices » et les positions de Lénine est telle que recevant de lui, alors qu'il se trouve à Zurich, en mars, des articles intitulés « Lettres de loin[17] », qui annoncent déjà les *Thèses d'avril* appelant à renverser le gouvernement provisoire, Kamenev et Staline décident de le censurer. Ils publient seulement la première de ces lettres dans la *Pravda* après l'avoir amputée de ses attaques contre le gouvernement provisoire[18].

Les propos brutaux de Lénine à son retour ne sont guère en accord avec le comportement modéré et la volonté unitaire de ses partisans. Mais, davantage encore que son discours du premier jour, ce sont ses rencontres du lendemain qui mettent le feu aux poudres. Le 4 avril, une réunion des socialistes de toutes tendances au palais de Tauride a pour but de proclamer l'unité. Lénine prend le contre-pied du projet avec une rare violence ; il lit aux socialistes un texte écrit de sa main, qui est un programme complet de passage à une nouvelle phase de la révolution ; plus grave : il préconise que son plan soit appliqué sans délai. Les éléments principaux en sont les suivants : arrêt immédiat de tout effort de guerre ; fin du soutien au gouvernement provisoire et transfert de tous les pouvoirs aux soviets ; suppression de l'armée régulière, remplacée par des milices populaires ; confiscation des propriétés foncières et nationalisation des terres ; contrôle de la production et de la distribution par les soviets.

Sur une assemblée animée d'un esprit de réconciliation, le discours de Lénine fait l'effet d'un ouragan qui va tout détruire sur son passage et indigne la majeure partie des présents. Lénine agit comme un provocateur, non comme un esprit lucide, estiment-ils, et les protestations fusent de tous côtés. « C'est un délire de fou », s'écrie Bogdanov, tandis que Goldenberg, un bolchevik historique, déclare : « Lénine vient de déposer sa candidature à un trône vacant depuis trente ans, celui de Bakounine... Il serait vain de parler d'unification avec ceux dont la devise est « scission », et qui se placent eux-mêmes en dehors de la social-démocratie[19]. »

Tseretelli, l'un des meilleurs orateurs mencheviques, se précipite pour condamner Lénine. Mais la pensée de ce dernier reste à ses yeux si étrange, si éloignée du réel, qu'il finit par s'embrouiller lui-même dans ses arguments, et sa riposte rate son effet. En définitive, Lénine s'est certes attiré des injures, des quolibets, mais il manque à la réunion une critique structurée de sa position. C'est ce qui le sauve. C'est aussi ce qui fera par la suite sa force. Le gouvernement provisoire le pense perdu dans l'opinion des sociaux-démocrates et espère que ses excès de langage, ajoutés à l'épisode du retour en Russie avec le concours allemand, vont lui aliéner ses partisans aussi bien que l'opinion publique. Milioukov, rapporte dans ses *Mémoires* l'ambassadeur de France en Russie Maurice Paléologue, « confia joyeusement » à ce dernier qu'à son avis Lénine ne se remettrait jamais du ridicule où il avait sombré au cours de cette réunion[20]. Et les dirigeants du gouvernement provisoire qui avaient d'abord craint Lénine, hésitant même à le laisser rentrer – mais, dans la Russie enfiévrée de Février, un tel refus était impensable –, se prennent alors à rêver. Lénine est un homme fini, estiment-ils. Un seul d'entre eux ne nourrit pas cette illusion : Kerenski, convaincu que Lénine aura tôt fait de resurgir. Le fait que sa lucidité soit alors si peu partagée contribue à expliquer la faiblesse de la bourgeoisie libérale au pouvoir face à l'homme qui, en peu de mois, va abattre la démocratie.

Mais, auparavant, Lénine doit s'imposer à son propre parti, et ce n'est pas tâche aisée. La *Pravda*, à laquelle il porte son discours que l'on appellera les *Thèses d'avril*[21], renâcle. Le texte n'est pas conforme aux positions adoptées par le journal. Mais Lénine est plus obstiné et meilleur tacticien que tous les siens. Dès son retour, il a, en compagnie de son fidèle Zinoviev, forcé les portes de la *Pravda*, et s'est installé au comité de rédaction. À force d'arguments et de menaces, il parvient à ses fins : le 7 avril, la *Pravda* publie son discours sous le titre : « Sur les tâches du prolétariat dans la révolution actuelle ». Néanmoins, ce texte est précédé d'une note de Kamenev soulignant qu'il n'engage que Lénine et ajoutant : « Il nous paraît inacceptable, car il présuppose que la révolution bourgeoise est achevée et prône la transformation immédiate de cette révolution en révolution socialiste. »

L'opposition des bolcheviks aux thèses de Lénine est si forte que le lendemain, le comité du Parti de la capitale se réunit pour en débattre ; le vote final est accablant : treize voix contre, deux pour, une abstention. De province arrivent des condamnations similaires qui laissent augurer du mal qu'aura Lénine à gagner le Parti à ses vues[22].

Mais il ne se décourage pas pour autant et prépare avec le plus grand soin la Conférence panrusse du Parti qui doit se réunir dix jours plus tard. Il bénéficie alors de deux éléments favorables :

– La présence des bolcheviks de base, désorientés par les hésitations montrées jusqu'alors par ceux qui ont dirigé le Parti en son absence, notamment sur la question de la guerre. Les voici qui se trouvent soudain en face d'un chef décidé, au discours clair, impressionnant de force et de volonté ;

– Surtout, la Russie révolutionnaire est troublée par la volte-face de Milioukov sur la guerre. Si sa note du 3 avril paraissait aller dans le sens de la volonté de paix des socialistes, elle n'a été, à ses propres yeux, qu'une concession momentanée à leurs pressions. Le 18 avril, il revient sur sa déclaration précédente dans une nouvelle note remise aux Alliés où il réaffirme avec force les buts de guerre de la Russie. L'espoir de paix paraît s'éloigner et Milioukov est accusé de duplicité. Réaction immédiate : des manifestations sont organisées dans la capitale aux cris de « Milioukov, démission ! »

C'est sur ce fond de crise que la conférence réunit cent quarante-neuf délégués élus par près de quatre-vingt mille adhérents[23]. Contre Lénine, Kamenev propose que le Parti s'en tienne à la ligne définie en mars, et « surveille » le gouvernement provisoire. Rykov, de son côté, déclare : « L'initiative de la révolution socialiste ne nous appartient pas. » Mais Lénine est alors soutenu par l'indéfectible Zinoviev. Et aussi par Boukharine qui s'est opposé en 1915 à ses thèses sur la question nationale – il était hostile à l'idée d'autodétermination – mais qui le rejoint dans sa conviction que la révolution doit être immédiate. Enfin, Staline se convertit soudain à son tour à ses vues. Ce soutien de Staline à Lénine lui vaudra de faire partie du comité élu à l'issue de la conférence avec un nombre de voix seulement dépassé par le score de Lénine et de Zinoviev.

Pendant que la conférence poursuit ses travaux, la foule manifeste dans les rues ; la troupe que le gouvernement provisoire hésite à lancer contre les manifestants ne se montre guère décidée à suivre éventuellement de tels ordres. Tout semble alors confirmer les thèses de Lénine et renforcer son ascendant. Les votes finaux témoignent qu'il a su convaincre et imposer son autorité au Parti. Dans la résolution sur la guerre, il est suivi par une assemblée quasi unanime (sept abstentions). Dans son appel à préparer le transfert du pouvoir aux soviets, cent vingt-deux voix le soutiennent. En revanche, on n'en compte plus que soixante et onze pour appuyer la résolution sur la marche immédiate à la révolution socialiste. Lénine a également bataillé pour que le vocable « social-démocrate », synonyme, déclare-t-il, de trahison, soit abandonné au profit du terme « communiste ». Sur ce point, la conférence refuse de le suivre, de même qu'elle décide, contre la volonté de Lénine, de la création d'un groupe de travail rassemblant des bolcheviks et des mencheviks en vue de restaurer l'unité. Le rêve de réconciliation ne quitte pas les socialistes.

Lénine a donc gagné sur l'essentiel, mais pas complètement. Le comité central élu à l'issue de la conférence, composé de neuf titulaires et de cinq suppléants, reflète l'ambiguïté de sa victoire. Parmi les neuf membres titulaires, quatre sont de ses partisans – Zinoviev, Sverdlov, Smilga et Staline, mais, pour ce dernier, quelques réserves s'imposent, car son ralliement est bien récent. À ce groupe de cinq – il faut y inclure Lénine, élu avec cent quatre voix – s'opposent ceux qu'il nomme les « vieux » bolcheviks : Kamenev, Noguine, Milioutine et Fedorov.

Le plus grand succès de Lénine réside sans doute dans le fait que, dès ce moment, le Parti a fait sien le slogan « Tout le pouvoir aux soviets ». En avançant ce mot d'ordre en avril 1917, Lénine présente d'ailleurs une version modifiée de ses propres idées. Au début de l'année, alors qu'il était encore en Suisse, il avait abordé au cours d'une conférence le thème des soviets, mais l'avait traité en quelques phrases brèves, manifestant peu d'intérêt pour cette institution. Progressivement, il en a compris l'importance, et, dans sa première « lettre de loin », il l'a décrite comme « un gouvernement des ouvriers représentant les intérêts du prolétariat et de la partie la plus misérable de la population[24] ». La perception changeante de Lénine annonce déjà le mot d'ordre des *Thèses d'avril*, et l'équivalence qu'il va établir entre le soviet et la Commune de Paris, pouvoirs qui, dans les deux cas, ont pour origine l'« initiative directe des masses populaires, initiative venue « du bas » de la société ». En assimilant Commune et soviet et se référant à Marx, Lénine donne un fondement historique solide à sa thèse. Ce qui n'empêche pas sa conception – il s'exprime on ne peut plus clairement sur ce point – d'être celle d'un soviet pénétré par le Parti, expression de la volonté du Parti. Or, le Parti n'a pas d'idées très cohérentes sur la représentation politique de la société. Son programme, adopté en 1903, encore inchangé en 1917, tient l'Assemblée constituante élue au suffrage universel pour l'instance représentative de la souveraineté populaire. Lors de la conférence d'avril, les participants placent encore sur le même pied le soviet et la Constituante, sans chercher à hiérarchiser ces deux instances en termes de pouvoir. Après Octobre, le désaccord entre Lénine – qui tait encore adroitement ses vues sur ce point délicat – et l'ensemble du Parti éclatera. Mais, dans les mois qui suivent la conférence d'avril, le Parti de Lénine ainsi que toutes les autres formations socialistes attaqueront sans relâche le gouvernement provisoire pour le retard qu'il met à organiser des élections destinées à donner vie à l'Assemblée constituante[25]. Ce qui n'empêchera pas les bolcheviks de crier dans le même temps, toujours plus fort : « Tout le pouvoir aux soviets ! »

L'alliance avec Trotski

Au lendemain de la conférence d'avril, les événements se précipitent, bouleversant la situation en Russie et au sein du Parti.

Premier changement : la mise sur pied d'un cabinet de coalition en remplacement du gouvernement du prince Lvov qui a sombré dans la crise provoquée par la note Milioukov. Cette note n'a servi au demeurant que de détonateur dans une situation déjà dégradée. La Russie souffre alors de la dualité du pouvoir, ou plutôt de la difficulté du gouvernement provisoire à faire face au soviet. Seul socialiste au sein du précédent ministère, Kerenski soulignait par sa présence, par l'ambiguïté de sa position, par ses manœuvres entre gouvernement et soviet, combien le centre du pouvoir était difficile à situer. Au début de mai, conséquence de la crise, un gouvernement de coalition est donc formé. Le prince Lvov en conserve la présidence, mais y font leur entrée six socialistes représentant le soviet : deux socialistes-révolutionnaires, deux mencheviks, deux socialistes-indépendants. Lvov ne représente plus rien[26].

Mais c'est la réconciliation avec Trotski qui ouvre une nouvelle étape pour le Parti. Au début du mois de mai, celui-ci rentre à son tour en Russie. Dès le lendemain de son arrivée, il parle devant un soviet où nul n'a oublié qu'il en a occupé la présidence en 1905. D'emblée, il reprend à son compte les thèses développées par Lénine, appelant les députés à remettre tout le pouvoir aux soviets et à transformer sans délai la révolution démocratique en révolution prolétarienne. Plus rien ne paraît séparer Trotski de Lénine, si ce n'est le fait que le premier se rattache à l'organisation des sociaux-démocrates internationalistes (*mejraiontsy*, que l'on peut traduire par « interdistrict ») qui tient à préserver son indépendance face aux deux fractions de la social-démocratie. Mais Lénine est très désireux d'attirer Trotski dans son camp et ce dernier, avide de passer au plus tôt à l'action, comprend parfaitement que le chef des bolcheviks est le plus apte à la déclencher.

C'est Lénine, pourtant, qui fait le premier pas en assistant, dès l'arrivée de Trotski dans la capitale, à une réunion des *mejraiontsy* et en lui proposant de rejoindre le comité de rédaction de la *Pravda* ainsi que le comité chargé de préparer le congrès du Parti. Si l'union ne se fait pas aussitôt, c'est que Trotski est encore réticent à se ranger sous la bannière des bolcheviks. Il estime que le bolchevisme a vécu, que l'heure est venue de fonder un nouveau Parti. Ses réticences traduisent le malaise qui l'habite, mais aussi des problèmes d'amour-propre. S'il se range aux côtés de Lénine, ne reconnaîtra-t-il pas alors que les bolcheviks étaient dans le vrai ? Il préfère donc garder ses distances, espérant que Lénine se rendra à ses raisons. Mais ce dernier, fidèle à lui-même, convaincu que les événements pousseront Trotski à se rallier, se refuse à dissoudre le parti qu'il a créé dans le but de s'emparer un jour du pouvoir. Il n'entend pas davantage en modifier le nom. Il entrevoit le succès et estime que ce n'est pas le moment de changer quoi que ce soit au Parti. Il est prêt à y accueillir Trotski, il est aussi prêt à patienter un moment.

Dans les semaines suivantes, une réunion du groupe de Zimmerwald se tient à Petrograd pour décider s'il convient que les socialistes russes prennent part à la conférence socialiste prévue à Stockholm afin d'y débattre de la paix. Les participants se divisent en deux groupes : les uns, partisans d'y assister ; les autres, de la boycotter[27]. Trotski se montre encore plus violent que les bolcheviks dans sa dénonciation d'un projet de conférence censée réunir les socialistes russes, déjà engagés dans la révolution, et nombre de socialistes européens encore convaincus de la nécessité de soutenir leurs gouvernements respectifs. Il n'a pas de mots assez durs pour fustiger les « conciliateurs », cependant que

Lénine le laisse occuper le devant de la scène et jouer au socialiste intransigeant. Surprise de le voir adopter une position aussi extrême, Angelica Balabanova s'enquiert auprès de Lénine de ce qui retient encore Trotski d'adhérer au bolchevisme. La réponse de Lénine est révélatrice de l'ambiguïté des relations entre les deux hommes : « Vous l'ignorez ? L'ambition, toujours l'ambition[28] ! »

Les efforts de récupération de Lénine ne visent pas seulement la personne de Trotski. Martov, rentré en Russie au même moment, est l'objet d'une proposition analogue tendant à incorporer au bolchevisme ceux des mencheviks qui, avec ce dernier, défendent une position internationaliste et la volonté de paix. C'est alors que se constitue le gouvernement de coalition au sein duquel entrent deux mencheviks, mais l'ensemble du Parti menchevique hésite à approuver cette participation en raison des positions « défensistes » du gouvernement. Martov arrive à point nommé pour assister à la conférence menchevique qui débat de la participation, et manifeste une hostilité violente à la présence de membres ; de son parti dans le nouveau ministère. Pour Lénine, il s'agit apparemment d'un allié de poids, car le prestige intellectuel de Martov reste considérable. Mais force est alors de constater que l'émigration lui a fait perdre une grande part de son influence politique. La conférence menchevique approuve en effet, malgré l'opposition de Martov, l'entrée de membres du Parti dans la coalition et promet au gouvernement un appui sans réserves. Quarante-quatre votants se prononcent pour la participation, contre onze et treize abstentions. Martov a tout à la fois perdu cette bataille et toutes ses chances de prendre la tête du parti menchevique. Isolé, il refuse pourtant de rallier Lénine[29]. En 1917, de celui qui a été autrefois son ami, il s'est fait une opinion très négative. Il ne voit plus en lui qu'un cynique dont l'unique passion est le pouvoir. Et il confie à Tseretelli, dans les journées qui suivent son retour : « Aux yeux de Lénine, ni la paix, ni la guerre n'ont d'intérêt réel. La seule chose qui compte pour lui, c'est la révolution. Et la seule révolution vraie est celle qui permettra aux bolcheviks de prendre le pouvoir. »

Un tel jugement rendait inimaginable, on le conçoit, tout rapprochement entre les deux hommes. Mais, pour Lénine, il importait peu, en définitive, que ses invites fussent repoussées, car la bolchevisation de l'opinion s'opérait lentement mais sûrement. À ce moment, il dispose d'ailleurs d'atouts importants dont ses adversaires ne peuvent user.

Tout d'abord, il est maître d'une presse dont les moyens financiers, découlant en partie de l'argent fourni par l'Allemagne, sont sans commune mesure avec ceux des autres partis. Grâce à ces ressources, Lénine, dès son retour, a pu développer une presse multiforme s'adressant à des groupes sociaux et nationaux divers. Dès l'été 1917, la *Pravda* tire à quatre-vingt-dix mille exemplaires. Le tirage total des journaux du Parti est de trois cent vingt mille exemplaires. Sur ces quarante et un journaux, vingt-sept sont publiés en russe, les autres en géorgien, arménien, lituanien, letton, tatar, etc. Mais les journaux bolcheviques – c'est là leur force – ne s'adressent pas seulement à des communautés linguistiques, mais aussi à des groupes sociaux particuliers : femmes, militaires (ceux-ci ont même droit à des journaux adaptés à leurs armes : marins, soldats du front, etc.). En outre, les presses bolcheviques impriment chaque jour un nombre considérable de tracts. Pour cet effort de publication, le Parti dispose alors d'une imprimerie qui a été payée deux cent soixante mille cinq cents roubles. Volkogonov[30], qui a soigneusement vérifié ces données, souligne que jamais les cotisations des militants, dont le nombre augmente certes à cette époque, n'auraient suffi à financer une pareille acquisition. La conséquence en est que Lénine peut disposer d'un inégalable outil de propagande.

Mais la presse ne suffit pas et les bolcheviks trouvent dans les comités d'usine un autre instrument d'encadrement de la classe ouvrière. Les syndicats sont en effet dominés par les mencheviks, et il convient donc de réduire leur influence. Lénine encourage la formation de comités d'usine auprès desquels les bolcheviks se livrent à une intense propagande. Sans doute ces comités ne sont-ils pas d'un maniement aisé, car ils résultent au départ d'initiatives spontanées des ouvriers auxquelles les bolcheviks ont été contraints d'applaudir. Mais, tout en se défiant de ces mouvements anarcho-syndicalistes qu'il a toujours dénoncés, Lénine comprend qu'il vaut mieux les utiliser pour combattre l'autorité des mencheviks en milieu ouvrier, et encadrer ainsi, autant que faire se peut, une classe ouvrière qui témoigne d'une forte propension à s'organiser selon ses propres vues. Toujours pragmatique, voire opportuniste, Lénine décide de tirer le meilleur parti de ces mouvements.

« Nous sommes prêts à prendre le pouvoir »

Au bout d'à peine deux mois de présence en Russie, Lénine peut s'estimer satisfait. La situation évolue rapidement, consacrant la dégradation de l'autorité gouvernementale. Le gouvernement de coalition a exprimé sa volonté d'aboutir à une paix sans indemnités ni annexions, mais la paix ne s'annonce pas et le mécontentement de l'armée grandit. L'entrée en guerre des États-Unis, explique le gouvernement à la population, modifie la nature de la guerre, qui n'est plus seulement celle d'États impérialistes, et laisse augurer la paix voulue par la Russie. Mais la société n'entend pas ces discours et constate que la guerre se poursuit, avec son cortège de souffrances. L'agitation des villes, soigneusement encouragée par les bolcheviks, mais aussi les désordres dans les campagnes, tout témoigne de l'isolement croissant du gouvernement. Et des conférences ou congrès rassemblant paysans, ouvriers, tous acharnés à mettre en avant leurs revendications, contribuent à créer une atmosphère orageuse où les bolcheviks jouent toujours leur partie.

C'est dans ce contexte de radicalisation politique que s'ouvre, en juin, le Ier Congrès panrusse des soviets. Les bolcheviks sont loin d'en avoir le contrôle : sur huit cent vingt-deux délégués munis d'un bulletin de vote, ils ne comptent que cent cinq représentants, précédés de loin par les socialistes-révolutionnaires avec deux cent quatre-vingt-cinq délégués, et les mencheviks avec deux cent quarante-huit. Mais nombreux sont les délégués qui ne se rattachent encore à aucun parti, attendant de voir dans quel sens va pencher le rapport de forces. Les bolcheviks déploient à l'intention de ces hésitants des efforts de séduction considérables.

Dans un palais de Tauride surchauffé où se pressent de nombreux soldats, l'incident survient lorsque Tseretelli, ministre des Postes, déclare : « Il n'y a pas aujourd'hui dans notre pays de parti politique capable de dire : "Remettez-nous le pouvoir et allez-vous-en." Un tel parti n'existe pas. » Lénine se dresse alors et répond en martelant chaque mot, chaque syllabe, en usant de son immense talent de persuasion : « Ce parti existe. Nous sommes prêts à prendre le pouvoir immédiatement[31] ! »

Son discours, tout entier axé sur la guerre et l'incapacité du gouvernement à y mettre fin, est rompu par des cris hostiles et des lazzi, mais aussi ponctué par les applaudissements des soldats et des marins qui ont envahi le palais de Tauride. C'est leur présence écrasante qui explique l'apparent insuccès de l'intervention, pourtant d'une ironie et d'une logique imparables, de Kerenski qui lance à l'adresse de Lénine : « Vous nous conseillez d'imiter la Révolution française de 1792. Vous voulez nous entraîner dans une désorganisation complète du pays. Quand, avec l'appui de la réaction, vous aurez réussi à nous détruire, vous aurez préparé la place pour un dictateur ! »

Applaudissements et votes ne vont pas de pair. Entre Lénine et Kerenski, c'est le premier qui a obtenu un véritable triomphe, grâce aux soldats présents. Mais, à l'heure du vote qui traduit l'équilibre des forces en présence, c'est Kerenski qui l'emporte. Les congressistes votent la confiance au gouvernement provisoire et repoussent la résolution des bolcheviks qui exigeait le transfert immédiat du pouvoir d'État aux soviets.

Avant de se séparer, le congrès décide – pour l'avenir, cette résolution est d'importance – de se doter d'un statut, de se réunir tous les trois mois et d'élire un Comité exécutif central panrusse (VTsik ou CEC) qui sera l'organe permanent des soviets agissant entre les sessions plénières. Sur les deux cent cinquante membres élus au CEC, trente-cinq seulement sont des bolcheviks. Le contrôle du congrès des soviets échappe ainsi à Lénine malgré ses efforts et son propre discours en faveur du pouvoir des soviets. En dépit, surtout, du formidable instrument de pression que représentaient les soldats et marins présents qui n'ont cessé d'applaudir aux thèses bolcheviques, de huer les contradicteurs de Lénine, donnant de la réunion l'image d'une assemblée gauchiste.

Faible encore au sein du congrès des soviets, Lénine ne l'est point dans la rue, et il décide d'en faire la démonstration sur-le-champ. Le 9 juin, des tracts émanant du Parti bolchevique et de comités d'usine appellent à manifester le lendemain « pacifiquement » ; mais les mots d'ordre sont loin de suggérer une manifestation paisible : « À bas la Douma du tsar ! », « À bas le Conseil d'État ! », « À bas les dix ministres capitalistes ! », « Tout le pouvoir aux soviets immédiatement ! », « Pain, paix, liberté ! » Des régiments – les troupes de la garnison de Petrograd sont soumises à un véritable encadrement par l'organisation militaire des bolcheviks, supervisée par Lénine – ont annoncé qu'ils participeraient en armes à la manifestation.

Affolé, Tchkeidze alerte le congrès panrusse, évoquant le bain de sang qui risque de résulter d'une telle démonstration de force bolchevique, cependant que Tseretelli accuse les partisans de Lénine de fomenter un coup d'État. Curieusement, Lénine est absent du palais de Tauride ce jour-là, incapable donc de réagir à l'appel angoissé des délégués l'exhortant à renoncer à cette manifestation. En définitive, celle-ci est annulée : les bolcheviks accusent le gouvernement d'avoir inventé de toutes pièces un prétendu complot pour pouvoir désarmer les ouvriers et affaiblir la garnison. Mais tout atteste – l'enquête le prouva – que les bolcheviks escomptaient que la manifestation s'achèverait en coup d'État. Toutes les dispositions avaient été prises pour mettre en place le nouveau pouvoir dès lors que le coup aurait réussi.

Le soviet se réunit le lendemain pour tirer la leçon des événements. Les mencheviks et leurs principaux porte-parole, Dan et Martov, demandent que des règles strictes soient édictées sur les conditions dans lesquelles des manifestations pourront avoir lieu. Seul le soviet sera habilité à les autoriser et les démonstrations en armes ne seront pas tolérées, sauf permissions exceptionnelles accordées par le soviet. Les bolcheviks assistent au débat sans réagir. Ils peuvent d'autant plus s'en dispenser que lorsque Tseretelli demande à l'assemblée d'aller au-delà du projet de Dan et de les désarmer, ainsi que les groupes qu'ils manipulent, sous peine d'assister rapidement à la destruction de la légalité, c'est Martov qui s'oppose à lui, déclarant qu'on ne saurait « désarmer la classe ouvrière ». La décision finale donne satisfaction à Dan, mais épargne aux bolcheviks la grave menace qui a pesé sur eux : celle d'être rejetés dans l'illégalité. Ils ne sont pas alors assez sûrs d'eux pour faire face à un tel danger. Ils pourraient montrer de la reconnaissance à Martov qui les a défendus et présentés comme des révolutionnaires quelque peu agités et incontrôlables, certes, mais légitimés par le soutien populaire dont ils disposent ; il n'en sera rien. La tentative de Tseretelli de les mettre hors la loi a échoué. Dans peu de temps, les mencheviks pourront constater que la prophétie de Tseretelli était plus proche de la réalité qu'ils n'avaient voulu le croire[32].

Dès le lendemain, Lénine reprend l'avantage. La *Pravda* annonce en effet que le soviet n'a, aux yeux des bolcheviks, aucun titre à contrôler ou à autoriser des manifestations. Et que les bolcheviks ne lui demanderont en aucune circonstance le droit de manifester lorsqu'ils souhaiteront le faire. Lénine est bien décidé à mettre à profit le moment favorable pour opérer une nouvelle sortie.

Il ne lui faut attendre que quelques semaines pour que l'occasion se présente – du moins le croit-il.

UN PUTSCH MANQUÉ

Le 29 juin, Lénine s'en alla avec Kroupskaïa se reposer quelques jours dans la villa de son ami Bontch-Brouievitch, située dans un village proche de la frontière finlandaise. Vacances ou nécessaire repli ? Sans doute était-il épuisé par l'activité incessante qu'il avait déployée depuis son retour, et son état nerveux, auquel Kroupskaïa veillait attentivement, n'était-il pas excellent. Mais une motivation plus forte que le désir de repos pourrait expliquer ce départ de la capitale : la prudence. En ces derniers jours de juin, Lénine sait que le gouvernement prépare un dossier contre lui, celui qui contient les preuves de sa trahison. Si le retour par l'Allemagne est bien connu et fait encore l'objet de jugements sévères, il s'agit cette fois d'y adjoindre les preuves des tractations financières de Hanetski et Parvus, et de démontrer que Lénine n'a pas été étranger à ces manœuvres, que c'est l'argent allemand coulant à flots dans les caisses des bolcheviks qui leur a permis de donner une ampleur sans précédent à la campagne défaitiste prônée dès 1914 par leur chef.

Le moment de telles révélations, auxquelles les services de renseignements français ont prêté leur concours[33], est particulièrement malvenu. Deux semaines plus tôt, le 16 juin, Kerenski a lancé une offensive sur le front sud-ouest et décidé qu'il va falloir, pour la soutenir, ramener en Russie les divisions envoyées en France. Il espère, par cet ultime effort, casser la spirale des échecs militaires russes et démontrer aux Empires centraux qu'ils ne peuvent tabler sur une paix séparée. Les bolcheviks doivent admettre que, sur le front, mais tout autant dans la société, la ferveur patriotique n'est pas totalement éteinte dès lors que renaît la foi dans le succès, et les premières opérations en Galicie se révèlent encourageantes. Mais une brutale contre-offensive allemande vient ruiner ces attentes en l'espace de quelques jours. Reste alors à constater le désastre, à dénombrer les morts inutiles, les blessés, les prisonniers. Reste surtout, pour Kerenski, à payer le prix d'une décision jugée dès lors comme pure folie. Il en est tenu pour responsable et perd une grande part de son autorité. Ce discrédit l'atteint au moment précis où le putsch de juillet va exiger de lui un esprit de décision qu'il n'a jamais montré et un prestige désormais fort entamé.

Il serait trop long de refaire ici toute l'histoire du putsch manqué. Mais il n'est pas vain d'en résumer les grands traits. Et de commencer par rappeler deux aspects importants de la situation dans la capitale à l'été 1917.

Tout d'abord, le développement de l'activité des anarchistes, installés dans la villa qui avait appartenu, avant la révolution, au ministre Dournovo, située au cœur du quartier Vyborg. Cette villa était devenue leur quartier général et, souligne Soukhanov, inquiétait aussi bien le soviet que le gouvernement, tous deux convaincus qu'elle était bourrée d'armes et d'explosifs prêts à être utilisés à tout moment. Mais nul n'osait intervenir ou y regarder de plus près. En juin, les anarchistes s'étaient emparés d'une imprimerie, fournissant ainsi au soviet prétexte à réagir. Il tenta de les exproprier de l'imprimerie et de la villa Dournovo, ce qui leur donna cette fois prétexte pour mobiliser la population de Vyborg à leurs côtés. En définitive, l'incident eut pour conséquence de transformer Vyborg en véritable place forte où anarchistes ouvriers et marins unanimes considéraient que la « majorité » (gouvernement et soviet confondus) se situait dans le camp des ennemis de la révolution. Restait à transformer cette conviction en combat[34].

À l'agitation qui se développait à Vyborg s'ajoutait celle, croissante, dans les casernes de la capitale où les bolcheviks entretenaient le mécontentement des soldats. L'offensive de juin y avait provoqué un vif émoi, les militaires craignant d'être envoyés en renfort sur le front de Galicie. Les bolcheviks, de leur côté, s'inquiétaient que le gouvernement en profitât pour débarrasser la capitale des troupes acquises à leurs idées. C'est dans ce contexte troublé que la nouvelle des défaites subies devant les armées allemande et autrichienne vint ajouter au mécontentement croissant la certitude que le gouvernement était de surcroît parfaitement incapable de remplir sa tâche.

Le 3 juillet commença à Petrograd une véritable insurrection qui dura trois jours, mit fin au premier gouvernement de coalition et montra combien la situation politique de la Russie restait encore indéchiffrable.

Cette insurrection fut précédée de la décision prise par le gouvernement de mettre fin aux activités des bolcheviks dont les menées auprès de la garnison – pratiquement mutinée contre les ordres d'envoi de certains éléments au front – lui semblaient passer la mesure. Muni du dossier de trahison de Lénine, le gouvernement décida d'arrêter les dirigeants bolcheviques. Cette décision, dont Lénine fut informé alors qu'elle était encore débattue, explique vraisemblablement son désir de chercher hors de la capitale un refuge provisoire.

Le 3 juillet, manifestations ouvrières et cortèges militaires s'organisent dans la capitale et vont, pendant deux jours, déferler dans les rues, assiéger le palais de Tauride, s'emparer de certains hommes politiques – Victor Tchernov sera ainsi pris en otage – et exiger le transfert du pouvoir au soviet. Malgré son désarroi, le gouvernement prend diverses dispositions répressives. Il interdit la *Pravda*, fait venir des troupes fidèles dans la capitale et ordonne, pour finir, l'arrestation de trois dirigeants bolcheviques : Lénine, Zinoviev et Kamenev.

Ces journées de juillet – puisque tout est fini le 6 – sont le fruit des efforts de trois groupes d'acteurs : les bolcheviks, les manifestants, le gouvernement. L'action de chacun de ces groupes a de quoi étonner par son manque de décision, ses incertitudes, et, en fin de compte, une certaine démission.

Les bolcheviks, privés au demeurant de leur chef – Lénine ne sort de sa retraite que le 4 juillet – sont dirigés, durant ces journées incertaines, par un trio nouvellement constitué : Zinoviev, Kamenev et Trotski (clairement rallié à Lénine dès ce moment). C'est d'ailleurs ce dernier qui fait figure de vedette de la crise, s'exprimant à tout bout de champ, exigeant que le pouvoir change de mains aux heures les plus chaudes de l'insurrection. Les bolcheviks se manifestent sur deux fronts : ils s'adressent aux émeutiers, leur dispensant des instructions souvent contredites dans les heures suivantes ; et ils agissent au sein du soviet où existe une section ouvrière dont ils tentent d'user comme fer de lance.

La seconde force de ces journées est constituée par les ouvriers et les soldats qui, depuis le 1er juillet, convergent vers les centres de pouvoir, attendant des bolcheviks des directives sur la suite à donner à leur mouvement. Mouvement spontané, prétendent les bolcheviks. Mais, à y regarder de plus près, mouvement que ceux-ci ont soigneusement attisé durant des semaines, sinon suscité eux-mêmes. Le 3 juillet est la journée décisive. L'insurrection semble alors impossible à juguler. Ouvriers et soldats, qui ont envahi les rues de la capitale, paraissent plus déterminés que jamais. De-ci de-là, on tire quelques coups de feu, et on pille modérément. Surtout autour du siège du gouvernement et du soviet, on hurle : « À bas les dix ministres capitalistes ! », « Tout le pouvoir aux soviets ! » Au palais de Tauride, devant le soviet, Kamenev bondit à la tribune et hurle : « Nous n'avons pas appelé à l'insurrection. Mais les masses sont sorties spontanément dans la rue... Nous devons être avec elles. Notre tâche est de donner au mouvement un caractère organisé. »

Les bolcheviks semblent ainsi sur le point de s'emparer du pouvoir à l'aide des insurgés. Or ils ne le font pas et ne cessent de prodiguer des consignes contradictoires. Le lendemain, pourtant, on peut croire que les partisans de Lénine sont décidés à passer à l'action. Toute la nuit, ils en ont débattu les modalités au quartier général du Parti, tandis que le gouvernement, conscient du danger, appelait des troupes en renfort. À l'aube, tout change à nouveau : les bolcheviks, mais aussi des députés sont dépêchés dans les casernes et les usines pour convaincre soldats et ouvriers de s'abstenir de toute action.

Après de longues tergiversations, les bolcheviks ont donc décidé que l'heure du coup de force n'était pas encore venue. Les ordres et contre-ordres prodigués aux manifestants témoignent de leur indécision. La *Pravda* paraît ainsi le 4 juillet avec une étrange première page juxtaposant un grand espace censuré et un article appelant la société à la modération. Pourquoi ces hésitations, dont le comportement de Lénine dans la journée du 4 est la plus éclatante illustration, alors que le pouvoir semble paralysé et les foules prêtes à tout à condition d'être réellement guidées ?

Une explication, partielle mais nécessaire, réside dans les révélations sur la trahison de Lénine, prêtes à être rendues publiques. Dès le 4 juillet, Kerenski a donné l'ordre de diffuser les documents qui la démontrent. Mais le gouvernement hésite encore sur l'urgence de cette publication. Au cours de cette même journée, il pense être en mesure d'enrayer les émeutes, de mettre les bolcheviks hors la loi, et songe déjà au procès qui les écartera à jamais de la vie politique. Pour cette raison, il ne livre au public qu'une faible partie des documents qui accablent Lénine, gardant l'essentiel pour le procès projeté ; après les avoir proposés aux journaux, il les leur retire[35]. Le fait est que le désaccord sur cette affaire est alors total entre le ministre de la Justice, Perevertsev, qui souhaite publier l'intégralité des documents, et la majorité du soviet qui s'indigne du traitement que l'on veut infliger à Lénine. Même Tseretelli, qui pourtant le hait, contribue à bloquer l'affaire de trahison. Tous les journaux vont la taire à la demande du soviet, exception faite de *Jivoe Slovo* dont l'article s'intitule « Des espions : Lénine, Hanetski et Cie ». Cette publication, lue partout, produit un effet désastreux pour Lénine. Le peuple russe, y compris les soldats gagnés au bolchevisme, sont certes avides de paix, mais ils ne sont pas prêts à accepter l'idée d'une paix commanditée et payée par l'ennemi.

La contre-attaque des bolcheviks est certes rapide. Zinoviev intervient aussitôt devant le soviet pour dénoncer « la calomnie monstrueuse parue dans la presse, qui a déjà produit son effet sur les masses populaires. Il est superflu de vous expliquer la signification de cette infamie. Elle concerne non seulement les intérêts de notre révolution, mais elle vise le mouvement ouvrier européen tout entier. Il faut réhabiliter le camarade Lénine, couper court à la calomnie... C'est avec cette mission que je suis venu ici, au nom du Comité central de notre Parti. » Mais cette ferme déclaration ne peut dissimuler le désarroi et les inquiétudes des bolcheviks. Il est vraisemblable que, conscients de l'effet produit par ces révélations, ils aient alors conclu – Lénine en tout premier lieu – à l'impossibilité de s'emparer du pouvoir dans un pareil moment. D'où leurs conseils de modération prodigués aux insurgés.

Le gouvernement en profite pour reprendre l'initiative, d'autant plus qu'une réaction se dessine au sein de la société. Des éléments hostiles à la révolution ou aux bolcheviks saccagent l'imprimerie de la *Pravda* et mettent le siège devant leur quartier général. C'est le moment choisi par le gouvernement pour désarmer les mutins et rétablir un certain contrôle sur les casernes. Dans le même temps, il donne l'ordre d'arrêter les bolcheviks[36].

Si Lénine et Zinoviev surent disparaître à temps, puis fuir vers la Finlande, Kamenev, Trotski, Lounatcharski et Kollontaï furent arrêtés. Ils rejoignirent en prison Hanetski qui y avait été expédié pour l'affaire de l'argent allemand. Soukhanov note dans son livre que la fuite de Lénine ne contribua pas à améliorer son image : « Certes, Lénine pouvait attacher du prix à sa liberté d'action, mais, en prison, aurait-il été plus gêné que dans la clandestinité ? » Il ajoute que les bolcheviks arrêtés y acquirent une auréole de martyrs, alors que « la calomnie qui pesait sur Lénine aggravait les conséquences de sa fuite... N'importe qui aurait exigé d'être jugé, même dans les conditions les plus défavorables[37] ».

Aux yeux de Soukhanov, le portrait moral de Lénine sera à jamais altéré par sa fuite et l'abandon de ceux qui combattaient à ses côtés. De fait, dans cette affaire, il s'est conduit peu glorieusement. Durant le putsch, il s'est montré plus attentif à sa propre sécurité qu'au projet révolutionnaire, puis qu'à la solidarité avec les siens. Mais ce comportement est conforme à sa conception du Parti. Il s'est trop identifié à l'organisation qu'il a fondée pour imaginer un seul instant que les décisions qu'il prend ne sont pas légitimes. Ce sont celles du Parti tout entier, considère-t-il, puisqu'il en est le chef et l'incarnation.

Au demeurant, la décision de Lénine n'a pas reçu l'assentiment de nombreux bolcheviks et il lui a fallu argumenter avec eux pour la justifier. Le 7 juillet, alors qu'il avait trouvé un abri provisoire dans l'appartement des Allilouïev – famille amie de Staline, chez qui ce dernier trouvera à se cacher par la suite –, le sujet avait été débattu par Lénine, Kroupskaïa, Staline, Ordjonikidze, Noguine et quelques bolcheviks moins connus[38]. Noguine, bolchevik de la première heure, proche de Lénine depuis 1903 et élu en avril au comité central, prônait sa reddition et avait longuement cherché à l'en convaincre. Ce qui avait fait pencher la balance en faveur de la fuite, ce fut l'arrivée d'Elena Stassova, autre fidèle léniniste de vieille date, annonçant que le gouvernement propageait une information pouvant servir de base à un procès : Lénine aurait été non seulement un agent allemand, mais un auxiliaire stipendié de l'Okhrana. « N'allez pas en prison, s'écria Staline, ils vous tueront[39] ! » Lénine, déjà convaincu en son for intérieur, décida de se ranger à cet avis plutôt que de suivre celui de Noguine et d'Ordjonikidze. Dans *La Cause du prolétariat* parut la semaine suivante une lettre cosignée par Lénine et Zinoviev, mettant un point final à l'affaire : ils y annonçaient leur refus d'une arrestation qui ne leur offrait pas toutes les garanties d'un traitement judiciaire équitable.

Au lendemain de l'épisode du putsch, davantage marqué par l'indétermination des foules et des bolcheviks que par la fermeté du gouvernement, ce dernier semble cependant l'emporter. Lénine comme son parti sont alors confrontés à un désastre qui laisse le champ libre au pouvoir, aux mencheviks et aux socialistes-révolutionnaires. La révolution paraît désormais s'engager dans une voie plus claire, l'absence des bolcheviks de la scène politique et le discrédit qui les frappe suggérant qu'une certaine stabilité pourrait succéder aux perpétuelles menaces de radicalisation[40].

Difficile remontée

Conséquence des événements de juillet : le premier gouvernement de coalition disparut dans les jours qui succédèrent à la tempête. Le prince Lvov démissionna, cette fois définitivement, et Kerenski prit la tête d'un cabinet à majorité socialiste, ajoutant à sa fonction le portefeuille de ministre de la Marine, tout en gardant celui de la Guerre. Il appela à ses côtés des S.-R. – Savinkov et Lebedev – et même quelques Cadets. Cette coalition ne pouvait pourtant séduire personne. Pour renforcer son autorité, il fit appel, le 18 juillet, au général Kornilov à qui il confia le commandement suprême des forces armées. Mais le pouvoir ainsi rétabli n'en finit pas de se heurter à Lénine et aux bolcheviks, et le harcèlement dont il fait l'objet l'empêchera de mener à bien son projet initial : rendre publique de manière complète et définitive l'affaire des fonds allemands. Le gouvernement est assailli par les critiques du soviet qui conteste la nécessité des arrestations, certes nombreuses, mais qui continue surtout à défendre Lénine. Martov se montre le plus véhément contestataire de l'action gouvernementale ; il s'acharne à répéter que Lénine est sans nul doute un intrigant sans scrupules, mais sûrement pas un traître. Tseretelli lui emboîte le pas. Ainsi désavoué, le gouvernement doit peu à peu abandonner l'enquête sur la trahison de Lénine. Première victoire pour celui-ci, qui l'a obtenue sans rien faire : simplement parce que ses adversaires qui paraissaient les plus lucides ont éprouvé le besoin de voler à son secours.

Le Parti bolchevique se réorganise lors de son VIe Congrès, réuni du 23 juillet au 3 août[41]. Congrès remarquable auquel n'assistent ni Lénine, alors en fuite, ni Trotski, qui se trouve en prison, mais qui est pourtant dominé par la personnalité de ces deux hommes. Il porte le nom symbolique de Congrès d'unification qui, dans une période aussi troublée, témoigne bien du désir de tous les bolcheviks de remonter à la surface. Il est également le fruit d'élections bien organisées des délégués, auxquelles ont participé près de cent soixante-dix mille militants, dont le quart pour la capitale. Les deux cent soixante-sept participants sont non seulement des bolcheviks déclarés, mais aussi des représentants de l'organisation « interdistrict », à laquelle Trotski se rattache, et ceux de divers courants internationalistes jusqu'alors soucieux de préserver leur indépendance. Tous sont impatients d'atteindre l'unité, car ils ont le sentiment d'être confrontés à une réaction montante face à laquelle il leur faut se rassembler.

L'unité qui se réalise en son absence est pourtant la victoire de Lénine. C'est ainsi qu'il l'a toujours conçue : par la venue sous son drapeau, sans conditions, de tous ceux qui se réclament du socialisme.

La direction élue au congrès est forte de vingt-deux membres. Lénine est élu avec le plus grand nombre de voix (cent trente-trois sur cent trente-quatre votants), suivi par Zinoviev (centre trente-deux) et par Trotski et Kamenev (cent trente et une). C'est un comité central fort hétéroclite, rassemblant des itinéraires et des tendances opposés. Lénine, Zinoviev, Kamenev, Trotski, Boukharine, Sokolnikov ont longtemps vécu dans l'émigration, tandis que Staline, Rykov, Dzerjinski, Chaoumian, Sverdlov, Mouranov sont des hommes de l'intérieur, habitués à la prison et aux longs séjours en Sibérie. À un moment ou à un autre, la plupart des élus sont entrés en conflit avec Lénine, que ce soit à propos des querelles du Parti, sur la guerre, ou encore sur le problème national, dans le cas de Boukharine. Certains viennent du menchevisme, comme Kollontaï, ou ont été durablement hostiles à Lénine, comme Trotski qui ne le rejoint qu'à cet été 1917 – réconciliation à laquelle le VIe Congrès donne un tour officiel.

Le congrès consacre aussi deux structures d'autorité : le præsidium, où trônent les présents (Staline, Sverdlov, Lomov, Olminski et Ioureniev) ; et la véritable instance de direction qui rassemble Lénine, Trotski, Zinoviev, Kamenev, Lounatcharski et Kollontaï, enfermée alors à la prison de Vyborg et qui doit à sa captivité une bonne part de son prestige.

Staline, qui présente au congrès, en l'absence de Lénine, le rapport général, s'y fait le porte-parole du chef caché. Il déclare que, désormais, entre le gouvernement et la révolution, les rapports se résument à la fameuse formule de Lénine : « *Kto kogo ?* » (Qui aura raison de qui ?), et il conclut : « Avant juillet, un transfert pacifique du pouvoir aux soviets était possible. Mais ce n'est plus le cas, la période pacifique de la révolution est terminée. La période de rupture et de l'explosion est arrivée[42]. » Lénine est absent, mais ses idées sont défendues avec fougue par celui qui tient déjà à se faire passer pour son plus fidèle représentant. Staline intervient aussi sur une question qui trouble fort le Parti, même si nul n'ose la poser à voix haute : Lénine aurait-il dû affronter un procès pour se laver de l'accusation de trahison portée contre lui ? ou devait-il fuir comme il l'a fait ? La réponse de Staline est équivoque : si le gouvernement lui avait offert toutes les garanties de sécurité et d'équité lors d'un éventuel procès, il eût mieux valu y comparaître ; mais, ces garanties n'étant pas réunies, la plus élémentaire prudence commandait la fuite[43]. Staline est violemment critiqué pour ces propos jugés trop tièdes par Dzerjinski, Skrypnik, et surtout par Boukharine qui tourne en ridicule l'idée qu'un « tribunal bourgeois puisse être équitable ». Il n'empêche : la position de Staline n'en est pas moins révélatrice d'un certain désaveu de la fuite de Lénine qui a provoqué chez de nombreux fidèles un profond sentiment de malaise.

De ce congrès, il convient aussi de dégager deux événements qui passent presque inaperçus sur le moment, mais qui compteront dans l'avenir.

Tout d'abord, la quasi-disparition du slogan « Tout le pouvoir aux soviets ! », remplacé par un mot d'ordre encore imprécis, mais qui souligne la radicalisation des esprits : « La dictature révolutionnaire des ouvriers et des paysans ».

Par ailleurs, la fraction de Martov adresse au congrès bolchevique un message de félicitations et de soutien, et affirme qu'elle est solidaire du parti de Lénine dans la lutte contre le gouvernement de coalition. Proscrit, discrédité, Lénine peut ainsi se réjouir de voir se presser autour de lui ceux qui ont figuré durablement parmi ses adversaires. Ces soutiens souvent inattendus viennent tempérer son isolement.

Alors que s'achève le congrès, Lénine, caché à Razliv, dans la banlieue de la capitale, est informé que le secret de son lieu d'asile a été éventé. Il vient d'y couler des jours paisibles en compagnie de Zinoviev, travaillant à des textes courts et préparant par ses lectures une ample réflexion qui deviendra *L'État et la Révolution*. Apprenant qu'il risque d'être inquiété, il décide de se réfugier en Finlande. Il s'y rend sous une fausse identité, muni d'un faux passeport ; Zinoviev fait de même. Le physique de Lénine a subi une profonde transformation : rasé, affublé d'une perruque blonde, il est méconnaissable. Son inséparable compagnon fait l'inverse, se rasant le crâne et se laissant pousser la barbe.

Ainsi métamorphosés, les deux compères, au terme d'un voyage épique au cours duquel ils faillirent se faire prendre, durent traverser une rivière à la nage, jouer aux chauffeurs de train, arrivèrent enfin à Helsinki. Lénine y trouva un abri chez le chef de la police. Rien ne pouvait lui sembler plus sûr !

À Petrograd, cependant, la situation ne cessait de se dégrader. La coalition ne vécut que deux semaines et déboucha sur un nouveau gouvernement toujours dominé par Kerenski. Celui-ci décida de convoquer à Moscou une conférence d'État ; ses deux mille participants devaient, espérait-il, arriver à formuler quelques propositions permettant d'assurer la stabilité du régime.

Même si la presse se livra avant son ouverture à un battage considérable, nul ne savait au juste à quoi était censé servir ce forum. Tous les partis devaient y être représentés et l'habituel débat sur participation ou boycott les occupa un bref moment. Discussion dépourvue d'importance, puisque la conférence tourna presque aussitôt au fiasco.

Les événements se précipitent alors. La société attend des réponses à ses exigences : liquidation de la guerre, réforme agraire. De leur côté, Kerenski et son gouvernement s'obstinent à poursuivre la guerre et renvoient les réformes à une Assemblée constituante dont ils ne se pressent pas d'organiser l'élection. Sur tous les sujets, ce gouvernement temporise. Depuis l'échec du putsch bolchevique, Kerenski est d'ailleurs obsédé par la crainte d'un coup de force qui viendrait de la droite. C'est pour prévenir une telle éventualité qu'il a fait appel à Kornilov, qualifié par le général Broussilov de « cœur de lion et de cervelle d'agneau » ; mais, dans le même temps, il craint les velléités putschistes de son nouveau chef des armées. Entre les deux hommes, la méfiance est réciproque, les arrière-pensées aussi. C'est pourquoi, constatant l'échec de la conférence d'État et de tous les projets destinés à préserver le pays des désordres, Kornilov se lance à son tour dans l'aventure[44] : il exige, pour faire face aux pressions révolutionnaires sur l'armée, qui s'accuentuent, et aux troupes allemandes qui, au début de septembre, menacent la capitale, la démission du gouvernement et les pleins pouvoirs pour lui-même. Kerenski le révoque aussitôt. Le général riposte en marchant, le 27 août, à la tête de ses troupes sur Petrograd. Face à cette menace de putsch, tous les partis de gauche – bolcheviks, mencheviks et S.-R. – se mobilisent, organisent les masses, proclament que leur priorité est de briser la conjuration. Mais leurs efforts sont inutiles : les troupes de Kornilov ne manifestent guère de combativité et l'affaire s'arrête là. Le 12 septembre, Kerenski peut faire arrêter Kornilov. En apparence, il a gagné.

Ce putsch manqué eut en définitive deux conséquences.

Il démontra en premier lieu que le gouvernement n'était plus qu'un fantôme incapable de rallier le pays autour de lui et de préserver le pouvoir né de la révolution de Février. Sa politique d'atermoiements l'avait conduit dans une série d'impasses. Eût-il eu en face de lui un adversaire plus résolu, davantage soutenu par la société – Kornilov n'en obtint pas le moindre secours –, Kerenski eût sans aucun doute perdu le pouvoir à cette occasion.

Par ailleurs, le putsch manqué eut pour les bolcheviks un effet miraculeux : il les réintroduisit sur la scène politique russe en même temps qu'il servait de trait d'union à l'ensemble de la gauche. Ce sont en définitive les bolcheviks qui sortent grands vainqueurs de cette épreuve à laquelle ils n'ont guère pris part. Soukhanov, au lendemain du putsch, en analyse ainsi les effets : « Le péril bolchevique, inventé au début, était devenu réalité. Le soviet de la capitale, la direction de tous les autres soviets, l'armée active, la garnison de l'arrière, tout tombait entre les mains de Lénine. Toute l'autorité de l'État s'incarnait dans ces bolcheviks solidement unis aux masses[45]. »

Dans le même temps, la rapide bolchevisation du pays contraint les autres socialistes – mencheviks et S.-R. – à gauchir leurs positions pour ne pas rester en arrière de l'évolution. Il devient clair que la démocratie bourgeoise est moribonde.

Veillée d'armes

La Russie glisse inexorablement vers une nouvelle révolution, mais Kerenski, désormais paralysé, réagit à peine. Le gouvernement provisoire se perpétue dans une quatrième coalition dont il garde la présidence et qui voit le jour le 24 septembre. Gouvernement à l'autorité dérisoire, car le pouvoir est définitivement coupé en deux : soviet et gouvernement. Le soviet de Petrograd est présidé depuis le 4 septembre par Trotski, tout juste sorti de prison. Prenant la parole, sitôt installé, il déclare qu'il ne vient pas prendre la place de Tchkeidze, mais que c'est ce dernier qui a usurpé la sienne. Président du soviet en 1905, Trotski souligne ainsi la continuité du mouvement révolutionnaire. Pourtant, il s'emploie simultanément à présenter du soviet une image encore libérale, assurant que si sa tâche est de conduire la révolution jusqu'à la victoire définitive, « le soviet ne fera jamais violence à la minorité ». Peu de semaines suffiront à démontrer le caractère illusoire de telles proclamations. Trotski affirme d'autre part que le gouvernement ne représente plus que lui-même, que tout lien avec lui n'a plus de sens ; il attend du IIe Congrès des soviets, qui doit s'ouvrir, l'instauration d'un authentique gouvernement révolutionnaire. Au lendemain du putsch, le soviet a d'ailleurs fait libérer tous les bolcheviks arrêtés en juillet, et le Parti bolchevique se retrouve alors partout en position de force. Il le montre et se fait exigeant.

De Finlande, Lénine a suivi avec attention et le putsch, et l'évolution des esprits dans les casernes et les usines au cours des jours suivants. Il a vite compris que le pouvoir qui lui a échappé en juillet est désormais à sa portée. Il s'agit maintenant de ne plus commettre d'erreur tactique, et, aidé de Zinoviev, il élabore un plan d'action et des propositions concrètes pour le proche avenir. Dans une première étape qui suit l'échec du putsch, le projet de Lénine consiste à tirer l'avantage maximal de la crise qui vient de s'achever en affaiblissant définitivement Kerenski et en montrant que seuls les bolcheviks sont en mesure de modifier radicalement l'équilibre des forces. Il prône à cette fin ce qu'il nomme ses « revendications partielles » : « exiger de Kerenski l'arrestation de Milioukov ; distribuer des armes aux ouvriers ; exiger aussi la dissolution de la Douma, l'instauration du contrôle ouvrier dans les usines, la distribution immédiate des terres, la suspension de tous les journaux bourgeois, etc. » Mais la stratégie de Lénine, dans les journées de l'après-putsch, reste encore prudente. Ces lignes d'action qu'il esquisse à l'usage du comité central du Parti, il précise qu'elles constituent un « moyen détourné de passer à l'action ». Pour que ce plan soit efficace, les exigences présentées à Kerenski doivent être relayées par la base. Les bolcheviks ont donc pour tâche de persuader ouvriers et soldats de s'en faire les interprètes et de harceler le gouvernement à l'agonie pour que Kerenski s'effondre sous les coups de boutoir de la rue. Ces directives, Lénine les adresse aussi à l'opinion par la voie d'articles répétitifs publiés dans le *Rabotchii Pout* (la Voie ouvrière) qui a succédé à la *Pravda*, interdite depuis les journées de juillet.

Peu à peu, les bolcheviks, se conformant aux instructions de Lénine, prennent dans la capitale et en province le contrôle des instances de pouvoir. C'est ainsi que des élections au comité exécutif de Petrograd, dominé jusqu'alors par les mencheviks, donnent, le 25 septembre, les deux tiers des quarante-quatre sièges aux bolcheviks, cinq aux mencheviks, et aucun aux mencheviks internationalistes qui y avaient été majoritaires au début de la révolution. À Moscou, la majorité a été conquise par les bolcheviks six jours plus tôt. Lénine, conscient du poids des mencheviks et des S.-R. dans les diverses structures de pouvoir, leur avait d'ailleurs proposé un compromis par le truchement d'un article publié dans le *Rabotchii Pout*. Cet article suggérait que si le soviet rompait totalement avec les partis bourgeois, si celui de Petrograd et ses homologues locaux venaient à être dotés de l'autorité suprême, si enfin la liberté d'agitation était acceptée sans restriction aucune, les bolcheviks étaient disposés à soutenir le soviet. Mais, au moment même où il proposait cet accord aux autres socialistes, Lénine commentait : « Probablement cette offre vient-elle trop tard, et le temps où un développement pacifique de la révolution était possible est-il déjà révolu… »

De sa retraite finlandaise, il passa très vite d'une attitude de prudence à des propositions plus radicales. L'impatience le gagnait. Après lui avoir conseillé de ranimer le slogan « Tout le pouvoir aux soviets ! » – ce qui fut fait le 14 septembre dans le *Rabotchii Pout* –, il écrivit au comité central que l'heure était venue de prendre le pouvoir. En l'espèce, il ne s'agissait plus d'articles publics, mais de lettres secrètes. « Les bolcheviks doivent s'emparer du pouvoir[46] », tel était l'intitulé de la lettre datée des 12-14 septembre, complétée par des directives sur *Le marxisme et l'insurrection*, écrites les 12-14 septembre[47]. Martov résumait alors la situation en ces termes : « Il n'y a que deux façons de former désormais un gouvernement. Ou bien le geste du citoyen déposant un bulletin dans l'urne. Ou bien le geste du citoyen chargeant son fusil. » La position de Lénine ne comporte plus d'ambiguïtés : il se prononce en faveur de la seconde hypothèse.

Cette position radicale, il va la manifester sur la question de la participation à la Conférence démocratique voulue par le gouvernement en attendant les élections de novembre, censées donner naissance à l'Assemblée constituante. De cette conférence doit sortir un pré-Parlement, et les positions vont diverger au sein du Parti bolchevique sur l'attitude à adopter à cet égard. Staline et Trotski penchent pour le boycott, mais la majorité suit Kamenev et Rykov, partisans de la participation. En l'apprenant, Lénine explose[48] : « Vous devez immédiatement assiéger le lieu où se tient la conférence et arrêter toute cette canaille destinée à la prison. Sinon, vous n'êtes que des misérables ! »

Boukharine rapporta ultérieurement que la réaction de Lénine, consignée dans une lettre adressée au comité central, laissa ses membres pétrifiés. Après débat sur la conduite à tenir, ceux-ci décidèrent d'oublier l'incident et de faire disparaître ladite lettre dont la violence, jusque dans les menaces proférées contre ceux qui désobéiraient aux instructions du chef absent, leur paraissait inacceptable.

On voit ainsi l'étrange climat qui règne alors au sein du Parti bolchevique. D'un côté, une majorité attentiste, soucieuse de ne pas rééditer l'erreur de juillet. De l'autre, Lénine, rongeant son frein, furieux de n'être pas entendu. Plus furieux encore que ses lettres adressées au comité central, qui toutes disent l'urgence de l'insurrection, soient occultées par cette instance et ne voient pas le jour dans la presse du Parti. Il faudra attendre 1921 pour découvrir la teneur de certaines. Lénine est si exaspéré qu'il menace le comité central de lui présenter sa démission et d'aller en personne expliquer à la base que le Parti est timoré, qu'il refuse de faire confiance à une classe ouvrière prête à s'engager dans l'assaut final.

Ce n'est pas la première fois que Lénine se heurte ainsi à la prudence du Parti. Mais, en septembre, il dispose d'un allié potentiel d'une grande autorité : Trotski. Ce dernier a transformé le soviet en véritable bastion du Parti bolchevique, et ce succès l'encourage à considérer, comme Lénine, que la situation penche en faveur d'un changement politique radical. S'il n'est pas en accord total avec Lénine, ce n'est pas sur le problème de la prise de pouvoir – il estime que ses conditions sont déjà réunies –, mais sur son calendrier.

Lénine, lui, ne veut plus attendre. Il raisonne en termes d'urgence et de stratégie. Attendre est à ses yeux « un crime et un danger », car l'on peut toujours craindre une réaction. L'urgence tient aussi au fait qu'il perçoit une agitation croissante dans les pays capitalistes, notamment en Allemagne où des mutineries éclatent dans l'armée, écrit-il, et où le soutien d'un prolétariat prêt à agir ne manquerait pas à la révolution russe. Mais Lénine est aussi hanté par un problème de stratégie révolutionnaire. Le Parti bolchevique, son parti, a pour fonction de s'emparer du pouvoir. Laisser la décision au congrès des soviets, comme le demande Trotski, reviendrait à diminuer le rôle historique du Parti, à le subordonner aux soviets. Le temps n'est plus où Lénine réclamait le tranfert de « tout le pouvoir » aux soviets. Ceux-ci sont bolchevisés, et pas seulement à Petrograd et à Moscou. Au cours du mois de septembre, les soviets d'Ivanovo-Voznessensk, Saratov et de maintes autres villes sont passés aux mains des bolcheviks. L'autorité du Parti sur eux étant acquise, c'est donc à lui d'agir.

L'attente dans un lieu paisible, à l'écart de l'agitation révolutionnaire, est désormais intolérable à Lénine. Il sent la nécessité de se rapprocher non seulement du centre révolutionnaire, mais aussi des bolcheviks pour faire pression sur eux. Dans les derniers jours de septembre, il quitte la Finlande et s'installe, toujours clandestinement, à Vyborg, suivi de l'inévitable Zinoviev. C'est alors qu'il adresse au *Rabotchii Pout* un texte intitulé « La crise est mûre[49] », dans lequel il proclame : « Nous sommes à la veille d'une révolution mondiale. »

Le Parti ne va plus échapper à la présence et aux pressions de Lénine. De Vyborg à Petrograd, le chemin est court. En quelques jours, il va décider de rejoindre les siens et de mettre en route, aidé par Trotski, la dernière phase de ses projets, celle qui donnera sens au combat de toute sa vie, donc à sa vie entière – la conquête du pouvoir.

CHAPITRE IX

Tout le pouvoir aux bolcheviks

Aux premiers jours d'octobre, Petrograd compte plusieurs centres politiques, et les acteurs de la révolution courent sans cesse de l'un à l'autre. Il y a tout d'abord les deux centres officiels du « double pouvoir » : le gouvernement s'est installé après les journées de juillet au palais d'Hiver, sur les bords de la Neva ; au même moment, le soviet a quitté le palais de Tauride et pris possession de l'Institut Smolnyï, lieu d'éducation privilégié, avant la révolution, des jeunes filles nobles. Le 7 octobre, le pré-Parlement, ou plus officiellement le Conseil provisoire de la République russe, a été installé solennellement au palais Marie. Kerenski a en effet proclamé la République russe le 1er septembre. Chacun de ces centres a sa propre dominante politique. La coalition gouvernementale exclut les bolcheviks et maintient l'équilibre précédent entre socialistes-révolutionnaires et libéraux, tandis que le soviet de Petrograd et celui de Moscou sont au même moment dominés par les bolcheviks qui ont aussi pleine autorité sur l'*Ispolkom*, ou comité exécutif du soviet. Le pré-Parlement, qui compte trois cent huit délégués, est en majorité composé de S.-R. (cent vingt), de mencheviks (soixante), et les bolcheviks s'y trouvent en minorité avec soixante délégués que soutiennent à l'occasion vingt S.-R. de gauche. En face, une délégation de soixante-quinze constitutionnels-démocrates ou Cadets ne pèse plus guère dans le débat, attestant le glissement à gauche des instances politiques russes[1].

Les délégués de ce pré-Parlement ont été désignés par les partis politiques et se montrent tous, dans l'ensemble, hésitants sur la vocation de cette instance. On note des absents de marque : avant tout Plekhanov, que l'âge et la maladie retiennent de participer aux événements, et Lénine, dont le mandat d'arrêt est renouvelé de semaine en semaine et qui se tient prudemment caché. En dépit du débat bolchevique sur le boycott, Trotski est présent et lance une véritable déclaration de guerre au pouvoir établi, lors de la séance d'ouverture, en appelant la Russie à remettre immédiatement tout le pouvoir aux soviets. Sa diatribe déchaîne un vacarme indescriptible, ponctué de rappels de la trahison de Lénine et du fameux « wagon plombé », de propos injurieux ; Trotski, pour sa part, est traité de « canaille », et, dans ce tumulte, les bolcheviks quittent à jamais le pré-Parlement, signifiant par là aux autres socialistes qu'ils rompent avec les institutions existantes et avec eux. Leur geste est parfaitement compris d'un Soukhanov qui note : « Il n'y avait plus qu'une voie pour eux, celle qui conduisait aux barricades. Repoussant le bulletin de vote, il leur restait à prendre leurs fusils. »

Tout en continuant officiellement d'exister, le pré-Parlement cesse dès lors d'intéresser. Et la compétition politique se réduit aux instances du double pouvoir.

Les impatiences de Lénine

Depuis sa cachette, Lénine observait le déroulement des événements et s'inquiétait au vu de certains d'entre eux dont il craignait des conséquences défavorables pour ses projets. L'élection de la Constituante, en premier lieu, lui semblait présenter une menace. Longtemps repoussée, elle avait été enfin fixée au 12 novembre. À première vue, on pouvait imaginer que le vote produirait une Assemblée qui serait à l'image des soviets, propice aux bolcheviks ; mais il se doutait qu'il en irait autrement. Les soviets étaient élus dans les villes par des ouvriers. Mais la majeure partie de la population était paysanne et acquise aux socialistes-révolutionnaires qui attendaient avec impatience les élections pour s'imposer. Or une Assemblée élue au suffrage universel, dotée d'une légitimité incontestable, deviendrait la seule véritable représentation populaire. Cette élection interdirait aux bolcheviks de parler, comme ils ne cessaient de le faire, au nom du peuple. Et arracher le pouvoir à une telle Assemblée serait malaisé.

Lénine s'était d'ailleurs longtemps abstenu de donner sa caution au projet d'Assemblée constituante. Le mot d'ordre qu'il avait lancé en avril et défendu avec acharnement depuis lors, « Tout le pouvoir aux soviets », ne laissait pas de place à l'autorité d'une Assemblée élue par l'ensemble du pays. Durant des mois, le discours bolchevique sur ce point avait été d'une remarquable duplicité. Lénine se gardait de l'évoquer, tandis que le reste du Parti clamait avec force : « Vive le pouvoir des soviets au nom de l'Assemblée constituante ! »

Mais, en octobre, les élections étant toutes proches, ce double discours devenait intenable et les bolcheviks entreprirent de souligner combien la Constituante était chère à Lénine. *Rabotchii Pout* écrit le 4 octobre : « Jamais Lénine n'a été contre l'Assemblée constituante. Dès les premiers mois, avec l'ensemble de notre Parti, il démasquait le gouvernement provisoire qui en retardait la convocation. Si notre révolution réussit, nous verrons en pratique une association parfaite entre la République des soviets et l'Assemblée constituante. » Cet article non signé, mais brillamment argumenté, sortait probablement de la plume de Zinoviev qui ne quittait toujours pas Lénine et était, dans ces moments de clandestinité, le témoin de ses doutes et de ses adaptations à une situation qui l'angoissait.

Car, à côté de cette perspective d'élections, Lénine s'inquiète de la menace allemande qui pèse sur la capitale et dont Kerenski pourrait tirer, pense-t-il, des moyens d'affaiblir la position des bolcheviks. Présentes dans les provinces baltes, les troupes allemandes se trouvent à courte distance de Petrograd et, dans les premiers jours d'octobre, paraissent en mesure de s'en emparer. Kerenski songe alors, si le danger se précise, à transférer le gouvernement à Moscou et met en place un plan d'évacuation de la capitale. En même temps, il laisse à l'*Ispolkom* le soin de décider lui-même de son attitude ; Lénine entrevoit là un projet destiné à livrer aux Allemands la capitale, la classe ouvrière et les instances où les bolcheviks dominent. Il soupçonne Kerenski de vouloir régler de cette manière, avec l'aide allemande, le problème bolchevique, et de se maintenir ainsi au pouvoir. Dûment chapitré par Trotski, l'*Ispolkom* déclare que rien ne peut être décidé sans lui, contestant notamment les instructions de Kerenski d'envoyer des renforts prélevés sur la garnison de la capitale vers ce front si précaire.

Enfin se pose à Lénine le problème du prochain congrès des soviets. Il se demande si celui-ci ne pourrait pas faire éventuellement contrepoids à une Assemblée constituante encore inexistante. En effet, un congrès des soviets, élu avant tout dans les villes, pourrait lui aussi servir de structure légitimante à la prétention des bolcheviks d'être les vrais représentants de la société ; à défaut, il pourrait couvrir et légitimer un coup de force fomenté par eux afin de s'emparer du pouvoir. Mais, ici, les bolcheviks se heurtent à deux difficultés. D'une part, les autres partis socialistes se montrent réticents à l'idée de convoquer un congrès des soviets dont ils pressentent qu'il affaiblirait la Constituante ou la rendrait inutile. Et ils s'inquiètent d'autre part de voir surgir une Assemblée à majorité bolchevique alors qu'ils se sentent capables de remporter l'élection de novembre. Les mêmes réticences s'expriment dans les soviets que les bolcheviks ont entrepris de consulter. Là encore, l'Assemblée prochainement élue mobilise toutes les sympathies. Depuis Février, un véritable mythe de l'Assemblée constituante s'est développé en Russie, d'autant plus séduisant que sa convocation a été sans cesse repoussée *sine die*. La décision de la convoquer, annoncée par Kerenski après les journées de Juillet, a ranimé les espoirs et chacun attend ce moment, y compris dans les soviets bolchevisés de la capitale.

Les bolcheviks ne sont pas prêts à accepter une opposition quelconque, ni de leurs adversaires ni de ceux qu'ils pensent contrôler. Passant outre aux objections diverses, c'est à l'*Ispolkom*, dont ils sont maîtres, qu'est confié le soin d'annoncer que le IIe Congrès des soviets se réunira à Petrograd le 20 octobre. Puis la date est modifiée et fixée définitivement au 25.

La convocation de ce congrès n'est guère respectueuse des règles de la représentativité. Craignant de s'y retrouver minoritaires, les bolcheviks en manipulent la préparation à tel point que même l'*Ispolkom* s'en émeut et que les *Izvestia* les dénoncent. Les quotas de représentation – un délégué pour vingt-cinq mille électeurs d'un soviet – sont ignorés. Tantôt les bolcheviks éliminent carrément des circonscriptions, tantôt ils accordent à quelques centaines de personnes abusivement considérées comme « circonscriptions » le droit d'élire un délégué au congrès. Les autres partis socialistes révèlent la manœuvre, mais il est trop tard pour freiner la machine électorale et enlever aux bolcheviks les pouvoirs qu'ils se sont arrogés.

Faut-il prendre le pouvoir par la force ?

Pour Lénine, la réponse ne fait pas de doute : l'heure est venue de déclencher l'insurrection et de s'emparer du pouvoir par la force. Dès la fin septembre, il écrivait à ses collègues : « Ayant la majorité au soviet, les bolcheviks peuvent et doivent s'emparer du pouvoir d'État. » Et des instructions concrètes accompagnaient ce constat : « Nous devons, sans perdre une minute, organiser un état-major des détachements insurrectionnels, répartir nos forces, dépêcher nos régiments sûrs vers les points les plus importants, occuper le centre télégraphique et téléphonique... y installer notre état-major et le relier par téléphone à toutes les usines, à tous les régiments ». Loin de réagir à ces ordres, les bolcheviks s'étaient efforcés de persuader Lénine qu'il devait rester en Finlande pour échapper à la police. Mais, n'écoutant que son intuition, il décide de se rapprocher du théâtre des opérations et c'est alors qu'il se rend clandestinement à Vyborg. De là, il multiplie les messages, démontrant inlassablement à ses partisans que l'on ne peut plus attendre. Les raisons de son impatience sont claires : il a réfléchi à l'échec bolchevique de juillet et constaté qu'il ne lui est guère possible de bénéficier d'un large soutien des masses, ce que croit au contraire la grande majorité de ses compagnons. La conclusion qu'il tire de cette analyse est conforme aux convictions qu'il a toujours développées : à savoir que ce sont les « professionnels » qui feront la révolution par une insurrection dûment préparée. Il s'agit, il en est convaincu, de paralyser les centres de pouvoir, non d'attendre d'un soulèvement populaire que le pouvoir tombe entre ses mains.

Les imprécations de Lénine contre les « attentistes » du Parti se succèdent. Le 7 octobre, il écrit : « Si les bolcheviks se laissent prendre au piège des illusions constitutionnelles, de la foi en la convocation de l'Assemblée constituante, de l'attente du congrès des soviets, etc., ils apparaîtront comme de véritables traîtres à la cause prolétarienne[2]. » Et, n'en pouvant plus de donner des ordres à distance, de se heurter à la mauvaise volonté ou aux hésitations de ses collègues, il débarque à Petrograd le 10 octobre, toujours coiffé d'une perruque et imberbe, flanqué d'un Zinoviev barbu mais chauve, tous deux s'amusant fort de cette mascarade. Il assiste alors à la réunion du comité central du Parti, tenue au domicile de Soukhanov en l'absence de ce dernier et sans qu'il en ait été informé, ce dont l'intéressé se formalisa fort, ses Mémoires en portent témoignage[3]. Mais l'essentiel est ailleurs : Lénine entend arracher au comité central la décision de déclencher l'insurrection avant la réunion du congrès des soviets.

Sur la nécessité de lancer une insurrection armée pour prendre le pouvoir, Lénine peut compter sur un allié de poids en la personne de Trotski qui juge la situation propice au coup de force. Mais les deux hommes restent encore en désaccord sur la date.

Insurrection immédiate, demande Lénine, c'est-à-dire avant le 25 octobre. À l'appui de sa thèse, il avance que la situation intérieure est mûre, que les masses suivront les bolcheviks dès lors que ceux-ci auront arraché le pouvoir au gouvernement. De surcroît, il met en avant l'éventualité d'une révolution mondiale éclatant dans la foulée de la révolution russe.

Si Trotski est aussi convaincu de la nécessité du coup de force, il souhaite cependant attendre la réunion du congrès des soviets qui conférera une légitimité au soulèvement.

Lénine se heurte à l'opposition du fidèle Zinoviev, de Kamenev, de Noguine, d'Ouritski et de Rykov, tous hostiles à l'insurrection. Pour ceux-ci, l'action est prématurée. Les bolcheviks risquent d'être défaits alors que le congrès des soviets et des élections bien préparées à la Constituante peuvent leur donner les moyens d'accéder pacifiquement au pouvoir.

Le vote final départageant les deux camps du comité central est favorable à la thèse de Lénine qui réussit à entraîner derrière lui tous les hésitants, sauf Zinoviev et Kamenev. Ce dernier refuse d'avaliser la décision prise et démissionne du comité central. Sans doute la résolution que Lénine a arrachée aux autres membres du CC, si elle affirme que le soulèvement armé est à l'ordre du jour, est-elle moins précise quant à la date et lie-t-elle plus ou moins soulèvement et congrès des soviets, le premier devant précéder de fort peu le congrès de sorte que celui-ci, se réunissant, lui confère une légitimité immédiate. Au lendemain de la réunion, les deux protestataires adressent une lettre aux organisations bolcheviques contestant la décision prise, ce qui constitue une violation des règles de discipline du Parti. Le 16 octobre, ils réaffirment leur opposition devant une réunion élargie du comité central. Enfin, le 18, Kamenev et Zinoviev publient dans le journal de Gorki, *Novaia jizn'*, une lettre dans laquelle ils décrivent l'insurrection comme un « acte désespéré ». Furieux, Lénine, qui est retourné dans sa retraite, écrit au comité central pour exiger que les « briseurs de grève » soient chassés du Parti. Mais Kamenev a déjà présenté sa démission du CC. Quant aux autres membres du comité central, même ralliés à la position de Lénine, ils sont loin de le soutenir unanimement. Le texte de Lénine est ainsi publié dans l'organe du Parti, *Rabotchii Pout*, mais assorti d'une note discordante de Staline : « Le ton brutal du camarade Lénine ne doit pas dissimuler le fait que, fondamentalement, nous sommes d'accord. »

Ce texte de Lénine, intitulé « Lettre aux camarades[4] », paraît sur trois numéros, du 19 au 21 octobre. Le même jour, le comité central se réunit sans Lénine, mais muni de ses instructions et de sa lettre d'invectives contre ceux qu'il traite de « criminels ». La démission de Kamenev est entérinée, mais la demande de Lénine d'expulser les deux opposants du Parti est « omise » par le CC. Tout juste leur est-il ordonné de ne plus faire de déclarations publiques sur leur hostilité aux décisions prises par la majorité du Parti. Au demeurant, les événements vont si vite que les membres du comité central préfèrent s'occuper de préparer l'insurrection plutôt que d'approfondir leurs divergences.

UN OUTIL MILITAIRE POUR L'INSURRECTION

Qu'ils fussent partisans ou adversaires de l'action armée, tous les bolcheviks étaient conscients de leur relative faiblesse. Ils savaient qu'en dépit de la propagande à laquelle ils se livraient auprès des unités militaires, les soldats, dans leur majorité, n'étaient pas prêts à les suivre. Il leur fallait donc disposer d'un instrument militaire efficace pour envisager de passer à l'action. Cet instrument, ce fut le Comité militaire révolutionnaire, constitué le 9 octobre, à la veille de la réunion du comité central du Parti. À l'origine, cette instance avait en effet été imaginée par les mencheviks du soviet aux fins d'organiser la défense de la capitale au moment où l'on craignait une offensive allemande. Après réflexion, les bolcheviks avaient compris le parti qu'ils pouvaient tirer d'un tel projet et présenté, lors du débat, une résolution définissant leur propre conception du comité de défense – défense contre l'ennemi extérieur, mais aussi « intérieur » –, énumérant les instances qui devaient y être représentées et les pouvoirs dont il disposerait. À lire de près cette résolution bolchevique, on constate que, dans leur conception, la création du Comité militaire révolutionnaire constituait déjà en soi un véritable coup d'État. Les organes légaux du pouvoir étaient écartés du comité au bénéfice du seul soviet. Le comité exécutif ou *Ispolkom* devait concentrer dans ses mains toute l'autorité militaire, c'est-à-dire s'approprier en fait tous les pouvoirs. Soukhanov, qui commente la résolution des bolcheviks, rapporte les conditions dans lesquelles elle fut finalement adoptée par l'assemblée plénière du soviet. Au cours du débat, un député menchevique déclara : « Le Comité militaire révolutionnaire n'est qu'un état-major révolutionnaire pour la prise du pouvoir. » Il s'attira aussitôt une réponse cinglante de Trotski demandant s'il s'exprimait là au nom de Kerenski ou de l'Okhrana, ce qui déclencha un délire d'enthousiasme dans la salle et contribua à faire voter le projet à une majorité écrasante des voix.

L'outil révolutionnaire existait donc, il était aux mains des bolcheviks qui tenaient là un moyen efficace d'isoler le gouvernement des unités militaires et pouvaient en toute légalité leur donner des instructions. Du coup, ceux qui s'inquiétaient de la puissance croissante des bolcheviks exprimèrent leurs craintes, mais peu d'entre eux avaient une vue précise de ce que Lénine préparait et pouvait faire. Gorki publia le 18 octobre un article alarmiste : « Les bruits touchant une action des bolcheviks sont de plus en plus insistants... Le comité central bolchevique n'a pas confirmé les bruits relatifs à un coup de force, mais il ne les a pas non plus démentis. Il doit le faire s'il est vraiment un organe fort, agissant librement, capable de gouverner les masses. » L'inquiétude ainsi exprimée par Gorki était partagée par le chef d'état-major lorsqu'il se faisait l'écho des bruits divers qui agitaient la capitale. Il avait noté dans un rapport adressé à Kerenski : « Les bolcheviks préparent une manifestation de protestation contre le gouvernement. Elle devrait être pacifique, mais les ouvriers y participeront et ils seront armés. »

On peut dès lors s'interroger, comme l'a fait Soukhanov : comment expliquer l'étonnante passivité de Kerenski à la lecture de tels avertissements ? La réponse qu'il donne alors rejoint celle qu'il fera plus d'un demi-siècle plus tard[5] au cours d'entretiens : il ne croyait pas que Lénine serait capable d'aller au bout de ses projets.

À examiner les réactions de Kerenski tout au long de la période qui va d'avril à octobre 1917, on constate que deux attitudes caractérisent tous ses choix.

En premier lieu, il est patent qu'il a sous-estimé durablement Lénine, tout en le tenant pour un dangereux agitateur. Soukhanov qualifie son attitude de « naïveté infantile ». Dans la volonté constante de Kerenski de se reposer sur des institutions vacillantes tout en croyant opposer à Lénine une résistance réelle, réside sans conteste une grande part de naïveté. Quand, en octobre 1917, le chef du gouvernement espère encore que le pré-Parlement et l'annonce des élections à la Constituante – ô combien tardives ! – suffiront à apaiser la Russie, il se montre infiniment moins lucide que des hommes comme Dan ou Martov qui n'ont cessé de l'alerter sur l'inquiétante autorité que s'arroge alors le Comité militaire révolutionnaire. Pour sa part, Martov a compris d'emblée que cette organisation interdit au gouvernement tous rapports directs avec l'armée et, avant même la prise de pouvoir par les bolcheviks, leur donne pleine autorité sur les militaires. Or, que pouvait faire un gouvernement aux abois s'il ne disposait plus de la force armée ? Cette question, Kerenski évita jusqu'au bout de se la poser.

Mais il est une autre explication à son attitude, sur laquelle l'historien américain Richard Pipes a longuement insisté et qui s'impose tout autant. Kerenski, explique celui-ci, craignait avant tout un coup de force venu de la droite[6]. Lors des journées dramatiques de juillet – mais il en sera encore convaincu en octobre –, il a estimé que la droite se servait de Lénine comme d'un épouvantail pour préparer un coup de force et peut-être même tenter une restauration monarchique. Cette explication rejoint d'ailleurs la précédente : toutes deux témoignent de l'aveuglement de Kerenski face à la personnalité de Lénine et à ses agissements. Parce qu'il sous-estime la soif de pouvoir du chef des bolcheviks et l'efficacité des moyens que ce dernier met en œuvre pour parvenir à ses fins, Kerenski va jusqu'au bout le laisser libre de mobiliser les éléments les plus actifs de l'armée et de la classe ouvrière, et faire porter ses propres efforts de résistance contre ceux qu'il soupçonne de comploter à droite. Surtout, à aucun moment il ne se sera réellement inquiété de l'instauration du Comité militaire révolutionnaire. Cette naïveté, les mencheviks, pourtant plus lucides dans leurs craintes vis-à-vis de Lénine, ont parfois contribué à l'alimenter. Lors d'un débat au sein du comité exécutif central destiné à prendre des mesures pour défendre la capitale, Dan, évoquant l'activité des bolcheviks, demanda candidement que ceux-ci disent si leur intention était de s'emparer du pouvoir. À quoi il lui fut naturellement répondu par le porte-parole des bolcheviks, Riazanov : « Dan sait que nous sommes des marxistes et que nous ne préparons pas l'insurrection. »

La crédulité dont témoigne ce type de dialogue, aussi étonnante que l'attitude hésitante de Kerenski, explique que la détermination de Lénine – aux antipodes de sa prudence de juillet – ait été, en octobre, inébranlable.

L'INSURRECTION « RAMPANTE »

Dès le 21 octobre, la situation de la capitale témoigne des préparatifs bolcheviques en vue de la prise du pouvoir. Lénine adresse le message suivant à Smilga, président du comité des ouvriers, soldats et marins d'Helsinki[7] : « Il est ridicule de perdre du temps à voter des résolutions et des amendements alors que nous devons nous préparer à renverser Kerenski. La question la plus importante est de nous procurer des armes... Quant à votre rôle, c'est de nous assurer le concours de l'armée finlandaise et de la flotte de la Baltique. »

Dès le lendemain, les opérations sont engagées. Le Comité militaire révolutionnaire entreprend de placer officiellement la garnison de la capitale sous son autorité, l'informant qu'elle n'aura plus à prendre en considération que les ordres émanant de cette instance, et répondra de tout devant elle. Informé de ce coup d'État, l'état-major se tourne vers le soviet, l'instance qui a en principe créé le comité, déjà totalement soumis aux bolcheviks, et exige de lui qu'il dénonce sur-le-champ les instructions données à la garnison, sous peine de courir à l'affrontement ouvert avec le gouvernement. Kerenski, dûment informé, mais toujours aussi peu conscient de la force réelle des bolcheviks, croit encore à la possibilité de tirer avantage de cette amorce de coup d'État pour réagir et anéantir enfin ses ennemis. Il raisonne encore, en octobre, en se fondant sur le rapport de forces qui prévalait en juillet. Il ignore délibérément l'arrivée à Petrograd d'un Lénine décidé, cette fois, à aller jusqu'au bout de ses projets.

Le même jour, le soviet tient une séance extraordinaire à l'Institut Smolnyï. Les bolcheviks ont pris soin d'y convier les responsables ou les représentants des régiments présents dans la capitale. C'est à eux que Trotski s'adresse pour les informer du refus de l'état-major de se soumettre à l'autorité du Comité militaire révolutionnaire, et il déclare : « Dès lors que l'état-major a refusé de reconnaître les ordres du Comité [...], il devient un instrument des forces contre-révolutionnaires. Soldats de Petrograd, la défense de la révolution vous incombe sous l'autorité du *seul* Comité militaire révolutionnaire ! »

La guerre au gouvernement et à l'état-major est donc déclarée, et Kerenski doit décider de la réponse à y apporter. Sa réponse est faiblarde et inappropriée. Il fait appel aux cosaques du Don, dirigés par le général Krasnov, qui avaient été disposés à courte distance de la capitale. Mais les bolcheviks sont sur leurs gardes et le mouvement des cosaques, ordonné par le gouvernement, se trouve aussitôt paralysé. Dans la soirée du 22, Kerenski en appelle alors aux élèves des écoles militaires qui, soumis par les bolcheviks à une intense propagande, hésitent à obéir aux ordres d'un gouvernement déjà taxé d'illégitimité. Ce n'est que deux jours plus tard, le 24, que ces jeunes élèves officiers viennent prendre la garde aux différents lieux stratégiques de la capitale. Mais ils sont dispersés et l'on doit confier la défense du palais d'Hiver au bataillon de choc féminin. À compter de ce moment, les troupes appelées en renfort prennent la précaution de demander que les ordres qui leur sont donnés par le gouvernement soient confirmés par le soviet. Dès lors qu'elles se comportent ainsi, le soviet a beau jeu de répondre qu'elles ne doivent pas bouger, ce qui explique qu'en dépit des moyens militaires encore imposants dont il aurait pu disposer, le gouvernement ne parvient à en mobiliser qu'une faible partie.

Pendant que Kerenski perd du temps à donner des ordres suivis avec réticence, la préparation du coup d'État se poursuit. Le 23, débattant avec ses collègues, Lénine a fini par leur imposer son point de vue : l'insurrection ne peut plus attendre, elle doit être accomplie avant le surlendemain, jour d'ouverture du congrès des soviets[8].

Au moment où l'insurrection est déclenchée, le Comité militaire révolutionnaire rassemble deux membres du comité central du Parti, deux représentants des S.-R. de gauche, quatre représentants des soldats de Petrograd, et surtout, parmi ceux qui en sont les figures les plus actives : Trotski, qui dirige toute l'opération, Dzerjinski, Antonov-Ovseenko, Lachevitch, Nevski et Podvoïski. Ceux qui sont ainsi réunis autour de Trotski en ces heures décisives sont des bolcheviks que leurs parcours différents devaient néanmoins logiquement conduire à se retrouver à l'Institut Smolnyï dans cette nuit du 24 octobre.

Antonov-Ovseenko, en premier lieu, était tout désigné pour veiller aux aspects militaires du coup d'État. Officier de carrière formé à l'école des junkers de la capitale, il était plus capable qu'aucun autre d'endoctriner ses cadets, les jeunes aspirants de 1917. Ce qu'il fait en Octobre, il l'avait déjà tenté en 1905, quand, membre du PSDOR, participant aux activités subversives de l'armée à laquelle il appartenait en tant qu'officier, il avait provoqué l'insurrection de deux régiments stationnés en Pologne. Menchevik jusqu'en 1914, puis rallié au groupe des internationalistes de Trotski, il était très proche de ce dernier. Son passé guerrier, ses exploits de 1905 avaient valu à Antonov-Ovseenko la réputation d'être l'un des experts les plus compétents dans l'organisation des insurrections. Pour autant, ses relations avec Lénine restaient difficiles. Menchevik, il attaquait avec véhémence les bolcheviks et traitait leur chef et son parti de « corrupteurs ». Le rôle qui lui fut assigné au sein de la « troïka » qui dirigea l'insurrection était dû à la fois au soutien de Trotski et à son exceptionnel savoir-faire en matière militaire[9].

Il en allait tout autrement de Dzerjinski, hobereau polonais tôt gagné à la social-démocratie, proche d'abord de Rosa Luxemburg, mais qui s'en était ensuite écarté pour se ranger aux côtés de Lénine. Depuis ce moment – c'était en 1911 – Dzerjinski s'était montré pour lui un allié d'une fidélité incomparable, lui apportant son soutien chaque fois que le Parti était divisé et surtout chaque fois que Lénine se trouvait en minorité. Comment ce dernier n'aurait-il pas apprécié un tel partisan qui, dans le débat du 16 octobre, lorsque le comité central hésitait à le suivre sur le problème de l'insurrection, avait combattu avec violence Zinoviev et Kamenev, contribuant à faire pencher la balance de son côté ? Nommé tout naturellement au Comité militaire révolutionnaire, c'est lui qui a, le 24 octobre, la lourde charge de surveiller tous les mouvements du gouvernement provisoire.

Podvoïski et Nevski, l'un comme l'autre de quelques années plus jeunes que Lénine, avaient créé ensemble, à la fin de l'été 1917, l'organisation militaire du Parti dans la capitale. Le premier sera président du Comité militaire révolutionnaire et se consacrera, après la révolution, aux problèmes de l'armée.

Lachevitch, enfin, était un simple ouvrier, ce qui ne le prédisposait guère à grimper par la suite les échelons de la hiérarchie du Parti bolchevique. Mais, en 1917, ses titres à jouer le rôle qui lui incomba étaient grands, puisque, sous-officier, il avait réussi à rallier tout son régiment à la révolution.

L'outil de l'insurrection ne se réduisait pas, on le voit, à une structure purement formelle, mais était composé de véritables spécialistes.

Dans la journée du 23, des deux côtés – bolcheviks et gouvernement –, on a multiplié les décisions tendant à rendre la situation irréversible. Le Comité militaire révolutionnaire a envoyé des délégués – les premiers commissaires politiques militaires – auprès de toutes les unités de la garnison et donné une large diffusion à un communiqué stipulant que « tous les pouvoirs appartiennent désormais au Comité militaire révolutionnaire.

Les troupes doivent obéir aux ordres du Comité transmis par les commissaires ». Un détachement militaire placé sous les ordres d'un commissaire est également envoyé à l'imprimerie de la *Pravda*, qui a été fermée sur ordre du gouvernement, et la fait rouvrir d'autorité. En face, ordres et contrordres se succèdent. Kerenski décide d'interdire les journaux bolcheviques afin de freiner leur propagande. Mais, toujours soucieux de fermer en même temps la porte à la réaction, il interdit aussi deux journaux de droite, ce qui ôte toute portée pratique à son geste. Il envisage en outre de faire arrêter les membres du Comité militaire qui viennent de lui fournir, avec leur appel à la désobéissance de l'armée lancé au même moment, un excellent prétexte pour ce faire. Mais le ministre de la Justice s'y oppose, alléguant qu'un tel geste pourrait être tenu pour une provocation.

Toujours incertain de son bon droit, Kerenski décide alors d'en appeler au pré-Parlement pour obtenir son accord à des mesures de répression. Cette démarche illustre bien l'étrange situation dans laquelle se trouve la Russie. Le Comité militaire révolutionnaire a déjà proclamé qu'il était le détenteur légal du pouvoir. Pendant ce temps, Kerenski demande à une Assemblée bavarde de lui donner l'autorisation de prendre les « mesures énergiques » nécessaires au rétablissement de l'ordre. Martov, chef de file des mencheviks, dont l'intelligence politique est indéniable mais dont la lucidité a souvent été prise en défaut, fait alors voter par l'Assemblée une résolution demandant au gouvernement de mener une politique démocratique afin d'empêcher la guerre civile. Comment ? Martov n'en souffle mot. L'Assemblée, pour sa part, serait favorable à la formation d'un Comité de salut public, mais celui-ci restera toujours du domaine des idées. Au demeurant, sur quelles forces aurait pu s'appuyer un tel comité puisque la garnison échappait au contrôle du gouvernement ?

Pendant tout ce temps passé en débats, supputations et propositions, le premier acte de l'insurrection ouverte se jouait. Un petit groupe de marins, conduit par un commissaire, s'en alla prendre possession de l'Agence télégraphique gouvernementale. Comme elle n'était guère gardée, tout se passa sans dommages, et il s'ensuivit un ballet quelque peu comique. Informé de l'événement, informé aussi du faible nombre de marins installés à l'agence pour la garder, Kerenski y envoya un modeste groupe de junkers qui délogea les occupants et reprit le contrôle des lieux sans coup férir. Les lignes téléphoniques de l'Institut Smolnyï furent aussitôt coupées, et les bolcheviks isolés de ceux qui les soutenaient à l'extérieur.

Cette séquence suggère qu'avec un peu d'esprit de décision, l'irréparable aurait pu être évité. Mais la victoire gouvernementale est de très courte durée. La journée du 24 voit les dés rouler dans l'autre direction et assurer aux entreprises des bolcheviks une victoire définitive.

SUCCÈS DE L'INSURRECTION

Tout se joua le 24 octobre. Les deux états-majors ennemis avaient décidé d'en finir. Quelque peu réconforté par la reconquête de l'Agence télégraphique, convaincu que ses adversaires, privés de contacts téléphoniques, se trouvaient désormais en difficulté, Kerenski annonça qu'il passait à l'action. Les junkers déployés dans toute la ville, il demanda aux cosaques, enfin arrivés dans la capitale, de combattre les bolcheviks, et télégraphia au commandant du front Nord pour le prier d'envoyer d'urgence des troupes à son secours. Ordre fut donné de lever les ponts sur la Neva afin d'empêcher que des renforts ne puissent venir à la rescousse des bolcheviks. Dans le même temps, Lénine prenait des dispositions insurrectionnelles, ordonnant d'engager l'émeute dans la journée ou au plus tard dans la nuit du 25 ; le plan de campagne fut mis au point par le Comité militaire révolutionnaire. Dans la soirée, Lénine se rendit à l'Institut Smolnyï, grimé et déguisé, pour y passer la nuit en compagnie des membres du comité, avant tout de Trotski, grand ordonnateur de toute l'opération, qui veillait à son bon déroulement.

Le premier acte consista à rouvrir les accès de Petrograd et à neutraliser toutes les forces soupçonnées de vouloir défendre le gouvernement. Les militaires, placés sous les ordres des commissaires qui les encadraient, firent abaisser les ponts sur la Neva. Dans la nuit, des détachements occupèrent d'abord les quartiers attenants à la gare de Finlande, puis se dirigèrent vers le centre de la capitale. Tous les points stratégiques, tous les centres de pouvoir furent rapidement pris d'assaut : gares, ponts, central téléphonique et télégraphique, banque d'État. Au central téléphonique, les bolcheviks rendirent au gouvernement la monnaie de sa pièce ; après avoir, dans la journée, rétabli leurs propres lignes de communication, ils coupèrent celles du palais d'Hiver. Le gouvernement se retrouva ainsi isolé à son tour, dans l'incapacité de savoir comment évoluait la situation.

L'insurrection du 25 octobre a ceci de singulier que l'essentiel en avait été accompli plus tôt, au cours des journées précédentes, lorsque le Comité militaire révolutionnaire établissait son contrôle sur l'armée. La partie de l'insurrection dont Lénine donna le signal le 24 ne ressemble déjà plus à un soulèvement, car elle se déroule dans un calme étonnant. Les junkers qui gardent les lieux stratégiques contrôlés par le gouvernement se révèlent incapables, lorsque les détachements communistes s'y présentent, de leur opposer quelque riposte que ce soit. Ils sont invités par le commissaire qui conduit le détachement révolutionnaire à s'en aller, et ils obtempèrent à cet ordre. Nul coup de feu n'est alors tiré, et la ville passe insensiblement sous l'autorité des bolcheviks.

Mais – Soukhanov l'a fort justement souligné – le moment le plus important d'une insurrection est celui où, le pouvoir défait, les lieux de son exercice passent aux mains des insurgés. Or, dans la nuit du 25, nul ne se préoccupe du palais d'Hiver, ni de Kerenski, ni des ministres. Lénine lui-même, qui toute sa vie a rêvé à cette prise du pouvoir, qui peut enfin savourer cet instant, est plus pressé de rendre public son succès que de régler le sort de ses prédécesseurs. À dix heures du matin, il ordonne qu'on fasse sonner les cloches. Et il s'attelle à la proclamation qui va être lue dans toutes les villes et retransmise par une TSF encore crachotante et souvent inaudible sur le front et jusqu'aux confins les plus reculés de la Russie :

« Aux citoyens de la Russie. Le gouvernement provisoire a été déposé. Le pouvoir d'État est passé aux mains du soviet des députés ouvriers et soldats de Petrograd et de son organe, le Comité militaire révolutionnaire, qui a pris la tête de la garnison et du prolétariat de Petrograd. L'objectif pour lequel le peuple a lutté : proposition immédiate d'une paix démocratique, abolition de la propriété foncière, contrôle ouvrier sur la production, création d'un gouvernement des soviets – tout cela est accompli. Vive la révolution des ouvriers, des soldats et des paysans ! »

Ce texte[10] est signé du Comité militaire révolutionnaire. Son contenu, sa rédaction sont cependant l'œuvre du seul Lénine qui, quelques heures plus tard, à Smolnyï, s'en va haranguer inlassablement une foule qui ne cesse de croître. Soukhanov, qui s'y rendit vers les trois heures, raconte : « Je passai directement dans la grand-salle ; Trotski présidait. Un homme chauve et rasé parlait d'une voix forte et enrouée qui m'était étrangement familière. Je reconnus la voix de Lénine. Il était apparu enfin, après quatre mois de clandestinité[11]. »

Quelques instants auparavant, Trotski, qui venait de lire à la foule le texte de Lénine, avait ajouté : « On nous a dit que notre insurrection provoquerait une insurrection générale qui noierait la révolution dans des torrents de sang. Tout s'est passé sans effusion de sang, nous ne connaissons pas une seule victime. C'est un exemple unique dans l'histoire des mouvements révolutionnaires. » Ce jour-là, à trois heures de l'après-midi, Trotski a raison : la révolution de Lénine arbore un visage pacifique. Nul n'imagine encore qu'elle fera couler des torrents de sang et que celui de Trotski s'y mêlera par une journée ensoleillée d'août 1940...

L'humeur, en ces heures de triomphe, est non seulement à l'optimisme, mais à l'utopie. Lénine ne déclare-t-il pas alors à ses auditeurs : « Les masses opprimées vont créer elles-mêmes un gouvernement » ? Dans la capitale, qui se rend vraiment compte, hormis ceux qui courent sans relâche du palais Marie au Smolnyï, ou vice-versa, que l'ordre politique vient de basculer ? Les magasins sont ouverts, les promeneurs nombreux. Louis de Robien, attaché d'ambassade en Russie, témoin oculaire de la révolution, écrit dans son journal à la date du 7 novembre (25 octobre : il utilise pour dater ses remarques le calendrier grégorien) : « La ville est tout à fait calme en apparence. On ne voit même pas les camions habituels avec leurs chargements de *tovarichtch* aux poses héroïques[12]. »

Pourtant, la question du gouvernement, pour invisible que soit devenu ce dernier, doit être réglée. Les bolcheviks ont proclamé *urbi et orbi* leur accession au pouvoir, ou, mieux, celle du soviet qu'ils dominent, mais le gouvernement existe encore bel et bien, et, de surcroît, le IIe Congrès des soviets va commencer à siéger. Où se trouve alors le pouvoir légal ?

Lénine décide qu'il convient de donner l'assaut au palais d'Hiver avant que le congrès n'ouvre ses travaux. Mais peut-on le faire sans danger ? Les bolcheviks craignent que Kerenski, parti chercher du secours auprès du commandement du front Nord installé à Pskov – expédition imposée par le silence qui a accueilli ses appels à l'aide –, ne regagne la capitale avec des renforts. Les ministres sont retranchés dans le palais d'Hiver, sans protection. Si Soukhanov a affirmé que les troupes chargées de défendre le siège du gouvernement étaient insuffisantes en nombre et d'humeur bien peu belliqueuse, le bataillon féminin saura, à l'heure de l'assaut, faire montre d'un réel courage. Il n'empêche : l'ardeur à participer soit à l'insurrection, soit à la lutte en faveur du gouvernement, demeure aussi faible de part et d'autre. C'est là une étonnante caractéristique de ces journées révolutionnaires. La garnison de la capitale était forte de deux cent mille hommes soumis à la pression constante des bolcheviks. Or, c'est à peine si un dixième de ces effectifs participa à la lutte menée par les bolcheviks. Dans l'autre camp, les junkers, sur lesquels Kerenski comptait tant, étaient fort enclins à regagner leurs écoles dès qu'on les en priait au nom de la révolution ; quant aux régiments supposés être restés fidèles au gouvernement, ils ne se hâtaient pas de voler à son secours. Ce qui explique le calme qui régna dans Petrograd jusqu'à l'assaut final.

Mais, dans la journée du 25, l'expectative n'est plus possible. Lénine redoute l'irruption dans la ville des renforts réclamés par Kerenski, et n'est pas totalement convaincu que les troupes passées de son côté sauraient éventuellement les endiguer. Il ne peut pourtant se présenter devant le congrès des soviets tant qu'un gouvernement, fût-il fantomatique et invisible, subsiste. Le mythe de la révolution réussie suppose que le pouvoir soit concentré en un seul lieu. C'est en effet sa dualité qui a condamné quelques mois plus tôt le pouvoir issu de la révolution de Février.

Dans l'après-midi, il donne donc l'ordre d'attaquer le palais d'Hiver et de mettre tout le gouvernement en état d'arrestation. Pendant ce temps, Trotski s'efforce de retarder l'heure d'ouverture du congrès des soviets dont les délégués, rassemblés à l'Institut Smolnyï, s'impatientent, ne comprenant pas les raisons de cette temporisation. Lénine, que tous attendent, refuse de paraître aussi longtemps que le palais d'Hiver n'aura pas été pris. Il campe, allongé dans une petite pièce voisine sur un lit de fortune, tant que l'événement ne se sera pas enfin produit.

Pour finir, le Comité militaire révolutionnaire adresse un ultimatum aux occupants du palais d'Hiver : ils doivent se rendre sur-le-champ, ou l'assaut sera donné et le palais se trouvera alors sous les feux du croiseur *Aurore*, ancré en face du palais, dont le comité a pris le contrôle depuis trois jours, et de la forteresse Pierre-et-Paul, tombée elle aussi entre ses mains. À huit heures, l'ultimatum ayant été rejeté, l'assaut est donné, rapide et violent. Le palais ne peut résister. Ses défenseurs attendaient les renforts que Kerenski était allé chercher ; constatant que rien ne vient, ils renoncent au combat et s'égaillent peu à peu ou bien se rendent. Le bataillon de femmes est le dernier à résister : il le fait non sans courage, mais se révèle trop faible face aux assaillants. Les bolcheviks, conduits par Antonov-Ovseenko, pénètrent enfin dans le palais d'Hiver aux alentours de minuit, arrêtent les membres du gouvernement et abandonnent la place à une foule excitée, souvent avinée, qui se livre au saccage des lieux, à des viols et à des meurtres.

Lorsqu'on lui apporte la nouvelle de la victoire, Lénine bondit et se précipite vers la salle où siège le congrès. Son impatience est telle qu'il oublie presque d'ôter la perruque que, par précaution, il s'est mis à porter de nouveau. Ne manque à sa satisfaction que l'annonce de l'arrestation de Kerenski. Mais celui-ci a fui après avoir vainement tenté d'obtenir des secours. Les autres ministres ont été conduits à la forteresse Pierre-et-Paul dans un climat de violence qui, dès le lendemain, commencera à remplacer dans la capitale le calme constaté jusqu'alors[13].

Mais le palais d'Hiver a d'ores et déjà cessé d'exister en tant que centre politique. C'est vers l'Institut Smolnyï, où siège le IIe Congrès, que vont se déplacer toute l'attention et les efforts des bolcheviks.

LE IIe CONGRÈS DES SOVIETS

Quelques heures avant la prise du palais d'Hiver, il a bien fallu ouvrir solennellement le congrès[14]. Les efforts de Trotski pour retarder ce moment n'ont pas suffi à vaincre l'impatience des délégués.

Ses travaux sont d'abord présidés par le menchevik Dan. Mais, aussitôt après, l'élection du præsidium fait la démonstration que les bolcheviks y jouissent d'une autorité qu'on ne peut leur contester ; quatorze des vingt-cinq membres élus sont des bolcheviks : Lénine, Trotski, Zinoviev, Kamenev, Rykov, Noguine, Kollontaï, Antonov-Ovseenko, Lounatcharski, Mouralov, toujours proche de Trotski, Riazanov, etc. La composition du congrès traduit aussi leur prééminence : sur six cent cinquante délégués, trois cent soixante sont des leurs, auxquels se joindra un groupe important de S.-R., près d'une centaine. La présidence du congrès échoit naturellement à un bolchevik, Kamenev. C'est à lui qu'il revient d'annoncer triomphalement, quelques heures plus tard, la chute du palais d'Hiver et de lire avec emphase, sous les applaudissements d'une partie de l'assemblée, la liste des ministres appréhendés et conduits en prison. Un S.-R. de gauche s'élève pourtant contre l'arrestation de ministres socialistes, mais Trotski lui répond brutalement que le temps de s'attarder à de telles vétilles est révolu. La révolution emporte l'ordre ancien et les ministres de la veille représentent soudain l'illégalité. Mencheviks et S.-R., qui se trouvent en minorité, décident alors de quitter le congrès, laissant les bolcheviks dans une situation bien plus confortable dès lors que leur poids relatif grandit dans l'assemblée et que disparaissent des débats des orateurs dont le talent pouvait encore faire impression en dénonçant leurs excès de pouvoir. C'est le cas de Martov, qui s'indigne d'entendre Trotski condamner l'opposition à finir « dans les poubelles de l'Histoire ».

Entre deux séances du congrès, Lénine s'est retiré pour préparer les décrets qui témoignent du changement complet de système politique et qu'il va présenter à la deuxième séance. Celle-ci est ouverte par le président, Kamenev, qui annonce l'abolition de la peine de mort et la libération de tous les prisonniers politiques que le gouvernement de coalition avait fait arrêter. Il est vrai qu'au même moment les prisons commencent à accueillir de nouveaux « pensionnaires », les vaincus des journées révolutionnaires. Ensuite vient le tour de Lénine qui lit un long document composé de trois textes sur lesquels on reviendra : le décret sur la paix, le décret sur la terre, le décret annonçant la formation d'un nouveau gouvernement.

La lecture du premier des trois textes déchaîne l'enthousiasme et Lénine la termine aux accents de *L'Internationale*, entonnée par tous les délégués. Ceux-ci adoptent ensuite ce texte par un vote unanime.

L'assemblée se montre moins enthousiaste lorsque lui est présenté le décret sur la terre. Il est certes adopté et l'on ne décompte comme signes de réserve qu'un vote négatif et huit abstentions, mais, dans l'atmosphère de ferveur quasi religieuse qui s'est instaurée au Smolnyï, sous l'œil méfiant des bolcheviks qui applaudissent à chaque instant, ces réticences supposent déjà un certain courage de la part de ceux qui les manifestent.

Vient l'heure de se prononcer sur la question du gouvernement. D'emblée se pose une question : celle de sa dénomination. Comment faire pour que la manière dont on le désignera traduise la nouveauté du fait révolutionnaire ? le « monde nouveau » où la Russie est entrée ? Lénine se montre particulièrement sensible à ce problème. Arrivant à l'Institut Smolnyï pour y présenter ses décrets, il a triomphalement déclaré : « Saluons le premier jour de la Révolution ! » – jour qui, pour lui, annonce une rupture totale avec le passé. Croisant

Kamenev en ces heures agitées, Soukhanov lui a demandé : « Allez-vous donc créer des ministères sur le modèle bourgeois ? » – et Kamenev de répondre : « Ce seront des « collèges » qui gouverneront, comme au temps de la Convention. Les présidents des collèges formeront l'organe suprême du gouvernement. » La formule ne sera pas retenue, mais le terme de ministre est écarté d'emblée par Lénine qui décrète : « N'importe quoi, sauf ministre[15] ! » Et Trotski d'imaginer alors de baptiser les membres du gouvernement « commissaires », et le gouvernement « Conseil des commissaires du peuple ». Soukhanov note que cette suggestion a paru fâcheuse à certains de ses amis : « commissaire », cela n'évoquait-il pas des fonctions policières ? Peut-être, inconsciemment, les bolcheviks avaient-ils fait ce choix en pressentant que leur pouvoir aurait fort besoin de revêtir ces formes-là...

L'annonce de la formation du gouvernement par Lénine ne se fait pas dans une sérénité absolue. Les délégués qui ont protesté, avant de se retirer, contre les méthodes expéditives des bolcheviks, ont tout de même laissé en suspens une question épineuse qui va, en l'espace de quelques jours, nourrir un conflit d'importance : celle du pouvoir total que les bolcheviks prétendent s'arroger. Sans doute Lénine annonce-t-il qu'il s'agit là d'un « gouvernement provisoire » appelé à diriger la Russie jusqu'à l'élection de l'Assemblée constituante. Mais la composition du gouvernement qu'il propose, entièrement bolchevique, ne peut qu'indigner les autres partis socialistes.

Au départ, Lénine ne souhaite pas faire partie du Conseil des commissaires du peuple (ou *Sovnarkom*) et en propose la présidence à Trotski[16]. Mais celui-ci décline son offre et Lénine, sous la pression de ses plus proches camarades, doit accepter en définitive le poste suprême, auquel ne s'ajoute aucun portefeuille particulier. Le gouvernement est ainsi composé : l'Intérieur à Rykov ; l'Agriculture à Milioutine (auteur d'une brochure sur l'agriculture, ce dernier, avant 1917, a cumulé un grand nombre d'arrestations, de peines de prison et d'exil) ; au Travail, un syndicaliste, A. Chliapnikov ; l'Armée et la Marine sont confiées à un collège composé d'Antonov-Ovseenko, maître-d'œuvre de l'insurrection de Pétrograd, de l'aspirant Krylenko, qui l'a secondé dans cette entreprise, et du marin Dybenko ; le Commerce et l'Industrie sont attribués à un Moscovite, Noguine ; l'Éducation, au brillant intellectuel Lounatcharski ; la Justice, à G. Lomov (nommé encore Oppokov) qui peut se targuer d'avoir fait des études de droit ; aux Finances, I. Skvortsov ; au Ravitaillement, I. Teodorovitch ; aux Postes et Télégraphes, Glebov (Avilov).

Deux autres portefeuilles font l'objet de nominations particulièrement remarquables. Les Affaires étrangères reviennent à Trotski. C'est un poste en principe prestigieux, mais qu'il convient de remodeler de fond en comble, compte tenu des conceptions de Lénine en ce domaine. De ce fait, c'est en définitive un commissariat d'importance seconde qui échoit à Trotski. Quant au commissariat aux Nationalités, innovation de la révolution d'Octobre, il ne pouvait revenir qu'à Staline[17].

Deux grands absents dans ce gouvernement retiennent l'attention : Zinoviev et Kamenev. Sans doute se sont-ils vivement opposés à la volonté de Lénine de déclencher l'insurrection lors des réunions du comité central des 10 et 16 octobre. Mais ils se sont finalement ralliés et ont été de surcroît des fidèles qui n'ont jamais abandonné Lénine dans les dures années de solitude qui ont précédé la guerre. Soukhanov, qui s'interroge sur les causes de leur absence du gouvernement, suggère une explication différente : « Peut-être, pour des raisons tactiques, convenait-il de réduire le plus possible au sein du gouvernement le nombre de ministres d'origine juive ; Trotski était la seule exception[18]. » Mais Lénine envisageait aussi d'installer Zinoviev à la direction du journal les *Izvestia*, qui allait devenir l'organe officiel du gouvernement, et Kamenev à la présidence du comité exécutif central *(Ispolkom)* où il n'allait d'ailleurs rester qu'un bref moment[19]. Le gouvernement devait être responsable devant ce comité exécutif qui contrôlait l'activité des commissaires et avait pouvoir de les révoquer.

Au soir du 26 octobre, tout était donc en Russie aux mains des bolcheviks. Mais, Trotski l'avait noté, le pouvoir installé à Petrograd n'impliquait pas le succès partout, et la lutte qui se déroula à Moscou à la suite de l'insurrection du 25 octobre dans la capitale témoigne des résistances que les bolcheviks allaient encore rencontrer.

Dans l'ancienne capitale russe, lors des débats sur l'opportunité d'une insurrection, les bolcheviks s'étaient plutôt montrés enclins à soutenir Zinoviev et Kamenev. Mais l'annonce de la révolution réussie à Petrograd met fin à leurs doutes et ils forment aussitôt, sur le modèle déjà éprouvé, un Comité militaire révolutionnaire avec lequel les socialistes-révolutionnaires, qui ont constitué de leur côté un Comité de salut public, refusent de coopérer. Conduits par Boukharine, les bolcheviks de Moscou décident alors de s'emparer du Kremlin pour marquer leur mainmise sur la ville. Ils sont d'abord défaits, puis sauvés par l'arrivée de renforts gagnés à leur cause, tandis que le Comité de salut public des « S.-R. », qui a cru dans un premier temps la partie gagnée, s'effondre.

Ainsi résumée, la bolchevisation de Moscou semble s'être déroulée simplement. Mais le récit en serait incomplet si l'on n'ajoutait que, pour remporter la victoire sur un adversaire acharné à se défendre, les forces bolcheviques durent se battre dans chaque rue, bombarder les maisons, y faisant d'importants dégâts, et ne gagnèrent finalement que grâce aux renforts venus à leur secours.

La bataille fut aussi souvent acharnée en province ; si les villes finirent par s'incliner devant le pouvoir des bolcheviks, la campagne et la périphérie – on y reviendra – restèrent pour eux des terres généralement impénétrables.

Le IIe Congrès des soviets est ajourné le 27 octobre. Il aura été le plus court de tous. Déjà, l'atmosphère de la capitale a cessé d'être aussi paisible qu'au soir du premier jour de la révolution. Le 26, le Comité militaire révolutionnaire a dépêché des marins dans les imprimeries des journaux qu'il pense hostiles à l'ordre nouveau et donné l'ordre de saisir et de brûler publiquement tous les exemplaires disponibles. Jamais le règne impérial ne s'était livré à un tel autodafé, et ces mesures brutales, la disparition en quelques heures de toute la presse dite « bourgeoise », impressionnent défavorablement nombre d'habitants de la capitale, mais aussi ceux qui ne participent pas au pouvoir, mencheviks et S.-R. Les arrestations, souvent dictées par le Comité militaire révolutionnaire, se multipliant, Martov se rend auprès du comité central bolchevique pour exiger que l'on en revienne à la légalité et que soient libérés les ministres socialistes. Sa demande ne reçoit aucun écho. D'une manière générale, les bolcheviks inclinent à répondre que la victoire est certes acquise, mais qu'ils sont cernés par divers dangers. Le pays est loin d'être gagné à leur cause, et, à proximité, Kerenski, qui a fui, est soupçonné de chercher à rassembler des troupes en province pour prendre sa revanche. Ils se sentent donc en droit d'appliquer un véritable état de siège.

Victorieux, les bolcheviks restent sur le qui-vive, sachant qu'ils doivent non seulement mettre en œuvre le programme annoncé par Lénine au IIe Congrès des soviets, mais qu'il leur faut avant tout survivre.

*
* *

L'histoire de la révolution, de Février à Octobre, se découpe en deux périodes. De la révolution de Février à l'été 1917, diverses solutions politiques, divers aménagements de la ligne suivie par le gouvernement provisoire semblent encore possibles. Malgré la pression que Lénine, à son retour en Russie, commence à exercer sur le gouvernement et le soviet, les chances qu'a son parti d'accéder au pouvoir sont ténues. Elles le sont d'autant plus qu'après la révolution de Février, nombre de ses compagnons, rentrés d'exil, ont été tentés d'accepter la situation politique existante, la révolution bourgeoise, et de participer à la direction du pays. Sans doute le pouvoir est-il marqué, au cours de cette période, par l'existence de deux centres d'autorité : gouvernement et soviet. Mais là n'est pas alors l'essentiel. Ce que la société attend du gouvernement provisoire – et non pas du soviet, dans un premier temps, car c'est le gouvernement qui a la capacité légale de décider et d'agir –, c'est qu'une réponse soit apportée à ses aspirations les plus fortes : la paix et la réforme agraire. La faiblesse du gouvernement provisoire, celle qui va progressivement lui faire perdre sa légitimité, tient à son incapacité ou à son refus d'apporter aux deux demandes pressantes de la société les réponses attendues.

La volonté exprimée par Milioukov, puis par Kerenski, de s'en tenir aux alliances conclues, donc de poursuivre la guerre, heurte d'emblée les aspirations d'une société avide de paix et qui veut que celle-ci soit conclue sans délai.

La réponse au problème de la terre proposée par les gouvernements successifs jusqu'en Octobre n'est pas moins en contradiction avec la demande populaire. Le problème est renvoyé à l'instance qui peut légitimement se prononcer : l'Assemblée constituante. Mais, pendant des mois, les gouvernements repoussent les élections destinées à donner vie à cette assemblée, lui ôtant par ces atermoiements une part du prestige dont elle jouit dans les esprits, et se discréditant eux-mêmes.

La déception profonde qu'entraîne une attitude si contraire aux espérances populaires est à l'origine de deux évolutions que l'on entrevoit dès l'été 1917. Tout d'abord, la société, qui comprend qu'elle ne doit rien attendre du gouvernement, se détourne de lui et cherche des réponses auprès d'autres instances, avant tout le soviet qui, en peu de mois, sera investi de la confiance populaire et se verra doté par là d'une légitimité propre. Mais cette société frustrée décide aussi de trouver elle-même sur le terrain, à partir de l'été, sans plus s'occuper du pouvoir, des réponses à ses propres aspirations. Les désertions qui se multiplient sur le front dès cette époque, les terres et domaines que les paysans confisquent de leur propre chef à la campagne consacrent cette action spontanée de la société, en marge du pouvoir. Mais ces initiatives sur le terrain vont à leur tour créer des situations irréversibles dont le pouvoir né en octobre 1917 aura à s'accommoder.

Lénine, dont l'intuition politique est incontestable, a eu tôt fait de prendre la mesure des évolutions qui se sont ainsi produites en Russie entre février et avril 1917. S'il lance alors le mot d'ordre : « Tout le pouvoir aux soviets ! » c'est qu'il entrevoit dès son retour que le soviet et ses diverses institutions-sœurs à travers la Russie sont en train d'acquérir une légitimité aux dépens du gouvernement provisoire, et non plus à ses côtés, et que cette légitimité pourrait un jour être captée par le Parti bolchevique.

La victoire des bolcheviks est-elle dès lors inéluctable ? Peut-on la prévoir dès l'été 1917 et affirmer que les masses glissent alors irréversiblement dans le camp des bolcheviks ? Non. La société est plus proche, en cette période, des autres partis socialistes, même si leurs représentants sont compromis, à ses yeux, par leur participation aux gouvernements de coalition. La paysannerie, majoritaire en Russie, attend des socialistes-révolutionnaires qu'ils répondent à ses attentes. Et les mencheviks conservent une réelle autorité parmi la classe ouvrière. Les coups de force manqués des bolcheviks n'ajoutent pas à leur prestige. Mais Lénine, en ces circonstances, aura été puissamment aidé par Kerenski.

De l'été 1917 à Octobre, la scène politique russe, si fertile en événements, aura en effet été dominée par une confrontation invisible entre les deux hommes. Lénine a perçu et analysé les faiblesses de Kerenski, en particulier les deux principales d'entre elles : l'une liée à son caractère, l'autre à son impuissance à analyser justement les situations. Kerenski est d'un tempérament irrésolu, incapable de poursuivre de manière conséquente un dessein. Aux heures les plus difficiles, il hésite, change d'avis, temporise et ajoute à cette indécision un cynisme certain dans ses rapports avec autrui. Tel fut le cas avec le général Kornilov qu'il utilisa et trompa, ce qui lui aliéna définitivement la sympathie de l'armée. Mais il est tout aussi incapable d'évaluer de manière sûre des situations complexes et mouvantes. C'est ainsi qu'obsédé en permanence par la crainte d'être confronté à une contre-révolution tendant à restaurer la monarchie ou à porter l'armée au pouvoir, il ne cesse de tourner son attention et ses coups contre cet adversaire imaginaire, et sous-estime la capacité de Lénine à tirer avantage de son orientation antidroitière. De même, jusqu'en Octobre, Kerenski sous-estime l'aptitude des bolcheviks à se rétablir après leurs nombreux échecs. Quand il prend conscience de son erreur, il a déjà perdu la partie.

Face à l'aveuglement politique de Kerenski, Lénine joue sa partie bien plus habilement. Certes, il se sera lui aussi trompé, notamment en juillet 1917. Mais il est un point sur lequel il n'aura jamais commis de bévue durant ces mois difficiles : c'est dans sa perception de Kerenski. Il aura toujours su déceler les erreurs de jugement ou d'action de son adversaire, et les aura intégrées dans sa stratégie politique.

La « carte Kerenski » aura constitué en définitive un atout maître pour Lénine, en dépit de la position minoritaire du Parti bolchevique. Mais, à cette carte, il convient encore d'en ajouter une autre, celle que lui auront offerte ses adversaires socialistes, notamment les mencheviks. Convaincus d'être plus populaires, mieux implantés en milieu ouvrier que les bolcheviks, donc plus forts qu'eux, ceux-ci auront sous-estimé Lénine tout autant que l'a fait Kerenski. Ils n'auront pas prêté non plus assez attention à sa stratégie d'« entrisme » au sein des soviets, puis de l'armée.

En définitive, ses rivaux auront tous eu la faiblesse de n'avoir pas été assez attentifs aux propos et aux écrits de Lénine. À les écouter, à les lire, ils auraient peut-être mieux perçu ou prévu ce qui sera une donnée importante de la révolution d'Octobre : le rôle des « professionnels » de la révolution et la manipulation des institutions à laquelle, à la suite de leur maître à penser, ils se livreront avec brio.

QUATRIÈME PARTIE

LA FIN DU RÊVE
(1917 - 1924)

CHAPITRE X

De la mort de l'État à l'État de la révolution

En octobre 1917 le capitaine Jacques Sadoul, membre de la mission militaire française à Petrograd, décide de faire à son ministre Albert Thomas un rapport quotidien sur la révolution russe qui se déroule sous ses yeux. Sans doute n'est-il pas un témoin parfaitement serein et ses sympathies vont-elles au camp des vainqueurs. Mais l'observateur est de qualité et ses remarques sont précieuses pour comprendre le cours des événements. Le 31 octobre, quelques jours à peine après le succès de Lénine, il note[1] :

« La rue est parfaitement calme. Fait incroyable, pendant la semaine sanglante, grâce à la poigne de fer et à l'organisation puissante des bolcheviks, les services publics (trams, téléphone, télégraphe, poste, transports) n'ont jamais cessé de fonctionner normalement. L'ordre n'a jamais été mieux assuré.

« Seuls les fonctionnaires et la bourgeoisie boudent. Les ministères chôment. Mais Trotski les contraindra rudement à l'accomplissement du devoir... Tous auront appris que l'insurrection bolchevique est capable de briser toutes les résistances. »

Sadoul suggère ici ce qui est, à la fin d'octobre, la grande question. Lénine était préparé à gagner l'insurrection qu'il avait tant voulue, mais comment les bolcheviks allaient-ils ensuite organiser le pouvoir à l'échelle du pays, vaincre les résistances et combler les attentes ?

Quel État pour la révolution ?

Si Lénine s'était toujours passionné pour la prise de pouvoir et en avait défini les règles et moyens dans maints écrits, les lendemains de la révolution laissaient plus de place à l'incertitude dans sa réflexion. À la veille de s'emparer du pouvoir, alors qu'il est réfugié en Finlande dans l'attente du moment opportun pour réapparaître, il se consacre enfin à ce problème et rédige *L'État et la révolution*[2], ouvrage dont le sous-titre éclaire bien les intentions : « L'enseignement du marxisme sur l'État et les tâches du prolétariat dans la révolution ». L'ouvrage, rédigé à la hâte, n'est pas totalement de circonstance, car Lénine s'était déjà penché sur ce problème depuis le début de l'année et avait, selon ses habitudes, multiplié les lectures, pris des notes qui fournirent la matière de deux cahiers préparatoires, *Le Marxisme et l'État*[3] et *Projets et Notes pour le livre "L'État et la révolution*[4]*"*. De ces lectures systématiques est sorti un ouvrage étrange, ambigu, qui prête à plusieurs lectures.

En premier lieu, Lénine polémique avec tous ceux dont il veut écarter la réflexion sur l'État et dont la pensée sous-tend le mouvement révolutionnaire russe : les anarchistes (Proudhon, Bakounine, Kropotkine) dont il récuse avec force les vues fédéralistes ou encore le mythe de la révolte suppléant toute forme d'organisation ; mais aussi les marxistes orthodoxes (Kautsky, Plekhanov) et les réformistes comme Bernstein, qu'il accuse pêle-mêle de trahir Marx : « Un abîme sépare Marx et Kautsky, écrit-il, dans leur attitude sur les tâches du Parti prolétarien », et il ajoute, condamnation définitive :

« La social-démocratie allemande semble proclamer par la bouche de Kautsky : Je garde mes conceptions révolutionnaires... Mais, dès l'instant où se pose la question des tâches de la révolution prolétarienne à l'égard de l'État, j'opère un recul par rapport à ce que Marx disait déjà en 1852... »

Tous ceux que Lénine combat dans cet ouvrage ont le tort d'avoir soit nié l'importance de l'État, soit de lui accorder, dans le cours de la révolution, un statut étranger à l'analyse de Marx.

Cette condamnation générale étant formulée dans la dernière partie de l'ouvrage, il convient de se reporter à ce qui en constitue l'essentiel : l'État dans la révolution et après, tel que Lénine l'a tiré de Marx et Engels. À ses yeux aussi, l'État, instrument d'oppression d'une classe par une autre, doit être détruit ; compter sur son dépérissement est vain. Cette dernière conception, écrit-il, est « la mise en veilleuse, sinon la négation de la révolution ». L'État doit être détruit par la violence qui seule est à même de s'opposer à la violence de la classe dominante. Dans *Que faire,* Lénine avait déjà clairement exposé la nécessité de la violence révolutionnaire et de la lutte armée pour assurer le triomphe du prolétariat. Ici, même si l'accent mis sur la violence proprement dite est moins fort et si le terme est moins usité, le discours n'en est pas moins un discours de violence : « pouvoir spécialisé de répression exercé par la bourgeoisie contre le prolétariat », « dictature du prolétariat » ne sont pas des expressions pacifiques. Citant Engels, dont il s'évertue à démontrer qu'il est erroné de réduire la pensée à l'« extinction de l'État », Lénine précise : « Cet ouvrage d'Engels, dont tout le monde se rappelle qu'il contient un raisonnement sur l'extinction de l'État, en renferme un autre sur l'importance de la révolution violente. » L'appréciation historique de son rôle se transforme chez Engels en un véritable panégyrique de la révolution violente : le propos de la révolution est de « briser » la machine d'État, de la « détruire », de la « démolir ». On n'en finirait pas d'inventorier le vocabulaire utilisé par Lénine pour décrire la pensée de Marx et Engels et qui, tout entier, tourne autour de notions brutales dès qu'il s'agit de l'État que la révolution doit supprimer.

Mais, au-delà de cette justification de l'indispensable violence révolutionnaire aux fins d'abolir l'organisation étatique existante, Lénine, se référant toujours à Marx, propose le modèle étatique de la Commune de Paris :

« La Commune est la forme *enfin trouvée* par la révolution prolétarienne qui permet de réaliser l'émancipation économique du travail. »

En définitive, toujours en s'appuyant sur Marx et Engels, Lénine donne de la stratégie révolutionnaire envers l'État une double vision. « Avant » la révolution, l'État, organe de domination des classes possédantes, ne peut être ni amendé ni utilisé à des fins révolutionnaires ; il doit être détruit, balayé. « Après », une fois que le prolétariat a remporté la victoire, l'État révolutionnaire existe pour un temps – et c'est là que le modèle de la Commune sert de référence – tout en préparant son propre dépérissement. Mais Lénine avance prudemment dans sa description de cet État destiné à terme à disparaître. Ce qu'il décrit, c'est avant tout le fonctionnement de l'État dans la phase de dictature du prolétariat où il existe et fonctionne selon des modes inédits. Si l'État subsiste un certain temps après le triomphe du prolétariat – dans ce texte, Lénine évoque fort peu le Parti, ce sont les masses qui jouent un rôle central –, c'est qu'il faut définitivement briser toute velléité de résistance des classes exploiteuses qui ne se résignent pas d'emblée à disparaître de la scène de l'Histoire. C'est leur résistance qui explique la nécessité de maintenir une phase étatique. Mais avec quels pouvoirs ?

La Commune de Paris est là pour servir de modèle. Pouvoir de la majorité, c'est-à-dire du prolétariat exerçant une véritable dictature sur les anciens exploiteurs devenus minorité. Mais pouvoir qui ne ressemble pas aux pouvoirs traditionnels. Notamment parce que ce qui a toujours caractérisé l'État, la mainmise sur les instruments de la force – armée et police –, lui échappe. C'est le peuple en armes qui devient l'armée et qui exerce les pouvoirs de police. Privé de ces deux piliers, l'État ne peut exercer de violence contre le peuple ; il dépend au contraire de lui. Il en va de même de toutes les fonctions administratives et de gestion : tout sera accompli par des fonctionnaires issus du peuple, élus par lui et révocables par lui. L'État n'aura pas autorité sur ceux qui le feront fonctionner. Et Lénine de préciser : « électivité complète, révocabilité à tout moment de tous les fonctionnaires sans exception ; réduction de leurs traitements au niveau normal du salaire d'un simple ouvrier ». On rejoint là totalement le modèle de « la Commune qui, écrivait Marx, a réalisé ce mot d'ordre de toutes les révolutions bourgeoises, le gouvernement à bon marché, en abolissant les deux grandes sources de dépenses, l'armée et la bureaucratie[5] ».

Qui sera ce fonctionnaire d'un type nouveau ? Tout le monde, car nulle connaissance particulière n'est requise pour assurer le fonctionnement de cet État simplifié :

« On peut et on doit à présent, du jour au lendemain, commencer à remplacer les « méthodes de commandement » propres aux fonctionnaires publics par le simple exercice d'une surveillance et d'une comptabilité, fonctions toutes simples qui, dès aujourd'hui, sont parfaitement à la portée de tous les citadins. »

Le slogan « La cuisinière est apte à diriger l'État » est issu de cette conception excluant – en ce qu'elle postule que tous les prolétaires sont interchangeables – l'hypothèse de l'émergence d'une nouvelle couche dirigeante de bureaucrates qui serait tentée de détourner le pouvoir d'État à son profit. De même, Lénine tire de cette mobilité constante des acteurs sociaux la certitude que toutes les tares sociales engendrées par la volonté de détenir et garder le pouvoir – telles la criminalité et toutes formes de délinquance, ainsi que les inégalités économiques – disparaîtraient d'elles-mêmes : « Délivrés de l'esclavage capitaliste, des horreurs, des sauvageries... les hommes s'habitueront graduellement à respecter les règles élémentaires de la vie en société. »

S'il est un principe démocratique dont Lénine se débarrasse rapidement, c'est celui de la séparation des pouvoirs. La Commune est une condamnation du parlementarisme traditionnel, « vénal, pourri jusqu'à la moelle », note-t-il, et elle réalise à elle seule la synthèse de l'exécutif et du législatif. Marx n'a-t-il pas écrit : « La Commune est un corps agissant, exécutif et législatif à la fois » ?

Ce texte, utopique, anarchisant, pose une série de problèmes. En premier lieu, celui du rapport entre cette conception du prolétariat qui se confond avec l'État – « l'État, c'est-à-dire le prolétariat organisé en classe dominante », ou encore, écrit Lénine, « l'aboutissement du rôle du prolétariat dans l'Histoire, c'est la dictature prolétarienne, la domination politique du prolétariat » – et celle du Parti dont Lénine a toujours souligné qu'il ne se confondait pas avec le prolétariat, mais en était le guide, détenteur du savoir nécessaire à ce dernier pour lui permettre de jouer son rôle. Où est passé le Parti dans cette conception du prolétariat dominant ? Il n'en est guère question. S'il n'aborde pas cet aspect, Lénine n'indique pas non plus comment le prolétariat aurait soudain acquis la conscience de classe innée qu'il lui a toujours déniée. Or le Parti construit pour conquérir le pouvoir, constitué de « professionnels » de la révolution – Lénine a toujours insisté sur ce nécessaire professionnalisme –, est l'antithèse des prolétaires aptes à tout et d'un État où nulle compétence ne serait plus requise.

Par ailleurs, le texte de Lénine conjugue de façon fort ambiguë des conceptions contradictoires. Il souligne l'importance attachée par Marx à l'État « centralisé », contre les conceptions anarchistes ; à « l'"unité" de la nation qui, loin d'être brisée, sera au contraire organisée par la constitution communale », et il emprunte à Marx l'expression « organiser l'unité de la nation pour opposer le centralisme prolétarien conscient, démocratique, au centralisme bourgeois militaire, bureaucratique ». Il donne de l'organisation de la société une vision elle aussi parfaitement ordonnancée et centralisée : « La société tout entière ne sera plus qu'un seul bureau et un seul atelier avec égalité de travail et égalité de salaire. » Mais cette discipline « d'atelier » que le prolétariat, après avoir vaincu les capitalistes, étendra à l'ensemble de la société, « n'est pas notre idéal ni notre but final », ajoute

Lénine. Ce n'est qu'une étape. Le stade ultime, c'est l'évolution de la société communiste, au terme d'un « processus de longue durée », vers un futur dont les contours paraissent impossibles à imaginer tant chez Marx que chez Lénine.

En reconnaissant cette difficulté, Lénine pense y avoir répondu. Mais le lecteur de *L'État et la révolution*, lui, reste dans la plus grande perplexité. Comment concilier la vision anarchique qu'à partir du modèle de la Commune Lénine propose du prolétariat – il est tout et assume tout, il peut à tout moment élire et révoquer, il est tout à la fois le législatif et l'exécutif – et sa vision organisatrice où « centralisation », « unité » et « discipline d'atelier » sont les maîtres mots de l'État qu'il décrit ? Comment, de cette organisation forte, passer à l'absence de toute organisation ? Par quel type de décision ? Par une évolution continue ? Grâce à la spontanéité prolétarienne ? Par la volonté de ceux qui, à un moment donné, dans « l'immense bureau et l'immense atelier », occupent les postes de commandement ?

Enfin, l'obscurité qui plane sur le stade ultime n'aide point à adhérer au raisonnement de Lénine.

La question que l'on doit poser en dernier ressort est : quelle place accorder à cette utopie dans le parcours intellectuel de Lénine ? Certes, ce texte à peine achevé a été écrit dans la fièvre, car Lénine, depuis son refuge, est alors dans l'attente de l'insurrection qu'il prône*. Mais il en a rassemblé les matériaux depuis plusieurs mois, ce qui témoigne de son vif intérêt pour le sujet. Peut-être la meilleure réponse à la question posée réside-t-elle dans

* Ce texte restera inachevé. Lénine rédigera le 30 novembre 1917 une postface destinée à l'édition suivante. La publication en brochure date de 1918.

la mise en parallèle de l'évolution du projet et des événements.

Quand Lénine se lance dans l'examen des œuvres de Marx et d'Engels sur l'État au début de l'année 1917, il a, certes, l'œil rivé sur une Russie aux prises avec les défaites ; mais, surtout, il attend une révolution mondiale. Son projet de livre n'est probablement pas seulement destiné à la Russie. La fin de l'année 1916 et le début de 1917 constituent en effet, dans l'histoire de la guerre, une période étrange. Les propositions de paix se multiplient de tous côtés. « Les Empires centraux ont proposé des négociations de paix le 12 décembre 1916 ; Wilson, un plan de paix le 18. Les socialistes russes en ont fait autant dès mars 1917, puis les socialistes hollandais et scandinaves. Le pape Benoît XV, pour ne pas être en reste, a lancé une proposition en août[6]... » Ces appels à la paix encouragent, pense Lénine, les courants pacifistes au sein des sociétés civiles aussi bien que dans les armées, et il croit que se rapproche la phase de décomposition des systèmes politiques sur laquelle il mise depuis le début du conflit. Un effort de réflexion sur l'avenir des sociétés révolutionnaires dont il prévoit encore l'achèvement en Europe occidentale lui paraît donc nécessaire. Mais, lorsqu'il rédige cet ouvrage si peu compatible avec le reste de son œuvre, et que l'on arrive mal à situer dans sa pensée, c'est à la Russie qu'il s'adresse, une Russie depuis des mois en plein processus révolutionnaire. L'on comprend mieux, dès lors, la signification de ce texte destiné en tout premier lieu à discréditer les propositions de ceux qu'il tient en Russie pour ses principaux adversaires, à savoir les socialistes ouverts à l'idée de coalition.

Surtout, Lénine entend donner à la prise de pouvoir par les bolcheviks une référence qui les légitime. La conception utopique de la Commune – un peuple entier détenant le pouvoir – est assurément plus aisée à justifier qu'un Parti qui s'en empare seul. Peu importe que le modèle de la Commune, dont l'existence fut si éphémère, ne soit pas très convaincant. L'essentiel, pour Lénine, est d'en appeler à Marx, à cette brève aventure révolutionnaire, et de placer sous ces auspices révérés par tous les socialistes l'aventure dans laquelle il s'apprête à se lancer.

En taisant presque le nom et l'existence du Parti, Lénine fait-il preuve d'hypocrisie ? ou bien la fièvre révolutionnaire le conduit-elle alors à céder à un rêve utopique ? On a du mal à accepter sans réserves la seconde hypothèse. Le plus plausible est que Lénine a ressenti, avant d'accéder au pouvoir, l'utilité de disposer d'un texte théorique se référant aux « pères du marxisme », qui justifie d'emblée l'élimination de tous ceux qui ne le suivent pas, et légitime aussi sa conception autoritaire du pouvoir.

Dans *L'État et la révolution*, le mépris de Lénine pour les procédures parlementaires, pour les élections (exception faite du système d'élection permanente des fonctionnaires de la Commune de Paris), est affiché sans détours. De même que son refus de la séparation des pouvoirs. Cependant, ces positions formulées sans ambages ont l'avantage d'être ici assorties de la caution de Marx. Quant au problème de l'incompatibilité entre sa vision anarchiste du pouvoir prolétarien et celle, centraliste, du pouvoir du Parti, comment ne pas comprendre que Lénine en renvoie précisément la solution aux lendemains de la prise du pouvoir ? N'a-t-il pas dit très explicitement son adhésion à la formule prêtée à Napoléon : « On s'engage et puis on voit » ? Toute son attitude, lors de la révolution d'Octobre où il doit vaincre les hésitations de ses proches qui l'assurent du caractère prématuré d'une révolution socialiste dans les conditions de la Russie, n'est-elle pas la confirmation de sa décision inébranlable : il faut s'engager, et puis on verra ?

Si cet ouvrage semble à première vue incohérent, si l'on peut, à son gré, en faire une lecture anarchisante ou autoritaire, il est néanmoins patent que Lénine a su lui donner une cohérence interne en en offrant non pas deux lectures distinctes, mais une lecture correspondant à deux périodes historiques : la période de transition, qui voit prévaloir un mélange de conceptions anarchistes et de volonté d'organisation ; et la vision à très long terme du dépérissement de l'État, qu'il se garde bien de situer dans le temps et dont il n'évoque pas le contenu. L'ensemble constitue une utopie qui ne connaîtra jamais un début d'application. Cependant, à prendre en compte le caractère de Lénine et les autres écrits qui « entourent » ce texte, tout suggère que l'utopie n'est pas un moment du développement de sa pensée, mais tout simplement une « composante » de sa stratégie de marche vers le pouvoir.

L'ÉTAT ET LA RÉVOLUTION FACE À LA RÉALITÉ

Le problème le plus immédiat, celui que Lénine a, pense-t-il, réglé dès son intervention devant le congrès des soviets, est celui de l'exercice du pouvoir, c'est-à-dire celui du gouvernement. Fidèle à son habitude de tenir son Parti pour l'instrument privilégié de tous ses projets, il a d'emblée constitué un gouvernement qui exclut tous les autres partis socialistes. Or, sur ce point, il va aussitôt se heurter non seulement à l'indignation des socialistes-révolutionnaires et des mencheviks, mais à son propre camp. Le 1er novembre, Sadoul écrit à son ministre[7] :

« Une crise s'amorce. Kamenev, le plus parlementaire des leaders maximalistes, est effrayé par le splendide isolement des bolcheviks. Comme Zinoviev, Rykov, Chliapnikov, Riazanov et la plupart de ses camarades, il considère qu'un ministère de concentration socialiste serait seul capable de sauver les conquêtes de la troisième révolution. »

La crise qui éclate au sein du Parti était prévisible dès le congrès des soviets où les délégués avaient voté à une majorité écrasante une résolution présentée par Martov, réclamant l'ouverture du gouvernement annoncé par Lénine aux autres partis socialistes. Ce vote, intervenu dans une assemblée à dominante bolchevique à l'heure même où Lénine et son parti viennent de s'emparer du pouvoir, est significatif de l'état d'esprit des bolcheviks. L'un d'eux, Lounatcharski, est d'ailleurs venu soutenir fermement, au cours du débat, la proposition de Martov. Cette levée de boucliers contre la conception « monopolistique » de Lénine est aisément compréhensible. Nombre de ses compagnons se sont ralliés à contrecœur à l'insurrection, et leurs doutes persistent. Maints « vieux bolcheviks » continuent, même après la prise du pouvoir, à la tenir pour une manifestation d'aventurisme politique condamnable. C'est le cas de Bogdanov, Krassine, Gorki, entre bien d'autres. Le pouvoir ayant été conquis dans des conditions défavorables, ils considèrent qu'il faut tenter de le sauver en y associant tous les socialistes. Le rêve de l'unité, si étranger à Lénine, n'a pas déserté l'esprit de ses camarades qui répètent que jamais l'union entre socialistes n'a été aussi nécessaire. Seul Trotski soutient Lénine sans états d'âme et dit au capitaine Sadoul sa confiance dans l'emploi de mesures autoritaires et répressives pour sauver le pouvoir des bolcheviks. Rallié à Lénine depuis peu, il sera, quand cette crise surviendra, son meilleur appui.

Mais les grandes figures du bolchevisme ne sont pas seules à peser dans ce conflit. Le puissant comité exécutif du syndicat des cheminots *(Vikjel)* s'en mêle, exige que les bolcheviks renoncent à monopoliser le pouvoir et acceptent l'idée d'une coalition ; pour montrer sa détermination, il annonce que si les pourparlers entre le Parti bolchevique et les partis exclus du gouvernement ne sont pas engagés immédiatement, toutes les communications ferroviaires seront interrompues[8]. La menace a de quoi impressionner. Car, en dépit des remarques admiratives de Sadoul sur la capacité des bolcheviks à faire fonctionner les services publics en temps de révolution, la situation s'est dégradée en l'espace de quelques jours. Dès le 28 octobre, la grève s'est installée dans les services publics et les banques. Les employés qui n'ont pas pris part aux événements insurrectionnels, mais qui manifestaient une sympathie passive pour le changement en cours, ont été choqués, dès le 26, par la bolchevisation du pays. Lénine se trouve ainsi confronté à une pression silencieuse mais efficace des « cols blancs », à la pression violente du syndicat des cheminots, et aux doutes de ses amis.

Parmi ses fidèles, peu lui donnent raison. Outre Trotski, il n'est soutenu que par Staline et Ordjonikidze. C'est insuffisant pour refuser tout dialogue. Lorsqu'il devra en accepter le principe, il sera convaincu de faire là une concession formelle, tout en étant bien décidé au bout du compte à n'en faire aucune.

Apprenant, le 29 octobre, que la révolution à Moscou tourne au bain de sang, voyant la paralysie de toute vie administrative à Petrograd, il est contraint de céder. Une réunion est organisée sous les auspices du *Vikjel*, rassemblant des bolcheviks – Lénine, Trotski et Staline n'y assistent pas – et les représentants de diverses organisations de gauche. Le but de cette rencontre qui se tient sous la menace de la grève des chemins de fer annoncée est « la construction de l'autorité d'État[9] ». Kamenev fait partie de la délégation bolchevique en tant que président du comité exécutif central des soviets, élu à l'issue du IIe Congrès où dominent les bolcheviks (ils sont soixante-six pour trente-neuf S.-R. de gauche et dix « divers »). Au cours de la réunion, Kamenev jette tout son poids dans la balance, en faveur de la coalition. De ses propositions découle une conséquence implicite qui sera clairement admise dès le lendemain : tout accord sur la coalition implique l'élimination de Lénine et de Trotski en raison de leur intransigeance qui condamnerait à l'échec toute ouverture gouvernementale.

Lénine a parfaitement saisi qu'il risque d'être sacrifié à un tel compromis et il s'emploie de son côté à consolider son autorité sur le Parti. Le 1er novembre, il déclare au comité de Petrograd que les négociateurs bolcheviques de l'accord ne sont que de « misérables tricheurs », et il termine par une phrase qui exclut toute concession : « Il n'est pas question de négocier avec les socialistes. Notre mot d'ordre est : aucun compromis, et un gouvernement bolchevique homogène. »

Pour Lénine, il importait de ne pas heurter de front ses interlocuteurs, tant était grand le risque de voir se cristalliser l'alliance qui l'éliminerait, mais il cherchait à fomenter une riposte du Parti qui ôterait toute signification à des concessions apparentes. Telle fut la tâche confiée à Volodarski qui lui servit de porte-parole, transmettant au comité exécutif central ses propositions.

Lénine, dit Volodarski, accepte le dialogue, et surtout l'élargissement du comité exécutif central aux représentants des syndicats, des soviets de paysans et des forces armées. Il acquiesce aussi au principe de la subordination du gouvernement au CEC. Compromis ambigu. Sans doute, aux yeux des non-bolcheviks, le gouvernement reste-t-il, dans ce projet, inchangé ; mais l'ouverture du CEC à des forces proches des autres partis et l'autorité suprême qui lui est reconnue ont de quoi séduire les socialistes qui pensent pouvoir ainsi contrôler le gouvernement bolchevique. Pour Lénine, l'essentiel est préservé : c'est le monolithisme gouvernemental. Pour ce qui est du CEC, il croit pouvoir y renforcer progressivement l'influence du Parti. Surtout, il lui faut gagner du temps.

Les bolcheviks du CEC n'ont pas discerné ces arrière-pensées, et l'accord est voté par trente-huit voix contre vingt-neuf. Mais le *Vikjel* estime la mesure insuffisante et réclame un retrait pur et simple des bolcheviks du gouvernement. Pour tourner la difficulté, Kamenev propose le départ de Lénine et son remplacement par le S.-R. Victor Tchernov. C'en est trop pour Lénine qui convoque le comité central et exige la rupture de tous pourparlers sur la formation d'un gouvernement de coalition. À l'heure du vote, force lui est de constater que la fronde est totale : face à dix opposants, il ne peut compter que sur trois voix favorables, dont naturellement celle de Trotski. Pour sauver la situation, celui-ci prône alors une solution moyenne : poursuivre les négociations avec les seuls S.-R. de gauche et considérer cette concession comme une ultime tentative pour sortir de la crise. Les participants acceptent la proposition et Trotski relève dans ses écrits sur Staline que, silencieux au cours du débat, celui-ci finit par se ranger à son côté.

Lénine est bien décidé à aller au bout de la confrontation et en profite pour exiger la soumission de la minorité. L'ultimatum est signé de dix noms. Boubnov, un membre du comité central, a relaté cet épisode bien caractéristique des méthodes de Lénine. Celui-ci rédigea le texte, puis il « appela individuellement chacun des membres à son bureau, leur soumit le texte et exigea qu'ils le signent[10] ».

À ce coup de force rejetant dans la minorité des bolcheviks pourtant proches des aspirations de l'ensemble du Parti, Lénine ajoute au même moment une décision qui les heurte profondément. Par le passé, les bolcheviks s'étaient engagés à respecter la liberté de la presse ; ils opposaient cet engagement aux fermetures de leurs propres journaux décrétées lors des crises par le gouvernement provisoire. Lénine s'était fait alors le chantre de la liberté de la presse, expliquant qu'elle n'existait qu'à condition « que les opinions de tous les citoyens puissent s'exprimer[11] ». Moins de trois mois plus tard, il oublie ce texte intitulé *Comment assurer le succès de l'Assemblée constituante ?* Une fois le pouvoir acquis, il est devenu hostile et à la presse libre, et à la Constituante... C'est alors que paraît le décret limitant la liberté de la « presse contre-révolutionnaire ». Quand le bolchevik Iouri Larine dénonce cette mesure devant le comité exécutif central, il fournit à Lénine une nouvelle occasion de vilipender « ceux qui s'élèvent contre la discipline du Parti ». Le comité exécutif central repousse par seulement deux voix de majorité une motion de Larine réclamant la condamnation du décret sur la presse. Un grand nombre de bolcheviks votent ainsi contre le *Sovnarkom*, donc contre Lénine. L'heure du choix a sonné. Lénine ordonne aux opposants de se ranger aux positions du comité central. Certains préfèrent se démettre avec éclat. Kamenev, Zinoviev, Rykov, Milioutine et Noguine démissionnent du comité central ; les trois derniers abandonnent aussi leur ministère, et Kamenev laisse la présidence du comité exécutif, à laquelle Lénine désigne aussitôt Sverdlov. Les démissionnaires ont adressé à l'organe officiel du *Sovnarkom*, les *Izvestia*, une lettre justifiant leur geste. Une fois encore, ils s'y disent convaincus de la nécessité d'un gouvernement ouvert à tous les socialistes, et y expriment leur volonté d'en appeler à la société contre l'autoritarisme du « groupe qui domine le comité central ».

À l'évidence, il y a scission dans le Parti. Mais Lénine ne tolère pas la scission. Il exclut et « épure », et s'arrange pour sortir de la crise dans une position renforcée. On est loin, ici, de *L'État et la révolution* et de l'approche du pouvoir puisée dans l'exemple de la Commune de Paris. Mais Lénine est servi dans ce conflit par la division des socialistes. Les socialistes modérés, démoralisés par sa brutalité, ont quitté les débats du comité exécutif central, préférant attendre, pour rouvrir la question gouvernementale, l'installation de l'Assemblée constituante. En novembre 1917, les socialistes croient encore que Lénine devra s'incliner devant une assemblée élue au suffrage universel. Seuls restent donc face à lui les S.-R. de gauche, disposés à accepter ses propositions qui vont se révéler fort habiles. Certes, ils ont attaqué en Lénine sa volonté de monopoliser le pouvoir ; mais il sait vite les séduire par les offres et avances qu'il leur fait. Il leur propose en effet de participer au gouvernement et d'élargir le comité exécutif central à une représentation nouvelle, avant tout paysanne. Au terme de plusieurs jours de rudes négociations, le 15 novembre, l'accord suggéré par Lénine est conclu. Mais seuls y participent les S.-R. de gauche ; le reste de ce parti et les mencheviks en sont exclus. Quelques S.-R. entrent alors au gouvernement, dont I.N. Chteinberg qui hérite du commissariat à la Justice.

Pour apaiser le syndicat des cheminots, Lénine accepte la requête qu'il a présentée et propose de confier le poste de commissaire aux Transports à l'un de ses membres, Krouchinski, qui appartient par ailleurs aux S.-R. de gauche. Celui-ci ayant joué un rôle important dans la confrontation avec les bolcheviks, Lénine n'ignore pas qu'il risque de se révéler un ministre incontrôlable, mais il lui faut en passer par les exigences du syndicat pour le neutraliser. Il trouve la bonne solution en adjoignant à Krouchinski, comme vice-commissaire, son propre beau-frère, Mark Elizarov. Elizarov étant ingénieur et membre du syndicat, le *Vikjel* acquiesce à cette nomination. Chacun des trois participants à ce marché – Lénine, Elizarov et le syndicat – dissimule des arrière-pensées : grâce à la présence de son beau-frère au commissariat, Lénine est assuré d'y disposer d'un agent sûr qui pourra exercer une influence sur le commissaire en titre, donc sur le syndicat des cheminots ; Elizarov espère pouvoir tenir la balance égale entre les deux camps, et en exprime d'ailleurs la volonté ; quant au *Vikjel*, après avoir exaucé le désir de Lénine, il estime pouvoir exercer une autorité indiscutée sur le commissariat aux Transports et le gouvernement.

De tous, le plus rassuré dans ses calculs est Lénine pour qui la coalition ne constitue qu'une concession momentanée, et la présence de commissaires non-bolcheviques au sein du *Sovnarkom* ne saurait être qu'éphémère. L'urgence est non seulement de faire rapporter les projets de grève, mais aussi – Lénine compte pour cela sur son beau-frère – de manipuler la préparation du congrès du syndicat des cheminots, qui doit avoir lieu au début de décembre, afin d'en faire évincer les responsables en place, dont l'opposition aux bolcheviks est constante, et d'obtenir l'élection d'une direction syndicale conciliante, voire tout à fait docile à ses vues. « Élargissement du gouvernement » signifie pour lui, on le voit, tout autre chose qu'une véritable concession à ceux qui souhaitaient associer au pouvoir d'autres partis ou groupes que les bolcheviks.

Mais, sous couleur d'ouverture politique, la manœuvre de Lénine s'étend aussi au comité exécutif central qui, dans cette période, remplace un législatif encore inexistant. L'accord du 15 novembre a en effet prévu cet élargissement et Lénine fait ouvrir l'instance, forte de cent huit membres, à d'importants contingents de paysans, de militaires et de représentants des syndicats. Concession apparente : la conséquence en est une centralisation accrue du pouvoir. Le comité exécutif central passe en effet de son effectif initial à trois cent soixante-six membres, ce qui le rend tout à fait inefficace, d'autant plus que la masse des nouveaux venus, paysans et soldats, accroît l'hétérogénéité des vues et des exigences. Une autre conséquence en est que les bolcheviks n'y pèsent pas lourd face aux S.-R. de gauche dont les paysans se sentent particulièrement proches. Il n'empêche : toute assemblée disposant d'un præsidium, celui-ci est recomposé, le 12 décembre, et les bolcheviks s'y arrogent douze sièges, contre sept aux S.-R. de gauche. Or ce præsidium est le véritable détenteur du pouvoir. Le comité exécutif central, trop nombreux, trop difficile à réunir, plus difficile encore à faire débattre sérieusement, connut le sort qui souvent frappe les assemblées trop populeuses : l'absentéisme et le bavardage le caractérisèrent. Du coup, ses réunions se raréfièrent et les actes législatifs qui auraient dû lui être soumis par le *Sovnarkom* ne le furent plus. Siégeant tous les jours, le Conseil des commissaires du peuple trouva plus expédient de cumuler pouvoir exécutif et pouvoir législatif. Dans *L'État et la révolution*, Lénine avait mis l'accent sur les sympathies de Marx pour un tel cumul. Il avait élargi le CEC de telle manière qu'il devînt impossible au *Sovnarkom* de ne pas cumuler les deux pouvoirs. À cet égard, on peut dire que son texte utopique s'inscrivit, en l'espace de quelques semaines, dans la réalité.

Ce tour de passe-passe politique n'échappa pas à l'attention des partenaires des bolcheviks, les S.-R. de gauche, qui s'en indignèrent. Mais leur participation au gouvernement les rendait complices d'une pratique qu'ils condamnaient, et leurs protestations restèrent donc sans écho.

De toute manière, en décembre 1917, tandis que Lénine renforçait son pouvoir, tous ceux qui étaient en désaccord avec ses méthodes attendaient avec impatience que l'élection et l'installation de l'Assemblée constituante rétablissent en Russie une activité politique plus conforme à la réalité du rapport de forces existant.

Vie et mort de la Constituante

La convocation d'une Assemblée constituante avait dominé les espoirs de la société russe dès la chute du système tsariste. Élections promises mais toujours reportées, ce qui n'avait guère contribué à la popularité des gouvernements qui s'étaient succédé entre Février et Octobre. Conscient de la déception profonde de l'opinion, Lénine avait naturellement déclaré que le scrutin devrait avoir lieu et, prenant le pouvoir alors que la date en avait déjà été fixée, il s'était engagé à ce qu'il fût organisé. Pourtant, cet engagement ne lui convenait guère et il s'ouvrit à ses proches collaborateurs des possibilités d'y échapper. Trotski[12], à qui il en faisait la suggestion et qui objectait qu'il ne pouvait sans danger agir comme le gouvernement provisoire, s'entendit répondre brutalement : « Vous vous trompez : seul le résultat final compte. » Mais Lénine dut finalement renoncer à ses intentions car les autres partis politiques – notamment les socialistes –, qui comptaient sur ces élections pour réduire la puissance des bolcheviks, s'étaient engagés dès le début novembre dans une campagne électorale très active. Les S.-R., en particulier, sillonnèrent les provinces, mobilisant les paysans. Le résultat fut une très forte participation électorale, surtout dans les campagnes, moindre dans les villes où elle tourna néanmoins autour de 60 %. Pour des raisons pratiques, les élections, fixées par le gouvernement provisoire au 12 novembre, s'étalèrent en fait jusqu'au 26. Il n'est pas indifférent de noter que les femmes votaient. Lénine avait songé un instant à abaisser l'âge de voter de vingt à dix-huit ans, espérant ainsi disposer d'une masse électorale plus malléable. Mais il était trop tard pour modifier le système. Ses divers desseins (annuler les élections, puis modifier le corps électoral) découlaient du pressentiment fort juste que ce scrutin allait confirmer la position seconde des bolcheviks par rapport aux S.-R.

Le résultat de cette consultation, remarquable par le sérieux et le degré de conscience du corps électoral, et, si l'on excepte quelques incidents, totalement sincère, fut à la hauteur des inquiétudes de Lénine. Les socialistes-révolutionnaires attirèrent dix-sept millions d'électeurs, soit 40 % ; les bolcheviks, à peine dix millions, soit 24 %. Les S.-R. étaient de surcroît renforcés par le succès de leurs homologues ukrainiens qui avaient recueilli cinq millions de suffrages (12 %), ce qui portait la part totale des socialistes-révolutionnaires à plus de 50 %. De leur côté, les bolcheviks ne pouvaient ajouter aux votes qu'ils avaient recueillis que le demi-million de voix (soit 10 %) de leurs alliés S.-R. de gauche. Pour les mencheviks, en revanche, les élections tournèrent à la déroute ; avec à peine plus d'un million trois cent mille suffrages, ils n'atteignirent pas 3 %. Les partis libéraux, Cadets (Constitutionnels-démocrates ou K.-D.) en tête, malgré leur quasi-exclusion de la vie politique, réussirent à rassembler un petit peu plus de trois millions de voix, soit 7 % du corps électoral. Ils avaient de bons journaux et jouissaient d'une large audience parmi tous ceux qui rejetaient les bolcheviks. Ce n'était pas un succès remarquable, mais, après le coup d'Octobre, ce n'était pas non plus un désastre. Principalement élus dans les grandes villes, les Cadets représentaient encore un espoir pour une fraction de la société urbaine.

Le résultat des élections, traduit en sièges à l'Assemblée, ne pouvait guère rassurer Lénine. Sur les sept cent trois sièges, les S.-R. en obtinrent quatre cent dix-neuf, soit 60 % ; les bolcheviks, cent soixante-huit, auxquels vinrent s'ajouter les quarante sièges des S.-R. de gauche ; les Cadets dix-sept, les mencheviks seize, et quatre-vingt-dix sièges allèrent aux partis représentant les minorités nationales. La composition de l'Assemblée élue indiquait nettement qu'un changement politique était intervenu dans la Russie que les bolcheviks croyaient dominer. L'Assemblée issue du suffrage universel – un suffrage exercé dans des conditions de mobilisation sociale attestant l'importance que lui accordait le peuple – était aux deux tiers étrangère aux bolcheviks qui avaient ainsi désormais en face d'eux une instance échappant totalement à leur contrôle et hostile à leur pouvoir. Jusqu'alors, Lénine avait réussi, par ses manœuvres dites d'« élargissement », à noyer et réduire à une quasi-inexistence le congrès des soviets, puis le comité exécutif central. Avec la Constituante, il ne pouvait agir de même. Surgissait alors la question qu'il avait reprise de Tchernychevski : que faire ?

La question se posait d'autant plus que venait de naître un Comité pour la défense de l'Assemblée constituante. Sa création tendait à indiquer que la société était consciente du défi auquel les bolcheviks se trouvaient soudain confrontés. Ce comité de représentants de tous les partis – exception faite des bolcheviks et des S.-R. de gauche – et de nombreux syndicats et associations se présentait comme l'héritier du Comité pour le Salut de la patrie et de la révolution qui avait vu le jour un mois plus tôt pour s'opposer à la mainmise des bolcheviks sur la totalité des pouvoirs. Le même problème resurgissait donc après l'élection de la Constituante : les partis non-bolcheviques et de nombreux syndicats étaient à la fois affolés et exaspérés par la volonté de pouvoir de Lénine, mais, à la fin de novembre 1917, ils disposaient d'un véritable outil politique capable de le tenir en échec : l'Assemblée nouvellement élue. Le tout était de prévenir sa liquidation, car, lucides, les adversaires de Lénine pressentaient que tel était son secret dessein.

Le gouvernement provisoire qui, avant de disparaître, avait fixé la date de l'élection, avait aussi annoncé que l'installation de la nouvelle Assemblée aurait lieu le 28 novembre. Le Comité pour la défense de l'Assemblée constituante décida de mobiliser la société afin de protéger la réunion de l'Assemblée à la date prévue. Il lança l'ordre de tenir session alors que les élus n'étaient pas encore convoqués officiellement et qu'un petit nombre d'entre eux seulement étaient à même d'accéder au palais de Tauride. Des manifestants favorables à l'Assemblée étaient venus en masse pour les protéger, mais une réunion sans statut réel, limitée à quelques dizaines de députés, donc loin d'atteindre le quorum exigé, ne pouvait que tourner à une démonstration de force manquée.

Pendant ce temps, Lénine ne restait pas inactif. Il avait déjà proposé au *Sovnarkom* d'ajourner l'installation de l'Assemblée en invoquant l'extrême difficulté à en réunir les élus. Simultanément, il s'attaqua au parti Cadet qu'un décret du *Sovnarkom* pris le 28 novembre – jour de la première confrontation autour d'une éventuelle réunion de la Constituante – interdit comme « parti contre-révolutionnaire ». Les Cadets furent accusés de fomenter le renversement du pouvoir pour le compte de la bourgeoisie en utilisant la Constituante à cette fin. L'ordre d'arrêter ses chefs accompagna cette mise hors la loi d'une formation qui venait de remporter un certain succès aux élections. Les accusations portées contre les Cadets – complot contre le pouvoir en place – étaient d'ailleurs suffisamment imprécises pour pouvoir être étendues, au besoin, à tous les socialistes opposés aux bolcheviks.

Ce décret du 28 novembre est un test qui révèle l'incapacité des partis vainqueurs aux élections de prévenir le coup de force que Lénine prépare contre l'Assemblée. Dès ce moment, ce dernier met d'ailleurs en place dans la rue et au sein de la future assemblée un dispositif qui doit lui permettre d'aller au bout de son projet. Le maître d'œuvre de l'entreprise sur le terrain est Sverdlov. Dans la période de crise interne du Parti bolchevique marquée par l'opposition de nombreux responsables au gouvernement monolithique imposé par Lénine, Sverdlov a été l'homme de confiance qui soutint sans hésiter la position radicale du chef de gouvernement. C'est en raison de son attitude si « léniniste » qu'il a remplacé Kamenev à la tête du CEC et conservé la direction du secrétariat du comité central, poste qui lui permet de contrôler toute l'organisation du Parti. Georges Haupt, l'éminent historien de la IIe Internationale, écrivit à son propos[13] :

« Lounatcharski traça un saisissant portrait psychologique de cet homme brun, de petite taille, à l'aspect sémite prononcé, qui fut le premier à se revêtir intégralement de cuir noir, ce qui allait devenir l'uniforme des commissaires. Le trait qui frappa Lounatcharski chez tous les grands révolutionnaires, leur calme et leur équilibre dans les circonstances les plus éprouvantes, atteindra chez Sverdlov des dimensions « imposantes et pour ainsi dire monumentales ». Quant à son rôle et à sa place dans le Parti, Lounatcharski les définissait ainsi : si Lénine et quelques autres assuraient la direction idéologique, les contacts entre eux et les masses, le Parti, l'appareil soviétique, et finalement toute la Russie, étaient assurés par Sverdlov. »

C'est bien cette extraordinaire fonction d'agent central du Parti que Sverdlov va mettre au service du combat que mène encore souterrainement Lénine contre une Constituante dont il ne veut à aucun prix. Sverdlov convoque à Petrograd les élus bolcheviques, les organise en un groupe compact, cohérent, prêt à jouer le jeu qui leur sera indiqué. Puis il envoie ces élus dans les entreprises afin qu'ils s'y livrent à une critique systématique d'une Assemblée « inutile ». Comme cette propagande se heurte sur le terrain à la réticence des ouvriers, lesquels restent attachés à l'Assemblée qu'ils ont élue, elle va être rapidement abandonnée et c'est sur le groupe des élus que vont porter dès lors les efforts de mobilisation de Sverdlov. Ils sont collectivement placés sous l'autorité d'un bureau émanant du comité central et chargé de surveiller la fraction parlementaire bolchevique. Ce bureau a pour responsables deux hommes très différents l'un de l'autre : Boukharine, dont l'esprit est obnubilé par l'idée de révolution mondiale, qui s'est déjà heurté à Lénine sur la question de l'État et sur la question nationale, mais qui l'a soutenu dès 1915 dans sa conviction de la nécessité de voir la Russie défaite ; et Sokolnikov, aux yeux de Lénine le fidèle d'entre les fidèles, qui l'a soutenu sans barguigner au cours de l'insurrection, puis a défendu la thèse du gouvernement homogène, et qui partage enfin son aversion pour l'Assemblée. Ainsi encadrés, les élus bolcheviques sont prêts à défendre la thèse de Lénine et répètent à l'envi que l'existence d'une telle instance n'est tolérable que si les députés peuvent être révoqués à tout moment par décision de gouvernement.

Le 12 décembre, Lénine prend directement position en publiant ses *Thèses sur l'Assemblée constituante*[14] dans la *Pravda*. L'idée qu'il expose est sans nuance : l'Assemblée n'a pas de raison d'être dans la mesure où le stade parlementaire est déjà dépassé. La société, affirme-t-il, est parfaitement en accord avec le pouvoir, alors que la Constituante où des partis bourgeois ont été élus exprime un stade différent de la conscience sociale. Or, la Russie révolutionnaire ne peut régresser ; accepter l'Assemblée constituante, émanation d'une conscience sociale prérévolutionnaire, constituerait un recul historique.

Ces thèses sont en conformité avec les idées que Lénine défend depuis des mois. N'a-t-il pas écrit dès la fin juillet un texte intitulé *Sur les illusions constitutionnelles*[15] ? Il y déclarait sans ménagements qu'en période révolutionnaire, la « volonté de la majorité » ne compte pas ; « ce qui importe, c'est une minorité mieux organisée, plus consciente, mieux armée, qui sait imposer sa volonté à la majorité, et vaincre ».

Les moyens ne manquent pas à Lénine pour imposer ses certitudes. Dans les jours qui suivent, il fait arrêter les responsables du comité pour la défense de l'Assemblée constituante, des S.-R. de droite, tel Avksentiev, et ordonne que l'on se saississe de Victor Tchernov et de Tseretelli. Pour les S.-R., l'heure est venue de réagir, mais ils n'en font rien, convaincus qu'une fois convoquée, la Constituante s'imposera aux bolcheviks minoritaires et démontrera leur illégitimité. Les espoirs qu'ils fondent sur la Constituante sont renforcés par l'appui – limité – que leur prêtent les S.-R. de gauche, hostiles à la supression de l'Assemblée et qui font de son installation une condition de leur soutien aux bolcheviks.

Lénine doit céder sur ce point, mais prépare déjà le dernier acte. L'annonce de l'ouverture de la Constituante pour le 5 janvier est accompagnée d'un avertissement solennel de Zinoviev qui, après sa rébellion contre le gouvernement homogène en novembre, sitôt après avoir démissionné du comité central, s'est empressé d'y revenir et de recouvrer ses responsabilités[16]. Kamenev attendra quelques semaines pour le suivre dans la voie de la soumission à Lénine. Mais lorsque la convocation de la Constituante est annoncée, les bolcheviks ont ressoudé leurs rangs et Zinoviev avertit les élus que la survie de l'Assemblée dépendra de sa docilité : elle devra d'emblée reconnaître la légitimité du gouvernement et voter ce qu'il lui soumettra. Pour plus de sûreté, Lénine annonce la convocation du IIIe

Congrès des soviets pour le 8 janvier. Ainsi, les deux assemblées vont se retrouver face à face.

Les jours qui précèdent la réunion de l'Assemblée sont fébriles pour l'un et l'autre camp. Mencheviks et S.-R. de droite élaborent leurs propositions. Ils préparent aussi avec un soin extrême l'organisation de la séance. Le travail qu'ils accomplissent est compliqué par les arrestations et par le fait que les personnalités les plus prestigieuses, lorsqu'elles sont encore en liberté, sont contraintes de vivre dans la clandestinité. Révolution bolchevique et liberté ne vont pas de pair, même en ces journées où Lénine tente de couvrir d'un manteau de légalité le coup qu'il s'apprête à porter à la seule institution démocratique de Russie.

Les S.-R. ne se contentent pas de rédiger un programme ; certains d'entre eux se souviennent que le terrorisme a fait partie de leurs moyens de lutte et décident que la meilleure façon de régler le problème que leur pose Lénine est d'agir contre lui, comme ils le faisaient dans le passé contre le tsar. Un tyran, même s'il est bolchevique, demeure à leurs yeux un tyran. Le 1er janvier 1918, alors qu'il se rend en voiture à l'Institut Smolnyï avec le socialiste suisse Platten et sa sœur, Lénine essuie un feu nourri. Il n'échappe aux balles que parce que Platten le plaque dans le fond de la voiture. Mais l'attentat témoigne qu'entre Lénine et les S.-R., la guerre est déclarée.

En même temps que ses adversaires travaillent à composer un programme démocratique, Lénine rédige celui que les députés « devront » adopter, et qui va être au préalable entériné par le comité exécutif central deux jours avant l'ouverture de la Constituante. Intitulé *Déclaration des droits du peuple travailleur et exploité*[17], c'est une sorte de charte constitutionnelle qui sera incorporée dans la Constitution de la RSFSR. Ainsi l'Assemblée constituante, chargée en principe de décider de la voie que suivra le pays, n'a d'autre choix, lui précise-t-on, que de reprendre à son compte le dessein politique du gouvernement en place, sous peine d'être aussitôt dissoute. Le chantage est clair.

S'y ajoutent des mesures policières destinées à empêcher tout mouvement populaire en faveur de l'Assemblée élue. Lénine, bien décidé à la liquider, non seulement ne table pas sur l'adhésion de la société, mais ne se fie pas à sa passivité. En dépit des limitations à la liberté de la presse, des arrestations, d'une campagne de propagande bolchevique d'une brutalité inouïe, il craint encore un sursaut venu d'un peuple qui veut croire à une Assemblée si longtemps attendue. C'est pourquoi, le 4 janvier, Ouritski, chef de la Tcheka de Petrograd, proclame l'état de siège et y déploie des troupes formées de Lettons. Le palais de Tauride est encerclé par les marins et Ouritski donne pour consigne à tous les fonctionnaires qui s'y trouvent de n'obéir qu'au commandant du palais, placé sous son autorité. Le dispositif qui doit neutraliser la Constituante est ainsi parfaitement organisé à la veille de sa réunion.

Lénine n'a pas eu tort, de son point de vue, de mettre la nouvelle Assemblée en état de siège, car, dans la nuit, des colonnes de manifestants pacifiques tentent de s'installer aux abords du palais de Tauride pour ne pas laisser les députés aux prises avec les troupes disposées là par Ouritski. Avant l'aube, déjà, des coups de feu sont tirés, qui font quelques victimes. Quand va s'ouvrir l'Assemblée, le 5 janvier, l'atmosphère est loin d'être sereine et il faut un grand courage aux députés non bolcheviques pour franchir le barrage de matelots agressifs qui lèvent le poing et chantent *L'Internationale*, quand ils ne lancent pas des insultes à l'adresse de ceux qui ne sont pas des élus du parti de Lénine.

À l'intérieur du palais, d'emblée, les amis de ce dernier donnent le ton. Le doyen d'âge, monté à la tribune pour présider la séance conformément à toutes les traditions parlementaires, en est aussitôt expulsé par Sverdlov au motif que le comité exécutif central l'a chargé, lui, de présider. Il commence par lire la déclaration rédigée la veille par Lénine, et la gauche entonne *L'Internationale*, poing levé. L'atmosphère n'est certes pas à la dignité sereine du débat parlementaire. Puis vient le moment d'élire un président. Deux S.-R. sont candidats, mais issus de bords différents : Victor Tchernov est soutenu par tous les groupes non-bolcheviques ou proches de ces derniers, tandis que Maria Spiridonova qui, dès sa prime jeunesse, avait adhéré à la fraction terroriste des S.-R. et avait été condamnée à mort en 1906, est la candidate des bolcheviks et des S.-R. de gauche. Tchernov l'emporte par deux cent quarante-six voix contre cent cinquante et une à sa rivale et, sitôt installé, entreprend de convaincre ses collègues de la nécessité de travailler en commun. Ce discours serein, destiné à réconcilier, paraît à tous hors de propos, car trop oublieux de ce qui se passe alentour : troupes encerclant le palais de Tauride, tenant à distance une manifestation de masse rassemblant ceux qui veulent défendre la Constituante ; hurlements, horions, voire coups de feu.

Entre les murs du palais, l'atmosphère est tout aussi indécente. Cris et injures fusent de la gauche, tandis que les partisans de Tchernov l'écoutent, atterrés, prononcer un discours où il n'est guère question de la menace que les bolcheviks font peser sur la démocratie. Il faut attendre l'intervention passionnée de Tseretelli pour qu'enfin soit posé le problème de la violence bolchevique, des pouvoirs accaparés, de la situation de fait que Lénine oppose aux vœux exprimés par le corps électoral. Malgré les huées, l'orateur réussit à aller au bout de son propos et cette intervention remobilise le camp S.-R.-mencheviks-K.-D. Lorsque Raskolnikov, qui a commandé les marins de Cronstadt lors de l'insurrection d'Octobre, présente à l'Assemblée la résolution qui est censée, déclare-t-il, lui tenir lieu de programme – la fameuse *Déclaration des droits des masses laborieuses* –, les députés la rejettent par deux cent trente-sept voix, préférant le programme élaboré par les socialistes.

La situation est claire : l'Assemblée est hostile aux bolcheviks, tout comme la rue en bonne partie. Mais tous les instruments du pouvoir – gouvernement, armée, etc. – sont aux mains de Lénine. Dès lors, dit celui-ci, à quoi bon conserver l'Assemblée ? Il a assisté, imperturbable, au début de la séance, puis il quitte ostensiblement les lieux au moment où les députés vont réellement entamer leurs travaux. À ce moment, bolcheviks et S.-R. de gauche effectuent à leur tour une sortie spectaculaire.

Tchernov en profite pour faire discuter et adopter une série de dispositions d'une importance décisive : nationalisation de la terre, instauration de la république démocratique fédérative de Russie, appels aux Alliés pour la conclusion d'une paix générale ; la Constituante répond là sans conteste aux attentes de la société. Ce débat est d'autant plus remarquable qu'il est sans cesse gêné par les pressions, intrusions et interruptions des gardes postés là par Ouritski, et du public qu'il a placé dans les tribunes, tous également manipulés par les bolcheviks. Dans les tribunes, on vocifère à tout bout de champ, et le service d'ordre, réclamant que la séance soit suspendue, menace de couper l'électricité ou encore de faire évacuer les lieux par la force. Mais les députés, conscients de la menace de dissolution qui pèse sur l'Assemblée, sont bien décidés, en dépit de conditions déplorables et de leur propre épuisement, à laisser une trace de leurs travaux pour l'Histoire, si ce n'est pour le présent de la Russie.

À quatre heures du matin, à bout de forces, ils interrompent la séance en convenant de se réunir de nouveau quelques heures plus tard. Quand ils reviennent au palais de Tauride, les soldats leur en interdisent l'entrée. Placardé sur la porte, ils peuvent lire le décret du gouvernement, approuvé par le comité exécutif central, qui dissout l'Assemblée. Ce décret paraît dans la *Pravda*, alors que les journaux qui rendent compte des débats de la Constituante sont aussitôt saisis et détruits. Lénine a gagné[18].

Le soir même, s'adressant au CEC, celui-ci assimile la démocratie aux forces contre-révolutionnaires et lui oppose la volonté populaire exprimée dans les soviets. Il reprend là l'argument déjà avancé : à l'heure des soviets et du peuple révolutionnaire, la Constituante, expression des capitalistes, des possédants, de la bourgeoisie, n'est plus que le symbole d'un passé mort. Il ajoute que le mot d'ordre scandé dans les rues : « Vive l'Assemblée constituante ! » signifie en réalité : « À bas le pouvoir des soviets ! » Il n'est donc pas possible, si l'on veut garder les soviets, de laisser survivre la Constituante ; l'avenir de la révolution, la volonté du peuple sont suspendus à sa dissolution. On sait que Lénine a toujours été hostile à l'idée de convoquer la Constituante ; il se méfie des électeurs, méprise l'idée parlementaire, n'a eu de cesse de chercher les moyens d'éviter de lui donner vie, même au lendemain du scrutin.

L'usage de la force lui permet d'autant plus aisément d'en venir à bout que ses adversaires n'ont guère de moyens et n'osent appeler ouvertement au soutien populaire. La victoire de Lénine est le fruit de sa volonté de détruire la Constituante, mais aussi de la faiblesse morale des socialistes : le pays s'était prononcé en leur faveur, la ville tentait aux heures décisives de les soutenir, ils ont sans conteste manqué de fermeté.

La mort de la Constituante s'accompagna de violences dans Petrograd. Des marins bolcheviques assassinèrent deux députés libéraux, Chingarev et Kokochkine, ce qui provoqua l'amusement de Lénine lorsqu'il apprit que ses adversaires dénonçaient de tels excès : « Qu'ils crient, dit-il, c'est tout ce qu'ils savent faire ! » Et il émit ce commentaire sur la situation à l'intention de Trotski : « La dissolution de la Constituante par le gouvernement des Soviets signifie la liquidation de l'idée de démocratie au bénéfice de la dictature. » Mais, aux propos cyniques de Lénine, certains de ses collègues rétorquèrent par une autre définition de ses choix : « Ce n'est pas la guerre civile que vous avez instaurée, mais la guerre contre les S.-R. »

Le succès de la stratégie de Lénine fut entériné au cours des jours suivants quand le IIIe Congrès des soviets se réunit sur les lieux mêmes où l'Assemblée avait siégé : au palais de Tauride.

Le 9 janvier, veille de l'ouverture du congrès, Petrograd se rassembla pour enterrer solennellement les morts tombés dans les affrontements avec l'armée parce qu'ils se portaient au secours de la Constituante. Gorki salua leur mémoire dans la *Novaia jizn'*, rappelant que le rêve de la Constituante avait fait vivre le peuple russe pendant près d'un siècle et que, pour défendre ce rêve devenu réalité, des ouvriers avaient été massacrés.

Plekhanov, alors mourant, devait déclarer que ce fut « le triomphe d'une clique condamnée par là même, pour se maintenir au pouvoir contre le peuple, à recourir à la terreur permanente[19] ».

Au contraire de la Constituante, le IIIe Congrès des soviets des ouvriers et soldats était, dans l'esprit de Lénine, le véritable Parlement du peuple, destiné à assurer la légitimité de son pouvoir. Mais ce congrès n'avait rien d'un parlement ni d'une instance capable de délibérer avec sérieux. D'abord en raison du nombre élevé des participants : près de deux mille, qui étaient loin d'être tous les « délégués des soviets » que l'on avait annoncés. En effet, le 19 janvier, troisième jour du congrès, celui-ci se trouva élargi au congrès des députés des soviets paysans hâtivement convoqué. Un nombre élevé de soldats siégeaient aussi, ainsi que des représentants de syndicats, de comités d'usines, etc., qui ne faisaient pas initialement partie des délégations. Quant au choix des délégués, il avait été soigneusement contrôlé par les bolcheviks ; certains avaient même été désignés hors de toute décision d'un quelconque soviet. Bref, la représentativité de l'assemblée était des plus douteuses. Le nombre de ses membres en faisait une simple chambre d'enregistrement des propositions bolcheviques. Dans ces conditions, rien d'étonnant à ce que le texte présenté par Raskolnikov à la Constituante et rejeté par elle ait été adopté dans l'allégresse à deux reprises : d'abord par le soviet des ouvriers et soldats, puis par cette assemblée élargie.

Le congrès écouta avec attention Lénine et Sverdlov, avec admiration Trotski, dont le talent d'orateur impressionnait tous ceux qui l'entendaient, et dans une indifférence totale Martov lorsqu'il tenta d'alerter l'auditoire sur le terrorisme dans lequel versait le gouvernement de la Russie. Mais le temps était révolu où Martov pouvait se faire entendre ; dans l'enceinte du palais de Tauride, il ne pouvait plus compter que sur une poignée de sympathisants.

Le congrès vota tout ce qui lui était demandé. Il commença par élire un nouveau comité exécutif central, totalement dominé par les bolcheviks. Puis il décida que le terme « provisoire » qui qualifiait le *Sovnarkom* depuis sa formation disparaîtrait, et que l'on ne ferait plus jamais référence à la défunte Assemblée constituante. La partie était achevée : Lénine plaçait son pouvoir sous le drapeau légitimant d'un congrès des soviets dont il était maître, et effaçait de l'Histoire l'encombrante Assemblée élue par un peuple qui le rejetait. Pour réaliser ce dessein, rêvé par lui de si longue date, il lui avait fallu soumettre les siens, souvent réticents, discréditer et éliminer ses adversaires, user tour à tour ou simultanément de ruse, de manipulation, de violence. Il avait mis au service du projet qui avait dominé toute sa vie un génie politique que l'on ne doit pas sous-estimer, et un cynisme incomparable qui, souvent, heurta jusqu'à ceux qui étaient proches de lui. Mais, en cette fin de janvier 1918, l'État des soviets existe, son gouvernement n'est plus provisoire, et nulle volonté populaire ne peut plus s'opposer à lui, puisqu'il en a supprimé l'organe.

La démocratie est certes morte. Mais n'est-ce pas exactement ce que Lénine voulait ?

Restait à régler un problème urgent dont le renvoi aux calendes grecques avait coûté la vie au pouvoir tsariste et à celui qui lui avait succédé : mettre fin à une guerre que le peuple abhorrait.

La paix de Brest-Litovsk

Le premier acte du gouvernement des bolcheviks avait été de publier le *Décret sur la paix*. Ce décret était une indication précieuse sur l'ordre des priorités que se fixait Lénine et sur ses conceptions politiques générales. Ce texte découlait aussi de sa vision de la guerre telle qu'il n'avait cessé de la répéter depuis 1914.

Toujours hostile à la guerre, il avait utilisé le slogan « Paix immédiate ! » contre le gouvernement provisoire, après février 1917, pour l'affaiblir, sans s'embarrasser alors des moyens pratiques de le réaliser. De Février à Octobre, la paix n'est pour Lénine qu'une arme contre ses adversaires ; celle-ci doit contribuer à le conduire au pouvoir. Mais, à partir d'Octobre, le temps des slogans est révolu, les bolcheviks sont à leur tour confrontés aux problèmes concrets de la paix, ils ne peuvent plus se contenter de déclarations d'intentions. L'appel du 26 octobre proclame leur volonté d'une « paix sans annexions ni indemnités », fondée sur la disparition des États multinationaux et des empires coloniaux. Lénine sait parfaitement que ce programme de paix qui amputerait les territoires des Puissances centrales et mettrait fin au pouvoir colonial des alliés de la Russie est inacceptable pour les uns comme pour les autres. Mais ce n'est pas aux gouvernements qu'il adresse cet appel. Ce sont les peuples qu'il convoque pour faire la paix par-dessus leurs gouvernements et *contre eux*.

Si le décret sur la paix est très important, c'est dans la mesure où il constitue une négation du processus diplomatique classique destiné à mettre fin à un conflit, et où il propose une démarche témoignant de l'existence d'un ordre politique nouveau. En lançant son appel, Lénine récuse la société internationale traditionnelle fondée sur des gouvernements, des relations entre États, et qui emprunte la voie des rapports intergouvernementaux ; il s'adresse à une société internationale d'un type nouveau dont les acteurs sont les peuples. Sans doute le mouvement ouvrier nourrissait-il semblable ambition, même si elle était limitée aux ouvriers et non à l'ensemble d'une société. Mais l'échec de ce mouvement à mobiliser en 1914 les classes ouvrières des divers pays d'Europe contre la guerre avait démontré que les solidarités nationales au sein des États pouvaient être infiniment plus fortes que les solidarités de classe. En octobre 1917, Lénine, qui a toujours dénoncé l'échec du mouvement ouvrier – le mettant au demeurant au débit du réformisme de ses chefs –, reprend à son compte le rêve de solidarité de la classe ouvrière pour en faire le fondement de sa politique. Peu lui importe que son appel à la paix soit ou non entendu des gouvernements. Ce n'est pas eux qu'il veut convaincre, mais les peuples qu'il exhorte à résoudre le problème de la guerre par les mêmes voies que le peuple russe, c'est-à-dire en écartant les gouvernements de la décision de paix, en les renversant. Ainsi compte-t-il établir dans la pratique le lien entre guerre et révolution, qu'il a si souvent développé dans ses écrits et dont il a fait une théorie. Le décret sur la paix est donc en même temps un appel à la révolution. Lénine révèle ici ses intentions : en prenant le pouvoir, ce n'est pas le sort de la seule Russie qu'il prétend régler ; à partir de la Russie révolutionnaire, il se donne pour objectif et croit se doter des moyens de faire basculer l'ordre mondial.

Son appel définit aussi la nature de l'État des soviets tel qu'il le souhaite. C'est un État totalement différent des États traditionnels comme en connaît la société internationale ; il s'agit du premier maillon d'une chaîne nouvelle d'États nés de la révolution mondiale. Cette vision, Trotski la partage pleinement. Nommé commissaire aux Affaires étrangères, il définit lui-même sa fonction comme éphémère. N'a-t-il pas pour seule mission de régler le problème de la paix pour ensuite, dira-t-il, une fois cette tâche accomplie, « fermer boutique ». Quelles affaires « étrangères » et quel ministre faudrait-il à des peuples révolutionnaires partageant un même destin dans un espace unifié et réconcilié par le triomphe du prolétariat ? C'est donc bien à un type d'État inédit que se réfère l'appel à la « paix des peuples » lancé par Lénine.

Mais cet appel à un ordre nouveau en même temps qu'à la paix n'a pas été entendu de ceux à qui il s'adressait. Dans chaque pays, les soldats ont continué le combat pour défendre leur patrie. À l'arrière, malgré des soubresauts, les révolutions n'ont pas mis fin à l'autorité des gouvernements belligérants. Seuls les gouvernements des Puissances centrales ont prêté l'oreille au décret sur la paix, parce qu'ils y ont vu la possibilité de signer une paix séparée qui les libérerait de l'obligation de maintenir des troupes sur le front oriental. C'est ainsi que le décret sur la paix, conçu par Lénine comme une machine de guerre pour essaimer et étendre la révolution, va aboutir à un résultat tout différent de celui qu'il imaginait...

Il va déboucher sur de longues et difficiles tractations, visant à conclure une paix séparée, entre les représentants des Puissances centrales et le jeune État soviétique. La paix que Guillaume II attendait de son cousin Nicolas II, c'est Lénine qui va la lui offrir. Mais n'est-ce pas ce que le gouvernement allemand avait escompté en aidant Lénine à regagner la Russie, en 1917, et en finançant son mouvement ? L'État soviétique va ainsi faire son entrée sur la scène internationale comme un État de type classique. Ses interlocuteurs ne voient rien de nouveau en lui ; seuls, pensent-ils, les acteurs de la négociation ont changé.

S'il met aussitôt en branle les Empires centraux, l'appel de Lénine à la paix est diversement interprété par ses propres compagnons. Ces différences de conception doivent être prises en considération, car toutes touchent à l'avenir de la révolution et conditionnent aussi le devenir de l'État soviétique. Trois positions se dégagent alors, toutes liées aux possibilités d'action concrète que leurs porte-parole croient discerner. Chacune est incarnée par un homme : aux deux extrêmes, Lénine et Boukharine ; à mi-chemin, Trotski.

Lénine part de la situation de son pays et en tire des conséquences pour sa politique internationale. Il constate que la Russie a accompli la révolution qu'il souhaitait passionnément, et balayé l'« ancien monde ». Pour autant, il en perçoit l'extrême faiblesse et ressent la nécessité d'un répit. La Russie n'a plus d'armée sur laquelle le pouvoir puisse compter pour défendre le nouveau système contre deux ennemis : celui qui, à l'extérieur, poursuit la guerre, et celui qui, à l'intérieur, tente de renverser l'ordre révolutionnaire. Non seulement plus d'armée, mais des institutions naissantes dont le contenu et les pratiques restent imprécis. Tout, en Russie, repose sur quelques hommes déterminés. Et encore, Lénine n'est-il qu'à demi assuré de l'appui de ses proches ; les crises successives au sommet du Parti lui font mesurer la relative précarité de sa position. Est-il possible, dans ces conditions, de mener de front une lutte à l'intérieur, pour sauver le système, et la guerre à l'extérieur ? Lénine est convaincu que c'est illusoire et qu'il lui faut reporter tout son effort sur le front intérieur pour éviter que l'État révolutionnaire ne soit emporté. L'ennemi de classe est celui qui menace toute son œuvre ; or, avec cet ennemi, il n'est pas de compromis imaginable. Ennemi vaincu, écarté du pouvoir, mais non détruit, il est infiniment dangereux ; la guerre poursuivie lui offrirait un répit. La Russie doit impérativement choisir le but de ses efforts : liquider la guerre et lutter contre les ennemis de l'intérieur, ou poursuivre la guerre et les ennemis extérieurs.

Dans sa manière de poser le problème – elle annonce l'avenir –, Lénine établit une équivalence totale entre l'« ennemi de classe » – c'est-à-dire tous ceux qui, en Russie, ne sont pas favorables aux bolcheviks – et l'ennemi extérieur. C'est donc bien une guerre impitoyable – conduisant à détruire et liquider tous ses adversaires : personnalités, partis, mais aussi société – qu'il va déclarer à cet « ennemi de classe ». Or la guerre est par définition impitoyable, elle repose sur un principe simple : la disparition à terme du perdant. Lénine choisit sans hésiter cette priorité-là ; il veut le salut de la révolution, qu'il conçoit en termes de guerre sans merci et d'élimination de l'autre. Pour sauver la révolution, les obligations contractées envers les Alliés, ou encore la volonté de ne pas renforcer l'impérialisme allemand sont de peu de poids puisque, en dernier ressort, assure-t-il, la révolution sauvée en Russie emportera aussi l'impérialisme allemand.

Lénine insiste ici sur une idée qui sera une constante de son discours : les révolutions ne doivent pas être des gestes gratuits, sans lendemain, tout juste destinés à rappeler périodiquement aux peuples un objectif éloigné, puis à composer de glorieux souvenirs, comme la Commune de Paris. Pour changer le monde, il faut s'agripper aux révolutions faites, accepter leur réalité, et non les sacrifier à quelque obscur désir de perfection. Ce disant, Lénine ne songe pas encore à privilégier la révolution bolchevique ; il affirme seulement qu'elle doit être l'« étincelle » qui allumera le feu des autres révolutions. La valeur de la révolution russe ne tient pour lui qu'au seul fait de son existence.

Pour la révolution mondiale à venir, il faut donc sauver la révolution russe, et, pour ce faire, conclure la paix à tout prix, fût-ce aux conditions de Berlin qui impliquent l'annexion de tous les territoires occupés et le renforcement territorial et économique allemand. Lénine défend cette idée dans les *Vingt-Deux Thèses sur la paix* rédigées en janvier 1918, et dans le débat qui se déroule au comité central le 7 janvier[20]. C'est Boukharine qui est alors le chef de file de l'opposition. Internationaliste passionné, lucide autant que l'est Lénine sur la situation tragique de la Russie, il n'accepte pas pour autant les conclusions qu'en tire le président du *Sovnarkom*. Il admet certes que l'armée russe n'existe plus, mais conclure la paix, expose-t-il, revient à accepter de renforcer l'impérialisme, de lui livrer les prolétariats, et, par là, de ruiner les chances de la révolution mondiale. Pour sortir d'une telle impasse, Boukharine propose d'en appeler à la conscience révolutionnaire de tout le peuple russe. Face à une avancée des armées allemandes, c'est alors une armée de partisans, un peuple soulevé pour défendre la révolution, et non un État, qui relaierait l'armée régulière détruite. Et ces prolétaires se battant au nom de la révolution, comment d'autres prolétaires sous l'uniforme pourraient-ils accepter de les combattre ?

Entre Boukharine et Lénine, Trotski, à qui incombe de par ses fonctions la négociation de paix, hésite. Il est d'accord avec Lénine sur le danger de poursuivre la guerre alors que l'opposition intérieure se développe et menace d'emporter le régime bolchevique. Il comprend, comme Lénine, qu'il serait aléatoire de sacrifier la révolution russe aux mouvements ouvriers occidentaux qui assistent, passifs, à son déroulement et aux périls qui montent autour d'elle. Dans le même temps, il partage avec Boukharine la crainte de décourager à jamais le prolétariat occidental de s'avancer dans la voie de la révolution s'il est abandonné à une Allemagne renforcée de ce qu'elle aura arraché à la Russie. Comme Boukharine, Trotski entend faire confiance à la conscience de classe des ouvriers. Mais, au bout du compte, il n'arrive pas à se décider. Quels arguments privilégier ? Ceux de Lénine ? Ceux de Boukharine ? Tantôt il est enclin à croire que la paix produira un effet de choc sur le prolétariat allemand et l'incitera à s'engager dans la voie révolutionnaire ; tantôt il s'alarme avec Boukharine : la paix ne conduira-t-elle pas à l'écrasement du prolétariat ? Ses incertitudes se traduisent dans la position qu'il finit par adopter : c'est le « ni paix ni guerre », et le comité central, réuni le 8 janvier, accepte qu'il tente de s'en tenir à cette ligne.

À Brest-Litovsk, le cours des négociations reflétait ces divisions au sein de la direction bolchevique. Elles avaient débuté dès le 18 novembre, date à laquelle la délégation russe, présidée dans un premier temps par un proche de Trotski, Adolf Abramovitch Ioffé, et renforcée de Kamenev, était venue négocier un armistice. Mais, constatant ses efforts pour soulever les soldats au front ainsi que les prisonniers, les Allemands s'interrogeaient alors sur les véritables intentions du gouvernement russe. Que cherchait au juste la Russie ? la paix ? ou bien voulait-elle simplement gagner du temps[21] ? L'attitude de Trotski, qui prit la tête de la délégation russe à la fin décembre, renforça ces doutes des Allemands et conduisit à un durcissement de leurs positions. L'idée d'une « paix sans annexions ni indemnités », défendue par la Russie et que l'Allemagne semblait au départ prête à discuter – la fermeture du front oriental valait bien cela ! –, fut abandonnée, les Allemands ayant pris toute la mesure de la faiblesse russe. Ils décidèrent alors de conclure une paix séparée avec l'Ukraine (qui fut signée le 9 février) et d'enlever à la Russie tous les territoires qu'ils occupaient.

Face à ces exigences, la division entre les thèses de Lénine, de Boukharine et de Trotski ne pouvait que s'accentuer, et le comité central était plutôt enclin à soutenir Trotski contre Lénine, lequel plaidait pour l'acceptation d'une paix immédiate, quelles qu'en fussent les conditions. Fort de cet appui, Trotski, revenu à Brest-Litovsk, s'employa à faire traîner les négociations jusqu'au moment où lui fut présenté un ultimatum : il devait accepter les conditions allemandes sans discussion et sans délai, ou bien les négociations seraient rompues et l'offensive allemande reprendrait.

Le 10 février, confronté à ces exigences brutales, Trotski quitta Brest-Litovsk : la discussion était achevée et l'offensive allemande reprit aussitôt, menaçant même la capitale. Le comité central se trouva de nouveau déchiré entre Lénine, qui ne voulait plus attendre pour signer, et Trotski, qui avait décidé d'arrêter les combats et de démobiliser toute l'armée – ou ce qu'il en restait.

Le 30 janvier, le capitaine Sadoul écrit à son ministre : « Coup de théâtre : Trotski ne signe pas la paix, mais il déclare que l'état de guerre a cessé entre la Russie et les Empires centraux[22]. » Dans ce que Sadoul appelle la « conclusion fantastique des pourparlers », Trotski était encore soutenu par Boukharine, et leur position remporta à une voix de majorité l'accord du comité central qui en débattait. Mais, le lendemain, 18 février, la progression allemande fut si rapide que Trotski comprit l'inanité de s'en tenir au slogan « ni paix ni guerre » : il n'arrêtait pas les troupes allemandes, ne provoquait pas de sursaut des prolétariats occidentaux, mais ouvrait grand le territoire russe à l'ennemi. Il changea alors de bord et passa du côté de Lénine, tandis que Boukharine s'obstinait à refuser le retour à la table de négociations. La majorité s'inversa et sept voix soutinrent la paix séparée contre les partisans désespérés du refus. Les Allemands furent aussitôt informés de l'acceptation de leurs conditions et la délégation s'en retourna à Brest-Litovsk pour parapher un traité ô combien coûteux pour la Russie en termes de territoires et de richesses, mais aussi de cohésion du pouvoir. Pour arracher l'accord de ses collègues à une « paix-diktat », Lénine avait dû jeter dans la discussion la menace de sa démission ; tous en avaient refusé l'idée, mais nombre de ceux qui restaient opposés à la solution défendue par Lénine démissionnèrent des postes qu'ils occupaient. Trotski céda son commissariat et le soin de signer le traité de paix à Tchitcherine, avec, écrit-il, « un immense soupir de soulagement ». Le président de la délégation était cette fois Grigori Iakovlevitch Sokolnikov, et incluait Ioffé et Karakhan. Boukharine, jamais réconcilié avec l'idée de « trahir le prolétariat occidental », démissionna avec fracas de toutes ses fonctions et entraîna avec lui des bolcheviks de gauche.

La paix signée le 3 mars 1918 coûtait à la Russie d'immenses territoires – Pologne, Finlande, pays Baltes ; l'Ukraine devenait indépendante. Avec ces territoires, c'était une part importante de la population qui quittait la Russie, ainsi que d'immenses ressources économiques. Exception faite du Turkestan et du Caucase, il ne restait pratiquement rien de l'empire édifié durant trois siècles, alors que l'espace allemand, lui, connaissait une remarquable expansion.

Lénine avait imposé ses vues au terme de difficiles combats, mais ses adversaires ne renoncèrent pas pour autant à défendre leurs thèses. Le traité devait être ratifié et le IVe Congrès des soviets fut convoqué à cette fin à la mi-mars. Il fut précédé par la tenue d'un congrès extraordinaire du Parti, le VIIe, auquel Lénine demanda son soutien en échange d'une résolution secrète accordant au comité central le pouvoir d'« annuler à tout moment tous les traités de paix conclus avec des gouvernements impérialistes et bourgeois[23] ». Cette résolution, qui faisait du comité central du Parti l'acteur privilégié de la politique étrangère de la Russie révolutionnaire et niait d'avance la validité des accords conclus, était dans la droite ligne de la position de Lénine qui sous-tendait le décret sur la paix : il ne croyait pas aux relations entre États, c'est le Parti seul qui devait décider en fonction des circonstances, et il ne se sentait pas lié par des accords de gouvernement qui ne pouvaient nullement s'imposer au parti de la classe ouvrière.

Réuni le 14 mars, le congrès des soviets, qui compte pourtant une majorité de bolcheviks, est plus difficile à faire taire que le comité central. Lénine et ses proches collaborateurs y sont violemment critiqués par une minorité de « gauche » conduite par Boukharine, Kollontaï, Riazanov et Dybenko, hostiles à la ratification. Boukharine rappelle les données du débat. La paix, certes, sauve momentanément la Russie, ou plutôt le pouvoir bolchevique, mais elle condamne à mort la révolution mondiale. Lénine a choisi l'intérêt national contre la conception internationaliste de la révolution.

Mais Lénine rejette cette accusation et réplique en brandissant lui aussi l'argument de la révolution mondiale. Le traité de Brest-Litovsk, dit-il, n'est qu'un répit, il ne sera pas appliqué, parce que la révolution s'étendra et elle le fera d'autant plus que la révolution russe, préservée, lui servira de base de départ et de modèle : « Si nous avons mis toute l'affaire dans les mains des bolcheviks, ajoute-t-il, c'est parce que la révolution mûrit dans tous les pays, et qu'à la fin des fins, et non au commencement des commencements, la révolution socialiste internationale viendra ! »

L'horizon de Lénine est le même que celui de Boukharine : c'est la révolution mondiale. Mais leur stratégie révolutionnaire repose sur des options différentes. Lorsqu'ils parlent de paix, ils sont en désaccord sur une question qui dépasse la paix ; leur querelle porte sur la définition de la force principale de la révolution mondiale : est-ce le Parti bolchevique ? est-ce le prolétariat mondial (c'est-à-dire occidental) ? Est-il acceptable de sacrifier la révolution russe, qui a déjà eu lieu, à l'avenir encore hypothétique des mouvements ouvriers occidentaux ? ou bien faut-il lier leur succès à la survie de la révolution russe ?

Dans son choix, Lénine reste fidèle à ce qu'il a toujours pensé et voulu. Homme d'appareil, sceptique sur la conscience révolutionnaire de quelque prolétariat que ce soit, il se repose entièrement sur l'outil révolutionnaire qu'il a créé et qui lui a permis de prendre le pouvoir en Russie. Comment pourrait-il faire confiance aux prolétariats occidentaux qui ne se sont pas dotés d'un tel outil et dont la faiblesse et l'opportunisme ont permis l'affrontement des prolétaires au bénéfice de leurs gouvernements dans une guerre mondiale ? Mais, tout comme ceux qui s'opposent à lui, il est convaincu que la révolution russe ne saurait survivre seule et que la révolution mondiale doit éclater pour la sauver. Ni Lénine ni ses adversaires n'estiment possible d'inscrire la révolution dans les frontières d'un seul pays. Tous regardent vers l'extérieur et se posent la même question : comment aider à l'explosion révolutionnaire en Europe ?

Quand s'achève le débat, la conviction de Lénine l'a emporté. Le congrès a accepté de ratifier le traité par sept cent vingt-quatre voix contre deux cent soixante-seize et cent dix-huit abstentions. Les opposants sont pour l'essentiel les S.-R. de gauche et les bolcheviks de gauche*. Devant ce qu'ils tiennent pour un désastre, les premiers décident de rompre le semblant de coalition et démissionnent du gouvernement. Entre-temps, celui-ci a quitté Petrograd pour Moscou afin de préserver le centre du pouvoir, et Lénine envisage, pour sauver le système, d'aller aussi loin qu'il le faudra, fût-ce jusqu'aux abords de l'Oural. Sadoul note : « Les bolcheviks sont prêts, s'il le faut, à abandonner même la Russie d'Europe[24] », signe indubitable d'un profond désarroi. Car, la paix signée, qui ne constaterait la puissance considérablement accrue de l'Allemagne ? Mais, en dépit des difficultés innombrables, Lénine ne partage pas le pessimisme général. Replié à Moscou[25], dirigeant enfin, comme il l'avait souhaité depuis le début, un gouvernement homogène, il va pouvoir s'atteler à la tâche immédiate qu'il entrevoit : organiser cet État qui n'en est pas un réellement, mais dont dépend l'avenir de la révolution mondiale.

---

* En 1918 un groupe se constitue dans le Parti – Boukharine, Radek, Piatakov, Ouritski, Boubnov –, que l'on nommera *communistes de gauche*. Ce groupe s'oppose à la paix de Brest-Litovsk, veut transformer la guerre en « guerre révolutionnaire » et réclame des mesures de politique économique radicales, notamment une nationalisation totale de l'économie.

CHAPITRE XI

Garder le pouvoir à tout prix

État différent de tous les États connus, État transitoire, l'État bolchevique doit cependant s'organiser s'il veut durer. L'obsession nourrie par Lénine durant tant d'années – comment prendre le pouvoir ? – donne naissance à une autre : comment conserver le pouvoir ? La réponse à cette question n'est pas simple, car les bolcheviks ont contre eux les partis politiques qu'ils ont écartés de toutes les instances mais qui existent encore, une grande partie du pays – ni la province ni la campagne ne leur sont acquises – et une situation militaire redoutable. Les armées allemandes menacent à tout moment de faire mouvement sur la capitale, et des débris de l'armée impériale vont naître des tentatives de renversement du pouvoir bolchevique. Pour Lénine, il est hors de question d'affaiblir son pouvoir par des compromis – il l'a montré en dissolvant la Constituante et en refusant l'idée de coalition gouvernementale ; encore plus hors de question de céder le pouvoir en raison des difficultés. Il faut *tenir* et, pour cela, disposer des instruments nécessaires à l'exercice de l'autorité.

Les instruments du pouvoir

Sitôt le pouvoir conquis, Lénine met en place une structure de gouvernement, le *Sovnarkom*. Mais il s'agit au début d'une coquille assez vide, car l'autorité réelle – Lénine a œuvré à cette fin – réside dans les soviets.

Deux grands soviets dominent la vie russe à l'hiver 1917-1918 : ceux de Petrograd et de Moscou. Mais, partout en province, d'autres ont aussi surgi. Ce qui caractérise au départ ces instances, c'est leur double hétérogénéité, entre elles et au sein de chacune d'elles. Le soviet de Petrograd, le plus prestigieux, considéré comme porteur de la révolution, connut après Octobre de rapides changements annonçant ceux qui allaient se produire ailleurs. Soviet de députés ouvriers, il fut, par la volonté des bolcheviks, élargi aux soldats – plus soumis que les ouvriers au parti de Lénine –, puis aux paysans, élargissement qui eut deux conséquences : l'accroissement continu du nombre des participants rendit ses réunions inefficaces ; son hétérogénéité interne grandissante laissa l'initiative aux éléments les plus actifs, les plus manipulés par les bolcheviks, c'est-à-dire aux soldats. Si, à l'origine, les soviets (celui de Petrograd, notamment) étaient dominés par les mencheviks et les S.-R., l'« entrisme » systématique voulu par Lénine les neutralisa, et les socialistes non bolcheviques tendirent à les déserter, laissant la place aux fidèles de Lénine. À Moscou, le soviet parut d'abord davantage capable de résister à la pression bolchevique. Mais, ici comme dans les soviets provinciaux, le Parti envoya promptement ses représentants, chargés d'uniformiser et de centraliser les procédures et les comportements.

Dès la fin du mois de novembre, les soviets reçurent l'ordre de faire rapport de leurs activités au Conseil des commissaires du peuple, et le commissaire aux Affaires intérieures, Petrovski, devint une sorte de tuteur de ces assemblées, en principe détentrices de la légitimité révolutionnaire. Ainsi s'opéra peu à peu un double mouvement : la bolchevisation interne des soviets s'accéléra là où les bolcheviks pouvaient s'imposer, et, dans le même temps, le pouvoir central, aussi faible fût-il, instaura un lien hiérarchique lui subordonnant progressivement tous les soviets.

Mais une difficulté subsistait. Lorsqu'ils prirent le pouvoir, les bolcheviks n'avaient ni expérience de la gestion, ni organes permettant de gérer le pays. Les commissariats étaient alors des bâtiments à peine meublés ; leur titulaire n'avait ni collaborateurs, ni contacts avec le reste du pays. Tout au contraire, les soviets étaient implantés partout, ils avaient des liens avec la population, notamment en milieu rural, là où les bolcheviks n'exerçaient que peu de prise. Tout naturellement, Lénine en vint à mettre à exécution le mot d'ordre qu'il avait lancé des mois auparavant : « Tout le pouvoir aux soviets ! » Mais, après Octobre, ce fut dans des circonstances et avec une signification toutes différentes : les soviets devaient être, pour un temps, l'instrument de pouvoir des bolcheviks.

Les premiers mois qui suivirent la révolution sont donc caractérisés par un gonflement des pouvoirs soviétiques et par un apparent effacement du Parti. Ce déplacement du pouvoir de gestion vers les soviets est un fait capital de la vie soviétique de la fin de l'année 1917 et du début de 1918. En quelques mois, les cadres les plus actifs du Parti migrent vers les soviets, et le Parti se vide alors de ses militants.

Autre cause du renforcement de ces instances : les problèmes financiers. Agissant sur le terrain, les soviets mobilisent les ressources existantes et les organisations du Parti en viennent souvent à dépendre de leur bon vouloir.

L'épanouissement de leur autorité se manifeste surtout par la confusion des pouvoirs qui s'établit alors : les mêmes hommes, au sommet du système, incarnent indistinctement l'État des soviets ou le Parti. C'est le cas de Lénine, fondateur du Parti, qui préside le *Sovnarkom* ; plus encore celui de Sverdlov, qui est secrétaire du comité central du Parti et en même temps président du comité exécutif central des soviets. Ainsi, dans les premiers temps, entre Parti et soviets, soviets et gouvernement, la répartition de l'autorité paraît incertaine.

Déjà se dessine pourtant un instrument décisif du nouveau pouvoir, celui que, dans *L'État et la révolution*, Lénine attribuait généreusement à la société : le pouvoir de répression. Sa naissance est presque simultanée avec celle du pouvoir révolutionnaire ; et sera très vite justifiée par Lénine comme nécessaire à l'usage révolutionnaire de la terreur. Son vieil ami Adoratski rapporte que, dès 1906, alors qu'il interrogeait Lénine sur le sort des vaincus après la prise de pouvoir, celui-ci lui répondit : « Nous leur demanderons s'ils sont pour ou contre la révolution. S'ils sont pour, nous les ferons travailler pour nous[1]. » Et il citait volontiers Marx pour qui « la terreur révolutionnaire était indispensable à la naissance de l'ordre nouveau ». Rien d'étonnant, donc, à ce que naisse au sein du Comité militaire révolutionnaire une « commission militaire d'enquête » de cinq membres dont on trouve une première mention dès le 1er novembre, et qui se signale aussitôt par des excès. Mais Lénine trouve cet organe inconséquent et inefficace. Il hésite entre plusieurs formules et, dès le 7 décembre, il installe une « commission extraordinaire panrusse pour lutter contre la contre-révolution, le sabotage et la spéculation », qui entrera tragiquement dans l'Histoire sous ses initiales : *Tcheka*. Elle est aussitôt confiée à son inventeur, Félix Edmundovitch Dzerjinski, si actif dans le Comité militaire révolutionnaire lors de l'insurrection d'Octobre. Ses relations avec Lénine n'ont pas toujours été paisibles, et, s'il l'a soutenu alors, il s'est élevé contre lui lors des négociations de paix, allant jusqu'à demander qu'on le destitue. Pour les bolcheviks, Dzerjinski est ainsi devenu le symbole de la pureté révolutionnaire. Mais les socialistes de gauche le haïssent, car ils sont conscients de sa cruauté et de son génie de la manipulation. En fait, le personnage a surtout de quoi séduire Lénine. Austère jusqu'à en être inhumain – c'est lui qui s'est porté volontaire pour le travail terroriste –, il rappelle à bien des égards l'« homme nouveau » impitoyable que Lénine avait rencontré au cours de ses lectures d'adolescence...

La presse ne fit pas état du décret instituant la Tcheka, et ses fonctions ne furent que très vaguement définies[2]. Si certains textes publiés alors suggèrent que la nouvelle instance devait enquêter pour prévenir les sabotages et les entreprises contre-révolutionnaires, et déférer les accusés devant un tribunal, la commission jouit en réalité, dès le début de son existence, de pouvoirs d'investigation et de répression illimités. Le 27 octobre 1917, le IIe Congrès des soviets avait aboli sans débat la peine de mort, mais la Tcheka en usa à sa guise sans rendre compte de ses décisions à aucune autre instance. Au demeurant, Lénine avait déploré la naïveté inhérente à cette décision, disant : « Comment peut-on faire une révolution sans fusiller ? » Et, peu après, il demandait encore : « N'y a-t-il pas parmi nous un Fouquier-Tinville ? » Et il n'aura cure de voir ignorer la décision abolissant la peine de mort. Il accordera d'emblée à Dzerjinski les moyens d'exercer ses fonctions dans des conditions garantissant l'efficacité de la Tcheka. Alors que les services des commissaires du peuple sont encore inexistants, la Tcheka, qui commence à travailler avec cent vingt collaborateurs, en comptera plus de trente mille un an plus tard !

Autre structure que Lénine, dans *L'État et la révolution*, en lecteur fidèle de Marx analysant la Commune de Paris, soumet au contrôle du peuple : l'armée. Là encore, l'évolution des idées de Lénine et leur mise en pratique sont quasi immédiates. Ayant démissionné du commissariat aux Affaires étrangères, Trotski se retrouve aussitôt chargé du commissariat à la Guerre, mais, cette fois, il n'imagine pas qu'il devra vite « fermer boutique ». En 1918, l'armée russe est décomposée ; seule subsiste alors la Garde rouge qui n'a ni hiérarchie, ni discipline, ni savoir-faire militaire. Tout est à créer. Grand lecteur de Clausewitz, mais aussi de Jaurès, Trotski leur a beaucoup emprunté pour forger sa propre conception de la guerre et de l'armée. Il est au départ d'accord avec la notion, avancée par Jaurès, de milice populaire, et tire de là son idée première : créer un jour une armée du peuple. Mais si, pour une question de principe, il rejette l'idée d'une armée de métier permanente, il va, dans la pratique, opérer ce choix en affirmant que l'armée du peuple appartient au domaine de l'avenir, quand la Russie se sera débarrassée de toutes les survivances du système social antérieur, qu'elle aura liquidé son retard et consolidé le pouvoir soviétique, en sorte que nulle menace ne pèse plus sur lui. Appelé à fonder une armée en un temps où la guerre civile s'annonce, il y voit une raison supplémentaire d'oublier le rêve d'une armée populaire au bénéfice d'un instrument militaire de type traditionnel[3].

Les principes organisateurs de cette armée étaient, dans l'esprit de Trotski, fort semblables à ceux de toutes les armées du monde. En premier lieu, il considérait que l'armée devait être une institution permanente obéissant à des règles hiérarchiques et de commandement précises. Le principe électif qui, depuis la révolution, avait décomposé l'armée, était oublié, et la désignation des officiers devait s'opérer du haut en bas de l'échelle d'autorité en tenant compte des compétences militaires et non de critères politiques. La discipline, elle aussi condamnée dans le feu de la passion révolutionnaire, retrouvait sa place contraignante, plus jamais soumise à débat. Les compétences, la formation, il fallait les chercher là où elles se trouvaient : chez les officiers de l'Empire disparu, experts dans l'art militaire, honnis et dégradés la veille par leurs hommes de troupe et soudain invités à rejoindre l'armée naissante. Sans doute Trotski fait-il place dans sa création à une catégorie qui deviendra célèbre, celle des commissaires politiques[4]. Mais, en 1918, il a du rôle respectif des officiers et des commissaires une idée précise qui évite toute immixtion du cadre politique dans les affaires proprement militaires. Il s'en explique en juin 1918 dans un discours prononcé devant le Ier Congrès panrusse des commissaires politiques : « Les officiers ont la pleine responsabilité des opérations militaires, les commissaires sont chargés de faire respecter la morale et la loyauté. » Peu auparavant, s'adressant cette fois à l'organisation du Parti de Moscou, il a résumé en trois mots les grands principes de la morale militaire : « le travail, la discipline, l'ordre ». Quelle armée ne se reconnaîtrait en eux ?

Sans doute, malgré sa nouvelle fonction de commissaire à la Guerre, Trotski n'oublie-t-il pas que c'est la révolution et son avenir qui dessinent le cadre de son projet. Il le précisera à maintes reprises : l'outil efficace c'est l'armée du présent, celle qui saura préserver la révolution. Mais il songe aussi à l'avenir et affirme que lorsque l'État disparaîtra, l'armée deviendra celle du peuple et sera alors pleinement démocratisée. Ainsi, en se projetant dans un avenir imprécis, se réconcilie-t-il avec Jaurès. En attendant, il prétend que l'armée de la révolution, malgré des apparences contraires, ne sera pas une armée de type classique. Ce qui l'en différencie déjà, pense-t-il alors qu'il en forge les premiers éléments, c'est l'esprit qui la sous-tend. Même si les officiers détiennent l'autorité, si la hiérarchie et la discipline dressent des barrières visibles entre eux et la troupe, tous sont animés par la certitude d'œuvrer à un avenir commun où l'égalité entre les hommes sera la règle. L'armée nouvelle rassemble avant tout des ouvriers et des paysans ; l'union qui s'opère entre eux préfigure le futur, celui d'une communauté prête à se sacrifier pour un idéal partagé. Et les officiers eux-mêmes, bien qu'ils aient été formés par ceux de la veille, viendront eux aussi de la paysannerie et de la classe ouvrière. Ainsi l'armée de classe qui est à l'origine de l'Armée rouge deviendra, avec l'abolition des classes, l'armée du prolétariat.

Ces grands principes maintes fois énoncés par Trotski ne l'ont cependant pas conduit à verser dans l'illusion d'une confusion stratégique entre politique et militaire. Les officiers de l'ancien régime recrutés par l'Armée rouge avaient tendance à se dédouaner en prônant l'élaboration d'une stratégie militaire prolétarienne. Trotski condamna avec vigueur cette conception et déclara placidement que le marxisme n'était d'aucun secours en matière de stratégie. Mieux valait donc l'oublier ! La doctrine militaire était, disait-il, affaire de savoir, d'expérience accumulée ; on ne pouvait faire place aux spéculations idéologiques en ce domaine. Et il concluait : « On ne joue pas aux échecs en s'inspirant de Marx, et on ne fait pas davantage la guerre en se référant à Marx. »

Au-delà des principes, la mise en place de mesures concrètes suivit d'autant plus rapidement que les événements allaient contraindre les bolcheviks à se défendre contre la rébellion des prisonniers de guerre tchécoslovaques en Sibérie. Ceux-ci, qui avaient été faits prisonniers par l'armée impériale alors qu'ils se trouvaient incorporés dans les forces austro-hongroises, avaient été libérés par le gouvernement provisoire pour poursuivre la lutte aux côtés de la Russie. Après la signature du traité de Brest-Litovsk, il fut décidé que ces contingents, reconnus par les bolcheviks comme « troupes autonomes » dont l'indépendance était garantie par les Alliés, seraient rapatriés par Vladivostok et, en attendant, ne devraient en aucun cas se mêler de la vie politique russe. S'ils le firent, ce fut pour des raisons accidentelles : ils se heurtaient périodiquement aux autorités bolcheviques locales qui tentaient soit de les attirer de leur côté, soit de s'emparer de leurs armes. Cette situation perdura jusqu'au jour où Trotski eut l'idée de les intégrer à l'armée qu'il mettait sur pied. N'aspirant qu'à rentrer chez eux, les détachements tchèques se rebellèrent, mettant en péril un pouvoir soviétique très faible en Sibérie et dans l'Oural. Le capitaine Sadoul résume ainsi la crise[5] : « Si l'affaire est ennuyeuse pour les Alliés, elle est extrêmement dangereuse pour les Soviets. Ils ont en face d'eux vingt-cinq mille hommes, volontaires, braves, disciplinés. [Ceux-ci] occupent une région où se trouvent beaucoup de prisonniers tchèques qui ne manqueront pas de se joindre à eux. »

Sans compter que la situation se tend ailleurs, en Ukraine en premier lieu. Pour les bolcheviks, il faut impérativement disposer d'une véritable armée pour y faire face. Trotski a déjà fait appel aux Alliés, principalement aux Français, pour que soient envoyés d'urgence aux bolcheviks des experts militaires.

Le 11 avril, Sadoul note[6] : « C'est sur mon insistance que les bolcheviks ont demandé à la France un lot de quarante officiers... Ils désiraient en avoir beaucoup plus et c'est un nombre beaucoup plus important, en effet, qui serait nécessaire pour inspirer confiance et faire revenir à l'armée les éléments militaires sains. » Et il décrit avec une grande volonté d'objectivité les conditions difficiles dans lesquelles s'organise l'armée russe : « L'œuvre de réorganisation militaire progresse lentement. Le transfert à Moscou d'une partie du commissariat, le maintien de certains bureaux à Petrograd, la dispersion des différents états-majors dans le centre de la Russie ont accumulé les difficultés... Au personnel directeur du commissariat, d'abord purement bolchevique, brouillon et incompétent, s'agglomèrent peu à peu des professionnels. Les meilleurs techniciens ne sont pas revenus les premiers, et un certain nombre de bonnes places sont entre les mains d'insuffisants et d'intrigants peu loyalistes... Mais Trotski manifeste vraiment une parfaite impartialité politique, un désir d'utiliser les professionnels en les jugeant seulement sur leur compétence. »

Le tableau esquissé par Sadoul est impressionnant. Trotski est plein de bonne volonté, constate-t-il, mais fort ignorant des affaires militaires. Il a même, dans sa jeunesse, évité d'être incorporé dans l'armée. Il écoute avec attention les avis, recrute les anciens cadres, recourt aux services des officiers alliés. Mais, avec l'affaire tchécoslovaque, la nécessité de prendre rapidement des décisions radicales s'impose. On mobilise pour six mois les ouvriers des grandes villes âgés de vingt et un ans. Puis un décret rétablit le service militaire obligatoire, tandis qu'un second décret pris au même moment – en juin 1918 – contraint tous les officiers de l'armée dissoute à s'engager dans l'Armée rouge. À l'appel aux volontaires succède l'obligation de participer à la défense, et la menace de sanctions exemplaires frappant qui voudrait s'y soustraire. Dès lors, le commissaire politique prend davantage d'importance dans la mesure où Trotski est assuré de ne pouvoir miser sur la loyauté de ces officiers à qui le choix n'est plus laissé. Une École d'état-major est fondée pour former le corps des officiers. En quelques mois, l'Armée rouge est ainsi constituée, mais elle est hétérogène, mal encadrée. « Donnez-moi des gens qui sachent obéir », avait dit Trotski en prenant ses fonctions. Mais il est malaisé de rétablir un principe d'obéissance que l'on a jeté aux orties quelques mois auparavant. Pour y parvenir, il faudra user envers l'armée naissante de la menace et de la contrainte.

Ainsi, un constat s'impose dès l'été 1918 : c'est le naufrage du rêve « communard ». À peine né, encore incertain de son organisation, l'État des soviets a reconstitué les deux piliers du pouvoir traditionnel : armée et police, qui relèvent de l'autorité centrale et échappent aux soviets et à tout contrôle de la base. Les éléments d'un pouvoir fort et centralisé sont en place alors que le pouvoir politique reste incertain dans son organisation, et guère assuré de durer.

Sans doute les bolcheviks ont-ils parfois fait état de leur gêne face à cette évolution rapide du système. De même que Trotski décrivait une armée future accordée aux transformations sociales, Zinoviev exprima en 1918 la certitude que la Tcheka, institution d'exception, allait disparaître au fur et à mesure du dépérissement de l'État. Mais, dans les deux cas, ces propos, tenus en 1918, relèvent plus du désir de dissimuler le fossé existant entre l'idéologie prérévolutionnaire et la réalité des lendemains de la révolution, que d'une réelle volonté d'œuvrer à la disparition rapide de la police et de l'armée. Lénine, qui s'était vivement élevé contre l'abolition de la peine de mort défendue par Kamenev, avait – tous ses écrits en témoignent – le modèle militaire ancré dans l'esprit. Son vocabulaire a toujours été d'inspiration militaire. Si, au début du siècle, il a pensé le Parti en se référant à l'armée, si, pour façonner son parti, il a emprunté au schéma militaire – notamment les principes du centralisme, de la hiérarchie et de la discipline –, après la révolution, quand la Russie n'a plus d'armée, c'est le Parti qui devient l'exemple imposé à l'armée. Contrairement à Trotski ou à Zinoviev, Lénine ne s'est jamais égaré en vains regrets sur les structures de force qui s'installaient ; à aucun moment il n'a évoqué l'étape ultime où ces structures viendraient à disparaître. Ce pouvoir policier grandissant n'est-il d'ailleurs pas dans la logique du mot d'ordre de Lénine tel qu'il l'inscrit en épigraphe de son livre sur le Parti : « épurer » ? La pratique qui naît en 1918 est incontestablement issue de la conception de l'autorité et du contrôle qu'il a exposée dès 1902 et dont il ne s'est jamais écarté.

PROMESSES ET RECULS

Avant de s'emparer du pouvoir, Lénine avait multiplié les engagements auprès de la paysannerie. Parce qu'il n'avait guère de prise sur elle, parce qu'en disciple de Marx il n'ignorait pas qu'une révolution où les paysans ne se joindraient pas au chœur des révoltés était vouée à l'échec, il lui avait promis, dès avril 1917, ce qu'elle réclamait avec véhémence : *la terre*. Au vrai, son slogan n'est pas alors novateur ; il est tout juste adapté à l'évolution rapide de la situation à la campagne. En octobre, quand il s'empare du pouvoir, les paysans ont devancé sa victoire et se sont déjà rendus maîtres des terres. Le vieux rêve du « grand partage » est en train de prendre corps. Le 26 octobre, Lénine présente au congrès des soviets le décret sur la terre. Ce texte abolit sans indemnisation la grande propriété foncière et met la terre à la disposition de ceux qui la cultivent. Sans doute précise-t-il que l'Assemblée constituante devra élaborer une réforme agraire, mais le cadre de cette réforme étant défini dès les premiers textes émanant de la révolution, la Constituante ne pourra guère y apporter d'innovations ou de compléments. De fait, le décret sur la terre confère un statut légal à la situation créée par les paysans depuis l'été 1917. Il leur apporte une satisfaction immédiate et les gagne ainsi à la cause des bolcheviks. Mais il crée simultanément une situation paradoxale : la révolution se réclamait du socialisme, et, dans le même temps, une de ses premières décisions consiste à consacrer le principe de propriété à la campagne. Il faudra peu de temps à Lénine comme aux paysans pour prendre la mesure de cette contradiction et en tirer les conséquences.

Mais, pour l'heure, les paysans, forts du décret sur la terre, en concluent que le « partage noir » *(tchernyi peredel)* doit se poursuivre, et ils s'approprient les terres qui restent disponibles, les instruments pour les cultiver, le bétail et les moyens de transport – charrettes, etc. –

utiles à la vie rurale. Le 9 décembre 1917, les *Izvestia*, organe officiel du pouvoir, commentent ainsi ce « partage noir » en cours de réalisation : « Les paysans n'ont rien compris au décret sur la terre. Ils commencent à piller le troupeau et les matériels existants dans la région [il s'agit de Samara]. Le Soviet a dû envoyer des unités pour restaurer l'ordre. »

La révolution autonome de la campagne est d'autant plus remarquable qu'elle contredit l'évolution qui s'accomplit dans la classe ouvrière au même moment. Pour comprendre ce qui se passe dans le monde ouvrier, il faut en revenir aux conceptions exposées par Lénine alors qu'il se préparait à prendre le pouvoir. À ce moment, il sait que le socialisme n'est pas encore réalisable en Russie et, dans son dernier texte écrit avant Octobre, *La Catastrophe menaçante et comment la combattre*[7], il part de l'idée que le capitalisme peut être réduit par un simple contrôle ouvrier sur la production, et il propose cinq mesures économiques de « démocratie révolutionnaire » :

– fusion de toutes les banques en une seule dont les opérations seraient contrôlées par l'État. Ou encore, à titre de mesure alternative, nationalisation des banques ;

– nationalisation des cartels les plus importants (pétrole, charbon, métallurgie) ;

– suppression du secret commercial ;

– « cartellisation » forcée de l'ensemble des industries, commerces, etc. ;

– regroupement quasi obligatoire de toute la société en organisations de consommateurs qui contrôleraient les circuits de production et de consommation.

Ces mesures n'étaient pas socialistes, et Lénine précisait : « La nationalisation et la confiscation des biens privés sont des mesures distinctes. La propriété des capitaux concentrés dans les banques est certifiée par des attestations manuscrites. Aucune de ces attestations n'est modifiée ou annulée par la nationalisation des banques. » Et il ajoutait : « Le principal avantage de la nationalisation des banques est de faciliter l'obtention de crédits aux petits patrons et aux paysans. »

Ainsi présente-t-il alors les nationalisations comme des mesures destinées à rationaliser la vie économique, à faciliter la vie des petits entrepreneurs, capables par là d'accéder aux capitaux qui leur sont nécessaires, et non comme une destruction de la propriété privée. De même, à propos de la cartellisation, Lénine précise qu'« elle n'enlève pas un kopek à quelque propriétaire que ce soit ». Et il rapproche les mesures proposées de celles qui sont appliquées dans les sociétés d'Europe occidentale. Ce qu'il veut, dit-il, c'est conduire les capitalistes à coopérer avec le gouvernement né de la révolution. Par ailleurs, il entend les empêcher, par le contrôle qui s'exercera sur eux, de saboter la politique économique d'un gouvernement révolutionnaire. Ce que Lénine envisage en définitive, à la veille de la révolution, c'est de créer un « capitalisme d'État » qui constituerait une phase de transition vers le socialisme. Et il définit ainsi sa perception de l'avenir : « Le socialisme n'est rien d'autre que le stade qui suit immédiatement le monopole capitaliste. »

Le socialisme de transition qui ressort de ce texte s'accommode parfaitement de la propriété paysanne. Après avoir pris le pouvoir, Lénine fait un pas de plus. Il instaure le contrôle ouvrier sur l'entreprise. Cette disposition, adoptée plus tardivement que le décret sur la terre, est fort en retrait sur les aspirations de la classe ouvrière – puisqu'elle implique le maintien en place des propriétaires des entreprises –, et même souvent par rapport aux situations de fait. Les ouvriers ont le sentiment d'avoir été les artisans de la victoire de Lénine, ils se veulent propriétaires de leurs entreprises et en expulsent les patrons. Ils ne peuvent accepter l'idée d'exercer un simple contrôle, alors qu'ils ont de leur propre autorité exproprié les propriétaires. Mais la *Déclaration sur les droits du peuple travailleur et exploité*[8] de janvier 1918 confirme les conceptions de Lénine et constitue un recul manifeste par rapport aux attentes de la classe ouvrière. La déclaration témoigne de la volonté de Lénine de freiner un mouvement d'expropriation qui résulte de la volonté spontanée des ouvriers. Ce n'est que le 28 juin 1918 que paraît enfin le décret sur l'expropriation de l'industrie lourde. Mais, à ce moment-là, les propriétaires expropriables ont déjà été chassés par les travailleurs ou ont d'eux-mêmes fui des entreprises où l'hostilité, voire les violences ouvrières ne leur permettaient plus de résister.

D'octobre 1917 à la fin de juin 1918, il y a donc en Russie, au nom d'un même principe, la révolution socialiste, coexistence de deux situations sociales et légales opposées : à la campagne, le gouvernement de Lénine a reconnu d'emblée les aspirations paysannes à la propriété, et leur a conféré un statut légal ; en milieu industriel, pendant des mois, il a au contraire fermé les yeux sur une situation révolutionnaire, sur la démarche volontariste de la classe ouvrière ; s'il a cherché à la maintenir dans un cadre légal, c'est celui du seul contrôle ouvrier. Dans ce comportement contradictoire, on retrouve le pragmatisme dont Lénine fera preuve sa vie durant et qui le conduit en permanence à subordonner les principes dont il se réclame aux exigences du réel. Minoritaire à la campagne, soumis à la compétition du Parti socialiste-révolutionnaire, il veut être, dès octobre 1917, celui qui aura répondu sans hésiter aux aspirations traditionnelles des paysans, espérant par là prendre les S.-R. de court et recueillir ainsi aux élections à venir les suffrages paysans. Effort inutile : les paysans se lancent dans l'organisation de la campagne à leur manière, en tirant profit du décret qui leur confère la propriété ; pour autant, ils ne tourneront pas le dos au parti qui a toujours représenté leurs intérêts, et les élections à la Constituante confirmeront leur fidélité aux S.-R. Ce comportement va conforter Lénine, qui n'a cessé de voir dans la paysannerie de son pays un symbole d'arriération et de tradition asiatique, dans la méfiance dont il ne se départira jamais envers la campagne russe. Il sait que si les paysans ont participé au mouvement révolutionnaire entre avril et octobre 1917, ç'a été pour faire triompher leur individualisme et leur volonté de posséder. Nullement par adhésion au socialisme.

La rupture sera brutale, et la paysannerie paiera effroyablement cher sa double illusion : d'avoir ajouté foi aux discours de Lénine et de s'être persuadée que ses aspirations étaient définitivement reconnues.

Les relations de Lénine avec la classe ouvrière évolueront en sens contraire, sans que le sort des ouvriers en soit pour autant réellement amélioré. Mais, à partir de l'été 1918, lorsque le pouvoir bolchevique sera attaqué de toutes parts, les ouvriers se retrouveront aux côtés de Lénine pour défendre la révolution. Alliance précaire. Au début des années 1920, les ouvriers tenteront de s'émanciper d'un Parti qui entend les diriger au nom des principes énoncés dans *Que faire*. La recherche de moyens d'action propres aux ouvriers constitue alors pour Lénine un autre problème ; une fois encore, il pourra mesurer qu'entre la société, qu'elle soit ouvrière ou paysanne, et ses instances d'autorité, l'accord est loin d'exister. La solitude du pouvoir bolchevique, que Lénine imputera volontiers à la trahison du prolétariat occidental, guère pressé de suivre l'exemple russe, aura avant tout été la sienne face à la société.

Enfin, les promesses de Lénine à l'aube de la révolution s'adressaient aussi aux nations de ce qui avait été l'Empire russe. Après avoir affirmé, dès les années de guerre, leur droit à l'autodétermination, Lénine agit à leur égard comme à l'égard des paysans : afin de les gagner à sa cause, il reconnaît les aspirations nationales sans émettre la moindre réserve. Comme dans le cas des paysans, son discours est d'autant plus suivi d'effets à la périphérie nationale que la décomposition politique de l'Empire, puis celle du gouvernement provisoire, encouragent les velléités d'indépendance. Le 26 octobre, s'adressant au congrès panrusse des soviets, Lénine lit le *Décret sur la paix*, premier acte d'autorité, première déclaration sur le problème de la cessation de la guerre avec les Puissances centrales, mais aussi sur celui des annexions, donc de l'Empire agonisant. Il y est dit que « tout rattachement à un État grand ou fort d'une nationalité petite ou faible, sans qu'elle ait pu exprimer librement son accord, indépendamment de la date du rattachement forcé, indépendamment du plus ou moins grand degré de rattachement de la nation ainsi annexée, enfin du fait que cette nation se trouve en Europe ou outre-mer », doit être condamné. Le décret sur la paix précise que cela vaut aussi pour les annexions des Grands Russiens, c'est-à-dire pour l'Empire russe. Le 2 novembre, la *Déclaration des droits des peuples de Russie*, cosignée par Lénine et Staline, commissaire aux

Nationalités, définit les quatre principes guidant le nouveau pouvoir dans ses rapports avec les peuples annexés :

– égalité et souveraineté des peuples de Russie ;

– droits des peuples de Russie à la libre autodétermination impliquant, s'ils en expriment la volonté, la sécession et la création d'États indépendants ;

– suppression de tous les privilèges ou restrictions d'origine nationale ou religieuse ;

– libre développement des minorités nationales et des groupes ethniques vivant sur le territoire russe.

Ainsi, comme les paysans, les nations se trouvent soudain légalement autorisées à choisir leur destin. Là encore, le temps de s'emparer du pouvoir et de le consolider, Lénine a gagné un répit et – du moins le pense-t-il – le soutien d'une périphérie en pleine ébullition depuis des mois. Pour la plupart des nations, comme pour l'immense majorité des paysans, les décrets de Lénine sont tenus pour des engagements définitifs, non pour d'habiles manœuvres relevant d'une stratégie visant à hiérarchiser les difficultés et à asseoir d'abord son pouvoir. Là encore, les acteurs de ce drame prendront vite conscience du malentendu qui va se faire jour et qui les conduira, à l'heure de vérité, à de terribles épreuves de force.

LES CONTRAINTES : GUERRES CIVILES, GUERRES NATIONALES

En signant la paix de Brest-Litovsk, Lénine avait compté obtenir un répit *(peredychka)* pour consolider son pouvoir et attendre que l'étincelle révolutionnaire russe embrasât l'Europe, apportant par là à son pays le soutien du prolétariat occidental. Espoir aussitôt déçu. Loin de régler les problèmes, la paix va ouvrir une nouvelle période, effroyable pour la Russie, marquée par la guerre sur trois fronts : guerre civile, intervention étrangère, guerres nationales.

En prenant le pouvoir, Lénine avait promis la paix, la terre, le pain. D'emblée, il va être confronté au problème qui, depuis 1914, a ébranlé le pouvoir de ses prédécesseurs : celui de la faim, aliénant la population aux tenants de l'autorité. Cette population ne cesse d'espérer qu'un gouvernement, quel qu'il soit, saura lui assurer les moyens de survivre. Elle n'oublie pas – cinq ans seulement se sont écoulés depuis 1913 – qu'avant la guerre, ses conditions de vie s'amélioraient. Le conflit a certes cassé net cette tendance au progrès, mais la dégradation des conditions d'existence pendant les années 1914-1917 n'a rien de comparable à celle que la Russie va connaître à partir de 1918. Tout va concourir alors au désastre : la situation politique de la Russie après la paix, et celle de la paysannerie.

La paix de Brest-Litovsk a privé le pays d'une de ses plus riches régions, l'Ukraine, productrice de blé, de 90 % de l'industrie sucrière, de 70 % du minerai de fer. Après avoir tenté un moment de se tenir à l'écart de la lutte qui va opposer sur leur territoire le pouvoir soviétique et les armées blanches – dirigées d'abord par le général Kornilov, qui sera tué au cours des combats, puis par le général Denikine –, les Cosaques du Don se soulèvent contre les bolcheviks. Il est vrai que ceux-ci, là où ils gagnent du terrain, instaurent d'emblée un système de terreur, réquisitionnant, arrêtant, fusillant qui leur tombe sous la main. Tout le Don, sous l'autorité de l'hetman Krasnov, échappe alors au contrôle bolchevique. À l'est, la révolte des Tchécoslovaques revêt des proportions considérables. Ayant pris diverses villes de l'Oural : Novonikolaïevsk, Kourgan, Omsk, Samara, leurs détachements arrivent jusqu'à Kazan où ils opèrent une jonction avec la paysannerie de la Volga, révoltée elle aussi. Partout, Cosaques, Tchécoslovaques, paysans et gardes rouges se battent sans merci, et dans nombre de villes – Toula, Kostroma, Saratov – les ouvriers se joignent à leur tour à la rébellion.

Contre ce vent d'opposition, le pouvoir réagit avec une violence accrue. Trotski donne à son armée naissante l'instruction de réprimer sans pitié les ennemis supposés, et de multiplier les exemples de châtiment capital. Partout on fusille sans scrupules : les « blancs » capturés au cours des combats, les paysans, mais aussi des soldats et officiers lorsque ceux-ci ont manqué d'énergie à réprimer. L'armée se renforce en nombre : dès l'automne 1918, elle compte près d'un million d'hommes ; elle déploie une cruauté découlant d'ordres extrémistes sous le contrôle croissant exercé sur elle par les commissaires politiques.

Cette terreur grandissante ne règle rien, surtout pas le problème immédiat : celui de la faim. La désorganisation du pays a des effets spectaculaires sur les transports, c'est-à-dire sur l'acheminement du ravitaillement. Le réseau ferroviaire russe, qui s'est toujours révélé insuffisant à relier les diverses parties d'un espace immense – la guerre russo-japonaise et la guerre mondiale l'ont montré –, est de surcroît en partie détruit. Si, en 1913, la Russie possédait dix-huit mille locomotives capables d'acheminer dix millions de tonnes de marchandises, en 1918, il n'en reste que sept ou huit mille dont la capacité de transport est trois fois moindre que cinq ans auparavant. La production reste souvent sur place et y pourrit. Même lorsque l'on parvient à l'acheminer vers les villes, les convois se déplacent dans des conditions de lenteur et d'insécurité si déplorables qu'à leur arrivée, les marchandises sont souvent hors d'usage. Ou encore, les convois n'arrivent pas, car ils ont été attaqués et pillés au passage. Au demeurant, les paysans ne sont guère enclins à vendre quoi que ce soit. Le slogan de Lénine : « La terre aux paysans ! » tourne vite – on y reviendra – à la guerre de classe à la campagne ; désespérée, la paysannerie se replie sur elle-même tandis que, dans les villes, on meurt de faim.

La situation dans les centres urbains s'aggrave rapidement sous le coup de deux phénomènes : le chômage, le retour des soldats et des prisonniers. La reconversion de l'industrie de guerre se fait difficilement. Privées des ressources du Donetz et de l'accès aux matières premières, en raison des difficultés de transport, les usines épuisent leurs stocks, puis ferment leurs portes. Les ouvriers que l'on avait appelés à la révolution pour construire un « monde nouveau » se retrouvent chômeurs, tandis que les prix grimpent à un rythme accéléré et que le marché noir se développe. En rendant les soldats à la vie civile, la paix de Brest-Litovsk aggrave encore la situation. Un million cinq cent mille grands blessés, souvent handicapés à vie, et trois millions de prisonniers reviennent dans les villes qui ne peuvent leur fournir ni travail ni nourriture ; ils choisissent aussi parfois de retourner dans les campagnes où ils vont grossir les cohortes de mécontents.

Le printemps 1918 est effroyable pour l'ensemble de la société, mais avant tout pour celle des villes. À Petrograd, on compte alors 70 % de chômeurs, et partout des queues interminables permettent d'obtenir à peine une livre de pain. Faut-il s'étonner de l'impopularité croissante des bolcheviks ? Une élection a lieu en avril 1918 à Sormovo pour élire le soviet local. La majorité élue est menchevique et S.-R. Les partis politiques privés par Lénine de leur victoire électorale à la Constituante comprennent que l'heure est venue de passer à une contre-attaque favorisée par l'isolement des bolcheviks et leur incapacité à y répondre autrement que par la violence. La majorité non bolchevique élue à la Constituante incarne toujours les espoirs de la conscience sociale.

À Moscou, le Parti constitutionnel-démocrate tente de mettre sur pied une organisation de l'opposition capable de rallier les mécontents, qui sont légion. L'Union pour la rénovation de la Russie rassemble des socialistes de droite et des K.-D. de gauche qui se donnent pour programme immédiat d'imposer la convocation de l'Assemblée constituante. Boris Savinkov, figure prestigieuse du parti S.-R., crée pour sa part l'Union pour la défense de la patrie et de la liberté ; il appelle des officiers à le rejoindre et cherche à constituer une véritable organisation structurée, secrète, ayant des centres à Moscou et en province en vue de préparer le renversement du pouvoir bolchevique. Sans doute ces diverses organisations sont-elles faibles en raison de leur dispersion, de leurs rivalités et surtout de programmes souvent passéistes qui vont du rétablissement de la monarchie à la convocation d'une Constituante mort-née. Dans le chaos où sombre la Russie, ces programmes éveillent peu d'échos, mais ils contribuent à souligner que le régime instauré par Lénine est précaire et que, partout, des forces se dressent contre lui, marquant par là que la légitimité dont il se pare ne tient qu'à une autoproclamation. L'opposition grandissante se manifeste aussi à la gauche des bolcheviks, les anarchistes n'acceptant pas plus que les partis modérés le rapt du pouvoir auquel s'est livré Lénine. Des groupes anarchistes, grossis de bandes d'affamés, brandissent des drapeaux noirs et lancent le mot d'ordre de « Révolte contre les commissaires ! » Mai et juin 1918 voient se multiplier les affrontements armés, et Tsaritsyne (qui deviendra un jour Stalingrad, puis Volgograd), Samara, Saratov et nombre d'autres villes seront le théâtre de sursauts sanglants que les bolcheviks écraseront avec une cruauté sans pareille.

À la famine, à la désorganisation complète de l'économie et souvent des pouvoirs s'ajoutent dès le mois de mars la mise sur pied et le déclenchement de la contre-révolution, ainsi que l'intervention étrangère.

Une partie de l'armée – les officiers essentiellement – est désemparée par une paix jugée « honteuse ». Rendus à la vie civile, puis convoqués pour encadrer l'armée de Trotski, ils s'y refusent en grande majorité et vont s'efforcer de mettre sur pied leurs propres organisations militaires pour arracher le pouvoir aux bolcheviks. On voit alors se mêler les mouvements les plus divers. Armées blanches politiquement hostiles aux bolcheviks, armées de « gueux », paysans désespérés par la violence du pouvoir léniniste, par l'espoir trahi et la guerre civile imposée par le Parti à la campagne, se regroupent souvent autour des anarchistes. Les débris de l'armée impériale – un demi-million d'hommes – vont former les armées « blanches », rassemblées autour de généraux ambitieux qui n'acceptent pas la révolution, ou la paix, ou les deux. Les cinquante mille légionnaires tchèques sont peu à peu encadrés par des officiers français et constituent une armée efficace que rejoignent des volontaires russes.

Des pouvoirs naissent de ces forces nouvelles qui se conjuguent. À Omsk s'installe un gouvernement de la

Sibérie occidentale, de tendance conservatrice. À Samara, c'est un gouvernement à direction S.-R. qui se rapproche des Cosaques de l'Oural, eux aussi entrés en rébellion. Dans le sud, le général Denikine met sur pied une armée de volontaires, partiellement équipée par le gouvernement de Londres et assistée d'une mission militaire britannique. L'intervention alliée, pour discrète qu'elle soit, apporte à ceux qui veulent mettre fin au pouvoir bolchevique un soutien non négligeable. Depuis mars 1918, des troupes franco-anglaises ont commencé à débarquer à Mourmansk, puis à Arkangelsk, et enfin, à l'été, à Vladivostok. Dès avril, les troupes japonaises ont pénétré dans les territoires de l'Extrême-Orient russe.

Ce tableau du chaos russe serait incomplet si l'on n'y ajoutait les sécessions nationales qui réduisent d'autant l'aire d'autorité du gouvernement de Lénine. En Ukraine, les Allemands avaient d'abord signé un traité de paix séparée, arrachant du même coup l'Ukraine à la Russie. Puis ils chassèrent l'autorité nationale, la Rada, qu'ils soupçonnaient de leur être hostile, et soutinrent le pouvoir du général Skoropadski qui restaura l'*hetmanat*, institution prérévolutionnaire bien peu propre à reprendre à son compte l'idéologie de la révolution. Appuyé sur le commandement allemand et les grands propriétaires, Skoropadski fait de l'Ukraine une base possible d'intervention contre le pouvoir des bolcheviks. L'Asie centrale n'est pas plus favorable à ces derniers. Soulevée contre l'Empire dès la fin de 1916, elle voit s'installer des gouvernements hostiles. C'est le cas de la république de Kokand, proclamée en 1917 et qui s'effondrera en février 1918 sous les coups des bolcheviks que ses combattants tiennent pour un nouvel avatar de la domination russe. Dans toute la

Ferghana, une résistance populaire se développe au même moment : c'est le mouvement des *basmatchi* (les « va-nu-pieds ») ; il s'agit d'une véritable guérilla paysanne qui donnera du fil à retordre à Lénine et à ses successeurs pendant des années. Les mêmes espoirs et la même volonté de lutter animent les peuples du Caucase. Partout, ces instances gouvernementales ou ces résistances nationales comptent sur l'Angleterre pour protéger leur lutte contre ce bolchevisme qui n'est à leurs yeux qu'un impérialisme déguisé.

Entre les troupes contre-révolutionnaires organisées, les révoltes nationales, les armées d'intervention étrangères, se glissent encore des bandes indéfinissables, les « verts », qui n'appartiennent à aucun camp ; mais, dans le désordre général, elles sèment la panique partout où elles passent, et en viennent parfois à s'emparer de villes entières.

L'OPPOSITION POLITIQUE RENAISSANTE

En été 1918, la situation des bolcheviks paraît sans issue. Leur champ d'action se rétrécit constamment et leurs adversaires ne cessent d'augmenter en nombre et de gagner du terrain, contestant leur droit à détenir le pouvoir, le réfutant au nom de légitimités diverses – celle de la monarchie, celle de la volonté populaire exprimée dans l'élection à la Constituante, celle enfin de la misère croissante et du chaos que les bolcheviks ont semés tout en se montrant incapables de les juguler. Même là où ils restent maîtres de la situation, surtout dans la capitale – c'est-à-dire, depuis peu, Moscou –, leur pouvoir est ébranlé.

Les S.-R. mesurent parfaitement cette faiblesse. Leur Conseil national avait exigé dès mai 1918 que la Constituante fût convoquée. Le silence des bolcheviks sur ce point – pour Lénine, cette assemblée n'a jamais existé et l'appel au suffrage populaire n'est que pur « crétinisme » – les conduit à passer à l'action. Ils vont organiser en juillet des soulèvements à Moscou et Petrograd. La lutte terroriste vient alors relayer l'appel à la représentation sociale. Les S.-R. en lutte contre les bolcheviks ne sont plus seulement ceux de la fraction de droite, opposée dès le début au coup d'État, mais aussi les S.-R. de gauche qui, jusqu'à l'été 1918, ont été de fidèles alliés pour Lénine. En juin, ils se retournent contre lui et exigent du congrès des soviets un changement radical de politique : dissolution immédiate de l'Armée rouge et de la Tcheka, suppression des brigades de réquisition du blé à la campagne. Lénine ignore superbement ces requêtes et les S.-R. décident alors que l'heure de la confrontation a sonné.

Un S.-R., Bloumkine, assassine l'ambassadeur d'Allemagne, le comte von Mirbach, accusé d'incarner le militarisme allemand et de défendre en Russie les intérêts de son pays. Le syndrome du « wagon plombé » est présent dans tous les esprits, et Mirbach est considéré par les innombrables adversaires de Lénine comme l'homme qui le manipule pour le plus grand bien de l'Allemagne. Non contents de ce coup d'éclat, les S.-R. vont arrêter Dzerjinski et assassiner Volodarski et Ouritski. Le choix de ces deux dernières cibles est significatif. Au lendemain de la révolution, Volodarski avait été l'un des adversaires les plus résolus d'un gouvernement de coalition ; chargé de préparer les élections à la Constituante à Petrograd, il définissait ainsi sa tâche : « Ou l'Assemblée aura une majorité bolchevique, ou il nous faudra faire une nouvelle révolution. » Moisei Ouritski n'a pas meilleure presse chez les S.-R. qui l'ont vu à l'œuvre lors de la dissolution de la Constituante où ce « commissaire de l'Assemblée » contribua à en chasser les élus par la violence avant d'organiser la terreur en sa qualité de responsable de la Tcheka dans la capitale. En les assassinant, les S.-R. s'attaquent là à des adversaires que la société hait. Leur mort n'indigne que les bolcheviks.

Forts de ces exploits, ils s'emparent ensuite du central télégraphique et appellent la population de la capitale à l'insurrection. Mais la Russie est dominée depuis avril 1917 par la forte personnalité de Lénine. Comment imaginer que, dans cet ultime combat pour libérer leur pays de la terreur bolchevique, les S.-R. allaient oublier celui qui avait voulu si passionnément la révolution mais lui avait imposé, sans jamais transiger, sa propre conception du pouvoir total ? Lénine va donc être leur cible suivante. Mais l'attentat dirigé contre lui n'atteindra pas son but. En janvier, à Petrograd, déjà, il échappe à une fusillade. Sa sœur Anna, si prompte à relater tous les moments remarquables de la vie de son frère, a passé l'incident sous silence. Le capitaine Sadoul y resta lui aussi indifférent, et l'on peut en déduire que, sur l'instant, il n'émut pas grand monde. En revanche, l'attentat perpétré par Fania Rotman (Kaplan), le 30 août, fit grand bruit et eut des conséquences durables.

Les faits ont beau être simples à résumer, l'affaire est moins claire qu'on ne le crut longtemps. Le 30 août, Lénine tenait meeting à l'usine Michelson, située dans le vieux Moscou. Après avoir expliqué aux ouvriers, qui attendaient autre chose que de bonnes paroles, que la démocratie était un leurre et qu'il fallait travailler mieux et davantage pour briser les ennemis du régime – ce discours était orienté avant tout vers la glorification de la lutte des classes –, Lénine sortit et, alors qu'il se dirigeait vers sa voiture, des coups de feu furent tirés qui, cette fois, l'atteignirent. Deux projectiles le blessèrent à l'omoplate et au cou, et sa santé en fut pour un temps fort affectée. L'auteur de l'attentat était une jeune femme, Fania Efimovna Rotman, dite encore Dora Kaplan, fille d'un instituteur juif de Volhynie qui avait rejoint très tôt les anarchistes et avait déjà participé à des actions terroristes. Son passage de l'anarchisme au mouvement socialiste-révolutionnaire était le fruit de sa rencontre, dans un camp de détention, avec la personnalité légendaire de la branche terroriste des S.-R., Maria Spiridonova. Intérrogée sur-le-champ, Dora Kaplan ne fit aucune difficulté pour reconnaître qu'elle était bien l'auteur des coups de feu, et déclara avoir agi seule, afin de débarrasser la Russie de celui qui l'opprimait et pour remettre le pays sur la voie de la révolution. Elle fut exécutée après quelques rapides interrogatoires, sans procès. Celui qui fut chargé de l'« abattre » – car la mission lui fut présentée en ces termes peu juridiques –, le commandant du Kremlin, Malkov, ne se priva pas, par la suite, d'exposer ses états d'âme. Exécuter une femme n'était déjà pas une tâche plaisante. Les conditions de cette exécution furent de surcroît particulièrement sordides. Elle eut lieu le 4 septembre, quelques jours seulement après l'attentat, dans une garage, un moteur de voiture tournant pour assourdir le bruit des coups de feu ; et en présence du « poète prolétarien Demian Bednyi, afin qu'il retirât de l'événement l'inspiration révolutionnaire[9] ».

Tels sont les faits relatés par les historiens. Angelica Balabanova, qui visita Lénine dans la maison de campagne où il achevait sa convalescence, relève qu'il rechignait à revenir et à s'appesantir sur le cas de Dora Kaplan. Elle suggère que si l'exécution lui avait été désagréable au point qu'il souhaitât la passer sous silence, c'est qu'elle avait sanctionné un geste dirigé contre lui. Si la victime de l'attentat avait été un autre commissaire du peuple, l'exécution l'aurait laissé indifférent, écrit-elle. Comme elle se plaignait à lui de la répression qui avait frappé un groupe de mencheviks, Lénine répliqua : « Ne comprenez-vous pas que si nous hésitons à fusiller ces quelques dirigeants, nous nous retrouverons bientôt dans la situation de devoir fusiller dix mille ouvriers[10] ? » Balabanova conclut que Lénine ne faisait qu'exprimer là une nécessité.

Pourtant, l'exécution de Dora Kaplan, qui mettait fin à une existence vouée au terrorisme, n'était pas, semble-t-il, aussi claire que tint durablement à le faire accroire l'histoire soviétique. Le général Volkogonov, qui s'est penché avec attention sur toute l'affaire et en a recherché tous les éléments dans les archives, a émis des doutes sur la véracité du récit officiel. De son enquête il conclut que le seul fait avéré est en l'occurrence l'attentat, mais qu'au-delà il s'agit d'une « mystification ». Pour lui, Dora Kaplan n'était probablement pas l'auteur réel de l'attentat, mais ses liens avec le parti S.-R. furent utilisés par les bolcheviks. Soutenus peu auparavant par les S.-R. de gauche, les bolcheviks ne savaient trop comment passer de la rupture à l'élimination de ces encombrants alliés qui réclamaient soudain un retour à la légalité. Si Volkogonov a raison de mettre en doute la version officielle des faits, l'attentat attribué à Dora Kaplan tombait à pic pour permettre aux bolcheviks de se débarrasser de tous les S.-R. et rejeter leurs demandes dans la catégorie des « volontés contre-révolutionnaires ».

La terreur d'État pouvait alors se déchaîner.

La tragédie paysanne

Le spectre de la famine avait plané sur la Russie pendant la guerre, mais ce fut surtout le cas à partir de l'été 1917. Le gouvernement provisoire avait pris très tôt des dispositions autoritaires pour assurer l'approvisionnement des villes et de l'armée. Des comités spéciaux avaient été mis en place à l'échelle locale et dans la capitale pour interdire la spéculation et tenter de rationaliser le commerce et les livraisons de vivres – notamment de blé – afin d'éviter les situations critiques. En mai 1917, déjà, un ministère de l'Approvisionnement avait été créé à cette fin et placé sous l'autorité d'un populiste de droite, A. Pechekhonov. Mais ce dernier entra rapidement en conflit avec Victor Tchernov qui entendait préserver l'autorité des comités de paysans et s'opposait donc au contrôle exercé sur eux par les comités d'approvisionnement. Dès l'été 1917, du fait des rivalités institutionnelles et de la volonté paysanne de voir décider une politique conforme aux intérêts ruraux, l'essentiel des récoltes restait à la campagne ou bien faisait l'objet de trafics échappant aux contrôles gouvernementaux. Au demeurant, la population rurale se trouvait augmentée de citadins venus là pour éviter de souffrir de la faim, ainsi que de soldats qui, anticipant la paix, entendaient participer au partage des terres. À son arrivée au pouvoir, Lénine hérita ainsi une situation très critique, caractérisée par l'irrégularité des approvisionnements et les habitudes d'autonomie des instances paysannes. Il fut pris au dépourvu, car il n'avait pas imaginé qu'une telle crise pût se produire.

Le commissaire du peuple chargé de ce problème, Ivan Teodorovitch, était un homme modéré qui se refusait à recourir à des méthodes de violence contre la paysannerie. D'emblée, son attitude entraîna un débat et une division institutionnelle. À Petrograd, à peine nommé, le commissaire qui lui fut adjoint se déclara partisan d'opérations punitives contre les paysans. Mais, à Moscou où les bolcheviks étaient enclins à prôner la conciliation, l'opposition aux méthodes violentes était marquée. Le Comité panrusse pour l'approvisionnement, institué en décembre 1917, fut le lieu de confrontations entre tenants des deux thèses parmi les supposés experts des problèmes agricoles, puisque tout le débat tournait autour des paysans et des moyens de les inciter – ou de les obliger – à nourrir la société. C'est à ce point de la discussion que Lénine intervint, le 14 janvier 1918, alors qu'il parlait devant un public mêlant les députés du soviet de Petrograd et les collaborateurs du comité local des approvisionnements. La solution, il l'avait élaborée et l'exposa sans fard. Il fallait, dit-il, mettre sur pied des détachements composés de dix à quinze soldats et ouvriers ; en organiser plusieurs milliers, et les lancer sur la campagne avec le pouvoir de passer par les armes tous les paysans qui ne se plieraient pas à leurs exigences. C'était la première fois qu'un propos aussi radical était tenu par Lénine (du moins ouvertement). Il épouvanta ses auditeurs, qui avaient pourtant déjà suggéré que l'on recourût à la Tcheka contre les « saboteurs », que l'on forçât les paysans aux livraisons, mais qui n'avaient pas encore envisagé que l'on pût en appeler au terrorisme organisé contre une partie de la société.

Le IIIe Congrès panrusse des soviets, réuni du 10 au 18 janvier, avança une solution plus modérée que celle suggérée par Lénine : celle de confier à un congrès du soviet des travailleurs des approvisionnements la responsabilité de faire face à la crise. Ce soviet délégua ses pouvoirs à un exécutif de trente-cinq membres, dont vingt et un étaient des bolcheviks : Lénine y avait veillé. Cette instance eut à répondre de ses activités directement devant le *Sovnarkom*, et non devant le Conseil économique suprême. De cette organisation compliquée, il ressort que, n'ayant pas convaincu ses collègues d'user ouvertement de la terreur contre la paysannerie, Lénine tenta de placer sous son autorité un organe truffé de bolcheviks et dont la tâche était de pourvoir aux approvisionnements par n'importe quels moyens. Dans la pratique, cet exécutif n'eut aucune autorité, l'affaire resta au point mort, ce qui explique que, le 15 février, un décret parut, annonçant que Trotski était nommé « directeur des Approvisionnements », à la tête d'une commission extraordinaire créée à cette fin. Mais, l'intéressé n'ayant pas été averti de cette nouvelle mission qui lui incombait, il ne l'exerça guère...

Ces créations incessantes et désordonnées d'instances, toutes chargées de régler le problème crucial de l'approvisionnement des villes et de l'armée, attestent le manque de préparation des bolcheviks pour faire face à un problème qu'ils avaient grandement sous-estimé avant d'accéder au pouvoir. Dans ce premier temps – d'octobre 1917 à mai 1918 – où ils exercent leur autorité, il leur faut prendre la mesure des difficultés en ce domaine, et constater que les régions capables d'approvisionner le pays leur échappent de plus en plus. L'Ukraine perdue, reste la Sibérie où de nombreuses missions sont envoyées, et la campagne de la Russie centrale où les paysans manifestent des réticences croissantes que les réquisitions – encore ponctuelles – ne feront que renforcer. Le pouvoir, qui a gardé du gouvernement provisoire le principe du monopole d'État sur le commerce du blé, hésite encore, pour se le procurer, entre deux politiques : une conception « commerciale » des approvisionnements, que les comités locaux sont chargés de mettre en œuvre, et une conception violente fondée sur les réquisitions décidées dès janvier par Lénine. Dans sa volonté d'arracher aux paysans leur production plutôt que de la négocier avec eux, celui-ci est soutenu par les instances bolcheviques de Petrograd où l'ardeur militante ne désarme pas. C'est de là que partiront vers la campagne les premiers détachements – marins de Cronstadt et ouvriers – chargés d'opérer des réquisitions « coup de poing ». Mais celles-ci se déroulent alors que le mot d'ordre officiel reste le respect de la propriété paysanne. Elles paraissent d'autant plus illégales et elles indignent d'autant plus la paysannerie qui campe sur sa méfiance et son hostilité à la ville bolchevisée. L'unité sociale que Lénine croyait possible en octobre tourne vite à l'opposition d'intérêts. Alors que la politique de la main tendue à la paysannerie n'est pas encore dénoncée, la lutte de classe antipaysanne s'installe de manière souterraine.

Durant cette période de tension, mais où rien n'est encore tranché, la paysannerie compte pour la défendre sur ses organisations propres et sur le parti S.-R. L'organisation paysanne qui a la confiance du monde rural est le congrès panrusse des députés paysans qui s'est réuni pour la première fois en mai 1917 ; il a mis alors en place un comité exécutif chargé de maintenir les liens entre les organisations de base, d'un congrès à l'autre, et de préparer les forums à venir. À la veille du coup de force de Lénine, cet exécutif avait décidé que le IIe Congrès des organisations paysannes aurait lieu après la réunion de la Constituante, et c'est en raison de cette décision, prise dans l'ignorance des desseins de Lénine, que les responsables de la paysannerie avaient laissé les bolcheviks maîtres du terrain. Le coup d'État du 25 octobre avait été entériné par un congrès des soviets formé d'ouvriers et de soldats, dont la paysannerie était donc absente, même si les soldats étaient souvent d'origine rurale ; Lénine put se prévaloir du soutien de toute la société russe sans que la paysannerie se fût prononcée. Conscients de la faute commise, les responsables paysans réunirent le 10 novembre un congrès extraordinaire des députés paysans pour définir leurs propres conceptions après le changement de régime. Convoqué à la va-vite, dans des conditions de représentativité fort approximatives, ce congrès était dominé par les S.-R. de gauche, trois fois plus nombreux que les S.-R. modérés, et comptait une délégation bolchevique. La personnalité flamboyante de Maria Spiridonova, élue à la présidence, domina cette assemblée et contribua à l'orienter à gauche. Mais il s'agissait, pour les congressistes, de maintenir avant tout l'indépendance des organisations paysannes et les thèses chères aux S.-R., c'est-à-dire de soutenir l'idée d'un gouvernement de coalition. Dans le même temps, le congrès décida d'envoyer des représentants au comité exécutif central qui, à ses cent huit membres originels, ajouta ainsi cent huit représentants de la paysannerie, cent représentants de l'armée ainsi que cinquante délégués des syndicats. Ce changement, déjà évoqué, devait, dans l'esprit des dirigeants paysans, donner au CEC l'allure d'un véritable parlement des diverses catégories de la population, habilité par là à peser dans les débats contre le gouvernement. Cette décision, qui semblait à première vue affaiblir l'autorité gouvernementale, ne pouvait en fait inquiéter réellement Lénine. La lourdeur du CEC lui ôtait toute efficacité réelle. En outre, la présence accrue des S.-R. de gauche en son sein, par le biais de la représentation paysanne, présentait à ses yeux un avantage : ses adversaires ne pourraient plus l'accuser d'imposer le monopole du pouvoir bolchevique. Les apparences de coalition s'en trouvaient renforcées. Mais restait à mieux contrôler les organisations paysannes.

Le IIe Congrès paysan (celui de novembre n'est pas décompté parmi les forums réguliers) se réunit du 26 novembre au 11 décembre et fut marqué par les affrontements entre l'extrémisme de Maria Spiridonova et la volonté de Victor Tchernov de maintenir l'indépendance des organisations paysannes. Deux sujets divisaient particulièrement les délégués. Tout d'abord, les modérés conduits par Tchernov insistèrent pour que la Constituante fût convoquée de toute urgence et que son pouvoir « constituant » fût respecté par les bolcheviks, ce qui irrita fort Lénine, guère disposé à prendre au sérieux cette exigence. Pour cette raison, son intervention au congrès fut accueillie par des huées que Spiridonova n'arriva point à apaiser. L'autre sujet de division était celui de l'union du congrès paysan avec le congrès des députés ouvriers et soldats, voulue par les bolcheviks et soutenue par les S.-R. de gauche, mais combattue par les centristes qui suivaient Tchernov. Spiridonova réussit à renvoyer le sujet au IIIe Congrès, prévu pour février 1918 et avancé à la mi-janvier, et organisa une subtile manipulation : les représentants à ce congrès, au lieu d'être élus à la base, devaient simplement, proposa-t-elle, être les mêmes que ceux au IIe Congrès, dont le mandat serait prorogé jusqu'au IIIe. Ainsi, ayant soigneusement mis au point un scénario qui ignorait les règles de la représentation démocratique, S.-R. de gauche et bolcheviks arrivèrent en position de force au IIIe Congrès paysan, ouvert le 13 janvier.

Le jour où se tint sa première réunion, les conditions politiques étaient favorables à l'anéantissement des volontés d'autonomie paysanne. La Constituante dissoute, les bolcheviks dominaient ; les S.-R. de gauche n'étaient plus pour eux que des alliés faibles, contraints de les suivre sous peine de subir le sort du parti S.-R. dont la victoire électorale avait été niée par Lénine. Rien d'étonnant si Spiridonova, s'adressant aux bolcheviks, fit alors un véritable *mea culpa*, déclarant que les S.-R. avaient eu tort de s'accrocher « au mythe historiquement dépassé de l'Assemblée constituante ». Sans laisser le congrès débattre de la suite de l'ordre du jour, elle fit voter à l'unanimité l'union du soviet paysan avec le soviet des députés et soldats. L'autonomie des organisations paysannes avait vécu.

Les délégués du IIIe Congrès votèrent unanimement pour la *Déclaration des droits du peuple travailleur et exploité* que la Constituante avait refusé d'entériner, et demandèrent que le CEC préparât à partir de ce texte la Constitution russe. Le congrès paysan se prononça aussi pour la loi sur la socialisation de la terre, qui devait donner un contenu concret au « décret sur la terre » du 26 octobre.

Sur ce dernier point, les représentants de la paysannerie, la totalité des S.-R. et les bolcheviks se trouvent en sérieux désaccord, même si les termes de ce désaccord ne sont pas encore très explicites en janvier 1918. Peu de mois plus tard, le conflit deviendra en revanche compréhensible à toutes les parties. Pour les S.-R., la « socialisation » de la terre est conforme à leurs conceptions traditionnelles : elle implique que le pouvoir dans la société socialiste en voie d'organisation appartiendra aux divers groupes qui la composent et émanera de la base. C'est la paysannerie qui aura à organiser son existence et à décider de ses orientations. Pour les bolcheviks, l'objectif est la « nationalisation » de la terre ; celle-ci a pour conséquence que la campagne sera insérée dans un projet économique global dont les acteurs privilégiés seront le monde industriel et la classe ouvrière, les efforts paysans étant appelés à venir soutenir le progrès. Un tel projet économique d'ensemble suppose l'autorité absolue du pouvoir central, porteur d'une vision commune.

Lénine n'a jamais été inconscient du malentendu qui le séparait de la paysannerie. Mais il était prêt à adopter, le temps nécessaire, des lois qui lui concilieraient les paysans et lui permettraient de nourrir la Russie. Le « décret sur la terre », puis la loi sur la socialisation de la terre ne le préoccupaient guère ; il pensait que les textes comptaient peu au regard de la manière dont ils seraient interprétés et appliqués. Il commenta ce conflit, qu'il refusait au demeurant de grossir, en disant : « Il suffit que nous trouvions un moyen d'accommoder à notre manière l'idée populiste de la socialisation[11]. » Les S.-R., au contraire, tenaient pour acquis que, la loi une fois adoptée, les bolcheviks seraient obligés de la respecter ; c'est la raison pour laquelle ils insistèrent pour que le IIIe Congrès des soviets la votât.

La loi fut donc adoptée. Le gouvernement avait mission – c'en était l'essentiel – de favoriser l'agriculture collective qui, plus que l'exploitation individuelle, pouvait concourir au progrès de l'économie. Il s'agissait de développer des fermes collectives, prioritaires dès lors que l'on redistribuerait les terres. Les S.-R. avaient certes gagné en partie cette bataille légale, mais ils n'étaient pas conscients du fait que, pendant qu'ils imposaient leurs vues sur un texte, Lénine créait déjà les conditions d'une mobilisation des efforts paysans au service du développement industriel du pays.

Dans cette phase où le pouvoir n'ose attaquer de front la paysannerie, il fait porter ses efforts non seulement sur les problèmes d'approvisionnement, mais plus encore – là, il est conséquent dans ses dispositions – sur la pénétration du monde rural par des éléments prolétariens, ce qui constitue déjà l'amorce de la guerre de classe à venir. Sous des noms divers – « agitateurs », « commissaires », « instructeurs » –, le pouvoir encourage le départ vers la campagne d'ouvriers ou de soldats qui sont chargés tantôt des réquisitions, tantôt de l'encadrement de la paysannerie. Sans doute ont-ils peu de pouvoir légal et, arrivés au village, opèrent-ils à leur guise en l'absence d'une autorité supérieure centralisant leur action. Mais le rôle que jouent alors ces transfuges de la ville – auréolés, considèrent-ils, d'un statut de « prolétaires en mission » – ne doit pas être sous-estimé. Une fraction notable d'entre eux vient des deux capitales, c'est-à-dire des centres révolutionnaires. Ils quittent des villes où l'on meurt de faim et se retrouvent à la campagne auprès de paysans qui sont déjà désignés comme « saboteurs » ou « spéculateurs ». Ils sont chargés tout à la fois de s'informer de ce qui se passe au village, de surveiller, de préparer par une action de propagande les paysans aux buts de la socialisation de la terre, c'est-à-dire à l'agriculture collective. Pour ces *missi dominici* peu éduqués, convaincus de la supériorité de la ville sur la campagne, la tentation d'abuser de leur autorité sur les paysans est grande, et ils ne s'en priveront pas. Les témoignages sur leurs excès abondent pour toutes les régions russes. Mais leur prosélytisme ainsi que leurs exactions n'ont d'autre effet que de créer un climat de profonde méfiance dans les villages. Ils ne sauront pas, en général, remplir les deux tâches premières qu'ils auraient dû mener à bien : susciter la sympathie pour les bolcheviks au détriment des S.-R., et faire glisser les soviets locaux du côté des bolcheviks. Les conséquences de leur présence et de leur action dans les campagnes sont bien loin de répondre aux vœux de Lénine : le monde rural ne se bolchevise pas, les structures du pouvoir local (les soviets ruraux) restent faibles et ne peuvent servir de levier d'action au pouvoir central. Lénine, qui n'a jamais cru à la nécessité de traiter la paysannerie avec ménagement, voit se vérifier sa conviction que les paysans, qu'il tient à quelques exceptions près pour porteurs de l'« esprit bourgeois », ne peuvent contribuer au progrès du système socialiste qu'en y étant forcés. Le tournant de mai-juin 1918, qui ouvre le temps du « communisme de guerre » et de la guerre de classe à la campagne, est, sur ce point, tout à fait conforme à ses conceptions.

Le communisme de guerre

En mai 1918, Lénine n'a plus de raisons de tergiverser. Le traité de Brest-Litovsk l'a certes libéré de la guerre, mais il a eu aussi pour la Russie des conséquences négatives tenant à l'immensité des pertes qui lui ont été infligées sur le plan territorial et sur celui du potentiel économique. Le IVe Congrès panrusse des soviets, réuni du 14 au 16 mars et qui ratifia le traité, avait déjà donné le signal d'un nécessaire tournant de la politique économique. Le Conseil suprême de l'économie nationale (VSNKh), créé dès novembre 1917, placé en mars 1918 sous la présidence d'Alexeï Rykov afin que celui-ci le réorganisât pour lui permettre de jouer efficacement son rôle d'architecte unique de la politique économique des bolcheviks, mit en route cette nouvelle politique.

Cette nomination à la tête du VSNKh ne laissait pourtant pas augurer du tournant à venir. Rykov avait toujours mis en doute la capacité d'un pays à dominante agraire, tel que l'était la Russie, à réaliser une révolution socialiste, et son origine paysanne ne le prédisposait pas à se lancer dans une guerre à outrance contre le monde rural. Mais sa faiblesse de caractère le conduisait à s'effacer devant des personnalités plus fortes, attachées à changer la politique économique suivie jusqu'alors. Milioutine et Iouri Larine devinrent ainsi les vrais responsables du VSNKh. Tous deux étaient d'ardents partisans de la centralisation de l'économie et d'une planification rigoureuse. Larine, venu du menchevisme, était de surcroît un admirateur inconditionnel de la concentration industrielle et des méthodes qui avaient présidé en Allemagne à l'organisation de l'économie de guerre. R. Pipes rappelle fort justement qu'on l'appelait le « Saint-Just russe ». C'est dire le fanatisme que Larine va mettre à défendre l'idée du « tournant à gauche », puis à l'appliquer.

Le débat politique sur ce tournant – car il eut lieu – se déroula sur la toile de fond du traité de Brest-Litovsk qui avait profondément divisé le Parti entre les réalistes, qui suivaient Lénine, et la gauche, conduite par Boukharine, dont Larine fut jusqu'à un certain point le représentant dès lors que l'économie était en cause. À la fin d'avril, Lénine écrit sous forme d'article un texte intitulé les *Tâches immédiates du pouvoir soviétique*[12] que les *Izvestia* publient in extenso ; ce texte, soutenu par le CC du Parti, est débattu par le CEC, le 3 mai, et y est combattu par Boukharine au nom de la gauche, avant d'être finalement adopté. Sitôt après, Lénine enfonce le clou en publiant un virulent pamphlet, *Le Gauchisme infantile et l'esprit petit-bourgeois*[13], dans lequel il développe une conception modérée des possibilités de transformation immédiate de la Russie. Face à Boukharine et à la gauche qui, désespérés par le compromis de Brest-Litovsk, estiment qu'on ne peut plus composer avec le capitalisme et que, la révolution étant faite en Russie, il convient de la pousser à son terme en rompant avec lui, c'est-à-dire en nationalisant les banques et l'industrie, en supprimant tout commerce privé, en planifiant totalement l'économie et en nationalisant l'agriculture, la réponse de Lénine est un plaidoyer pour le capitalisme d'État. Pour lui, une phase de transition s'impose, destinée à doter progressivement la Russie des forces productives et du capital dont elle manque encore. Sans doute Lénine insiste-t-il sur la nécessité de la dictature et d'un pouvoir répressif pour éviter que ce système de compromis ne s'instaure durablement. Mais, une fois encore, son pragmatisme lui dicte les solutions moyennes qui lui paraissent le mieux adaptées à l'état social de la Russie. Il entend tenir les rênes du pouvoir politique sans concession ; mais il veut faire évoluer l'économie et la société au rythme du possible, non de l'utopie prônée par le gauchisme infantile qu'il fustige.

Pourtant, c'est la thèse de gauche qui va l'emporter. Les raisons en sont multiples. Des figures prestigieuses du Parti : Boukharine, Radek, Piatakov, Kollontaï, poussent à l'adoption des solutions gauchistes. Les ouvriers des villes sont exaspérés par leurs conditions de vie et réclament que la paysannerie soit contrainte de se soumettre à l'intérêt général. Enfin, dans la situation intérieure de la Russie au printemps de 1918 – famine, désespoir de la société, criminalité montante : des bandes d'enfants errants, prêts à tout, en sont le symbole –, tout suggère que le compromis des mois écoulés n'est plus tenable. Lénine cède à cette pression. Peut-être parce que le soin d'apaiser une population exaspérée lui paraît le plus urgent. Surtout parce que la base ouvrière, depuis Octobre, n'a jamais suivi ses consignes de nationalisation limitée. Les ouvriers collectivisent de manière sauvage leurs entreprises, contribuant ainsi au chaos. Ceux-ci ont beau se transformer en patrons, le chômage augmente ; les prix grimpent d'environ 30 % par mois. L'argent perd toute valeur, la monnaie en circulation est insuffisante, ce qui permet à Boukharine d'affirmer que l'ère de l'économie monétaire est révolue...

Que peut répondre Lénine ? Ses appels aux investisseurs étrangers ne risquent pas d'en séduire beaucoup, compte tenu du désastre économique, du monopole d'État sur le commerce extérieur, décrété le 22 avril, et du mépris dont lui-même a fait preuve à l'égard des dettes extérieures contractées par ses prédécesseurs. Reste à tenter la solution de gauche, et donc de violence.

La campagne est la cible première de la nouvelle politique. Le pouvoir se donne pour tâche de forcer les paysans à nourrir la société des villes et à travailler pour elle en livrant toutes leurs récoltes. Terminée, la période d'hésitations associant négociation et violence ; seule subsiste désormais une violence sans frein. Sverdlov déclare au comité exécutif central : « Nous devons nous attaquer au problème du village. Nous devons y créer deux camps ennemis, soulever les pauvres contre les koulaks. Si nous sommes capables de diviser le village en deux camps, d'y allumer la guerre civile, alors nous réussirons au village la même révolution qu'à la ville. » Ce langage de guerre n'est pas simple propagande ; il recouvre un projet précis : briser la paysannerie par la terreur, désigner l'ennemi : le koulak, et l'instrument : les pauvres.

Mais la réalité est bien différente du discours, car la campagne russe n'est peuplée en majorité ni de koulaks, ni de pauvres, mais de paysans moyens, ce qui signifie qu'une très grande partie de la paysannerie se retrouve l'ennemi désigné. Un décret du 11 juin crée l'institution officielle de la lutte des classes à la campagne : les « comités de pauvres » *(kombedy)*. Au départ, ceux-ci sont mal définis. Pour les uns, ils doivent être des organes provisoires destinés à élargir les soviets, et apporter dans un premier temps leur concours aux opérations de réquisition des récoltes. Mais, dans une conception plus radicale – maints propos de Lénine montrent que ce fut la sienne –, les *kombedy* doivent en fait porter la lutte des classes dans les campagnes et contraindre toute la paysannerie possédante (les koulaks) à se plier définitivement à la volonté du pouvoir. C'est la ligne radicale qui l'emporte sur le terrain, et les *kombedy* deviennent les agents d'une politique terroriste qui débouche sur un véritable génocide de la société paysanne. Le « paysan pauvre », grand mythe de cette époque sinistre, est opposé au mythe inverse, le koulak, perçu comme puissant, affameur de la société et agent de la contre-révolution. Son frère jumeau est l'« homme au sac » *(mechotchnik)*, le spéculateur qui va de la campagne à la ville et propose les denrées à des prix prohibitifs. Il est le symbole de la « prospérité des paysans riches », opposée dans cette imagerie primitive à la misère ouvrière. Par cette dissociation du monde rural, le pouvoir espère regagner la confiance de la classe ouvrière et associer aux ouvriers une fraction de la paysannerie, les pauvres *(bednota)*, dont il surévalue le nombre.

Les mesures se succèdent alors, qui signalent le « tournant ». Est créé un Commissariat du peuple pour les produits alimentaires *(Narkomprod)*, qui doit éliminer tout commerce privé ; celui-ci sera totalement interdit par décret du 21 novembre 1918. Les membres des *kombedy* sont stimulés par des attributions gratuites de céréales dont ils ne se privent pas de faire commerce, et les expéditions punitives se multiplient dans les campagnes où des détachements ouvriers viennent les renforcer. La méthode n'apparaît pourtant pas suffisante : les *kombedy* sont loin de se créer partout, même si les pauvres sont partout appelés à piller moins pauvres qu'eux. Mais les paysans moyens résistent, font pression sur leurs semblables, lesquels ne se pressent pas dans les rangs des comités censés incarner le pouvoir soviétique à la campagne. Les réquisitions s'opèrent dans la violence, au cours de batailles rangées, sans merci, les détachements envoyés à la campagne tirant à vue sur ceux des paysans qui résistent à leur volonté, ou simplement pour faire des exemples.

À la fin de 1918, Lénine doit constater que cette violence organisée à la base n'a pas suffi ; il instaure un système planifié de quotas de réquisitions dans les villages et de responsabilité collective des paysans dans la réalisation de ces plans de réquisitions. Pour être encore plus convaincant, le 11 août 1918, il adresse aux communistes de Penza des directives précises sur la manière de « mater » les paysans révoltés contre les mesures appliquées à la campagne :

« L'intérêt de la révolution tout entière exige... que l'on fasse un exemple :

1) pendre (pendre sans hésiter, que tout le monde le voie) pas moins d'une centaine de gens connus comme koulaks ;

2) publier leurs noms ;
3) leur enlever *tout* leur blé ;
4) désigner des otages. »

Cette lettre[14] sera suivie d'innombrables messages du même genre : confronté à la résistance sociale, Lénine ne sait plus qu'ordonner des mesures terroristes. Trois semaines plus tard, dans un mémorandum adressé à Krestinski, alors secrétaire du comité central, il évoque la nécessité de former secrètement une commission qui prendra des mesures d'urgence « pour préparer la terreur[15] ». Et c'est bien une terreur sans frein qui va se déchaîner – on y reviendra plus loin. Mais il faut d'ores et déjà signaler qu'elle entraîne une forte résistance paysanne, à la fois contre une politique de réquisitions qui entend briser la paysannerie en l'affamant, et contre cette terreur même. Violence du désespoir contre violence léniniste : la Russie est devenue le pays où se déploie une terreur d'État sans précédent. Pratiquant la fuite en avant, le pouvoir rompt totalement avec la paysannerie ; il décrète en février 1919 que toutes les terres sont propriété d'État et que l'utilisation du sol doit être collective. Les paysans sont invités à entrer dans des communes (kolkhozes) ou des fermes d'État (sovkhozes) ; cinq mille de ces fermes sont créées d'emblée, qui n'attirent que les paysans les plus déshérités ou les plus malchanceux. Aux autres, il reste à résister avec l'énergie du désespoir.

La guerre civile à la campagne n'a pas non plus produit les effets économiques escomptés. La pénurie alimentaire est toujours aussi grande, et la valeur de chaque produit demeure exorbitante. Les paysans n'ont accepté ni l'imposition en nature décrétée en octobre 1918, ni les réquisitions pures et simples, sans contrepartie, de janvier 1919. Privés d'un matériel que les usines ne produisent plus, furieux d'être traités en ennemis, ils réduisent leurs emblavures. Dès 1919, les surfaces cultivées ne représentent plus que 85 % de celles de 1913 ; elles tombent à 60 % à la fin de l'année 1920. Faut-il dès lors s'étonner de l'entrée en force dans la vie russe de l'économie de troc où les denrées alimentaires sont les plus recherchées ? Une place de cinéma se paie un œuf en 1919 ; Chaliapine demande deux cents kilos de farine pour donner un concert ! L'évolution des prix traduit cette folie générale : si l'indice 100 est retenu pour 1913, en 1918 les prix se sont déjà envolés à l'indice 1 285 ; en juillet 1919, à 10 000. Boukharine et Preobrajenski, les gauchistes honnis par Lénine, applaudissent à ces prix déments et au troc ; ils en concluent que l'argent ayant perdu toute signification, le communisme est imminent. D'ici là, autant renoncer tout à fait à la monnaie. Mais ces raisonnements n'allègent en rien les souffrances de la population urbaine. Les épidémies – typhus, choléra – ravagent les villes, les usines ferment, la classe ouvrière fuit vers la campagne, vers l'armée, là où elle peut. En 1917, la Russie comptait trois millions d'ouvriers ; ils ne sont plus que la moitié au début de l'année 1920. L'État de la dictature du prolétariat dispose-t-il encore d'un prolétariat ?

Le communisme de guerre mêle les dispositions économiques générales et une série de mesures disciplinaires destinées à préserver ce qui peut l'être encore du monde ouvrier. Depuis avril 1918, les entreprises industrielles et commerciales échappent à toute transaction ; peu après, la transmission des biens par héritage est interdite. La propriété privée n'existe plus. L'État place alors sous sa tutelle toutes les composantes de la vie économique par quatre mesures : nationalisation de tous les moyens de production (à l'exception de la terre, on l'a vu, qui relève d'une autre politique) ; nationalisation de tout le commerce ; planification centralisée de l'économie ; suppression de l'économie monétaire.

Mais le communisme de guerre, c'est aussi la réglementation rigide des activités humaines. Déjà, en imposant au début de l'année 1918 un système de rationnement alimentaire répartissant la population urbaine en quatre, puis huit catégories allant des ouvriers les plus militants aux inactifs, membres de l'ancienne élite, etc., le pouvoir dessinait les vrais contours de ses conceptions sociales. Mais les ouvriers eux-mêmes n'échappent pas à la rigueur dès lors qu'il s'agit d'efficacité. La journée de travail va être portée à dix ou onze heures. En janvier 1919, les ouvriers ne seront plus autorisés à quitter leur emploi. L'année suivante, l'absentéisme sera sanctionné par de lourdes peines. Le Code du travail devient un outil d'asservissement d'une classe ouvrière qui ne songe plus qu'à fuir les entreprises et la ville. En définitive, les ouvriers sont traités presque aussi mal que les paysans, à cette seule différence près que les premiers restent officiellement les soutiens du pouvoir et que les seconds tombent tous dans la catégorie des ennemis de classe. Mais la classe ouvrière est soumise de surcroît à une politique de mobilisation qui relève d'une économie de guerre : mobilisation sur les lieux de travail ; mobilisation dans l'armée que constitue Trotski et où l'on enrôle de force les chômeurs. La peine de mort est rétablie en juin 1918 pour donner un tour légal aux exécutions. Mais les collaborateurs de Dzerjinski, éperonnés par les paroles insistantes de Lénine – « Pendez ! fusillez! » – ne se sont pas privés, avant même que les textes ne leur en donnent le droit, de distribuer les sentences capitales à tout-va.

En l'espace de deux ans et demi, la dictature du prolétariat a pris un visage bien défini : dictature du Parti et de son bras séculier, la Tcheka, sur l'ensemble de la société, en pratiquant une terreur illimitée. Pour autant, ce pouvoir ne se sent pas assuré d'être maître de la situation.

La « terreur rouge[16] »

La terreur a pris des formes multiples au cours de cette période. Dès l'été 1918, les moyens employés contre les ennemis de classe à la campagne – arrestations, exécutions sans procès, prises d'otages organisées à grande échelle par un décret du 4 septembre 1918 – ont été renforcés par la création de camps de concentration où sont expédiés sans mesures légales tous ceux que le pouvoir soupçonne de lui être hostiles, ou encore diverses catégories par avance « condamnées » : « prêtres, gardes "blancs", koulaks et autres éléments douteux », comme les définissait Lénine, toujours soucieux de précision. Le plus célèbre de ces camps, né quelques mois à peine après la radieuse révolution d'Octobre, fut installé au monastère des îles Solovki. Mais, très vite, le système s'organisa en multipliant les camps[17].

Là ne s'arrête pas le zèle des bolcheviks. Lénine, qui n'a jamais supporté que son autorité fût mise en question, décide, en juillet 1918, l'arrestation des dirigeants mencheviques. Les S.-R. suivent de peu, après l'attentat perpétré par Dora Kaplan. Le 5 septembre, un décret instaure officiellement la « terreur rouge », terreur de masse, et dégage la Tcheka de toute préoccupation légale.

En juillet 1918, l'assassinat de la famille impériale s'inscrit dans une politique tendant à liquider tout ce qui pourrait éventuellement se dresser en travers de l'action du pouvoir bolchevique. Exilés au fin fond de l'Oural à Ekaterinbourg, le souverain et les siens étaient, depuis l'arrivée au pouvoir des bolcheviks, soumis à d'innombrables privations et vexations. À l'extérieur, leurs partisans fomentaient des projets d'évasion aussi absurdes qu'inefficaces et dont la rumeur ne cessait de se répandre, aggravant encore leur sort. Si Trotski avait exprimé le souhait qu'un procès dans la manière de la Révolution française jugeant Louis XVI eût lieu pour régler le sort du « sanguinaire Nicolas », Lénine avait très tôt exprimé son penchant pour une solution expéditive : « Exterminer tous les Romanov, c'est-à-dire une bonne centaine. » C'est cette proposition qui fut suivie d'effet dans la nuit du 16 juillet 1918 où un détachement de tchékistes – cinq Lettons parmi eux – dirigé par Iakov Iourovski, membre de la Tcheka et du comité exécutif de l'Oural, assassina les membres de la famille impériale et ceux qui étaient restés auprès d'eux. Presque au même moment, toujours fidèle à la volonté d'extermination générale des Romanov exprimée par Lénine, on massacra tous les autres membres de la famille installés à Perm et à Alapaïevsk. Aucun de ceux qui se trouvaient à la portée des bolcheviks n'échappa à la mort.

Mais cette volonté d'exterminer n'allait pas de pair avec la reconnaissance des meurtres. Lorsque Trostki s'enquit auprès de Sverdlov des conditions dans lesquelles la décision avait été prise, celui répondit : « Nous l'avons décidé ici. Ilitch était convaincu que nous ne pouvions laisser aux Blancs un symbole autour duquel se rallier. » Lénine, pour sa part, tenta de faire croire à un meurtre limité, celui de Nicolas II, pressentant que l'assassinat d'adolescents soulèverait l'horreur, même dans un temps d'horreurs. Il faudra attendre 1919 pour que le pouvoir reconnaisse n'avoir épargné aucun membre de la famille impériale. Ces propos mensongers sur un assassinat froidement décidé correspondent bien à l'attitude dissimulée de Lénine dès qu'il s'agit de la terreur. La plupart de ses directives – « Tuez, fusillez, déportez, etc. » – sont toujours données de manière secrète. Il s'évertue à préserver, en toutes circonstances, l'image publique d'un homme attentif à autrui. Le mythe du « bon Lénine » commence à se dessiner.

Si l'assassinat de la famille impériale s'inscrit dans la « terreur rouge », il n'en est que l'aspect le plus connu. Il faut aussi porter au passif de cette terreur la « décosaquisation » décidée en janvier 1919, qui organise l'élimination physique d'une part importante de la communauté cosaque, la suppression de tous ses droits et la confiscation de tous ses biens : un véritable génocide[18]. À quoi s'ajoutent la liquidation des révoltes paysannes par une guerre civile implacable – on y reviendra –, la suppression des partis politiques et des journaux d'opposition, le meurtre ou la déportation, enfin, de tous ceux qui ne rentraient pas dans le cadre « prolétarien ». Lénine avait même tourné sa fureur épuratrice contre les prostituées ! Le bilan de cette terreur rouge, indissociable du communisme de guerre, a déjà été fait. L'important est de souligner que l'ignorance sur ce point, longtemps plaidée par les partisans du système, était volontaire presque dès les débuts : en 1927 parut en effet l'ouvrage de Melgounov, *La Terreur rouge* ; il suffisait de vouloir le lire pour savoir.

*

*   *

Angelica Balabanova, pourtant très attachée à Lénine, note dans ses Mémoires[19] :

« Plus j'en apprenais sur l'extension du terrorisme, plus j'étais bouleversée. Je savais pertinemment que les révolutions s'accompagnent toujours de sang et que le régime devait à tout prix enrayer cette poussée contre-révolutionnaire. La Russie était tenue de se défendre non seulement des assauts capitalistes, mais aussi des milliers de conspirateurs et de réactionnaires qu'elle comptait dans ses frontières. Mais ce massacre était-il nécessaire ? La terreur ne débordait-elle pas son champ d'action ? »

Si Angelica Balabanova reprend ici les arguments des bolcheviks justifiant la terreur qui s'exerce alors, elle n'en montre pas moins un certain désarroi face à l'ampleur de la répression qui s'est abattue sur « des milliers de conspirateurs et réactionnaires », alors que les victimes de l'action de la Tcheka se comptent déjà par dizaines, voire par centaines de milliers. Mais elle justifie aussi cette tragédie, même si, dans son vocabulaire, c'est la Russie et non Lénine et les siens qui tuent pour se sauver. Car le bilan de cette période est d'une évidence aveuglante. Un pouvoir déchaîné dans la violence s'impose à un pays tout entier traité en ennemi. La gauche non bolchevique, les libéraux, les paysans, les « blancs », les nationalités, tous ne tolèrent le pouvoir instauré par Lénine que parce que la terreur les y contraint. En s'installant au pouvoir à la fin d'octobre 1917, Lénine a d'emblée forgé l'instrument destiné à surveiller et contrôler la société : la Tcheka. Grâce à cet instrument qui secrète et impose sa propre légalité, le pouvoir conquis ce mois-là sur un gouvernement provisoire exsangue se sera maintenu jusqu'à la fin des années 1980, c'est-à-dire durant trois quarts de siècle, contre une société de plus en plus rétive. Lénine l'a emporté au cours de ces quelques années où son ambition était – il l'avait clairement annoncé – de ne point imiter la Commune de Paris dont l'existence avait été si brève, mais d'assurer la pérennité du pouvoir conquis en octobre 1917.

Mais à quel prix ? et pour quels lendemains ?

CHAPITRE XII

Révolution mondiale ? révolution dans un seul pays ?

La vie de Lénine avait été tout entière consacrée à la passion révolutionnaire. Il en avait forgé l'instrument, il avait organisé la prise de pouvoir et, après Octobre, devenu chef de gouvernement, il résistait désespérément aux coups qui menaçaient son œuvre, bien décidé à accepter tous les compromis nécessaires pour la sauver. Son autorité dans cette histoire ne peut être mise en question. Mais il est deux domaines où il pesa de façon plus décisive encore : celui de la politique extérieure et celui, dépendant en partie d'elle, de la politique nationale. Pour organiser son parti, pour décider de la révolution, pour gouverner, il fut souvent contesté, et ses collègues n'acceptèrent pas toujours ses choix. Pour gouverner, il avait certes le dernier mot sur à peu près tout, mais Trotski était le fondateur et le chef de l'Armée rouge en un temps où la guerre civile conférait à ses décisions une autorité particulière. En politique étrangère, en revanche, nul ne pouvait contester la justesse de ses vues. Lors des négociations de Brest-Litovsk, s'il avait dû momentanément accepter les positions de ses collègues, il avait été conforté par le cours des événements. En matière nationale, les positions qu'il développa dès 1914 seront à leur tour rapidement confirmées par les turbulences à la périphérie de l'État russe. Cela explique que la politique adoptée à l'égard du monde extérieur aura été celle que Lénine voulut. Pour autant, elle n'alla point sans fluctuations ni tournants radicaux pendant trois ans.

L'OUTIL D'UNE POLITIQUE EXTÉRIEURE

Le « décret sur la paix » avait, on s'en souvient, implicitement affirmé la disparition des relations entre États au bénéfice de relations révolutionnaires entre peuples. Trotski, nommé commissaire du peuple aux Affaires étrangères, avait entériné cette conception, disant qu'une fois la guerre liquidée, il « fermerait boutique ». Au départ, le commissariat de Trotski ne fut pas doté d'une ample organisation. Occupé ailleurs, ayant démis ou fait fuir les anciens collaborateurs du ministère, diplomates compétents, il laissa la garde des bureaux à son second, un nommé Zalkind, qui ne se déplaçait jamais sans un énorme pistolet et avait fait installer dans les locaux des mitrailleuses. Mais, sitôt le traité de Brest-Litovsk négocié, Trotski démissionna de son poste. Le nouveau commissaire, Tchitcherine, changea aussitôt l'allure de son administration, remplaçant l'amateurisme qui avait présidé à ses origines par une conception professionnelle de la politique étrangère. Il est vrai que Tchitcherine était un diplomate de métier, connaissant parfaitement le monde extérieur, rompu à l'usage des langues étrangères et remarquablement doué pour les négociations. Il s'était longtemps opposé à Lénine, mais celui-ci avait accueilli son ralliement avec joie, car il était conscient de ses qualités et de son utilité à ce poste. Tchitcherine donnera à la politique étrangère de l'État bolchevique un visage respectable et rassurant pour le monde extérieur. Mais il sera en tout – il le dira sans détours dans ses mémoires – l'exécutant de la politique voulue et dessinée par Lénine. Il fut assisté à partir de 1921 par Maxime Litvinov, qui lui succédera en 1930 et qui était aussi différent de lui que possible. Mais, durant quelques années, l'un et l'autre développeront avec talent une diplomatie bolchevique efficace.

Le commissariat aux Affaires étrangères dont Tchitcherine prend la responsabilité au printemps 1918 n'est pourtant pas une structure aux objectifs clairs. Dès sa création, l'ambiguïté pèse sur son rôle : ainsi, il est doté en décembre 1917 de fonds importants pour « les besoins du mouvement révolutionnaire ». Peu après, le *Narkomindel* (c'est l'appellation abrégée en russe du commissariat, qui sera dès lors désigné de la sorte) se vit enrichi d'une « section pour la propagande internationale » dont la responsabilité échut à Radek. Cette section était chargée essentiellement de faire de la propagande parmi les prisonniers de guerre des empires centraux et les troupes allemandes sur le front. Puis elle fut enlevée au *Narkomindel* et placée sous l'autorité directe du Comité exécutif central panrusse. On voit ainsi se dessiner dès les débuts du commissariat sa double vocation : promouvoir la révolution, mais aussi, pour un temps, assurer un répit à l'État bolchevique naissant. Le cours des événements contraindra les diplomates russes – ou plutôt Lénine, véritable maître d'œuvre de cette politique – à osciller constamment entre les deux objectifs.

UNE POLITIQUE AMBIVALENTE

Prenant le pouvoir dans des conditions peu propices à l'instauration du socialisme, Lénine justifie son action par la certitude qu'il *ne* s'agit *que* d'une première révolution, de l'*étincelle* qui embrasera tous les prolétariats d'Europe. Sa foi est sur ce point entière, même si elle peut surprendre. Nul plus que Lénine n'a dénoncé depuis le début du siècle l'opportunisme des prolétaires occidentaux, nul n'a plus que lui déploré la faillite du mouvement ouvrier en 1914. Son pessimisme à l'égard de ce prolétariat corrompu n'a d'égal que son volontarisme. Quand il décide de se lancer dans l'aventure révolutionnaire, en octobre 1917, il affirme froidement que, par là, il entraînera les autres pays dans la révolution. Cet optimisme subit, il ne le maintient pas longtemps, puisque, à l'heure de négocier la paix, il oppose aux certitudes révolutionnaires de Boukharine une vision ô combien plus réaliste de la situation. Il veut négocier parce qu'il ne croit plus que le prolétariat occidental volera au secours de la révolution russe. On perçoit ici l'ambiguïté des positions de Lénine qui, généralement, analyse les situations avec sang-froid et clairvoyance, mais oublie tout ce qu'il sait et a compris à l'heure où il pressent ou décide que le pouvoir est à portée de main. Le volontarisme l'emporte dès lors sur toute forme de lucidité. Il est ensuite contraint de composer avec le réel – c'est Brest-Litovsk –, mais, en même temps, maintient son objectif : déclencher la révolution mondiale. Trotski n'est pas si éloigné de lui qu'il y paraît et, dans ses fonctions de responsable de la politique extérieure, émet des propos tout aussi ambivalents que ceux de Lénine. À peine les bolcheviks installés au pouvoir, il s'en prend avec violence aux « classes dirigeantes d'Europe » pour n'avoir pas compris que le « décret sur la paix » avait été « promulgué par un *État* représentant un nombre considérable de millions d'hommes ». Face au monde extérieur, ayant rejeté les relations entre États, Lénine et Trotski invoquent pourtant aussitôt, pour le convaincre, la puissance « étatique » de la révolution russe.

Le *Sovnarkom* a attribué des fonds de propagande « révolutionnaire » au *Narkomindel* et institué un bureau pour les utiliser à bon escient. Mais les négociateurs du traité de Brest-Litovsk acceptent sans sourciller son article 2 stipulant que « chaque partie contractante s'abstiendra de toute agitation ou propagande contre le gouvernement, l'État ou les institutions militaires de l'autre partie ». N'est-ce pas là un abandon de toute visée révolutionnaire ? Le commentaire des bolcheviks à ce sujet n'est pas exempt de duplicité. Tchitcherine répétait sans cesse : « Nous respectons cet article, et si quelque organe de notre pays le violait, le *Sovnarkom* réagirait aussitôt. » Mais, devant le VIIe Congrès du Parti réuni du 6 au 8 mars 1918 pour débattre de la ratification du traité, il explique posément que le gouvernement russe a déjà violé cette clause une bonne quarantaine de fois. Sverdlov se fait plus précis encore en déclarant à ses collègues qu'il convient d'interpréter cet article 2 : « Il signifie certes que le gouvernement russe, le *Sovnarkom*, aura à s'abstenir d'activités de propagande ; mais cela n'importe guère, puisque le Parti fera ce que le *Sovnarkom* s'est engagé à ne pas faire[1]. »

Le Parti prit alors en charge les petits groupes de prisonniers de guerre que la section de Radek organisait en groupes « nationaux » de propagandistes chargés de diffuser les idées bolcheviques auprès de leurs compatriotes. Ces petits groupes furent baptisés « sections étrangères du Parti communiste russe » et rattachés au comité central du Parti, tandis que le bureau dirigé par Radek était dissous. Radek lui-même travailla alors directement en liaison avec le comité central. Les activités de propagande n'étaient certes pas abandonnées, mais leur transfert d'organes de l'État au Parti permettait au premier de clamer son propre respect du traité.

Cette politique équivoque provoqua un véritable scandale lorsque, le 16 avril, s'ouvrit à Moscou le « Congrès panrusse des prisonniers de guerre internationalistes. Il y a environ quatre cents délégués... écrit Jacques Sadoul. On conçoit la stupéfaction horrifiée du gouvernement allemand. Les prisonniers internationalistes ont en effet exprimé déjà leur entière solidarité avec le gouvernement des Soviets et leur intention de se battre à ses côtés pour provoquer la révolution hors des frontières russes[2] ».

Dans la même veine, il faut inscrire les activités de Ioffé en Allemagne. Celui-ci, qui avait été l'adversaire irréductible de la thèse de Lénine prônant une reprise des pourparlers de Brest-Litovsk, puis qui avait été chargé de rouvrir les pourparlers et les avait conduits à leur terme, croyait profondément aux chances d'une révolution allemande à très brève échéance. Ce fut la raison de son envoi en Allemagne comme premier ambassadeur russe, en mai 1918. Ioffé consacra avant tout sa mission à aider les forces révolutionnaires, sur le plan politique mais aussi financier, et son ambassade devint réellement un centre d'activités révolutionnaires.

Mais Lénine s'inquiétait du prix possible de telles activités, car l'Allemagne était encore puissante. Le 14 mai 1918, s'adressant au *Tsik*, il lui recommanda d'observer une attitude plus prudente : « La Russie est entourée d'ennemis. » Pas encore prête à se défendre, elle devait, comme elle l'avait fait à Brest-Litovsk, chercher des compromis, non une confrontation vouée à l'échec. C'est pourquoi il décida d'ouvrir des négociations commerciales avec l'Allemagne. Outre Ioffé – véritable Janus, négociant un accord avec un gouvernement et préparant dans le même temps contre lui un mouvement révolutionnaire ! –, elles furent conduites par Larine, l'un des inspirateurs du « communisme de guerre », Sokolnikov et Menjinski, futur responsable de la Guépéou* où il succédera à Dzerjinski, mais qui n'était en 1918 que consul général à Berlin. Le 27 août, en dépit du caractère chaotique des relations russo-allemandes, trois accords additionnels au traité de Brest-Litovsk furent paraphés à Berlin : un accord politique, un accord financier, et surtout des accords confidentiels sous forme de notes portant sur les rapports russo-allemands dans les États baltes, en Géorgie, ainsi que sur les moyens d'éliminer les forces de l'Entente du nord de la Russie.

Ces notes secrètes sont très révélatrices de l'évolution des conceptions de Lénine. Elles sont le premier indice de son adhésion à une diplomatie secrète, qu'il a toujours dénoncée mais qu'il accepte dès lors qu'elle se révèle utile à la Russie. Moins d'un an après le « décret sur la paix » et la proclamation solennelle d'un nouveau mode de relations internationales, Lénine retrouve sans hésiter les chemins traditionnels de la diplomatie. Pour le reste, cet accord secret restera sans conséquence, car l'Allemagne était déjà tout près d'être vaincue. Cet effondrement imminent de l'Allemagne explique que Lénine ait pu mener sans trop d'encombres une politique aussi ambivalente, négociant avec l'ennemi et laissant en même temps Ioffé, l'un des négociateurs, libre de multiplier en sous-main ses menées révolutionnaires.

* Nom que prendra la Tcheka en 1922.

Mais cette politique était aussi inspirée par une profonde angoisse sur la survie du régime. Lénine avait vu croître l'hostilité franco-britannique à son endroit, et la curiosité initiale des Anglais s'était vite muée en volonté de détruire le pouvoir bolchevique. De juin à août 1918, les activités des anciens alliés de la Russie ne prêtent pas au doute : les Anglais débarquent à Mourmansk, puis, conjointement avec les Français, à Arkhangelsk, tandis que les Américains les rejoignent dans le Nord et que les Japonais s'installent à Vladivostok. Dans le sud de la Russie, les forces « blanches » du général Denikine reçoivent aussi l'appui de plus en plus actif des Alliés. La coopération avec l'Allemagne encore combattante devient, dans cette période si dangereuse, le dernier moyen qu'imagine Lénine pour s'opposer à la menace mortelle que les Alliés font planer sur son régime. S'il ne renonce pas à jouer la carte révolutionnaire, c'est qu'il n'ignore pas l'affaiblissement croissant de l'Allemagne, et rêve de déclencher la révolution allemande, celle qui, aux yeux de tout bolchevik, devrait constituer la *véritable* révolution dans un pays destiné à prendre la tête du mouvement.

ENFIN, LA RÉVOLUTION EN ALLEMAGNE !

À la fin du mois de septembre 1918, l'Allemagne s'incline et demande l'armistice. Lénine recouvre alors son enthousiasme révolutionnaire et voit là une confirmation de ses espoirs. La défaite allemande signifie que l'heure de la révolution est venue. Sa propre révolution, prématurée, hétérodoxe, s'en trouve justifiée, puisqu'il va pouvoir aider le prolétariat allemand à aller au bout de son effort. Il exprime aussitôt cette certitude :

« Enfin les prolétaires du monde entier vont constater que nous avons eu raison de fonder toute notre action sur le soutien de la révolution ouvrière mondiale .» Et il affirme qu'avant le printemps la Russie mobilisera une armée de trois millions d'hommes pour aider la révolution mondiale[3]. Il adresse une lettre de félicitations aux spartakistes* « qui ont sauvé l'honneur du mouvement ouvrier allemand[4] », puis à Liebknecht à sa sortie de prison. Il déclare alors : « C'est grâce à nous que la création d'un État prolétarien mondial est en vue. » Il écrit alors *La Révolution prolétarienne et le renégat Kautsky*[5], où il rappelle que « son » rôle a été et reste encore de préparer la révolution mondiale.

Dès lors, les événements en Allemagne se précipitent sous le regard heureux de Lénine. Le Kaiser abdique le 9 novembre 1918 ; le lendemain, les délégués allemands partent signer l'armistice à Compiègne, tandis qu'à Berlin des conseils d'ouvriers et soldats mettent en place un Conseil des représentants du peuple sous la présidence du socialiste Friedrich Ebert. Lénine salue l'événement en s'adressant à une foule rassemblée devant le Kremlin. Mais, surtout, il en profite pour proclamer la nullité du traité de Brest-Litovsk et lancer un appel aux ouvriers des pays hier ennemis – allemands et autrichiens – en faveur de l'instauration d'un nouvel ordre international. Est-on revenu au 26 octobre 1917 ?

Pourtant, les relations entre Lénine et la révolution allemande en cours ne sont pas idylliques. Radek, accouru en Allemagne pour venir en aide aux révolu-

---

* Le groupe Spartakus, rassemblé autour de Rosa Luxemburg, Leo Jogisches et Karl Liebknecht, réunit les communistes allemands décidés à s'opposer à la guerre ; il représente la gauche du communisme allemand.

tionnaires, va vite être condamné à un dialogue difficile avec eux. D'entrée de jeu, Lénine veut faire un geste pour montrer à l'Allemagne révolutionnaire la solidarité russe, et propose d'envoyer, dans ce pays où la faim est le lot quotidien du peuple, deux trains de blé, don du peuple russe non moins affamé. À son indignation, il lui est répondu que l'Amérique a déjà proposé une aide alimentaire à l'Allemagne et que celle-ci lui suffit. Ce refus est reçu par Lénine comme un camouflet et perçu par lui comme une trahison. Le prolétariat allemand préfère-t-il la générosité des capitalistes américains à l'aide fraternelle des prolétaires russes ?

Lénine s'inquiète aussi de l'influence, durant ce qu'il tient pour l'« étape Kerenski » de la révolution allemande, de Kautsky, son vieil adversaire, et de Rosa Luxemburg, qui ont l'un et l'autre, malgré leurs divergences, adopté une attitude très critique à l'égard de la révolution russe, mais aussi à l'égard de toute révolution en Allemagne. Rosa Luxemburg considérait qu'une révolution socialiste, pour réussir, se devait d'être portée par un parti de masse, lequel n'existait pas encore en Allemagne ; en aucun cas elle n'acceptait l'idée léninienne du Parti « dirigeant les masses ».

L'« étape Kerenski » de la révolution allemande ne devait jamais déboucher sur un Octobre. En janvier 1919, le Parti communiste, créé peu auparavant, fut interdit, les deux chefs spartakistes, Rosa Luxemburg et Karl Liebknecht, furent arrêtés et tués. Ce fut ensuite le tour de Leo Jogisches, abattu, comme l'avaient été Luxemburg et Liebknecht, au cours d'une « tentative d'évasion » – prétexte maintes fois invoqué et utilisé. La figure dominante du Parti communiste allemand devint alors Paul Levi. Radek fut expédié peu après en prison. La révolution allemande s'effondrait sans grande résistance.

Pour Lénine, ce ne fut pas vraiment une surprise. Il était passé rapidement de l'enthousiasme à une certaine déception. Sa vision des révolutions à venir était entièrement dépendante du modèle russe. Or, force lui avait été de constater que l'Allemagne était bien loin d'imiter ce modèle. Sans doute, dans les deux cas, la défaite avait-elle mis fin au système politique existant, et la société allemande, comme la russe, exaspérée par la guerre et des conditions de vie tragiques, s'était-elle retournée contre ses dirigeants qu'elle accusait d'en être responsables. Mais, en Russie, Lénine avait décidé qu'il contraindrait une société en colère à le suivre dans l'aventure révolutionnaire, alors qu'en Allemagne, des socialistes réformistes aux spartakistes, nul n'approuvait ce type d'aventurisme, nul n'imaginait de pousser un peuple réticent à aller au-delà de son opposition à la guerre. Un moment, Lénine avait cru que la révolution mondiale allait éclater parce que l'exemple russe suffirait à y pousser d'autres peuples. Dans une lettre datée du 29 janvier 1919 et adressée à l'historien menchevik N.A. Rojkov (qu'il ordonnera à Staline de faire déporter en 1922[6]) , il écrit : « La guerre civile en Allemagne et la lutte inspirée du modèle soviétique d'opposition à l'Assemblée constituante contre-révolutionnaire (...) ont montré que rien ne saurait être fait sans une guerre civile. L'intelligentsia doit en venir à aider les travailleurs, précisément en se plaçant sur la plate-forme soviétique[7]. » L'échec de la révolution allemande le conduisit à une réflexion qui n'était pas neuve chez lui : il fallait à la révolution mondiale un instrument, la IIIe Internationale, dont il avait tenté en vain d'imposer l'idée dans les années de guerre. Le 21 janvier 1919, il écrit une lettre aux ouvriers d'Europe et d'Amérique[8], dans laquelle il note que même si elle n'existe pas encore en droit, la IIIe

Internationale a déjà commencé d'exister dans les faits. Son acte de naissance a pour date la transformation du mouvement spartakiste en Parti communiste allemand. Le Parti est bien l'instrument décisif des grands bouleversements révolutionnaires. À travers les années et les épreuves, Lénine maintient intacte sa foi dans le Parti, non dans les masses dont il ne parle guère.

1919, ANNÉE DE TOUS LES DANGERS

Commencée avec l'échec de la révolution allemande et la disparition de Rosa Luxemburg – une des plus hautes figures du mouvement révolutionnaire européen –, l'année 1919 va être, pour le jeune État des soviets, celle de tous les dangers. L'effondrement total de l'économie et le « communisme de guerre » achèvent de dresser contre lui la société. La combinaison de la guerre civile et de l'intervention étrangère réduisent l'aire d'autorité du gouvernement russe à un espace de plus en plus menacé. La survie de l'État est la préoccupation première de Lénine, et l'échec subi en Allemagne lui confirme que ce ne sont pas les prolétaires européens qui viendront au secours de la Russie. C'est pourquoi il tend une oreille favorable à l'invitation des grandes puissances de réunir dans l'île turque de Prinkipo* tous ceux, Blancs et Rouges, qui se battent sur le territoire russe. Pour être aidé par les *États* d'Europe – et non par leurs prolétariats, passifs face au danger pesant sur la Russie –, Lénine est prêt à reconnaître les dettes russes, prêt aussi à accorder des concessions – mines, etc. – aux États alliés en échange du répit indispensable à son pays.

* Prinkipo fait partie des îles des Princes, situées dans la mer de Marmara.

Ce projet de conférence échoue en raison de l'opposition des Blancs, soutenus par la France. Peu à peu, les liens sont rompus entre la Russie et les États occidentaux. La division entre deux mondes, au cœur du projet de Lénine tel qu'il l'exprimait dans le « décret sur la paix », prend corps, mais ce n'est pas la Russie de la révolution qui met en cause le monde capitaliste ; tout au contraire, c'est ce dernier qui isole la Russie et soutient les adversaires du régime à l'intérieur pour briser l'État des soviets. Lénine devra alors reconnaître que « la Russie vit dans un système d'États » au sein duquel la cohabitation entre elle et les autres ne saurait durer. Qui périra ?

En 1919, la réponse paraît évidente : la Russie des soviets peut difficilement survivre. À deux moments, il semble même que sa fin soit imminente : au printemps, les armées rassemblées en Sibérie par l'amiral Koltchak entreprennent d'avancer vers le cœur du pays ; quelques mois plus tard, en septembre, les troupes du général Denikine progressent vers Moscou, tandis que celles venues des États baltes sous la conduite du général Ioudenitch tentent de s'emparer de Petrograd.

Cette seconde offensive, qui menaçait d'enlever aux bolcheviks les deux capitales, fut la plus redoutable. Denikine avait sous ses ordres des troupes en état de se battre, entraînées par des chefs expérimentés, capables de leur imposer une discipline ; il disposait même d'une certaine organisation civile, dépendant de lui, dans les territoires qu'il contrôlait. S'il se retrouva finalement vaincu au début de l'hiver, la raison probable de cet échec résida dans son attitude intransigeante à l'égard des aspirations nationales. Son horizon était la « Russie forte et indivisible », idéal difficile à défendre à l'heure où toutes les nationalités de l'Empire n'avaient qu'une ambition : se séparer de la Russie. L'arrogance de Denikine, non seulement vis-à-vis des aspirations à l'indépendance, mais envers le rêve autonomiste des Cosaques du Kouban ou du Don, lui aliéna ces combattants remarquables qui auraient pu faire merveille aux côtés des Blancs, face à une Armée rouge encore inexpérimentée[9]. En insistant ainsi par trop sur la « Grande Russie », il découragea ces alliés naturels, mais aussi les Polonais qui auraient pu lui prêter assistance. De la même manière, l'amiral Koltchak, imbu du même rêve « grand-russe », aurait pu bénéficier de l'aide finlandaise lors de sa marche sur Petrograd. Les Finlandais lui demandaient seulement de reconnaître leur indépendance, mais Koltchak s'y refusa[10]. L'obstination des chefs blancs à ignorer que l'Empire n'existait plus, les excès commis par leurs troupes dans les zones qu'elles contrôlaient (la guerre civile fut atroce de part et d'autre, mais les bolcheviks savaient donner en Europe un ample écho aux exactions de leurs ennemis, tout en faisant naturellement silence sur les leurs) ne prédisposaient pas en leur faveur l'opinion publique occidentale.

Pour sa part, Lénine avait été capable d'entrevoir de longue date les vertus du mot d'ordre d'autodétermination nationale. Cette stratégie était réellement « la sienne », et il en fit grand usage lors de la guerre civile, répétant toujours que l'autodétermination était l'affaire des peuples qui la réclamaient. Sa pratique de l'autodétermination, sur laquelle on reviendra, montrait cependant qu'il s'agissait pour lui d'une stratégie temporaire et d'usage limité. Mais elle servit à écarter les nationalités du camp des Blancs, même lorsque les bolcheviks et leur système ne les attiraient point. Il est vrai – cela, à la différence des généraux blancs, Lénine l'avait parfaitement compris – que les nations de l'ex-Empire voulaient d'abord être indépendantes, et rejetaient dans un avenir imprécis le problème de leurs rapports avec les bolcheviks.

Au printemps 1919, confronté au péril militaire de la progression des Blancs, à l'isolement international total de la Russie que les autres puissances refusent de traiter en État normal, et au désastre allemand, Lénine doit se résoudre à constater que les deux objectifs de toute son action – assurer la survie de l'État qu'il a fondé et élargir le champ des révolutions – lui imposent une politique qui les combine, au lieu de privilégier tour à tour chacun d'eux comme il l'a fait depuis octobre 1917. La solution réside donc dans la fondation de l'Internationale nouvelle – la troisième – qui lui donnera un moyen d'entrer en rapport avec les prolétariats occidentaux par l'intermédiaire de partis qui les mobiliseront ; qui lui fournira aussi l'outil propre à accélérer, espère-t-il, le cours des révolutions. Mais, surtout – et déjà s'amorce sa future stratégie au sein de l'Internationale –, il disposera ainsi, dans les pays capitalistes, d'un canal de propagande qui lui permettra d'infléchir les opinions publiques dans un sens plus favorable à la Russie. Par là, il espère briser la muraille d'hostilité qui encercle son pays.

LE KOMINTERN, L'INTERNATIONALE DE LÉNINE

Si les difficultés rencontrées de toutes parts poussent Lénine à créer la IIIe Internationale en 1919, il n'a cependant jamais cessé d'en caresser l'idée depuis 1914, et l'a inscrite dans ses *Thèses d'avril*. Au lendemain de la prise de pouvoir, l'urgence est ailleurs : faire la paix, consolider son pouvoir ; il ne lui reste guère de temps pour mettre en place le Parti mondial de la révolution. Mais, au printemps 1919, la question revient à l'ordre du jour, non seulement pour les raisons déjà évoquées, mais parce que Lénine voit surgir la menace d'un sursaut de la IIe Internationale, qu'il exècre. Les travailleurs anglais ont tenu à réunir une conférence à Berne pour rendre vie à cette Internationale en sommeil. La conférence a lieu en l'absence de plusieurs partis socialistes et est largement consacrée à dénoncer les méthodes « dictatoriales » qui prévalent en Russie, donc à condamner Lénine. Mais, écrit Angelica Balabanova, « ce fut le signal du lancement immédiat de la IIIe Internationale pour laquelle Lénine s'était battu à Zimmerwald et Kienthal, et qu'il se trouvait en position d'imposer[11] ».

La naissance de la IIIe Internationale est révélatrice de la confusion qui règne en Russie, en 1919, entre État et Parti. Lénine, alors président du *Sovnarkom*, décide en janvier de convoquer à Moscou un congrès en vue de fonder cette organisation ; la lettre d'invitation est adressée à trente-neuf groupes ou partis censés trouver place, jugent les signataires, dans la nouvelle Internationale. Cette lettre est signée par Lénine et Trotski au nom du comité central du Parti russe, et par divers responsables communistes étrangers[12], résidant à cette époque en Russie. Dans son excellente *Histoire de l'Internationale communiste*, Pierre Broué analyse cette convocation en détail[13].

On se bornera ici à émettre deux remarques. D'abord, que Lénine se trouve bien au centre du projet. En vue du congrès il a rédigé des « thèses » sur la *Démocratie bourgeoise et la dictature du prolétariat*[14], tandis que le manifeste annonçant la fondation du Komintern a été confié à la plume de Trotski. Mais aussi – et la confusion des fonctions étatiques et du projet révolutionnaire mondial est ici manifeste –, dès le 24 janvier, Tchitcherine, commissaire aux Affaires étrangères, prend la parole à la radio pour convier les partis étrangers à se réunir à Moscou. C'est lui qui rend publique la lettre de Lénine et de Trotski. Déjà, au début de l'année 1918, son commissariat, le *Narkomindel*, s'était chargé de jeter les bases d'une conférence zimmerwaldienne appelant à la paix – laquelle n'eut pas lieu dans la forme solennelle projetée, le traité de Brest-Litovsk rendant caducs de tels appels. Cette initiative prise dès les débuts du régime montre bien que l'idée de fonder une nouvelle Internationale était déjà inscrite dans les activités normales du *Narkomindel*. L'appel radiophonique lancé par Tchitcherine en 1919 confirme donc le lien qui existe, dans l'esprit de Lénine, entre institution de politique étrangère et organisation révolutionnaire.

Seconde remarque : l'invitation s'adresse aux partis socialistes européens et d'Amérique du Nord ; mais, à l'exception des socialistes japonais, n'est convié aucun parti ou groupe représentant le monde extra-européen ou encore colonial, auquel Lénine prête tant d'attention. En janvier 1919, l'expansion de la révolution, pense-t-il, est l'affaire des sociétés occidentales. Il ne lui faudra que peu de temps pour se convaincre de regarder aussi vers les sociétés que l'on dit alors « attardées ».

L'Internationale naissante est réunie à Moscou du 2 au 6 mars 1919[15]. Cinquante et un délégués y participent ; la majeure partie d'entre eux disposent du droit de vote, une douzaine n'ayant qu'une voix consultative. Le plus grand nombre de délégués représentent la Russie (huit) et les partis des groupes nationaux ayant appartenu à l'Empire jusqu'en 1917 (Lettons, Arméniens, etc.), ou encore des « sections étrangères » du parti communiste. Pour l'essentiel, les délégués, quelle que soit leur affiliation nationale, résident en Russie. Tel est le cas du représentant suisse, Fritz Platten. Certains membres du Parti russe s'expriment au nom de partis étrangers : ainsi Rakovski est présent en tant que délégué de la Fédération révolutionnaire balkanique. Par la force des choses, le congrès est donc dominé par les bolcheviks – Trotski, Zinoviev, Boukharine, Staline, Tchitcherine, assistés de deux délégués avec voix consultative, Vorovski et Obolenski –, mais surtout par Lénine, élu d'emblée au præsidium où il est flanqué de l'Allemand Eberlein et du Suisse Platten.

Le problème qui se posa d'emblée aux participants à ce forum fut d'en définir la nature : congrès, comme le voulait Lénine, ou conférence, comme le souhaitaient surtout les Allemands, soucieux que, dans les conditions de faiblesse du communisme hors de Russie, l'Internationale ne devînt pas une institution à dominante russe. À ces inquiétudes, Lénine pouvait objecter que le forum avait adopté l'allemand pour langue de travail et que l'édition russe des documents de cette réunion allait être une traduction pure et simple de l'édition allemande. Exception faite de Staline, les délégués russes avaient en effet une excellente connaissance de l'allemand et toutes leurs interventions se firent dans cette langue. Malgré ces hésitations initiales sur la nature de la réunion, la volonté de Lénine était affichée d'emblée : un immense drapeau était tendu sur le mur situé derrière le præsidium, et il portait l'inscription « Vive la IIIe Internationale ! » D'emblée, aussi, Lénine décida que le mouvement zimmerwaldien serait dissous et remplacé par la IIIe Internationale ; son bureau lui transmettrait aussitôt les fonctions et documents propres à cette instance qui, depuis la guerre, avait commencé à supplanter la IIe Internationale.

Après deux jours de flottement au cours desquels les partisans d'une simple conférence défendirent leur thèse avec acharnement, les participants décidèrent par un vote unanime de se ranger au projet de Lénine, et la conférence se transforma alors en Ier Congrès de l'Internationale communiste. Les raisons de ce ralliement général ne sont pas encore totalement élucidées. Angelica Balabanova que la dissolution brutale, sans cérémonie, de « Zimmerwald », heurta profondément, l'attribue à l'arrivée spectaculaire, en cours de séance, d'un délégué autrichien, Steinhardt (alias Grüber), qui dressa pour les congressistes le saisissant tableau d'un prolétariat prêt à se lancer partout dans la révolution et dont l'Internationale devait tenir compte[16]. Pierre Broué met en question cette interprétation et se range à l'idée que même Lénine et Trotski se montrèrent un instant hésitants. Pourtant, à considérer la préparation de la réunion et l'intervention de Lénine, on ne peut que conclure à une volonté très ferme de ce dernier de doter la révolution russe de l'instrument capable de protéger son œuvre en encourageant une expansion révolutionnaire inspirée du modèle russe. Dans son intervention, Lénine a insisté avec force sur la nécessité de la dictature du prolétariat et sur le rejet de tout compromis avec la bourgeoisie et le parlementarisme. Cet homme qui avait si constamment voulu un Parti centralisé, puissant, ne pouvait s'accommoder d'un simple organe de liaison internationale entre les partis socialistes, peu conforme aux principes qu'il avait fixés. Il le répète alors avec force : le modèle russe est celui qui a réussi, il doit donc être suivi.

Avant de se séparer, le Ier Congrès définit les règles de fonctionnement du Komintern. Elles imitent largement celles du PC russe. Un exécutif est nommé. La direction mise en place, composée de Lénine, Trotski, Zinoviev, Rakovski et Platten, est assistée, au secrétariat, d'Angelica Balabanova. Évoquant les conditions de sa nomination à un poste dont elle ne voulait pas, celle-ci éclaire de manière fort utile les rapports de Lénine avec les autres membres du Parti. Comme elle lui expliquait ses réticences, « Lénine m'interrompit. Fermant un œil, comme il le faisait lorsqu'il cherchait à s'exprimer de manière catégorique, il me dit : "Ma chère camarade, la discipline du Parti vaut également pour vous. Le Comité central a pris une décision." (C'était l'habitude de Lénine, lorsqu'il avait décidé quelque chose avant d'avoir eu l'accord du Comité central, de procéder de cette façon afin d'éviter toute discussion superflue.) » Cette volonté, Lénine l'avait manifestée tout au long des quatre jours du congrès, exigeant de sa camarade italo-russe qu'elle participât au suicide du mouvement zimmerwaldien et qu'elle annonçât de son propre chef l'affiliation du Parti italien à la IIIe Internationale. Toutes les exigences ainsi exprimées étaient revêtues de la caution commode du comité central. Mais, comme le note malicieusement Balabanova, derrière cette « caution », il n'y avait que la volonté propre de Lénine et sa conception intransigeante de la discipline du Parti[17].

Comment imaginer alors que cette IIIe Internationale dont le projet le hante depuis 1914, qu'il a essayé d'imposer à Zimmerwald et à Kienthal, il ait soudain hésité à la fonder parce qu'il aurait été en butte aux critiques d'Eberlein, pâle figure d'un spartakisme privé de ses dirigeants les plus prestigieux ? Eberlein a au demeurant affirmé par la suite que son opposition à la fondation immédiate de l'Internationale lui avait été dictée par Rosa Luxemburg. De sa prison, quelques jours avant d'être tuée, celle-ci, informée du projet de Lénine, lui aurait donné mandat, au dire même d'Eberlein, de faire reporter la fondation formelle du Komintern à un moment plus propice. Et son compagnon, Leo Jogisches, qui avait organisé avec elle la ligue Spartakus, aurait de son côté recommandé aux représentants des communistes allemands de quitter le congrès au cas où la décision de fondation immédiate du Komintern serait prise.

Parmi les objections avancées par Eberlein au cours des débats, la principale, qui ne manquait d'ailleurs pas de pertinence, était que la représentativité des délégués était très douteuse, et le congrès par trop dominé par les communistes russes. Nombre de partis ou d'organisations n'avaient pu en effet être joints à temps pour dépêcher des représentants à Moscou ; et atteindre la Russie, en ces temps où un « cordon sanitaire » entourait ses frontières, était extrêmement difficile.

Si cette critique ne pouvait être contestée, il est un point sur lequel Lénine insista en vue d'apaiser les méfiances allemandes : c'était son désir de ne pas faire de Moscou le siège de l'Internationale. Si Moscou avait accueilli le Ier Congrès, expliqua-t-il, c'était en raison de circonstances exceptionnelles ; partout ailleurs, il eût été impossible de tenir pareille réunion ; toutes les polices l'auraient aussitôt dispersée. Mais, ajouta-t-il – et Zinoviev, placé à la tête de l'exécutif, le répétera au VIIIe Congrès du Parti communiste russe qui se tint presque dans la foulée du Congrès fondateur du Komintern, du 18 au 23 mars –, les bolcheviks souhaitaient que la IIIe Internationale et son exécutif pussent être transférés dès que possible dans une autre capitale, Berlin ou Paris. Ce transfert serait le signal de la progression territoriale de la révolution en Europe.

Cette volonté de conférer à l'Internationale un caractère universel, à tout le moins européen, est aisée à comprendre. S'il est, en 1919, convaincu de la nécessité de forger un instrument révolutionnaire efficace, donc conforme à la conception qui a guidé la formation de son propre parti, Lénine n'en est pas moins – il l'a toujours été – un internationaliste convaincu. Vanter les mérites du modèle russe ne le conduit nullement à devenir *russe*. Tout au contraire, il attend avec impatience que la révolution sorte des frontières de son pays. Pour assurer la survie de la révolution russe, sans doute ; mais avant tout pour qu'enfin la révolution prenne son vrai visage : qu'elle devienne internationale et prolétarienne. En 1919, sa volonté de sauver son œuvre en Russie est ancrée dans un projet révolutionnaire mondial. C'est l'*étincelle* qu'il entend préserver, non un événement spécifiquement russe. Si le tranfert du Komintern en Europe occidentale lui paraît souhaitable, c'est certes à titre symbolique, mais aussi pour des raisons d'efficacité. De surcroît, il est conscient que l'État russe – qui existe, il l'a reconnu, dans un système d'États dont il a souhaité la disparition, mais il ne prévoit pas celle-ci à très court terme – a besoin d'apparaître aux autres gouvernements comme une instance respectable, et non comme un simple agent de la révolution. Si les intérêts de la révolution mondiale et les impératifs de sécurité de la Russie sont inséparables, Lénine sait que mieux vaut ne point trop le montrer au monde extérieur. La sécurité de la Russie en dépend.

Au printemps 1919, il est vrai, il n'est pas concevable d'installer concrètement le Komintern ailleurs qu'à Moscou. Mais, à cette date, l'État des soviets, isolé, en proie aux plus grands périls intérieurs, voit soudain resurgir l'espoir hors de ses frontières. La révolution mondiale serait-elle de nouveau à l'ordre du jour ? Le Komintern pourrait alors contribuer à l'accélérer.

LE RÉVEIL DES PROLÉTARIATS[18] ?

Le 21 mars 1919, alors que le Ier Congrès du Komintern est achevé, mais que siège le Parti communiste russe réuni pour son VIIIe Congrès, une nouvelle éclate, miraculeuse pour les bolcheviks qui se sentent assiégés : la révolution vient d'éclater à Budapest.

Révolution insolite, sans doute, puisqu'elle porte au pouvoir une coalition de socialistes et de communistes dont la figure dominante est Bela Kun, vieille connaissance de Lénine, qui sort de prison pour tenter l'expérience d'une république des Conseils. Comme Lénine, mais combien moins doué que son maître, Bela Kun pense qu'il n'est de révolution que dynamique, débordant les frontières du pays où elle a commencé, et il lance un appel à l'insurrection aux prolétaires voisins de Bohême et de Slovaquie. À l'intérieur, il va imiter la Russie du « communisme de guerre » et combiner nationalisation des entreprises et de la terre, interdiction du commerce privé et terreur rouge. Rien d'étonnant à ce qu'en l'espace de cent quarante-trois jours, cette république des Conseils ait perdu tout soutien et se soit effondrée. Mais, en mars 1919, elle est le signe que l'« étincelle » a réussi à propager le feu de la révolution. Et Lénine, tout en manifestant quelque inquiétude sur l'interprétation de ce qui lui paraît constituer plutôt un putsch, sent néanmoins renaître l'espoir.

Dans l'autre camp, les gouvernements occidentaux s'affolent : l'ombre du bolchevisme est en train de s'étendre sur l'Europe, dira le Britannique Lloyd George.

Inquiétude et espérance se trouvent encore renforcées ici et là lorsque, moins d'un mois plus tard, le 13 avril, une république des Conseils est installée en Bavière. Munich, c'est l'Allemagne, donc la révolution allemande si longtemps attendue ! Tchitcherine salue aussitôt l'événement et proclame que la Russie est directement liée à cette république des Conseils : « Tout coup porté contre elle le sera contre nous. » Qui s'exprime alors : le chef de la diplomatie russe ou un porte-parole du Komintern ? L'imbrication des deux projets – étatique et révolutionnaire – n'a jamais été plus grande. Quelques mois plus tard, le commissaire aux Affaires étrangères ne précisera-t-il pas que le Komintern est la « politique étrangère des prolétariats » ? On en revient à la conception du « décret sur la paix ».

Mais le temps des désillusions est proche. La République bavaroise n'a que deux semaines à vivre. Sa fin, le 1er mai 1919, peut sembler symbolique du désarroi des prolétaires allemands brisés par une terrible guerre et peu enclins à vouloir changer le monde. Le mois suivant, un coup d'État manqué à Vienne témoigne des difficultés des responsables communistes à entraîner les ouvriers dans des actions décisives. En août, la république des Conseils de Bela Kun ne peut survivre aux coups conjugués des troupes roumaines, soutenues par l'Entente, et des oppositions intérieures. En cinq mois, le réveil révolutionnaire de Hongrie, de Bavière et d'Autriche débouche sur des désastres qui s'ajoutent à celui qu'a connu au début de l'année le communisme allemand.

Lénine, qui a pris grand soin de mettre en garde les partis liés au Komintern contre les tentatives révolutionnaires qui ne seraient que des putschs mal préparés – alors que Zinoviev, lui, y pousse imprudemment –, revient à sa thèse première : l'organisation est le préalable qui doit être privilégié. Il décide que le moment est venu de jouer une autre carte, celle de la frustration nationale du peuple allemand confronté aux conditions si dures de la paix de Versailles. L'été 1919 est celui de la découverte par les Allemands des clauses de ce traité, et Lénine en tire aussitôt profit. Par la voix de leurs responsables, Tchitcherine et Zinoviev, les deux institutions sœurs, *Narkomindel* et Komintern, déclenchent un feu nourri dont les deux arguments sont : « Versailles est un nouveau Brest-Litovsk » et « Prolétaires opprimés, peuples opprimés [l'Allemagne à Versailles et la Russie] ont un même combat à mener ». On voit ici l'esquisse d'une analyse qui affirme la solidarité des « peuples » malmenés par les intérêts capitalistes. Elle débouchera sur le rapprochement des bolcheviks et de l'Allemagne vaincue (et pas seulement des éléments communistes en Allemagne) au début de l'année 1920. L'aide apportée discrètement par l'Armée rouge à la reconstruction de la Reichswehr, et même, en 1923, l'attitude très positive du Komintern (par la voix de Radek) à l'égard de Leo Schlageter, qui avait fait sauter un pont pour protester contre l'occupation française de la Ruhr, entrent dans cette stratégie. La reconnaissance par le Komintern de la valeur que peut revêtir dans certains cas le combat national, de sa parenté avec le combat socialiste, ce que l'on nommera fugacement la « ligne Schlageter », se discerne déjà dans les conclusions que tire Lénine du traité de Versailles.

Il découvre alors un autre mode d'action destiné à rendre vie au mouvement révolutionnaire allemand, et plus généralement européen : il faut, pense-t-il, rapprocher le Komintern des groupes communistes agissant dans les divers pays. À l'automne 1919, un Secrétariat d'Europe occidentale du Komintern est installé à Berlin et confié à Iakov Reich, alias Thomas, et à Warszawski, alias Bronski. Auprès d'eux, on retrouvera les communistes allemands Paul Levi, August Talheimer et Willi Munzenberg. En arrière-plan, lors de la création de cette antenne, Karl Radek, enfermé depuis des mois à la prison de Moabit, sert de conseiller aux communistes allemands et, sans que cela soit exprimé officiellement, représente Moscou auprès d'eux et auprès du secrétariat. Radek n'a-t-il pas été élu, malgré son absence forcée, au comité central du Parti russe lors du VIIIe Congrès, en mars ? Et, après avoir été libéré de prison à la fin de 1919, n'est-il pas, dès son retour en Russie, nommé aussitôt secrétaire du Komintern ? Dans le même temps, Lénine confie au Hollandais Rutgers, qui a représenté le communisme néerlandais au congrès de fondation, la mission d'installer à Amsterdam un bureau du Komintern et de convoquer dans cette ville une conférence communiste. Celle-ci se tint à Amsterdam en février 1920 et le Komintern y délégua Mikhaïl Borodine, collaborateur du *Narkomindel* et du Komintern, de retour des États-Unis où il avait été chargé de mission par l'Internationale*. Clara Zetkin fut présente à Amsterdam, à la tête d'une délégation du PC allemand. La réunion, interrompue par la police, ne dura que deux jours et n'eut pas de suite, mais la preuve était donnée que le Komintern commençait d'exister.

Si, à ces tentatives pour desserrer l'étau qui étreint la Russie, l'on ajoute l'ouverture d'un bureau du Komin-

* Il sera ensuite, en Chine, chargé en 1923 de servir de conseiller au Guomindang.

tern en Ukraine où le Bulgare Rakovski, venu du menchevisme, avait été nommé président du *Sovnarkom*, et si l'on sait que ce bureau fut placé sous l'autorité de Balabanova, on mesure l'importance attachée par Lénine à ces diverses ouvertures sur l'extérieur. Il l'exposa d'ailleurs à Balabanova qui se plaignait à lui, lors de sa désignation à ce poste, de devoir quitter Moscou : « Dans le combat actuel, l'Ukraine est notre principal objectif. » Ainsi le Komintern, malgré les difficultés, s'étoffe-t-il en collaborateurs, en implantations et surtout en moyens. Il n'est pas sans intérêt de noter au passage que nombre de ceux qui sont dépêchés à l'étranger se voient pourvus en subsides par une vieille connaissance spécialisée dans les finances du Parti, Jacob Hanetski...

L'existence des bureaux de l'Internationale à l'étranger présentait aussi l'avantage, lorsque des problèmes ou des crises surgissaient dans les PC – telle celle qui, à l'automne 1919, divisa le Parti communiste allemand –, de donner à Lénine le moyen de peser sur place par le truchement d'un intermédiaire. C'est ainsi que, dans le conflit allemand, Radek, mieux informé de la situation locale, compte tenu de son séjour en prison où se pressaient la quasi-totalité des communistes allemands, put aider Lénine à prendre conscience de la nécessité de soutenir des thèses prudentes. À ce moment, un certain optimisme révolutionnaire prévalait à Moscou, dont Boukharine était le plus ardent porte-parole, et Lénine hésitait sur la position à adopter : fallait-il pousser les communistes allemands à s'unir pour former un vrai parti de masse, ou soutenir le petit Parti communiste existant ? À la fin de 1919, les débats en Allemagne suggèrent qu'une renaissance du mouvement révolutionnaire est possible. Clara Zetkin craint même que le bureau d'Amsterdam ne vienne à supplanter le secrétariat de Berlin, alors que, plaide-t-elle, le communisme allemand est sur le point de passer à l'action. Et, de fait, le 13 mars 1920, deux généraux allemands organisent un putsch et installent à Berlin un gouvernement nationaliste dirigé par le « chancelier » Kapp. Si l'entreprise échoue, c'est qu'une grève générale y met fin : les syndicats ont été les vrais acteurs de l'opposition. Le Komintern, lui, n'a pas eu le temps de réagir. Il adresse néanmoins félicitations et vœux de succès – *a posteriori* – aux ouvriers allemands, tandis que les commentaires contradictoires se multiplient. Le PC allemand n'a-t-il pas été frileux en acceptant l'idée d'un gouvernement social-démocrate dans l'hypothèse d'une victoire sur le putsch ? Telle est l'accusation portée par Radek et Bela Kun, alors que Lénine, plus avisé, soutient la modération des communistes, jugeant leur stratégie adaptée au moment, c'est-à-dire à leur faiblesse et à leurs divisions. Une fois encore, Lénine projette sur les événements étrangers l'image de la révolution russe et pense retrouver dans le putsch de Kapp une réédition de l'affaire Kornilov. « Octobre », si cette analyse était juste, ne serait plus une perspective lointaine pour la révolution allemande.

Le IIe Congrès du Komintern

L'espoir renaissant en Allemagne sert d'arrière-plan à la préparation du IIe Congrès de l'Internationale, convoqué pour l'été 1920. L'humeur générale au Kremlin est à l'optimisme. Koltchak et Denikine sont défaits. La menace militaire intérieure n'existe plus, ou presque. À Copenhague, Litvinov négocie avec l'Angleterre un accord, qui sera paraphé le 12 février 1920, pour le rapatriement des prisonniers. Le 2 février, le traité de paix entre la Pologne et l'Estonie a été signé, Tallin peut servir de voie de communication pour le commerce extérieur de la Russie que les envoyés de Lénine à l'étranger s'efforcent de réorganiser. L'État russe reprend peu à peu sa place sur la scène européenne. Enfin, lors du IXe Congrès du Parti, réuni en mars 1920, Lénine lance un appel au rétablissement de la paix et de relations commerciales normales entre États.

Ainsi, à peine terminée l'année 1919 qui a été marquée par l'isolement total de la Russie, contrainte de miser uniquement sur les perspectives de la révolution mondiale, le ton change et la Russie proclame son intention de jouer le jeu d'un univers composé d'États aux systèmes différents. Tchitcherine développe sans relâche le thème d'une indispensable coexistence entre l'espace communiste et le monde capitaliste. Radek ira plus loin encore en affirmant que la Russie s'abstiendra de faire de l'agitation révolutionnaire dans les États à systèmes différents dès lors que ces derniers, de leur côté, ne tenteront plus de soutenir la contre-révolution.

L'idée de « coexistence pacifique » est bel et bien présente dans le discours léniniste de 1920. C'est plein de cette vision optimiste que Lénine écrit, en avril 1920, son dernier grand ouvrage, *Le Gauchisme, maladie infantile du communisme*[19], où il suggère une rupture avec la ligne relativement sectaire prônée par le Komintern en 1919. La fondation de l'Internationale avait scellé la défaite du réformisme ; en 1920, il convient d'opter pour des stratégies raisonnables, adaptées aux situations. Lénine cite en exemple l'histoire du bolchevisme, jalonnée de compromis avec des forces politiques diverses afin de mieux préparer le succès à venir. Sans doute ne condamne-t-il pas totalement le radicalisme gauchiste, mais il plaide pour une action utilisant syndicats et parlements favorables aux progrès du mouvement de masse.

Ce texte n'en est pas moins révélateur d'une certaine contradiction dans la pensée de Lénine en 1920, date à laquelle la situation en Europe change. D'un côté, il maintient que le succès de la révolution russe implique la justesse de la voie suivie et il en conclut que ce processus devra inéluctablement se répéter partout. Ce succès, les bolcheviks le doivent à leur parti, à sa discipline de fer, mais aussi aux masses qui les ont soutenus sans défaillance. Pour l'atteindre, ils ont pratiqué le compromis, mais le seul compromis légitime est celui que les circonstances imposent. Aux partis de bien évaluer les conditions objectives de leur action. Et Lénine insiste sur le lien indissoluble entre ceux qui les dirigent et les masses. Parler de dictature des chefs ou de dictature des masses ne traduit à ses yeux qu'une incroyable confusion mentale, puisque les uns et les autres composent l'univers révolutionnaire. Mais, raisonnant ainsi, Lénine oublie que les masses des pays européens les plus avancés ont déjà une longue expérience du mouvement ouvrier. C'est là que gît la contradiction où il se débat : il exhorte les communistes des autres pays à prendre en compte « leurs » conditions sociales, « leur » histoire ; mais, dans le même temps, il les invite à se regarder dans le miroir russe pour définir les stratégies qui les conduiront à la révolution.

Sa diatribe s'imposait néanmoins. Le bureau d'Amsterdam, rongé par le gauchisme, prônait que les ouvriers devaient s'abstenir de participer aux activités syndicales et parlementaires. La sanction de l'Internationale tomba aussitôt : le bureau fut supprimé, tandis que le secrétariat de Berlin héritait toutes ses activités. La décision fut prise par l'exécutif sans attendre un quelconque débat devant le IIe Congrès.

Il est vrai qu'au printemps 1920 la Russie est confrontée à une nouvelle menace qui conforte Lénine dans sa volonté d'offrir au monde extérieur le visage d'un État qui ne joue pas la carte de la déstabilisation révolutionnaire. Cette fois, c'est la Pologne qui est à l'origine des inquiétudes russes. Aussi longtemps que les généraux « blancs » menaçaient de renverser le pouvoir bolchevique, Józef Piłsudski, chef de l'État polonais indépendant, mais aussi commandant en chef des armées de son pays, avait observé une prudente neutralité entre les deux camps. Né dans la partie russe de la Pologne, il craignait par-dessus tout que la victoire des généraux ne marquât un retour à l'Empire. Mais, en même temps, il avait été socialiste au début du siècle (il avait fondé *Rabotnik*, journal du Parti socialiste) avant de se tourner vers un nationalisme avoué et de prendre la tête d'un mouvement en faveur de l'indépendance. Les bolcheviks n'étaient donc pas plus proches de ses vues que les généraux « blancs », même si, durant la période où ces derniers triomphaient, il avait jugé plus sage de les laisser s'épuiser au combat et de ne donner de gages à aucun des deux camps. Mais, sitôt les Blancs vaincus, conscient de la faiblesse des bolcheviks, Piłsudski décida que le moment était venu d'en profiter. En soutenant la formation et la consolidation d'États indépendants arrachés à l'ancien Empire – États baltes, Ukraine, Biélorussie –, il souhaitait former autour de l'État soviétique une barrière d'États-tampons qui imposerait à la Russie d'observer à l'égard de ses voisins une attitude prudente, au lieu de se maintenir dans son agressivité ancestrale.

Toute entente entre Piłsudski et Lénine était exclue dès lors que le premier prétendait la fonder sur une Ukraine indépendante et que le second refusait cette éventualité. Tchitcherine s'efforça de conjurer le danger en représentant à Piłsudski qu'il allait faire le jeu de l'Allemagne, laquelle n'attendait qu'un mouvement polonais, soutenu par la France, pour venir se placer aux côtés de la Russie, lui fournissant ainsi une possibilité de revanche[20]. Ses mises en garde furent vaines et les troupes polonaises, alliées aux troupes de l'hetman ukrainien Semion Petlioura, se lancèrent à l'assaut de Kiev qui fut prise en mai. Face aux troupes polono-ukrainiennes, l'Armée rouge était dirigée par un jeune général, Mikhaïl Toukhatchevski, recruté parmi les officiers tsaristes. Progressivement, la marche victorieuse de l'armée polonaise se ralentit. Les Ukrainiens qui combattaient avec elle n'étaient pas le moins du monde convaincus de la nécessité d'une telle alliance. Même si la paysannerie ukrainienne était hostile au bolchevisme, elle l'était tout autant aux Polonais qu'elle assimilait aux grands propriétaires qui, avant la révolution, dominaient le pays. Les prétentions territoriales polonaises et la vieille inimitié polono-russe réveillèrent le sentiment national des Russes ; de nombreux anciens officiers du tsar se mirent alors au service de l'Armée rouge pour combattre l'ennemi polonais. Ainsi renforcée d'experts, moralement inspirée par ce qui devenait une guerre nationale, celle-ci passa à l'offensive en juin, força peu à peu les troupes adverses à reculer et atteignit à la fin de juillet les frontières de la Pologne.

Dès lors se posait à Lénine un problème inédit : fallait-il s'arrêter là ? ou bien poursuivre la marche triomphale pour tenter d'instaurer en Pologne un régime né de ce sursaut révolutionnaire que l'avancée russe n'allait pas manquer, selon lui, de provoquer ?

Jusqu'alors, en politique internationale, Lénine s'était toujours montré prudent. À l'heure d'un choix aussi décisif, il comprend que le problème polonais revêt deux aspects : il relève, s'agissant d'une guerre, des relations internationales ; mais il peut aussi constituer le premier maillon d'une révolution, et là, le problème échappe à la sphère internationale pour relever de la stratégie de la révolution mondiale. En juillet 1920, Lénine évolue de la prudence à l'enthousiasme et opte pour la solution révolutionnaire. C'est que l'affaire dépasse à ses yeux le cas polonais. Il entrevoit que cette guerre entre États, devenant guerre révolutionnaire, peut permettre d'aller, à travers la Pologne, à la rencontre du prolétariat allemand qui ne pourra à son tour, espère-t-il, manquer de se soulever dès lors que l'Armée rouge progressera vers lui. Le rêve de la guerre se transformant en guerre révolutionnaire, défendu par Boukharine à la fin de l'année 1917 et rejeté alors comme une utopie par Lénine, est repris à son compte par ce dernier en juillet 1920.

Les circonstances, il est vrai, ne sont-elles pas différentes ? La Russie a triomphé de la guerre civile, montré sa force face aux troupes blanches et aux armées polono-ukrainiennes. Comment les prolétaires polonais et, après eux, allemands ne se soulèveraient-ils pas à l'appel de l'Armée rouge, armée du premier prolétariat à avoir réussi à faire la révolution ? La coïncidence entre cette chance historique qui surgit soudain et la réunion imminente du congrès du Komintern n'est-elle pas aussi un signe du destin ? Devant le succès de la « marche sur Berlin », les partis communistes rassemblés à Moscou vont pouvoir décider à leur tour d'entrer dans le mouvement révolutionnaire.

Pour Lénine, cette décision prise en juillet 1920 réédite d'une certaine façon celle qu'il a faite sienne en

1917. L'« étincelle » qu'il a voulue alors est en train d'embraser le monde, il le croit et c'est pourquoi il donne l'ordre à l'Armée rouge d'avancer. Il est convaincu que les communistes polonais sont nombreux et puissants et qu'un soulèvement intérieur est imminent. Quelques conseillers d'origine polonaise l'exhortent à la prudence, lui remontrent que le sentiment national polonais l'emportera, même chez les prolétaires, sur la solidarité de classe. Mais il ne veut rien entendre et insiste pour que l'Armée rouge se dirige aussi vite que possible vers la frontière allemande. Il décide aussi l'instauration en Pologne, sous la protection de cette armée, d'un Comité provisoire de la révolution dirigé par des bolcheviks d'origine polonaise, Dzerjinski, le fondateur de la Tcheka, son adjoint Jan Unschlicht et Julian Marchlewski, qui doit le présider.

C'est sur cet arrière-plan que le IIe Congrès du Komintern s'ouvre le 21 juillet à Moscou. Il va se prolonger jusqu'au 7 août, tandis que l'Armée rouge, sous les ordres de Toukhatchevski, entre dans les faubourgs de Varsovie. L'atmosphère est, on le conçoit, à la victoire, et l'espoir immense. Tout, dans ce congrès, diffère de celui de 1919. Contrairement à ce dernier où les délégués étaient peu nombreux et d'une représentativité douteuse, en 1920, leur présence est massive : deux cent dix-sept délégués représentent trente-sept pays et soixante-sept organisations. Venus de loin, ceux-ci peuvent constater que l'État russe est consolidé, ne serait-ce que par la magnificence de l'accueil qu'ils reçoivent. Les travaux vont commencer à Petrograd dans l'enceinte du palais de Tauride, avant d'être transportés à Moscou où le congrès siégera au Kremlin. Contrairement aussi au Ier Congrès, l'aspect international est privilégié, puisque quatre langues sont utilisées – allemand, russe, français, anglais –, même si les responsables russes continuent pour leur part à s'exprimer en allemand.

Ouvert par Zinoviev, le congrès est dominé par Lénine, qui va prendre la parole sur la plupart des sujets, et par Boukharine et Radek. Immédiatement, Lénine se penche tout naturellement sur la situation polonaise et donne son accord à la proposition de l'Allemand Paul Levi demandant au congrès d'appeler les ouvriers de tous les pays à « s'opposer par des grèves et des manifestations à ce qu'une aide soit apportée à la Pologne, ou qu'un coup soit porté à la Russie ».

Se déroulant à un moment où le succès mondial de la révolution semblait proche, le IIe Congrès du Komintern, contrairement au 1er, se montra moins enclin à identifier la cause révolutionnaire à celle de la Russie, et traita largement des moyens de la révolution mondiale et de sa stratégie. Pour y aider, il convenait de transformer le Komintern en véritable Parti de la révolution : de là les « vingt et une conditions » – dix-neuf dans la rédaction première – imposées à tous les partis communistes, qui faisaient de l'Internationale une structure centralisée, hiérarchisée, dont la discipline était une règle intangible, le tout évoquant irrésistiblement la conception léniniste du Parti.

Après l'adoption de ces vingt et une conditions, l'Internationale est bien devenue la création de Lénine : il a enfin obtenu que tous les partis communistes soient alignés sur celui qu'il a fondé deux décennies auparavant. Perçu à l'origine, même si tel n'était pas le vœu de Lénine, comme une structure relativement souple servant de « maison commune » à des partis adhérant aux mêmes principes et objectifs, le Komintern devient un an plus tard un véritable parti rayonnant de par le monde grâce à ses bureaux nationaux. Plus que tout, la discipline de parti devient partout le maître mot, et partis nationaux ou sections nationales ne peuvent s'écarter des règles et de la stratégie fixées par l'Internationale. Comme l'avait inscrit Lénine en épigraphe à *Que faire*, « épurer », voire expulser les partis qui contreviendraient à ce qu'avait décidé ou déciderait l'Internationale était le corollaire de la discipline acceptée par tous. Le Komintern était porteur de la volonté et de l'unité ; il détenait le savoir, disait le vrai – la conscience du prolétariat mondial –, donc imposait la discipline et excluait ceux qui y manquaient.

L'histoire de l'Internationale montrera le prix à payer dans maints pays, en maintes circonstances, pour cette centralisation du mouvement communiste. Les participants au IIe Congrès, s'étant peu rebellés contre ces principes d'organisation qui leur étaient proposés, les votèrent à la quasi-unanimité.

Sur ce sujet comme sur les autres qui firent l'objet de débats, les thèses de Lénine étaient prêtes à l'avance[21] : témoignage du rôle décisif qu'il joua dans la préparation du congrès, en dépit des lourdes tâches qui étaient les siennes en tant que chef de gouvernement. Mais c'est la stratégie à venir du Komintern qui le mobilisa le plus – là, Zinoviev ne pouvait plus lui servir de porte-parole –, notamment la question cruciale de la situation internationale, chapitre sur lequel il fut le principal orateur, suivi de Boukharine. Les débats sur le problème national et colonial se déroulèrent pour l'essentiel en commission mais furent si passionnés qu'ils attirèrent souvent plus de monde que les discussions en séance plénière. Lénine, il est vrai, y avait consacré un long travail préparatoire[22].

Le Ier Congrès du Komintern ne s'était guère penché sur ces problèmes, mais, en 1920, l'Internationale accueille à son forum non seulement des révolutionnaires européens, mais certains participants asiatiques, ce qui témoigne de l'extension de son champ d'action. La révolution s'est développée dans les confins coloniaux de la Russie, et Lénine, qui avait anticipé ces mouvements dès 1916 dans ses propres écrits, entend que l'Internationale les inscrive dans sa stratégie. Le débat voit ainsi la confrontation de trois positions, dont deux au moins n'ont jusqu'alors presque jamais été exprimées dans une réunion des partis communistes européens.

La première est classique : elle consiste à affirmer que la révolution, produit de la lutte des classes, a son centre en Europe et que l'Internationale doit lui accorder la primauté dans sa stratégie. Cette position est défendue par l'Italien Serrati. Il réagit avec violence au rapport de Lénine[23] présenté au cours de la première séance, qui affirme d'emblée sa conviction que « l'impérialisme mondial ne pourra que s'écrouler quand l'offensive révolutionnaire des ouvriers exploités et opprimés au sein de chaque pays [...] fera sa jonction avec l'offensive révolutionnaire des centaines de millions d'hommes qui, jusqu'à présent, étaient en dehors de l'Histoire ». Serrati rejette avec force cette conception, affirmant que la position de Lénine est dangereuse pour le prolétariat occidental.

Mais le véritable débat d'idées oppose à Lénine et Serrati le représentant du communisme indien, M.N. Roy, acharné à démontrer que la révolution occidentale ne pourra se faire sans l'apport des mouvements orientaux et que « le nationalisme révolutionnaire conduira à la chute de l'impérialisme européen[24] ». Pour lui, la clé de la révolution mondiale se trouve en Orient.

Lénine est ainsi contesté par Serrati pour l'importance excessive qu'il accorde aux changements en cours hors d'Europe, mais il est tout aussi résolu à ne pas accepter la position de Roy qui veut accorder une importance prééminente aux révolutions orientales, remettant ainsi en cause toute la conception marxiste de la lutte des classes. Entre Serrati et Roy, Lénine défend une position moyenne qui va être soutenue et retenue par l'ensemble du congrès.

Mais la confrontation entre le Russe et l'Indien – car la position d'européocentrisme extrême de Serrati pèse beaucoup moins dans les débats, même si elle reflète les arrière-pensées de la plupart des communistes du Vieux Continent – est déjà révélatrice des problèmes auxquels Lénine va devoir faire face dans son propre pays. Si le débat semble avant tout d'ordre intellectuel à la plupart des participants, il a, pour Lénine, un contenu très concret : chef du gouvernement soviétique, et pas seulement fondateur de l'Internationale, il doit trouver pour son pays des alliés hors d'Europe, capables de miner les arrières des puissances coloniales qui lui sont hostiles. Ces alliés, dans les pays dominés, ce sont – il le sait et le dit – les bourgeoisies qui sont à l'avant-garde de la lutte nationale, et non, comme souhaitent le lui faire dire Serrati et Roy, pour un temps réconciliés, des prolétariats qui, il le sait, n'existent pas, ou des masses encore inorganisées. Du congrès de Stuttgart en 1907 au IIe Congrès du Komintern en 1920, Lénine témoigne, sur la question coloniale, d'une continuité de pensée on ne peut plus remarquable. De longue date, il a compris que même les communistes des États colonisateurs ne le suivraient pas dans sa volonté de prendre appui sur les mouvements nationalistes des pays colonisés. Son affrontement avec Serrati le lui démontre une fois encore. Jusqu'à ce que la maladie le terrasse, il se battra au sein de l'Internationale, aux IIIe et IVe Congrès, contre ce qu'il tient pour la manifestation d'un esprit « colonialiste » chez certains communistes européens.

Si Lénine prône une stratégie reliant les mouvements révolutionnaires et nationaux d'Europe et d'Orient en s'appuyant dans le second cas sur les forces sociales capables de les animer, il n'en projette pas moins sur les révolutions des pays attardés, une fois qu'elles auront eu lieu, le modèle russe. Pour lui, l'étape du capitalisme peut être évitée, et l'instauration du socialisme immédiate grâce à une organisation à la soviétique dont les piliers seraient, dans ce cas, non les ouvriers, encore trop peu nombreux, mais les paysans, et plus généralement tous les « travailleurs », c'est-à-dire tous les « exploités ».

En défendant cette vision réaliste des sociétés extra-européennes, Lénine conforte à nouveau la légitimité de la révolution russe et du modèle qu'elle propose. Là encore, c'est l'homme qui gouverne la Russie tout autant que le révolutionnaire qui s'exprime : les deux fonctions sont pour lui inséparables.

Deux remarques doivent encore être tirées d'un simple examen des travaux de ce congrès[25].

La première concerne Lénine. Homme d'État, luttant pour imposer la Russie dans la communauté des États, il n'a pas hésité à jouer les chefs d'orchestre au IIe Congrès du Komintern. Sans doute en avait-il déjà été de même en 1919. Mais le Ier Congrès n'avait été qu'une réunion discrète, sans retentissement international. En 1920, au contraire, le battage de propagande entourant la réunion est considérable et les responsables des États ont les yeux rivés sur ce forum qui promet la fin du monde qu'ils dirigent. Le Lénine qui s'y manifeste et y tient la vedette n'est plus, pour le reste du monde, un simple chef de gouvernement, mais le révolutionnaire qui proclame son intention de détruire partout l'ordre existant et de priver les grands États de leurs empires.

En 1920, cette attitude témoigne de la foi de Lénine dans la révolution mondiale. Il n'est chef de gouvernement que dans l'attente de l'avènement de l'État mondial des soviets. Mais il ne sépare pas sa fonction du moment et son grand dessein. En revanche, au IIIe Congrès, en 1921, quand il apparaîtra que la perspective d'une révolution mondiale s'est éloignée, Lénine se fera discret, le chef de gouvernement commencera à l'emporter sur le héraut des grands bouleversements. Au IVe Congrès, le dernier auquel il pourra assister, Lénine ne sera plus qu'un témoin presque muet. Cela ne l'empêchera nullement de préparer des thèses et d'écrire sur les sujets qui seront débattus. Mais autant, en 1920, il brûlait de prendre la tête de l'organisation, de se charger de la définition des stratégies révolutionnaires, autant, par la suite, il opérera une distinction de plus en plus marquée entre l'État des soviets, dont la sécurité ne sera assurée que pour autant qu'il adoptera un comportement étatique, et le projet révolutionnaire « global ».

La seconde remarque qui s'impose porte sur l'importance que revêt en 1920 le modèle russe au sein du Komintern. Peut-être cette importance tient-elle au moment où le Komintern s'organise, adopte des règles de fonctionnement et devient une institution durable, ce qui n'était pas encore le cas en 1919. Les succès militaires russes de l'année 1920, à l'intérieur des frontières et en Pologne, suggèrent, à l'heure où se réunit ce IIe Congrès, que la révolution russe est non seulement une réussite, mais qu'elle est en train de se développer en révolution mondiale. Pour la contraindre à s'étendre, Lénine impose à tous les communistes de se placer sous le drapeau d'un Komintern qui est comme le prolongement de son propre parti. Il le fait certes pour que la révolution sorte des frontières de son pays, non pour imposer à tous un modèle exclusif et la domination du Parti russe ; mais, lorsque le rêve révolutionnaire « global » se sera évanoui, il ne restera que ce modèle russe et la soumission de tous les partis à un Komintern sous autorité russe. Involontairement, Lénine aura ainsi joué les apprentis sorciers.

Le congrès achevé, les délégués se dispersèrent, assurés de l'imminence des révolutions. Les troupes russes étaient à Varsovie. Les secours espérés par les Polonais ne venaient pas. Les Alliés, appelés à l'aide, restaient silencieux. À Gdańsk, les dockers allemands empêchaient que des matériels payés par la Pologne lui fussent livrés. Pourtant, un sursaut se produisit soudain dans la capitale où les socialistes polonais mirent sur pied des bataillons ouvriers, en appelèrent à la solidarité nationale contre le mot d'ordre de solidarité de classe propagé par l'Armée rouge. Les troupes polonaises, démoralisées, furent galvanisées par ce réveil de la résistance civile, et de tous côtés commença la contre-attaque. Elle fut si puissante qu'en moins d'une semaine, l'Armée rouge de Toukhatchevski se trouva encerclée par les troupes du général Sikorski qui firent des dizaines de milliers de prisonniers russes, tandis que le reste de l'Armée rouge en déroute fuyait dans toutes les directions. Les troupes dirigées par Boudiennyi ne furent pas plus heureuses, et la désintégration de l'armée russe suggéra aux Polonais de s'avancer vers Moscou. Il ne restait à Lénine qu'une issue : reconnaître le désastre, demander la paix et la payer de territoires pour obtenir l'arrêt immédiat des combats.

Ioffé, déjà actif à Brest-Litovsk, eut à négocier cette paix humiliante. L'armistice d'abord, signé le 12 octobre

1920, puis la paix de Riga, le 18 mars 1921. De vastes portions des territoires biélorusse et ukrainien revinrent à la Pologne, mais l'essentiel de l'Ukraine restait dans les frontières de la République soviétique.

Lénine, conversant avec Clara Zetkin, analysa ainsi les causes de l'échec[26] : « En voyant l'Armée rouge, les Polonais n'ont pas reconnu en elle une armée fraternelle, mais l'ennemie. Les Polonais ont agi non en révolutionnaires, mais en nationalistes. » Et il s'accusa d'avoir, malgré les avertissements de Radek, succombé un instant à un optimisme coupable. Il en eut d'autant plus de regrets que c'était lui, précisément, qui avait toujours entrevu, contre la majorité des communistes, l'importance des solidarités nationales et la nécessité de les intégrer dans tous ses calculs. Clara Zetkin souligna que le prix payé était lourd : toute chance de provoquer une révolution en Allemagne avait été, par cet épisode, détruite. Conscient de son erreur, Lénine s'en imputait une autre : l'insuccès, pensait-il, avait sauvé non seulement la Pologne indépendante, mais l'Europe de Versailles et le traité qui lui avait donné naissance.

Mais la signature de la paix lui permit au moins de consacrer tous les efforts militaires russes à liquider les derniers bastions de la guerre civile. L'armée Wrangel dut reculer jusqu'en Crimée, puis s'embarquer dans la panique pour la Turquie. Le sud de la Russie rendu à l'ordre soviétique, restait une dernière enclave : la république d'Extrême-Orient que le pouvoir soviétique a tolérée un temps, parce qu'elle l'isolait des troupes japonaises. Mais, dès la fin de 1921, la Russie se sent assez forte pour interdire au Japon toute présence en Sibérie, et, du coup, elle n'a plus besoin de cet État-tampon. À la fin de 1922, la république d'Extrême-Orient est occupée par les troupes russes et incorporée au territoire soviétique.

L'Orient, la révolution par subrogation

Les délégués du IIe Congrès rentrés dans leurs pays respectifs, les bolcheviks durent regarder la réalité en face : la Russie était, certes, la patrie de la révolution, mais elle était seule de son espèce et condamnée à le rester. Pouvait-elle survivre, comme État révolutionnaire, dans ces conditions ? Jamais Lénine n'avait envisagé cette hypothèse et, au cours de ce fatal mois d'août, il ne l'accepte pas. Il a de longue date posé le problème de la révolution en termes mondiaux, et non pas seulement européens ; l'heure lui semble venue de mettre cette certitude à l'épreuve, d'aller au-delà même de ses analyses antérieures, de rejoindre l'Indien Roy et de tenter de briser la passivité du prolétariat occidental en combattant sur ses arrières avec les masses du monde dominé. Car, pour Lénine, l'échec devant Varsovie n'est pas seulement le fruit d'une stratégie guidée par l'optimisme ; en sont aussi coupables les prolétaires polonais qui ont agi sous l'empire du nationalisme. Tout comme le prolétariat allemand qui a regardé, impavide, l'Armée rouge avancer vers lui sans esquisser le moindre effort pour profiter de la situation, alors qu'il eût dû se soulever et entraîner dans son mouvement les Polonais pour opérer la jonction avec l'Armée rouge. Il ne reste plus à Lénine qu'à revenir à ses intuitions premières et à se tourner vers les « arrières » du prolétariat occidental. Le IIe Congrès avait inscrit à son programme la nécessité de poursuivre le dialogue Lénine-Roy ; le congrès de Bakou va en être l'occasion.

Ce n'est pas, au demeurant, le premier forum de ce genre. En novembre 1918, Staline avait réuni à Moscou le Ier Congrès des organisations communistes musulmanes et avait mis en place, à l'issue des travaux, un

Bureau central des organisations musulmanes du Parti communiste de Russie *(Musburo)*. Il s'agissait alors de rassembler et d'ordonner des organisations éparses. Un an plus tard, en novembre 1919, le IIe Congrès des organisations communistes des peuples d'Orient, convoqué selon la même ligne, avait été ouvert par Lénine qui y présenta un très important rapport[27] dans lequel il précisait : « Nous, les Russes, nous entreprenons une œuvre que parachèvera le prolétariat anglais, français ou allemand. Mais nous nous rendons compte qu'ils ne pourront triompher sans l'aide des masses laborieuses de tous les peuples coloniaux opprimés, ceux d'Orient en premier lieu. Il faut que nous comprenions qu'à elle seule l'avant-garde [les prolétariats occidentaux] ne peut réaliser le passage au communisme. » Et la résolution sur la question d'Orient commençait ainsi :

> « 1° Le congrès estime que l'on ne peut résoudre le problème de la révolution socialiste mondiale sans la participation de l'Orient. »

Ainsi, le Ier Congrès des peuples opprimés, convoqué à Bakou en septembre 1920 à l'instigation du IIe Congrès de l'Internationale, se situe bien dans la ligne déjà définie par Lénine en 1919. Non seulement les participants au IIe Congrès du Komintern n'ont guère vu d'inconvénients à cette convocation, mais ils n'y ont prêté que bien peu d'attention. La révolution était imminente en Europe, pensaient-ils, ils étaient pressés de regagner leurs pays pour y prendre part ; peu leur importaient les débats qui se tiendraient aux confins de l'État des soviets sur ce qui leur semblait constituer un problème marginal. Tout autre est le climat qui règne durant les neuf jours (1er-9 septembre 1920) du forum de Bakou. D'abord parce que ceux qui y participent ne sont pas, dans l'ensemble, les mêmes que ceux qui se pressaient dans les salles somptueuses du Kremlin. À Bakou, l'assistance est essentiellement orientale. Mille huit cent quatre-vingt-onze délégués sont présents, dont deux cent trente-cinq Turcs, cent quatre-vingt-douze Persans, huit Chinois, huit Kurdes, trois Arabes ; tous les autres sont originaires des régions non russes de l'ex-Empire, Asie centrale et Caucase.

Les anciens sujets de l'Empire russe – surtout les Turkestanais – ont l'expérience historique de la colonisation ; ils viennent de vivre la révolution en milieu colonial[28]. Si, à la différence des communistes européens, ils ne sont guère rompus aux débats marxistes, ils entendent porter témoignage de leur expérience, celle qu'ils sont en train de vivre : la révolution dans les colonies, les rôles respectifs et les rapports entre colonisateurs et colonisés. C'est, pour eux, l'occasion de confronter cette expérience aux idées purement théoriques, éloignées du réel, des communistes occidentaux. D'emblée, ils résument leur vision du problème par une formule impitoyable : « Le mépris des communistes qui, conservant une mentalité de dominateurs, regardent les musulmans comme leurs sujets[29]. »

Face à ces délégués sûrs d'eux-mêmes, revendicatifs, la direction du Komintern est représentée par Zinoviev qui ne pense plus qu'aux moyens de sauver la révolution russe de son isolement et qu'accable la pensée de devoir oublier la révolution occidentale ; par Bela Kun, l'apparatchik du Komintern, et Radek, tous deux hantés par les révolutions manquées en Europe ; par Georgi Safarov, observateur avisé de la révolution au Turkestan et qui conseille Lénine sur ces problèmes ; enfin par Mikhaïl Weltman, dit Pavlovitch, menchevik jusqu'à la révolution, mais que Lénine a attiré à lui parce qu'il est orientaliste et que le Parti a besoin de concevoir une stratégie orientale et des institutions destinées à la mettre en œuvre. Pour tous, Bakou est le congrès de la dernière chance. Ils ont pour mission de mobiliser ces Orientaux qui ne savent pas grand-chose de Marx et de Lénine, mais qui entendent accomplir une révolution qui, pour eux, se confond avec l'émancipation nationale.

Entre les deux groupes, le malentendu est grand. Les kominterniens ne sont là qu'une petite poignée d'hommes, mais constituent à eux seuls le præsidium du congrès dont Zinoviev est la tête. Ils dominent la salle, ils ont pour eux l'autorité du Komintern qui vient, à Moscou, de se sacrer « Parti mondial de la révolution ». À l'exception de Safarov, lucide sur la force politique qui leur fait face, ils pensent être à même de mobiliser ces masses pour servir leur dessein – la révolution mondiale, c'est-à-dire avant tout la révolution européenne – et entendent définir les moyens d'y parvenir.

Au départ, tout parut simple. Lorsque Zinoviev ouvrit le congrès et lança en concluant son discours un appel à « la guerre sainte contre l'impérialisme », l'enthousiasme de ceux qui l'écoutaient fut indescriptible. « *Djihad !* » hurlèrent-ils en guise de réponse, ajoutant, il est vrai, au passage : « Vive l'Internationale ! », mais surtout : « Vive la résurrection de l'Orient ! » Néanmoins, lorsque les délégués orientaux prirent à leur tour la parole, ce fut pour souligner la spécificité de l'Orient et de ses conditions propres. Ils demandèrent que fût privilégiée dans la stratégie du Komintern la révolution orientale. La stagnation révolutionnaire en Occident ne signifiait-elle pas que l'avenir immédiat se situait hors d'Europe, dans le mouvement d'émancipation qui bouleversait leurs régions ? Au grand désarroi des kominterniens, ce qui se dégageait des débats, c'était une inversion totale de leur perspective. Pour les

« communistes » orientaux, l'Histoire se déplaçait vers les régions où ils vivaient, et c'est le succès de leur révolution qui permettrait un jour la renaissance de l'espoir révolutionnaire en Europe. La Russie, pays à cheval sur l'Europe et l'Asie, n'illustrait-elle pas d'ailleurs ce changement de perspective ? C'est dans ce pays, le plus attardé d'Europe, que la révolution avait pris corps ; c'est vers l'Orient qu'elle devait se tourner pour survivre grâce à l'expansion du mouvement qu'elle avait engagé.

Ces idées, encore maladroitement présentées par des orateurs dont Zinoviev et ses pairs n'avaient jamais soupçonné l'existence – Narbutabekov, Ryskulov, etc. –, avaient déjà été avancées par le Tatar Sultan Galiev : dès 1919, celui-ci n'avait-il pas écrit que s'il était juste pour la révolution russe de s'appuyer sur la révolution mondiale, prétendre que cet appui se trouvait en Occident était source d'échecs[30] ?

Confrontée à cette volonté de déplacer le centre de gravité de la révolution – qui annonce bien des glissements ultérieurs, telles la stratégie de l'encerclement des villes par les campagnes, et l'idée chinoise que, « désormais, le vent révolutionnaire souffle de l'Est » –, la direction du Komintern installée au præsidium du congrès de Bakou refuse d'entériner de telles thèses et fait adopter des conclusions qui marquent un recul sur les positions du IIe Congrès. Les interventions de Radek, Bela Kun et Pavlovitch insistent sur la position *seconde* des mouvements de libération des peuples d'Orient (que Lénine intégrait quant à lui dans la révolution mondiale) dont la principale raison d'être n'est que d'appuyer et renforcer la révolution mondiale. En aucun cas ils n'acceptent qu'elle soit une alternative à la révolution en Occident. De cette attitude du Komintern découle une stratégie destinée à rapprocher au maximum les conditions de lutte en Orient de celles qui prévalent en Occident. Sans pouvoir ignorer totalement les spécificités de la révolution orientale, les responsables du Komintern soulignent à Bakou que la reconnaissance de ces particularités n'est que temporaire et limitée. Ils s'écartent par là des recommandations de Lénine. Mais leur recul est aisé à comprendre : en ces neuf jours de débats, ils ont découvert que le mouvement révolutionnaire national qui se développe en Orient échappe à leurs directives, qu'il n'y a pas, entre communisme d'Occident et communisme d'Orient, d'objectif commun, et que leurs interlocuteurs nourrissent le rêve de s'émanciper totalement de l'Occident, qu'il soit capitaliste ou communiste, voire de prendre sur lui une revanche.

Le nom de Mao Tsé-toung est encore inconnu du Komintern. Mais celui de Sultan Galiev s'impose à l'attention de ceux qui le représentent à Bakou. Ce dernier parachèvera sa réflexion théorique entre 1923 et 1928 en affirmant la différence fondamentale et irréductible entre un Occident où les opprimés constituent une classe, le prolétariat, et un Orient où les opprimés sont des *nations*, tout entières prolétaires, puisque subissant l'oppression. Et il conclura que l'émancipation de l'Orient ne pourra s'accomplir, à terme, que par la substitution, à l'oppression que lui impose l'Occident, toutes classes confondues, de la dictature des « nations » prolétaires d'Orient sur lui[31].

Le rejet des thèses communistes orientales par Zinoviev et ses pairs implique – on rejoint ici les conclusions du IIe Congrès – la nécessité d'une stratégie unique, définie par le Komintern et imposée fermement à tous ceux qui s'en réclament, sans admettre le moindre écart.

*

* *

Resté dans la capitale, Lénine sait déjà que la Russie est seule à maintenir la flamme révolutionnaire. Dès ce moment, sans le dire explicitement, il accepte les conséquences de ce constat. La révolution étant enfermée dans un seul pays, ce pays doit se doter des moyens de survivre. Il faut dès lors privilégier l'État. Chef du gouvernement, c'est à l'État que Lénine va désormais se consacrer, en le renforçant et en assurant sa sécurité en tous domaines. C'est son rôle de chef de gouvernement qu'il va désormais faire prévaloir dans ses demandes intérieures et face au monde extérieur. On comprend dès lors qu'il soit moins visible au sein du Komintern. Non parce qu'il s'en désintéresse, mais parce que le Komintern va cesser d'être un véritable Parti mondial de la révolution pour se transformer en relais de l'intérêt national de l'État des Soviets.

Une dernière tentative révolutionnaire esquissée en Allemagne en mars 1921, plus aventuriste que réfléchie, et qui échoue, achèvera de convaincre Lénine de la nécessité de mettre tous ses efforts, tous les efforts communistes au service de l'État des soviets. Mais, avant tout, il lui faut redonner à cet État un espace, un poids humain, des ressources que la révolution lui a fait perdre. L'heure est venue de reconstituer la Grande Russie, de mettre fin aux autodéterminations qui ont servi la révolution, certes, mais qui, en 1921, risquent de mettre en péril l'État des soviets.

CHAPITRE XIII

Après l'autodétermination, l'État recomposé

Pendant des années, Lénine a réfléchi en solitaire au problème national, contre la majorité du mouvement ouvrier et sans y intéresser réellement les bolcheviks. Rentré en Russie en avril 1917, il force son parti à accepter la plus iconoclaste de ses propositions : le droit à la sécession, comme composante de la stratégie révolutionnaire. Le problème est débattu à la VIIe Conférence du Parti, réunie à Petrograd du 24 au 29 avril, et provoque un très vif affrontement. Staline est rapporteur de la question nationale ; il défend la thèse de Lénine, le droit des nations à se séparer de la Russie, mais il y apporte des nuances : les nations ne sont pas obligées d'user de ce droit, et, par ailleurs, son exercice doit prendre avant tout en compte les intérêts de la révolution prolétarienne. D'emblée, il annonce qu'en ce qui le concerne, il s'opposera à la séparation de la Transcaucasie. Propos que son comportement à l'égard de ses compatriotes géorgiens confirmera tragiquement quelques années plus tard. Piatakov et Dzerjinski s'opposent avec véhémence à l'idée d'accorder le droit de se séparer à des nations qui s'en serviront, dit Piatakov, contre le prolétariat, et non en sa faveur, et il propose une motion condamnant le droit à l'autodétermination. Lénine doit user de toute son autorité pour obtenir le rejet de la motion Piatakov et un vote favorable à la résolution de Staline, laquelle recueille en définitive cinquante-six voix pour, seize contre et huit abstentions.

Les thèses adoptées comportent quatre points : le droit à la sécession ; une large autonomie régionale pour les nations qui ne se sépareraient pas de la Russie ; la garantie par la loi des droits des minorités ; l'unité du Parti.

Certains points, en revanche, demeurent imprécis. Quand le droit à l'autodétermination pourra-t-il s'exercer : lorsque la paix sera acquise ou lorsque les nations intéressées en décideront ? Et, surtout, à quelles nations s'appliquera ce droit ?

En dépit de ces silences et des réserves des bolcheviks, l'adoption des idées de Lénine va bouleverser les données de la vie politique russe.

L'ARME DE L'AUTODÉTERMINATION

L'avenir des nations figure parmi les préoccupations premières de Lénine lorsqu'il prend le pouvoir. La *Déclaration des droits des peuples de Russie* est publiée le 2 novembre 1917, donc tout de suite après les décrets sur la paix et la terre. Elle définit les principes fondamentaux imposés par Lénine au Parti et pose implicitement deux problèmes : celui des frontières de l'État soviétique, celui de son organisation.

Le 12 janvier 1918, la *Déclaration des masses laborieuses et exploitées*, adoptée par le IIIe Congrès des soviets, réaffirme le principe de l'autodétermination mais précise : « Toutes les nations ont le droit de décider si et sur quelles bases elles pourront participer au gouvernement fédéral et aux autres institutions fédérales soviétiques. »

Ainsi, dès le début du nouveau régime, Lénine inclut dans sa vision du problème national, à parité avec le droit à l'autodétermination, une option qu'il avait jusqu'alors repoussée : le lien fédéral.

En même temps que s'infléchit ainsi l'orientation de la politique nationale, Lénine crée les instruments destinés à la mettre en œuvre. Le gouvernement va comporter un commissariat aux Nationalités *(Narkomnats)* dont Staline sera chargé, avec deux adjoints[1]. Ce commissariat est, à l'origine, une simple instance de liaison chargée de coordonner huit départements ou sections dirigés par des représentants de la nation intéressée. Ces sections sont créées au fur et à mesure de l'apparition de problèmes concrets. Les premières à être mises en place sont le commissariat (elles portent alors ce titre) polonais, né en novembre 1917, puis le lituanien, le commissariat aux Affaires juives et le commissariat musulman.

Dès 1918, le *Narkomnats* coordonne l'activité de dix-huit sections dont les responsables forment un collège qui, toujours placé sous l'autorité de Staline, va entrer souvent en conflit avec lui, tentant d'opposer à sa vision centralisatrice les exigences de la « base » nationale. L'antagonisme entre centre et périphérie qui se développe ainsi convainc Lénine de la nécessité de modifier le *Narkomnats* pour prévenir sa transformation en « Parlement des nationalités ». La réforme du 9 juin

1918 ne supprime pas de sections, mais ne leur assure plus une représentation systématique au sein du collège, réduit à neuf membres ; celui-ci est placé sous la double autorité du comité central du Parti et du *Sovnarkom* qui entérinent le choix de ses membres et arbitrent les conflits en son sein.

Les changements assez fréquents dans l'organisation du commissariat ne sauraient dissimuler ce qui les sous-tend : une évolution dans les relations du pouvoir avec les nationalités. À l'origine, sa fonction est d'associer ces dernières à la politique du nouveau pouvoir afin de gagner leur soutien. Ce qui explique les deux curiosités que recèle sa représentation : la création d'une section juive et d'une section musulmane, alors que ni les juifs ni les musulmans n'ont jamais été considérés par les marxistes comme des nations. Mais, en 1918, la réalité politique impose à Lénine cette solution pourtant bien contraire à ses principes.

Ayant tôt fait de constater par ailleurs l'usage que les nationalités tentent de faire de ce commissariat – lieu de défense de leurs exigences nationales, possibilité d'organiser dans ce cadre un « front commun » des nations contre le pouvoir central –, Lénine réagit et Staline, chargé de mettre en œuvre la politique centrale, multiplie les réformes. Toutes tendent à mettre dans les mains du commissariat central des pouvoirs grandissants, à en faire l'artisan des relations entre nations pour briser leurs solidarités naissantes, enfin à rogner sans cesse les prérogatives des sections nationales. En 1924, lorsque l'URSS sera instituée, le commissariat aux Nationalités disparaîtra, l'État fédéral se tenant pour seul organisateur et garant des droits nationaux, et considérant que tous les problèmes posés par les nations sont définitivement réglés.

Le principe fédéral admis dans l'article 2 de la *Déclaration des droits du peuple travailleur et exploité*, une doctrine assez précise de l'exercice de l'autodétermination l'accompagne, succédant à des textes ambigus et souvent contradictoires. La déclaration du 12 janvier précise que *tous* les travailleurs peuvent exercer ce droit au sein du Congrès des soviets. C'est donc cette instance qui décide en dernier ressort. La première Constitution russe, adoptée à l'unanimité le 10 juillet 1918 par le Ve Congrès des soviets, éclaire la pensée de Lénine et l'interprétation du fédéralisme que les événements l'ont conduit à accepter. Le corpus constitutionnel est composé à la fois de la déclaration du 12 janvier et des dispositions organisant la République fédérative. À lire ces textes, deux remarques s'imposent. Les mots « fédéral » ou « fédération » y sont utilisés avec une extrême parcimonie. « Fédération » apparaît seulement à l'article 2 du chapitre Ier. Il est question, il est vrai, de l'organisation « fédérative » des diverses entités, mais il s'agit plutôt de décentralisation. En définitive, le fédéralisme de 1918 semble se réduire au caractère volontaire de la cohabitation des peuples et à l'affirmation que, dans l'État des soviets, toutes les nations sont égales en droit. Pour Lénine, qui a exercé son autorité sur une commission spéciale du comité central chargée de combiner deux projets constitutionnels, celui émanant d'une commission présidée par Sverdlov et celui élaboré par le ministère de la Justice, le fédéralisme est une concession au réel qu'il s'agit de limiter à ce qui en constitue le fondement : « l'intérêt des classes travailleuses », précise-t-il. D'autre part, cette concession est – et c'est le plus important – « transitoire », « permettant aux travailleurs de s'élever au-dessus des conflits nationaux[2] ». Et Lénine de résumer ainsi son projet : « La fédération est une étape vers la fusion volontaire[3]. »

Cette vision réaliste, tout entière tournée vers la résolution de problèmes immédiats, est aisée à comprendre. Au début de l'année 1918, la Russie est en plein chaos et l'autodétermination spontanée des nations y contribue de manière non négligeable.

L'AUTODÉTERMINATOIN « À LA BASE »

En lançant le mot d'ordre du « droit des peuples à disposer d'eux-mêmes », Lénine avait espéré garder la maîtrise de sa mise en pratique. Mais les nations de l'Empire n'attendent pas qu'il les aide à décider de leur destin. Elles sont d'autant plus résolues à agir par elles-mêmes qu'elles vont disposer du soutien d'États étrangers et que l'écho de leur volonté d'émancipation retentit partout dans le monde, les conduisant à donner à leur volonté un tour plus radical.

Lénine a proposé l'autodétermination, mais espère qu'elle ne servira pas. Au mépris de cette illusion, l'Empire se désintègre instantanément et, parvenus au pouvoir, les bolcheviks constatent que leur autorité ne s'étend que sur un territoire russe amputé des espaces économiquement et stratégiquement décisifs pour sa survie. Aucune des nations ne se préoccupe des modalités pratiques de l'autodétermination que les bolcheviks ont d'ailleurs quelque peine à définir. Elles déclarent tout simplement leur volonté de se séparer.

Les deux premières à agir ainsi sont les nations polonaise et finlandaise.

En octobre 1917, la Pologne est pratiquement en situation d'indépendance : la guerre et l'occupation allemande ont créé cet état de fait que Lénine est contraint d'entériner sans préalable ni débat. En 1920, on l'a vu, il reviendra sur cette indépendance lorsqu'il pensera pouvoir déclencher la révolution en Pologne et y instaurer l'État des soviets.

La Finlande décide d'emprunter la même voie ; Lénine hésite à accepter, car il considère qu'une situation révolutionnaire existe dans ce pays – les troupes russes y stationnent encore et sont capables de soutenir le Parti social-démocrate. Mais, à l'automne 1917, il n'ose forcer une nation à l'union de crainte de provoquer des inquiétudes ailleurs. La solution d'une révolution « provoquée » en Finlande aurait la faveur de la majorité de ses collègues, mais il leur impose finalement le respect du droit à l'autodétermination, et envoie Staline à Helsingfors, le 14 novembre, pour reconnaître solennellement le gouvernement Mannerheim et une indépendance que le *Sovnarkom* consacrera par décret le 17 novembre 1917[4]. Reconnaissance qui n'est pas sans arrière-pensées, et Lénine note : « Nous conquerrons la Finlande, notre union sera fondée sur la solidarité des exploités. » Cette reconquête dont rêve Lénine sera rapide : le 15 janvier 1918, l'Armée rouge, dont les Finlandais n'ont pu obtenir le départ de leur sol, prête la main à un coup de force des socialistes locaux, proches des bolcheviks. Un Conseil des représentants du peuple s'installe au pouvoir à Helsinki, présidé par Kullervo Manner ; il compte quatorze ministres, dont Otto Kuusinen à l'Éducation, qui fondera le Parti communiste finlandais quelques mois plus tard, deviendra ensuite l'un des personnages centraux du Komintern et restera toujours un proche « compagnon » de l'URSS. Ce gouvernement proclame le 1er mars 1918 la république socialiste des travailleurs de Finlande et signe un traité d'amitié avec l'État soviétique.

Lénine triomphe : le « coup d'Helsinki », qu'il a annoncé au congrès des cheminots quelques jours avant qu'il ne se produise, est la justification, pense-t-il, de sa stratégie[5]. L'autodétermination acceptée a démontré aux nations que la Russie respectait ses engagements, mais, aussitôt après, l'« autodétermination des travailleurs » – tel est le nom dont on affuble cette révolution manipulée – atteste que la classe ouvrière est capable de décider seule de son destin. Ce « modèle » révolutionnaire connaîtra au lendemain de la Seconde Guerre mondiale une fortune extraordinaire en Europe de l'Est. En attendant, c'est pour Lénine la preuve que sa démarche est juste et que la révolution s'étend. Pourtant, le « modèle » finlandais de 1918 ne connaîtra qu'une existence brève. Le gouvernement Mannerheim, que la Russie avait reconnu le 17 décembre 1917, ne capitule pas et fait appel à l'aide allemande. En quelques semaines, Berlin intervenant, la République socialiste est anéantie et ses dirigeants s'exilent à Moscou[6].

L'échec de la révolution finlandaise ouvre la série noire des insuccès de la révolution – Allemagne, Hongrie, Bavière, Autriche. L'indépendance recouvrée de la Finlande grâce à l'aide allemande est riche d'enseignements pour d'autres nations qui comprennent alors qu'il ne suffit pas de se fier aux engagements de Lénine, mais qu'il convient aussi de disposer de la protection d'États tiers pour échapper aux entreprises de reconquête dissimulées sous le prétexte commode des « volontés » de la classe ouvrière.

L'histoire tourmentée des pays Baltes illustre ce jeu compliqué où interviennent tout à la fois les volontés nationales, le dessein de Lénine et les interventions étrangères. En Estonie et en Lettonie, des gouvernements soviétiques s'installent, balayés ensuite par l'avance militaire allemande, et remplacés pour finir par des gouvernements nationaux. En Lituanie, un gouvernement proallemand prend le pouvoir en février 1918, que la défaite allemande laisse sans soutien. Pour Lénine, la question est posée : comment régler ces problèmes sans que la politique de la Russie ait des allures impériales ? La solution expérimentée en Finlande ne serait-elle pas bonne à appliquer partout ? Elle est tentée, après le départ des troupes allemandes, en Estonie où Lénine appuie la formation de la Commune des travailleurs d'Estlandie que la RSFSR reconnaît *de jure* le 7 décembre 1918 tout en lui accordant une aide financière et militaire. Au même moment, le *Sovnarkom* préside à l'instauration en Lettonie d'un « gouvernement des députés ouvriers, paysans sans terre et *streltsy* » (fusiliers), reconnu et assisté comme la « commune d'Estlandie » par la Russie. Son président, Piotr Stoutchka, fondateur du Parti communiste letton, ira par la suite travailler à l'exécutif du Komintern.

Ce sont bien des proches des bolcheviks – des agents, même – que Lénine utilise pour organiser l'« autodétermination ouvrière ». Faut-il appeler cela autodétermination ou bien révolution ? Toujours est-il que c'est l'action du gouvernement russe qui est déterminante. Mais, ici comme en Finlande, elle va se heurter à d'autres États que ces révolutions manipulées ne sauraient convaincre. C'est la flotte anglaise présente dans la Baltique qui soutient le retour au pouvoir des gouvernements nationaux en Estonie et Lettonie ; et Ioudenitch va prendre les États baltes comme base de son activité contre les bolcheviks. Après sa défaite, Lénine comprend que ranimer des révolutions dans les États baltes ne heurterait pas seulement les volontés nationales, mais surtout la Grande-Bretagne. L'heure des révolutions chez les Baltes est vite passée, et la protection anglaise y garantit une autodétermination réelle, c'est-à-dire l'indépendance.

En Lituanie, Lénine croit trouver la solution grâce au départ des Allemands. Il y soutient alors la formation d'un gouvernement révolutionnaire provisoire présidé par Mitskevitch-Kapsukas, et le reconnaît le 22 décembre 1918. En février 1919, il patronne l'union de la Lituanie et de la Biélorussie et l'installation d'un gouvernement commun à Vilno. L'opération paraît sage. Peu sûre d'elle-même, la Biélorussie, où les bolcheviks sont actifs, hésite entre Moscou et Varsovie au nom de vieux liens historiques. Lénine a compris qu'il tient là une véritable chance : la possibilité de mettre en œuvre la fameuse « autodétermination » conduisant à l'union. Soutenus par la Russie, les bolcheviks biélorusses la réclament et Lénine va en faire un modèle. La Biélorussie n'est pas incorporée à la Russie, mais érigée, le 31 janvier 1919, en République soviétique souveraine, liée « au frère aîné, l'État russe, par des liens fédératifs étroits dans les domaines économique et politique ». Instaurer une république indépendante de Biélorussie est une décision aisée à prendre pour Lénine dans la mesure où le bolchevisme y est bien implanté : les bolcheviks ont obtenu 60 % des voix aux élections à la Constituante (un quart ailleurs). Ceux-ci mettent rapidement sur pied des organisations communistes structurées, démarche que favorise en l'occurrence le vide politique. L'avantage de cette décision est grand : la majeure partie de la population de la nouvelle République étant favorable à la Russie, c'est bien une « république sœur » qui se crée ici.

Mais Lénine pousse aussi à l'union avec la Lituanie, imposée en février 1919 alors que celle-ci rêvait d'indépendance. En mai, le Conseil de défense de la République de Biélorussie et de Lituanie réclame l'union militaire des Républiques soviétiques. Proposition adroite, puisqu'elle n'émane apparemment pas de la Russie, tout en servant les desseins de Lénine. Le nationalisme lituanien semble ainsi pouvoir être absorbé dans cet État binational où les Lituaniens sont minoritaires. Enfin, cette solution fait provisoirement échapper la Lituanie à la protection que l'Angleterre accorde à l'indépendance réelle des deux autres États baltes.

Sans l'expédition lancée imprudemment en 1920 contre la Pologne pour étendre le champ des révolutions, la Lituanie serait probablement restée durablement dans l'orbite russe. Mais l'affaire polonaise change tout et l'été 1920 voit s'effondrer simultanément deux ambitions de Lénine : la révolution est manquée en Pologne ; la défaite militaire et le traité de Riga réduisent la Biélorussie à son territoire initial. Elle conserve certes son indépendance, mais la Lituanie la quitte. Par surcroît, elle doit déléguer ses compétences internationales à la Russie qui la représente aux pourparlers de Riga. Du coup, son « indépendance » se trouve amputée de ses compétences internationales. Ce qui va alors déterminer le sort de la Biélorussie, c'est qu'elle constitue un cas bien particulier. Parce que le nationalisme y est pratiquement inexistant, Lénine la choisit pour en faire un modèle de l'« internationalisme » qui préside aux relations entre Moscou et les anciens sujets de l'Empire. Cette indépendance octroyée plutôt que demandée déconcerte le monde extérieur, et nul État ne trouve d'intérêt à s'en porter garant.

En Ukraine, les bolcheviks doivent faire face à une situation infiniment plus complexe. En décembre 1917, la Russie accorde sa reconnaissance à une république populaire d'Ukraine proclamée dès le 7 novembre par la *Rada* (assemblée), qui paraît annoncer l'élaboration d'un modèle dont la Biélorussie sera ensuite la meilleure illustration. Mais ce modèle échoue. Sitôt installé au pouvoir, le gouvernement ukrainien se retourne contre le pouvoir soviétique et soutient le général Kaledine, qui organise la résistance des Cosaques sur le Don. L'autodétermination est-elle destinée à permettre à une nation de lutter contre la révolution ? s'interrogent les bolcheviks. Par-dessus tout, ils sont confrontés au difficile problème des approvisionnements ; le blé ukrainien leur serait nécessaire : mais comment imposer à un État indépendant de le leur livrer ? Inquiet des pressions qu'il subit, le gouvernement ukrainien en appelle à la protection française. Le pouvoir russe riposte en soutenant l'installation d'un gouvernement bolchevique à Kharkov, puis en envoyant ses troupes assiéger Kiev, siège du gouvernement indépendant.

Le 26 janvier, Kiev est occupé par les troupes russes et un gouvernement soviétique ukrainien y est installé pour peu de temps ; il doit en effet abandonner la ville deux mois plus tard sous les coups conjugués des armées allemandes et de celle de Petlioura. C'est alors au tour de Skoropadski, protégé par l'Allemagne, de gouverner l'Ukraine.

La situation du pays, livré aux attaques rouges, blanches, et aux partisans de Nestor Makhno, qui soulève la paysannerie locale du printemps 1918 à novembre 1920, est chaotique[7]. Kiev passe sans cesse de main en main ; la terreur est utilisée par toutes les parties. En 1919, le pouvoir soviétique est enfin établi à Kharkov, et Piatakov le préside. C'est un adversaire résolu de l'autodétermination, qu'il qualifie de « contre-révolution », et il s'oppose violemment à Lénine sur ce point. Pour ce dernier, Piatakov n'est qu'un « chauviniste grand-russe » qui compromet les relations de la Russie avec les autres peuples.

Au VIIIe Congrès du Parti, en mars 1919, la bataille fait rage entre Lénine et la gauche du Parti – Piatakov, Evguenia Bosch –, qui exige l'abandon du principe d'autodétermination, si ce n'est au bénéfice des travailleurs. En vue de limiter l'influence de Piatakov en Ukraine, Rakovski y est envoyé pour le remplacer. Mais, le chaos aidant, le statut de l'Ukraine reste incertain jusqu'en 1921, et les nationalistes oscillent de la protection de l'Allemagne à celle de la France afin d'échapper à la mainmise russe.

La guerre polonaise achevée et Makhno en fuite vers la Roumanie, la Russie va enfin pouvoir organiser l'Ukraine à sa guise. Il reviendra à un Ukrainien, partisan du respect des principes fédéraux, de contribuer à instaurer la République soviétique d'Ukraine. Convaincu que le communisme émancipera son pays, Nikolaï Alexeievitch Skrypnik a été l'un des fondateurs du Parti communiste ukrainien, et il n'a cessé de combattre, en ces années de chaos, les thèses centralisatrices de Piatakov. Lénine, pour sa part, est convaincu que le centralisme ne peut que nourrir le nationalisme ukrainien et écarter à jamais l'Ukraine de la Russie. C'est pourquoi il intervient avec force, en 1920, dans le conflit qui déchire le communisme ukrainien, soutient Skrypnik contre Piatakov, et l'installe comme ministre de l'Intérieur dans le gouvernement dont Rakovski a pris la présidence. Dès lors, l'Ukraine devient l'objet d'un autre affrontement : République soviétique, doit-elle jouir d'une certaine souveraineté – c'est la thèse de Skrypnik – ou bien la centralisation russe doit-elle l'emporter, comme le pense Staline ?

Un dernier cas d'autodétermination ajoute au chaos de cette époque : celui de la Géorgie et, au-delà, de toute la Transcaucasie. En octobre 1917, un commissariat caucasien présidé par le social-démocrate géorgien Gegechkori réalise l'unité de la région et attend de la Constituante qu'elle organise les relations avec les nations. Mais, la Constituante dissoute, les bolcheviks agissent en maîtres tout en affirmant qu'ils ne sont pas les successeurs de la Russie impériale. Ils cèdent à la Turquie Batoum et les vilayets de Kars et d'Ardahan, sans consulter les Géorgiens ni les Arméniens que ces cessions dépossèdent. Indignés, ceux-ci décident de faire sécession et, le 25 avril 1918, proclament l'indépendance de la république de Transcaucasie. Mais, le 26 mai, celle-ci explose sous le coup des rivalités nationales et du fait des manipulations de la « Commune de Bakou », citadelle bolchevique présidée par Chaoumian. Trois États indépendants la remplacent : la Géorgie, dirigée par les mencheviks ; l'Arménie, par les Dachnaks ; et l'Azerbaïdjan, dominé par le parti Mussawat (ce dernier État étant d'ailleurs amputé de son principal centre, Bakou). Mais la progression des troupes turques au Caucase met fin dès l'été 1920 à l'indépendance arménienne et azérie. Seule subsiste la Géorgie, qui cherche tour à tour la protection allemande, puis celle de la Grande-Bretagne.

Au Caucase, Lénine est d'emblée défavorable à l'autodétermination. La Commune établie à Bakou en 1918 est le témoignage de la volonté des bolcheviks de se maintenir dans la région. Quant au rôle joué par les mencheviks en Géorgie, il ne peut qu'exaspérer Lénine. Depuis 1909, il s'est heurté à eux. Jusqu'en 1920, il sait qu'il lui faut patienter. Mais tout montre que l'autodétermination dont il défend le principe contre Piatakov et Boukharine n'est pour lui qu'une concession momentanée. Au VIIIe Congrès, tout en condamnant son extrémisme, ne dit-il pas à Piatakov qu'il a « mille fois raison : l'unité nous est indispensable » ?

Lénine répète fréquemment qu'il respecte la souveraineté des États nés après la révolution, mais il multiplie les tentatives pour la réduire. En Ukraine, il exige des livraisons de blé et télégraphie à Trotski, le 22 mai 1919, qu'il doit « arracher » le blé aux Ukrainiens et assurer la sécurité militaire russe ; que, pour cette tâche, « il faudrait envoyer un bataillon de tchékistes, plusieurs centaines de marins de la Baltique, un détachement d'ouvriers de Moscou ou d'Ivanovo-Voznessensk, et des propagandistes sérieux[8] ». Il en vient alors à créer un organe unique de défense de la Russie, de l'Ukraine et de la Biélorussie-Lituanie qui confie aux institutions russes le soin de centraliser l'armée et les communications[9]. La souveraineté des Républiques se trouve ainsi sérieusement entamée. Surtout, le Parti communiste russe intervient de manière autoritaire dans la vie des partis locaux. En mars 1920, le Comité central décide que son homologue ukrainien est antirusse et doit être immédiatement dissous. C'est l'« autodétermination des travailleurs » qui se manifeste ainsi, empiétant sans barguigner sur celle des nations.

Mais, jusqu'à l'été 1920, Lénine croit encore à l'expansion de la révolution à l'Ouest. La dislocation de l'ancien Empire reste à ses yeux un problème secondaire. Qu'importe à la Russie une réduction territoriale, dès lors que survit l'espoir de voir se créer un État mondial des soviets ? L'autodétermination a été d'abord pour lui une arme révolutionnaire. De 1918 à 1920, il la conçoit avant tout en termes de sécurité et d'approvisionnements pour son État affamé et menacé de toutes parts. Comment vivre sans le blé de l'Ukraine, sans le pétrole et les minéraux du Caucase ? disent en chœur Lénine et Trotski.

Mais, après la déroute polonaise et l'effondrement des espoirs révolutionnaires à l'Ouest, le problème se pose en des termes nouveaux. « Nous sommes seuls », constate Lénine, et nous le resterons longtemps. Que faire alors ? Il n'envisage pas un instant de baisser les bras. Il a toujours répété que les révolutionnaires ne s'engageaient pas dans les révolutions pour ajouter simplement une nouvelle page au grand livre des révolutions manquées. L'exemple de la Commune, toujours cité par les marxistes, est pour lui celui qu'il ne faut pas suivre. S'il a pu dire un jour fièrement : « Nous aurons duré autant que la Commune », en 1920, il n'accepte plus ce précédent. Il va installer la Russie dans la durée, mais, pour cela, il faut qu'elle dispose d'un territoire, de ressources et de frontières qui lui permettent de vivre. Il faut recomposer ce que la politique d'autodétermination a décomposé.

Les débuts du fédéralisme

Dès 1918, avec l'adoption d'une Constitution qui définit les moyens d'une organisation fédérale, le cadre de la vie commune au sein de la République russe est fixé. Débattant des conditions dans lesquelles s'exercerait l'autodétermination, Lénine avait toujours précisé qu'elle ne pourrait s'appliquer à tous les peuples, et certainement pas aux peuples enclavés. Ceux-ci n'avaient d'autre choix qu'entre l'intégration et l'adoption d'un statut d'autonomie plus ou moins étendue.

En 1919, alors qu'il est encore en butte aux assauts de ses divers ennemis, le pouvoir des soviets commence à organiser l'intégration fédérale. Première nation avec laquelle Moscou traite : la nation bachkire, qui a constitué une république présidée par Validov et dont l'amiral Koltchak a proclamé la dissolution. La Russie va tirer profit de l'attitude impériale de Koltchak pour signer un accord, en mars 1919, avec la République bachkire, reconnaissant son indépendance. Mais cette reconnaissance n'est que temporaire ; elle tisse déjà des liens de dépendance qui aboutiront, un an plus tard, en mai 1920, à l'annexion de la Bachkirie, agrandie de la République tatare et du Territoire autonome tchouvache. Le prétexte invoqué – la protection de ces petits États contre l'impérialisme blanc – aura ainsi permis à Lénine d'intégrer à la Russie des peuples dont le nationalisme farouche semblait devoir entraîner pour elle la perte de leur immense territoire.

Cette politique s'applique aussi au même moment à la steppe, où les Kazakhs ont formé un gouvernement national, et aux abords de la Caspienne, où le pouvoir offre au petit peuple kalmouk, d'origine mongole et de foi bouddhiste, de se battre à ses côtés contre les troupes de Denikine ; au nom de l'« autodétermination des travailleurs » que Lénine invoque explicitement dans ce cas, les ouvriers sont appelés à se prononcer dans les urnes sur leur avenir national. Peu importe qu'il n'y ait pas réellement d'ouvriers parmi les Kalmouks ! Le résultat de cette « autodétermination » est la formation, le 25 novembre 1920, d'une région autonome kalmouke, intégrée aussitôt à la Russie.

Usant de la même méthode, la Russie absorbe la Commune des travailleurs de Carélie (août 1920), la République autonome kirghize (août 1920) et la région autonome des Maris. Puis, dans les mois suivants, la République russe ne cesse d'incorporer des régions qui avaient profité de la révolution pour s'organiser en mini-États indépendants : le Caucase, où une infinité de peuples prétendaient à une vie autonome, la Crimée, les régions peuplées de Yakoutes, etc., tombent l'une après l'autre sous l'autorité russe entre 1921 et 1923.

Partout la procédure est identique : le pouvoir russe soutient, voire provoque une « autodétermination prolétarienne » au détriment des gouvernements nationaux qui s'étaient formés initialement ; de la République nationale à la République soviétique, le pas est vite franchi ; aussitôt après, c'est l'union à la Russie qui s'impose au nom de la sécurité du petit État et de sa parenté politique avec la République des soviets. Pour atteindre ce résultat, les moyens utilisés sont simples. Tantôt le Parti communiste russe soutient – parfois en apportant une aide militaire – de petits Partis communistes locaux et assure leur succès sur les responsables nationaux. Tantôt la Russie fait pression sur l'État national, sans s'encombrer de prétextes. Au terme du parcours, c'est la « volonté des travailleurs » qui aura, dit-on, présidé à l'incorporation dans le giron du grand État de la révolution.

En 1923, la Russie intègre ainsi dix-sept unités autonomes, dont certaines n'ont, en fait d'autonomie, qu'une certaine liberté administrative, et d'autres, dites Républiques, jouissent d'une autonomie politique (au moins théorique). La désintégration de l'espace russe est jugulée, la continuité territoriale reconstituée. Mais demeure le problème de ce qui fut vraiment l'Empire : la périphérie, où gisent des ressources inestimables et qui assurait à la Russie des tsars des frontières jugées sûres. Après le territoire russe, c'est l'espace impérial qu'il faut reconquérir.

La reconquête par traités

Toute sa périphérie étant alors séparée de la Russie, il serait souhaitable et nécessaire, considère Lénine, de mettre fin aussi à ces sécessions. Mais, ici, la situation diffère de celle que le pouvoir russe a rencontrée dans sa reconquête des peuples enclavés. De vrais États indépendants se sont formés ; cinq d'entre eux échappent en 1920 à toute possibilité d'expansion de la Russie dans la mesure où ils bénéficient d'une protection extérieure. C'est le cas de la Pologne, que sa puissance militaire protège, des États baltes et de la Finlande que les États occidentaux ont pris, après l'Allemagne, sous leur tutelle. Sans doute l'État des soviets, tout en récusant sa filiation avec l'Empire des tsars, n'acceptera-t-il jamais cette perte de peuples et de territoires situés à l'ouest de la Russie, qui a fait reculer sa frontière vers l'est et lui a arraché le contrôle des côtes baltiques. Moins de deux décennies plus tard, le successeur de Lénine s'évertuera – et, à l'exception de la Finlande, réussira – à récupérer cet espace perdu en 1917. Si Lénine, pour sa part, paraît se résigner à ces pertes de territoires, ce n'est pas faute d'avoir tenté d'y reprendre pied entre 1917 et 1920. Mais une succession d'échecs, la solitude russe qui prévaut en 1920, la nécessité de s'insérer dans la communauté des grands États après avoir tenté de la saper au moyen de révolutions, le contraignent à accepter, à l'ouest, la réduction de l'espace russe.

Ailleurs, en revanche, là où la vigilance des États occidentaux ne s'exerce pas, il va s'employer à recouvrer ce qui a été perdu. Diverses nations ont constitué des États qu'elles entendent maintenir dans une indépendance totale : Ukraine, Biélorussie, Azerbaïdjan, Arménie, Géorgie, républiques de Boukhara et de Khiva. Parce qu'elles se disent « populaires » ou « soviétiques », parce qu'elles négocient avec la Russie, la plupart espèrent arriver à des rapports d'égalité avec elle. Lénine les y encourage, leur offrant d'établir ces rapports sur une base contractuelle et, par là, croient ses partenaires, durable. Dès octobre 1920, un article de Staline[10] expose de manière détaillée la politique prônée par Lénine : l'établissement de relations bilatérales amicales dont des traités formels définiront les modalités. Politique séduisante, puisqu'elle semble rompre avec la conception de l'intégration révolutionnaire. Les relations entre États qui sont au cœur du système supposent en effet l'égalité entre les contractants et le respect de leurs indépendances respectives. Mais le traité bilatéral signé le 30 novembre 1920 entre la RSFSR et l'Azerbaïdjan est d'emblée révélateur du véritable dessein de Lénine.

En avril 1920, l'Azerbaïdjan est le théâtre d'un scénario que l'on retrouvera des années plus tard ailleurs. Le gouvernement du parti Mussawat est renversé par des communistes protégés par la Russie. Ceux-ci installent un Comité militaire révolutionnaire inspiré de l'Octobre russe, qui appelle Moscou à l'aide pour « prévenir une contre-révolution ». Dans son projet de thèses sur la question nationale, préparé pour le IIe Congrès[11], Lénine affirme déjà que la Russie et l'Azerbaïdjan entretiennent des liens fédéraux. Or cette déclaration date du 5 juillet, alors que le traité ne sera signé que près de cinq mois plus tard ! Mais Lénine considère dès ce moment que la situation de fait doit se traduire en droit.

Ce traité, qui va servir de modèle à tous les autres, stipule une union militaire et économique et une action commune en divers domaines, notamment transports et communications. Paraphé par Tchitcherine, ministre des Affaires étrangères russe, il paraît par là même assorti de toutes les garanties d'une relation interétatique. Mais des clauses léonines (notamment l'obligation pour l'Azerbaïdjan d'établir son plan de production – de pétrole en premier lieu – en accord avec la Russie) sont rédigées sans aucun souci de respecter les formes. Au bout du compte, le texte ressemble plus à un ultimatum qu'à un traité d'alliance entre égaux. C'est que Lénine est hanté par la nécessité de remettre le pétrole du Caucase, situé en Azerbaïdjan, à la disposition de la Russie. Comment survivre autrement ?

Les termes du traité bilatéral signé avec l'Ukraine le 28 décembre sont nettement plus prudents. Mais l'Ukraine a beaucoup plus de poids que le petit Azerbaïdjan. Elle est notamment soutenue de l'extérieur par des gouvernements en exil qui trouvent des interlocuteurs au sein de la communauté internationale. Du coup, le traité, rédigé en termes respectueux de la souveraineté du pays, semble laisser place à une vie étatique réelle. L'Ukraine conserve notamment la maîtrise de sa politique extérieure, que l'Azerbaïdjan a dû céder d'emblée à la Russie. Les bolcheviks responsables de la politique ukrainienne – Rakovski, Skrypnik – sont certes des collaborateurs fidèles de Lénine, mais, par ailleurs, ils ne sont guère disposés à cautionner un État fantoche. À conférer à l'Ukraine un air d'État à part entière, la Russie peut aussi trouver des avantages. L'Ukraine de Rakovski ne symbolise-t-elle pas les deux facettes de la politique russe : celle de l'État, celle du projet révolutionnaire ? Depuis 1919, Rakovski est en effet à la fois chef du gouvernement ukrainien et responsable du département méridional du Komintern ; Angelica Balabanova exerce la fonction de secrétaire du Komintern et – elle l'écrira elle-même – est appelée en même temps à le remplacer « dans ses fonctions de commissaire ukrainien aux Affaires étrangères ». Sans doute, à l'heure où le traité bilatéral est signé, le bureau méridional du Komintern a-t-il déjà été rapatrié à Moscou (avant d'être promptement dissous) et la séparation entre fonctions étatiques et fonctions kominterniennes est-elle en train de s'effacer. Il n'en reste pas moins que l'autonomie des politiques extérieures n'est pas encore un problème crucial et que Rakovski incarne, par-delà l'indépendance reconnue de l'Ukraine, les liens de solidarité des communistes avec la Russie.

Quelques semaines plus tard, la Biélorussie signe avec la RSFSR un traité qui ressemble à celui qui lie l'Ukraine au voisin russe, mais dont certaines clauses suggèrent une indépendance moindre. De surcroît, un accord additionnel signé en juin 1921 et portant sur les problèmes financiers introduit dans le gouvernement biélorusse un représentant russe à la voix prépondérante dès qu'il sera question de finances et même, plus généralement, d'économie.

Ainsi se tissent de manière souvent peu visible des liens que les accords d'alliance dissimulent. Exception faite dans un premier temps de l'Ukraine, la Russie assure à petits pas son autorité sur les États voisins indépendants sans que cette démarche provoque de crises.

Lénine peut être satisfait. Sa volonté exprimée est de développer des relations amicales avec les anciennes possessions russes sans éveiller le soupçon que la Russie voudrait aller au-delà de tels liens. C'est le chef de gouvernement qui inscrit cette politique dans le cadre de relations normales entre États, confirmant par là, à l'intention de l'extérieur, que la Russie est devenue un État semblable aux autres. Il tient à rassurer ses interlocuteurs directs aussi bien que le reste du monde. Mais son dessein réel n'est autre que de recomposer l'espace disloqué.

Peut-être, sans la Géorgie, ce double jeu politique eût-il pu se développer paisiblement. Mais la Géorgie va se révéler un interlocuteur récalcitrant, et Lénine perdre la maîtrise des relations avec elle. C'est que, dans ce cas précis, il se heurte à Staline qui y mènera une politique personnelle. Politique dont l'objectif – ramener la Géorgie dans l'orbite russe – est certes le même que celui poursuivi par Lénine, mais dont les moyens sont loin d'être ceux que ce dernier a prônés. À la dissimulation du but poursuivi va se substituer, avec Staline, une stratégie directe et brutale de conquête.

LA RECONQUÊTE PAR LA FORCE

En Géorgie, Lénine se heurte d'emblée à l'impossibilité d'agir comme il l'a fait ailleurs. Il n'a pas en face de lui des bolcheviks complices, mais un gouvernement de mencheviks et une nation décidée à préserver son indépendance recouvrée. Est-il possible d'accuser ces mencheviks – des socialistes – de menacer la révolution ? Ils sont de surcroît très actifs sur la scène internationale : ils ont obtenu pour leur pays la reconnaissance *de jure* de nombreux États, et même la reconnaissance *de facto* de la RSFSR par le traité du 7 mai 1920[12]. Les sociaux-démocrates européens – Henri de Man, Van der Velde – se rendent en Géorgie pour applaudir à la prise de pouvoir par de « vrais » socialistes et répètent à l'envi que la Russie bolchevique ne saurait franchir la Koura, le fleuve frontalier. Pour Lénine, la Géorgie constitue ainsi un double défi. Il la tient pour un poste avancé de l'Entente à ses frontières. Et comment bolcheviser l'Azerbaïdjan et l'Arménie si le troisième État de Transcaucasie échappe à son autorité et au modèle russe ? Enfin, l'unité de la Transcaucasie, que Lénine entend réaliser, peut-elle s'accommoder de cette enclave sociale-démocrate ?

De Lénine qui cherche à louvoyer aux partisans des solutions les plus brutales, tous les bolcheviks s'accordent à considérer que le cas de la Géorgie affaiblit la Russie. Mais comment l'affaiblir elle, en retour ? Avocat des solutions de force dont nul, s'agissant de la Géorgie, n'ose contester l'exceptionnelle compétence, Staline en définit avec précision l'enjeu : « Le Caucase est décisif pour la révolution, car c'est une source de matières premières et de produits alimentaires. Mais il l'est aussi de par sa position entre l'Europe et l'Asie, l'Europe et la Turquie, parce que là passent des routes économiques et stratégiques d'une importance considérable. Nous devons contrôler la région[13]. »

Ces propos, que font leurs tous les bolcheviks, sont révélateurs d'un changement de perspective. En 1917, le fondement de l'État soviétique était la révolution. En 1921, au contraire, l'État des soviets s'organise et se détermine en termes d'intérêts stratégiques et de ressources économiques.

Pour réintégrer la Géorgie rebelle dans l'espace soviétique, Lénine dispose de trois atouts : la présence de la XIe armée qui a conquis Bakou en 1920 et campe au Caucase ; le traité du 7 mai qui, sans doute, stipule la reconnaissance de la Géorgie, mais comporte une clause secrète contraignant la Géorgie à légaliser le Parti communiste et à lui assurer une liberté totale d'action ; enfin, l'existence d'un bureau caucasien du comité central *(Kavburo)* qui travaille en liaison avec la XIe armée et prépare la reconquête du pays.

La Géorgie subit une double pression : à l'intérieur, celle des communistes ; à l'extérieur, celle du *Kavburo*. Lénine, qui hésite sur la voie à emprunter, est lui aussi en butte à l'impatience agressive de ses collègues. Avant tout Ordjonikidze, Géorgien lui aussi, qui arguë de sa connaissance de la Géorgie, et Kirov ; tous deux veulent lancer la XIe armée pour « protéger », disent-ils, les communistes géorgiens. C'est peu ou prou une réédition du scénario azerbaïdjanais. Même Tchitcherine, pourtant plus modéré, réclame le droit d'intervenir, car, dit-il, les Géorgiens n'en finissent pas de violer le traité du 7 mai. Le modèle proposé est bel et bien celui qui a prévalu en Azerbaïdjan : provoquer une insurrection intérieure et intervenir pour répondre à l'appel à l'aide des « vrais » révolutionnaires, les communistes. Après avoir, le 5 mai 1920, adressé un télégramme à Ordjonikidze, lui « interdisant d'autodéterminer la Géorgie[14] », Lénine accepte de le faire : le précédent de l'Azerbaïdjan suggère que l'opération est possible et relativement peu visible. Mais, avant de donner son accord, il a longuement hésité et les débats au sein du comité central ont été particulièrement houleux. L'ordre donné, l'opération géorgienne est rondement menée. La XIe armée pénètre en Géorgie le 15 février. Le 25, Tiflis tombe et la République soviétique, y est proclamée. En apparence, tout a été simple ; la réussite de l'expédition militaire est incontestable. Le 21 mai 1921, la Géorgie paraphe à son tour l'accord bilatéral que la Russie impose aux Républiques soviétiques, et paraît ainsi alignée sur les autres.

Mais le cas géorgien, jusqu'ici beaucoup plus difficile que les autres, ne cesse pas de l'être après la signature du traité bilatéral. Il est également révélateur des difficultés que Lénine connaît en Russie. C'est pourquoi cet épisode mérite doublement que l'on s'y arrête.

Tout d'abord, le débat qui entoure la soviétisation de la Géorgie montre l'intérêt tout particulier que Lénine accorde à cette époque à l'« État » russe. Il craint, par une opération prématurée ou par trop voyante, de déclencher une réaction anglaise qui menacerait une fois encore la sécurité internationale de la Russie et compromettrait ses efforts pour l'intégrer à la communauté des États, ce qui, au début de 1921, constitue pour lui une priorité. Il s'inquiète aussi des réactions de la Turquie avec qui la Russie a engagé une négociation qui conduira au traité d'amitié du 16 mars 1921. Dans cette vision politique d'un retour de la Russie sur la scène des États, il est plus important, aux yeux de Lénine, de sceller un pacte d'amitié avec la Turquie de Mustafa Kemal – sans aucune perspective révolutionnaire, cela va de soi – que de chasser les mencheviks géorgiens du pouvoir. S'il cède finalement aux objurgations de ses collègues, c'est parce que Tchitcherine l'a convaincu que l'Angleterre acceptera de laisser l'ensemble du Caucase dans la zone d'influence russe. Lloyd George l'a dit à Krassine. Ce que veut Londres, c'est que la Russie se cantonne dans cette zone et oublie toutes ses espérances révolutionnaires ailleurs, notamment en Europe. En somme, ce qui se négocie implicitement autour de la Géorgie, c'est la reconnaissance des intérêts territoriaux de la Russie en échange de la paix sociale et de la fin de l'entreprise révolutionnaire en Europe. Avec Mustafa Kemal, le marché passé est de même nature : il fermera les yeux sur la reconquête du Caucase, mais Lénine aura abandonné Enver Pacha et les communistes turcs pour prix de l'accord. En fin de compte, si Lénine donne son « feu vert » à l'opération de mise au pas de la Géorgie, c'est que ses collègues ont su lui démontrer qu'elle n'effraiera pas le monde capitaliste qui accepte consciemment les termes du marché implicite qu'elle recouvre.

Mais l'affaire géorgienne n'est pas moins intéressante par ce qu'elle révèle de l'évolution du système politique russe à cette époque. Deux instruments ont joué ici un rôle décisif : le *Kavburo* et la XIe armée. Le premier a été créé en avril 1920 pour coordonner l'activité des organisations communistes du Caucase, et placé sous l'autorité de Dzerjinski ; il a très vite disposé d'une autorité incontestable, informant Lénine des problèmes locaux sans que celui-ci soit vraiment à même de les vérifier. Le *Kavburo* bénéficie aussi de l'autonomie que s'arroge la XIe armée : alors que Lénine donne l'autorisation d'intervenir le 14 février 1921, sur place, *Kavburo* et XIe armée ont déjà commencé les opérations depuis quarante-huit heures. Cette quasi-indépendance des organes de pouvoir au Caucase, Trotski en est lui aussi victime. Commissaire à la Guerre, il est contraint d'engager une enquête, le 21 février –, donc six jours après le début des opérations –, pour comprendre comment la décision a été prise sur le terrain, et qui l'a prise[15]. Si l'État soviétique se renforce au cours de cette période, il est patent qu'une certaine dilution de l'autorité centrale se manifeste à ses confins où ceux qui détiennent un instrument d'autorité – tel Ordjonikidze avec le *Kavburo* – agissent comme de véritables proconsuls ; la crise géorgienne de 1923 le démontrera abondamment. De surcroît, ses représentants sur le terrain n'hésitent pas à fournir à Lénine, pour obtenir son accord, des informations inexactes. En février, Ordjonikidze l'assure que le Caucase est la proie de désordres dus à un conflit entre Géorgiens et Arméniens, et que l'intervention nécessaire pour y mettre fin sera limitée. Après celle-ci, les communistes géorgiens qui l'ont en fait préparée – Budu Mdivani, Filip Makharadze – nient que le conflit prétexte ait jamais existé et attribuent au *Kavburo* la paternité du scénario. Lénine a tôt fait de comprendre que cette affaire – même s'il pense lui aussi que la Géorgie doit rentrer dans la zone d'influence russe – est davantage manipulée par ses collègues agissant sur place qu'elle n'est contrôlée par lui. Il souhaite la prudence et, le 3 mars encore, il recommande dans un message à Ordjonikidze de trouver un compromis avec le président menchevique Noe Jordania pour former une coalition acceptable au lieu d'« imposer le modèle russe ». Mais il n'est pas entendu[16].

La soviétisation forcée est aussitôt pratiquée sans retenue ni précaution. Des émissaires de la Tcheka débarquent de Moscou pour prêter main-forte à l'instauration de l'ordre nouveau. Le Parti géorgien est placé sous l'autorité d'un fidèle d'Ordjonikidze, Mamia Orakhelachvili, et la Géorgie prend en quelques mois l'allure d'un pays occupé. Les conséquences en apparaîtront bientôt, et justifieront a posteriori tous les conseils de prudence de Lénine.

La question qui se pose ici est celle des raisons de la relative faiblesse de Lénine face aux empiètements de pouvoir d'Ordjonikidze. Staline en est tout autant coupable en 1921, mais Lénine l'ignore encore et se fie à ses avis. L'explication paraît résider avant tout dans l'importance que Lénine attache alors aux problèmes de gouvernement. Parce que la Russie doit devenir un État comme les autres, entretenant des relations internationales normalisées, il s'attache à cette construction qui implique pour lui une véritable reconversion et des efforts considérables. Il ne joue plus sur le double registre de l'État et de la révolution ; son effort s'inscrit dans la durée et non plus dans le provisoire. Tout est alors à construire. Les responsables doivent être spécialisés – aussi bien dans l'État qu'au sein du Komintern et dans les instances communistes – et il faut former des cadres à ces tâches précises. Il est naturel que, dans la première phase de cette reconversion générale, un certain flottement se manifeste dans les décisions et les actes. La dimension territoriale de la Russie qui, en 1921, vient de s'accroître, ne facilite guère ces adaptations.

Néanmoins, à l'été, l'affaire géorgienne paraît réglée. Et l'année s'achève sur une série de traités similaires signés (après celui qui avait ouvert la liste : Khiva, le 20 septembre 1920) avec Boukhara, le 4 mars 1921, et avec l'Arménie, le 30 septembre 1921. Le discours sur l'autodétermination, qui a favorablement disposé à l'égard de la révolution, a été, semble-t-il, payant. La Russie s'est réconciliée par traités avec les possessions de l'Empire qui s'étaient détachées d'elle. Ces traités sont, de surcroît, peu critiquables au premier abord, même si la méthode employée pour y atteindre a été dans certains cas violente. Ils organisent des alliances classiques entre États égaux et portent sur la coopération militaire et économique. Ils ne stipulent nullement l'unité des politiques extérieures. Mais, dès 1921, on peut entrevoir, derrière cette façade juridique impeccable, deux éléments qui la condamnent d'avance et annoncent l'étape ultime. C'est d'abord l'aspect militaire : coopération en ce domaine, disent les traités ; mais l'Armée rouge est partout présente et réalise déjà l'unité à venir. Quant à l'action diplomatique indépendante, seule l'Ukraine est en mesure d'en maintenir un temps l'apparence. Au traité de Riga, deux représentants ukrainiens sont présents, mais ils sont inclus dans une délégation commune russo-ukrainienne, ce qui déjà suggère une situation semi-fédérale. Lors de la signature de l'accord russo-turc de mars 1921 qui règle les problèmes frontaliers de la république de Transcaucasie, la présence de délégués de cette dernière est certes prévue ; mais toutes ses clauses seront négociées par la seule Russie, et ce n'est qu'à la signature du traité de

Kars que les représentants du Caucase feront leur apparition.

La fiction de l'indépendance des Républiques ne convainc guère les États européens. C'est pourquoi, à la conférence de Gênes, en 1922, seule la Russie est conviée. L'Ukraine ne l'entend pas de cette oreille et exige d'être représentée. Mais elle se bat en solitaire ; tout est déjà décidé à Moscou. Le 27 janvier, Kalinine, président du Comité exécutif central panrusse, déclare que la Russie représentera à Gênes les intérêts des huit Républiques soviétiques. La décision est prise par le CEC ; il ne reste plus aux Républiques qu'à s'incliner devant l'autorité de Moscou. Le 22 février, elles donnent mandat à la RSFSR de parler et signer en leur nom tous les actes de la conférence de Gênes[17]. La fiction de l'indépendance a volé en éclats.

Les alliances bilatérales d'États égaux ressemblent fort, en dernier ressort, à des pactes d'union. Pour autant, Lénine ne peut s'en satisfaire. Il se trouve confronté à deux problèmes. D'une part, des États formellement indépendants constituent un cadre favorable au renouveau ou au développement de velléités d'indépendance ; la Russie risque d'en être affaiblie. Mais, d'autre part, des conflits nés de frustrations nationales renaissent au même moment, aussi bien à l'intérieur de la république de Russie que dans les Républiques soviétiques.

À l'intérieur, c'est en pays tatar, au sein du Parti communiste, qu'éclate l'opposition. Sultan Galiev pose brutalement une question que l'on avait vue surgir de manière moins précise au congrès de Bakou : l'internationalisme prolétarien a-t-il un sens lorsqu'il s'applique aux relations entre nations dont le niveau de développement est inégal ? Et il y apporte une réponse négative, ouvrant la voie à une dissidence d'autant plus grave qu'elle met en cause la solidarité de la classe ouvrière.

En Asie centrale, une révolte nationale commence ; ses combattants, les *basmatchi*, menacent toute la politique d'union pratiquée dans la région[18]. Leur mouvement ne sera brisé que des années plus tard. En attendant, à cette frontière aussi, le pouvoir soviétique redécouvre l'insécurité.

Enfin, la Géorgie n'en finit pas de réagir à la politique russe. Alignée, occupée, elle résiste, à partir de l'été 1921, par la voix des communistes locaux qui, peu auparavant, avaient favorisé l'intervention russe. Ce sont ceux-là mêmes – Makharadze, Mdivani – qui, dans le passé, se battaient aux côtés de Rosa Luxemburg pour condamner l'indulgence de Lénine vis-à-vis des nations. Confrontés à une lourde pression russe, ils se souviennent soudain qu'ils sont géorgiens et prétendent défendre une politique fondée sur l'intérêt national de leur république. Le 13 décembre 1921, Alexis Svanidze, qui fut le beau-frère de Staline, se plaint : « Ordjonikidze nous matraque avec le lourd gourdin de l'autorité centrale[19]. » Et les doléances des Géorgiens se multiplient à Moscou, dénonçant les empiètements subis par la souveraineté de la République. Au début de l'année, Lénine avait tenté d'imposer en Géorgie une intégration plus graduelle ; à la fin de 1921, l'heure est venue, considère-t-il, d'organiser définitivement l'espace reconquis. À la Russie sortie du « communisme de guerre », il faut donner les frontières, les institutions, les moyens économiques d'un État consolidé. La phase transitoire des traités bilatéraux est achevée, l'heure de l'union est venue. Peu importent les plaintes des Géorgiens ou les débats au sein du Parti. La Russie se prépare à devenir un État fédéral tout en s'attachant à démontrer qu'elle n'est plus l'Empire d'hier. Les procédures d'union, la définition des liens, tout doit relever d'une nouvelle Constitution. Mais, avant de définir ce cadre juridique de la Russie future, il convient d'inclure tous les États encore dispersés dans la structure nouvelle qui deviendra fédération.

L'UNION IMPOSÉE

Si l'union avec la Russie des Républiques indépendantes s'impose en 1922, c'est d'abord parce que la désorganisation économique qui a abouti à l'adoption de la NEP doit être progressivement réduite par une utilisation rationnelle des ressources existantes. L'unité économique aidera ainsi à atteindre à l'unité des statuts politiques.

Le mouvement est engagé dès 1921. Premier pas : Lénine encourage les regroupements régionaux qui vont être à l'origine d'une nouvelle crise dans le Caucase. Arméniens et Azerbaïdjanais acceptent le principe du développement de liens régionaux, mais la Géorgie le conteste : elle entend vivre seule, sur un pied d'égalité avec toutes les Républiques. Comme les autres républiques du Caucase, elle a été contrainte d'accepter, au cours de l'année 1921, que des règles et une direction commune à l'ensemble de la région président à la remise en ordre des transports ferroviaires, puis du commerce extérieur. Mais les barrières douanières qui subsistent et les monnaies différentes témoignent de la volonté des dirigeants locaux de préserver les particularismes. Lénine charge alors Ordjonikidze de réaliser l'unité dans une Transcaucasie trop agitée et trop compliquée. Assisté de Dzerjinski et de Molotov, Ordjonikidze élabore avec le bureau caucasien et les autorités centrales un projet de fédération transcaucasienne[20]. Les élites locales ne sont guère consultées. Les communistes géorgiens en appellent une nouvelle fois à Lénine, non seulement contre une union formelle qu'ils jugent bureaucratique et inutile, mais davantage encore contre la méthode employée : un processus fédéral décidé à Moscou sans consultation des cadres nationaux et imposé par la force. Cette fois, Lénine est entièrement du côté d'Ordjonikidze et du bureau caucasien. À Moscou, au Xe Congrès, les fractions viennent d'être interdites ; s'opposer à la fédéralisation du Caucase, c'est pratiquer une action fractionnelle, autrement dit s'opposer aux décisions de la majorité du Parti. Menacés d'exclusion, les opposants géorgiens doivent capituler et accepter que la conférence pour l'unité du Caucase adopte à Tiflis, le 12 mars 1922, un statut fédéral. La Fédération des républiques soviétiques de Transcaucasie est née.

Imposée à une Géorgie qui renâcle, cette fédération va nourrir dans ce pays d'inextinguibles rancœurs. Sans doute laisse-t-elle encore aux trois républiques une certaine autonomie, mais qui sera tôt réduite par les traités successifs qu'elle signera avec la Russie. Bons communistes, internationalistes jusqu'en mars 1921, les dirigeants géorgiens n'acceptent pas vraiment ce qui leur a été imposé et continuent à submerger Lénine de protestations, à tenter de mobiliser leurs compatriotes contre une fédération caucasienne derrière laquelle ils voient en fait se profiler l'État fédéral soviétique. Lénine reste sourd à leurs appels. Plus encore, les chefs communistes géorgiens, Makharadze et Mdivani, installés au pouvoir après la soviétisation de 1921, sont convoqués à Moscou, limogés, remplacés par un nouveau comité central jugé plus souple. On a coutume d'imputer à Staline la violence des méthodes employées à l'égard des Géorgiens. Dans son excellente biographie de Staline[21], Robert Tucker suggère que dès le milieu de 1921, pour diverses raisons contribuant à écarter Lénine des affaires (repos estival de 1921, maladie de décembre 1921 à mars 1922), Staline prend beaucoup de décisions seul et que, de ce fait, le conflit qui va ensuite l'opposer à Lénine s'amorce déjà. Mais tout le déroulement de la crise caucasienne atteste qu'au contraire, en 1921 et 1922, jusqu'à la grave attaque qui va le laisser paralysé en décembre 1922, Lénine a considéré Staline comme son homme de confiance et a pris personnellement part au règlement de l'affaire du Caucase. À la fin de 1921 et jusqu'au limogeage des communistes géorgiens, il a soutenu très explicitement l'activité du bureau caucasien et a refusé toute discussion sur deux questions de principe : la nécessité de l'unité imposée à la Transcaucasie dans la perspective de l'intégration à la Fédération soviétique que l'on prépare ; le fait que l'organisation du Caucase soit décidée « par le haut », non par la base ni par les volontés nationales.

Dans la bataille qui oppose Moscou aux Géorgiens, la conception qui sous-tend le projet imposé à Tiflis n'est pas indépendante de la révision générale qui s'opère au même moment en Russie. L'État des soviets se construit pour maintenir vivante l'œuvre révolutionnaire de 1917 ; il doit disposer de moyens suffisants non seulement pour durer, mais encore pour s'imposer au monde extérieur. À cette fin, la reconquête et l'organisation rationnelle de l'espace et des ressources sont indispensables.

Impossible de sous-estimer la profondeur de la reconversion opérée par Lénine en 1921. Dès qu'il cesse de croire à la possibilité d'exporter la révolution, il consacre toutes ses forces à édifier l'État des soviets et mobilise dans ce but tous les moyens à sa disposition – Parti, Tcheka, armée. Si, au début de l'année 1921, il a prodigué des conseils de modération à Ordjonikidze, portant essentiellement sur le « rythme » de la soviétisation de la Géorgie, il n'en a désapprouvé ni le principe, ni surtout l'issue. Et quand, au cours de l'année 1921, la querelle de la Fédération transcaucasienne incite les Géorgiens à recourir à son arbitrage, loin de modérer le bureau caucasien, il met l'accent sur l'autorité de Moscou et du Parti face à une base indocile. Il se dit donc en accord avec le limogeage des communistes géorgiens et leur remplacement par des hommes dociles à l'égard des décisions du Centre. C'est la conception du Parti que Lénine a développée depuis le début du siècle qui est mise en œuvre au cours de cette période pour unifier le Caucase : le centralisme démocratique impose l'autorité d'« en haut », fût-ce avec consultation de la base (mais, quand celle-ci est en désaccord, comme c'est le cas en Géorgie au printemps 1921, on la limoge).

Dès la fin de l'année 1921, tout un ensemble de mesures – accords contractuels, pressions du Parti et de la Tcheka, etc. – a mis fin partout aux résistances nationales. Le Parti communiste russe exerce une autorité complète sur toutes les organisations communistes de la périphérie. La nécessité économique est un puissant moyen (et pas seulement un argument) de centralisation. Ainsi la région de Bakou, si vitale pour Moscou de par ses ressources pétrolières, est placée sous l'autorité économique directe des organes de la RSFSR.

Au début de l'hiver 1922, celle-ci n'a plus en face d'elle que des Républiques soviétisées. Leur nombre est réduit – Ukraine, Biélorussie, Transcaucasie –, et leur intégration n'est plus qu'une affaire de modalités à trouver. Elles ont perdu les prérogatives de l'indépendance en tous domaines ; quelles raisons auraient-elles de résister ?

QUELLE FÉDÉRATION ? LE CONFLIT CONSTITUTIONNEL

Le succès de l'entreprise de « rassemblement des terres perdues » n'est pas sans évoquer le « rassemblement des terres russes » engagé par les souverains après leurs victoires sur l'envahisseur tatar qui conduisit en moins de quatre siècles à la formation du puissant empire des tsars. En 1922, ce succès est incontestable : il résulte sans nul doute de la vision générale que Lénine a su se faire de la Russie après l'échec en Pologne de l'été 1920. Il a alors déclaré : « En reconnaissant la fédération comme statut de transition vers l'unité complète, il est indispensable de rendre les liens fédéraux toujours plus étroits[22]. » Quand il parle de fédération, Lénine n'a pas à l'esprit un modèle précis ; pour lui, la pratique imposera les liens adéquats et il imagine en fait deux types d'organisation fédérale : l'une, de type *contractuel*, qui liera la RSFSR à des Républiques conservant une souveraineté relative ; l'autre, *organique*, fondée sur l'autonomie d'entités nationales intégrées à la République russe. Dans cette conception, le premier modèle vise l'Ukraine ou la Transcaucasie ; le second, la Tatarie ou la Bachkirie. La réalité est cependant plus complexe et montre qu'il existe, en ce début des années 1920, une troisième catégorie dans laquelle entrent la Biélorussie et le Turkestan, États où se combinent relations contractuelles et autonomie.

Mais ce sont surtout les réactions différentes des intéressés qui importent et contribuent à forger la politique de Lénine. La Biélorussie accepte en 1920-1921 non seulement le développement de liens fédéraux, mais encore une vision dynamique de ces liens qui doit un jour conduire à l'unité complète. Géorgiens et Ukrainiens, eux, se montrent récalcitrants. Et l'opposition ukrainienne incite Lénine à considérer qu'il faut accélérer la constitution d'institutions communes, fédéraliser au plus vite l'ensemble pour briser les résistances. Il le dit sans détour au XIe Congrès du Parti qui se tient du 27 mars au 2 avril 1922. Il parle alors de « briser » l'opposition des Ukrainiens qui s'exprime jusque dans le Parti.

Au Xe Congrès du Parti (mars 1921), la ligne générale en matière nationale a été définie par celui qui en était le rapporteur, Staline. Mais, à cette époque, il n'était encore que le porte-parole fidèle, voire obséquieux de la volonté de Lénine, et son rapport ne faisait que traduire la pensée de ce dernier[23]. La fédération projetée, exposa-t-il, est le cadre de l'union ; le modèle en sera la République fédérative de Russie qui servira un jour aussi de modèle à une future fédération mondiale des États socialistes. Il reprenait ainsi une idée exprimée par Lénine dès 1918 : « La fédération que nous construisons sera un pas en avant vers l'unité des différentes nationalités de la Russie dans un État soviétique unique, démocratique et centralisé. » Pas de désaccord, donc, au début de 1922, entre le rapport de Staline et la vision nationale à long terme de Lénine.

Mais c'est dans la pratique que ce projet doit être inscrit, et une commission constitutionnelle est installée, le 10 août 1922, qui rassemble, autour de la direction centrale représentée par Staline, Molotov,

Kouibychev, Ordjonikidze, Rakovski, Sokolnikov, les représentants des cinq Républiques directement intéressées. Staline est le rédacteur du projet ; il le lit à la commission et l'expédie en septembre aux comités centraux des partis républicains. Le projet est fidèle en tout point au rapport fait au Xe Congrès. Comme prévu, il étend le modèle de la RSFSR aux Républiques encore indépendantes. Celles-ci devront adhérer de manière « formelle » à l'État soviétique et seront dotées en son sein, comme les nations déjà incluses, d'un statut d'autonomie. Les partis communistes d'Azerbaïdjan, d'Arménie, de Biélorussie s'inclinent. Que faire d'autre, alors que le projet émane d'une commission dont l'acteur principal est, depuis avril 1922, secrétaire général du Parti, poste auquel Lénine l'a personnellement désigné ? Le centralisme démocratique commande d'accepter ce projet d'« en haut ».

Mais, en Ukraine et en Géorgie, il en va tout autrement. Dans la première, Nikolaï Skrypnik, alors commissaire du peuple à la Justice de la République indépendante, s'élève avec force contre ce projet constitutionnel. Il repousse – et Rakovski le soutient – la conception d'un État centralisé qui n'a rien à voir, dit-il, avec le communisme, et il exige l'abandon du projet fédéral centralisateur au profit d'un cadre confédéral. L'autorité de ce vieux bolchevik est grande dans le Parti. Son entrée dans la bataille pour le respect du droit des nations va impressionner Lénine, tout autant que la résistance acharnée des communistes géorgiens. D'une certaine manière, il a fallu que Skrypnik intervienne sur ce problème pour que Lénine réagisse car, de crise en crise, il s'était peu ou prou habitué à entendre les récriminations des communistes géorgiens. Mais, en septembre 1922, leur mécontentement tourne à l'opposition ouverte. Le comité central du Parti de Géorgie rejette le texte et insiste sur sa volonté de préserver les souverainetés. Entre ce rejet brutal et l'accent mis par Skrypnik sur la nécessité de maintenir le *statu quo* dans les relations entre Moscou et les Républiques, l'intention est la même, si le ton diffère : plus diplomatique à Kiev, plus agressif à Tiflis.

En septembre 1922, Lénine souffre encore des effets de l'attaque qu'il a subie en mai, la première d'une série qui finira par le terrasser. Il se repose encore, mais n'est pas inactif pour autant, ainsi qu'en témoignent ses lettres adressées à ses collègues sur les sujets les plus variés (la déportation des intellectuels, ou encore les élections à venir en Angleterre[24]). Éloigné par ordre des médecins des affaires publiques, il les suit avec un intérêt passionné et les commente. À la fin septembre, revenant à la vie active, il tend l'oreille aux réactions des Géorgiens et des Ukrainiens, et surtout prend connaissance du texte de Staline. Pour la première fois, il condamne non seulement le caractère expéditif des comportements de ce dernier – « il va trop vite en besogne » –, mais, surtout, le fond de ses projets. L'« autonomisation » est une erreur, dit-il, qui ne peut que « porter de l'eau au moulin des indépendantistes[25] ». Infatigable, malgré la maladie, il rédige alors à son tour les grandes lignes d'un projet fédéral unissant des Républiques égales à la RSFSR, mais non agrégées à elle. « Nous nous reconnaissons égaux en droits avec la RSS d'Ukraine [...] et prêts à entrer avec elle sur un pied d'égalité dans une nouvelle fédération. » Et Lénine d'ajouter que cette fédération doit posséder ses propres organes de pouvoir, indépendants de ceux de Russie, la « coiffant » tout autant que les autres Républiques. En particulier, précise-t-il, il faut un gouvernement et un

Comité exécutif propres à la fédération. Conscient de l'enjeu – la paix entre les nations –, il décide alors de reprendre toute l'affaire en main.

Staline est marri de ce désaveu et s'en plaint à ses collègues du Politburo : « Lénine fait du libéralisme national. » Il va même jusqu'à contester ses vues, disant : « La création d'un comité exécutif de la Fédération à côté de celui de la RSFSR est, à mon avis, inacceptable. » Mais, ayant ainsi exprimé sa mauvaise humeur, Staline cède, amende son projet en tenant compte des observations de Lénine, et présente le 6 octobre, devant le comité central, un texte irréprochable. En bon manœuvrier, il se garde bien d'évoquer le conflit récent, de souligner l'évolution du projet où le mot « autonomisation » a disparu pour laisser place à celui de « fédération », et suggère que ce qui est un changement radical de perspective ne serait en réalité qu'une formulation mieux ajustée.

Lénine est satisfait par ce nouveau projet et enterre toute l'affaire. Il se contente juste de noter dans une lettre à Kamenev qu'« il déclare la guerre au chauvinisme grand-russien[26] » et qu'« il faut à tour de rôle donner la présidence du Comité exécutif central de l'Union à un Russe, un Ukrainien, un Géorgien, etc. ».

Le 6 octobre, le projet signé par Staline, Ordjonikidze, Molotov et Miasnikov est transmis au comité central et approuvé aussitôt. Le conflit entre centre et périphérie paraît achevé ; la querelle de principe entre Lénine et Staline aussi. Pourtant, la paix sur ces deux fronts ne durera pas. Mais, avant que d'y venir, il importe de cerner avec précision ce qui, en ce mois de septembre 1922, inspire les deux protagonistes, Lénine et Staline.

Comme dans nombre de débats antérieurs relatifs à la question nationale, les divergences de fond apparues entre eux en 1922 ne doivent pas être surestimées. Si Staline propose un projet centralisateur, il est proche de la vision globale de Lénine. Celui-ci a et gardera jusqu'au terme de son existence une conception centraliste de l'avenir des nations dans l'État des soviets. Mais son attitude est tempérée par des préoccupations tactiques ; en cela, le leader bolchevique, qui fut toujours un remarquable tacticien, reste fidèle à lui-même. S'il veut donner un statut égal à toutes les nations, ce n'est pas parce qu'il accorde soudain un grand intérêt ou une valeur particulière à l'idée et à la réalité des nations ; ce ne sont pas celles-ci qui comptent à ses yeux, mais les conséquences que risquent d'avoir pour la stabilité de l'État soviétique les divergences qui se manifestent. Sa préoccupation, en 1922, est en fait la même qu'en 1913. Il entend convaincre les nations des vertus de l'internationalisme – qui, en 1913, signifiait « lutte commune », et, en 1922, « vie commune » –, et, par là, les conduire à oublier un jour leurs sentiments nationaux au profit d'une solidarité de classe consciente. Ce qu'il reproche à Staline, ce n'est pas le contenu de son projet, c'est son calendrier. Il est trop tôt, pense-t-il, pour promouvoir l'union, car les sentiments nationaux restent vifs. Et le meilleur moyen de les faire dépérir est de leur accorder, un temps, le respect. C'est donc une préoccupation à la fois tactique et pédagogique qui inspire à Lénine la condamnation du projet stalinien. Mais, dans le même temps, il n'accepte pas les vociférations des Géorgiens (l'attitude plus modérée de Skrypnik, en revanche, n'attire pas sa vindicte) ; il va donc soutenir un moment Staline contre eux.

Symétriquement, l'attitude conciliante de Staline s'explique par le fait qu'il a parfaitement compris que, sur le fond, il y a identité de vues entre Lénine et lui. Comme Lénine, il croit que l'avenir consacrera son projet. De surcroît, comme Lénine, il est avant tout pragmatique et cynique. Il reste convaincu que le nouveau droit en cours d'élaboration n'a qu'une faible importance au regard d'une réalité qui l'emportera toujours sur les textes. La réalité, c'est la puissance humaine, politique de la Russie. Elle ne pourra qu'imposer sa prééminence au sein de la Fédération. Face à l'inégalité de fait entre la Russie et les diverses autres Républiques, l'égalité juridique ne pèsera guère. L'Histoire confirmera évidemment ce point de vue.

L'ultime bataille des Géorgiens

Comme le comité central à Moscou, tous les partis nationaux ont adopté le projet amendé par Staline. Mais, tout en y donnant leur accord, les communistes géorgiens y ajoutent une modification qui conditionne leur adhésion. Se situant sur le même plan que les Ukrainiens – ils ont mené bataille ensemble –, ils exigent que la Géorgie entre de plain-pied dans la Fédération, et non comme membre de l'ensemble transcaucasien, ce qui ne lui assurerait qu'une souveraineté indirecte[27]. Tout autre est la conception du duo Staline-Ordjonikidze qui est proclamé, de par ses origines nationales, seul compétent sur la question géorgienne. Pour Staline, le Caucase est si divers sur le plan des nationalités qu'il lui faut une structure de médiation destinée à éviter que les conflits entre nations de la région se trouvent aussitôt transposés à l'échelle fédérale[28]. Moscou, dit-il, ne peut servir de réceptacle aux plaintes et dissensions intercaucasiennes. Il maintient donc que la Fédération transcaucasienne est seul habilitée à entrer dans l'Union, ce qui, les Géorgiens le comprennent, leur vaudra un simple statut d'autonomie.

Tout le mois d'octobre 1922 est marqué par le combat des Géorgiens sur deux terrains. En Géorgie, ils combattent Ordjonikidze, représentant du Centre dans la république ; c'est une guerre ouverte, d'une extraordinaire brutalité, qui oppose les protagonistes. Fort de l'appui de Moscou, Ordjonikidze use de moyens classiques : il menace, limoge, remplace les opposants par des hommes qu'il croit sûrs, mais qui se retournent finalement contre lui. Le vieux mot d'ordre de Lénine : « épurer », est appliqué à tout-va par son représentant sur le terrain. Mais les Géorgiens se battent aussi à Moscou, en appellent à Lénine, à Boukharine, à Kamenev, leur adressent télégramme sur télégramme, leur envoient des émissaires, accusent Ordjonikidze d'user de la force – y compris donc de violences physiques – contre eux.

Lénine, qui estime l'affaire terminée, accueille avec indignation ces plaintes. Il adresse un télégramme cinglant aux requérants, les invitant à résoudre le conflit « sur un ton loyal et décent », et à s'adresser au secrétariat du Comité central russe... sur lequel règne précisément Staline, soutien inconditionnel de la politique conduite sur le terrain par Ordjonikidze et de ses méthodes. Être renvoyés à l'arbitrage de ceux qui usent de violence contre eux mobilise encore davantage les Géorgiens qui, loin de désarmer, résistent toujours. Pour faire un geste, Lénine, ainsi que Boukharine et Kamenev – aussi sourds que lui aux plaintes des Géorgiens – décident d'envoyer sur place une commission d'enquête. Mais, une fois encore, les plaignants se retrouvent en face d'adversaires résolus. Staline, secrétaire général du Parti, a en effet toute latitude pour constituer cette commission qu'il place sous l'autorité de Dzerjinski dont les sentiments à l'égard des Géorgiens – qui se plaignent aussi de la Tcheka – ne sont pas particulièrement tendres. Ladite commission ne prendra aucun contact avec les rebelles, elle se rendra aux arguments que lui aura exposés Ordjonikidze et conclura que toute la responsabilité de la crise incombe aux nationalistes[29] !

Mais, déjà, Lénine commence à douter de ce qu'on lui rapporte et demande à de proches collaborateurs de l'informer. Sa santé est très altérée ; probablement ce qu'il pressent des comportements de Staline et d'Ordjonikidze y aura-t-il contribué. Il doit s'aliter à la fin de novembre, mais, en dépit de plusieurs attaques successives qui le frappent à partir du 20 décembre, il veut une fois de plus reprendre le contrôle de la situation. La question nationale est à ses yeux trop importante pour être ainsi laissée à ceux qu'il va nommer dès ce moment, en se référant à Gogol, des *derjimordy* (« brutes bureaucratiques »), ou encore des *velikoderjavniki* (« tenants de l'esprit de grande puissance[30] »). Il se penche alors une dernière fois sur la politique nationale et rédige ce qui va devenir son ultime contribution à ce problème[31]. Ce sont des notes qu'il destine au XIIe Congrès du Parti qui se tiendra au mois de mars suivant. Il compte encore se rétablir – il l'a fait tant de fois ! – et remettre de l'ordre dans un comité central dont certains membres s'égarent. « Je suis, écrit-il, gravement coupable devant les ouvriers de Russie de ne pas m'être occupé avec assez d'énergie de la fameuse question de l'autonomisation [...]. La question nationale, telle qu'elle se règle, réduit le droit de sortir de l'Union, qui est notre justification, à un chiffon de papier, et livre les minorités à ce produit cent pour cent russe, le chauvinisme grand-russien, qui caractérise la bureaucratie russe. »

La réaction inquiète de Lénine ne freine pas le cours des événements. Le 21 novembre, en dépit des protestations géorgiennes persistantes, la commission spéciale du Comité central russe rend public le calendrier de l'intégration nationale : publication des textes définitifs de la nouvelle Constitution, puis signature de l'acte d'union. Le 30 novembre, cependant que Lénine s'acharne à mettre noir sur blanc ses objections, le Politburo adopte le texte sur les « principes fondamentaux de l'Union ». L'article un stipule que la Fédération transcaucasienne doit adhérer à l'Union. Le Comité central approuve. Les Géorgiens, que l'on n'a pas pris la peine de consulter, campent sur leurs positions. Mais, cette fois, ils sont seuls. En Ukraine, le VIIe Congrès des soviets se prononce le 13 novembre en faveur du traité d'union. La République fédérative transcaucasienne se dote d'une constitution élaborée et votée à la hâte, et décide d'adhérer. La Biélorussie fait de même le 18 décembre. Le 30, enfin, un traité donne naissance à l'URSS. Ses signataires sont la République russe et les trois Républiques d'Ukraine, de Biélorussie et de Transcaucasie.

Provisoirement paralysé à la suite des attaques dont il est victime les 13 et 22 décembre, Lénine réfléchit et entrevoit qu'un des points faibles de la politique conduite a été sa propre conviction que ceux qui y participaient étaient par définition, en tant que communistes, des internationalistes. À penser aux cas de Staline et d'Ordjonikidze, il constate que les communistes issus des minorités peuvent se comporter en « ultranationalistes russes ». C'est tout le problème des cadres nationaux désireux de faire oublier leurs origines qui se trouve ainsi posé. La suite des événements montrera que, sur ce point aussi, l'intuition de Lénine était grandement fondée.

La Constitution de l'Union est préparée dans les mois suivants par une commission que préside Kalinine[32]. Le Comité exécutif central panrusse l'adoptera le 6 juillet 1923 , en un temps où Lénine, paralysé, ne participe déjà plus à la vie publique ; le IIe Congrès des Soviets de l'Union l'approuvera le 31 janvier 1924, quelques jours à peine après sa disparition[33].

Cette Constitution est, à la lettre, conforme aux vœux de Lénine. L'Union consacre l'association volontaire d'États égaux en droit qui conservent – article 4 du pacte – le droit de s'en retirer librement. En adhérant à l'Union, les États n'abandonnent pas leur souveraineté. Lénine voit ainsi respecté le projet qu'il avait préparé, contre le texte stalinien réduisant les États à un simple statut d'autonomie. Mais, s'il paraît sortir gagnant de l'épreuve, Staline l'est tout autant, car les Républiques qui entrent dans l'Union lui abandonnent des compétences majeures.

L'intérêt de ce texte ne réside pas seulement dans l'organisation de l'espace issu de la révolution, qui est précisée. Il tient au fait que, contrairement à la Constitution russe de 1918, il s'agit en 1924 d'un texte qui s'inscrit à la fois dans la durée et dans un espace déterminé et clos. La Constitution de 1918 prévoyait une dynamique dans le temps et l'espace ; elle servait de cadre transitoire à un État qui ne l'était pas moins, et devait aider tous les candidats au rapprochement avec cet État. Celle de 1924 consacre l'existence et les contours d'un État qui existe, et affirme ses droits. Sans doute la première partie du texte – la déclaration sur la fondation de l'Union – ditelle que l'accès à l'Union est ouvert non seulement aux

Républiques qui existent, mais aussi à celles qui se constitueront à l'avenir ; l'espace n'est donc pas définitivement achevé, il peut encore s'étendre. Mais la même déclaration précise que l'Union, dans un « monde divisé en deux camps, le camp du capitalisme et le camp du socialisme », est « encerclée » par le capitalisme ; c'est cet encerclement qui justifie l'unité réalisée et qui implique des frontières sûres. N'est-ce pas au demeurant ce que Lénine a voulu en signant en 1920-1921 tous les traités garantissant les frontières de l'État des soviets, avec la Pologne, mais aussi avec la Turquie, l'Iran, l'Afghanistan ?

En définitive, cette Constitution combine les deux tendances contraires qu'on a vues à l'œuvre dans la politique de Lénine depuis 1917 : l'aspiration à l'universalité qui confère à l'État des soviets son caractère territorialement ouvert, transitoire et offensif (telle fut la politique des trois premières années que l'échec en Pologne est venu briser) ; et la volonté de préserver ce qui existe, qui conduit l'État soviétique à affirmer son caractère permanent, à se replier sur lui-même, à se défendre : les situations stabilisées aux frontières en 1921 et 1922 en portent témoignage. Mais la Constitution – c'est là son intérêt – substitue aux inflexions successives de la politique suivie par Lénine une synthèse de ses deux orientations.

On ne saurait oublier que cette loi fondamentale est un monument qui parachève des débats et une évolution. Par-delà la lettre du texte, ce sont ceux-ci qui éclairent les intentions de ses rédacteurs. Et, là encore, force est de constater la dualité qui le fonde. Il rend compte d'un fait définitif : le triomphe de la révolution et la mise en route d'une transformation des structures politiques et économiques, destinée à changer la société et la conscience sociale ; mais, dans le même temps, il s'agit d'une Constitution transitoire dans la mesure où elle est fédérale et où elle construit l'État à partir de nations différentes. Or, la raison d'être de la révolution et de l'État soviétique – que ce soit dans sa forme de 1918 ou dans celle de 1924 – est, tout en tenant compte d'une situation encore mouvante et du retard des consciences toujours attachées à la nation, de les aider à dépasser ce stade pour atteindre à la vraie conscience de classe. La Constitution et la Fédération qu'elle crée ne sont en définitive que des concessions momentanées à la situation spécifique de la Russie (son hétérogénéité nationale) et aux exigences de l'heure (l'encerclement capitaliste qui contribue à exacerber ou perpétuer les différences nationales). Comme le mot d'ordre de l'« autodétermination » quelques années plus tôt, le fédéralisme est avant tout une pédagogie, une école d'internationalisme. C'est ainsi que Lénine s'y était converti en 1917. C'est ainsi qu'il l'interprète encore au plus fort de son conflit avec les *derjimordy*. Si les méthodes employées en 1922 ne sont assurément pas de son goût, Lénine n'est pas trahi : c'est bien sa vision à long terme qui sous-tend le texte constitutionnel de 1924. C'est elle qui marquera toute l'évolution soviétique des années où il ne sera plus là pour suggérer des tactiques mieux adaptées aux situations concrètes. Ce qui est réellement au cœur du projet imposé aux nations en 1924, c'est ce qu'il a défendu avec acharnement depuis octobre 1917, en tout cas depuis 1920 : la volonté de préserver la communauté de destin des peuples vivant dans l'espace de l'ancien Empire. Le cadre étatique est décisif pour permettre à cette communauté de s'affirmer. Pour que soient dépassées les différences, elle implique la centralisation et un resserrement des contrôles. C'est le centralisme démocratique qui, en dernier ressort, sous-tend toute cette construction.

Vivant ou disparu, Lénine reste le vrai maître d'œuvre de l'État fédéral plurinational qui naît officiellement en 1924.

CHAPITRE XIV

« Un pas en avant, deux pas en arrière... »

« Nous avons obtenu de grands succès et nous avons désormais une situation qui, du point de vue des perspectives économiques, nous assure une base solide, à condition que nous ayons la maîtrise des céréales... Si nous considérons les difficultés que nous avons traversées, nous pouvons dire que si une fois encore nous unissons nos forces et les concentrons sur la campagne d'hiver, nous sommes certains d'une victoire définitive[1]. »

C'est un bulletin glorieux que Lénine présente, au nom du comité central du Parti, lors de sa IXe Conférence qui se tient du 22 au 25 septembre 1920 ; mais ces lignes sont extraites de la partie secrète de son rapport, consacré pour l'essentiel à expliquer au Parti la défaite de l'Armée rouge en Pologne et les conséquences stratégiques de l'événement. Dans ce texte, Lénine justifie l'expédition polonaise par sa conviction qu'en août 1920 la révolution mondiale était à portée de main et que les bolcheviks avaient alors toutes les chances de s'arracher à leur isolement. Mais, ce moment d'espoir reconnu, Lénine procède ensuite au constat d'échec et expose ce qu'il implique pour l'avenir russe : la solitude de la révolution, la nécessité de survivre envers et contre tout, donc de mobiliser tous les moyens économiques de la Russie.

De 1918 à 1920, dans l'attente de la révolution mondiale, face aux périls de la guerre civile, la réponse des bolcheviks a été le « communisme de guerre », c'est-à-dire l'intervention directe et brutale de l'État dans tous les domaines afin de mobiliser l'ensemble des ressources humaines et économiques nécessaires à la lutte contre les ennemis intérieurs et extérieurs. Cette politique étatique (dite *ogossoudarstvlenie*), les bolcheviks l'ont certes justifiée par l'urgence, mais ils l'ont aussi érigée peu à peu en « principe socialiste ». En septembre 1920, dans son intervention devant le Parti, Lénine prévoit de la poursuivre, notamment dans le domaine vital des prélèvements de blé sur la paysannerie, présentés comme un succès durable que la « campagne d'hiver » doit, pense-t-il, confirmer.

Or l'hiver 1920-1921 va démentir ses espoirs de consolidation interne aussi cruellement que l'été l'a contraint à constater l'échec de ses espérances internationales. La grande crise de cet hiver-là lui impose dès lors une retraite politique totale : abandon du « communisme de guerre » et concessions à une société soudain ouvertement révoltée. La NEP (Nouvelle Politique économique) va être, sur le plan interne, le pendant des accords internationaux conclus en 1920-1921 avec les États voisins, la Grande-Bretagne, voire des contacts militaires avec l'Allemagne.

La paysannerie révoltée

« Avec deux cent soixante millions de pouds* de blé par an dans les mains de l'État, qui les a réquisitionnés grâce au système des quotas [...], nous résoudrons le problème de la distribution alimentaire de manière correcte[2]. » Ces propos font eux aussi partie du rapport de septembre 1920 et soulignent le caractère primordial – et satisfaisant, pense Lénine – de la politique suivie en vue de nourrir la population.

En 1918, c'est Trotski qui prend en charge la Commission pour l'approvisionnement *(Narkomprod)* instituée au sein du gouvernement ; il en conservera la responsabilité jusqu'à la fin de 1921. Le cumul des fonctions de commissaire à la Guerre et aux Approvisionnements est éclairant : les rapports avec la paysannerie s'inscrivent par là dans une perspective de conflit violent. Que le contexte soit celui de la guerre civile ne doit pas dissimuler l'hostilité foncière des bolcheviks envers les paysans. Ils déclarent la guerre à la société paysanne dont ils pensent que la conscience est irrémédiablement dominée par l'instinct de propriété *(sobstvennitchestvo)* et par des penchants capitalistes. Les instruments de cette guerre ont été les comités de pauvres *(kombedy)*, dotés de pouvoirs réels en 1918[3] ; l'armée de l'approvisionnement *(prodarmiia)* dont la création et les tâches ont été définies par une série de décrets de mai et juillet 1918[4]. Si l'on y ajoute les brigades ouvrières de ravitaillement, on voit comment, dès 1918, la paysannerie s'est trouvée enserrée dans un réseau d'institutions chargées de lui extorquer par la

* Le poud, mesure de poids en usage en Russie, était l'équivalent de 16,38 kg.

force sa production. Les *kombedy*, jugés trop proches des paysans et par là insuffisamment contrôlables, ont d'ailleurs été supprimés à la fin de 1918 et ont laissé le terrain aux détachements ouvriers et surtout militaires, donc en dernier ressort à l'armée.

Dès 1920, en dépit des propos optimistes de Lénine sur les vertus du système, la situation alimentaire de la Russie est catastrophique[5]. En février, à l'issue d'un voyage dans l'Oural, Trotski présente un rapport au comité central constatant l'inefficacité des réquisitions et propose de les remplacer par un impôt en nature. Il explique que si les paysans ne peuvent acheter de produits industriels, ils n'ont pas intérêt à produire. Ce qu'il suggère n'est donc rien d'autre qu'une renaissance du marché.

Mais ces propositions se heurtent à l'opposition de Lénine qui, en 1920, défend la poursuite de la politique suivie à la campagne et en milieu ouvrier. Pour les approvisionnements, sa réponse aux insuccès des réquisitions est un renforcement des opérations militaires. La réaction paysanne est à la mesure du durcissement du pouvoir. Des émeutes se multiplient. L'armée, lancée contre les paysans, agit souvent dans son intérêt propre, réquisitionnant à son seul profit. Des déserteurs de l'Armée rouge, auxquels se joignent des ouvriers affamés, basculent du côté des paysans et vont parfois jusqu'à se battre à leurs côtés[6].

La proposition de Trotski est reprise, dans la seconde moitié de 1920, par nombre de responsables locaux qui demandent à Moscou l'arrêt de la violence et des réquisitions, une politique de concertation avec la paysannerie, seul moyen, disent ces voix isolées, de mettre fin à la révolte croissante des campagnes et d'enrayer une famine qui s'étend à vive allure. Mais, du pouvoir central, du commissariat aux Approvisionnements, les consignes données sont impitoyables : à la révolte paysanne il faut répliquer par des représailles, brûler des villages, fusiller les paysans rebelles, et surtout prendre en otages et exécuter des familles entières afin de dissuader les autres de résister. Violence contre violence : tels sont les ordres de Trotski qui, ayant été désavoué dans ses propositions de changement de politique, s'aligne sans broncher sur l'intransigeance de Lénine[7].

Février 1921 marque le paroxysme de la crise. Une révolte générale se déchaîne dans la province de Tambov, c'est-à-dire dans les « terres noires », et, de là, gagne vers l'est la Volga, l'Oural et la Sibérie occidentale. Les paysans non seulement n'acceptent plus les réquisitions, mais ne reconnaissent plus l'autorité des bolcheviks, et imposent leur propre loi. Ils arrêtent les convois de blé qui montent des steppes vers Moscou, les pillent. Les troupes dépêchées sur les lieux se heurtent non plus à des paysans isolés, mais à une campagne tout entière soulevée, solidaire des rebelles et qui les cache. Là où la rébellion n'a pas encore gagné, le désastre n'est pas moindre : 25 % des terres cultivées avant 1913 sont à l'abandon, les rendements sont tombés de 40 %, le matériel agricole n'est nulle part entretenu, encore moins renouvelé. La rupture totale avec la paysannerie, l'inefficacité de la violence soulignée par Trotski quelques mois plus tôt, peuvent être constatées partout, et l'armée n'est ni suffisante ni assez sûre face à cette révolte qui fait tache d'huile. Dès lors, la question se pose au pouvoir : peut-il s'obstiner dans la rupture ? ou lui faut-il composer ? Est-il possible de perdre toute l'Ukraine soulevée par Makhno ? de laisser les paysans de Saratov massacrer allègrement tous ceux qui se réclament du communisme ?

Jusqu'à l'hiver 1920, il était coutumier de faire porter la responsabilité des difficultés du monde rural au « paysan capitaliste », au koulak, à l'« homme au sac ». Soudain, tout bascule. La paysannerie est révoltée, l'armée doute, la classe ouvrière constate enfin à son tour qu'elle n'a pas lieu d'être solidaire de ceux qui prétendent la représenter.

L'INSURRECTION DE CRONSTADT

En se soulevant, les marins de Cronstadt, que Trotski appelait « l'orgueil et la gloire de la Révolution », vont non seulement illustrer de manière particulièrement tragique la rupture entre la société et le pouvoir, mais donner à la classe ouvrière russe l'occasion de manifester enfin son opposition à la politique défendue jusqu'au printemps 1921 par Lénine.

Pour comprendre la mutinerie de Cronstadt et la révolte ouvrière qui se greffe sur elle[8], il convient d'en revenir encore une fois aux choix de Lénine. Au IXe Congrès du Parti (mars-avril 1920), il a soutenu qu'il fallait imposer à la production une structure autoritaire éliminant la classe ouvrière du processus de direction et de décision. Trois mesures étaient à cet égard considérées comme décisives : l'appel aux spécialistes non communistes (dont l'armée avait donné l'exemple) ; l'adoption d'une direction unique dans la production ; enfin, au sein du Parti communiste et des syndicats, la substitution du processus de désignation par le haut à celui de l'élection par la base prévu par les statuts. Dans ce dernier cas, il ne s'agissait pas d'un principe clairement exprimé, mais d'une pratique commode justifiée par les nécessités d'une action rapide et efficace.

Dès 1920, ces orientations voulues par Lénine vont susciter deux oppositions très vives, conduites par des bolcheviks souvent prestigieux aux yeux de la classe ouvrière :

Tout d'abord, l'Opposition ouvrière animée par Alexandre Chliapnikov, membre du comité central depuis 1918, et Iouri Loutovinov, ouvrier qui dirigeait le syndicat de la métallurgie. Elle rassemble alors les militants communistes des syndicats et défend la thèse du contrôle de la production par ceux-ci. Mais elle dénonce aussi dans tous les débats la bureaucratisation accélérée du Parti, demande que l'on épure l'organisation de ses éléments étrangers à la classe ouvrière, exige enfin que l'on en revienne au principe électif pour tous les postes de responsabilité. C'est toute la politique prônée par Lénine qui se trouve ainsi mise en accusation.

Un second groupe se forme pour défendre un véritable centralisme démocratique. Dirigé par Valerian Ossinski, Timofei Sapronov et Vladimir Smirnov, il dénonce la bureaucratie galopante et le centralisme en vigueur, et attaque tout à la fois Lénine et Trotski.

Le conflit entre la direction du Parti et ces deux groupes a éclaté dès décembre 1919 devant le comité central quand Trotski a défendu la nécessité de la militarisation du travail ; il s'est alors heurté à ces opposants, mais aussi à Boukharine qui, dans la *Pravda*, leur a fait écho. Lénine les a accusés d'anarcho-syndicalisme, tout en hésitant néanmoins à soutenir le radicalisme des propositions de Trotski. Le IXe Congrès n'a pas tranché entre des positions si différentes. Il revient donc au Xe Congrès de se prononcer, mais celui-ci va avoir pour toile de fond un événement qui ébranle les bolcheviks : l'insurrection de Cronstadt. Tout va en être changé.

L'insurrection est précédée par une agitation ouvrière assez générale à laquelle une situation de quasi-famine dans les villes sert d'étincelle. Tout au long de l'hiver 1920-1921, la classe ouvrière multiplie meetings et défilés pour protester contre son statut, contre la « dictature » qui règne dans les entreprises et contre la pénurie. Le 23 février 1921, un meeting tenu dans l'une des principales usines de Petrograd, Troubotchnoi Zavod, est révélateur de l'état d'esprit ouvrier : la résolution adoptée à son issue exige une augmentation des rations alimentaires et une distribution immédiate de chaussures et de vêtements d'hiver. Le lendemain, toujours dans la même usine, les ouvriers assassinent le président bolchevique du Conseil des syndicats de Petrograd, Antselovitch, qui était venu leur enjoindre de reprendre le travail, puis ils se rendent dans les autres usines pour y prêcher la solidarité avec leur mouvement. L'agitation gagne alors toute la ville. Zinoviev, président du Comité de défense de Petrograd, tente d'apaiser la crise en faisant lever les barrages que l'on venait d'installer à toutes ses sorties et en autorisant les habitants à se rendre à la campagne pour s'y procurer – donc y confisquer – de la nourriture.

Mais, déjà, le feu révolutionnaire s'est étendu à Cronstadt, la base navale, orgueil du régime, où les marins proclament leur solidarité avec les grévistes, annoncent la liquidation du soviet de la ville par un Comité militaire provisoire, et la prochaine élection d'un nouveau soviet. « Le soviet sans les communistes » : ce thème unit alors les paysans soulevés dans la région de Tambov et les marins de la Baltique. La Commune révolutionnaire instituée par les marins, qui vivra seize jours, prend la relève de l'agitation ouvrière et propose un programme qui prend le contre-pied du système politique en vigueur depuis 1918 : dissolution générale des soviets et élections libres au scrutin secret pour les remplacer ; liberté de la presse et de réunion pour les socialistes, les anarchistes et les syndicats ; liberté pour les paysans de disposer de leurs récoltes, suppression des détachements chargés des réquisitions à la campagne et interdiction des perquisitions ; liberté de travail pour les artisans qui n'emploient pas de personnel salarié.

Sans doute, Lénine le dira, Cronstadt n'est-il pas toute la Russie ; mais sa « Commune » est un symbole inquiétant : celui du rejet du pouvoir communiste par ceux qui en furent les meilleurs défenseurs. C'est aussi un témoignage du lien existant entre toutes les révoltes : des paysans de Tambov, de l'Ukraine rassemblée autour de Makhno, de l'ensemble de la campagne russe. Le pouvoir voit les « S.-R. » accourir auprès des insurgés, dans les campagnes mais aussi à Cronstadt où Victor Tchernov vient prêcher le recours à l'Assemblée constituante et le retour à la légalité. Surtout, les anarchistes, après avoir hésité, se rangent aux côtés des marins, et tenteront de prévenir l'ultime affrontement avec le pouvoir.

De vieux réflexes se réveillent aussi çà et là, notamment l'antisémitisme qui resurgit aussi bien en ville qu'à la campagne. Trotski et Zinoviev sont désignés et dénoncés du fait de leurs origines ; des banderoles se déploient en maints lieux, portant la mention : « Russie, première République juive ! » Des pogroms ont lieu dans les provinces de Minsk et de Gomel, provoquant un vif émoi au sein de la section juive du Parti *(Ievsektsiia)*[9]. Celle-ci en appelle à Lénine, stigmatise « l'incapacité du gouvernement russe à défendre les Juifs contre les bandits » (c'est-à-dire les paysans des villages environnants) ; ou encore, elle reprend à son compte les accusations de certains fermiers juifs convaincus que les pogroms bénéficient de la bienveillance du pouvoir[10] : ne s'agit-il pas, pour ceux qui dirigent la Russie, de dévier la fureur paysanne vers le bouc émissaire traditionnel, comme le faisaient dans le passé impérial les prédécesseurs des bolcheviks ?

Ces craintes ou ces soupçons des communistes juifs sont renforcés par le silence que Lénine a déjà opposé à leurs premières plaintes, à la fin de 1920, lorsqu'ils l'ont informé de pogroms commis par des détachements de l'Armée rouge de retour de Pologne. Ainsi, à deux reprises au moins, Lénine a-t-il été averti des terribles résurgences d'un antisémitisme violent où les frustrations de l'armée et celles des paysans ont pris pour cibles des communautés juives. Appelé à réagir, à envoyer sur place des commissions d'enquête, Lénine se contente de noter sur les documents reçus : « À classer dans les archives du Parti ». On ne trouve nulle trace d'un ordre d'agir en vue de mettre fin aux exactions.

L'attitude pour le moins ambiguë de Lénine à l'égard des Juifs est confirmée par un projet de thèses du Comité central destinées à servir de ligne de conduite aux autorités russes en Ukraine réoccupée après la défaite de Denikine. Ce texte, daté du 21 novembre 1919 et adopté par le Politburo le même jour moyennant quelques amendements mineurs indiqués de la main de Lénine, comporte un paragraphe 7 ainsi rédigé : « Traiter les Juifs et les citadins en Ukraine avec une baguette de fer, et ne pas les laisser entrer dans le gouvernement » – en marge du mot « Juifs », Lénine a ajouté le commentaire suivant : « exprimez cela poliment : petite-bourgeoisie juive ». Le paragraphe fut adopté dans la version ainsi modifiée[11].

Peut-être faut-il aussi rappeler ici qu'en 1911, polémiquant avec Trotski, Lénine l'avait traité de « petit Judas[12] » ?

En règle générale, il est vrai, nombreux sont les documents de cette période en appelant à son esprit d'équité ou à la plus élémentaire pitié pour des individus ou des groupes attaqués ou internés dans des conditions inhumaines, qui reçoivent le même commentaire : « À classer dans les archives ». On comprend d'autant mieux la montée constante d'une fureur populaire qui devient soudain explosion anticommuniste, tant dans les campagnes qu'à Cronstadt en février-mars 1921. Partout, cette fureur s'accompagne d'une même revendication, chez les paysans aussi bien que chez les marins : « Rendez la liberté de produire et d'échanger aux paysans ! » La société russe dans son entier comprend que pour survivre dans cette crise effroyable, il faut d'abord que les paysans soient à l'abri de la terreur et des confiscations.

Confronté à la Commune de Cronstadt, Lénine commente : « L'« homme au sac » avait une telle puissance qu'armé du slogan de la liberté de commercer il a même investi la forteresse de Cronstadt... » Et, aurait-il pu ajouter pour compléter ce jugement si pertinent, « mis en danger de mort le pouvoir bolchevique » ! Mais, s'il ne le dit pas aussi brutalement, Lénine a soudain compris qu'il ne peut ignorer plus longtemps la situation qui s'est créée, et qu'il lui faut céder.

Son choix est clair : puisque tout dépend de la paysannerie, c'est avec elle qu'il va composer ; mais, au préalable, il va réduire, briser la révolte ouvrière.

La décision d'user de violence contre la Commune de Cronstadt est prise sans hésiter, quasi unanimement par tous les groupes du Parti par ailleurs si divisés. Aux yeux de tous, il n'est pas pensable, pas possible d'accepter que la classe ouvrière, les marins, jusqu'alors bolcheviques, s'opposent au pouvoir. L'unique moyen de régler le problème est de l'éradiquer par la force[13]. Tandis qu'à Petrograd les milices de la Tcheka arrêtent ouvriers grévistes, manifestants et militants syndicaux, des troupes d'élite placées sous les ordres de Toukhatchevski sont expédiées à Cronstadt et, pendant dix jours, du 8 au 18 mars 1923, soutenues par l'aviation et l'artillerie, combattent les insurgés aux accents de *L'Internationale.* Il est vrai que, pour justifier la répression, la Commune de Cronstadt est qualifiée de « mouvement petit-bourgeois, anarchiste et paysan » ! Malgré cela, l'assaut donné par les soviets bouleverse la classe ouvrière. À Tsarskoïe Selo, Oranienbaum et ailleurs, des cheminots tentent de s'opposer aux transports de troupes et appellent les soldats à se mutiner contre leurs chefs pour rejoindre le camp des défenseurs de la démocratie. Rien n'y fait : les moyens mis en œuvre sont trop importants, et surtout les décisions du Xe Congrès, qui renouent avec la paysannerie, vont empêcher les soldats, en général d'origine paysanne, de voler au secours des insurgés. Le tournant de la NEP, dont l'armée est informée dès le 15 mars, assure son appui au pouvoir. Dès lors, la bataille va prendre fin.

Le bilan que l'on peut en faire est effroyable. Les morts se comptent par milliers dans les deux camps. L'armée, qui a dû progresser dans les glaces, compte à elle seule près de dix mille morts, blessés ou disparus. Victorieuse, elle massacre les vaincus, passe par les armes ceux qu'elle tient pour des meneurs, sans même les soumettre à un simulacre de jugement. Puis la Tcheka juge et condamne par centaines, voire par milliers ceux qui ont survécu, les fusille ou les expédie dans les camps de concentration qui fonctionnent dans le Grand Nord depuis 1918 et dont Soljenitsyne s'est fait le mémorialiste ; des camps dont l'existence a été depuis lors largement corroborée par les archives[14] devenues accessibles. Au lendemain du Xe Congrès, Dzerjinski suggère d'envoyer « dans la colonie pénale d'Oukhta » les survivants de Cronstadt et décide avec Lénine d'élargir l'univers concentrationnaire par la construction de ce qui s'appelait une « colonie pénitentiaire » à Kholmogory.

Ainsi, au moment même où l'État et le Parti sont en passe de se réconcilier avec la société grâce au tournant de la NEP, l'univers concentrationnaire s'agrandit, se ramifie, témoignant que le compromis social s'élabore à l'ombre d'une répression grandissante. Au demeurant, la paix politique est loin de coïncider avec la paix sociale. Dzerjinski fait arrêter alors tous les mencheviks, anarchistes, socialistes-révolutionnaires employés par l'État dans des administrations ou des usines, tandis que Toukhatchevski, sitôt l'insurrection de Cronstadt écrasée, reçoit pour mission de liquider la rébellion paysanne de Tambov. Il le fait sans pitié, éliminant les paysans armés, mais aussi leurs familles, pourchassant les fuyards dans les forêts, usant de gaz asphyxiants pour venir à bout d'une population désespérée, expédiant enfin prisonniers et vaincus dans les camps qui ne cessent de se multiplier. Camps de concentration aux conditions d'existence inhumaines, où la mort est plus ou moins inéluctable, et gazage des populations : voilà les armes que le gouvernement de Lénine utilise contre tous ceux qui ne le suivent pas aveuglément, sans émettre la moindre protestation. Tel est l'arrière-plan de la NEP que le congrès va, au même moment, décider de lancer.

Un Brest-Litovsk paysan : la NEP

Le 15 mars 1921, alors que l'Armée rouge donne l'assaut aux insurgés de Cronstadt, le Xe Congrès, réuni du 8 au 16, adopte une série de mesures en faveur de l'agriculture. Elles constitueront la Nouvelle Politique économique (ou NEP) que David Riazanov, théoricien du marxisme, surnommera le « Brest-Litovsk paysan ». Toute première mesure votée : l'arrêt des réquisitions, qui seul pouvait gagner au pouvoir la confiance du monde rural. Elle est suivie de la création d'un impôt progressif en nature remplaçant les prélèvements forcés, et de la liberté reconnue aux paysans de disposer de leurs excédents, autrement dit de la restauration du commerce.

Si la décision d'opérer un tournant aussi radical a été prise sans hésitation en mars 1921, c'est sans nul doute parce que la décomposition de la Russie l'imposait. Lénine dira d'ailleurs que le soulèvement de Cronstadt fut l'événement ultime qui mit en lumière l'ensemble du tableau s'offrant à la vue des bolcheviks et dont la révolte de la Russie profonde, celle des paysans, constituait la trame. Pour convaincre un congrès encore réticent, il ajoutera : « Seul un accord avec la paysannerie peut sauver la Révolution russe et lui permettre de survivre jusqu'au moment où des révolutions éclateront ailleurs. »

Mais le problème de la réconciliation avec la paysannerie était posé depuis des mois et le débat sur ce thème soulève en fait deux interrogations : quelle fut la part de Lénine dans un tel choix ? Quel sens donnait-il à la NEP ?

Force est de constater qu'il fut longtemps réticent à accepter cette retraite. Lorsque, au début de 1920,

Trotski propose de renouer avec la paysannerie, sa suggestion est rejetée par Lénine[15] qui décide au contraire d'accélérer la militarisation de la production ouvrière[16]. Peut-être mise-t-il encore sur la révolution mondiale ? Au IXe Congrès des soviets, ce sont les mencheviks et les S.-R. qui reprennent l'idée de Trotski. Entre-temps, celui-ci a rallié avec enthousiasme le « communisme de guerre » et si, en 1921, il emboîte le pas au reste du Parti dans le débat sur l'adoption de la NEP, il ne tardera pas, dès l'été 1921, à plaider pour l'établissement d'une autorité économique centrale. À l'inverse, Lénine se convertit à l'idée du « tournant » au début de l'année 1921, et le projet de réforme est aussitôt débattu par le Politburo le 8 février, par le comité central le 24, et inscrit à l'ordre du jour du Xe Congrès. Devant celui-ci, Lénine soutient que, sans concessions à la paysannerie, la crise politique brisera définitivement le régime.

Conversion tardive, sous l'effet d'un rejet du pouvoir des bolcheviks par la société. Mais Lénine a toujours considéré que la réalité imposait des choix tactiques. Il attend cependant l'été 1923 pour tirer les conséquences théoriques de sa décision de 1921. Il le fait en commentant les notes de Soukhanov sur la révolution[17], écrivant à ce propos : « Le développement des forces productives en Russie n'avait pas encore atteint un niveau qui rendît le socialisme possible » ; puis il ajoute : « Si un niveau précis de culture est indispensable à l'édification du socialisme, pourquoi ne pourrions-nous commencer en construisant les conditions préalables à ce niveau précis de culture de manière révolutionnaire, et puis, avec l'aide du gouvernement des ouvriers et des paysans et du système soviétique, en rattrapant les autres pays plus développés ? » Propos étonnants de la part d'un marxiste orthodoxe qui avait toujours combattu les populistes sur ce thème ; mais qui témoignent de son inquiétude face aux conséquences du retard russe.

Au vrai, il n'aura pas eu trop à lutter au Xe Congrès contre ses collègues : ceux-ci, dans leur majorité, étaient plus portés à s'intéresser aux questions syndicales et à celles relevant de l'organisation du Parti qu'au monde rural. Les procès-verbaux du congrès montrent que moins du dixième des débats aura été consacré à la NEP. Mais Lénine n'ignorait pas qu'il allait se heurter à l'Opposition ouvrière ; il se montra donc prudent en avançant ses propositions, s'efforçant de les présenter comme des mesures limitées.

Quel sens donner à la NEP ? Quel sens lui accordait Lénine ? Concession à la réalité de la société russe qu'il savait ne pouvoir transformer rapidement ? ou bien simple répit destiné à sauver la révolution ? L'expression « Brest-Litovsk paysan » montre bien l'ampleur du débat et la profondeur des perplexités. Comme sur Brest-Litovsk, la classe politique s'est divisée sur la signification de cette réconciliation avec la paysannerie. Pour Lénine – une lecture attentive de ses propres textes et sa note de 1923 sur les écrits de Soukhanov en témoignent – il ne s'agit que d'un répit (comme à Brest-Litovsk), et il n'a jamais envisagé de concessions définitives. Mais ce constat appelle une autre question, plus complexe : s'agit-il pour lui d'une pause brève, permettant aux bolcheviks d'apaiser la société, de restaurer leur pouvoir, de reprendre en main le peuple russe avant de repartir à marche forcée vers le socialisme, ou bien, au contraire, d'une retraite plus durable liée au retard de la Russie, certes, mais aussi au retard de la révolution mondiale ?

À considérer l'attitude de Lénine en 1917 telle qu'elle est inscrite dans *Les Tâches immédiates de la révolution*, ou encore ses premiers actes d'octobre-novembre 1917, on est conduit à privilégier l'hypothèse d'une pause durable. Au Xe Congrès, ne déclare-t-il pas : « Nous devons traiter avec les paysans sans discontinuer, car transformer le petit fermier, modifier toute sa psychologie est une tâche qui requiert des dizaines d'années » ? De même, évoquant l'effort à accomplir pour construire une industrie moderne, support de la transformation sociale, il l'évalue aussi en décennies. Ainsi, en 1921, il paraît donner raison aux mencheviks tant combattus par lui, mais à une nuance près : tout son effort est en fait destiné à conserver le pouvoir et à maintenir le monopole ou le contrôle du Parti communiste sur tous les domaines d'activité.

Mais ce tournant stratégique visant à ajuster la politique à la réalité sociale est difficilement acceptable pour l'ensemble du Parti et les syndicats. Ces derniers voient bien que la paysannerie, grâce à la NEP, va devenir l'acteur principal de la vie russe, et que d'elle va donc dépendre désormais la transformation du pays. Une transformation qui, à terme, va leur confisquer leur position privilégiée. Pour eux, ce rôle dévolu à la paysannerie n'est pas tolérable. Il en est de même pour nombre de communistes. Or, pour imposer ce tournant à tous ceux qui le contestent, l'autorité du Parti est indispensable ; en 1921, ce dernier est divisé et affaibli.

Et la paysannerie ? Comment imaginer qu'elle ne chercherait pas à étendre le rôle qui lui est reconnu, à le renforcer pour en assurer la perpétuation ? Pour réduire l'indépendance paysanne à la seule dimension économique, pour la contrôler, limiter ses ambitions, il faut un Parti fort, centralisé, autoritaire.

De là découle l'autre réforme importante voulue par Lénine : celle du Parti, adoptée par le Xe Congrès. On ne peut comprendre le sens qu'il accorde à la NEP sans lier NEP et réforme du Parti. En combinant les deux, on retrouve la conception générale de Lénine sur les rapports entre Parti et société. Pour lui, l'adaptation au réel – c'est le choix de la NEP – n'est acceptable que si les moyens de contrôler la société et de préserver un pouvoir bolchevique illimité sont assurés. On voit ainsi que sa conversion à la NEP, manifestation de son pragmatisme habituel, n'implique aucun changement dans sa vision globale de la primauté du politique.

Une priorité : l'unité du Parti

Si le Xe Congrès mérite de se voir assigner une place décisive dans l'histoire soviétique, ce n'est pas parce qu'il a transformé le Parti, mais parce qu'il a parachevé le dessein de Lénine conçu au début du siècle, alors qu'il se contentait encore de rêver la révolution. En 1921, Lénine inscrit dans la vie et le fonctionnement du Parti tout ce qui, jusqu'alors, y était implicite : le monolithisme, l'interdiction de toute opposition. Mais le mot d'ordre d'« épurer », placé en épigraphe de *Que faire* lorsqu'il inventa le Parti, ne contenait-il pas en germe le monolithisme de 1921 ? Et la pratique de Lénine en tant que chef de parti, de 1903 à 1917, ne confirmait-elle pas déjà cette vocation à laquelle les textes du Xe Congrès donneront force de loi ?

À l'ordre du jour du congrès figure une grande question : quel est le rôle politique des syndicats ? Mais, derrière cette question, s'en dissimule une autre, plus décisive : quelle est la véritable source du pouvoir, le sommet ou la base ?

Le premier problème, celui qui se trouve posé explicitement, a été envenimé dans les mois précédant le congrès par des conflits de personnes, notamment par un véritable complot fomenté contre Trotski et dont le chef de file ou l'âme damnée n'était autre que Zinoviev. Après les querelles en demi-teinte de l'année 1920, ce conflit éclate au Xe Congrès à l'occasion d'un débat sur divers programmes et conceptions, au cours duquel s'affrontent Trotski et l'Opposition ouvrière. Trotski prétend mettre les syndicats au service de la production et les intégrer dans des structures administratives. L'Opposition ouvrière se bat pour l'indépendance syndicale et souhaite voir confier la direction de l'économie à un congrès de producteurs. Lénine serait plutôt d'accord avec Trotski, mais il condamne la brutalité, l'intolérance avec lesquelles ce dernier entend imposer ses vues. Entre les conceptions de Trotski et de Lénine, il n'y a pas de divergences profondes, c'est la manière de les défendre qui distingue les deux hommes et suggère faussement entre eux un conflit.

Parce que Trotski et l'Opposition ouvrière s'affrontent dans un congrès où leur antagonisme revêt une dimension exceptionnelle, les adversaires, pour l'emporter, vont compter leurs partisans en élaborant des « plates-formes », ce qui n'est pas, en 1921, une procédure usuelle dans le Parti. L'*Histoire (abrégée) du Parti communiste* publiée en 1938, c'est-à-dire au temps de la toute-puissance de Staline, relate l'épisode en ces termes :

« Trotski, en dépit de la discipline du Parti, fit connaître ses divergences à l'opinion en se déclarant, en son propre nom et au nom de ses amis politiques, en désaccord avec le comité central. Il proclama que le congrès aurait à choisir entre deux plates-formes principales, la sienne et celle de Lénine. »

Ce récit est typique des manipulations staliniennes de l'Histoire. Tout d'abord, loin de vouloir défendre sa thèse sur la base d'une plate-forme, Trotski avait tout au contraire indiqué que cette procédure figerait les positions et, par là même, empêcherait tout débat. Au surplus, si le congrès fut certes marqué par des affrontements, ceux-ci furent bien plus complexes qu'un simple duel entre Lénine et Trotski. Le débat sur les syndicats rassembla plusieurs plates-formes. Trotski était soutenu principalement par Boukharine, Preobrajenski, Serebriakov. Lénine avait pour sa part rassemblé un groupe de dix signataires en faveur de la thèse prônant une vie indépendante des syndicats ; de cette « plate-forme des dix », Zinoviev et Staline furent les porte-parole véhéments, l'un et l'autre ferraillant directement contre Trotski plutôt que de débattre du rôle des syndicats. Quant à l'Opposition ouvrière, elle était conduite par Chliapnikov et soutenue par une illustre recrue, Alexandra Kollontaï, dont les idées sur les relations humaines, particulièrement sur les femmes, heurtaient la pruderie affichée de Lénine. L'Opposition ouvrière dénonçait tout à la fois la militarisation du travail, l'absence de démocratie dans le Parti, et réclamait l'adoption d'une conception égalitaire de l'activité économique que Preobrajenski mit en pièces au nom du réalisme économique. Ses positions furent également combattues avec vivacité par Trotski qui n'acceptait pas l'idée de l'indépendance syndicale. Mais tout autant par Lénine qui assignait aux syndicats un rôle d'« écoles du communisme » pour une classe ouvrière attardée, et entendait maintenir sur eux la tutelle du Parti ; sa conception de l'indépendance syndicale était en définitive fort limitée.

Le congrès adopta une position moyenne inspirée des thèses de Lénine :

« Dans les syndicats, il est indispensable d'assurer l'élection de tous les organes et de supprimer la méthode des nominations. Le choix du personnel dirigeant du mouvement syndical doit se dérouler, cela va de soi, sous le contrôle du Parti. »

La résolution dont ces lignes sont extraites est conforme à la conception léniniste du centralisme démocratique. Elle confie aux organisations syndicales le soin d'encadrer les ouvriers, de les défendre ; elle prend en compte le grief de bureaucratisation réitéré par l'Opposition ouvrière, en réintroduisant le principe électif. Mais, simultanément, elle impose sans ambiguïté aux syndicats le contrôle permanent du Parti, c'est-à-dire d'une autorité supérieure.

L'Opposition ouvrière sort vaincue du débat, mais le Parti lui épargne l'humiliation en portant Chliapnikov au comité central. On retrouve ici la manière singulière de Lénine qui consiste à éliminer non pas ses adversaires, mais leurs idées, en laissant aux perdants la faculté de rester dans les organes dirigeants et en évitant ainsi de les figer dans leur opposition. Tel avait été le sort de Zinoviev en octobre 1917 alors qu'il se posait en adversaire irréductible de l'insurrection. Par là, Lénine réussissait tout à la fois à imposer ses vues à ses adversaires et, en dépit de leurs critiques, à maintenir l'unité du Parti.

Dans ce climat apaisé, il fit adopter *in extremis*, après l'élection du Comité central, deux résolutions qui allaient avoir une influence décisive : l'une sur l'unité du Parti, l'autre sur la déviation anarcho-syndicaliste. Cette présentation, presque hors congrès, de dispositions aussi importantes, par Lénine en personne, était bien l'indice de sa volonté d'éviter le débat et les amendements qui les eussent affaiblies, mais témoignait aussi du prix qu'il attachait à leur adoption.

La résolution sur l'unité du Parti interdisait la diffusion des idées condamnées par la majorité ; elles ne pouvaient être discutées que dans un cadre approprié. Faisant un savant distinguo entre la « déviation », « début d'une orientation politique qui ne peut rester sans appréciation du Parti », et la « fraction », « incompatible avec l'appartenance au Parti », la résolution interdisait toute fraction. Tout en adoptant ce principe, le congrès ordonna aussitôt la dissolution des groupes organisés sur des plates-formes particulières et chargea toutes les organisations du Parti de veiller à empêcher les activités fractionnelles. Le point 7 de la résolution, qui devait rester secret, confiait au comité central le soin d'appliquer la discipline du Parti et, en cas de violation, d'user de toutes les sanctions prévues, y compris l'exclusion. Pour les membres des organes dirigeants, cette dernière mesure serait décidée par un plénum du comité central et de la commission de contrôle statuant à la majorité des deux tiers. Lénine demanda le secret sur cette disposition qui ne s'appliquerait qu'exceptionnellement, dit-il, lorsque le Parti serait menacé de scission. Les apaisements qu'il prodigua ne firent pas illusion : nombre de ses collègues entrevirent que l'interdiction des fractions et la procédure d'exclusion pourraient un jour cesser d'être l'exception et, devenant la règle, s'appliquer à eux aussi. Radek le dit fort clairement, mais, en dépit d'une angoisse largement partagée, il vota la résolution, considérant, expliqua-t-il, qu'elle était la seule garantie de l'unité du Parti.

Une fois encore, Lénine s'était montré tacticien habile. Il avait su convaincre ses collègues de la nécessité absolue de donner la priorité dans leur vote à l'unité du

Parti. Il avait su empêcher les doutes de s'exprimer publiquement en présentant cette résolution à l'issue des débats, ce qui explique qu'elle ait été adoptée alors que nombre de bolcheviks en pressentaient les conséquences néfastes – celles que le proche avenir allait démontrer.

Le bilan du Xe Congrès[18] est en définitive contradictoire puisqu'il consacre deux orientations politiques opposées : une certaine libéralisation à l'égard de la société (la NEP ; un rejet, même partiel, des conceptions autoritaires de Trotski) ; et, par ailleurs, une politique plus autoritaire qu'elle le fut jamais au sein même du Parti. Ce qui est nouveau en 1921, c'est l'adoption de tels principes et des mécanismes destinés à les faire respecter. Certes, Lénine s'est toujours montré partisan d'une discipline de fer dans les rangs du Parti ; mais, en 1921, il fait consacrer par le congrès ce qui, jusqu'alors, n'était qu'une pratique, et la transforme en principe intangible. Sans doute justifie-t-il cet absolutisme par son souci final de préserver la démocratie dans le Parti ; mais, à l'heure du Xe Congrès, le traitement infligé à l'Opposition ouvrière et les épurations qui suivent montrent bien que la « démocratisation » n'a guère de place dans le dispositif adopté[19].

Le congrès consacra d'importants changements parmi le personnel dirigeant. Les trois secrétaires du Comité central, Krestinski, Preobrajenski, Serebriakov, qui avaient tenté de défendre des thèses plus tolérantes, notamment à propos de l'exclusion, lui préférant une large discussion, et qui, pour les deux derniers, s'étaient rangés au côté de Trotski dans la bataille syndicale, n'y furent pas réélus. De vieux bolcheviks montèrent dans les organes principaux : Ordjonikidze, Frounze, Vorochilov, Kouibychev, Molotov et surtout Staline dont nombre des promus étaient proches. Devenu, par l'élimination des trois secrétaires précédents, la figure dominante du secrétariat, Molotov va d'ailleurs l'y associer étroitement.

Au congrès suivant – le XIe, du 27 mars au 2 avril 1922–, Staline deviendra « secrétaire général », titre jusqu'alors inexistant dans le Parti, et il sera entouré de Molotov et de Kouibychev[20]. Formellement, cette nomination de Staline sera proposée par Kamenev en session plénière du Comité central. Mais, constatant combien Lénine est à cette époque attentif aux mérites de Staline, qu'il a fait nommer en 1919 à l'Inspection ouvrière et paysanne, Volkogonov souligne que le choix de ce dernier pour ce poste n'a pu que résulter d'une décision de Lénine[21]. Cela est confirmé par Molotov qui, dans les entretiens qu'il accorda au fil des ans à l'écrivain Félix Tchouev, dit expressément : « En face du nom de Staline, Lénine avait écrit de sa main “secrétaire général”[22]. »

Dans le même temps, le Parti subit une ample épuration à la base. Cent trente-six mille huit cents membres en sont exclus pour des motifs divers allant de la passivité et de l'indiscipline à des actes de pure délinquance. Purge sévère, puisqu'elle atteint alors plus de 20 % des effectifs.

Le Xe Congrès a donc tiré les conclusions des difficultés où se débattait la Russie. Difficultés liées aux orientations du « communisme de guerre » : c'est la NEP qui y répond. Mais, surtout, il a consacré le constat qu'a fait Lénine : impossible d'attendre le salut d'une hypothétique révolution mondiale ; la Russie ne peut compter que sur elle-même, il ne cesse de le répéter depuis 1920. C'est donc un État stabilisé, replié sur lui-même, mobilisant tous ses moyens pour survivre et se développer, qui s'affirme au printemps 1921. Le IIIe Congrès du

Komintern va confirmer cette stabilisation et le début de la confusion entre les intérêts de l'État des soviets et ceux de la révolution mondiale.

La pause décidée au Xe Congrès va cependant se heurter à la réalité la plus cruelle, celle de la grande famine. Les orientations absolutistes de ce congrès se renforceront à l'occasion de cette tragédie, notamment dans la politique religieuse adoptée alors par Lénine. La paix sociale sera loin d'y gagner.

La grande famine. Retour à la rigueur

Le 12 juillet 1921, le successeur de Sverdlov à la présidence du Comité exécutif central des soviets, Mikhaïl Kalinine, déclare dans un « Appel aux citoyens » lancé dans la *Pravda*[23] que la Russie, frappée d'une sécheresse exceptionnelle qui compromet les moissons, risque fort de connaître un grave problème alimentaire. Ces propos prudents, assortis d'explications traditionnelles sur les « profiteurs » et autres « saboteurs », dissimulent une réalité tragique : la famine s'est abattue sur la Russie. La sécheresse est loin d'expliquer tout. Les réquisitions forcées, les violences exercées dans les campagnes ont détruit le tissu rural, affamé les paysans, brisé leurs capacités de production. La famine est particulièrement visible dans certaines régions de moyenne et basse Volga, dans le nord du Caucase et une partie de l'Ukraine. Les statistiques disponibles[24] montrent que quarante millions de personnes vivant dans trente-cinq régions ont été affamées et que 60 % des terres cultivées de Russie ont été endommagées. Cinq millions de morts, plusieurs millions d'enfants sans foyer, livrés à l'errance et à la délinquance : tel est le bilan. Il est certes celui de la sécheresse, mais, avant tout, le prix payé pour une politique qui a fait du paysan un ennemi taillable et corvéable à merci. Jamais dans le passé, où pourtant la Russie avait subi tant de calamités naturelles, une catastrophe humaine d'une si grande ampleur n'était advenue. La disette était telle qu'elle conduisit certains affamés à se repaître de cadavres, voire à tuer pour se nourrir. Le Politburo, informé, décréta que les cannibales ne pouvaient être punis selon les lois ordinaires, mais seraient « isolés » sans jugement.

Pour lutter contre ce fléau, le gouvernement met en place une commission que préside Kalinine, entouré de Kamenev et Rykov, et qui centralise toutes les données[25]. Le patriarche Tikhon et Maxime Gorki lancent ensemble un appel à l'Europe et à l'Amérique pour obtenir que la Russie soit secourue. Elle le sera. En France, des collectes sont effectuées par le Fonds français de secours aux enfants. La Croix-Rouge, le Comité Nansen fédèrent les efforts des Européens, tandis qu'aux États-Unis l'American Relief Administration, sous la présidence de Herbert Hoover, mobilise une aide considérable[26].

Alors que de tous côtés montent les appels au secours des affamés, Lénine paraît plutôt inconscient de la cause principale du désastre, à savoir : la violence exercée contre la paysannerie. Le 30 juillet 1921, il adresse un télégramme à tous les comités régionaux et provinciaux de son parti pour ordonner des mesures propres, selon lui, à répondre à la crise. Que propose-t-il, ou plutôt qu'ordonne-t-il ? De restaurer immédiatement les structures chargées des réquisitions et de mobiliser au service de cet appareil un nombre considérable de militants ; enfin, de faire appel à ceux qui ont déjà exercé de telles fonctions ! Une phrase résume on ne peut mieux la position de Lénine : « La principale condition pour résoudre la crise alimentaire est la perception efficace des impôts en nature de nourriture[27]. »

Ainsi, c'est aux réquisitions et à la force que se résument, à l'heure du plus grand danger, les instructions de Lénine, témoignage cruel de sa volonté d'ignorer les vraies raisons du désastre et de son penchant à recourir en toutes circonstances aux solutions violentes. Qu'il propose cette ligne d'action quelques mois à peine après que la NEP a été adoptée est un indice révélateur de sa conception de la « pause ». Il s'agit bel et bien, à ses yeux, d'une retraite tactique sur laquelle il lui est loisible de revenir à tout moment.

Peu reconnaissant, au demeurant, pour l'aide extérieure qui va sauver la Russie, Lénine s'indigne de ce que Herbert Hoover exige que le pouvoir russe laisse le personnel de l'administration américaine agir librement ; ne pouvant s'y opposer, sous peine de rompre l'accord passé à ce sujet avec les États-Unis, il met sur pied tout un système destiné à espionner les Américains venus au secours de ses compatriotes et à infiltrer la commission américaine dépêchée à Moscou afin d'organiser l'assistance. Le 23 août 1921, dans une note secrète, il ordonne à Molotov[28] « de créer une commission qui préparera, organisera et assurera la surveillance et les rapports sur ces étrangers par l'intermédiaire de la Tcheka et d'autres organismes » ; il ajoute : « Il faut mobiliser un maximum de communistes connaissant l'anglais pour les introduire dans la commission Hoover et pour d'autres tâches de surveillance et d'espionnage dans ces cas. »

Mais la famine fournit aussi à Lénine l'occasion de régler ses comptes avec Dieu, et plus concrètement avec l'Église. On a dit plus haut que, baptisé comme il convenait dans le milieu dont il était issu, Lénine s'était aussi marié religieusement. Pour autant, il ne montrait ni attachement ni curiosité pour une foi tôt perdue, s'il l'éprouva jamais. Il avait dit un jour avoir « jeté sa croix à la poubelle » à l'âge de seize ans[29]. Sa position philosophique à l'égard de la religion était simple, n'impliquant guère de débats, à la différence d'un Bogdanov ou d'un Lounatcharski. Dès 1905, il expose ses vues dans *Socialisme et Religion*[30], et il les confirmera par la suite dans maints articles, sans les modifier. Pour lui, la foi religieuse est le produit de l'oppression du peuple, de son besoin de trouver une consolation, et il reprend volontiers la formule abrupte des pères du marxisme : « La religion est l'opium du peuple. » Mais il assigne aussi à la religion un rôle politique précis : au service des puissants, elle a toujours et partout légitimé l'asservissement des masses, et l'Église orthodoxe a joué en Russie ce rôle de « knout idéologique » au service du pouvoir.

Cependant, il fait une différence entre Parti et État face à la religion. Du point de vue de l'État, la religion est affaire privée, ce qui implique la séparation de l'Église et de l'État et la suppression de tout enseignement religieux. Le Parti, lui, ne peut se contenter d'une simple neutralité, car ce n'est pas une organisation idéologiquement neutre. Sa philosophie est matérialiste, donc athée et anticléricale ; aussi le devoir du Parti est-il de faire de la propagande antireligieuse, d'éduquer ses membres et la société dans un esprit d'athéisme militant. La propagande antireligieuse est, en dernier ressort, un des éléments de la lutte des classes, ce n'est pas une pensée autonome, elle ne saurait en aucun cas se confondre avec la libre pensée. Hostile à l'Église institutionnelle, Lénine ne l'est pas moins aux mouvements philosophiques qui tentent un compromis avec la religion, tels les « constructeurs de Dieu », car un esprit religieux dissimulé derrière un langage de progrès est, à ses yeux, tout aussi étranger à l'athéisme.

Si, avant la révolution, Lénine a défendu l'idée de séparation de l'Église et de l'État dans le but de priver l'État impérial de sa légitimation religieuse, après Octobre, il lui faut élaborer une véritable politique face à la religion. La séparation était déjà en cours ; l'Église, qui avait rétabli le patriarcat lors de son concile d'août 1917, en préparait les voies. Pour Lénine, la ligne à suivre – même si, un bref moment, il semble disposé à faire quelques concessions tactiques aux croyants – est que la religion n'a pas sa place dans la société socialiste. Le 23 janvier 1918 paraît le décret sur la séparation de l'Église et de l'État, ainsi que sur celle de l'École et de l'Église. D'emblée, des violences sont exercées contre des clercs, des religieuses, arrêtés ou publiquement humiliés. Des églises et des monastères sont fermés, soumis au pillage. Le pouvoir se tait alors que s'organisent sur l'initiative de militants des carnavals antireligieux et des séances blasphématoires autour des lieux de culte et des reliques. Pour Lénine, le clergé n'est fait que de « contre-révolutionnaires en soutane ». Prudent, le patriarche Tikhon, élu par le concile, s'efforce d'apaiser la tempête, évite d'engager l'Église dans la guerre civile et multiplie les demandes d'audience auprès de Lénine pour tenter d'établir un *modus vivendi*. Peine perdue : Lénine refuse tout contact.

Mais la famine va donner au maître de la Russie l'occasion de passer d'une lutte sournoise contre la religion à la guerre ouverte. Après avoir appelé à venir au secours des affamés, le patriarche avait créé un Conseil ecclésiastique national en vue d'organiser l'aide de l'Église. Le Conseil est aussitôt interdit : l'Église ne peut intervenir dans les affaires de la nation. Le 19 février 1922, le patriarche prescrit que soient donnés, pour soulager les victimes de la famine, tous les objets de valeur contenus dans les églises, à l'exception de ceux utilisés pour les sacrements. Le 23 paraît un décret « approuvé par Lénine », dit Volkogonov, ordonnant la saisie générale des objets consacrés. Les fidèles, les clercs tentent çà et là de s'y opposer ; c'est le signal de massacres et d'une répression effroyables. Un document « très secret », daté du 19 mars 1922, adressé par Lénine à Molotov et destiné aux seuls membres du Politburo, éclaire d'un jour sinistre l'attitude de Lénine dans cette affaire. Partant de la conviction – qui ne fut jamais confirmée – que le « clergé cent-noir » avait élaboré un plan mettant à profit les confiscations d'objets sacrés pour engager la bataille contre le pouvoir des soviets, Lénine écrit :

« Pour nous, ce moment est celui où nous avons 99 % de chances de réussir à détruire l'ennemi [l'Église] et nous assurer d'une position indispensable pour les décennies à venir. C'est précisément maintenant, et seulement maintenant, quand, dans des régions affamées, les gens se nourrissent de chair humaine et [que] des centaines sinon des milliers de cadavres pourrissent sur les routes, que nous pouvons (et devons) réaliser la confiscation des trésors de l'Église avec l'énergie la plus sauvage et la plus impitoyable. Nous devons, quoi qu'il arrive, confisquer les biens d'Église le plus rapidement et de manière décisive, pour nous assurer un fonds de plusieurs centaines de millions de roubles or. Sans ce fonds, aucun travail gouvernemental en général, aucun effort économique en particulier, aucune défense de notre position à la conférence de Gênes n'est concevable... » Et, pour y réussir, Lénine ordonne dans la même lettre des confiscations brutales et implacables, « sans s'arrêter devant rien », et « l'exécution du plus grand nombre possible de représentants du clergé réactionnaire et de la bourgeoisie réactionnaire [...]. Plus grand sera le nombre des exécutions, mieux ce sera ».

Ce texte est lui-même impitoyable pour son auteur. Tenu secret jusqu'à la fin des années 1960, sorti clandestinement des archives et acheminé vers la France où il fut rendu public en 1970[31], il a été depuis lors publié, et, par là même, définitivement authentifié en URSS, en 1990, par l'organe officiel du comité central du Parti. Cette lettre que l'on a longtemps voulu faire passer pour apocryphe ne laisse guère de doutes sur la manipulation de toute l'affaire par un Lénine résolu à profiter des circonstances pour briser l'Église et dresser contre elle une paysannerie dont les croyances religieuses restaient fortes.

Ces instructions de Lénine sur les exécutions furent respectées. Près de huit mille serviteurs de l'Église furent « liquidés », conformément à son souhait, en 1922. Nikita Struve a dénombré pour cette seule année deux mille six cent quatre-vingt-onze prêtres, mille neuf cent soixante-deux moines et trois mille quatre cent quarante-sept moniales tués, chiffres confirmés en 1990 par un historien soviétique[32]. À ces martyrs de l'Église s'ajoutent de nombreux fidèles abattus au cours des affrontements où ils tentaient de défendre prêtres et religieux. Les évêques furent pour la plupart arrêtés et envoyés dans des camps – le prétendu « complot » justifiait cette déportation. Seul le patriarche fut épargné. Il fut arrêté un bref moment, mais un tel flot de protestations s'éleva en Occident que Lénine dut se résoudre à le placer simplement aux arrêts domiciliaires en échange d'un *mea culpa* signé, disant : « Élevé dans la société monarchiste et étant jusqu'à mon arrestation sous l'influence de personnes antisoviétiques, j'étais hostile au pouvoir soviétique et cette hostilité passait parfois de l'état passif à des actes... Je regrette ces fautes[33]. »

L'autocritique que Staline imposera plus tard à tous ceux dont il voudra se débarrasser fait là son entrée dans la politique soviétique. Mais on est en 1923, Lénine est alors au faîte du système : on ne peut donc incriminer Staline d'avoir inventé d'imposer à celui que l'on va liquider de se renier et de justifier par là ceux qui s'apprêtent à le broyer.

Lénine ne se contente pas de dispenser des instructions générales. Il suit l'affaire de près. Le 11 mars 1922, il adresse une note à Trotski, lui demandant où l'on en est du « nettoyage » des églises, c'est-à-dire de leur pillage[34], et il réclame des indications chiffrées. Il exige aussi des informations sur le nombre d'exécutions et d'arrestations de prêtres[35]. Le 4 mai 1922, un décret institue la peine de mort pour ceux-ci. Au même moment, Lénine publie un long article sur la « signification du marxisme militant[36] » qui témoigne de sa volonté de porter haut la lutte contre la religion.

Que retenir de cette double tragédie qui, par la volonté de Lénine, lia une famine effroyable à une guerre ouverte contre l'Église ? En premier lieu, que le prétexte choisi par Lénine pour combattre l'Église était on ne peut plus fallacieux. Car la lettre secrète est remarquable en cela aussi qu'il n'y fait référence à la famine que pour constater combien elle crée un contexte favorable au déclenchement de l'opération de confiscations et de terreur antireligieuse ; lorsqu'il énumère les raisons qui justifient la rafle des biens d'Église – construction économique, conférence de Gênes, etc. –, il ne souffle mot de l'aide aux affamés. Le patriarche avait donné l'ordre de vendre ces trésors pour les nourrir ; Lénine n'en consacrera pas un seul rouble à cette cause !

Mais il sort vainqueur de l'épreuve de force qu'il a souhaitée : l'Église est décapitée (le patriarche, prisonnier à son domicile et isolé de tous, mourra en 1925) ; un schisme – l'« Église vivante » – aura été suscité par le pouvoir soviétique. L'Église est pour un long temps condamnée au silence, et ses serviteurs au martyre. L'athéisme, comme le souhaitait Lénine, devient alors une composante décisive de l'idéologie de l'État.

Le redressement économique

Après l'immense tragédie de l'année 1921-1922, Lénine reconnaît la nécessité d'en revenir à une politique qui apaise la paysannerie et permette de nourrir une société épuisée. Comment, en effet, attendre d'une campagne désolée – champs en friche, troupeaux décimés, matériels à l'abandon – un effort exceptionnel si la confiance manque ? Le Code agraire de 1922 marque ce retour aux intentions proclamées dans la NEP. Sans doute ce Code agraire tente-t-il de préserver l'espoir de privilégier la propriété commune de la terre et donne-t-il un statut juridique à l'ancienne commune rurale, rebaptisée « société foncière » ; mais les paysans sont libres de choisir les formes de leur participation à l'exploitation commune. En particulier, ils peuvent s'unir un moment, pour la période des travaux agricoles, tout en restant maîtres de leur exploitation familiale ; tel est le choix de la majorité des paysans. Ils peuvent aussi, en ne conservant que leur habitation et un lopin, entrer dans l'« artel » où tout est mis en commun : terre, bêtes de trait, matériel, semences ; solution qui n'attire que les plus pauvres et les malchanceux. Ils peuvent enfin aller vers la « commune » où tout est collectif, mais qui ne séduit pas grand monde.

En 1923, Lénine consacre à la « coopération »[37] un article où il dit sa préférence pour l'exploitation coopérative, propre, selon lui, à convaincre le paysan de la nécessité et de l'intérêt de modifier rapidement les structures de vie et de travail du monde rural. Mais il ne parvient pas à persuader la paysannerie des mérites de la coopération. Tout au contraire, les paysans trouvent dans le Code des brèches qui leur permettent de reconstituer la propriété rurale.

Le pouvoir, instruit par l'expérience de l'année précédente, préfère d'ailleurs composer. Dès 1922, il a limité l'impôt en nature à 10 % de la production et interdit la saisie du bétail en cas de non-paiement. Le XIIe Congrès (17-25 avril 1923) réduit encore les prélèvements en nature, qui seront abolis en 1924 et remplacés par un impôt agricole totalement payable en monnaie, stabilisant ainsi les revenus paysans. La même année, la XIIIe Conférence du Parti crée la Banque agricole et restaure le crédit à la campagne. En mai 1922, un décret reconnaît aux paysans le droit de disposer de leur terre et surtout d'embaucher une main-d'œuvre salariée qui, en 1924, sera même dotée d'un véritable statut. Plus d'un million et demi d'ouvriers agricoles travailleront alors légalement pour des paysans plus aisés. Ces concessions rendent vie à l'agriculture, et le niveau de la production remonte dès 1922.

Mais comment inciter le paysan à l'effort si les produits manufacturés manquent sur le marché ? Le complément de la NEP est la renaissance de l'industrie, paralysée par le « communisme de guerre ». Le 7 juillet 1921, un décret autorise les entreprises artisanales à exister et à employer jusqu'à vingt personnes. En décembre, les entreprises nationalisées employant dix ouvriers sont dénationalisées, puis la mesure est étendue à celles qui en emploient jusqu'à vingt. Au secteur privé limité va s'ajouter un capitalisme d'État né de la coopération entre les entrepreneurs et l'État socialiste, sous deux formes : l'« affermage », qui permet aux anciens entrepreneurs de revenir « contractuellement » dans leurs entreprises ; et les « concessions », accordées à des sociétés étrangères. Mais la grande industrie reste dans les mains de l'État qui en assouplit les modes de gestion pour faire face à la concurrence du secteur privé. Ainsi, dès 1922, assiste-t-on dans l'industrie au rétablissement d'un capitalisme, quoique limité et étroitement contrôlé.

À l'heure où se décide et se déploie la NEP, l'esprit du « communisme de guerre », la fierté d'avoir détruit les échanges monétaires et aboli la monnaie survivent néanmoins chez nombre de bolcheviks. Ceux-ci croient pouvoir combiner les concessions faites à la paysannerie et l'économie de troc qui s'est instaurée. L'économiste Stanislas Stroumiline, menchevik rallié tardivement à Lénine, qui a été l'apôtre de l'économie non monétaire avant de devenir plus tard celui de la planification stalinienne, entretient en 1921 cette illusion. Mais, bien vite, les bolcheviks doivent y renoncer : il leur faut accepter le retour de la monnaie et du commerce. C'est le constat qui ressort du décret du 9 août 1921 sur « la forme monétaire de l'échange ». En mai 1922, un commissariat au Commerce intérieur *(Komvnoutorg)* est créé. Le problème d'une monnaie sûre se pose alors. En octobre 1921, le gouvernement crée la Banque d'État, d'abord simple département du commissariat du peuple aux

Finances, mais qui se transforme rapidement en banque centrale et contrôle les établissements de crédit. Après la révolution, on avait vu fleurir des *sovznak*, sortes d'assignats dont la valeur n'avait cessé de se déprécier. Le 24 octobre 1922, un décret introduit une nouvelle monnaie, le *tchervonetz* (du nom d'une ancienne pièce d'or russe), garantie par les réserves d'or et de devises de la Banque d'État, qui vient concurrencer le *sovznak* (en 1924, 1 tchervonetz = 50 000 sovznak). Puis 1924 est l'année de la véritable réforme monétaire qui abolit les monnaies concurrentes et rétablit le rouble. Enfin, le commerce extérieur renaît : la première étape en est l'accord de commerce anglo-russe signé par Leonid Krassine.

Les effets de cette politique se font rapidement sentir. L'agriculture, libérée de nombreuses contraintes, se redresse très vite. L'industrie, plus contrôlée, connaît une reprise plus lente dont on ne mesurera les progrès qu'en 1925. Une des conséquences de ce retour à la normale est le repeuplement des villes. La population urbaine avait fui les cités où elle ne trouvait ni travail, ni nourriture, ni chauffage. Peu à peu, les grandes agglomérations retrouvent leur niveau de population d'avant-guerre, voire davantage d'habitants, et se pose alors de façon cruelle – à Moscou surtout – le problème du logement. La vie n'y est pas facile. Les nouveaux arrivants sont souvent des paysans déracinés et ruinés que l'industrie renaissante ne peut absorber. Le chômage s'installe : un demi-million de chômeurs en 1922, sept cent mille deux ans plus tard ; en 1927, ce nombre aura plus que doublé.

Mais la classe ouvrière des années 1920 ne ressemble pas à celle de la période révolutionnaire. Elle est désenchantée, hantée par les problèmes matériels, guère encline à l'effort, politiquement peu formée. Que l'on est loin de la classe ouvrière avide d'étudier, de débattre, consciente de l'état de la Russie, qui se pressait aux cours de Nadejda Kroupskaïa avant la révolution et qui s'empara de l'industrie en 1918 ! Ce n'est plus tant une classe sociale qu'une masse amorphe répondant bien à la description qu'en faisait Lénine au début du siècle. Quelle régression ! Le Parti n'a pas ou n'a plus de base sociale ; cette fois, Lénine a raison.

L'« HOMME NOUVEAU » ?

La révolution communiste ne s'accomplit pas seulement sur le mot d'ordre d'un changement de système politique. Utopie, le communisme, même si Lénine y a peu insisté, se veut créateur d'un monde radicalement nouveau dont la transformation morale de l'individu est l'élément décisif. La rapidité du processus révolutionnaire en Russie, les conditions chaotiques dans lesquelles les bolcheviks s'installent au pouvoir n'ont guère laissé de place à l'élaboration d'un modèle moral et social cohérent. Tous les changements s'étant opérés dans l'urgence, à coups de mesures dispersées, disparates, voire souvent contradictoires, ils n'ont pas laissé le temps aux nouveaux dirigeants de la Russie de définir clairement leur conception de l'« homme nouveau ». Pourtant, la politique suivie dans le domaine religieux, certaines décisions du Parti, l'attitude à l'égard de la presse et quelques ouvrages ou films permettent de dégager un modèle moral censé façonner l'homme du monde nouveau, ou plutôt cet « homme nouveau » tel qu'il est perçu dans les années où la personnalité de Lénine domine son pays.

Premier aspect d'une politique consacrée à la formation des consciences communistes, même si elle ne se définit pas comme telle : la prompte suppression de toute liberté de presse. Les journaux des partis politiques libéraux et même socialistes disparaissent. La presse du Parti domine l'information tandis qu'un contrôle de fait s'exerce progressivement sur toute forme d'écrit littéraire, en raison de la pénurie de papier. Le gouvernement crée en 1919 les Éditions d'État – *Gosizdat* – qui tiennent en main toute l'édition : les allocations de papier en dépendent. Néanmoins, avec la fin du « communisme de guerre » et la renaissance des entreprises privées, la vie littéraire pourra retrouver une existence relativement autonome.

L'expression littéraire n'est qu'un des aspects de la question décisive de la culture. Un débat se déroule, au lendemain de la révolution, sur ce que celle-ci doit être dans l'État postrévolutionnaire. Deux thèses s'y affrontent :

Bogdanov et Lounatcharski, qui furent au début du siècle proches de Lénine, se montrent d'ardents partisans d'une « culture prolétarienne », radicalement nouvelle, qui émane du prolétariat et doit former l'« homme nouveau ». Pour ces apôtres d'une culture proprement révolutionnaire, celle-ci doit s'édifier indépendamment de tout l'apport culturel du passé, de toute influence extérieure, y compris celle de l'État et de ses éducateurs, pour permettre au prolétariat de découvrir et d'élaborer lui-même sa propre culture. C'est le *Proletkult* qui va disposer d'une organisation, le Conseil panrusse du Proletkult, et d'une revue destinée à diffuser la doctrine de ce mouvement.

Pour Lénine, cette approche est inacceptable. Dès 1905, dans un article sur le Parti et la littérature[38], il avait certes souligné que l'écrit devait respecter l'esprit du Parti *(partiinost')*, mais en précisant à propos de la littérature : « Il n'est pas douteux que l'œuvre littéraire ne se prête pas à un tel nivellement, à la règle de domination de la majorité sur la minorité. » Pour lui – ce texte en témoigne –, la conformité à l'« esprit de Parti » concernait la presse et non pas la littérature.

Dans les années du « communisme de guerre », la presse bolchevique multiplie les attaques contre des écrivains accusés d'ignorer le communisme ou de le critiquer. Pour les partisans du Proletkult, la réponse est là, précisément : dans le remplacement d'une culture « historiquement obsolète » par la culture du prolétariat. Mais, fidèle à ses idées de 1905, Lénine leur oppose une ferme distinction entre la culture, qui n'appartient à aucune classe, et l'idéologie, celle du prolétariat étant le marxisme[39]. Et c'est Trotski, habitué à traiter des problèmes culturels et plus intéressé à ce domaine que Lénine, qui met les choses au point, en 1922, en soulignant que l'un des progrès historiques de la révolution consiste précisément à avoir arraché la culture à une classe déterminée pour la porter à la dimension de l'homme. Humaniste et universelle, et non pas « prolétarienne » : telle est, pour lui, « la culture à laquelle la révolution de 1917 ouvre les portes ». Et il précise : « L'art [entendu au sens large de création] est un domaine où le Parti n'a pas à commander[40]. »

Lénine, plutôt que de polémiquer, agit[41] : il décide que le Conseil du Proletkult sera subordonné au commissariat du peuple à l'Instruction dont le titulaire n'est autre que Lounatcharski. Cette décision sème un tel trouble dans les rangs du Parti que la *Pravda* publie aussitôt une « Lettre du Comité central[42] » pour la justifier, mais aussi pour affirmer que l'indépendance des créateurs n'en sera pas affectée.

Ce débat n'est pas seulement théorique ; il a une portée pratique. Il s'agit de ne pas s'aliéner l'élite intellectuelle non communiste, mais qui sympathise peu ou prou avec la révolution des bolcheviks, et de ne pas la jeter dans l'opposition. En refusant de lier culture et marxisme, Lénine attire à lui des « compagnons de route ». Ce qui compte pour lui, c'est, d'une part, d'éviter la diffusion d'idées politiques étrangères à l'idéologie communiste : le monopole de la presse y suffit ; c'est, d'autre part, de maintenir une activité culturelle et d'utiliser ses meilleurs représentants pour dessiner les contours d'une culture soviétique. Une excellente illustration de ce projet est l'« utilisation » de Maïakovski qui écrit en 1922 : « Fallait-il accepter la révolution ? La question ne se posait pas pour moi, c'était « ma » révolution. » L'enthousiasme du poète est le signe du ralliement de tous les « futuristes » à la révolution. Il mit son talent à son service, consacra du temps à dessiner des affiches de propagande destinées à prôner les manières civilisées à un peuple qui ne l'était pas (telles ses « bandes dessinées » sur la nécessité d'une hygiène élémentaire : se laver les mains, nettoyer ses chaussures, etc.). Lénine, tout en reconnaissant l'utilité de sa contribution, ne l'estimait guère et s'en méfiait. Maïakovski se suicidera en avril 1930.

En définitive, ce qui dominait l'attitude de Lénine dans sa conception de l'« homme nouveau » et des moyens de le former, c'était la conception déjà développée dans *Que faire*, qui résumait la dialectique du développement historique comme le conflit entre la spontanéité *(stikhiinost')* et la conscience *(soznatel' nost')*. Pour Lénine, le progrès humain consistait à arracher la société – ou les individus – à la conscience spontanée pour les acheminer progressivement vers la véritable conscience. L'« homme nouveau » devait être l'aboutissement de ce progrès, mais il y fallait une avant-garde, tout comme il en avait fallu une pour arriver à la révolution. Cette lutte contre le spontanéisme, c'est au Parti et au marxisme qu'elle incombe, et elle suppose la mise à l'écart des idées politiques étrangères au marxisme. La religion, composante décisive de la vieille conscience sociale russe, qui a défini la plupart des valeurs auxquelles la société est attachée – notamment l'ordre politique et les solidarités familiales –, doit donc être éradiquée des esprits, et pas seulement dans ses institutions. C'est pour cette raison qu'à la persécution des institutions religieuses et de leurs serviteurs va s'ajouter, dès 1922, tout un dispositif de formation anti-religieuse des esprits par la propagande et la dérision. Des publications s'adressant à des groupes sociaux ou professionnels différenciés – à l'instar des publications communistes de 1917 –, des carnavals sacrilèges, la mobilisation d'un personnel permanent chargé de cette propagande, tout atteste l'ampleur du projet. La conscience religieuse qui, aux yeux de Lénine, est une part du spontanéisme abhorré en ce qu'elle a, des siècles durant, façonné la pensée russe, ne peut ainsi, pense-t-il, que disparaître pour laisser place au progrès des esprits vers une conscience modelée par la seule idéologie communiste.

Enfin, il est un autre domaine que l'on ne saurait négliger : c'est celui qui touche à la culture légale, à la notion de droit. À l'heure de la révolution, la disparition des contraintes, la certitude que tout est désormais permis, la croyance en une vertu innée du prolétariat se substituant à toute légalité sont censés déboucher sur l'avènement d'un « droit prolétarien » issu de la conscience du prolétariat ; tel est le rêve des utopistes.

Un bref moment, en se référant à l'apologue de la « Cuisinière », à ses propos sur la disparition des institutions étatiques dans *L'État et la révolution*, ils purent croire qu'ils avaient le soutien de Lénine. Mais, dès l'été 1919, lors d'une conférence prononcée à l'Université communiste de Moscou, celui-ci, tournant le dos à l'utopie, affirme la nécessité d'élaborer une culture légale pour avancer vers la société communiste[43]. Ce n'est plus le prolétaire qui est porteur d'une conscience innée de la légalité, ce sont les professionnels du droit tel que Pachoukanis, chef de file de la nouvelle école. Sans doute le marxisme sert-il de toile de fond au droit qui s'élabore, mais l'essentiel est la volonté de doter la société révolutionnaire d'une « superstructure » légale fondée sur des principes stricts élaborés par des juristes, et non sur l'attention prêtée aux volontés du prolétaire. Dans une résolution consacrée à cette culture légale, la XIe Conférence du Parti (décembre 1921) fournira une indication précise sur le dessein formé par Lénine : « La tâche immédiate est de doter tous les domaines de la vie [individuelle et sociale] de principes rigoureux de légalité révolutionnaire. » Dans cette formulation, l'essentiel tient dans le mot « légalité » plus que dans son aspect « révolutionnaire ». L'aboutissement de cette évolution sera la création en 1924 de la Cour suprême de l'Union (née avec la Constitution de 1924) « afin d'établir et consolider la légalité révolutionnaire sur tout le territoire de l'Union ».

L'évolution du projet culturel et idéologique entre 1917 et 1922 est rapide et impressionnante, si l'on en juge par l'ampleur du changement constaté en 1922. En 1917, le héros de la révolution, c'est le prolétariat, même si la révolution a été l'œuvre du Parti. L'utopie reste puissante. Le modèle moral auquel se réfèrent nombre de bolcheviks, intellectuels et surtout ouvriers, est celui du prolétaire, c'est-à-dire de l'homme ordinaire, l'homme de la base, représentant idéal d'une classe ouvrière mythifiée. L'« homme nouveau » est celui qui a les vertus et le savoir innés du prolétaire. La société rêvée est une société fraternelle, égalitaire, sur le modèle de cet homme sans qualités particulières qui incarne le prolétariat. Que ce soit le *Proletkult*, qui prétend mettre la culture à l'écoute du prolétariat et transformer les créateurs en simples porte-parole ou porte-plume du prolétaire de base, ou encore la légalité brisée au bénéfice du droit prolétarien, tout concourt alors à traduire dans les faits cette vision de l'homme et de la société de l'avenir. Mais, si elle flatte une classe ouvrière qui paie un prix matériel très lourd au changement politique, l'utopie qui lui est ainsi proposée ne connaîtra qu'une existence fort brève. Très tôt, elle va se heurter à la culture du Parti et de l'État prônée par Lénine, œuvre de professionnels. Dans l'armée, dans le domaine judiciaire, dans les institutions, partout les professionnels évincent le prolétaire, le « petit homme », et introduisent subrepticement, dans la culture politique naissante de l'État soviétique, une hiérarchisation que l'idéologie officielle s'évertuera à ignorer pendant quelques années encore.

L'évolution du modèle idéologique et moral défendu par Lénine traduit le conflit qui existe, dans *L'État et la révolution*, entre la « cuisinière » apte à diriger l'État, symbole de l'« homme nouveau » cher aux utopistes, et les organisateurs de « l'immense bureau et l'immense atelier ». La pratique de Lénine entre 1917 et 1922 et sa propre conception de l'« homme nouveau » répondent à l'interrogation suscitée par la lecture de *L'État et la révolution*. Entre le spontanéisme incarné par la

« cuisinière » et l'organisation consciente, c'est bien la seconde proposition qu'a retenue Lénine. En cela, il reste fidèle à lui-même. De la critique du spontanéisme de 1902 aux choix organisationnels de 1917-1922, la continuité de sa pensée est renforcée par son action. L'« homme nouveau », c'est celui dont le Parti et l'État tentent de briser le spontanéisme et qu'ils s'efforcent de faire progresser vers un certain degré de conscience réelle. En somme, Lénine ne croit guère à cet homme nouveau. Son mot d'ordre, répété en 1922 et 1923, est « étudier », ou encore : « Apprendre d'abord ; ensuite, apprendre et encore apprendre... »

CHAPITRE XV

Le déclin d'une intelligence

La personnalité de Lénine était caractérisée par deux traits dont les effets furent souvent contraires : une volonté de fer que rien, jamais, n'affectait ; et un système nerveux qu'il savait lui-même fragile, puisqu'il évoquait en 1917, dans une lettre à sa sœur Maria, ses « nerfs irrémédiablement mauvais ». Ainsi que le relève Volkogonov, on trouve dans ses papiers de nombreuses adresses de spécialistes des maladies nerveuses. Avant même la révolution, il a été maintes fois arrêté dans ses activités par des troubles nerveux et contraint de prendre des temps de repos. Avec la révolution, son activité intense, telle qu'il n'en avait jamais connu auparavant, la pression des événements, tout concourait à peser sur son équilibre nerveux, tandis que tout lui interdisait de recourir au traitement périodiquement imposé jusqu'alors par Kroupskaïa : longues vacances et expéditions dans une nature qui l'apaisait. Cette tension perpétuelle a probablement été cause de l'effondrement cérébral final dont les premiers symptômes apparaissent dès la fin de l'année 1921. Dès ce moment, Lénine va être périodiquement victime de crises qui affecteront son activité jusqu'à l'écarter définitivement du pouvoir près d'un an avant sa mort.

Les premiers signes de la maladie se manifestent à l'été 1921 ; elle se traduit par une irritabilité et une fatigue extrêmes que la tragique période de la famine, succédant à une faillite quasi générale du système, pourraient certes expliquer. Il est alors impossible pour Lénine de réduire son activité, jamais il n'a été astreint à prendre autant de décisions urgentes qu'en ces mois où la Russie entière rejette la révolution qu'il a voulue. Il en paie le prix en mai 1922 : une attaque le terrasse, le 25, et l'écarte pour un temps du pouvoir. Cette fois, ce n'est ni de fatigue ni de dépression qu'il s'agit, mais bel et bien d'une affection cérébrale que l'un des médecins qui le soigne, le docteur Kramer, résume ainsi : « Une grave perturbation du fonctionnement des réseaux sanguins dans le cerveau[1]. »

Lénine est malade ; les médecins russes et étrangers se pressent à son chevet. Quand il revient aux affaires, en octobre, c'est pour peu de temps. Lorsqu'il apparaît au IVe Congrès du Komintern (4 novembre-5 décembre), les participants constatent le changement intervenu dans son allure. Le Lénine qu'ils voient devant eux est plus frêle, il a la parole moins vive, moins incisive[2] ; surtout, il garde ses distances par rapport aux débats. Sans doute a-t-il déjà pris l'habitude de se comporter en chef de gouvernement, donc de n'assister aux réunions du Parti mondial de la révolution qu'en position de retrait. La fatigue ne l'empêche cependant pas de prononcer en allemand un discours d'une heure sans hésiter ni se tromper. Mais, aux médecins qui veillent dans la coulisse, il avoue son angoisse ; il a l'impression d'avoir eu un « trou », et surtout il a ressenti dans les jambes des crampes qui lui ont fait craindre de ne pouvoir aller jusqu'au bout de son propos. Tout de même, en ce mois de décembre 1922, c'est un homme très changé sur le plan physique et dans les rares propos qu'il tient, notent les contemporains. Non que l'intelligence paraisse diminuée, mais la lenteur du débit a remplacé les propos martelés. Il est d'ailleurs à la veille de s'effondrer puisque, à partir du 13 décembre, une série d'alertes vont conduire à la nouvelle attaque du 16 qui le laisse paralysé et le contraint à abandonner toute activité politique – mais pas encore la réflexion ni la prise de décisions. Il veut être au courant de tout et se querelle avec les médecins qui entendent le contraindre au repos, comme avec le Politburo qui, depuis juillet, a décidé qu'il lui appartenait d'autoriser ou non Lénine à participer à quelque réunion que ce soit. Malade, Lénine ne supporte pas d'être ainsi infantilisé. Il exige le renvoi des médecins allemands, ou encore se plaint que l'on veuille limiter son droit à recevoir des visites politiques[3]. C'est d'ailleurs à Staline qu'à l'été 1922 il expose des doléances sur un ton amical, signe évident de la confiance qu'il porte encore à celui qu'il a promu au poste de secrétaire général du Parti.

Durant la période qui va de décembre 1922 à mars 1923, en dépit de son épuisement, Lénine se penche sur une série de problèmes, puis, à partir du 6 mars, une série d'attaques freine son élocution, jusqu'au 10 où, cette fois, le désastre est irrémédiable. Il perd totalement l'usage de la parole, ne peut plus rédiger de notes, ce qu'il avait fait toute sa vie avec passion, et est presque totalement paralysé. Les efforts désespérés de sa femme pour lui réapprendre un vocabulaire élémentaire, les soins d'un nombre impressionnant de médecins entraînent néanmoins quelques progrès mineurs. Installé à la campagne près de Moscou, il est transporté en octobre

1923 au Kremlin pour jeter un dernier regard sur les lieux où il a exercé son immense pouvoir. Tel sera son sort jusqu'à la fin qui survient le 21 janvier 1924, alors qu'il est écarté de la vie politique et absent à lui-même, en dépit de bulletins de santé et d'informations parfois optimistes sur l'amélioration de son état, voire sur son éventuel retour aux affaires.

L'expertise médicale pratiquée après la mort de Lénine, les rapports de ses médecins, mais aussi maints témoignages suggèrent que la réalité de son état après le 10 mars 1923 ne coïncide en rien avec les récits officiels. « Le cerveau de Lénine était en train de mourir » : telle est la conclusion que corrobore le récit de la visite du peintre Annenkov à Lénine en décembre 1923, qui le trouva « allongé sur une chaise longue, enveloppé dans une couverture, regardant à travers nous avec le sourire désarmant, crispé, d'un homme retombé en enfance[4]... » L'hypothèse est en tout cas plausible : à examiner les dernières photographies de Lénine prises dans un fauteuil roulant dans le parc de Gorki, on ne peut qu'être impressionné par le regard fou, l'allure d'un homme qui n'a plus qu'une vague ressemblance avec le Père de la révolution.

La maladie est sans doute affaire privée, surtout lorsqu'elle affecte l'esprit. Mais, ici, la dégradation cérébrale qui se poursuit depuis mai 1922 ne peut être passée sous silence dans la mesure où Lénine prit des décisions graves au moins jusqu'à l'hiver 1922-1923, puis laissa une sorte de testament. Ces décisions et ce « testament » doivent aussi être considérés à la lumière de ses capacités intellectuelles du moment. De ce fait, il importe de s'interroger sur les altérations du caractère et du jugement qui ont pu résulter de l'état cérébral de plus en plus délabré de ce malade – un malade d'exception par l'autorité qu'il détient encore jusqu'à la fin mars 1923.

L'EXPULSION DES INTELLECTUELS

Le 19 mai 1922, quelques jours à peine avant que ne le frappe une première crise, Lénine adresse à Dzerjinski[5] une lettre dans laquelle il demande que son administration, la Guépéou (la Tcheka a été rebaptisée ainsi en 1922), établisse une liste d'intellectuels – écrivains et professeurs – soupçonnés de sympathies contre-révolutionnaires, pour les expulser de Russie. Comme Dzerjinski montre peu d'empressement à condamner ses collaborateurs à l'examen d'écrits qui leur permettent de choisir les victimes de ce plan de déportation, Lénine revient à la charge en juillet 1922, alors que la maladie l'écarte du pouvoir. C'est à Staline qu'il s'adresse alors pour demander quelle raison motive le retard apporté à réaliser l'opération qu'il a voulue avant de tomber malade. Il cite des noms de S.-R., de mencheviks, d'écrivains, et précise : « Arrêtez-en plusieurs centaines, et, sans fournir la moindre explication, dehors[6] ! » Son impatience est grande, car le 17 septembre 1922 – toujours en congé de maladie –, c'est à Unschlicht, l'adjoint de Dzerjinski, qu'il demande des comptes : « Renvoyez-moi ces papiers en me disant qui est exilé, qui est en prison, qui a été préservé de la déportation (et pourquoi)[7]. » Il y reviendra encore le 13 décembre, jour où vont débuter les attaques cérébrales en série, dans une lettre à Staline, destinée au comité central, où il s'indigne que l'historien menchevique N.A. Rojkov, personnalité peu éminente, n'ait pas encore été déporté, et où il exige que cela soit fait de toute urgence. L'irritation manifestée par Lénine à propos du cas Rojkov, alors qu'en ce mois de décembre 1922 d'autres sujets autrement plus importants le préoccupent, relève plus de l'obsession que d'un projet politique cohérent. Mais, en même temps, cet acharnement contre une élite qu'il soupçonne de n'être pas pleinement soumise aux bolcheviks est conforme à sa conception générale de la liberté de l'esprit.

L'expulsion des intellectuels provoque alors une vive réaction de Gorki qui se trouve en Allemagne et lui écrit pour lui faire part de son émotion. La réponse de Lénine à un homme qu'il s'est efforcé jusque-là de ménager est caractéristique de son autoritarisme en ce domaine comme en tant d'autres. Le 15 septembre 1922, il lui répond en ces termes :

« Les forces intellectuelles des ouvriers et des paysans grandissent et se renforcent dans la lutte contre la bourgeoisie et ses complices, les intellectuels, les laquais de la bourgeoisie qui se croient le cerveau de la nation. En réalité, ils ne sont pas son cerveau, ils sont sa merde[8]. »

Certes, Lénine est malade quand il s'obstine à piétiner ainsi l'élite intellectuelle russe. Mais ses ordres sont aussitôt transmis par Staline à Dzerjinski et finalement exécutés, car son autorité, dont lui-même ne doute pas, s'exerce encore. L'expulsion des intellectuels hors de leur patrie, qu'il réclame, témoigne de son incapacité à accepter tout ce qu'il tient pour une opposition, y compris en des heures où le doute et parfois le désespoir le submergent. Il demandera d'ailleurs qu'on lui fournisse du poison pour être en mesure de mettre fin à ses jours[9], car, dès 1922, il oscille entre des phases où la volonté de guérir et d'agir est forte, et des phases de pessimisme où il ne croit plus à la guérison.

COMMENT DURER ? *(PRODERJATSIA)*

Écarté du pouvoir durant de longs mois, Lénine est cependant informé – par sa femme, par ses secrétaires –

de la vie du pays. Parce que son autorité est nécessaire à ses collègues, même si elle ne peut plus s'exercer réellement, ceux-ci entretiennent le mythe de son prompt retour et, en échange, doivent le tenir au courant des affaires publiques, et répondre à ses questions et instructions, ainsi qu'en témoigne l'affaire du bannissement des intellectuels. En 1922 et 1923, Lénine se trouve ainsi dans une situation exceptionnelle pour un homme de pouvoir : écarté des affaires, mais moralement présent et fort de l'incertitude pesant sur sa capacité d'y revenir, il peut réfléchir au cours des événements, à son œuvre, et essayer encore, parce qu'il n'a pas perdu le pouvoir, d'infléchir le système, de corriger les erreurs qu'il perçoit, voire d'accélérer certaines évolutions. Cette méditation « à distance » à laquelle se livrent les hommes d'État après qu'ils ont quitté le pouvoir, Lénine l'aura développée en étant encore *dans* le pouvoir, et c'est en cela que cette période ultime de sa vie est si importante. C'est précisément la nature du pouvoir qu'il a créé qui va le mobiliser dans ses derniers mois de réflexion consciente – une réflexion qu'il peut encore partager, puisqu'il écrit ou plutôt dicte. Ainsi, en janvier 1923, ayant lu les notes sur la révolution de Soukhanov[10], il les commente avec fureur. La révolution était-elle prématurée dans les conditions russes ? Non, réplique-t-il, dès lors que les circonstances s'y prêtaient. S'il se montre si sensible à la critique de Soukhanov, s'il y oppose sa vision volontariste, il n'en traverse pas moins une période de doute. À observer ce pays sur lequel il ne peut plus guère agir, il voit que le socialisme russe a buté sur deux obstacles importants : la révolution mondiale espérée, mais qui s'est dérobée ; les problèmes internes de la Russie. Dans « Mieux vaut moins mais mieux[11] », le dernier texte qu'il est capable de formuler, le 2 mars 1923, à une semaine de l'attaque qui va le priver à jamais de tout moyen d'expression, il établit un constat désespéré de la situation :

« Nous avons démoli l'industrie capitaliste, essayé de détruire complètement les institutions médiévales, la propriété seigneuriale, et, sur ce terrain, nous avons créé une petite et une très petite paysanneries qui marchent derrière le prolétariat, confiantes dans leur travail révolutionnaire. Sur la base de cette seule confiance, il nous sera difficile de tenir jusqu'à la victoire de la révolution socialiste dans les pays les plus développés. »

Après avoir traité les paysans en ennemis, les avoir vus mourir de faim sans prononcer une seule parole de pitié, Lénine, confronté à l'avenir de son œuvre, s'inquiète soudain d'une éventuelle rupture entre prolétariat et paysannerie : « Ce serait un désastre pour la République soviétique. »

Son analyse, au bout du compte, est proche de celle de Soukhanov et le conduit à s'interroger sur la nature du socialisme dans ces conditions de précarité. Sa réponse est celle qu'il fit toujours : c'est une volonté politique, c'est la décision de tenir à tout prix. Fidèle à ses certitudes anciennes, il réaffirme en 1923 le primat du politique. La tâche de ses compagnons, de ceux qui gouvernent, est de faire progresser la Russie, d'accorder son infrastructure économique au système de pouvoir né en 1917. Dans ce dernier texte de Lénine, le socialisme accompli est perçu, ainsi qu'il le fut dès 1917, comme une affaire de pouvoir, non comme le fruit de la volonté sociale et de l'effort collectif des hommes. Ses successeurs ont pour devoir d'organiser, de gouverner : ce sont là ses recommandations ultimes.

Les instructions qu'il leur délivre dans cette dernière méditation partent du retard du pays, de la question nationale, si complexe, et des conflits entre pouvoir et société. Si les masses ne peuvent s'adapter au nouvel ordre politique, c'est en raison du retard intellectuel de la Russie. Et c'est ce retard qu'il faut vaincre par une révolution culturelle sur laquelle Lénine revient sans cesse. Mais cette révolution des esprits, de la conscience, il la voit – il l'a assez prouvé par sa condamnation du Proletkult – dans une perspective toute traditionnelle : « Alphabétiser, de gré ou de force » ; « Apprendre à lire et à écrire, et à comprendre ce qu'on lit »; « On nous fait de grandes phrases sur la culture prolétarienne. Commençons par nous doter d'une bonne culture bourgeoise ! » Et il souligne que la Russie, en 1923, est dans un état d'« inculture semi-asiatique ». Pour passer de là à un niveau culturel minimal, il faut, écrit-il, « parcourir toute une époque de développement culturel ».

À la campagne, la révolution culturelle doit s'accompagner de la mise en place de structures acceptables par une paysannerie qui, Lénine le souligne, n'entend rien au communisme. Dans ses ultimes réflexions, ces structures se résument pour lui à la « coopération », à laquelle il consacre des pages élaborées elles aussi en janvier 1923[12]. Il condamne l'idée de porter les idées communistes à la campagne : « Ce serait nuisible pour le communisme », écrit-il. La coopération est présentée alors par lui comme le fondement à long terme du progrès de la société rurale. Certes, il n'oublie ni l'industrialisation, ni l'électrification, ni le pouvoir étatique. Mais l'essentiel réside dans la NEP qui permet de « regrouper dans des coopératives des couches suffisamment larges et profondes de la population russe ». Ainsi, pour finir, Lénine trouve dans la coopération la dimension du socialisme à construire : « Le régime des coopérateurs civilisés, quand les moyens de production appartiennent à la société, que le prolétariat a triomphé de la bourgeoisie, c'est le régime socialiste. »

En établissant cette équivalence entre coopération et socialisme, Lénine confère un véritable statut à la NEP. Si, en 1921, on pouvait s'interroger sur le sens qu'il lui accordait – répit ou solution durable –, le texte sur la coopération suggère qu'il y voit une solution durable permettant au système de se « maintenir » – *proderjatsia* : le mot revient souvent dans ses réflexions des derniers mois.

Qui peut donner force à ce système de coopération ? le faire vivre ? l'orienter ? La réponse de Lénine est claire : c'est l'État qui prépare les voies de la croissance économique, dessine les orientations, mobilise les moyens. Mais, s'il indique nettement qu'en 1923, contrairement aux illusions de 1920 et 1921, il voit dans cette politique de maintien du socialisme coopératif une *longue* progression, un long processus, il pose aussi le problème des risques encourus : comment éviter que le pouvoir se dissolve ? qu'il soit entraîné dans des oppositions d'intérêts entre ouvriers et paysans ? qu'il soit affaibli par les exigences populaires ?

L'unique garantie permettant de préserver la révolution et le socialisme de tels dangers réside, aux yeux de Lénine, en 1923 comme en 1902, dans le Parti. Un Parti transformé, élargi, adapté à l'exercice du pouvoir d'État, mais qui reste l'instrument réel du progrès social. Pour renforcer le Parti, éviter en son sein conflits et scissions, Lénine ne connaît qu'un moyen : accroître les organes dirigeants en effectifs et en pouvoirs. Le 23 décembre 1922, il propose une réforme du sommet du Parti : un élargissement du comité central qui, composé jusqu'alors de moins de trente membres, en compterait une centaine ; de lui adjoindre une commission centrale de contrôle formée d'au moins soixante-quinze membres, les deux assemblées constituant ainsi un nouveau comité central de près de deux cents personnes se réunissant six fois l'an.

À quoi correspondent, dans l'esprit de Lénine, ces propositions ? Il s'en est expliqué : aux constats qu'il a faits à l'automne de 1922 lorsqu'il est revenu au pouvoir pour un bref moment. Il a alors été choqué par les rivalités personnelles qui s'exprimaient plus ouvertement que par le passé. Il a aussi découvert la prolifération d'organes administratifs inutiles. Et les rivalités croissantes entre gouvernement et Parti. En proposant une refonte du comité central, il espère tout à la fois noyer les rivalités personnelles dans un corps plus large, et doter ce corps de responsabilités nouvelles recouvrant aussi bien les tâches gouvernementales que celles du Parti. En définitive, son projet vise à replacer le Parti, qu'il a contribué à affaiblir au profit du gouvernement qu'il dirigeait depuis 1917, au centre du système politique, en tranchant par là le débat sur les compétences respectives du Parti et de l'État.

Le Parti, pense-t-il en 1923, a pour mission de construire un nouvel appareil d'État approprié à la nouvelle étape dans laquelle le pays s'engage, et la commission centrale de contrôle est particulièrement apte à assurer cette mission. L'appareil d'État qu'il entend renouveler ne doit-il pas être soumis à un contrôle constant ? Comment envisager ce contrôle ? En 1923, Lénine en perçoit l'urgente nécessité, mais, peut-être parce qu'il est malade, probablement aussi parce que c'est là son penchant naturel, il est incapable d'imaginer des solutions différentes de celles qu'il connaît déjà. En 1920, il avait créé l'Inspection ouvrière et paysanne *(Rabkrin)*, confiée à Staline pour contrôler l'ensemble de l'administration. Lorsque ce dernier quitte le *Rabkrin* en 1922, le commissariat est devenu une administration forte de douze mille fonctionnaires, pesante, tatillonne, parfaitement inefficace, notera Lénine. À l'époque de la NEP, la bureaucratie se développe et prolifère dans cet organe conçu précisément pour la combattre ! En 1923, Lénine s'interroge : *Comment réorganiser le* Rabkrin[13] ? Entre le 9 et le 14 janvier, il dicte des notes sous forme de « matériaux », puis, le 23, la proposition de réorganisation à l'intention du XIIe Congrès qui doit se réunir du 17 au 25 avril, époque où la maladie l'exclura irrévocablement de la vie politique.

Sans doute la réponse pertinente pour freiner le cancer bureaucratique eût-elle été d'imposer un certain contrôle populaire. Mais Lénine ne l'envisage pas un seul instant. La solution qu'il retient et propose au Parti est aussi bureaucratique que le mal qu'il dénonce. Le *Rabkrin* sera réduit à un petit nombre de fonctionnaires chargés de contrôler tout à la fois le Parti et l'État. Pour le contrôle de l'administration étatique, il formera avec la commission centrale de contrôle une assemblée commune. Proposition paradoxale : pour vaincre la bureaucratie, Lénine suggère la création d'un nouvel organe bureaucratique, une « surbureaucratie » ! Ce qu'il souhaite créer, c'est une « avant-garde administrative » parallèle à l'avant-garde révolutionnaire issue de *Que faire*. Dans l'un et l'autre cas, le principe qui préside à ces créations est le même : la conscience sociale étant en retard sur les projets et les possibilités politiques, Lénine décide qu'elle sera « tirée » par une élite consciente jusqu'au but assigné. Les vertus supposées de cette élite administrative sont les mêmes que celles de l'élite du Parti : discipline, organisation, fidélité, conscience du projet historique.

Il est un autre domaine tout aussi important auquel Lénine consacra ses ultimes efforts : c'est la question nationale. La crise géorgienne de 1922 lui a ouvert les yeux sur la persistance des oppositions nationales et du sentiment national chez les communistes. Il a, certes, imposé ses vues à Staline sur la fédération et sur les concessions à faire aux exigences des nationalistes du Caucase qui sont, il faut le rappeler, des communistes (le conflit de 1922, postérieur à l'annexion de la Géorgie, a en effet éliminé tous ceux qui n'étaient pas membres du Parti). Parce qu'il opposait des communistes, parce que la brutalité du discours tenu le choquait, ce conflit a profondément ébranlé Lénine. Si les notes datées des 30 et 31 décembre sont intéressantes, c'est aussi parce qu'il y reconnaît – une fois n'est pas coutume – ses propres erreurs. L'aveu en est pathétique, mais il dissimule en fait, là encore, la constance dans sa vision de fond. Certes, Lénine s'accuse de n'avoir pas assez perçu combien le chauvinisme du grand État est persistant, combien la mentalité dominatrice du bureaucrate russe a nui à une solution réelle du problème national. Il entrevoit clairement que les coupables ne sont pas seulement des survivants du passé, des esprits attardés, mais les plus hauts responsables du Parti qui ont repris à leur compte l'héritage d'une pensée impérialiste. Pour corriger cette terrible déviation, il prône une politique inégalitaire qui privilégierait les petites nations hier opprimées. Une *affirmative action* avant la lettre, en somme...

Mais l'analyse pertinente des oppositions nationales et les propositions émises pour les corriger ne peuvent cacher l'essentiel : en fait, Lénine ne croit pas à l'autonomie du problème national. S'il propose une stratégie hardie en ce domaine, la finalité qu'il poursuit est la disparition des nations. Et l'instrument de cette disparition reste le Parti. Certes, il reconnaît que dans les rapports avec les nations, celui-ci s'est cruellement trompé. Pourtant, c'est au Parti, avec lequel Lénine partage un sentiment de culpabilité, qu'il s'en remet pour corriger les erreurs commises et veiller au développement d'un internationalisme réel. La pensée de Lénine suit ici le même cours que dans l'affaire du *Rabkrin* : s'il est lucide sur les piétinements de la révolution, sur les défaillances du Parti et des hommes qui le dirigent, c'est néanmoins ce petit noyau si compromis qui est porteur de ses espérances pour l'avenir. Ses directives visent toutes à renforcer le Parti en en développant les organes et le contrôle.

À tout bien considérer, ce qui est nouveau dans la réflexion de Lénine en 1922-1923, c'est le constat d'échec ou de semi-échec qu'il dresse avec désespoir. Ce qui ne l'est pas, ce sont les remèdes qu'il propose. Sa pensée, si apte à constater le mal, ne sait pas, pour proposer des remèdes, sortir des sentiers qu'il a lui-même tracés. Est-ce l'effet de la maladie qui l'affaiblit chaque jour davantage ? ou bien son propre système de pensée qui le conduit, par-delà la perfection de l'analyse, dans des impasses ? L'Histoire, elle, retiendra le caractère foncièrement erroné, dramatique pour son pays et son peuple, des solutions qu'il a proposées.

Mais, avant que l'Histoire ne projette sa lumière crue sur l'œuvre accomplie, il reste à examiner un ultime sous-chapitre relatif aux doutes et aux dernières volontés de Lénine : celui concernant sa succession, qui est étroitement lié à sa rupture avec Staline.

UN REGARD AMBIGU SUR L'AVENIR

Lénine s'était inquiété à maintes reprises de l'avenir du système politique dès lors qu'il n'en ferait plus partie. Dès l'été 1922, dans des moments de découragement, il avait pensé tantôt à se retirer, tantôt à des solutions d'intérim. Le 11 septembre, dans une lettre adressée à Staline[14], il suggère que de nouvelles tâches soient confiées à Trotski et à Kamenev pour suppléer en son absence Alexandre Tsiourioupa, son adjoint à la tête du gouvernement, surchargé de travail. Il est vrai que les médecins assurent alors Lénine qu'il va pouvoir reprendre ses activités – progressivement, précise-t-il néanmoins – à partir des premiers jours d'octobre. Le Politburo, qui doit se prononcer sur ce sujet, se heurte à un refus catégorique de Trotski. Lénine en est d'autant plus irrité que, contrairement à d'autres responsables, tel Staline, Trotski ne figure pas, en ces mois de maladie, parmi ses visiteurs les plus assidus. Il l'est aussi parce qu'il a l'impression – justifiée – que son indisponibilité diminue son autorité sur ses collègues et que ses instructions sont suivies avec réticence. Ses notes réitérées sur la déportation des intellectuels témoignent du malaise qu'il éprouve face à ce qu'il tient chez eux pour de l'indiscipline.

Jusqu'à la fin de 1922, malgré la crise géorgienne, c'est à Staline qu'il adresse doléances, demandes et instructions ; c'est Staline qu'il reçoit le plus fréquemment, ce qui découle certes des fonctions de ce dernier, mais aussi des liens de confiance tissés entre les deux hommes entre 1917 et 1922. Pourtant, dans les derniers mois de son existence consciente, Lénine va rompre avec Staline, tenter de se rapprocher de Trotski et réfléchir à son entourage politique.

Sur le fond, le désaccord avec Staline est lié à l'affaire géorgienne. Lénine a pris progressivement conscience de la brutalité naturelle de son protégé et surtout de l'autorité excessive qu'il s'arroge, ignorant les instructions qui lui sont dispensées par celui qui reste le maître de la Russie. Mais un incident précipite la rupture, lié cette fois au sourd conflit qui a de tout temps opposé Staline à Trotski.

Heurté par les manipulations dont Staline est coutumier, Lénine se tourne peu à peu vers Trotski et le charge de faire part de ses inquiétudes au XIIe Congrès. Elles portent sur les excès du Parti envers les minorités, qu'il a consignées dans des notes rédigées les 30 et 31 décembre 1922 et qu'il fera porter à Trotski avec l'ensemble des informations qu'il a pu recueillir sur ce problème en dépit des obstacles dressés par Staline[15]. Boukharine dira que Lénine a « confié une bombe » à Trotski pour briser le secrétaire général du Parti désigné moins d'un an plus tôt. La soudaine confiance de Lénine envers Trotski se manifeste aussi le 21 décembre, lorsqu'il dicte une note à son intention, lui demandant de sauvegarder le monopole du commerce extérieur et de mobiliser le congrès du Parti pour ce combat qu'il juge décisif[16], compte tenu de la faiblesse économique de la Russie. Sur ce point aussi, Staline a cru pouvoir, dès le printemps 1922, prendre le contre-pied des thèses de Lénine[17], ce qui explique que celui-ci se soit tourné vers Trotski, tout en en informant Staline : « J'ai conclu un accord avec Trotski sur la défense de mes opinions à propos du monopole du commerce extérieur[18]. » À la fin de 1922, furieux et atterré de l'évolution des sentiments de Lénine à son endroit, Staline pense néanmoins détenir un moyen efficace d'empêcher ce dernier d'affaiblir sa position politique : il consiste à le priver de toute possibilité de communiquer avec l'extérieur.

Le 18 décembre, en effet, le comité central lui a confié le soin de veiller sur Lénine[19] et de s'assurer que les conseils de prudence et de repos des médecins appelés à son chevet sont rigoureusement suivis. Staline devient ainsi responsable de la santé du malade et ne se prive pas, arguant des ordres donnés par le corps médical, de lui interdire toute activité, d'interdire surtout à son entourage de lui communiquer informations et documents, et d'écrire sous sa dictée. Au vrai, Lénine va rapidement nourrir le soupçon que ce ne sont pas les médecins qui sont à l'origine des consignes que Staline prétend faire respecter, mais qu'au contraire c'est Staline qui impose aux médecins de donner des instructions aussi strictes[20].

Ce rôle de garde-malade que s'était adjugé Staline fut la cause immédiate de la rupture définitive entre les deux hommes. Apprenant que Lénine avait écrit à Trotski, le 21 décembre, une courte lettre dictée à Kroupskaïa, Staline téléphona le lendemain à celle-ci pour lui reprocher d'enfreindre les ordres de la Faculté. Mais ce coup de téléphone fut proprement stalinien, autrement dit d'une brutalité et d'une insolence telles que Kroupskaïa s'en plaignit aussitôt à Kamenev à qui elle écrivit : « Staline s'est permis hier à mon égard un éclat d'une grossièreté inouïe... Il s'est permis de me menacer[21]. »

Quand Lénine apprit-il cet incident ? Plusieurs hypothèses peuvent être avancées. On sait que, du 22 au 23 décembre, son état s'aggrava soudain et qu'il manifesta une très grande agitation. Parce que Kroupskaïa l'aurait informé de l'éclat de Staline ? ou parce qu'il aurait perçu l'angoisse de sa femme ? Il est très plausible que Kroupskaïa, sur le coup, se soit tue, se contentant d'en appeler à Kamenev pour éviter d'agiter davantage un Lénine qui ne ressentait que trop les limitations apportées à son activité. Quoi qu'il en soit, la réaction ouverte de Lénine à cet incident vint le 5 mars 1923, quand il adressa à Staline un message comminatoire exigeant qu'il présentât des excuses à Kroupskaïa – « ou nous rompons toute relation[22] ».

Mais cette rupture formelle et tardive est précédée par une rupture réelle, celle qui est contenue dans ce que l'on a coutume d'appeler le « testament de Lénine », qui est en réalité une « lettre au congrès[23] » dictée par Lénine les 23 et 24 décembre 1922. Ce texte est à la fois très représentatif des sentiments qui agitent Lénine à ce moment – il pressent que l'avenir ne lui appartient plus, qu'il lui faut donc orienter le Parti afin qu'il confie les responsabilités suprêmes aux meilleurs ; mais c'est aussi un écrit d'une grande ambiguïté : les intentions, les jugements même qu'il recèle sont très délicats et ardus à interpréter.

Ses notes, transcrites dans des conditions très pénibles dont le *Journal* de ses secrétaires rend compte, partent d'un constat : difficile, la situation de la Russie va l'être davantage encore, car la conjoncture internationale ne lui sera guère favorable ; en Russie même, les rivalités entre groupes et personnalités menacent l'unité du Parti. Pour parer à ce danger, Lénine propose des réformes, dont l'élargissement des organes dirigeants du Parti[24], dans une note additionnelle dictée le 29 décembre. Dans son analyse détaillée de la situation russe, il insiste sur l'indispensable solidarité des paysans et des ouvriers, mais plus encore sur les problèmes posés par les rivalités individuelles au sommet du système. C'est ici qu'il examine le cas de six personnalités qui, de toute évidence, à le lire, sont en position de lui succéder. Sur toutes, Lénine porte des jugements précis, marqués par un évident souci d'équité, d'éviter les appréciations trop personnelles, mais surtout de prendre position. Il n'a pas voulu que, lui disparu, l'un de ces hommes puisse se prévaloir de son jugement pour revendiquer une légitimité particulière. La manière dont les six personnages sont présentés, deux par deux, dans un subtil mélange d'éloges et de critiques, témoigne de cette volonté de laisser plus tard le comité central libre de ses choix.

Entrent d'abord en scène – car c'est une véritable mise en scène qu'organise Lénine – Boukharine et Piatakov. Le premier, écrit-il, est un brillant théoricien, « l'enfant chéri du Parti » ; mais il n'a « jamais compris pleinement la dialectique ». Piatakov est, pour sa part, un administrateur compétent, mais justement, il est trop administratif. Leur jeunesse à tous deux permet d'espérer qu'ils corrigeront ces insuffisances.

Après eux viennent Zinoviev et Kamenev qui, rappelle Lénine, incapables d'apprécier avec justesse la situation historique, ont été hostiles à sa décision d'engager l'insurrection en octobre 1917. Cette défaillance momentanée, Lénine demande au Parti qu'elle ne soit pas utilisée contre eux à l'avenir.

Enfin, au premier plan, Lénine compare les deux hommes dont il redoute le plus les rivalités : Staline et Trotski. À tous deux il reconnaît d'éminentes qualités qui les ont conduits à occuper une place centrale en Russie depuis la révolution. Staline est cependant caractérisé par le fait « qu'il a concentré entre ses mains un pouvoir immense dont je ne suis pas sûr qu'il sache toujours user avec prudence ». Quant à Trotski, dont Lénine souligne « les capacités exceptionnelles, personnellement, il est l'homme le plus capable du comité central actuel ». Les réserves succédant aux éloges sont néanmoins multiples : Trotski est venu au Parti par des voies détournées, « il a une trop grande confiance en lui-même » et « une propension un peu excessive à ne considérer que le côté purement administratif des choses ». Sans doute, s'agissant de son ralliement tardif aux bolcheviks, Lénine souhaite-t-il qu'il ne lui en soit pas fait grief : « Il ne doit pas être invoqué personnellement contre lui », précise-t-il. Mais, à le rappeler, à multiplier les remarques critiques, à placer Trotski sur le même plan que Staline, Lénine affaiblit la position de celui à qui il confie au même moment le soin d'être son porte-parole au congrès et de défendre en son nom des dossiers brûlants.

Il n'est guère possible, au vu de ce palmarès, de décider des préférences de Lénine à la fin du mois de décembre 1922. Au cours des jours et des semaines qui ont précédé la dictée de ces notes, il a cherché à se rapprocher de Trotski. Pour autant, il ne le désigne pas comme son héritier. Très peu de temps après, le 4 janvier 1923, il ajoute cependant à sa lettre au congrès une note qui lève toute équivoque sur les sentiments qu'il porte à Staline :

« Staline est trop grossier, et ce défaut, supportable dans nos rapports entre communistes, devient intolérable dans la fonction de secrétaire général. C'est pourquoi je propose aux camarades de réfléchir au moyen de déplacer Staline de ce poste. Et de nommer à sa place un homme qui, en tous points, lui soit supérieur, qui soit plus patient, plus loyal, plus poli et qui ait plus de considération envers ses camarades, moins capricieux, etc.[25] »

Cette note, significative à maints égards, montre que, dès la fin de l'année 1922, Lénine s'est formé de Staline une idée négative sur laquelle il ne reviendra plus. Il ne s'agit pas là d'une rupture personnelle : c'est le constat que le poste de secrétaire général confère à un homme tel que Staline des moyens « illimités d'exercer un pouvoir détestable ». En quelques mois, Lénine a compris que celui qu'il a promu au poste de secrétaire général en a profité pour s'arroger un pouvoir grandissant dont il mésuse. Les qualités que Lénine exige de l'éventuel successeur de Staline dessinent de ce dernier, *a contrario*, un portrait peu flatteur. À lire Lénine, il n'est en réalité ni patient, ni poli, ni équilibré, ni surtout « loyal ». Ce mot, inscrit là parmi d'autres, est sans conteste l'un des griefs majeurs que Lénine adresse à celui qu'il traite soudain en ennemi. N'a-t-il pas éprouvé sur lui-même la déloyauté qui caractérise Staline, que celui-ci a dissimulée aussi longtemps que Lénine était aux affaires, mais qu'il laisse percer lorsqu'il le tient pour moribond ?

Quant aux épithètes utilisées dans ce texte, elles témoignent combien Lénine sait se montrer précis dans son jugement. Le mot russe *groub (« Stalin slichkom groub »)* ou *groubost'* signifie tout à la fois grossièreté et brutalité. Lénine emploie le même mot dans sa note signifiant leur rupture à Staline, dans laquelle il lui reproche la grossièreté *(groubost')* de son comportement à l'égard de Kroupskaïa. L'homme éduqué qu'était Lénine n'avait pourtant jamais hésité à accabler ses adversaires des plus effroyables insultes. Ses querelles avec les mencheviks, avec les fractionnistes de toute sorte, offrent au lecteur des textes où fleurit un étonnant florilège de grossièretés et d'invectives. Le soudain sursaut de Lénine face à un homme dont la grossièreté naturelle n'avait pu jusque-là lui échapper est révélateur d'une émotivité que la maladie et l'isolement auquel Staline le condamne ont exacerbée. L'inquiétude pour son œuvre, qu'il pense menacée, contribue également à lui faire écrire cette note.

Il sait aussi que ses compagnons ne sont guère lucides sur les graves défauts de Staline. Les grandes figures du Parti – Boukharine ou Trotski – n'ont que dédain pour les tâches administratives et voient dans le secrétariat général un poste dont le titulaire est voué à la simple gestion. Aucun d'eux n'a compris l'importance du poste attribué à Staline en avril 1922, ni le pouvoir qui y était lié. Tout au contraire, ils sont reconnaissants à celui qu'ils considèrent peu, ou qu'ils ignorent, d'assumer ces tâches pour lesquelles ils nourrissent le plus grand mépris. De sa chambre de malade, Lénine perçoit nettement ce qui fait la faiblesse de ses héritiers potentiels : leur méconnaissance du centre réel du pouvoir. De là sa suggestion si précise, si argumentée, du déplacement de Staline. En quelques jours – 23 décembre-4 janvier –, Lénine a radicalement modifié son attitude. De la volonté de ne point peser sur les décisions du comité central, caractéristique de sa lettre au congrès, il passe soudain à l'injonction. Sa note du 4 janvier exprime avant tout une condamnation de Staline, sans qu'aucune circonstance atténuante y soit retenue.

Cette démarche – lettre et note additionnelle – est tout à fait conforme au comportement qu'il eut toute sa vie. En décembre 1922, il constate que d'immenses périls guettent le Parti ; que ceux qui le dirigent ont de graves défauts, ou encore qu'ils sont dangereux pour l'appareil. À tant de menaces il ne connaît pourtant, comme toujours, qu'un remède : que le Parti se saisisse de l'affaire, qu'il règle tout. Aussi défaillant soit-il, le Parti reste pour lui l'ultime recours.

Le moribond trahi par les siens

Les deux derniers mois de son existence, Lénine s'est acharné, contre les médecins, contre Staline qui le bride, contre lui-même que ses forces abandonnent, à se prononcer en tous domaines, et il compte sur le Parti pour donner à sa pensée et à ses avertissements les suites nécessaires. Ce n'est pas pour l'Histoire qu'il écrit, mais pour le congrès à venir. Ses collègues, notamment Trotski, mis dans la confidence, ne vont pas se montrer très attentifs aux vœux d'un malade qu'ils pensent déjà proche de la fin ; ils trahiront ses intentions sans hésitation ni vergogne.

Ce fut d'abord le cas avec « Mieux vaut moins mais mieux », que Lénine voulait voir imprimer dans la *Pravda*. Boukharine, alors rédacteur en chef du journal du Parti, hésite à publier un texte qui vise en grande partie les pratiques autoritaires de Staline. Il demande l'avis du Politburo, hostile à la publication et dont l'un des membres suggère même que l'on trompe tout simplement Lénine. C'est Kouibychev, qui propose l'impression de l'article dans un numéro unique de la *Pravda*, confectionné pour lui seul. Le projet échoue devant l'opposition conjuguée de Trotski et de Kamenev[26], mais il donne la mesure de la désinvolture avec laquelle ses collègues commencent à traiter Lénine.

Trotski ne sera guère plus attentif à ses demandes. Le 6 mars, Lénine lui fait porter ses notes dictées les 30 et 31 décembre, ainsi que le dossier géorgien accompagné d'un mot très insistant : « Je vous prie de vous charger de l'affaire géorgienne au Comité central du Parti. Cette affaire est une "persécution" de Staline et de Dzerjinski, et je ne puis me fier à eux[27]. » En même temps, il informe les Géorgiens qu'il a pris des dispositions en leur faveur, et son message retentit comme une menace envers ceux qu'il tient pour responsables de toute l'affaire : « Dégoûté par la grossièreté d'Ordjonikidze et la complicité de Staline et Dzerjinski, je prépare pour vous des notes et un discours[28]. » Cette lettre si vindicative réconforte les Géorgiens et souligne à leur intention – comme à celle de Trotski – que la rupture est consommée avec Staline et avec ceux que Lénine considère comme ses complices. Elle complète le mot adressé à Staline, fustigeant sa grossièreté à l'égard de Kroupskaïa. Comme il l'a fait maintes fois dans le passé, Lénine rejette, épure et s'appuie – fait nouveau – sur un allié à qui il offre d'immenses perspectives d'avenir. Mais Trotski n'en fera aucun usage et Staline qui, en ces premiers jours de mars, semble politiquement condamné et nourrit, tout en témoigne, de grandes angoisses, va sortir vainqueur de l'épreuve dont le grand vaincu sera Lénine lui-même.

Il est vrai qu'à l'heure où va s'ouvrir le Congrès qui eût dû être décisif dans le duel opposant désormais Lénine à Staline, une attaque plus violente que les précédentes aura transformé Lénine en mort-vivant. Elle survient le 10 mars 1923. Quelques jours plus tard, Trotski assure Kamenev de son hostilité à tout changement au sein du Parti. Le 20 mars, il publie dans la *Pravda* un article sur la question nationale, mais opte pour un ton fort neutre et ne fait pas mention des notes que Lénine lui a fait remettre. Lorsque le congrès se réunit, Trotski évoque enfin ces notes, mais le silence prudent qu'il a adopté dans la *Pravda* lui coûte alors fort cher. Lénine, paralysé et muet, ne pouvant intervenir, Staline retrouve toute sa morgue et accuse son rival d'avoir dissimulé au Parti et gardé par-devers lui des notes de Lénine ! Cette contre-attaque fulgurante, inconcevable si Staline n'avait pas connu l'état réel de l'illustre malade, ruine l'effort désespéré de ce dernier pour être présent, par l'intermédiaire de Trotski, au congrès et redresser la situation dans le Parti. C'est

Boukharine qui prend le relais, défend les Géorgiens, se bat à leurs côtés, tandis que Trotski reste coi. Tous les espoirs mis par Lénine dans ce congrès ont été vains. Staline est réélu au secrétariat général. Découragé par le comportement passif de Trotski, Boukharine se décide alors à soutenir Staline : n'est-il pas le vrai vainqueur de la confrontation avec Lénine ? le manœuvrier qui a su redresser à son profit une situation à première vue désespérée ?

Staline peut, à l'issue du congrès, proclamer non sans une certaine impudence : « Camarades, il y a longtemps que je n'ai vu un congrès si uni, si inspiré par une seule conviction... »

Au soir du 21 janvier 1924, lorsque Lénine s'éteint, c'est bien le chef du Parti et le fondateur de l'URSS qui disparaît. Son absence de la scène politique, son conflit avec Staline, ses avertissements réitérés sur les périls qui menacent le Parti, tout s'efface derrière le mythe qui va être forgé presque instantanément. Déjà, lors de la XIIIe Conférence du Parti réunie du 16 au 18 janvier, le mourant a été élu membre du præsidium comme s'il s'était trouvé écarté des réunions par un simple rhume. Et c'est Staline qui va informer toutes les instances du Parti, à tous les niveaux, dans toutes les régions, de sa disparition. Cela ne fait-il pas partie de ses fonctions de secrétaire général ? C'est en tout cas une ultime insulte à la volonté de Lénine.

*

*   *

Et si Lénine avait vécu ? Certains historiens, dont Moshe Lewin qui consacra une étude précise et stimulante aux derniers mois de son existence, concluent que tout, en URSS, eût été ensuite différent[29]. Que la fin de Lénine, son dernier combat contre Staline furent l'occasion pour lui de découvrir les hommes – la dimension humaine dans l'Histoire. En somme, c'est un Lénine préoccupé de l'être humain concret et non plus d'hommes abstraits – prolétaires ou bourgeois – dont les ombres se seraient pressées à son chevet, qui serait le tout dernier Lénine.

À lire les divers écrits de ses derniers mois de vie consciente, il est difficile de retenir cette thèse. Il est vrai que Lénine prête, durant sa maladie, plus d'attention qu'auparavant aux défauts des hommes qui l'ont entouré. Pendant de longues années, il a tendu à considérer les événements et les obstacles qu'il rencontrait au travers du prisme de la nécessité et des conditions historiques. Malade, il ajoute aux causes de défaillance dans le Parti la brutalité, le cynisme de Staline et de quelques autres. Auparavant, il assignait aux errements de ses adversaires des explications sociales ou purement politiques. Le « renégat Kautsky » ou le « petit Judas » Trotski ne bénéficièrent jamais d'une analyse ni même d'une description de leur caractère. Il suffisait à Lénine de qualifier leurs méfaits. L'explication en était simple : ils n'avaient pas suivi ses principes ni obéi à l'appareil qu'il avait forgé. La question nationale a été pour lui un révélateur qui lui a permis de comprendre que l'appareil dépend aussi de la qualité des hommes qui le composent. Dès 1922, il disait à l'intention du XIe Congrès : « Ce qui compte, ce sont les hommes, le choix des hommes. » C'est pour cela que, dans « Mieux vaut moins mais mieux », il compte sur l'élite du Parti pour éliminer les mauvais communistes. Cette élite – abstraite – qu'il évoque, il dit d'elle : « Ce sont les meilleurs éléments que nous avons » ; mais il oublie au passage que ceux qu'il fustige en 1923 lui paraissaient les meilleurs en 1920 ou en 1922. Les défauts humains dont Lénine s'inquiète sont ceux qui font du tort au Parti ; à aucun moment il ne s'interroge sur les rapports de ceux dont il dénonce la brutalité vis-à-vis des communistes – Dzerjinski, notamment, inventeur et maître de la Tcheka qui emprisonne, torture et fusille sans retenue – avec le reste de la société, avec l'homme ordinaire. Au moment même où Lénine insiste sur la nécessité de promouvoir « les meilleurs », il réclame que les bannissements d'écrivains qui demandent à rester dans leur pays soient exécutés. Et il n'a pas un mot de regret pour la paysannerie souffrante ou pour un clergé martyrisé. Son horizon reste l'unité du Parti qu'il a fondé, façonné selon ses principes – épurer, exclure – et dont les défaillances lui sont intolérables. En cela, il est fidèle aux convictions qui l'ont habité pendant un quart de siècle et qui lui ont permis de transformer son pays. Mais, de cet effort acharné pour rendre à son parti les vertus qui doivent être siennes, déduire que Lénine mourant regarde son œuvre avec épouvante et déplore de ne pouvoir retrouver l'homme – l'homme ordinaire – derrière l'organisation, voilà une conclusion impossible à soutenir. Sans doute Lénine veut-il toujours, comme tous les utopistes, le bonheur de l'humanité, mais, comme tous les fondateurs d'utopies, il abandonne l'être humain au bénéfice de l'entité abstraite.

Au seuil de la mort, Lénine n'a guère changé.

CONCLUSION

« Les révolutions commencent toujours comme des mouvements anarchistes dirigés contre l'organisation bureaucratique de l'État qu'elles détruisent inévitablement. Puis elles la remplacent par une autre organisation bureaucratique, en général plus puissante, qui supprime la liberté de tous les mouvements de masse[1]. » L'auteur de ces lignes, Frantz Borkenau, éminent historien de l'Internationale, s'est surtout intéressé, en évoquant ce qu'il tient pour une véritable loi des révolutions, au cas de la Russie. Mais, en l'intégrant à une série, en la faisant participer d'une loi, il suggère que la révolution russe, œuvre de Lénine, fut loin d'être, comme nombre d'historiens l'ont répété, le produit spécifique de la culture et de l'état de la Russie au début du XXe siècle. Il souscrit ainsi à la thèse de Lénine qui a toujours rejeté l'idée de représenter une variante particulière du marxisme, et qui a constamment fondé sa réflexion et son action sur l'affirmation de sa fidélité au marxisme orthodoxe.

Ici, Frantz Borkenau ne rend pas compte de trois traits particuliers de l'œuvre de Lénine qui lui assurent une dimension exceptionnelle.

En premier lieu, il faut constater que le Lénine d'avant 1917 ne comptait guère dans le mouvement ouvrier international. En ce temps où la social-démocratie brille de tous ses feux, paraît capable de mobiliser la classe ouvrière européenne autour de ses projets, et où des personnalités prestigieuses la dominent, Lénine ne jouit dans ses rangs que d'un faible prestige. Ses écrits ne peuvent supplanter les œuvres d'un Kautsky ou d'une Rosa Luxemburg. On le tient pour un agité peu scrupuleux, alors que les « grands » de la social-démocratie témoignent la plus grande estime à ses rivaux, tel Plekhanov. Plus encore, son parti n'est pour la social-démocratie qu'une secte qui sera contrainte un jour de se fondre dans le grand courant socialiste russe. Ni l'homme, ni ses thèses, ni son parti ne semblent promis à quelque avenir que ce soit. Or, c'est cette secte qui va devenir l'incarnation du marxisme authentique, donner naissance à un puissant Parti et à la IIIe Internationale auxquels elle servira de modèle. Expliquer la victoire de cette secte que chacun croyait vouée à une rapide disparition est indispensable.

Un second trait non moins inattendu de la destinée de Lénine est le succès de sa prise de pouvoir. En 1917, la Russie en ébullition se reconnaît plus ou ou moins dans les grands partis socialistes, S.-R. ou mencheviques. Leurs responsables sont sur le terrain, à la campagne, dans les soviets ; le pouvoir leur paraît promis. Mais c'est Lénine qui va s'en emparer, à la tête d'une poignée d'hommes dont l'existence, tout comme la sienne, s'est déroulée pour l'essentiel dans les salles de lecture de la Bibliothèque nationale ou du British Museum. Ou encore en prison... Le Parti ne compte, au début de la révolution, que vingt-quatre mille membres. C'est bien peu pour l'immense Russie. Pourtant, c'est cette formation réduite, guidée par un chef tout juste revenu de l'exil, qui va l'emporter. De toutes les hypothèses que l'on pouvait échafauder avant avril 1917, le succès des bolcheviks était la moins plausible.

Enfin, ce révolutionnaire de métier, qui ne pense jamais qu'en termes de destruction du pouvoir existant et de conquête du pouvoir nouveau, mais qui n'a aucune expérience de son exercice, se transforme instantanément en gestionnaire d'un État où tout doit être créé. Ce pouvoir, il ne va l'exercer que durant quatre ans – un temps très court, dévoré par des événements contraires à sa consolidation. Pourtant, ces quatre ans vont suffire à édifier un État d'une puissance incomparable, durable, et à fixer un système qui survivra soixante-sept ans à son fondateur ! En quatre ans, tout a été accompli ; il n'y aura plus ensuite que des « successeurs de Lénine ». Mais l'œuvre est la sienne.

La répartition du temps dans l'existence et l'œuvre de Lénine est étonnante. Presque vingt ans d'exil loin de la Russie, sans contacts réels avec la société, si ce n'est avec un Parti minoritaire. Puis à peine quatre ans au pouvoir... Et cette brève expérience lègue au monde, pour trois quarts de siècle, le léninisme ! Quel autre dictateur peut se prévaloir d'une telle réussite ? Dans l'histoire d'un siècle marqué par le totalitarisme, Lénine est sans aucun doute le seul à avoir inventé un système et avoir donné une légitimité à une œuvre de violence et d'illégalité qui lui survivra si longtemps. À nul autre il ne peut à cet égard être comparé.

Ces spécificités de la réussite de Lénine méritent explication. Le marxiste allemand Karl Korsch a apporté sa réponse personnelle en insistant sur la combinaison étonnante de « la théorie orthodoxe et de la pratique totalement orthodoxe du révolutionnaire Lénine[2] ». Sans doute ne peut-on adhérer totalement à la première proposition. Lénine tira le marxisme dans une direction qui lui convenait, d'ordre essentiellement « politique ». Mais il décrète que le marxisme qu'il développe est le marxisme orthodoxe, et taxe tous ceux qui sont en désaccord avec lui de réformisme ou d'hérésie. Il en va ainsi de l'Allemand Bernstein qui partageait son analyse pessimiste de la conscience ouvrière, mais se distinguait de lui par les conclusions qu'il en tirait. Au nom de l'orthodoxie marxiste à laquelle il s'identifie, Lénine s'opposera toujours à Bernstein, qu'il accusera de réformisme. Il convient ici de retenir sa grande aptitude à imposer à ses adversaires sa conception de ce qui constitue le véritable marxisme. Il agira de la sorte avec les mencheviks. S'il réussit à imposer son jugement, sa vérité, cela tient à ce que ceux qui s'opposent à lui – Plekhanov ou Kautsky – ne lui accordent pas assez d'importance pour prendre au sérieux les épithètes insultantes dont il les affuble. Pour avoir sous-estimé durablement Lénine, ces esprits brillants, sûrs d'être les meilleurs, vont le laisser occuper abusivement le terrain de l'orthodoxie marxiste.

Tout tourne, il faut toujours y revenir, autour des idées qu'il a exposées dans *Que faire*, opuscule de circonstance, pourtant destiné à une exceptionnelle fortune historique. Le « spontanéisme » *(stikhia)* du prolétariat, si présent dans les analyses de nombreux révolutionnaires russes, est l'ennemi que Lénine débusque alors et contre lequel il va forger son instrument de lutte : le Parti, véritable porteur, selon lui, de la conscience de classe des ouvriers. Sans doute, pensera-t-on, en développant cette conception négative du prolétariat, Lénine tient-il compte d'une situation spécifique, celle de la Russie, caractérisée par une industrialisation faible et une classe ouvrière naissante. Son raisonnement serait légitime s'il s'agissait d'aider cette jeune classe ouvrière à prendre conscience de sa situation et de ses objectifs. Mais là n'est pas sa démarche. Loin d'être cantonnée à une Russie dont le retard de développement expliquerait la faible conscience de classe de son prolétariat, l'analyse de Lénine est générale, plus sévère encore pour les ouvriers du monde capitaliste. Il précisera là-dessus ses vues au cours des années qui suivent. Pour le marxisme, le développement du capitalisme, de l'industrie, de la classe ouvrière, a toujours été une condition essentielle du progrès du mouvement révolutionnaire. Lénine pense lui aussi que le progrès du capitalisme est souhaitable pour la Russie ; il n'en conclut pas pour autant au progrès de la conscience de classe des ouvriers, mais, au contraire, au danger grandissant de voir la classe ouvrière s'abandonner à ses penchants trade-unionistes. Ce n'est donc pas l'état économique et social de la Russie qui justifie aux yeux de Lénine sa conception du Parti, mais une vision pessimiste du prolétariat, quel que soit le niveau de développement du pays où il se trouve. Le Parti est l'arme que Lénine brandit contre ce spontanéisme, celle qui doit lui permettre de contraindre la classe ouvrière à agir au nom d'une conscience de classe que le Parti incarne, et non plus en obéissant à une conception spontanée de ses intérêts.

Dans le même temps, Lénine condamne une variante spécifiquement russe du spontanéisme, liée à la situation dominante de la paysannerie dans la société. Il n'est pas, et de loin, le seul à penser à l'avenir russe en termes de révolution. Il se heurte d'ailleurs à des mouvements rivaux qui tentent d'atteindre au même but en partant de l'état social de la Russie du début du XXe siècle, c'est-à-dire d'une société paysanne aux réflexes communautaires, marquée par un anarchisme latent et une violence qui conduisent au terrorisme ou aux sursauts collectifs. Les populistes, puis les socialistes-révolutionnaires font de ces tendances spontanées le fondement de leur projet révolutionnaire. Ils se réclament, à l'occasion, de Marx et de ses réflexions ambiguës sur la possibilité d'éviter l'étape capitaliste. Contre eux, Lénine ferraille sans cesse ; il leur oppose tout à la fois, et de manière complémentaire, la nécessité du développement capitaliste et celle d'y préparer la société en créant le Parti. Face à toutes les hypothèses révolutionnaires, *Que faire* est donc une réponse fondée sur deux éléments : condamnation du spontanéisme et invention de son antidote, le Parti.

Par cette vision brutale qui condamne le prolétariat à suivre indéfiniment une avant-garde, Lénine a réussi un étrange coup de maître. *Que faire* est en effet un petit livre qui ne brille ni par le style ni par la profondeur de la réflexion. Le marxisme est pourtant riche d'écrits d'une réelle qualité littéraire et où dominent le débat philosophique, la discussion sur le sens de l'Histoire, la place de l'homme. Comparé aux brillants ouvrages de Kautsky, de Rosa Luxemburg et de combien d'autres, comme l'opuscule de Lénine paraît gris ! Il l'est aussi, comparé à toute la littérature révolutionnaire russe. Cependant, c'est cette brochure qui survivra et va devenir une bible pour tous les partis communistes de par le monde ! Le mérite de *Que faire* est de se préoccuper avant tout de tactique révolutionnaire. Lénine le complétera d'ailleurs en 1905 par *Deux Tactiques*[3], véritable manuel de méthodologie révolutionnaire. Peu importe dès lors que ses écrits soient pesants et ternes. Ils ont une portée pratique réelle. Lénine n'aimait-il pas citer Goethe pour qui « le dogme est gris, mais la vie est verte[4] » ? Or, la vie va le conduire à passer du gris au vert, à se servir de ce spontanéisme qu'il a toujours condamné !

En janvier 1917, s'adressant à de jeunes ouvriers suisses, il leur dit : « Le silence de mort qui règne actuellement en Europe ne peut nous tromper. L'Europe est grosse d'une révolution... Les années à venir verront en Europe des soulèvements populaires dirigés par le prolétariat contre le pouvoir du capital financier, contre les grandes banques, contre les capitalistes, et ces bouleversements ne peuvent se terminer autrement que par la victoire du socialisme. Nous, les vieux, ne vivrons peut-être pas jusqu'aux combats décisifs de cette révolution[5]. » Les raisons de son optimisme – car l'hypothèse que les « vieux » ne verront pas la révolution n'est ici qu'une clause de style –, Lénine les évoque devant cette jeunesse électrisée par ses propos. Il y reviendra encore plus précisément dans un texte rédigé en septembre 1917, dans l'attente fiévreuse de l'événement. Ces raisons tiennent aux mouvements de masse spontanés qu'il voit se développer dans son pays et à propos desquels il note : « Que la spontanéité d'un mouvement soit le signe de sa profondeur, de son invincibilité, cela ne fait pas de doute[6]. » La confiance qu'il place et exprime dans la spontanéité populaire qui se développe en Russie fournit une des clés qui permettent de comprendre son succès de 1917. Jusque-là, il s'est reposé sur son parti dont l'influence dans la population reste très faible. Au nom de l'unité, Lénine l'a de surcroît maintes fois affaibli par des anathèmes, des exclusions, et surtout par son refus de tout compromis avec les mencheviks. Mais, en 1917, quand il rentre en Russie, ce qui lui saute aux yeux, c'est une révolution dont le ressort est la spontanéité. Indifférente à toutes les définitions, à tous les programmes, la société ne milite ni pour le libéralisme ni pour le socialisme. Elle défend simplement des intérêts : le pain et la paix pour tous, la terre pour les paysans, le contrôle des entreprises pour les ouvriers, l'émancipation pour les nationalités. La révolution que Lénine voit se développer est le fruit et l'addition de ces volontés spontanées. Ce qu'il constate est donc à l'opposé de toutes ses conceptions. Mais c'est là que son génie politique, bridé jusqu'alors par le manque d'opportunités, va éclater. Sans hésiter, il se met à la remorque de tous les spontanéismes, et va faire de son parti leur porte-parole. Le pain, la paix, la terre, l'autodétermination nationale : autant de revendications dispersées, contradictoires, où la conscience sociale se dilue et la société se fragmente. Mais cela devient en un instant le programme de Lénine, de son Parti. « Tout le pouvoir aux soviets ! » est un slogan qui, du point de vue du léninisme théorique, est inacceptable ; du point de vue de la tactique révolutionnaire, c'est un coup de génie. Tel est aussi le cas de *L'État et la révolution*, écrit au même moment, et qui est un appel non déguisé au spontanéisme.

À partir d'avril 1917, la pratique de Lénine est ainsi en rupture totale avec la théorie qu'il a élaborée livre après livre depuis 1902. Mais ce n'est pas une surprise totale, sauf si, à le lire, on a omis de remarquer deux traits essentiels de sa pensée : le « marxisme », pour lui, s'est toujours identifié à la « révolution » et au « pouvoir » ; les préoccupations tactiques l'emportent sur le reste, ou plutôt sont inséparables de la théorie qui ne peut s'imposer sans une tactique appropriée. Toujours, et avant tout, Lénine a donc retenu du marxisme son versant politique. Ce qui explique qu'avant la révolution, et même avant la guerre, il ait sans cesse réfléchi sur les conditions et les moyens qui lui permettront de transformer la théorie en action politique, c'est-à-dire en révolution. C'est la raison pour laquelle, presque seul de tout le mouvement marxiste, il élargit sa pensée à une dimension réellement internationale et plus seulement européenne. Dans la stratégie qu'il élabore pour les nations et les colonies, il intègre déjà la conscience spontanée des masses nationales ou coloniales. Pressentant très tôt que là se situent les chances de la révolution, il tourne le dos à l'orthodoxie, à sa propre contribution au marxisme, et ne retient que l'intérêt tactique de la révolution.

À considérer l'évolution de Lénine dans les années d'avant-guerre, force est de constater que même sa pensée, qui paraît si rigide et qu'il impose impitoyablement à ceux qui le suivent et à ceux qu'il combat, subit d'extraordinaires inflexions dès lors que l'intérêt de la révolution lui paraît l'exiger. C'est le même compromis qu'il choisit de passer à partir d'avril 1917 avec la réalité des mouvements populaires, et qui va cette fois le conduire au pouvoir.

Le pouvoir une fois conquis, après un très bref temps d'adaptation, Lénine témoigne une fois encore d'un exceptionnel instinct politique. Révolutionnaire professionnel, ignorant tout de l'art d'exercer le pouvoir, il se transforme instantanément en homme de pouvoir pour le conserver. Et, non moins instantanément, il en revient à la conception autoritaire des rapports avec le prolétariat qu'il avait exposée dès 1902. Pour garder le pouvoir, le consolider, il ne peut plus s'accommoder des volontés spontanées d'une société qui lui est hostile ; c'est donc le Parti qui doit définir seul la voie à suivre. Le grand mot de la révolution fut « liberté » ; son grand espoir social, la « Constituante ». D'emblée, Lénine supprimera et l'une et l'autre, au motif que la conscience sociale, pour s'exprimer, doit être en accord avec le Parti (avec ses seuls journaux, par exemple) et qu'en élisant une Constituante où les bolcheviks sont minoritaires, le prolétariat a fait montre d'attachement à un monde révolu et d'un jugement étranger à la conscience de classe. Au spontanéisme, à l'anarchisme encouragés peu auparavant, Lénine va opposer le centralisme, l'unité du Parti, mais en les transférant sans délai à un pouvoir d'État reconstitué, car il pense alors que le vrai pouvoir passe par des structures étatiques. Ce faisant, c'est encore une fois le spontanéisme qu'il condamne. L'État en a toujours été l'ennemi abhorré. N'est-ce pas ce que disait déjà Bakounine ? Ce que Tolstoï prêchait à ses compatriotes ? Pour Lénine, au contraire, la reconstitution de l'État est un contrepoids indispensable aux tendances anarchisantes de la société. Le Parti change alors de rôle : il devient garant idéologique du nouvel État. C'est lui qui va légitimer le pouvoir, l'État reconstitué. Ses violences, aussi. Attester que tous ses agissements sont conformes aux lois du développement historique défini de longue date par le marxisme.

Mais réduire Lénine au seul génie stratégique ne serait pas équitable. Sa pensée comporte encore deux aspects qui lui confèrent une certaine originalité au sein de la famille marxiste. Tout d'abord, il a été inspiré toute sa vie par une farouche volonté d'occidentalisation. Comme tous ses compatriotes, le Russe Lénine est héritier du vieux débat sur la nature de la Russie et sur les chemins à suivre pour assurer son progrès. Qu'est la Russie : pays d'Europe ou d'Asie ? pays qui, pour progresser, doit puiser dans sa propre culture politique et sociale, comme l'ont pensé les slavophiles, Bakounine, les populistes ? ou, au contraire, pays semblable aux autres, qui doit suivre la voie commune ? La réponse de Lénine est sans ambiguïté : il se sent d'Europe par toutes ses fibres. D'ailleurs, c'est en Europe occidentale que se déroule la plus grande partie de sa vie d'adulte. Il est fasciné par le modèle intellectuel allemand (la philosophie allemande attire particulièrement les élites russes au tournant du siècle), par la science et la technique allemandes, par le génie allemand de l'organisation étatique et militaire. Comparée à l'Allemagne, la Russie est pour lui l'incarnation de la « barbarie asiatique ». Ce n'est d'ailleurs pas un hasard, pense-t-il, si le marxisme a été inventé et développé par les Allemands. Lorsqu'il songe à la Russie, il considère que la révolution est la seule voie, et la plus sûre, pour l'arracher à son retard, à la « barbarie asiatique », et en faire un jour à grands efforts une copie de l'Allemagne.

Il a toujours identifié le marxisme à la révolution et au Parti, mais aussi au moyen de résoudre enfin le problème de l'occidentalisation de la Russie dont il hait non seulement le retard, mais aussi les spécificités culturelles. L'une des conséquences les plus tragiques et paradoxales du léninisme aura précisément été que la révolution voulue par lui ait eu lieu dans un pays qui n'avait fait que commencer à rattraper son retard. Sans doute les réformes des trois derniers règnes n'avaient-elles pas suffi à ancrer la Russie dans la modernité, mais le pays était déjà engagé dans cette voie. Et la révolution de Février, malgré les difficultés rencontrées, en dépit des défaillances des détenteurs successifs du pouvoir, avait tracé les voies de la modernisation politique. Mais, dans sa volonté farouche d'occidentaliser par la révolution, en y appliquant sa conception des relations entre pouvoir et société, Lénine a arrêté la modernisation en cours, substitué à la démocratie en marche un système totalitaire, et écarté pour longtemps la Russie du monde occidental. Peut-être l'Histoire n'aime-t-elle pas être bousculée ? Marx ne disait-il pas qu'il fallait en respecter le cours naturel ?...

Un second trait caractéristique de la pensée de Lénine est sa vision mondiale. Sans doute le marxisme avait-il un dessein global d'émancipation du prolétariat, mais cette vision se réduisait au cadre de l'Europe occidentale. Quant au mouvement ouvrier européen, il a toujours privilégié, dans sa réflexion et son action, le cadre national, même s'il s'est attaché à le dissimuler plus ou moins derrière un discours internationaliste. La guerre de 1914 en aura fait la cruelle démonstration. Chez Lénine, au contraire, la pensée, les projets se sont toujours inscrits dans un cadre international réel. La révolution russe n'a été pour lui que l'« étincelle » qui devait embraser le monde. S'il s'est lancé dans l'aventure de la révolution en Russie, c'est qu'elle était à sa portée. Mais n'avait-il pas rêvé auparavant de la déclencher en Suisse ? voire dans n'importe quel autre pays ? Internationaliste, il était prêt à faire sien tout pays où des chances d'accomplir une révolution existaient. Mais il lui fallut opter pour la Russie. L'« étincelle » eût-elle rempli le rôle que Lénine lui assignait, son action aurait eu lieu dans un cadre dépassant largement les frontières de son pays. La révolution accomplie en Russie, retardée ailleurs, il ne pouvait imaginer, malgré tout, qu'elle ne finisse pas par s'étendre. Et, dans un premier temps qui va jusqu'en 1920, l'espoir de l'extension du « feu révolutionnaire » n'a pas chez lui pour fondement le désir de sauver la Russie ; simplement, il est incapable de penser que la révolution puisse être enfermée dans les limites d'un seul pays.

Après 1920, tout espoir révolutionnaire disparu, son tempérament pragmatique qui le pousse, lorsque la nécessité s'en fait sentir, à rejeter la théorie, resurgit. Il s'adapte à la solitude – jusqu'alors inconcevable – de la révolution russe et s'attache à sauver le « pays de la révolution », donc la « révolution dans un seul pays ». Même si nul ne reconnaît cette définition, elle sous-tend, après 1920, toute l'action de Lénine. Il accepte de subordonner ses idées aux nécessités d'un État fort en consolidant ses frontières, voire en reconstituant l'espace impérial. Et non seulement il s'incline devant la survie du capitalisme, mais il va composer avec cet environnement, inventant avant la lettre la « coexistence pacifique » du capitalisme et du socialisme que les pères du marxisme n'auraient sans doute jamais imaginée ! Mais, à ce compromis avec le réel, il fallait, Lénine en est convaincu, la caution de la théorie marxiste et de son dépositaire, le Parti communiste russe dont la révolution et la volonté de Lénine ont fait l'incarnation exclusive du marxisme. Même dans ses pires cauchemars, Marx n'aurait jamais conçu pareille captation d'héritage ! À partir de 1920 (date du IIe Congrès de l'Internationale), le marxisme se confond avec la théorie marxiste de Lénine, donc avec ses justifications théoriques d'une pratique fluctuante, et la IIe Internationale aussi bien que la IVe des trotskistes sont rejetées dans l'enfer où sont voués à brûler à jamais les hérétiques.

Lénine est en définitive l'homme de toutes les contradictions. L'individu, d'abord : comment concilier l'image de ce petit homme débonnaire, extérieurement quelconque, si soucieux de sa santé et de son confort, si heureux parmi les siens et attentif à leur bien-être, habitué aux longues marches dans la nature, pédalant paisiblement dans les rues de Paris, enfermé dans des bibliothèques, avec celle du chef charismatique qui mobilise les foules par un discours répétitif, scandé, mais propre à enflammer les esprits ? Comment concilier l'homme ordinaire et le mythe dont l'image trôna durablement aux côtés de celle des pères fondateurs, Marx et Engels, formant une trinité – révérée au même titre que, jadis, les icônes et les reliques, que ce fût par les peuples communistes ou même par nombre de ceux qui ne l'étaient point ? Comment concilier un discours dont le thème dominant est le bien de l'humanité, et une pratique fondée sur le malheur des hommes pour lequel Lénine n'eut jamais un mot de pitié, et moins encore de remords ?

Sans doute toutes les utopies ont-elles conduit à ce type de contradictions. Mais le cas de Lénine est doublement exceptionnel dans l'histoire des utopies. Tout d'abord nulle utopie – pas plus le rêve de Platon que celui de Thomas More – n'a jamais donné naissance à des États durables. Tout au plus des « communes » ont-elles surgi çà et là, précaires, vite balayées par le vent du monde qui n'aime guère laisser de place aux élucubrations sociales. De surcroît, la contradiction entre le discours humaniste et une pratique déshumanisante aurait dû suffire à condamner Lénine et son œuvre. Or, il a réussi durablement à échapper à la condamnation qui pèse sur sa création. C'est Staline, accusé d'être un « fou de pouvoir » ou un monstre, qui est tenu pour responsable de la perversion de l'œuvre léniniste. Lénine, lui, échappe au jugement – ou y a échappé longtemps – parce qu'on en a retenu ce que Karl Korsch soulignait : qu'il était l'incarnation de la théorie orthodoxe, donc du projet de Marx.

L'homme Lénine est tout aussi énigmatique si l'on se prend à réfléchir aux raisons de son succès. Comment le définir ? Cynique, pragmatique, opportuniste, obsédé par un projet – la révolution –, convaincu qu'il était le détenteur d'un savoir inné pour y atteindre ? Lénine a toujours prétendu que le Parti était le « porteur » de la conscience de classe, du « savoir » historique, mais, en même temps, il a toujours imposé sa propre volonté, sa pensée au Parti, identifiant ainsi, en son for intérieur, sa pensée et la conscience de classe incarnée par le Parti, avant même que ses successeurs n'officialisent cette identification.

Lénine fut ainsi en même temps un prodigieux tacticien et un génie politique, inventeur des moyens de transformer une utopie en État à prétentions universelles. S'il avait manqué son entreprise, s'il avait fini ses jours dans l'exil, errant d'une capitale européenne à l'autre, il figurerait probablement dans les livres d'histoire comme un personnage secondaire du marxisme, faisant plus ou moins figure d'illuminé. Mais il a transformé son rêve en réalité, et ce succès, qui ne justifie rien des tragédies inhérentes à l'entreprise léniniste, lui vaut cependant d'occuper dans l'histoire de ce siècle une place d'exception. La plus importante, probablement, par l'influence qu'il a exercée. Il est tentant de conclure que, théoricien fort moyen, il n'en fut pas moins un « inventeur » politique exceptionnel – le seul de ce siècle où tous les dictateurs ont suivi des voies peu ou prou frayées par d'autres sans guère laisser de traces de leur action, si ce n'est dans la terre meuble des charniers.

NOTES*

* Les textes de Lénine sont pour la plupart puisés dans la 5e édition de *Polnoe Sobranie Sotchinenii* et cités : *Polnoe*.

AVANT-PROPOS

1. « Tchto govoriat rabotchii » (Que disent les ouvriers ?), *Rabotchaia Moskva*, 25.1.1924.
2. *Za Leninizm. Sbornik statei* (Pour le léninisme, recueil d'articles), Moscou, 1925.
   Zinoviev (G.), *Leninizm. Vvedenie v izoutchenie Leninizma* (Le léninisme. Introduction à son étude), Leningrad-Moscou, 1925.
   Staline (J.), *Problems of Leninizm*, Moscou, 1953.
3. « Partiia lenina s vami. Put' vam ukajet Khristos » (Le Parti de Lénine est avec vous. Le Christ vous montrera le chemin), *Komsomol'skaia Pravda*, 4.2.1998.

CHAPITRE PREMIER

1. *Deiateli okt'iabrskoi revoliutsii*, Entsiklopeditcheskii slovar' russkogo instituta Granat (Les acteurs de la révolution d'Octobre), Dictionnaire encyclopédique. Moscou, 1927-1929, 7e éd.
2. Pobedonostsev (K.), *Pisma Pobedonostseva k Alexandru III* (Lettres de Pobedonostsev à Alexandre III), Moscou, 1925-1926, t. 1, p. 315.
3. Poliakov (A.S.), « Vtoroe 1go Marta 1887 », (un second 1er mars 1887) *Golos Minuvchego*, Moscou, 1918, p. 10 sqq.
4. Haupt (G.), Marie (J.J.), *Les Bolcheviks par eux-mêmes*, Paris, 1969, p. 151.

CHAPITRE II

1. Norman (H.), *All the Russias*, Londres, 1902. « Russia !... it would be easier to say what is *not* Russia », p. 2.

2. Duroselle (J.-B.), *Les Français 1900-1914*, Paris, 1972, p. 60-61 et Bodiguel (J.-L.), *La Durée du temps de travail enjeu de la lutte sociale*, Paris, 1970, p. 77-78.
3. Pipes (R.), *Russia Under the Old Regime*, Londres, 1974, consacre tout un chapitre à *The missing bourgeoisie*, p. 191-221.
4. Starr (F.), *Decentralization and Self Government in Russia 1830-1870*, Princeton, 1972, p. 48 sqq.
5. Pipes, *op. cit.*, p. 313 à 315.
6. *Ibid.*, p. 311 et Zaiontchkovski (P.A.), *Rossiiskoe samoderjavie v kontse XIX*[go] *stoletiia* (L'autocratie russe à la fin du XIXe siècle), Moscou, 1970, p. 168 sqq.
7. En 1890-1891, 10 000 artisans juifs de Moscou en furent bannis au motif qu'ils n'avaient pas de permis de résidence.

   Löwe (H.D.), *The Tsars and the Jews : Reform, Reaction and Antisemitism in Imperial Russia, 1772-1917*, 1977, p. 111.
8. *Svod zakonov rossiiskoi imperii* (Recueil des lois de l'Empire russe), Saint-Pétersbourg, 1892, vol. II.
9. « En vue d'assurer aux travailleurs la vraie liberté de conscience, l'Église est séparée de l'État. » Loi fondamentale de la République socialiste fédérative des soviets de Russie, 1918, chapitre V, § 13.

   Mais la restauration du patriarcat lors du concile de 1917 est une séparation de fait.
10. Piotr Tchaadaiev fut soumis à une arrestation à domicile. Il modifia par la suite ses vues sur l'histoire russe dans l'*Apologie d'un fou* et dans la suite de ses *Lettres philosophiques*, pour adopter une position plus nuancée.
11. Khomiakov (A.S.), *Polnoe Sobranie Sotchinenii* (Œuvres complètes), Moscou, 1904, écrit que les slavophiles ont rendu vie à l'idée de la commune traditionnelle et fondé un nouveau mouvement spirituel, t. 1, p. 636.
12. Confino (M.) a publié des lettres de Bakounine à Netchaiev, *Daughter of a Revolutionary*, Londres, 1974, p. 238 à 280, qui témoignent de leurs relations si proches et Confino, « Bakunin et Netchaev », *Cahiers du monde russe et soviétique*, vol. 7, 1966, fasc. IV, p. 666 sqq.
13. Cité par Venturi (F.), *Les Intellectuels, la révolution et le pouvoir*, Paris, 1972, t. 1, p. 635.
14. Pouchkine a publié en 1834 à Saint-Pétersbourg une histoire de la révolte de Pougatchev ; et Pierre Pascal, *La Révolte de Pougatchev*, Paris, 1971.

CHAPITRE III

1. Lettre d'Engels à Sorge, 26.6.1883. Engels dit qu'il a trouvé dans les papiers de Marx deux mètres cubes de matériel sur la Russie.

2. Flerovski est l'auteur de *Situation de la classe ouvrière en Russie*, Pétersbourg, 1869 et *Alphabet des sciences sociales* qui inspirent à Marx des lignes d'approbation : « Des ouvrages comme ceux de Tchernychevski et Flerovski font honneur à la Russie. » Cité par M. Molnar, *Marx, Engels et la politique internationale*, Paris, 1975, p. 177.
3. Lettre à Engels, 12.12.1870, préface à l'édition russe du *Manifeste.*
4. Rubel (M.), « K. Marx, F. Engels, écrits sur le tsarisme et le communisme russe », *Économie et sociétés*, t. III, n° 67, juillet 1969, p. 1360.
5. Sur Piotr Bernardovitch Struve, 1870-1946, cf. Pipes R., *Struve, Liberal on the Left, 1870-1905*, qui évoque cette période (Cambridge, Mass., 1970).
6. Silvin (M.A.), « K biografii V.I. Lenina » (Pour une biographie de Lénine), *Proletarskaia Revoliutsiia*, n° 7, 1924, p. 66.
7. Tchto Takoe Druzia naroda i kak oni voiuiut protiv sotsial demokratov (Que sont les Amis du peuple et comment ils combattent les sociaux-démocrates) ; Lenine, *Polnoe Sobranie Sotchinenii*, 5e édition, t. 1, p. 125-346.
8. *Krititcheskie zametki k voprosu ob ekonomitcheskom razvitiie rossii* (Remarques critiques sur la question du développement économique de la Russie) fut publié à Saint-Pétersbourg à l'automne 1894 par les soins de Potressov.
9. Cité par R. Pipes, *Social Democracy and the Saint-Petersburg Labour Movement*, Cambridge, Mass., 1963, p. 72.
10. Gezler (I.), *Martov a Political Biography of a Russian Social-Democrat*, Cambridge, Mass., 1967, p. 28-29.
11. Gittelman (Zvi), *Jewish Nationality and Soviet Politics*, Princeton, 1972, p. 24.

Chapitre IV

1. Zadatchi russkikh sotsial demokratov (Les tâches des sociaux-démocrates russes). *Polnoe...*, éd. citée, t. II, p. 433-470.
2. Valentinov (N.), *Maloznakomyi Lenin*, Paris, 1972, p. 55.
3. Tchto delat' (Que faire), automne 1901, février 1902, *Polnoe*, t. 6, p. 1-192.
4. Lettre à Joseph Wedmeyer, 5.3.1852, in M. Rubel, *Pages de Karl Marx*, Paris, 1970, t. II, p. 80.
5. Lénine avait confié dans deux lettres à Radtchenko, écrites en juillet 1902, comment il pouvait manipuler l'agenda et les votes. « Pismo I.I. Radtchenko » (Lettre à Radtchenko) 3 (16), juillet 1902, *Polnoe*, t. 46, p. 201-203, et *id.* 9 (22), juillet 1902, t. 46, p. 204-207.
6. Proekt Ustava partii (Projet de statuts du Parti) (1re variante mai-juin 1903), *Polnoe*, t. 54, p. 448-453 et Proekt ustava RSDPR, *ibid.*, t. 7, p. 256-258.

7. Chag vpered, dva chaga nazad, otvet Rose Liuksemburg (Un pas en avant, deux pas en arrière, réponse à Rosa Luxemburg), 2 (15), septembre 1904, *Polnoe*, t. 9, p. 38-65.
8. À « La crise de la social-démocratie » publié sous le pseudonyme de Junius, Lénine répond par une polémique, *Polnoe*, t. 30, p. 1-9.
9. « Chag vperiod dva chaga nazad. Krizis v nachei partii » (Un pas en avant, deux pas en arrière. Crise dans notre parti), fév.-mai 1904, *Polnoe*, t. 8, p. 185-414.
10. Dès septembre 1903, Lénine note sa version des événements. « Raskaz o II[m] s'ezde RSDPR », (récit sur le IIe Congrès du PSDOR), *Polnoe*, t. 8, p. 1-20.

Chapitre V

1. Sur 1905.
   Milioukov (P.), *La Crise russe*, Paris, 1907. Martov *et al.* éd., *obchtchestvennoe dvijenie v rossii v natchale XX[go] veka* (Le mouvement social en Russie au début du XXe siècle), Moscou, 1906, 2 vol.
   Pankratova *et al.* éd., *Revoliutsiia 1905-1907 gg v rossii. Dokumenty i materialy*, Moscou, 1960.
   Coquin (F.-X.), Gervais (C.), éd., *1905, La Première révolution russe*, Paris, 1986.
2. Mazlemoff (A.), *Russian Far Eastern Policy 1881-1904*, Berkeley, 1958.
3. Schneiderman (J.), *Sergei Zubatov and the Revolutionary Marxism*, New York, 1976.
4. Gapon (Father G.), *The Story of My Life*, New York, 1906.
5. Anweiller (Oskar), *The Soviets*, New York, 1974.
6. Notice de l'encyclopédie Granat, cf. *Les Bolcheviks par eux-mêmes*, *op. cit.*, p. 52.
7. Valentinov (N.), *Maloznakomyi Lenin*, p. 82.
8. Sur Maria Andreieva et Lénine, cf. Vaksberg (A.), *Le Mystère Gorki*, Paris, 1997, p. 36.
9. *Polnoe*, t. 12, p. 99-105.
10. Valentinov, *op. cit.*, p. 32.
11. « Krovavye dni v Moskve » (Jours de sang à Moscou), 27 septembre (10 octobre 1905), *Polnoe*, t. 11, p. 313-318 et « Polititcheskaia statchka i ulitchnaia bor'ba v Moskve » (La bataille de rue à Moscou), t. 11, p. 418-421.
12. « Sotsial demokratiia i izbiratelniye soglacheniia » (La social-démocratie et les accords électoraux), deuxième moitié d'octobre 1906, *Polnoe*, t. 14, p. 73-96.
13. « Sotsial-demokratiia i vybory v Dumu » (La social-démocratie et les élections à la Douma), 13-14 (26-27) janvier 1907, *Polnoe*, t. 14, p 249-273.
14. « Melkoburjuaznaia taktika » (Une tactique petite-bourgeoise), 22 février (7 mars) 1907, *Polnoe*, t. 15, p. 49-53.

15. Trotski, *Staline*, Paris, 1979, vol. I, p. 151.
16. « O Boikote » (Sur le boycott), 12-25 août 1906, *Polnoe*, t. 13, p. 339-347.
17. « O Sovremennom momente demokratitcheskoi revoliutsii » (Sur le moment présent de la révolution démocratique), 15-18 févr. 1907, *Polnoe*, t. 15, p. 3-4.
18. « O Stat'e Plekhanova » (Sur l'article de Plekhanov), 29.10.1907, *Polnoe*, t. 16, p. 150-151 et t. 15, p. 6 à 8, et « O Taktike oportunizma » (Sur la tactique de l'opportunisme), 23.2.1907, *Polnoe*, t. 15, p. 57-62.
19. *Les Bolcheviks par eux-mêmes*, *op. cit.*, p. 93, notice rédigée par Jean-Jacques Marie.
20. Cf. l'introduction de B. Nicolaievski aux mémoires de Tseretelli, sur son rôle et son prestige à la Douma in Tseterelli (I.G.), *Vospominaniia o fevral'skoi revoliutsii*, Paris, 1963, livre 1er, p. XIII.
21. Critiques de Lénine dans les matériaux préparés pour la IIIe Conférence du PSDOR (21-23 juillet 1907), « Plan-konspekt retchi po voprosu o professional' nom s'ezde » (Projet pour le discours sur la question d'un congrès professionnel), t. 16, p. 478.
22. « Dve taktiki sotsial demokratii v demokratitcheskoi revoliutsii » (Deux tactiques de la social-démocratie dans la révolution démocratique) (juin-juillet 1905, t. 11, p. 3-7 et postface, p. 105-131).
23. « Agrarnaia programma sotsial-demokratii v pervoi russkoi revoliutsii : 1905-1907 godov » (le programme agraire de la social-démocratie dans la première révolution russe), nov.-déc. 1907, t. 16, p. 193-413 et postface, p. 412, 413.
24. *Ibid.*
25. « Revoliutsionnaia demokratitcheskaia diktatura proletariata i khrestianstvo » (La dictature démocratique révolutionnaire du prolétariat et la paysannerie), 30 mars (12 avril) 1905, t. 10, p. 20-31 et les matériaux préparatoires, t. 10, p. 366-369.
26. Trotski, *1905*, Moscou, 1925, 4e éd., p. 225-226.
27. Il rédige alors « Revoliutsionnaia armiia i revoliutsionnoe pravitel'stvo » (L'armée révolutionnaire et le gouvernement révolutionnaire) (27 juin-10 juillet 1905), *Polnoe*, t. 10, p. 335-344.

CHAPITRE VI

1. Tseretelli, *op. cit.*, p. XI et XII.
2. « Agrarnaia programma sotsial-demokratii », *texte cité*, *Polnoe*, t. 16, p. 193-413.
   « Agrarnyi vopros i sily revoliutsii » (La question agraire et les forces de la révolution), 1er avril 1907, t. 15, p. 204-207.
   « Novaia agrarnaia politika », février-mars 1908 (La nouvelle politique agraire), t. 16, p. 422-426.
3. Valentinov, *Maloznakomyi Lenin*, *op. cit.*, p. 127.

4. Kropotkine, *Paroles d'un révolté*, Paris, 1978, « L'expropriation », p. 235-266.
5. *Ibid.*, p. 250.
6. Arsenidze (R.), « Iz vospominanii o Staline » (Souvenirs sur Staline), *Novyi Jurnal*, n° 72, juin 1963, p. 232.
   Trotski, *Staline*, *op. cit.*, p. 216-217.
7. Trotski, *ibid.*, p. 214-215 (sur les boieviki).
8. Valentinov, *Maloznakomyi Lenin*, p. 104. Il assure que Schmidt se suicida en prison, et ne fut ni torturé ni égorgé.
9. Cf. Le protocole du transfert des fonds Schmidt au Centre bolchevique, protocole signé de 6 personnes dont Lénine, Zinoviev et Kamenev, document publié par Pipes (R.), *The Unknown Lenin, From the Secret Archive*, Yale Un. Press, p. 20-21.
10. *Ibid.*, Toute l'histoire est relatée de manière savoureuse par Valentinov, *op. cit.*, p. 101 sqq.
11. *Ibid.*, p. 116.
12. Volkogonov, *Le Vrai Lénine*, Paris, 1995, p. 80-81.
13. Déposition de Lénine dans l'« affaire Malinovski » le 26 mai (8 juin) 1917. Pipes (R.), *Unknown Lenin, op. cit.*, p. 35-40.
14. Cf. § 8 du projet de résolution de la Commission exécutive du Parti, novembre 1919.
    « À l'égard de Trotski notre fraction accorde le maximum de concessions à la *Pravda* qui restera à Vienne », document publié dans Pipes (R.), *Unknown Lenin, op. cit.*, p. 23.
15. « Vybory i oppozitsiia », 24 juin (7 juillet) 1912 (Les élections et l'opposition), *Polnoe*, t. 21, p. 369-372.
16. Réponse adressée à C. Huysmans le 3.10.1912. Correspondance entre Lénine et C. Huysmans éditée par G. Haupt, Paris, 1963, p. 118.
17. Réponse à Camille Huysmans, 25.9.1912, *ibid.*, p. 117.
18. Document publié dans Pipes (R.), *Unknown Lenin*, 10 ou 11 mai 1914, p. 25.
    Rozental (I.S.), *Provokator, kariera Romana Malinovskogo* (Un provocateur, la carrière de Roman Malinovski), Moscou, 1994.
19. « O likvidatorstve i o gruppe likvidatorov », janvier 1912 (Sur le liquidationnisme et le groupe des liquidateurs), *Polnoe*, t. 21, p. 150 à 152. Et un texte de février-mars 1912, « Protiv ob'edineniia-s likvidatorymi » (Contre l'union avec les liquidateurs), *ibid.*, t. 21, p. 161-166.
20. Cf. le discours de Lénine sur le Bund en 1903 pour le IIe Congrès du PSDOR. « Plan retchi po voprosu o mesti Bunda v RSDPR » (Plan pour un discours sur la place du Bund dans le PSDOR), 19-20 juillet 1903, *Polnoe*, t. 7, p. 425. Et « Polojenie Bunda v Partii » (La position du Bund dans le Parti), 22 octobre 1903, *ibid.*, t. 8, p. 65-76.
21. « Pismo A.M. Gor'komu » (Lettre à Gorki), *Polnoe*, t. 48, p. 160-163.
22. Le second sera dans un premier temps B. Kritchevski, puis en 1904 le SR Roubanovitch, Haupt, *Correspondance*, *op. cit.*, p. 19.
23. Haupt, *Correspondance*, *op. cit.*, p. 42.

24. *VIIe Congrès socialiste international tenu à Stuttgart du 16 au 24 avril 1907*, Bruxelles 1908, et commentaire de Lénine, *Polnoe*, t. 16, p. 67-71.
25. *Le Peuple* (journal de Bruxelles), 18.8.1907.
26. Cf. son commentaire : « Khorochaia rezoliutsiia i plokhaia retch », décembre 1913 (Une bonne résolution et un mauvais discours), *Polnoe*, t. 24, p. 211-213.
27. Richard Pipes, *Unknown Lenin*, *op. cit.*, a trouvé des lettres qui ne figurent pas dans les œuvres complètes. Cf. aussi Volkogonov, *op. cit.*, p. 63. Mais aussi Soljenitsyne, *Lenin v Tsiurikhe* (Lénine à Zurich), Paris, 1975, p. 70-74.
28. Les éditions complètes des œuvres de Lénine incluent de nombreuses lettres à Inessa pour le mois de décembre 1913, *Polnoe*, t. 48, p. 238, 242-243, 248-249, et 1914, mais elles sont expurgées. Les citations données ici sont extraites de *Unknown Lenin*, *op. cit.*, p. 26-30.
29. Volkogonov, *op. cit.*, p. 61.
30. Lettre à Inessa Armand du 23.6.1914, *Unknown Lenin*, p. 27, et texte incomplet, « Pismo I.F. Armand », *Polnoe*, t. 48, p. 299-300.
31. Gorki, *V.I. Lenin*, p. 10.

CHAPITRE VII

1. Pis'mo A.M. Gor'komu, *Polnoe*, t. 48, p. 155 (écrit après le 12 janvier 1913).
2. *VIIe Congrès socialiste international*, *op. cit.*, p. 99.
3. « O lozunge prevrachtchenia imperialistitcheskoi voiny v voinu grajdanskuiu (Sur le slogan de la transformation de la guerre impérialiste en guerre civile), *Polnoe*, t. 26, p. 36, sept. 1914.
4. Duroselle (J.-B.), *La Grande Guerre des Français*, Paris, 1994, p. 17.
5. *Unknown Lenin*, *op. cit.*, p. 27.
6. « Novaia Demokratiia » (19.1.1913) (La nouvelle démocratie), *Polnoe*, t. 22, p. 302-303.
7. « Zadatchi revoliutsionnoi sotsial demokratii v evropeiskoi voine » (Les tâches de la social-démocratie révolutionnaire dans la guerre européenne), *Polnoe*, t. 26, p. 1-7.
8. Valentinov, *Maloznakomyi Lenin*, *op. cit.*, p. 147.
9. Pismo A. G. Chliapnikovu, oct. 1914, *Polnoe*, t. 49, p. 12-16, 20-28.
10. « Plan stat'i o tsimerval'dovskoi Konferentsii (Plan pour un article sur la conférence de Zimmerwald) (après le 26 août 1915), *Polnoe*, t. 54, p. 462-463, et Balabanova (A.), *Ma vie de rebelle*, Paris, 1981, p. 143-152.
11. Kautsky (K.), *Sozialismus und Kolonial politik*, Berlin, 1907. Luxemburg (R.), *Die Akkumulation des Kapitals*, Berlin, 1912, Hilferding (R.), *Das Finanzkapital*, Berlin, 1910.
12. *Polnoe*, t. 16, p. 67-71.

13. « Imperializm kak vyschaia stadiia kapitalizma », *Polnoe*, t. 27, p. 299 à 426 (L'impérialisme stade suprême du capitalisme) et « Imperializm i raskol sotsializma » (L'impérialisme et le schisme socialiste), octobre 1916, *ibid.*, t. 30, p. 163-179, et le plan pour cet article, t. 30, p. 370-372.
14. « Tetradi po imperializmu » 1915-1916 (Cahiers sur l'impérialisme), *Polnoe*, t. 28, p. 1-740 (22 cahiers).
15. « O brochiure Iuniusa » (Sur la brochure de Junius), *Polnoe*, t. 30, p. 1 à 16.
16. « Plan referata po natsionalnomu Voprosu » (Plan pour un rapport sur la question nationale) (avant le 26 juin 1913), *Polnoe*, t. 23, p. 444-448.
    « O kulturno-natsionalnoi avtonomii » (Sur l'autonomie culturelle-nationale), 28.11.1913, *Polnoe*, t. 24, p. 174-178.
17. « O prave natsii na samo opredelenie » (Du droit des nations à l'autodétermination), février-mai 1914, *Polnoe*, t. 25, p. 255-320, et le projet pour l'article, *ibid.*, t. 25, p. 435-440.
18. Bauer (O.), *La Question des nationalités et la social-démocratie*, Paris-Montréal, 1987, 2 vol.
19. *Polnoe*, t. 25, p. 275.
20. Cf. le récit des critiques adressées par le bundiste Litvak à Lénine qui n'en tint aucun compte.
    Litvak (A.), *In Zurich and in Geneva during the First World War. Reminiscences*, New York, 1954, p. 246.
21. « O natsional'noi gordosti velikorossov » (Sur la fierté nationale des grands-russes), *Polnoe*, t. 26, p. 106-110.
22. Cf. les thèses de Radek d'avril 1916, Gankin, Fischer, *The Bolsheviks and the World War*, Stanford, 1940, p. 223-239 et 507-511.
23. « Sotsialistitcheskaia revoliutsiia i pravo natsii no samoopredelenie – tezisy » (La révolution socialiste et le droit des nations à l'autodétermination – thèses), janvier-février 1916, *Polnoe*, t. 27, p. 252-266 et p. 457 « Zametki k tezisam ».
24. « O natsional'noi programme RSDPR » (Sur le programme national du PSDOR), *op. cit.*, *Polnoe*, t. 24, p. 223-229.

CHAPITRE VIII

1. Soukhanov (N.), *La Révolution russe 1917*, éd. française, Paris, 1965, p. 23-24.
2. Senn (A.), *The Russian Revolution in Switzerland*, p. 60-74.
3. Vakhabov, *Tachkent v period trekh revoliutsii* (Tachkent dans la période des trois révolutions), Tachkent, 1957, p. 168.
4. *Vospominania, o Fevral'skoi revoliutsii, op. cit.*, p. 150.
5. Balabanova (A.), *Ma vie de rebelle, op. cit.*, p. 154.
6. *Ibid.*, p. 155.

7. Zeman (Z.A.B.), Scharlau (W.B.), *The Merchant of the Revolution, the Life of Alexander Israel Helphand (Parvus)*, Londres, 1965, p. 204 sqq.
8. E. Bernstein a publié cette évaluation dans *Vorwärts*, 14.1.1921.
9. Balabanova, *op. cit.*, p. 155-156.
10. Tseretelli, *op. cit.*, p. 239 citant des propos du ministre des Affaires étrangères Terechtchenko concernant les soupçons pesant sur Grimm.
11. *Ibid.*, p. 240-241.
12. Soukhanov, *op. cit.*, p. 133-136.
13. Paroles reprises dans *Izvestia*, 5.4.1917 et Soukhanov, *op. cit.*, p. 135.
14. *Leninskii Sbornik*, t. 21, p. 33.
15. Allilueva (A.S.), *Vopominaniia* (Mémoires), Moscou, 1946, p. 165 sqq. sur le retour de Staline à la *Pravda*, et l'éditorial de Staline « O voine » (Sur la guerre), *Pravda*, 17.3.1917.
16. Chliapnikov note ce désaccord et les conditions où la *Pravda* fut prise en main par l'équipe Kamenev, Staline, Mouranov. Chliapnikov (A.), *Semnadsatyi god, kniga vtoraia* (L'année 1917, livre second), Moscou-Petrograd, 1923, p. 180.
17. « Pisma iz daleka » (Lettres de loin), *Polnoe*, t. 31, p. 9-57. 5 lettres datées des 7, 9, 11, 12 et 26 mars 1917 et une esquisse pour la 5e lettre, *Polnoe*, t. 31, p. 58-59.
18. Burdjalov (E.N.), « O taktike bol'chevikov v marte aprele 1917 goda » (Sur la tactique des bolcheviks en mars-avril 1917), Voprosy Istorii 4-1956, p. 48-50 et commentaire de Lénine, *Polnoe*, t. 31, p. 501-504.
19. Soukhanov, *op. cit.*, p. 142.
20. Témoignage contredit par Soukhanov, *op. cit.*, p. 143 qui souligne la lucidité de Milioukov.
21. « O zadatchakh proletariata v dannoi revoliutsii » (Sur les tâches du prolétariat dans la révolution actuelle), 4 et 5 avril 1917, *Polnoe*, t. 31, p. 113-118.
22. Burdjalov (E.N.), « Estche o taktike bol'chevikov v marte-aprile 1917 g. » (Encore sur la tactique des bolcheviks en mars-avril 1917), *Voprosy Istorii*, 8.1956, p. 109-114.
23. *Sed'maia (aprel'skaia konferentsiia, vserossii skaia i Petrogradskaia obchtchegorodskaia konferentisii RSDRP (b) aprel' 1917 g.)*, Moscou 1934 (Documents de la VIIe Conférence édités par M. Orakhelachvili) ; sur le détail des votes, p. 190 sqq.
24. « Pismo 1 – pervyi etap, pervoi revoliutsii » (Première lettre, première étape de la première révolution), *Polnoe*, t. 31, p. 11-22.
25. Sur ce retard, cf. les explications de Tseretelli, *op. cit.*, p. 474-490.
26. « Tezisy po povodu deklaratsii vremennogo pravitel'stva » (Thèses sur la déclaration du gouvernement provisoire) – pas avant le 4 mai 1917, *Polnoe*, t. 32, p. 437-438.
27. Tseretelli, *op. cit.*, p. 271-285.
28. Balabanova, *op. cit.*, p. 164.
29. Soukhanov, *op. cit.*, p. 173-174.

30. Volkogonov, *Le Vrai Lénine*, *op. cit.*, p. 136 et Pipes (R.), *op. cit.*, p. 384-385.
31. Soukhanov, *op. cit.*, p. 188.
32. Tseretelli, *Vospominania*, t. II, p. 53 sqq.
33. Nikitine, *Rokovye gody* (Les années d'épreuves), Paris, 1937, p. 110-116.
34. Soukhanov, *op. cit.*, p. 192-193, et le livre de Raskolnikov (F.), *Kronstadt i Piter*, Moscou-Leningrad, 1925.
35. Chugaiev (D.), *Revoliutsionnoe dvijenie v iule 1917* (Le mouvement révolutionnaire en juillet 1917), Moscou, 1959, p. 290 sqq.
36. Nikitine, *op. cit.*, p. 149-150.
37. Soukhanov, *op. cit.*, p. 238.
38. Allilueva (A.S.), *Vospominaniia*, *op. cit.*, p. 176-182.
39. Allilueva, *op. cit.*, p. 190.
40. Sur l'ensemble de la crise de juillet une excellente relation dans Rabinovitch (A.), *Prelude to revolution, the Petrograd bolsheviks and the July 1917 uprising*, Bloomington, 2nd ed. 1968, p. 233 sqq.
41. *Chestoi s'ezd RSDPR (bol'chevikov) August 1917 goda – Protokoly*, Moscou, 1958 (protocoles du VIe Congrès du PSDOR (b)).
42. *Ibid.*, p. 114.
43. *Ibid.*, p. 27-28, et p. 35-36.
44. Sur l'affaire Kornilov, Pipes (R.), *La Révolution russe*, p. 416-432 donne une vue claire d'une affaire très complexe. Cf. aussi Martynov (E.), *Kornilov*, Leningrad 1927, et Chugaev (ed.), *Revoliutsionnoe dvijenie v Rossii v auguste 1917. razgrom Kornilovskogo miateja* (Le mouvement révolutionnaire en Russie en août 1917. L'écrasement du putsch de Kornilov), Moscou, 1959.
45. Soukhanov, *op. cit.*, p. 265 et 270-271.
46. « Bol'cheviki doljny vziat' vlast. » Lettre au CC et au Comité de Petrograd et de Moscou du PSDOR (Les bolcheviks doivent prendre le pouvoir), 12-14 sept. 1917, *Polnoe*, t. 34, p. 239-241.
47. « Marxizm i vosstanie. » (Le marxisme et l'insurrection). Lettre au CC du PSDOR, 13-14 sept. 1917, *Polnoe*, t. 34, p. 242, 247.
48. Pismo v tsk mk PK i tchlenam sovieta Pitera i Moskvy bol'chevikam, *Polnoe*, t. 34, p. 340-341 et 347-350.
49. « Krizis nazrel » (La crise est mûre), 29.9.1917, *Polnoe*, t. 34, p. 272-283.

Chapitre IX

1. Soukhanov, *op. cit.*, p. 278.
2. Cf. l'article de juillet 1917 « O konstitutsionnykh illiuziakh » (Sur les illusions constitutionnelles), *Polnoe*, t. 34, p. 33-47 et même tome, p. 403.
3. Soukhanov, *op. cit.*, p. 293.

4. « Pismo k tovarichtcham » (Lettre aux camarades), 17.10.1917, *Polnoe*, t. 34, p. 398-418.
5. Deux entretiens de l'auteur avec Kerenski à Stanford en mai 1967 et à Paris le 10 septembre 1967.
6. Pipes (R.), *La Révolution russe*, p. 451.
7. « Pismo predsedateliu oblastnogo komiteta armii flota i rabotchikh Finlandii i. t. Smilge » (Lettre au Président du comité de l'armée de la flotte et des ouvriers de Finlande, et de C. Smilga), 27 septembre 1917, *Polnoe*, t. 34, p. 264-268.
8. Trotski, *The History of the Russian Revolution*, New York, 1937, t. III, p. 355.
9. *Les Bolcheviks par eux-mêmes*, *op. cit.*, p. 262 et 264.
10. *Dekrety sovetskoi vlasti*, I.
11. Soukhanov, *op. cit.*, p. 332.
12. Robien (L. de), *Journal d'un diplomate en Russie*, Paris, 1967, p. 144.
13. Mel'gunov, *Kak bol'cheviki zakhvatili vlast* (Comment les bolcheviks ont pris le pouvoir), Paris, 1953, en fait un récit précis.
14. *Vtoroi vserossiiskii s'ezd sovetov* (IIe Congrès panrusse des soviets) *RSD*, Moscou-Leningrad, 1928 (éd. Kotel'nikov).
15. Soukhanov, *op. cit.*, p. 347.
16. *Ibid.*, p. 354.
17. Gorodetski (E.N.), *Rojdenie Sovetskogo gosudarstva 1917-1918* (La naissance de l'État soviétique), Moscou, 1964, p. 156 sqq.
18. Soukhanov, *op. cit.*, p. 348.
19. *L'Illustration* donne des portraits du gouvernement russe en insistant sur le fait que presque tous ses membres sont juifs. « Petrograd sous la Commune », *L'Illustration*, n° 3491, 11.9.1918, p. 259-260.

Chapitre X

1. Sadoul (J.), *Notes sur la révolution bolchevique*, p. 75.
2. « Gosudarstvo i revoliutsiia » (L'État et la révolution), août-sept. 1917, *Polnoe*, t. 33, p. 1-120. Postface à la première édition du 30.11.1917, t. 33, p. 120.
3. Marksizm o gosudarstve (Le marxisme sur l'État), janv.-févr. 1917, *ibid.*, t. 33, p. 123-307.
4. « Plany, konspekty i zametki k knigi gosudarstvo i revoliutsiia » (Plans et remarques pour le livre l'État et la révolution) (janv.-sept. 1917, *ibid.*, t. 33, p. 308-328.
5. Lénine tire ce passage de « La Guerre civile en France ». Cf. aussi Marx. Adresse du Conseil général de l'AIT sur la guerre civile en France, 1871. *Selected Works*, Moscou, 1950, t. I, p. 473.
6. Duroselle (J.-B.), *La Grande Guerre des Français*, Paris, 1994, p. 290.
7. Sadoul (J.), *op. cit.*, p. 81.
8. Popov (A.) éd., *Oktabr'skii perevorot : fakty i dokumenty* (Le coup d'octobre : faits et documents), Petrograd, 1918, p. 402 sqq.

9. Vompe (P.), *Dni okt'iabr'skoi revoliutsii i jeleznodorojniki – materialy* (Les jours de la révolution d'octobre et les cheminots), Moscou, 1924, p. 21-26.
10. Trotski, *Staline*, t. 2, p. 102.
11. « Kak obespetchit' uspekh utchreditel'nogo sobraniia » – (o svobode petchati) (Comment assurer le succès de la Constituante sur la liberté de la presse) , 15.09.1917, *Polnoe*, t. 34, p. 208-213.
12. Shub (A.), *Lenin*, p. 239.
13. *Les Bolcheviks par eux-mêmes*, *op. cit.*, p. 75.
14. « Tezisy ob utchreditel'nom sobranii » (Thèses sur la Constituante), *Polnoe*, t. 35, p. 162-166.
15. « O konstitutsionnyh illiusiah », texte daté du 26 juillet 1917, *ibid.*, t. 34, p. 34-47.
16. Balabanova, *op. cit.*, p. 221 note le caractère versatile de Zinoviev.
17. Deklaratsiia prav trudiachtchtegosiia i ekspluatiruemogo naroda (Déclaration des droits du peuple travailleur et exploité) – (rédigée au plus tard le 3 [16] janvier 1918), *ibid.*, t. 35, p. 221-223.
18. Tezisy (proekt dekreta o rospuske utchreditel'nogo sobraniia) (Thèses – projet de décret sur la dissolution de la Constituante), 6.1.1918, *ibid.*, t. 35, p. 232-235.
19. Shub, *Lenin*, *op. cit.*, p. 248.
20. Voir surtout « mir ili voina » (Guerre ou paix), 23.2.1918, *Polnoe*, t. 35, p. 366-368.
21. « Les Allemands sont à la fois nerveux et menaçants », Sadoul, *op. cit.*, p. 192.
22. *Ibid.*, p. 237.
23. *KPSS v rezoliutsiiah i recheniiah, s'ezdov konferentsii i plenumov TSK 1898-1903*, Moscou, 1953, t. 1, p. 405.
24. Sadoul, *op. cit.*, p. 260.
25. Sur le changement de capitale.
Fraiman (A.F.), *Revoliutsionnaia zachtchita Petrograda v Fevrale-Marte 1918* (La défense révolutionnaire de Petrograd en février-mars 1918), Moscou-Leningrad, 1964 et lettre de Lounatcharski au Sovnarkom (mars 1918) in *Lenin i Lunatcharski – Pisma, doklady, dokumenty*, Moscou, 1971, p. 59.

CHAPITRE XI

1. Cité par Shub (A.), *Lenin*, *op. cit.*, p. 261.
2. Latsis, « Tov. Dzerjinski i Vchk » (Le camarade Dzerjinski et la Tcheka), *Proletarskaia revoliutsiia*, n° 56, 1926, p. 81.
3. Trotski : *Kak voorujalas' revoliutsiia* (Comment la révolution s'est armée), t. 1, p. 186-195.
4. *Ibid.*, t. 1, p. 127-131.
5. Sadoul, *op. cit.*, p. 370.
6. *Ibid.*, p. 302.

7. « Groziachtchaia katastrofa i kak s nei borotsia » (La catastrophe imminente et comment la conjurer), 10-14 septembre 1918, *Polnoe*, t. 34, p. 151-159.
8. « Deklaratsiia prav trudiachtchihsia i ekspluatiruemogo naroda », 3.1.1918, *ibid.*, t. 35, p. 221-223.
9. Volkogonov, *Le Vrai Lénine*, *op. cit.*, p. 242.
10. Balabanova (A.), *Ma vie de rebelle*, *op. cit.*, p. 190-191.
11. Kroupskaïa – *Vospominanie o Lenine* (Souvenirs sur Lénine) ; Moscou, 1957, p. 316.
12. Ce texte intitulé « Chest' tezisov ob otcherednykh zadatchakh sovetskoi vlasti » (Six thèses sur les tâches du pouvoir soviétique) fut publié dans *Izvestia*, 28.4.1918, et repris dans *Polnoe*, t. 36, p. 277-280.
13. « O levom rebiatchestve i o melko burjuaznosti » (Six thèses sur le gauchisme et l'esprit petit-bourgeois), 5 mai 1918, *ibid.*, t. 36, p. 283-314.
14. Ce texte extrait d'archives secrètes adressé « aux camarades Kuraiev, Boch, Minkin et autres communistes de Penza » a été publié intégralement par Pipes (R.), *The Unknown Lenin*, p. 50.
15. « Mémorandum du 3 ou 4 septembre 1918 », *ibid.*, p. 56. Lénine précise « à l'origine cela doit être fait de manière secrète ».
16. P. Melgunov publie en 1927 *La Terreur rouge en Russie*, Paris, Payot.
17. Décret publié dans Izvestia, 10.9.1918, sur la terreur rouge. Legett, *The Cheka Lenin's Political Policy*, Oxford, 1986, p. 100 sqq. et 215-216.
18. Holquist (P.), « Conduct merciless mass terror, Decossackization of the Don, 1919 », Cahiers du monde russe et soviétique, 38, janvier-juin 1997, p. 127 à 162.
19. Balabanova (A.), *op. cit.*, p. 184.

CHAPITRE XII

1. *Sed'moi s'ezd Rossiiskoi kommunistitcheskoi partii*, Moscou, 1923, p. 195.
2. Sadoul, *op. cit.*, p. 313.
3. *Leninskii sbornik*, 1933, t. 21, p. 252-253.
4. « Pis'mo tchlenam gruppi spartak » (Lettre aux membres du groupe Spartak), 18.10.1918, *Polnoe*, t. 50, p. 195-196.
5. « Proletarskaia revoliutsiia i renegat Kautsky » (La révolution prolétarienne et le renégat Kautsky) écrit entre fin octobre et 10.11.1918, *ibid.*, t. 37, p. 235-338.
6. Lettre à Staline du 17 juillet 1922. Texte dans *Unknown Lenin*, *op. cit.*, p. 168.
7. Lettre à A.N. Rojkov, 29.1.1919, *ibid.*, p. 62-63.
8. « Pismo k rabotchim evropy i ameriki » (Lettre aux ouvriers d'Europe et d'Amérique), *Polnoe*, t. 37, p. 454-462.
9. « Les Cosaques dans leur majorité nous auraient été hostiles... nous avons fourni à Denikine un grand nombre de soldats », mémoran-

dum secret de Trotski au CC, 1.10.1919, cité par Pipes (R.), *op. cit.*, p. 70-71.

10. « Denikine est un ennemi infiniment plus sérieux que ne le fut jamais Koltchak », *ibid.*, p. 71.
11. Balabanova, *op. cit.*, p. 210.
12. Pour les PC étrangers, Karski (Pologne), Rudnianszki (Hongrie), Duda (Autriche), Rozine (Lettonie), Sirola (Finlande), Rakovski (Balkans), Reinstein (USA).
13. Broué (P.), *Histoire de l'Internationale communiste, 1919-1943*, p. 76-78.
14. « Tezisy i doklad o burjuaznoi demokratii i diktature proletariata » (Thèses et rapport sur la démocratie bourgeoise et la dictature du prolétariat), 4 mars 1919, *Polnoe*, t. 37, p. 491-509.
15. Sur cette naissance, Broué (P.), *op. cit.*, p. 86-90, et Premier congrès de l'Internationale communiste (documents), Degras (J.), *The Communist International, 1919-1943, Documents, I, 1919-1922* (Londres-New York, 1956, p. 43 sqq.).
16. Balabanova (A.), *Lénine et la création du Komintern*, in Freymond (J.) éd. *Contributions à l'histoire du Komintern*, Genève, 1965, p. 33 sqq.
17. Balabanova (A.), *Ma vie de rebelle*, *op. cit.*, p. 216-217.
18. Sur cette flambée révolutionnaire P. Broué, *op. cit.*, donne un excellent tableau, p. 99-109.
19. « Destskaia bolezn' "Levizny" v kommunizme » (Le gauchisme, maladie infantile du communisme), avril-mai 1920, *Polnoe*, t. 41, p. 1-104.
20. Sur cette conception, *Documents on the Foreign Policy of the USSR*, Moscou, 1957, t. II, p. 370-371.
21. « Tezisy po II kongressu kommunistitcheskogo internatsionala », juin-juillet 1920, *Polnoe*, t. 41, p. 159-212.
22. Sur les conditions d'adhésion « Usloviia priema v kommunistitcheskii internatsional » (Les conditions d'adhésion à l'I.C.), *ibid.*, p. 204-211 et « Dvatsatyi punkt uslovii priema v kommunistitcheskii internatsional » (20e condition des ...), *ibid.*, p. 212.
23. Tezisy, *ibid.* :

et « Pervonatchal'nyi nabrosok tezisov po natsional'nomu i kolonial' nomu voprosam. Dlia vtorogo s'ezda kommunistitcheskogo internatsionala » (Premier essai de thèses sur les problèmes nationaux et coloniaux pour le IIe Congrès du Komintern), t. 41, p. 161-168 et « Pervonatchal'nyi nabrosok tezisov po agrarnomu voprosu » (Premières thèses sur la question agraire), *ibid.*, p. 169-182.

24. « Doklad o mejdunarodnom polojenii i osnovnykh zadatchakh internatsionala » (Rapport sur la situation internationale et les tâches fondamentales du Komintern), 19 juillet, *ibid.*, t. 41, p. 215-235.
25. Le IIe Congrès a fait l'objet de quatre éditions linguistiques : allemand, anglais, français, russe. Les citations sont extraites de l'édition russe *Vtoroi kongress Kominterna*, Moscou, 1921.
26. Zetkin (Clara), *Reminiscences of Lenin*, Londres, 1929, p. 19-22.

27. « Doklad na II[m] vserossiiskom s'ezde kommunistitcheskikh organizatsii Vostoka » (Rapport pour le IIe Congrès panrusse des organisations communistes d'Orient), *Polnoe*, t. 39, p. 318-331.
28. Safarov (G.), *Kolonial'naia revoliutsia, opyt Turkestana*, Moscou, 1921.
29. Safarov (G.), *op. cit.*, p. 97.
30. Galiev (S.), « Sotsial'naia revoliutsiia na Vostoke » (La révolution sociale en Orient), *Jizn' Natsional'nostei*, n° 38 (46), 5.10.1919 ; 39 (47), 12.10.1919 ; 42 (50) 2.11.1919.
31. Archaruni, Gabidullin, *Otcherki panislamizma i pantiurkizma v rossii*, Moscou, 1931, p. 76-91, surtout p. 78.

Chapitre XIII

1. Pesikina (E.), *Narodnyi komissariat po delam natsional'nostei*, Moscou, 1950, et *Spravotchnik narodnogo komissariata po delam natsional'nostei*, Moscou, 1921, p. 5.
2. *Polnoe*, t. 34, p. 304-305.
3. *Ibid.*, t. 36, p. 76.
4. *Dekrety sovetskoi vlasti*, Moscou, 1968, t. 4, p. 15-18.
5. *Polnoe*, t. 35, p. 286-290.
6. Kuusinen (O.V.), *Revoliutsia v Finlandii*, Petrograd, 1919, p. 12 sqq.
7. Makhno (Nestor), *Pod udarami Kontr. revoliutsii* (Sous les coups de la contre-révolution), Paris, 1936.
   Archinoff (P.), *Le Mouvement makhnoviste*, Paris, 1924.
   Ternon (Y.), *Makhno, la révolte anarchiste*, Bruxelles, 1981.
8. Telegramma L.D. Trotskomu, 22.5.1919, *Polnoe*, t. 50, p. 320, 321.
9. *Dekreti sovetskoi Vlasti*, Moscou, 1971, t. 5, p. 259-261.
10. *Pravda*, 10.10.1920, et *Jizn' natsional' nostei*, 15.12.1920.
11. *Polnoe*, t. 41, p. 161-168.
12. Luke (H.C.), *Cities and Men*, Londres, 1953, p. 137 à 160.
13. Staline, « Commentaire sur le Caucase », *Pravda*, 30.11.1920.
14. Jvania (G.K.), *V.I. Lenin,Tsk Partii i bol'cheviki zakavkaziia* (Lénine, le CC du Parti et les bolcheviks de Transcaucasie), Tbilissi, 1969, p. 238-239.
15. Jordania (Noe), *Moia jizn'* (Ma Vie), p. 110 sqq. et *The Trotsky Papers*, 1917-1922, La Haye, 1971, t. II, p. 385.
16. *Polnoe*, t. 51, p. 152.
17. *Dokumenti vnechnei politiki SSSR*, Moscou, 1961, t. 5, p. 110-111.
18. Castagné (J.), « Les Basmatchis », *Revue du monde musulman*, 11.1922, p. 174-178 et *Notes manuscrites* du même.
19. Kharmandarian (S.V.), *Lenin i stanovlenie zakavkajskoi federatsii, 1921-1925*, (Lénine et l'établissement de la fédération transcaucasienne), Erevan, 1969, p. 218.
20. Kharmandarian, *op. cit.*, p. 361.

21. Tucker (R.C.), *Stalin as revolutionary 1879-1929*, Princeton, 1973, p. 240.
22. *Polnoe*, t. 41, p. 164.
23. *Desiatyi s'ezd RKP (b) Mart 1921 goda*, Moscou, 1960, p. 192-193.
24. Lettres du 17.9.1922 à Unschlicht et du 28.9.1922 à Radek. Pipes (R.), *op. cit.*, p. 174-175.
25. « Pismo L.B. Kamenevu – ob obrazovanii SSSR » (Lettre à Kamenev – sur la formation de l'URSS), *Polnoe*, 26.9.1922, t. 45, p. 211-213.
26. « Pismo L.B. Kamenevu », 6.10.1922, *ibid.*, t. 54, p. 292.
27. Kharmandarian, *op. cit.*, p. 344.
28. Miasnikov, *Izbrannye proizvedeniia* (Œuvres choisies), Erevan, 1965, p. 423-424.
29. Kharmandarian, *op. cit.*, p. 369-370.
30. *Polnoe*, t. 45, p. 356-362 et Fotieva, *Iz vospominanii o V.I. Lenine-Dekabr' 1922. Mart 1923 g.* (Souvenirs sur Lénine, décembre 1922-mars 1923), Moscou, 1964, p. 54 et 63.
31. *Pismo k s'ezdu* (Lettre au congrès), *Polnoe*, t. 45, p. 343-348, p. 354-355.
32. *Vtoraia sessiia Tsik sovetskikh sotsialistitcheskikh respublik* (2e session du CEC des républiques socialistes soviétiques), Moscou, 1923, p. 11 sqq.
33. *Vtoroi s'ezd sovetov soiuza Sovetskikh sotsialistitcheskikh respublik* (IIe Congrès des soviets de l'URSS), Moscou, 1924, p. 129-136.

Chapitre XIV

1. « Polititcheskii otchet tsk. RKP (b) » (Rapport politique du CC de PCR. b), 22.9.1920, *Polnoe*, t. 41, p. 281-285 et texte complet Pipes (R.), *op. cit.*, p. 95-114.
2. Pipes (R.), *ibid.*, p. 112.
3. *Kombedy bednoty – Sbornik dokumentov* (Les comités de la pauvreté – Recueil de documents), Moscou, 1937.
4. Stanziani (A.), « La gestion des approvisionnements et la restauration de la gosudarstvennost' », *Cahiers du monde russe et soviétique*, vol. 38 (1-2), janvier-juin 1997, p. 82-112.
5. Sokoloff (G.), *La Puissance pauvre*, Fayard, 1993, p. 293.
6. Fremkin (M.M.), *Tragediia krestiansikh vosstanii v rossii 1917-1921 g.* (La tragédie des insurrections paysannes en Russie), Jérusalem, 1987, p. 55 sqq. et Danilov (V.), Shanin (T.), *Krestianskoe vostanie v Tambovskoi gubernii v 1919-1921* (Le soulèvement paysan de Tambov), Tambov, 1994.
7. Courtois (S.), Werth (N.), Panné (J.-L.), Paczkowski (A.), Barsozek (K.), Margolin (J.-L.), *Le Livre noir du communisme*, Paris 1997, p. 131-132.
8. *Kronstadt – 1921. Dokumenty*, Moscou, 1997. Ciliga (A.), *The Kronstadt revolt*, Londres, 1942, Avritch (P.), *Kronstadt, 1921*, Princeton, 1970.

9. Gitelman (Z.), *Jewish nationality and Soviet Politics*, Princeton, 1972, p. 106, et Dimanchtein, *Revoliutsiia i natsional'noi vopros*, t. III, p. 34 sqq.
10. Pipes (R.), *op. cit.*, p. 10, 116, et 128-129.
11. *Ibid.*, p. 77.
12. « O kraske styda u Iuduchki Trotskogo » (Le rouge de la honte chez le petit Judas Trotski), 2 (15) janvier 1911, *Polnoe*, t. 20, p. 96.
13. Trotski, « Chumikha vokrug Kronstadta » (Le tapage autour de Cronstadt), *Biuleten oppozitsii*, mai-juin 1938, p. 22-26 et « Echtche ob usmerenie Kronchtadta » (Encore sur la pacification de Cronstadt), *ibid.*, oct. 1938, p. 10.
14. Soljénitsyne (A.), *L'Archipel du goulag* (éd. russe), Paris, Ymca Press, 1973, et éd. française complétée, Fayard, 1991.
15. *Le Livre noir du communisme*, *op. cit.*, p. 153-154.
16. « Zametchanie k proektu tezisov Trotskogo : otcherednye zadatchi khoziaistvennogo stroitel'stva » (Remarque sur le projet de thèses de Trotski ; les tâches immédiates de la construction économique), 3 mars 1920, *Polnoe*, t. 40, p. 90-91.
17. « O nachei revoliutsii » (po povodu zapisok N. Sukhanova) (Sur notre révolution : à propos des notes de Soukhanov), 16 et 17 janvier 1923, *ibid.*, t. 45, p. 378-382.
18. *Desiatyi s'ezd RKP (b) mart 1921 goda stenografitcheskii otchet*, Moscou, 1963.
19. *Ibid.*, p. 564-571 sqq.
20. *Pravda*, 4.4.1922.
21. Volkogonov, *op. cit.*, p. 278-280.
22. Tchouev (F.), *Conversations avec Molotov*, Paris, 1995, p. 173.
23. *Pravda*, 12 juillet 1921 ; mais *Pravda*, 27 juin 1921, évoque déjà la famine.
24. Wehner (M.), « Golod 1921-1922 gg » (La famine de 1921-1922), *Cahiers du monde russe et soviétique*, vol. 38, *op. cit.*, p. 223-242. Fischer (H.H.), *Famine in Soviet Russia*, New York, 1927.
25. Elles seront publiées dans : *Rapport sur les conditions économiques de la Russie*, Genève, Société des nations, 1922.
26. Benjamin, Weissman, *Herbert Hoover and Famine Relief to Soviet Russia, 1921-1923*, Stanford, 1974.
27. Télégramme du 30.7.1921. *Unknown Lenin*, *op. cit.*, p. 130-131.
28. *Ibid.*, p. 133.
29. Krzyjanovski (G.M.), *Lenin. Tovarichtch Tchelovek*, Moscou, 1987, p. 212.
30. « Sotsializm i religiia » (Socialisme et religion), 3. (16) décembre 1905, *Polnoe*, t. 12, p. 142-147.
31. *Vestnik khristianskogo dvijeniia*, n° 52, 1970, p. 62-65 et *Izvestiia TSK*, avril 1990, p. 190-193.
32. Struve (N.), *Deux mille ans de christianisme*, Paris, p. 39. Ieremenko (I.V.), *Literaturnaia rossiia*, 14.12.1990, p. 17.
33. *Pravda*, 27 juin 1923.
34. Pipes (R.), *op. cit.*, p. 150.

35. Volkogonov, *op. cit.*, p. 342.
36. Oznatchenie voinstvuiechtego materializma » (Le sens du matérialisme militant), 12 mars 1922, *Polnoe*, t. 45, p. 23-33.
37. « O kooperatsii » (De la coopération), 4 et 6 janvier 1923, *ibid.*, t. 45, p. 369-377.
38. « Partiinaia organizatsiia i partiinaia litteratura » (L'organisation du Parti et la littérature du Parti), 13 (26) novembre 1905, *ibid.*, t. 12, p. 99-105.
39. « O proletarskoi kulture » (Sur la culture prolétarienne), 8 octobre 1920, *ibid.*, t. 41, p. 336-337 et Iakovlev (Ja), « O proletarskoi kulture i proletkulte », *Pravda*, 24 et 25 octobre 1922.
40. « Litteratura i revoliutsia », *Pravda*, 15 et 16 septembre 1922.
41. *V.I. Lenin o litterature i Iskustve*, Moscou, 1967.
42. « O proletkulte. Pismo TSK RKP », *Pravda*, 1.12.1920.
43. « Ogosudarstve. Lektsia v Sverdlovskom universitete » (Sur l'État. Conférence à l'Université Sverdlov, 11.7.1919, *Polnoe*, t. 39, p. 64-84.

Chapitre XV

1. Volkogonov, *op. cit.*, p. 370.
2. Rosmer (A.), *Moscou sous Lénine*, Paris, 1953, p. 231.
3. Lettre à Staline pour le Politburo, 15.6.1922 et note au même 7.7.1922. *Unknown Lenin*, *op. cit.*, p. 165.
4. Annenkov (Iou), « Vospominanie o Lenine », *Novyi journal*, n° 65, 1961, p. 141-142.
5. « Pismo F.E. Dzerjinskomu », 19 mai 1922, *Polnoe*, t. 54, p. 265-266.
6. Lettre à Staline, 17.7.1922. *Unknown Lenin*, p. 168-169.
7. *Ibid.*, p. 174.
8. Cité par Volkogonov, *op. cit.*, p. 330.
9. Trotski, *Staline*, *op. cit.*, t. 2, p. 264-265.
   Molotov l'a confirmé dans ses entretiens avec F. Tchouev, *op. cit.*, p. 167.
10. « O nachei revoliutsii », *Polnoe*, t. 45, p. 378-382.
11. « Lutche men'che da Lutche » (Mieux vaut moins mais mieux), 2 mars 1923, *ibid.*, t. 45, p. 389-406.
12. « O kooperatsii », 4 et 6 janvier 1923, *ibid.*, t. 45, p. 369-377.
13. « Kak nam reorganizovat' rabkrin » (Comment réorganiser le Rabkrin), 23 janvier 1923, *ibid.*, t. 45, p. 383-388, et les matériaux rassemblés pour cet article, t. 45, p. 442-450.
14. *Unknown Lenin*, *op. cit.*, p. 171.
15. Fotieva note dans son journal que Staline lui demande : « Comment Lénine est-il au courant des affaires en cours ? »
16. « O monopoli vnechnei torgovli » (Sur le monopole du commerce extérieur), 13.12.1922, *Polnoe*, t. 45, p. 333-337.
17. « Pismo I.V. Stalinu i M. Frumkinu i porutchenie sekretariu » (Lettre à Staline, Frumkin et au secrétaire), 15 mai 1922, *Polnoe*, t. 54, p. 260.

18. « Pismo I.V. Stalinu o monopolii vnechnei torgovli », 13.10.1922, *ibid.*, t. 45, p. 338.
19. *Ibid.*, t. 45, p. 608 et *Unknown Lenin*, *op. cit.*, p. 188.
20. (Journal de Fotieva)
« Dnevnik dejurnykh sekretarei v I. Lenina » (Journal des secrétaires de permanence auprès de Lénine), 21.11.1922 et 6.3.1923 ; *ibid.*, t. 45, p. 455-488, spécialement p. 485.
21. Le texte complet a été rendu public dans le rapport secret du XXe Congrès, extraits dans *ibid.*, t. 45, p. 674-675.
22. Mots de Voloditcheva, *Dnevnik sekretarei*, *op. cit.*, t. 45, p. 486.
23. « Pismo k s'ezdu », 23 et 24 décembre 1922, *ibid.*, t. 45, p. 343-348 et 354-355.
24. Ajouté au texte précédent : « K otdelu ob uveletchenii tchisla tchlenov TSK » (Pour le passage sur l'augmentation du nombre de membres du CC), 29 décembre 1922, *ibid.*, t. 45, p. 354-355.
25. « Dobavlenie k pismu ot 24 dekabria 1922 g » (Ajout à la lettre du 24), 4 janvier 1923, *ibid.*, t. 45, p. 346.
26. Le texte fut publié dans la *Pravda*, 4 mars 1923. Cf. aussi Lewin, *Le Dernier Combat de Lénine*, Paris, 1967, p. 124.
27. « Pismo L.D. Trotskomu », 5.3.1923, *Polnoe*, t. 43, p. 329.
28. « Pismo tovarichtcham Mdivani, Makharadze i drugim », 6 mars 1923, *ibid.*, t. 54, p. 330.
29. Lewin (M.), *op. cit.*, p. 131-142.
Fejtö (F.), *L'Héritage de Lénine*, Paris, 1973, est plus nuancé à cet égard, p. 69-71.

CONCLUSION

1. « State and Revolution in the Paris Commune, The Russian Revolution and the Civil War », *Sociological review*, 29, 1937, p. 67, cité par Keep (J.), *The Russian Revolution*, New York, 1976, p. X.
2. Dès 1926, Korsch note que « le marxisme de Lénine ne vaut pas mieux que celui de Kautsky ». Korsch par Daniel Lindenberg, in Chatelet, Pisier, Duhamel, *Dictionnaire des œuvres politiques*, Paris, 1995, p. 601.
3. « Dve taktiki », 1 (14) février 1905, *Polnoe*, t. 9, p. 254-263.
4. Cité par Ulam (A.), *The Unfinished Revolution*, Londres, 1979, éd. révisée.
5. « Doklad o revolutsii 1905 goda » (Conférence sur la révolution de 1905) (écrit avant le 9 (22) janvier 1917), *Polnoe*, t. 30, p. 306-328.
6. « Russkaia revoliutsiia i grajdanskaia voina » (La révolution russe et la guerre civile) (première moitié de septembre 1917), *ibid.*, t. 34, p. 214-228.

Bibliographie choisie

Cet ouvrage n'est pas un travail d'érudition mais de réinterprétation et de reconceptualisation. C'est en somme un *Lénine* « revisité » car la fin du communisme incite à jeter un nouveau regard sur l'homme et sur la signification de son expérience.

Cette bibliographie ne prétend pas à l'exhaustivité. Ce n'est pas un *state of the art* mais l'état des lectures qui, au fil des ans, ont enrichi l'auteur. Il en va de même des archives. Mais ce qui m'était utile figure déjà dans les travaux du défunt général Volkogonov qui a généreusement partagé ses découvertes avec moi, et dans ceux de R. Pipes, c'est pourquoi ce sont leurs travaux qui sont cités ici directement.

Ce livre repose avant tout sur les écrits de Lénine. Cinq éditions en ont été publiées en URSS dont quatre depuis la disparition du fondateur de l'État soviétique. La plus complète, celle qui a été utilisée ici, est la cinquième. Il se fonde aussi sur les congrès du Parti et divers documents officiels de l'époque.

I. Lénine

Polnoe Sobranie Sotchinenii, Moscou, 1958-1965, 55 volumes et 2 index. Cité : *Polnoe.*
mais aussi :
Sotchineniia, 3e édition (dirigée entre autres par Boukharine et annotée).
Il faut y ajouter les *recueils* :
Leninskii sbornik, 36 volumes comportant des textes dispersés, Moscou.
Des documents (lettres surtout, ou notes) n'ont pas été inclus dans les œuvres complètes. Certains ont été publiés récemment dans *Istoritcheskii Arkhiv*, en 1992. Nombre de documents dorment dans les archives théoriquement ouvertes (Centre russe pour la conservation et l'étude des documents pour l'histoire récente) mais dont la communication est incertaine.

II. Les Congrès du Parti bolchevique dont

Pervyi s'ezd RSDPR : dokumenty i materialy mart. 1898 (Ier Congrès du PSDOR), Moscou, 1958.
Piatyi (Londonskii) s'ezd RSDPR (b), aprel-mai 1907 goda., Protokoly (Ve Congrès du PSDOR), Moscou, 1963.
Chestoi s'ezd RSDPR (bolchevikov) august 1917 g., Protokoly (VIe Congrès du PSDOR (b), Moscou, 1958.

Sed'moi s'ezd RKP (b) Mart 1918, Protokoly, (VIIe Congrès du Parti communiste russe), Moscou, 1959.
Desiatyi s'ezd RKP (b) Mart 1920, Protokoly (IXe Congrès du Parti communiste russe), Moscou, 1960.
Desiatyi s'ezd RKP (b) Mart 1921, Stenografitcheskii otchet (Xe Congrès du Parti communiste russe), Moscou, 1963.
Odinadtsatyi s'ezd RKP (b) mart-aprel 1922 goda, Stenografitcheskii otchet (XIe Congrès du Parti communiste russe), Moscou, 1961.
Dvenadtsatyi s'ezd rossiiskoi Kommunistitcheskoi Partii bol'chevikov, Stenografitcheskii otchet (XIIe Congrès du Parti communiste russe), Moscou, 1923.
Sed'maia (aprel'skaia) Vserossiskaia i Petrogradskaia Konferentsiia RSDPR (b) aprel 1917 g. (Orakhelachvili éd.) (VIIe conférence panrusse de Petrograd), Moscou, 1934.

Recueils

Protokoly tsentral'nogo komiteta RSDPR (b) August 1917. Fevral 1918 (Protocoles du comité central du PSDOR (b), août 1917-février 1918). Moscou, 1958.
ANIKEEV (U.V.) i dr. ed. *Perepiska sekretariata TSK RSDPR (b) s mestnymi partiinymi organizatsiami : Sbornik dokumentov I. mart. okt. 1917* (Correspondance du secrétariat du CC du PSDOR (b) avec les organisations locales du Parti. Recueil de documents mars-oct. 1917), Moscou, 1957.
BELOV (G.A.), *Iz istorii Vserossiiskoi Tchrezvytchainoi Komissii 1917-1921 Sbornik dokumentov* (Histoire de la commission extraordinaire panrusse. Recueil de documents), Moscou, 1958.

III. Le pouvoir d'État

Dekrety Sovetskoi vlasti (Les décrets du pouvoir soviétique), Moscou, 1957. 15 volumes publiés.

IV. Les soviets

Pervyi Vserossiskii s'ezd Sovetov rabotchikh i soldatskikh deputatov. 1917 Protokoly (Ier Congrès des soviets des députés ouvriers et soldats), (V.N. Rakhmetov et N.P. Miamlin éd.), 2 vol., Moscou-Leningrad, 1930-1931.
Vtoroi Vserossiiskii s'ezd Sovetov rabotchikh i soldatskikh deputatov : Protokoly (IIe Congrès des soviets des députés ouvriers et soldats), (K.G. Kotel'nikov éd.), Moscou-Leningrad, 1928.

V. Recueils de documents

BROWDER (R.P.), KERENSKI (A.), *The Russian Provisional Government 1917. Documents*, Stanford, 1961.
BUNYAN (J.), FISCHER (H.H.), *The Bolshevik Revolution 1917-1918. Documents and Materials.* Stanford, 1965.
Lenin i Vtcheka Sbornik dokumentov (Lénine et la Tcheka : recueil de documents) Moscou, 1976.

VI. Témoignages de contemporains

ANTONOV-OVSEENKO (V.A.), *Zapiski o grajdanskoi voine* (Notes sur la guerre civile), Moscou-Leningrad, 1924.
BALABANOVA (A.), *Ma vie de rebelle*, Paris, 1981 (écrit en 1938).
BALABANOVA (A.), *Impressions of Lenin*, Londres, 1964.
BONTCH-BROUIEVITCH (V.D.), *Na boevykh postakh fevral'skoi i oktiabr'skoi revoliutsii* (Aux postes de combat des révolutions de Février et d'Octobre), Moscou, 1931.
BONTCH-BROUIEVITCH (V.D.), *Izbrannye sotchineniia*, t. III *Vospominania o Lenine 1917-1924* (Œuvres choisies. Souvenirs sur Lénine), Moscou, 1963.
BOUKHARINE (N.), *Politichskoie zavechtchanie Lenina* (Le testament politique de Lénine), Moscou, 1929.
CHLIAPNIKOV (A.), *Semnadtsatyi god* (L'année 1917), 3e vol., Moscou, 1925.
DAN (Th.), *The Origins of Bolshevism*, New York, 1964.
FOTIEVA (L.A.), *Iz vospominanii o V.I. Lenine Dekabr' 1922 g. Mart 1923* (Souvenirs sur Lénine), Moscou, 1964.
GORKI (M.), *Vladimir Ilitch Lenin*, Moscou, 1924.
KAUTSKY (K.), *Le Bolchevisme dans l'impasse*, Paris, 1982 (écrit en 1930).
KERENSKI (A.), *Istoriia Rossii*, Irkoutsk, 1996.
KERENSKI (A.), *La Révolution russe, 1917*, Paris, 1928.
KREMER (A.), MARTOV (Iu.), *Ob agitatsii* (De l'agitation), Genève, 1896.
KROUPSKAÏA (N.), *Vospominanie o Lenine* (Souvenirs sur Lénine), Moscou, 1957, 2 vol. et 1972.
LATSIS (M. Ia), *Tchrezvytchainye komissii po bor'be s'kontr-revoliutsii* (Les commissions extraordinaires dans la lutte contre la contre-révolution), Moscou, 1921.
LOUNATCHARSKI (A.V.), *Revoliutsionnye silhouetty* (Silhouettes révolutionnaires), Moscou, 1923.
LOUNATCHARSKI (A.V.), *Lenin, Tovarichtch, Tchelovek* (Lénine, le camarade, l'homme), Moscou, 1987.
MARTOV (Iu.), *Zapiski sotsial-demokrata* (Notes d'un social-démocrate), Berlin, 1922.
MIKOYAN (A.I.), *Mysli i vospominanie o Lenine* (Pensées et souvenirs sur Lénine), Moscou, 1970.

MILIOUKOV (P.), *Istoriia Vtoroi russkoi revoliutsii* (Histoire de la deuxième révolution russe), 3 vol. Sofia, 1921-1923.
MILIOUKOV (P.), *Vospominaniia 1917-1959* (Mémoires), New York, 1959.
NIKITIN (B.), *Rokovye gody-novye pokozaniia uchastnika* (Les années d'épreuves), Paris, 1937.
OULIANOVA (M.I.), *O V.I. Lenine i sem'e Oulianovykh* (Sur Lénine et la famille Oulianov), Moscou, 1988.
PASCAL (P.), *En communisme*, Paris, 1918-1921.
RADEK (K.), *Les Voies de la révolution russe*, Paris, 1971 (écrit en 1922).
RADEK (K.), *Vnechniaia Politika Sovetskoi Rossii* (La politique extérieure de la Russie), M. L., 1923.
RADEK (K.), *Piat'let Kominterna* (Cinq ans du Komintern), Moscou, 1924, 2 vol.
RASKOL'NIKOV (I.I.), *Kronstadt i piter v 1917 g.*, Moscou-Leningrad, 1925.
ROY (M.N.), *Roy's Memoirs*, Bombay, 1964.
STASSOVA (E.), *Vospominaniia*, Moscou, 1969.
STRUVE (P.B.), *Razmychleniia o russkoi revoliutsii* (Réflexions sur la révolution russe), Moscou, 1991.
SUKHANOV (N.N.), *Zapiski o revoliutsii*, 7 vol. (Notes sur la révolution), Berlin-Petrograd-Moscou, 1922-1923, et *Notes sur la révolution russe*, Paris (cité ici pour une consultation plus aisée).
TROTSKI (L.), *Sotchineniia* (Œuvres), 12 vol., Moscou, 1924-1927, particulièrement vol. 3, 1917, et vol. 11.
TROTSKI (L.), *La Jeunesse de Lénine*, Paris, 1970.
TROTSKI (L.), *O Lenine*, Moscou, 1924.
TROTSKI (L.), *Histoire de la révolution russe*, Paris, 1932.
TSERETELLI (I.), *Vospominaniia o fevral'skoi revoliutsii* (Souvenirs sur la révolution de Février), 2 vol., Paris, La Haye, 1963.
VALENTINOV (N.) (N.V. Vol'ski), *Maloznakomyi Lenin* (Lénine peu connu), Paris, 1972.
VALENTINOV (N.), *Vstretchi s Leninom* (Rencontres avec Lénine), New York, 1953.
VICHNIAK (M.V.), *Vserossiiskoe utchreditel'noe sobranie*, Paris, 1932 (L'Assemblée constituante panrusse).
ZETKIN (C.), *Souvenirs sur Lénine*, Paris, 1968.

VII. Biographies de Lénine et études sur lui

BESANÇON (A.), *Les Origines intellectuelles du léninisme*, Paris, 1980.
CHAPAROV (I.P.), *Lenin kak tchitatel'* (Lénine, lecteur), Moscou, 1990.
COLAS (D.), *Le Léninisme, philosophie et sociologie politique du léninisme*, Paris, 1982.
CRISENOY (C. de), *Lénine face aux moujiks*, Paris, 1978.
GANETSKI (I.), *O Lenine. Otryvki vospominanii* (Sur Lénine. Extraits des mémoires), Moscou, 1933 (dans notre texte Ganetski est désigné Hanetski).
GORKI (M.), *Vladimir Ilitch' Lenin*, Leningrad, 1924.
KRJIJANOVSKI (G.M.), *Velikii Lenin* (Le grand Lénine), Moscou, 1982.

LALOY (J.), *Le Socialisme de Lénine*, Paris, 1967.
LAZITCH (B.), *Lénine et la IIIe Internationale*, Paris, 1951.
LEGGETT (G.), *The Cheka. Lenin's Political Police*, Oxford, 1981. *Lenin i Vetcheka* (Lénine et la Tcheka), Moscou, 1975.
LEWIN (M.), *Le Dernier Combat de Lénine*, Paris, 1967.
LUXEMBURG (R.), *The Russian Revolution*, Ann Arbor, 1961.
MCNEAL (R.), *Bride of the Revolution : Krupskaia and Lenin*, Ann Arbor, 1972.
MEYER (A.), *Leninism*, New York, 1962.
POLAN (A.), *Lenin and the End of Politics*, Berkeley, 1984.
PAGE (S.), *Lenin and World Revolution*, New York, 1959.
PAYNE (R.), *The Life and Death of Lenin*, Londres, 1964.
PIPES (R.), *Unknown Lenin*, Yale Un. Press, 1996.
REDDAWAY (P.), SCHAPIRO (L.) éd., *Lenin, the Man, the Theorist, the Leader*, Londres, 1967.
RIGHBY (H.T.), *Lenin's Government : Sovnarkom 1917-1922*, Cambridge, 1979.
SERVICE (R.), *Lenin, A Political Life*, 2 vol., Bloomington, 1985.
SHUB (D.), *Lenin : A Biography*, New York, 1948.
SOLJENITSYNE (A.), *Lenin v Tsiurihe*, Paris, 1975.
TREADGOLD (D.), *Lenin and His Rivals : the struggle for Russia's future, 1898-1904*, New York, 1955.
ULAM (A.), *The Bolsheviks*, New York, 1965.
Vladimir Ilitch Lenin. Biografiia (P.N. Pospelov, éd.), Moscou, 1963, 2e édition.
VOLKOGONOV (D.), *Le Vrai Lénine, d'après les archives secrètes soviétiques*, Paris, 1995.
WOLFE (B.), *Three Who Made a Revolution*, New York, 1948.
ZBARSKI (B.O.), *Mavzolei Lenina* (Le mausolée de Lénine), Moscou, 1949.

VIII. Ouvrages généraux

ANWEILER (O.), *Les Soviets en Russie, 1905-1921*, Paris, 1972.
BATURIN (N.), *Otcherki istorii sotsial demokratii* (Esquisses d'histoire de la social-démocratie), Saint-Pétersbourg, 1906.
BROUÉ (P.), *Histoire de l'Internationale communiste, 1917-1943*, Paris, 1997.
BROUÉ (P.), *Rakovski, le socialisme dans tous les pays*, Paris, 1996.
BROVKIN (V.N.), *The Mensheviks After October. Socialist Opposition and the Rise of Bolshevik Dictatorship*, Ithaca, N.Y., 1987.
CARR (E.H.), *The Bolshevik Revolution 1917-1922*, 3 vol., Londres, 1950.
CHAMBERLAIN (W.H.), *The Russian Revolution, 1917-1921*, 2 vol., New York, 1965.
COHEN (S.), *Nikolai Buharine. La vie d'un bolchevik*, Paris, 1979.
DANIELS (R.V.), *Red October*, New York, 1967.

DANIELS (R.V.), *The Conscience of the Revolution*, Cambridge, Mass., 1960.
DEUTSCHER (I.), *Trotski. Le prophète armé*, t. 1, Paris, 1962.
DUBNOW (S.M.), *History of Jews in Russia and Poland*, 3 vol., Philadelphie, 1917-1920.
ELWOOD (R.C.), *Inessa Armand, Revolutionary and Feminist*, Cambridge, 1992.
ELWOOD (R.C.), *Roman Malinovski. A Life Without a Cause*, Newtonville, Mass., 1977.
FERRO (M.), *La Révolution de 1917*, 2 vol., Paris, 1967-1976.
FOOTMAN (D.), *The Civil War in Russia*, Londres, 1961.
FIGES (O.), *Peasant Russia. Civil War*, Oxford, 1989.
FREMKIN (M.), *Tragediia krest'anskikh vostanii v rossii 1917-1921* (La tragédie des insurrections paysannes en Russie), Jérusalem, 1987.
HAIMSON (L.), *The Russian Marxists and the Origins of Bolshevism*, Cambridge, Mass., 1955.
HASEGAWA (T.), *The February Revolution, Petrograd 1917*, Seattle, 1981.
HAUPT (G.), MARIE (J.J.), *Les Bolcheviks par eux-mêmes*, Paris, 1968.
HELLER (M.), NEKRITCH (A.), *L'Utopie au pouvoir*, Paris, 1982.
KEEP (J.), *The Rise of Social-Democracy in Russia*, Oxford, 1963.
KEEP (J.), *The Russian Revolution. A study in Mass Mobilization*, Londres, 1975.
KENNAN (G.), *Russia and the West Under Lenin and Stalin*, Boston, 1961.
KINDERSLEY (R.), *The First Russian Revisionnists*, Oxford, 1962.
KOLAKOWSKI (L.), *Histoire du marxisme*, 2 vol., Paris, 1987 (pour la traduction française) spécialement vol. II, *L'Âge d'or de Kautsky à Lénine.*
LASTOURS (S. de), *Toukhatchevski*, Paris, 1996.
MAISKI (I.), *Foreign Policy of the Russian Soviet Federated Republic*, Moscou, 1923.
MALIA (M.), *La Tragédie soviétique*, Paris, 1995.
NETTL (J.P.), *Rosa Luxemburg*, 2 vol., Londres, 1966.
PIPES (R.), *Social Democracy and the Saint-Petersburg Labour Movement*, Cambridge, Mass., 1963.
PIPES (R.), *La Révolution russe*, Paris, 1995.
PIPES (R.), *The Formation of the Soviet Union.*
PIPES (R.), *Struve. The Liberal on the Left 1870-1905.*
RIGHBY (H.), *Communist Party Membership in the USSR 10431917-1967*, Princeton, 1968.
SCHAPIRO (L.), *The Origins of Communist Autocracy. Political Opposition in the Soviet State. First Phase : 1917-1922*, Londres, 1955.
SCHAPIRO (L.), *The Communist Party of the Soviet Union*, Londres, 1963.
WERTH (N.), *La Vie quotidienne des paysans russes de la révolution à la collectivisation 1917-1922*, Paris, 1984.

WERTH (N.), « Un État contre son peuple », in *Le Livre noir du communisme*, Paris, 1997.
WHEELER (B.), *Brest Litovsk. The Forgotten Peace*, Londres, 1958.
ZEMAN (Z.A.B.), éd., *Germany and the Revolution in Russia*, Documents from the archives of German Foreign ministry, Londres, 1958.
ZEMAN (Z.A.B.), éd., *The Merchant of Revolution. The Life of Alexandre Israel Helphand (Parvus) 1867-1924*, Londres, 1965.

Chronologie

1870 10.4 Naissance de Lénine (V. Oulianov) à Simbirsk.

1871 8.3 Commune de Paris.

1872 Publication en Russie du premier volume du *Capital* de Marx.

1881 1.3 Assassinat d'Alexandre II.

1883 Création à Genève du groupe *Libération du travail* par Plekhanov.

1887 8.5 Exécution d'Alexandre Oulianov, frère de Lénine. Vladimir Oulianov quitte le lycée avec la médaille d'or.

1893-95 Vladimir Oulianov vit à Saint-Pétersbourg. Rencontre avec N. Kroupskaïa.

1895 9.12 Arrestation de V. Oulianov. Séjour en prison jusqu'en 1897.

1897 Départ d'Oulianov pour la Sibérie où il est relégué. N. Kroupskaïa l'y rejoint.

1898 1.3	Fondation à Minsk du Parti social-démocrate de Russie aussitôt démantelé.
1899-1900	Agitation étudiante en Russie.
1900 février	Lénine quitte la Sibérie. Départ pour la Suisse. Oulianov devient Lénine.
1900 11.12	Publication du premier numéro de l'*Iskra*.
1901-1902	Fondation du Parti socialiste-révolutionnaire.
1902	Lénine écrit *Que faire*.
1903	
17.7-10.8	IIe Congrès du Parti ouvrier social-démocrate russe à Bruxelles (PSDOR) puis Londres. Bolcheviks et mencheviks se séparent.
1904 27.1	Début de la guerre russo-japonaise.
1904	Lénine écrit *Un pas en avant, deux pas en arrière*.
1905	*Révolution en Russie*, commencé le 9 janvier (Dimanche rouge).
12-27.4	IIIe Congrès du PSDOR à Londres.
25.8	Traité de Portsmouth. Fin de la guerre russo-japonaise.
7-9.9	Conférence des organisations sociales-démocrates à Riga. Retour de Lénine en Russie.
17.10	Manifeste impérial promettant une Constitution.
octobre	Grève générale en Russie.
6-17.12	Insurrection à Moscou.
12-17.12	Ire Conférence du Parti (PSDOR) à Tammerfors.
1906	
27.4	Élections à la première Douma dissoute le 8.7.
10-25.4	IVe Congrès du PSDOR dit d'« unification », à Stockholm.
3-7.11	IIe Conférence du PSDOR à Tammerfors.
9.11	Réforme agraire de Stolypine.
1907	
20.2-juin	Deuxième Douma.

avril-mai	Vᵉ Congrès du PSDOR à Londres.
3-5.8	Conférence de Kotla.
1.11	Élection de la troisième Douma. Lénine quitte la Russie et s'établit en Suisse.
5-12.11	IVᵉ Conférence du Parti à Helsingfors.
1908	
décembre	Vᵉ Conférence du Parti à Paris.
1910	
janvier	Plénum du CC du PSDOR. Dernière tentative de réconciliation entre bolcheviks et mencheviks.
1911	Création de l'école de cadres de Longjumeau.
1.9	Assassinat de Stolypine à Kiev.
1912	
janvier	VIᵉ Conférence du Parti à Prague. Il devient : PSDOR (bolchevik).
avril	Fusillade de la Lena.
23.4	Publication du premier numéro de la *Pravda*.
été	Lénine s'installe à Cracovie.
août	Conférence de Vienne organisée par Trotski : « bloc d'Août ». Rupture définitive entre les bolcheviks et les mencheviks.
novembre	Ouverture de la quatrième Douma.
24.11	Congrès de Bâle de la IIᵉ Internationale pour refuser la guerre.
1914	
28.6	Assassinat de l'archiduc François-Ferdinand à Sarajevo.
20-23.7	Visite du Président Poincaré en Russie.
28-30.7	Réunion de l'Internationale à Bruxelles.
1.8	L'Allemagne déclare la guerre à la Russie. Saint-Pétersbourg devient Petrograd.
fin août	Défaite russe près des lacs de Mazurie. Retour de Lénine en Suisse.

1915

5-8.9 Conférence de Zimmerwald. Lénine écrit *L'Impérialisme, stade suprême du capitalisme.*

1916

février Conférence de Kienthal.

mars Offensive russe sur le front nord pour soulager l'armée française engagée dans la bataille de Verdun.

17.12 Assassinat de Raspoutine.

1917

23-25.2 Révolution à Petrograd.

27.2 Prise du palais d'Hiver. Le Soviet s'installe au palais de Tauride.

2.3 Formation du gouvernement provisoire. Abdication de Nicolas II.

9.3 Les États-Unis reconnaissent le gouvernement provisoire.

3.4 Lénine arrive à Petrograd.

4.4 Les thèses d'Avril.

24-29.4 VIIe Conférence du PSDOR (b).

5.5 Formation du gouvernement de coalition.

juin Ier Congrès panrusse des soviets

3-5.7 « Journées de juillet ». Arrestation des bolcheviks. Lénine s'enfuit.

26.7-3.8 VIe Congrès du Parti, dit d'unification. Ralliement de Trotski aux bolcheviks.

27.8 Tentative de coup d'État de Kornilov.

25.9 Trotski, libéré, est élu président du Soviet.

10.10 Le CC décide de l'insurrection.

25.10 Insurrection et prise de pouvoir. IIe Congrès panrusse des Soviets.

12-27.11 Élections à la Constituante.

2.12 Armistice germano-russe. Négociations de Brest-Litovsk.

7.12 Création de la Tcheka.

1918

5-6.1 Réunion et dispersion de l'Assemblée constituante.

10-18.1 IIIe Congrès panrusse des soviets

21.1	Le Sovnarkom annule tous les emprunts contractés par l'ancien régime.
1.2	La Russie adopte le calendrier grégorien.
3.3	Signature du traité de Brest-Litovsk.
6-8.3	VIIe Congrès du Parti.
10-14.3	Moscou devient capitale de la Russie.
mai	Début de la guerre civile.
28.6	Débuts du communisme de guerre.
6.7	Les SR de gauche s'opposent aux bolcheviks.
17.7	Assassinat de la famille impériale.
30.8	Attentat de F. Kaplan contre Lénine.
1919	
janvier	Paris. Début de la conférence sur la paix.
15.1	R. Luxemburg et Liebknecht assassinés.
2-7.3	Ier Congrès de l'Internationale communiste à Moscou.
avril à octobre	Offensives de Koltchak et Denikine contre l'armée rouge.
2-4.12	VIIIe Conférence du Parti.
27.12	Début de la « militarisation du travail ».
1920	
janvier	Débâcle des « blancs » en Sibérie.
29.3-5.4	IXe Congrès du Parti.
24.4	Début de la « guerre polonaise ».
21.7-6.8	IIe Congrès de l'Internationale communiste.
août	L'Armée rouge est devant Varsovie. Contre-attaque polonaise. Défaite russe.
1.9	Congrès de Bakou.
12.10	Traité de paix avec la Pologne.
25.10-16.11	Offensive contre l'armée Wrangel et défaite de Wrangel.
1921	
janvier-mars	Soulèvement des paysans de Tambov.
2-17.3	« Commune de Cronstadt ».
8-16.3	Xe Congrès du Parti. Début de la NEP.

22.6-12.7	IIIe Congrès de l'Internationale communiste.
août	Épuration du Parti.
12.10	Création de la Banque d'État.
1922	Famine en Russie.
6.2	La Tcheka devient la GPU.
26.2	Confiscation des biens d'Église. Campagne antireligieuse.
3.4	Staline est nommé secrétaire général du Parti.
10.4-19.5	Conférence de Gênes.
16.4	Russie et Allemagne signent à Rapallo un traité de non-agression.
26.5	Première attaque cérébrale de Lénine, il quitte les affaires jusqu'en octobre.
août-septembre	Conflit Staline-Géorgiens.
4.11-5.12	IVe Congrès de l'Internationale communiste.
16.12	Seconde attaque de Lénine.
22.12	« Lettre au Congrès » de Lénine dite « testament ».
30.12	Fondation de l'URSS.
30-31.12	Lénine dicte ses notes sur la question nationale.
1923	
4.1	Note de Lénine demandant que Staline soit écarté du pouvoir.
janvier-mars	Lénine dicte ses derniers articles.
6.3	Rupture de Lénine avec Staline.
17-25.4	XIIe Congrès du Parti, en l'absence de Lénine.
1924	
janvier	XIIIe Conférence du Parti. Trotski voit condamner ses vues.
21.4	Mort de Lénine. Rykov lui succède à la tête du gouvernement.

GLOSSAIRE

Apparatchik : fonctionnaire du Parti.

Bund : Parti socialiste juif.

CC : Comité central du Parti.

CEC : Comité exécutif central panrusse des soviets ouvriers soldats et paysans (CEC, ou encore VTSIK).

CCC : Commission centrale de contrôle du Parti.

CMR : Comité militaire révolutionnaire ou REVKOM.

Douma : Assemblée, Parlement.

Goulag : Administration des camps, plus largement, système concentrationnaire.

Guepéou : Nom donné à la Tcheka en 1922 – voir Tcheka.

Ispolkom : Comité exécutif.

Kavburo : Bureau caucasien du Parti.

Kombedy : Comité des pauvres.

Kolkhoze : Ferme collective.

Komintern : IIIe Internationale.

Koulak : Paysan riche.

KD (ou Cadet) : Parti constitutionnel démocrate.

Narkomnats : Commissariat aux nationalités.

Narkomindel : Commissariat du peuple aux affaires étrangères.

Oukaze : Décret.

PSDOR : Parti social-démocrate ouvrier russe.

PSDOR (b) bolchevik : fraction de Lénine.

Menchevik : fraction dite minoritaire par Lénine.

Parti communiste (PCR) – Parti communiste russe : nom que prend le PSDOR – puis devient PCUS (Parti communiste de l'URSS).

Rabkrin : Inspection ouvrière et paysanne.

Soviet : conseil.

Sovnarkom : Conseil des commissaires du peuple (gouvernement).

SR : Parti socialiste-révolutionnaire.

Sovkhoze : Ferme d'État.

Tcheka : Police politique.

RSFSR : République socialiste fédérative des soviets de Russie.

URSS : Union des républiques socialistes soviétiques.

Zemtsvo : Assemblée provinciale autonome.

Index des noms

TABLE DES MATIÈRES

Deuxième partie
RÉVOLUTIONNAIRE PROFESSIONNEL
(1900-1914)

Troisième partie
LA RÉVOLUTION À TOUT PRIX
(1914-1917)

Cet ouvrage a été composé par
Paris PhotoComposition
75017 Paris

Impression réalisée sur CAMERON par
BRODARD ET TAUPIN
La Flèche

Édition exclusivement réservée aux adhérents du Club
Le Grand Livre du Mois
15, rue des Sablons
75116 Paris
avec l'aimable autorisation des Éditions Fayard

Imprimé en France
Dépôt légal : août 1998
N° d'impression : 6654U-5
ISBN : 2-7028-2261-4